곰돌이 푸 눈코

문헌상의 독도

초 판 인 쇄 2020년 07월 10일
초 판 발 행 2020년 07월 21일

저   자 권오엽
발 행 인 윤석현
발 행 처 박문사
책 임 편 집 최인노
등 록 번 호 제2009-11호

우 편 주 소 서울시 도봉구 우이천로 353 성주빌딩 3층
대 표 전 화 02) 992 / 3253
전   송 02) 991 / 1285
홈 페 이 지 http://jncbms.co.kr
전 자 우 편 bakmunsa@hanmail.net

ⓒ 권오엽 2020 Printed in KOREA

ISBN 979-11-89292-59-1 93910   정가 39,000원

노곤하
북스

권오영 지

몸텔링의 눈코

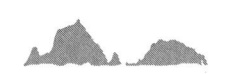

우리나라와 일본 사이에 존재하는 바다를, 우리는 동해라고 부르는데 일본은 일본해라 칭한다. 우리의 전통적인 천하사상에 근거하면 동방에 존재한다는 의미의 동해로 불려야 한다. 그런데도 침탈로 일관하는 역사에 익숙한 일본은 객관적 사실을 인정하지 못하고, 침탈의 의지를 담아 일본해를 고집한다.

독도가 우리의 영토라는 것을 확인할 수 있는 자료는 우리보다 일본에 더 많다. 그런데도 영유를 주장하는 것은 왜구들의 전통적인 언행을 방불하여 「나라의 걱정이 왜구만한 것이 없다」는 이성계의 말이 떠오른다.

일본제국은 서구열강과 교류하며 습득한 국가경영의 방법으로 왜구들의 가치를 채택하고, 그 가치를 잔혹하게 발휘했는데, 선진문명으로 그들을 개화시켰던 우리의 선조들과는 크게 다르다. 1905년부터 독도에 대한 우리의 역사적 정통성을 부정하며 영유를 주장하더니 현재도 철회하지 않는다. 그것은 분쟁으로 손해를 본 일이 없다는 역사의 경험을 믿기 때문이다.

침략으로 부를 구축한 일본은 과거를 반성해야 했다. 그런데 일본은 침탈로 구축한 부를 배경으로 스스로를 미화하더니 독도의 영유까지 주장한다. 왜구의 한계를 일탈하지 못한 것이다. 기록을 보면 도저히 말할 수 없는 주장으로 풍신수길이나 이등박문을 능가하는 언행이다.

우리는 독도가 우리의 영토이기 때문에 영유의 논리를 경시했다. 그러나 난무하는 일본의 비논리를 방관할 수 없어 대응하다 보니 일본의 논리에 휘둘리는 상황에 처하고 말았다. 풍신수길은 침략할 인물이 못 된다는 정보가 씻을 수 없는 민족의 치욕을 초래했었는데, 우리의 독자적인 독도논리를 구축하지 않은 현재의 우리가 그런 처지다. 일본의 비논리적 주장에 대응하기 보다는 독자적인 우리의 논리를 구축해야 했다.

3세기의 중국 사서들이 언급하는 동해의 1도에는 동녀를 희생으로 바치는 제천의례가 거행되고 있었는데, 일도가 6세기에는 신라와 대적하는 우산국으로 발전했다. 그 일도와 우산국의 실체를 규명하면 독도의 실체는 저절로 부각된다. 그런데 우리는 우산국이 어떻게 신라에 복속되어 어떻게 존재하다 고려에 편입되었고, 어떻게 관리되다 조선의 영지가 되었는가를 알려 하지 않는다. 어쩌다 관심을 보인다 해도 기록을 해독하는 정도에서 멈춘다. 배경 같은 것에는 관심이 없다. 반면에 일본은 기록의 부분을 강조하는 방법으로 기록 자체를 무용지물로 전락시키는 논리의 개발에 여념이 없다.

독도에 관한 자료는 17세기의 것들이 주를 이루는데, 일본의 기록들은 울릉도를 죽도로 부르는 방법으로 침탈하려 했던 의도를 정리한 것들임에도, 그것들이 조선의 영토라는 것을 입증한다. 한때는 자료의 해독이 어려워 일본의 논리에 휘둘리기도 했으나 이제는 독자적으로 해독할 수 있는 인문학적 능력도 구축되었다. 그것이 오늘의 대한민국이다.

일본은 전통적으로 독도를 포함한 울릉도를 조선의 영지로 인정했다. 그런데 조선외교를 전담한 17세기의 대마번이 막부의 뜻을 왜곡하는 방법으로 울릉도를 침탈하려 했는데, 조선이 그것을 알아차리지 못하여, 침탈 당할 우를 범하기도 했다. 다행히 안용복과 남구만의 노력으로 일본 스스로 일본인들의 독도와 울릉도의 왕래를 금하는 금시령을 1696년에 내리게 된다. 그런데도 보물섬이라며 울릉도와 독도에 건너다니던 자들을 강호막부가 1837년에 처형했다. 울릉도와 독도가 조선의 영지라는 사실을 일본이 재확인 한 것이다.

그러나 침략으로 국가를 발전시키겠다는 명치제국은 독도를 일본에 부속시켰고, 현재의 일본은 그것을 근거로 영유를 주장한다. 그러면서 입으로는 세계평화를 거론한다.

독도에 대한 우리의 정통성을 확인하다 보면 많은 인물이 언급되는데 비교가 안 되는 인물이 안용복이다. 울릉도에서 일본인들에게 납치되었으면서도, 울릉도와 독도가 조선령이라고 주장하여, 막부가 그것을 인정하게 한 인물이다. 그래서 왜구를 자랑스럽게 여기는 일본인들은 안용복의 언행을 부정한다. 그래야 우리의 독도에 대한 정통성을 부정할 수 있다고 믿는 것이다.

독도가 우리의 고유영토라는 것을 확인해주는 자료는 아주 많다. 반면에 일본의 영지라는 자료는 그 어디에서도 찾을 수 없다. 그럼에도 우리는 그런 자료에 근거하는 논리를 구축하지 않고 일본의 논리를 부정하는 일에 급급했다. 그러지 말고 독자적 논리를 구축해야 했다.

독도에 대한 우리의 역사적 정통성을 인정하지 않을 수 없게 되어
가는 근자에도 석도가 독도라는 사실을 입증하라는 일본의 요구가 나
오자, 우리의 학자들은 석도가 독도라는 사실을 입증하느라 바쁘다.
그러기 보다는 석도가 독도가 아니라는 것을 일본이 입증하게 하고,
우리는 그 많은 자료에 근거하는 독자논리를 구축해야 한다. 본서에서
는 횡행하는 비논리에 개의하지 않고 기록에 근거하는 우리의 정통성
을 확인하려 했다.

　　　　　　　　　　　　　　2020년 3월 28일　동산 권오엽

[일러두기]

　대한민국 국립국어원에서는 1986년에 문교부 고시 제85~11호로 외래어 표기법에서 일본어 표의원칙을 정했다. 그러나 일본 고문서의 내용을 인용함에 있어, 용어의 정확한 이해를 위해 일본에서 통용되는 표기를 그대로 사용하기로 한다.

　다행인 것은 우리 한글이 일본의 문자를 거의 정확하게 표기할 수 있다는 것이다. 그래서 일본의 용자나 지명 인명 등을 다음과 같이 표기한다.

1. 「か·き·く·け·こ」는 「카·키·쿠·케·코」로, 「た·ち·つ·て·と」는 「타·치·쓰·테·토」로, 「しゃ·しゅ·しょ」는 「샤·슈·쇼」로, 「ちゃ·ちゅ·ちょ」는 「챠·츄·쵸」로 표기한다.

1. 「が·ぎ·ぐ·げ·ご」는 「가·기·구·게·고」로, 「ざ·じ·ず·ぜ·ぞ」는 「자·지·즈·제·조」로, 「だ·ぢ·づ·で·ど」는 「다·지·즈·데·도」로, 「じゃ·じゅ·じょ」와 「ぢゃ·ぢゅ·ぢょ」는 「쟈·쥬·죠」로 표기한다.

1. 일본의 인명이나 지명과 같은 명사는 한자에 훈을 달고, 다음에 같은 것을 기록할 때는 우리의 음으로 표기한다. 표기법에서는 장음 「아·이·우」를 생략하지만 원전의 정확한 표기를 확인하기 위해서는 장음도 표기하기로 한다.

카라사키
唐崎 → 당기　　톳토리켄
鳥取県 → 조취현, 오오사카
大阪 → 대판, 삿포로
札幌 → 찰황

코우 노 시 타카이데
神野志隆出 → 신야지융출　　나이토우세이츄우
内藤正中 → 내등정중

오오니시토시테루
大西俊輝 → 대서준휘　　이케우치사토시
池内敏 → 지내민

1. 죽도와 송도가 울릉도와 독도를 의미할 때는 단독으로 표기하는 것을 원칙으로 한다.

제1장

3세기의 울릉도

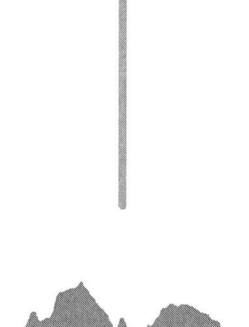

1. 서 – 3세기의 울릉도

일본의 江戸幕府^{에 도 바쿠 후}는 1696년과 1837년에 竹島^{타케시마}로도 불리는 울릉도가 조선령이므로, 일본인들의 도해를 금한다는 도해금지령을 내렸다. 일본인들이 밀렵을 위해 죽도(울릉도)에 왕래하는 도중에 松島^{마쓰시마}(독도)에 들릴 뿐, 송도를 목적으로 하는 도해가 없는 상황에서, 죽도도해를 금한다는 것은 송도의 도해도 같이 금지시키는 조치였다. 실지로 막부는 금지령을 반포하기 전에 배타적 죽도도해권을 독점한다는 상인들이 거주하는 鳥取藩^{돗 토리 한}에 조회하여 죽도만이 아니라 송도도 영지로 인식하지 않는다는 보고를 받았다.[1]

1937년(天保^{텐 포우} 8)에 송도도해를 가장하고 죽도에 도해한 상인 今津屋^{이마 쓰 야} 八右衛門^{하 치 에 몬}과 그것을 교사한 浜田藩^{하마 다 한}의 橋本三兵衛^{하시모토산 베 에}를 처형하고 노중 수좌역을 겸한 藩主 松井松平康任^{한 슈우 마쓰 이 마쓰다이라야스토우}를 永蟄居에 처하여,[2] 松井松平家^{마쓰 이 마쓰다이라 케}

---

[1] 同年正月廿三日, 松平伯耆守留守居召寄相尋候処, 段々書付を以伯耆守より被申聞候. 覚, 松平伯耆守. (第一条)伯耆國米子之町人大屋九右衛門·村川市兵衛船子共より外者領國之者竹嶋江渡海候仕候候成不申候, 尤他領之者渡海之儀猶以成不申候, 大屋九右衛門·村川市兵衛儀者先年より竹嶋渡海之儀御免被游罷越ニ付外より參候儀者決而無御座候, 右之船子共竹嶋江獵ニ罷超候節, 出雲國隠岐國獵師共雇候而米子之船子同船ニ而罷越候, 人數者年々相違御座候, 出雲國よりハ不參儀旨御座候, 大形ハ出雲國より二三人, 隠岐國より八九人程も雇候而罷越候由ニ御座候. (第二条)松嶋ハ何れ之国江付候嶋ニ而も無御座候由承候. (第三条)松嶋江猟ニ參候儀, 竹嶋江渡海之節道筋にて御座候故, 立寄猟仕候, 他領より猟ニ參候儀ハ不承候, 尤出雲国隠岐国之者ハ米子之者共と同船ニ而参り候. (第四条)伯耆国米子より出雲国雲津まで道程拾里程. (第五条)出雲国雲津より隠岐国焼火山迄道程弐拾三里程. (第六条)隠岐国焼火山より同国福浦まで七里程. (第七条)福浦より松嶋迄八拾里程. (第八条)松嶋より竹嶋迄四拾里程. (第九条)松嶋より朝鮮国江者八九拾里程も御座候様ニ承及候, 已上. 正月廿三日 (『磯竹島覚書』, 国立公文書館内閣文庫); 池内敏『竹島問題とは何か』, 名古屋大学出版会, 2012, p.320).

[2] 既異国之属島江渡海 いたし, 立木等伐採持帰ル始末 御国体江対し不軽義不届ニ付死罪申付(森須和男『八右衛とその門時代』資料編, 浜田市教育委員会, 2002,

의 통치를 종식시켰다.

침략으로 부국의 길을 도모하려는 일본제국은 1905년에, 그때까지 송도로 부르던 독도를 울릉도의 별명이었던 죽도로 개명하여, 일본에 편입시키더니,[3] 1953년부터는 죽도도해금지령에 송도(독도: 죽도)라는 직접적인 표기가 없으므로 죽도(송도: 독도)는 일본령이라는 주장을 펴기 시작했다.[4]

우리는 1905년의 을사늑약 이후 자주적인 역사의 중단으로, 교육의 기회까지 상실 당하여 교묘히 구축한 일본의 논리에 대응할 능력이 부족하여, 그것을 부정하는 일에 급급했다. 21세기에 들어서야 독자논리를 구축할 수 있는 학자들의 연구로 일본의 기록에 근거하는 논리의 개발도 가능해졌다.

독도가 우리의 고유영토라는 것은 17세기 이후의 조선과 일본의 기록을 통해서 쉽게 확인할 수 있는 일이지만, 6세기의 우산국의 실체를 확인하는 것만으로도 충분하다. 우산국이 울릉도와 독도로 구성된 나라였다는 것을 확인하면, 이사부가 우산국을 정벌했다는 512년 이전부터 독도가 우리영토였다는 것이 자연스럽게 확인된다. 그럼에도 우리는 일본의 논리를 부정하는 일에 급급하여 우산국의 의미를 살펴볼 여유를 가지지 못했다.

p.9), 都而異国渡海之義者重キ御禁制候条, 向後右島之義も同様相心得, 渡海致ましく候(幕府評定所判決文及び触書, 国立公文書館, 内閣文庫, 蠧余一得 四集 巻五).

3 島根県告示第四十号, 北緯三十七度九分三十秒東経百三十一度五十五分隠岐島ヲ距ル西北八十五浬ニ在ル島嶼ヲ竹島ト称シ自今本県所属隠岐島司ノ所管ト定メラル. 明治三十八年二月二十二日. 島根県知事. 松永武吉(權五曄역『日本의 獨島論理』, 白山資料院, 2010, p.246; 川上健三『竹島の歴史地理的研究』, 古今書院, 1996, p.213).

4 愼鏞厦편저『獨島領有權資料探求』제3권, 독도연구보존협회, 2000, p.421;『개정증보 獨島領有에 대한 日本主張批判』, 서울대학교출판문화원, 2011, p.299.

이사부에게 우산국의 정벌을 명한 지증왕은 사로·사라 등으로 부르던 나라를 신라로 개명했을 뿐만 아니라, 거서간·차차웅·이사금·마립간으로 부르던 토속적인 군주호도 왕으로 개정하고, 스스로 「신라국왕」을 칭했다. 그런 상황에서 이사부가 정벌의 대상을 울릉도가 아닌 우산국으로 칭한 것은, 정벌의 대상이 울릉도와 독도를 영토로 하는 나라였다는 것을 분명히 하는 일이었다. 『삼국사기』의 기록으로 확인되는 일이나, 그런 연구가 그리 많지 않다.

중국의 사서 『삼국지』와 『후한서』가 3세기의 울릉도 정보를 전한다. 옥저의 동방에 존재하는 「일도」와 「일국」의 기록인데, 중국의 고대 기록들은 왜국을 여인국으로 표기하여, 여자들만 산다는 순여무남의 「일국」은 왜에 해당한다. 일도의 소속에 대한 설명이 없으나 옥저의 동해에는 울릉도와 독도와 隱岐島^{오 키노시마} 만이 존재한다는 사실과 옥저인이 일도 주민들과 대화를 시도했다는 사실, 해류의 흐름 등을 감안하면 울릉도에 해당한다.

두 사서는 「일도」의 언어 의복 종교의례 등을 추정할 수 있는 내용을 전하는데, 그것들을 근거로 3세기의 울릉도를 규명하는 일은, 6세기에 이사부가 정벌한 우산국의 실체를 규명하는 단서를 확보하는 일이다.

2. 옥저의 동방

함흥 일대를 중심으로 거주하던 집단을 동옥저라 하고, 두만강 유역의 집단을 북옥저라 했다. 3세기 전반 동옥저의 가구는 5천여 호였으며, 해안을 따라 동북방향으로 길게 뻗은 거주지역은 천여 리에 달했다. 해안 평야에서 오곡을 생산했고 해산물도 풍부했으며 의식주와 언어 예절이 고구려와 유사했다. 위만조선에 예속되었으나 한군현이 설치되자 현도군에 포함되었다. 현도군이 고구려에게 쫓겨난 후에는 낙랑군에 귀속되기도 했으나 결국에는 고구려에 예속되었다.[5] 244년에 관구검의 군대가 동천왕을 옥저까지 추격했을 때 해변의 노인이 제공했다는 정보가 『삼국지』와 『후한서』에 다음과 같이 전한다.

(1) 『삼국지』

㉠ 나라사람이 일찍이 배를 타고 고기를 잡았습니다. 풍랑을 만나 수십 일을 떠다니던 중에 동쪽의 일도에 이르렀는데 사람은 있었으나 말을 서로 통하지 않았습니다. 풍속은 해마다 7월이면 동녀를 골라 바다에 빠뜨리곤 했습니다. ㉡ 또 바다 가운데 일국이 있었는데, 남자는 없고 여자들만 살았습니다, 라 하고, 이어서 말하기를 ㉢ 바다 가운데를 떠다니는 베옷 하나를 얻었는데 그 모양이 중국인의 것과 같았습니다. 옷 소매의 길이는 3장이었습니다. ㉣ 또 난파선이 파도에 밀려 해변에 닿았는데 배 안에는 목 가운데 또 얼굴이 있는 사람 한 명이 있었습니다. 생포했으나 서로 언어가 통하지 않아 굶어 죽었습니다. 그 지역은 모두 옥저 동방의 대해 중에 있습니다, 라고 말했습니다.[6]

---

5 東沃沮. 在高句麗蓋馬. 大山之東. 濱大海而居 (중략) 戶五千. 無大君王. 世世邑落. 各有長帥. 其言語如句麗大同. 時時小異. 漢初燕亡人衛滿王朝鮮. 時沃沮皆屬焉. 漢武帝元封二年. 伐朝鮮. 殺滿孫右渠. 分其地爲四郡. 以沃沮城爲玄菟郡 (중략) 沃沮還屬樂浪 (중략) 國小迫於大國之間. 遂臣屬句麗(『三國志』「魏書」東夷傳, 東沃沮); 『한국민족문화대백과』, 한국학중앙연구원, 2017년, p.97).
6 王頎. 別遣追討宮. 盡其東界. 問其耆老. 海東復有人不. 耆老言. 國人嘗乘船浦漁.

위의 병사가 옥저의 해안에서 만난 노인한테 들은 정보다. ㉮는 옥
저인이 동해에서 강풍을 만나 표착한 「일도」에서 경험한 내용이고 ㉯
는 여자들만 산다는 「일국」에 대한 정보다. ㉰는 옥저의 해중에서 얻
은 양쪽 소매가 3장인 포의가[7] 중국인의 의복 같았다는 것으로 옥저의
동해에 중국인들이 왕래하고 있었다는 것을 알 수 있는 정보였다. ㉱
는 옥저의 해변에 표착한 난파선 안에서 얼굴이 둘인 자를 생포 했으
나 언어가 통하지 않아 굶어 죽었다는 정보다.

일도에 옥저인과 언어가 통하지 않는 주민도 거주하고, 옥저의 동
해에는 중국인들만이 아니라 중국인이나 옥저인과 형상이 다른 사람,
얼굴이 둘인 자들도 항해하고 있었다는 것을 알 수 있는 기록이다.

㉮와 ㉯는 옥저인이 일도와 일국에 도해해서 얻은 정보이고 ㉰는
옥저 동방의 해상을 항해하던 중에 중국인의 것으로 보이는 포의를 습
득한 것으로, 옥저의 동해에는 중국인의 왕래가 이루어지고 있었다는
것을 알 수 있다. ㉱는 옥저 해변에 옥저나 중국은 물론 일도나 일국의
주민으로 볼 수도 없는 사람, 그래서 얼굴이 둘이라고 표기할 수밖에
없는 기인이 표착했다는 내용이다. 이는 옥저의 동해에 많은 종족이
항해하며 교류하고 있었다는 것을 의미하는 기록이다.

옥저 노인이 언급한 ㉮의 일도와 ㉯의 일국은 서로 다른 곳으로 보
아야 한다. ㉰는 일도나 일국의 거주민이 아니라 중국인의 의복 같은

遭風見吹數十日, 東得一島, 上有人. 言語不相曉, 其俗常以七月取童女沈海. 又言
有一國中, 純女無男. 又說得一布衣. 從海中浮出. 其身如中國人衣. 其兩袖長三
丈. 又得一破船. 隨波出在海岸邊, 有一人項中復有面. 生得之. 與語不相通. 不食
而死. 其域皆在沃沮東大海中(金錫亨崔柄憲『韓國文化史』, 一志社, 1996, p.38; 朝
鮮史學會編『支那史料抄』, 景仁文化社, 1969; 한국고대사연구회『韓國古代史資
料集』, 지식산업사, 1969; 井上秀雄『東アジア民族史 1』, 平凡社, 1996, pp.89~90).
[7] 布衣는 庶民을 의미하기도 한다. 庶民은 70세이상의 耄老가 아니면 비단을 걸치
지 못한다. 爾耄老矣[주]八十日耄. 耄, 昏惑也(『國語』周語下).

것을 옥저의 동해에서 습득했다는 것으로, 일도와 일국이 중국과 교류하는 가능성을 시사한다. ㉣는 옥저인들이 얼굴이 둘인 기인으로 볼 수밖에 없는 사람, 적어도 일도·일국·중국인으로 볼 수 없는 사람들이 옥저의 동해를 항해하고 있었다는 것으로, 다양한 종족들이 옥저의 동해에서 교류하고 있었다는 것이다.

일도에 표착한 옥저인이 그곳에서 만난 주민과 언어가 통하지 않았는데, 난파선 안에서 발견한 얼굴이 둘인 자와도 언어가 통하지 않았다. 일도의 주민들과 옥저인 간에 언어가 통하지 않았다는 것이다. 그런데도 동녀를 희생으로 하는 의례가 매년 거행 된다는 것을 알았다는 것은, 일도에 언어가 통하는 주민도 거주하고 있었다는 것이다.

일도의 주민들이 매년 동녀를 바다에 가라앉힌다는 것은 동녀를 희생으로 바치는 방법으로 공동의 목적을 이루려는 의례를 거행하고 있었다는 것이다. 그것은 일도를 수호한다고 믿는 절대신의 수호를 보장받으려는 제천의례를 거행했다는 것인데, 또 그것은 순사를 전제로 하는 동녀를 선발하는 것과 같은 생사여탈권을 행사하는 세력이나 절대자가 일도에 존재했다는 것을 의미한다.

(2) 『후한서』

유사한 내용이 『후한서』에도 있다. 역시 옥저의 노인이 제공한 정보인데, 『삼국지』의 ㉮에 해당하는 부분이 없다. 대신에 ㉳우물을 내려다보면 아이가 태어난다는 신정 이야기가 있다.

㉳ 노인이 이야기 했습니다. 지난날에 해중에서 포의 하나를 얻었습니다. 그 모양은 중국인의 의복과 같았습니다. 양쪽 소매가 3장이

었습니다. ㉱또 해변에서 난파선에 탄 한 사람을 발견했습니다. 머리에 또 하나의 얼굴이 있었습니다. 그와 말이 통하지 않았습니다. 먹지 않아서 죽었습니다. ㉲또 말하길, 해중에 여인국이 있는데 남자는 없습니다. ㉳또 전하는 이야기로는, 그 나라에 신정이 있는데, 그것을 들여다보면 아이가 태어난다고 합니다.[8]

이곳에는 표착한 일도에 언어가 통하지 않는 사람이 살고 있었다는 내용과 7월에 동녀를 바다에 가라앉힌다는 습속에 관한 『삼국지』의 내용이 없다. 그러면서 『삼국지』의 여인국에는 없는 우물, 엿보면 아이가 태어난다는 ㉳신정에 관한 내용을 전한다. 내용이 황당무계하여 『삼국지』가 삭제한 것을 『후한서』가 부활시킨 것이라는 의견이 있으나,[9] 그보다 더한 복유면의 이야기를 기록한 것과 모순되는 주장이다. 복유면의 위치를 『삼국지』는 목 부근에 또 하나의 얼굴이 있는 것이라 했으나 『후한서』는 정수리에 있는 것으로 했다. 신체의 목과 정수리는 크게 다르지만 그것을 의미하는 문자 목(項)과 정수리(頂)가 유사하여 오기로 볼 수도 있다. 그러나 또 하나의 얼굴이 목이나 정수리 그 어디에 붙어있다 해도 기인임에는 틀림없다.

『후한서』에 『삼국지』의 ㉮가 전하는 일도의 내용이 결락되었으나, 해중에서 중국인의 의복과 같은 포의를 습득한 것이나 옥저의 해안에 복유면이 표착한 것 등으로 보아, 『삼국지』의 ㉮가 생략되었다 해도

---

8 其耆老言, 嘗於海中得一布衣, 其形如中人衣, 而兩袖長三丈. 又於岸際見一人乘破船, 頂中復有面, 與語不通, 不食而死. 又說海中有女國, 無男人, 或傳其國神井, 闚之輒生子云[魏志曰毌丘儉遣王頎追句麗王宮窮沃沮東界問其耆老所傳云](『後漢書』東夷傳, 東沃沮).
9 井上秀雄 『東アジア民族史』, 平凡社, 1995, p.84.

내용은 유사하다. ㉠의 부분이 없어 일도를 경험한 옥저인이 없었던 것으로 볼 수도 있으나 여타의 내용이 유사하여, 결락된 것으로 보아야 한다. 그래서 ㉠의 부분이 결락된 『후한서』의 내용은 독자적일 수가 없다. 『삼국지』의 ㉠를 전제로 해야 ㉰의 포의와 ㉱의 복유면의 출처도 알 수 있다.

그처럼 양서의 내용이 유사하나 『후한서』에 『삼국지』가 전하는 ㉠ 부분이 결락되어 있고 『후한서』가 『삼국지』의 내용을 인용한 같다는 의견도 있어 『삼국지』의 내용이 전승에 충실한 것으로 볼 수 있다. 따라서 『후한서』에 결락된 내용은 『삼국지』의 내용으로 보충해도 무방하다 할 것이다.

(3) 일도

『후한서』에는 옥저의 동해 중에 존재하는 일도에 대한 설명이 없다. 해중에서 구했다는 포의나 옥저 해안에 표착한 난파선의 근원지도 밝히지 않았다. 그러나 그것들이 『삼국지』가 일도의 일로 언급한 내용과 유사하여 일도의 일로 볼 수 있다. 옥저의 동해에는 울릉도(竹島)와 독도(松島)와 隱岐島가 존재하는데 독도에는 주민이 없다는 점에서 제외되고 은기도는 해류상 제외된다.

옥저의 해안에서 표류하면 왜의 서해안에 표착한다. 그곳의 해류는 시계 반대방향으로, 잰 걸음 정도의 속도의 리만해류가 남하하다 대마해류와 만나 왜의 서해로 흘러간다. 그 해류가 옥저 쪽으로 흐르는 일은 없다. 따라서 양서의 일도는 옥저에 가장 가까운 울릉도로 볼 수 있다.

은기도 사람들은 울릉도에서 흘러온 재목을 주워서 出雲國에 보내기도 했다. 발해의 지진으로 많은 수목이 떠밀려 왔고, 1757년에는 홍수로 뽑힌 나무들이 해안으로 흘러온 일도 있다.[10] 원래 왜는 한반도에 붙어 있었는데, 3만년 전의 지각 변동에 따라 분리되며 동해가 생기고, 450만년 전부터 250만년 전까지의 화산활동으로 독도가 생성되고, 270만년 전부터 약 1만년 전 사이에 울릉도가 생성되었다.[11] 그 이후에 생성 된 섬이 없다. 옥저의 동해에서 130여Km 떨어진 곳에 울릉도가 위치하고, 그 동방 87,4Km에 독도가, 독도의 동방 157,5Km에 은기도가 존재할 뿐이다.

울릉도라는 도명은 이사부의 우산국 정벌을 전하는 『삼국사기』에 초출 한다. 명주의 정동 쪽의 우산국을 울릉도라고도 부르는데, 울릉도를 우산국의 속도라 했다. 그것을 『삼국유사』는 아슬라주의 동해 중에 순풍으로 이틀 걸리는 곳에 우릉도가 있다며, 울릉도의 별명인 우릉도와 같이 기록했다.[12] 『고려사』지리지는 울진현 정동해중에 울릉도가 존재하는데, 바람이 부는 맑은 날에는 우산도가 보인다며, 울릉도에서 멀지 않은 곳에 우산도가 존재한다는 사실을 기록했다. 『신증동국여지승람』은 울릉도가 울진현의 정동해에 존재한다는 사실을 기록하고, 바람이 부는 청명한 날에는 울진 해변에서 울릉도의 수목과 산 아래의 모래톱까지도 볼 수 있다며, 울릉도와 울진과의 거리를 기록했다.[13]

---

10 蠻國ヨリ漂来レルモノヲ浦人ソレト不知シテ薪ト一所ニ束テ舩ニ積来リシモ
ノ (중략) 西土洪水シテ山崩レ拔木波濤ニ浮ビ風ニ標テ奇来レルモノナラン歟
ト云ヘリ後漢ノ元初中渤海大風シ樹ヲ拔コトニ萬餘株ト云々(權赫晟역『竹島
考』下, 인문사, 2013, p.339·345).

11 金柄烈『독도논쟁』, 다다미디어, 2001, p.54.

12 于山國, 在冥州正東海島, 或名欝陵島, 地方一百里(『三國史記』卷第四, 新羅本紀
第四, 智證王十三年); 阿瑟羅州[今冥州]東海中便風二日程, 有于陵島[今作羽陵]
(『三國遺事』卷第一, 智哲老王).

13 欝陵島 在縣正東海中 (중략) 一云于山武陵本二島相距不遠風日淸明則可望見
(『高麗史』地理志); 欝陵島[一云武陵一云羽陵二島在縣正東海中 (중략) 風日淸明

일본의 기록에 울릉도가 처음으로 나타나는 것은 『權紀』의 1004년 조로, 高麗의 蕃徒 于陵島人(宇流麻島人) 11명이 因幡에 표착했기 때문에 식량을 주어 돌려보냈다는 내용이다.[14] 울릉도의 별칭인 우릉도를 기재하면서 11인을 新羅国 迁陵島人이라 했다. 고려의 울릉도라는 사실을 밝히면서 표착한 11인을 「신라국 우릉도인」으로 표기한 것은, 11세기의 일본이, 신라의 영지였던 울릉도를 고려가 계승해서 관리하는 것으로 인식하고 있었다는 것이다.

1667년에 齋藤豊宣가 편한 『隱洲視聽合紀』는 은기도에서 일본으로 가는 항로를 소개한 다음에, 은기도에서 북서 방향으로 2일 1야를 가면 송도가 있고, 그곳에서 다시 1일 정도의 거리에 죽도가 있는데, 그곳에서 고려(조선)를 보는 것은 雲州에서 은기도를 보는 것처럼 가깝다 했다.[15] 일본과 조선 사이의 바다에 은기도와 송도(독도)와 죽도(울릉도)가 존재하는데, 은기도를 제외한 송도와 죽도를 조선령으로 인식했다는 것을 알 수 있다.

1693년(숙종 19) 4월에 일본어민들이 울릉도에서 어렵하는 안용복과 박어둔을 납치하여 양국의 영토분쟁으로 확대되었다. 그러자 江戸幕府는 鳥取藩에 죽도에 관한 것을 문의했고, 조취번은 伯耆國 米子에서 出雲의 雲津까지가 10리, 운진에서 은기도의 燒火山까지 23리, 그곳에서 福浦까지는 7리, 복포에서 송도까지 80리, 송도에서 죽도까

則峯頭樹木及山根沙渚歴歴可見.(『新增東國輿地勝覽』).

14 高麗蕃徒芋陵島人漂至因幡 (중략) 給資糧回帰本国 (중략) 新羅于流麻島人 (중략) 有新羅國于陵島人(『權紀』長保 6년(104) 3月 7日條: 内藤正中저·權五曄·權靜 역 『독도와 죽도』, 제이앤씨, 2005, p.29).

15 戊亥ノ間行二日一夜ヲ有松嶋. 又一日程二有竹(五十猛國史二出)嶋(俗言磯竹嶋多竹魚海鹿). 此二嶋二無人之地也. 見高麗如自雲州望ムカ隱州ヲ. 然則ハ日本之乾地, 以此州ヲ爲限卜矣(權五曄·大西俊輝편역주 『隱洲視聽合紀』, 인문사, 2012, pp.50~53).

지 40리 정도이고, 죽도에서 조선까지는 40리 정도라고 답했다.[16]

1828년의 『죽도고』는 은기도 복포에서 송도까지 70리, 송도에서 죽도까지 40리, 죽도에서 조선국 동래까지 40리라 했다.[17] 이외에도 出雲大社의 矢田高當가 1801년에 편한 『長生竹島記』나 1818년에 大谷家가 편한 『竹島渡海由來記拔書控』 등도 유사한 내용을 전한다. 구체적인 면에서는 약간의 차이를 보이지만 우리나라의 정동해중에 울릉도와 독도와 은기도가 존재한다는 사실은 일치한다.

(4) 일국

『삼국지』는 옥저의 동해에 남자는 없고 여자들만 사는 순여무남국이 존재한다는 것만을 이야기했는데 『후한서』는 엿보기만 해도 아이가 태어나는 신정이 존재한다는 내용을 추가했다. 여인국이기에 가질수 있는 후손 번식에 대한 염려를 차단하는 내용이다.

옥저 동해에 존재하는 나라는 왜국뿐이기 때문에 일국은 왜국으로 추정해야 하는데, 그것은 고대 중국인의 인식과도 부합된다. 중국의 문헌들은 조선의 동방에 있는 나라를 倭國·奴國·邪馬台國·東海姬氏國 등으로 기록했는데,[18] 일본도 시조 天照大御神가 여신이고, 신라

---

16 覚,一, 伯耆国米子より出雲雲津迄, 道程拾里程.一, 出雲国雲津より隠岐国焼火山迄, 道程弐拾三里程.一, 隠岐国焼火山より同国福浦迄七里一, 福浦より松嶋江八十里程.一, 松嶋より竹嶋江四十里程.以上.子正月廿五日(『竹嶋之書附』 pp.193~201); 伯嗜国より竹嶋迄海上百五, 六拾里, 竹嶋より朝鮮国ヘ八四拾里程可有御座候(權五曄편역주『竹嶋之書附』, 2012, p.273).

17 伯耆国米子ヨリ出雲国雲津ヘ海上九里雲津ヨリ隠岐国千振ヘ拾八里千振リヨリ島後ノ福浦ヘ八里 (중략) 福浦ヨリ順風ヲ待テ帆ヲ開キ乾ヲ指テ七拾許里ノ海路ヲ歴テ松島ニ到泊ス其レヨリ又四拾里ニシテ竹嶋ニ着岸スル也 (중략) 竹島ト對馬ヨリハ朝鮮国ノ東萊縣ノ地方マデニハ俱ニ四拾許里ナレバ其間ノ海路大凡五六拾里ナルベキ歟(權赫晟역『竹島考』上, 인문사, 2013, p.336·338·355).

18 建武中元二年 倭奴國奉貢朝賀(『後漢書』東夷傳, 倭); 有王 皆統屬女王國 郡使往

를 방문한 일이 있는 神功皇后(진 구우코우고우)가 여제라는 것 등을 근거로 자국을 「희씨국」이라 했다.

동해는 중국이 「大漢(대한)은 동해를 좌로 하고 渠搜(거수)를 우로 하고, 番禺(번 옹)을 앞에 두고, 椒塗(초 도)를 뒤로 한다」라고 설명한 사방의 하나였다. 후한 시대의 應劭(응 소)는 동해를 會稽(회 계)의 동방에 있는 바다라 했다.[19] 동해가 왜와 연계될 경우에는 「왜는 한의 동남방의 대해 중에 있다」·「왜인들은 대 방군의 동남의 대해 중에 산다」·「왜는 고려 동남의 대해 중에 있다」· 「백제 신라의 동남, 해로 육로 삼천리의 곳에 있다. 대해 중의 산이 많 은 섬에 살고 있다」라고, 삼한·삼국의 동해 중에 존재하는 나라로 기 록했다. 그것을 『양서』는 대방에서 1만 2천리 떨어져 있으며 회계군의 동에 해당한다면서, 대방에서 왜로 가기 위해서는 해안을 따라 한의 제국을 거치면서 동으로 남으로 7천리를 간 다음에 바다를 건너는 것 으로 했다.[20] 옥저의 동방에 존재한다는 일국이 왜라는 것을 알 수 있는 기록들이다.

동해의 여인국을 『삼국지』는 대방군을 출발하여 한국을 거쳐 왜국 에 가는 도중에 있는 伊都國(이 토 코루)의 역대 왕들이 여왕국에 복속하는 것으 로 하고, 邪馬臺國(야 마 타이코쿠)가 여왕국의 도읍지라는 사실을 밝히며 여왕이 통 치하는 21개국을 열거했다.[21] 야마대국을 도읍지로 하는 나라를 여왕

來常所駐 (중략) 南至邪馬壹國 女王之所都 水行十日陸行一月(『三國志』魏志倭
人傳); 東海姬氏國, 百世代天工(「野馬臺詩」).

19 如今大漢領土東至東海, 西至渠搜, 南至番禺, 北至椒塗(揚雄『解嘲』, 國學治要五-
古文治要卷一).

20 倭在韓東南大海中依山島爲居凡百餘國(『後漢書』倭傳); 倭人在帶方東南大海之
中, 依山島爲國邑. 舊百餘國(『三國志』倭人傳); 倭國, 在百濟, 新羅東南, 水陸三千
里, 於大海之中依山島而居(『隋書』倭國傳); 倭人在帶方東南大海中依山島爲國地
多山林(『晋書』倭人傳); 倭者自云太伯之後 俗皆文身 去帶方萬二千餘里 大抵在
會稽之東相去絶遠 從帶方至倭 循海水行歷韓國乍東乍南七千餘里 始度一海 海
闊千餘里名瀚海至一支國(『梁書』倭傳).

卑彌呼[히미코]가 통치한다는 사실을 밝히는 기록이다. 비미호는 238년에 사자를 대방에 파견하여 천자에게 조공할 것을 원했고, 대방 태수 유하는 그녀를 「친위왜왕」로 임명하는 사자를 파견했다.[22]

중국의 동방에 위치하는 바다와 결부되는 왜는 조선의 동남 해중의 나라였다.[23] 동해에 존재하는 야마대국이 동해희씨국의 별칭이고, 여자들만 거주하는 순여무남국이 옥저의 동해에 존재했다면 그것들은 다 같은 나라였다. 『切韻[절운]』계의 저서에서는 「東海中女王國[동해중여왕국]」(陸法言)·「東海女國[동해여국]」(武玄之)·「東海中日本國[동해중일본국]」(孫愐) 등처럼 왜와 일본이 있는 바다를 동해라 했다.[24] 『남재서』는 대방의 동남 대해 중에 있는 왜가 한의 말기 이래로 여왕을 세우는 나라라는 것과 토속이 사서에 보인다는 사실을 전한다.[25] 동해희씨국의 설명은 『釋日本紀[샤쿠니혼키]』에도 있다.

양의 보지화상이 예언하여 말하길, 동해희씨국이 왜국이다. 생각해보니 천조대어신은 시조로 음신이다. 신궁황후도 여주다. 이러한 일에 근거해서 여국이라고 말하기도 희씨국이라고도 칭하기도 하는 것이다.[26]

21 世有王, 皆統屬女王國 (중략) 皆統屬女王國 (중략) 南至邪馬壹國, 女王之所都 (중략) 自女王國以北, 其戶數道里可得略載, 其餘旁國遠絕, 不可得詳. 次有斯馬國, 次有已百支國, 次有伊邪國, 次有都支國, 次有彌奴國, 次有好古都國, 次有不呼國, 次有姐奴國, 次有對蘇國, 次有蘇奴國, 次有呼邑國, 次有華奴蘇奴國, 次有鬼國, 次有爲吾國, 次有鬼奴國, 次有邪馬國, 次有躬臣國, 次有巴利國, 次有支惟國, 次有烏奴國, 次有奴國. 此女王境界所盡(『三國志』魏書, 東夷傳, 倭人).
22 景初二年六月倭王遣大夫難升米等詣郡求詣天子朝獻太守劉夏遣吏將送詣京都其年十二月詔書報倭女王日制詔親魏倭王卑彌呼(『三國志』魏書, 東夷傳, 倭人).
23 神野志隆光『「日本」とは何か』, 講談社, 2005, p.154·182.
24 神野志隆光『日本とは何か~国号の意味と歴史-』, 講談社現代新書, 2005, p.182.
25 倭國在帶方東南大海島中漢末以來立女王土俗已見前史(『南齋書』倭國傳).
26 梁時寶志和尙識云. 東海姬氏國. 又本朝僧善樺推紀云. 東海姬氏國者. 倭國之名也. 今案天照大神者. 始祖. 陰神也. 神功皇后者. 又女帝也. 依此等. 稱姬氏國(國史

이뿐만이 아니다. 平安時代^{헤이 안 지 다이}부터 室町^{무로마치}시대에 걸쳐 유행한 野馬台^{야 마 다이}詩^시도

> 동해에 있는 희씨국은 백대에 걸쳐 하늘을 대신하는 사람이 다스리는 나라가 되었다.²⁷

동해의 희씨국이 일본이라는 것을 분명히 했다. 이처럼 중국의 사서만이 아니라 일본의 기록들도 동해의 여인국을 왜국으로 기록하여, 옥저 동해의 일국은 왜국으로 볼 수 있다.

여인국의 여인들이 신정을 내려다보는 것만으로 아이를 출산한다는『후한서』의 내용은 고구려와 부여의 시조가 일광에 감응하여 탄생되는 것으로 신성성을 획득하는 것과 같다.²⁸ 고구려와 부여의 시조의 모친이 일광에 감응하여 태어난 것처럼 여인국의 여인들이 신정의 물을 내려다보는 방법으로 아이를 낳는다는 것은, 회임의 근본을 보(見)는 방향의 차이가, 하늘의 태양인가 우물 속의 물인가의 차이가 있을 뿐, 눈에 보이는 대상에 감응한다는 점에서는 같다.

大系第8卷『釋日本紀』卷一, 吉川弘文館); 梁の時の寶志和尚の讖に云はく, 東海姬氏国は倭国の名なり. と. 今案ずるに, 天照大神は始祖の陰神なり. 神功皇后, 又, 女主なり. 此等の義に就きて, 或は女国と謂ひ, 或は姬氏国と称するなり(神野志隆光『「日本」とは何か』, 講談社, 2005, p.154).

27 東海姬氏國, 百世代天工. 右司爲輔翼, 衡主建元功. 初興治法事, 終成祭祖宗. 本枝周天壤, 君臣定始終. 谷塡田孫走, 魚膾生羽翔. 葛後干戈動, 中微子孫昌. 白龍游失水, 窘急寄故城. 黃鷄代人食, 黑鼠喰牛腸. 丹水流盡後, 天命在三公. 百王流畢竭, 猿犬稱英雄. 星流飛野外, 鐘鼓喧國中. 靑丘與赤土, 茫茫遂爲空(『延曆寺護国縁起』).

28 侍兒日前絹天上有氣大如雞子來降我因呂有身(『後漢書』東夷傳, 夫餘); 幽閉於室中爲日所炤引身避之日影又逐而炤之因而有仍生一卵大如五升許(『三國史記』卷第十三, 高句麗本紀第一, 始祖東明聖王).

3. 울릉도와 일도의 문화

(1) 종교의례

옥저인이 표착했다는 일도에는 7월이 되면 동녀를 바다에 가라앉히는 습속이 있었다. 그것은 동녀를 희생으로 헌상하는 종교의례로 볼 수 있는 일인데, 순사를 전제로 하는 동녀를 자원하는 경우는 있기 어렵다. 의례를 통해 목적을 이루겠다는 세력이나 절대자가 선택할 가능성이 크다. 그런 면에서 동녀는 군장 등의 순장을 상정시킨다. 그래서 일도의 동녀는 도민의 생사여탈권을 좌우하는 개인이나 세력의 존재를 상정하게 한다.

① 희생

희생이란 천지나 종묘에 제사를 지낼 때 바치는 제물로 「희」는 종묘에 바치는 「생」을 의미하고 「생」은 제사에 바치는 축류를 말한다.[29] 제사의 대상에 따라 희생의 내용도 바뀌는데 천자일 경우는 희우, 제후일 때는 비우, 대부일 경우는 색우, 사의 경우는 시를 희생으로 삼았다.[30]

은의 탕왕이 하를 물리치고 천하를 통치하는데 5년의 가뭄이 들자, 몸소 뽕나무 숲에 들어가 머리를 뽑고 손톱을 잘라 스스로 희생이 되어 상제에게 비를 빌었다.[31] 천하를 통치하는 방법으로 탕왕 스스로 희

---

29 犧, 肉袒執犧(『呂氏春秋』行論), 牲, 引伸爲凡畜之稱(『說文』段玉裁의 說文解字注), 掌共六畜六獸六禽(『主禮』天官庖人).

30 天子以犧牛, 諸侯以肥牛, 大夫以索牛, 士以羊豕. 支子不祭, 祭必告於宗子(『禮記』曲禮下).

31 昔者湯王克夏而正天下, 天大旱, 五年不收, 湯乃以身禱於桑林, 曰, 余一有罪, 無及萬夫, 萬夫有罪, 在余一, 無以一人之不敏, 使上帝鬼神傷民之命. 於是翦其髮, 欐其手, 以身爲犧牲, 用祈福於上帝, 民乃甚說雨乃大至(『呂氏春秋』順民; 洪承直역해『呂氏春秋』, 고려원, 1999, p.322).

생이 되었으나, 희생으로 헌상되는 소·양·돼지의 경우는 다르다. 탕왕은 자신의 진심이나 충성을 알리는 방법으로 희생을 자처했으나 축류의 경우는 순사를 전제로 하는 희생을 헌상하는 방법으로 목적을 달성하려는 세력에게 선택되는데, 일도의 동녀도 마찬가지였다.

부여는 전쟁을 시작하기 전에 하늘에 제사를 올리며, 소를 잡아 발굽이 벌어져있는가 붙어있는가로 길흉을 판단했다. 그리고 제가가 죽으면 수 백인의 하호를 순장하는데,[32] 하호들은 자신의 의사와 관계없이 선택되어 희생의 역할을 수행한다. 지배층이 사망하면 근친자들이 강제 혹은 자발적으로 순사하는 순장은, 사자의 영혼을 위로하거나 사자의 수호를 보장받기 위한 방법이기 때문에, 순사하는 자들이 희생의 역할을 수행하는 것이다. 순장이란 특정한 목적을 위해 사람을 희생으로 삼기 때문에 인신공희라 할 수 있는데, 그것은 사후의 새로운 세계에 대한 종교적 신념, 사회구조적인 면에서 차별화 된 신분의 계층화가 같이 이루어져야, 제의를 위한 제도적인 사회적 희생이 가능하다.[33] 그래서 동녀를 바다에 가라앉히는 일도에는 필요에 따라 주민의 생사여탈권을 행사할 수 있는 개인이나 세력이 존재했던 것으로 볼 수 있다.

지증왕은 왕이 죽으면 5명씩 순장하던 제도를 금지시키고 친히 신궁에 제사를 올렸다.[34] 그것은 사람을 희생으로 바치는 방법으로 왕조의 수호를 기원하던 의례를 바꾸었다는 것이다.『예기』가 설명하는 것

---

32 祭天殺牛觀蹄以占吉凶蹄解者爲凶合者爲吉有敵諸加自戰下戶俱擔糧飮食之其死夏月皆用冰殺人徇葬多者百數(『三國志』魏書, 東夷傳, 夫餘).

33 이성준·권오영『한반도 고대사회에서의 순장의 사상적 배경과 그 성격』, 계명대학교 한국학 연구원, 2009, 7, p.128.

34 春三月 下令禁殉葬 前國王薨 則殉以男女各五人 至是禁焉(『三國史記』卷第四, 新羅本紀第四, 智證麻立干三年春三月).

과 같은 내용의 축류를 희생으로 헌상하는 제사의례와 사람을 희생으로 하는 의례도 같이 거행했으나, 사람을 희생으로 하는 순장제도를 폐지시킨 것으로 이해할 수 있는 금지령이었다. 희생의 내용에 대한 설명이 없으나, 남해차차웅이 시조의 사당에 춘하추동으로 올리는 제사를 여동생에게 맡긴 것, 지증왕이 시조의 탄강지 나을에 신궁을 창립하고 제향한 것 등을 보면,[35] 신라가 희생의 준비에 소홀하지는 않았다는 것은 알 수 있다.

② 순장

『삼국지』는 변진인들이 사자를 새의 날개에 태워 천상으로 보낸 사실을 전한다.[36] 그리고 『삼국사기』는, 천자는 천지와 천하의 명산대천을 제사하고, 제후는 사직과 자기 영지에 있는 명산 대천만을 제사한다는 『예기』의 규범을 소개하고, 신라는 제후의 예를 벗어나지 않는 제사를 거행한 사실도 추정했다. 그리고 매년 5묘에 여섯 번 제사한다는 것과 풍년이 든 12월에 소를 희생으로 바치고 흉년에는 양을 헌상한다는 사실도 밝혔다.[37]

지증왕이 순장을 금하고 나을에서 친히 제사를 거행한다는 것은, 그때까지 순장과 짐승을 희생으로 삼는 의례가 병행되었을 가능성과 특별한 경우에는 인신을 희생으로 하는 의례가 거행되었다는 것을 같

---

35 案新羅宗廟之制第二代南解王三年春始立始祖赫居世廟四時祭之以親妹阿老主祭第二十二代智證王於始祖誕降之地奈乙創立神宮以享之(『三國史記』卷第三十二, 雜志第一, 祭祀).

36 以大鳥羽送死其意欲死者飛揚(『中國正史朝鮮列國傳』, p.110).

37 諸侯祭社稷名山大川之在其地者是故不敢越禮而行之者歟 (중략) 一年六祭五廟 (중략) 十二月寅日 (중략) 豊年用大牢凶年用小牢(『三國史記』卷第三十二, 雜志第一, 祭祀).

이 의미한다. 순장이 사자의 영혼을 위해서 이루어지든, 왕조의 안전을 보장받기 위한 방법이든, 제의를 거행하는 측의 소망에 근거하기 때문에, 순사하는 남녀가 희생으로 헌상되는 짐승의 역할을 대행한다는 것은 틀림없는 사실이다.

순장의 폐해를 없애는 방법으로 사용된 것의 하나가 일본의 埴輪^{하니 와}인데, 3세기 후반부터 6세기의 고분에서 출토된다. 기원에는 제설이 있으나 垂仁天皇^{스이 닌 텐 노우}의 장의에 기원한다는 설도 있다. 죽은 천황의 여동생과 같이 순장된 총신들의 신음과 시체를 찾아 모여드는 짐승들의 울부짖음을 들은 천황이, 고래의 풍습이라 해도 따를 필요가 없다며 순장을 금했다. 그리고 황후의 장례를 거행할 때, 出雲國^{이즈모노쿠니}의 埴土^{하니쓰치}로 土物^{하 니}를 만들어 능묘에 세워야 한다는 土部^{하니 베}의 제안을 수용했다.[38] 사람을 土物^{하 니}로 대체한 것은 희생의 내용을 바꾸었을 뿐, 사자의 영혼을 위로한다는 점에서는 같았다.

희생의 역할은 고구려의 건국담에서 확인할 수 있다.

> 서쪽을 순행하다가 백록 한 마리를 얻어, 해원에 거꾸로 달아매고 저주하기를, 하늘이 만일 비를 내려 비류왕의 도읍을 표몰시키지 않으면, 네가 너를 놓아주지 않을 것이니, 이 곤란을 면하려거든 네가 하늘에 호소하거라 라고 말했다. 그 사슴이 슬피 울어, 소리가 하늘

---

38 天皇母弟倭彦命薨 (중략) 於是集近習者悉生而埋立於陵域數日不死晝夜泣吟遂死而爛臰之犬鳥聚噉焉天皇聞此泣吟之聲心有悲傷詔群卿曰夫以生所愛令殉亡者是甚傷矣其雖古風之非良何從自今以後議之止殉 (二十八年冬十月) 野見宿禰進曰夫君王陵墓埋立生人是不良也 (중략) 則遣使者還上出雲國之土部壹佰人自領土部等取埴以造作人馬及種種物形獻 于天皇曰自今以後以是土物更易生人樹於陵墓爲後葉之法則 (중략) 始立于日葉酢媛命之墓仍號是土物謂埴輪(『日本書紀』垂仁天皇, 三十二年秋七月).

에 사무치자 장마비가 이레를 퍼부어 송양의 도읍을 표몰시켰다.[39]

동명이 비를 내려 비류왕의 도읍을 표몰시키고 싶다는 뜻을, 사로잡은 백록이 하늘에 고하게 했고, 백록이 슬피 우는 방법으로 동명의 뜻을 전하자, 하늘이 동명의 뜻을 이해하고 비를 내려 송양의 도읍을 표몰시켰다. 동명이 희생을 천에 헌상하는 방법으로 뜻을 이룬 것이다.

비류왕의 도읍을 수몰시키는 방법을 생각한 것은 동명이었으나, 그것을 하늘에 전달한 것은 슬피 운 백록이었다. 하늘은 희생의 비명으로 동명의 뜻을 알고 비를 내린 것이다.[40] 백록이 비명을 지르는 방법으로 동명의 뜻을 하늘에 전했는데, 그것이 희생의 역할이었다.

동녀가 희생이 되는 예는 『古事記』에도 있다. 하늘에서 추방된 須佐之男命는, 8명의 딸을 둔 노부부의 집에 매년 찾아와 7명의 딸을 헌상 받았던 뱀, 머리가 여덟 개인 뱀을 퇴치하고 딸을 헌상 받기로 했다. 수좌지남명은 여덟 통의 술을 준비하여, 술통에 머리를 넣고 술을 마시는 뱀을 죽였다.[41] 7명의 딸을 뱀에게 희생으로 바치던 노부부가 마지막 남은 딸을 수좌지남명에게 바치는 방법으로 뱀을 퇴치하려는 목적을 달성한 것이다.

---

39 西狩獲白鹿 倒懸於蟹原咒日 天若不雨而漂没沸流王都者 我固不汝放矣 欲免斯難 汝能訴天 其鹿哀鳴 声撤于天 霖雨七日 漂没松讓都(金鍾埈·崔柄憲 外一人 編 著『韓國文化史』古代編, 一志社, 1996, p.412; 朴斗抱「民族의 英雄 東明王 說話 考」,『國文學研究』98, 1983, p.13).

40 權五曄『廣開土王碑文의 世界』, 제이앤씨, 2007, p.252.

41 須佐之男命 以爲人有其河上而 尋覓上往者, 老夫与老女 二人在而 童女置中而泣 (중략) 我之女者, 自本在八稚女 是, 高志之八俣遠呂知 每年來喫 今 其可來時 故, 泣 (중략) 身一有八頭·八尾 (중략) 汝之女者, 奉於吾哉 (중략) 汝等 釀八鹽折之酒 (중략) 乃每船垂己頭 飲其酒 於是 飲醉留伏寢 爾 速須佐之男命 拔其所御佩之 十拳劍 切散其蛇者(권오엽·권정『고사기』상, 고즈윈, 2004, p.165).

부여에서는 천후가 불순하여 오곡의 생육이 순조롭지 못하면 책임을 물어 왕을 교체하거나 살해하기도 했다.[42] 풍우를 조절하는 신에게 왕을 희생으로 헌상하여 강우를 보장받는 의례였다. 이때의 왕은 천후와 운명을 같이 하는 존재였다.[43] 왕이 희생으로 헌상되는 것이 왕의 자의였을 수도 왕을 추대했던 세력의 강요였을 수도 있다. 일도의 동녀도 마찬가지였다. 그녀가 자원하는 경우보다는 희생을 헌상하여 목적을 달성하려는 개인이나 세력에게 차출 되었을 가능성이 크다.

③ 동녀와 제천의례

동녀를 바다에 가라앉힌다는 일도의 의례는 그것으로 개인이나 공동의 목적을 달성할 수 있다는 가치관에 근거하는 의례로, 동맹이나 영고 등의 의례와 대응한다. 부여는 12월에 영고라는 제천의례를 거행하며 온 나라 백성이 회합하며 연일 음식과 가무를 즐겼고, 고구려와 동예도 각각 10월에 동맹과 무천이라는 제천의례를 열고 밤낮으로 술과 가무를 즐겼다. 마한은 5월과 10월에 천군을 선발하여 소도라는 곳에서 제천의례를 거행하고 무리지어 음식과 가무를 즐겼다. 도적이 그곳으로 도망쳐도 추적하지 못할 정도로 신성시 했다.[44]

그 의례에 필요한 희생에 대한 설명이 없으나 음식과 가무를 즐겼다는 것을 보면, 수호신의 은덕에 감사하며 계속되는 수호를 보장받기 위

---

42 水旱不調五穀不熟輒歸咎於王或言當易或言當殺(『三國志』魏書, 東夷傳, 夫余).

43 三品彰英「朱蒙神話と高句麗王の祭政」,『古代祭政と穀靈信仰』, 平凡社昭和48, p.141.

44 旦臘月祭天大會連日飮食歌舞名曰迎鼓(『後漢書』東夷傳. 夫餘); 常用十月祭天晝夜飮酒歌舞名之爲舞天(『後漢書』東夷傳, 濊); 常以五月下種訖祭鬼神羣聚歌舞飮酒晝夜無休 (중략) 十月農功畢亦復如之信鬼神國邑各立一人主祭天神名之天君 (중략) 諸亡逃至其中皆不還之(『三國志』東夷傳, 韓).

한 희생을 바친 것으로 보아야 한다. 고구려는 수렵한 사슴 멧돼지 등을 하늘과 산천에 바쳤는데, 백록과 같은 백색 동물을 특히 선호했다.[45]

제천의례는 동방에 떠서 서방으로 지는 태양을 보며 살아가는 울릉도민들도 거행하지 않을 수 없는 의례였다. 그것의 일종이 3세기의 일도 주민들이 7월마다 동녀를 바다에 가라앉혔다는 의례였다. 바다에 가라앉히기 때문에 하늘과 무관한 것으로 볼 수도 있으나, 바다를 태양의 휴식처나 거주지로 보는 고대인의 인식을 이해하면, 그렇지 않다는 것을 알 수 있다. 산악신앙의 대상이 산이 아니라 산을 태양의 권현으로 보는 신앙이라는 것과 같은 일이다.

최남선은 신산을 천, 곧 태양인 신의 측근적 진호를 생각하는 요구에 응하여 신산이란 신앙현상이 종교적 생활 중에 나타난 것이라 했다. 조선의 신산이 결코 통례의 산악 숭배가 아니라 천계의 인간적 존재 또는 태양의 권현, 혹은 그 궁거로 보는 신앙이라는 것이다.[46] 산을 태양의 거주지로 인식하고 숭배한다는 것인데, 울릉도 주민들은 바다를 태양의 거주지로 본 것이다.

고대 중국인들은 10개의 태양이 존재하며 하루에 하나씩 떴다 일몰하는 것으로 믿었다. 아침에 동방의 양곡으로 나와, 그곳의 부상이라는 나무에 올라 천공을 돌기 시작하여, 서방의 매곡으로 가라앉으면 밤이다. 매곡으로 들어간 태양은 해저의 통로를 통해 부상의 아래로 돌아올 동안, 나머지 아홉 개의 태양은 일출의 순번을 기다린다. 이는 매곡과 양곡을 통하는 통로가 존재한다는 것으로, 아홉 개의 해가 9일간 휴식하는 부상의 아래가 양곡이면서 매곡이라는 것을 의미한다.[47]

---

45 金瑛河「高句麗의 巡狩制」,『歷史學報』106輯, 歷史學會, 1985, p.19.
46 崔南善『韓國史』Ⅱ, 六堂崔南善全集2, 玄岩社, 1873, p.45.
47 權五曄「『隱洲視聽合紀』와 독도」,『동북아역사논총』18호, 동북아역사재단, 2007,

그것을『회남자』는 다음처럼 설명했다.

> 태양은 양곡에 나타나 함지에 씻고 부상에 오른다. 이때를 신명이
> 라 한다. 부상에 올라 운행을 시작하려 할 때를 굴명이라 한다(중략)
> 이곳에 희화를 멈추고 육룡을 쉬게 한다. 이 때를 현차라 한다. 우연
> 에 이른 때를 황혼이라 하고 몽곡에 가라 앉은 때를 정혼이라 한다.
> 이렇게 태양이 엄자로 들어가 세류를 거쳐 우연의 사로 들어가면 몽
> 곡포의 밤이 밝아진다.[48]

이곳의 몽곡이 매곡이다. 해가 일정을 마치고 매곡에 오면 해를 받
아들이는 납일의 예를 차린다. 餞日^{전 일}이라는 의례다. 그처럼 태양의 움
직임에 근거하는 것이 아침에 오룡거를 타고 나타났다가 정사를 보고
저녁에 다시 하늘로 돌아가는 해모수의 일정이었다. 천지 간을 오가는
해모수의 활동을 설명하는『동명왕편』은 천강하는 해모수가 오룡거
를 타고 시종 백여인은 고니를 탄 것으로 했다. 그리고 해모수처럼 천
명을 받으면

> 아침에는 인간 세상에 살고, 저녁에는 천궁으로 돌아간다.[49]

천지 간을 활동영역으로 한다는 것을 밝혔다. 지상에 내려와 유화

---

p.57.

48 日出於暘谷 浴于咸池 拂于扶桑 是謂晨明. 登于扶桑 爰始將行 是謂朏明 (略) 爰止
羲和 爰息六龍 是謂縣車 至于虞淵 是謂黃昏 淪于蒙谷 是謂定昏 日入崦嵫 經于
細柳 入虞淵之汜 曙于蒙谷之浦(『淮南子』卷三, 天文訓12회, 明治書院, 1985).

49 自古受命君 何是非天賜 白日下靑冥 從昔所未際 朝居人世中 暮反天宮裡 朝則廳
事 暮卽升天 世謂之天王郞(李奎報『東國李相國集』卷三).

와 어울리던 해모수는 하백에게 자신이 천제의 아들이라는 것을 입증하기 위해 하늘의 오룡거에 유화를 태우고 하백의 궁을 방문한다. 그리고 하백과 주력을 경쟁하여 승리를 거두자, 다시 하늘로 승천한다.[50] 인간들은 자신들의 소원을 들어주는 신이 천상에 거주한다고 믿기에 하늘은 물론 일월성신을 숭배의 대상으로 삼는다. 그리고 각자가 위치하는 곳에 맞는 방법으로 의례를 거행한다.

태양을 숭배하는 제사의 장소는 태양의 움직임을 기준으로 하기 때문에 서방에 거주하는 사람들은 해가 지는 곳으로 했다. 독도와 울릉도의 동방에 존재하는 은기도의 주민들은 자신들이 사는 곳을 서북의 극지인 매곡으로 인식하기 때문에, 해를 받아들이는 납일제를 거행했다.[51] 『상서』의 요전 등에 근거하는 의례로, 해가 뜨는 양곡과 매곡이 대응한다.

종일 태양을 바라보며 생활하는 울릉도 주민들은 태양을 독점하기 때문에 수호도 독점한다는 특권의식을 가지고, 그것을 보장받기 위한 의례를 거행한다. 그것이 고대의 일반적인 가치관이었다. 3세기의 일도 주민들은 그런 의례를 동녀를 바다에 가라앉히는 방법으로 실행한 것이다.

인간은 자신의 능력으로 해결할 수 없는 문제를 만나면 천지신명이나 사물에 깃들었다고 믿는 신들의 수호로 해결하려 했다. 일정한 세력을 구축한 군주들은 자신들의 지위를 신성화하고, 자신들의 통치에

---

50 王指天而告俄而五龍車從空而下王與女乘車風雲忽起至其宮 (중략) 獨乘赤霄上 (李奎報『東國李相國集』卷三).

51 按 此日月之祭ハ古之遺法歟 書ニ曰 昧谷ニ寅シテ餞ムケス納日ニ本朝モ亦曽テ行シ此禮ヲ[唯其遺法]歟 隱州ハ戌亥之極地昧ハ暗也 與元音相近也 上古於是ノ地ニ 餞スルモ納日ニ亦未可知焉(『隱州視聽合紀』, p.180).

절대적인 힘이 되는 종교를 이용하기도 했다.[52] 동맹이나 영고 같은 의례도 그것을 목적으로 한다. 계절이 바뀔 때나 수렵·농경과 같은 생산과정, 탄생에서 죽음에 이르는 과정에서 행해지는 종교의례는 주민들에게 정서적인 연대감을 주고 사회관계를 유지하게 한다.

울릉도일 수밖에 없는 일도의 주민들이 동녀를 희생으로 하는 의례를 거행하는 것은 자신들이 숭배하는 태양에 동녀를 헌상하여 소원을 이루는 것을 목적으로 한다. 우리 민족의 산악신앙이 산을 태양의 권현이나 태양의 궁거로 여기는 것처럼 일도 주민들도 해가 뜨고 지는 바다를 태양의 거주처로 여긴 것이다. 그런 면에서 일도의 동방에 존재하는 암도, 태양의 거주처라는 해중에 돌궐한 암도야 말로 일도 주민들이 숭배하는 신앙의 대상으로 군림하기에 충분했다.

(2) 일도의 언어

단군조선이 기자와 위만에 의해 왕조가 교체될 때마다 많은 이주민이 발생했다. 그 결과 삼한에 조선과 진의 유민들이 거주하게 되었고,[53] 서라벌에는 조선의 유민들이 육촌을 이루었다.[54] 그런 상황에서 옥저가 울릉도를 인식하고 있었다는 것은, 조선을 비롯한 부여·고구려·옥저·삼한 등지의 주민들이 그곳으로 이주했을 경우를 상정시킨다. 그런 이주가 장기간에 걸쳐 이루어진다는 것은 조선이 기자조선과 위만조선으로 바뀔 때마다 유민이 발생한 일이나, 주몽이 부여에서 졸본으

---

52 李萬烈『韓國史大系』2, 三珍社, 1973, p.198.
53 辰韓耆老自言 秦之亡人. 避苦役適韓國 馬韓割東界地與之 (중략) 初朝鮮王準. 爲 衛滿所破 乃將其餘衆數千人 走入海 攻馬韓破之 自立爲韓王 準後滅絶 馬韓人復 自立爲辰王(『後漢書』東夷傳, 韓).
54 國號徐那伐 先是 朝鮮遺民 分居山谷之間 爲六村(『三國史記』新羅本紀第一).

로 이주한 사실, 비류와 온조가 미추홀과 위례성으로 이주한 것 등을 통해서 알 수 있다.

3세기의 「일도」에 옥저인과 언어가 통하는 주민과 그렇지 않은 주민이 혼거하고 있었다는 것도 사방 각지의 주민들이 이주한 결과로 보아야 한다. 그런 상황을 반영한 것이 『삼국지』와 『후한서』의 기록이다. 일도에서 만난 자와는 언어가 통하지 않았는데도 7월에 동녀를 바다에 가라앉히는 습속이 있다는 것을 알았다는 것은 언어가 통하는 주민도 거주하고 있었다는 것이다.

옥저의 해안에 표착한 사람을 『삼국지』는 목에 또 하나의 얼굴이 있는 복유면이라 했고 『후한서』는 머리의 정수리에 또 하나의 얼굴이 있는 복유면이라 했는데, 양서 모두 언어가 통하지 않는 것으로 했다. 이는 해중에서 중국인의 의복과 같은 포의를 구했다는 것과 같이, 옥저의 동방 해상에 언어가 통하지 않는 자, 즉 이국인이나 이종족들이 항해하며 교류했다는 것이다. 옥저의 노인이 분명히 밝힌 것은 일도에 언어가 통하는 자와 통하지 않는 자가 혼거한다는 사실이다. 그리고 포의가 중국인 것 같다는 추정과 순여무남의 일국이 존재하는 설명을 통해 옥저의 동해에 언어가 통하지 않는 사람들도 항해한다는 사실도 설명했다. 그것은 중국이나 왜만이 아니라 여타 종족들도 옥저의 정동 해중을 항해하며 교류한다는 것을 의미한다.

얼굴이 둘이라는 복유면은 그런 교류와도 다르다. 진짜로 얼굴이 둘인지는 알 수 없으나, 그만큼 본 일이 없는 자, 옥저인이 경험한 일도나 일국의 주민, 그리고 중국인과 완전히 다른 형상의 표착민이었기 때문에 복유면으로 설명한 것이다. 다시 말하자면 옥저의 동해에 일도나 일국만이 아니라 중국·왜의 주민이 아닌 자들도 항해하고 있었다는 것이다. 그처럼 일도를 둘러싼 해중에는 다양한 종족, 언어가 다르고 형상이 다른 종족들이 항해하며 교류하고 있었다.

고조선의 국가 형성으로 한·맥·예의 언어가 통합되고 융합되어 보다 풍부한 민족언어로서의 고조선어가 형성 발전했다. 그 언어가 직계 민족들의 조어가 되고 고구려·백제·신라·가라·탐라의 언어는 서로 통역 없이 소통되면서, 약간의 지역사투리를 동반한 채「언어의 공동」의 지속과 발전이 진전되었다.[55] 그런 흐름 속에서 일도에 옥저인과 언어가 통하는 주민과 그렇지 못한 주민이 혼거한다는 것은, 조어에 유래하는 언어를 사용하는 주민과 그렇지 않은 언어를 사용하는 주민이 같이 산다는 것이다. 중국이나 왜 등지의 이주민이 혼거한다는 상황의 설명이다.

옥저의 언어가 고구려와 닮았다는 것은[56] 고구려와 언어가 통하지 않는다는 기록이 없는 삼한의 언어와도 닮았다는 것이다. 그래서 일도에 옥저인과 언어가 통하지 않는 주민이 거주하고 있다면, 그들은 고구려나 삼한·삼국 이외의 중국이나 왜 등지에서 이주한 주민들로 보아야 한다.

(3) 의복

『삼국지』와 『후한서』는 옥저의 동해에 포의를 주운 것이라 했다. 포의란 포제의 옷, 서민의 옷을 의미하지만 서민은 70세 이상의 노인이 되기 전에는 비단옷을 입을 수 없기 때문에, 관위가 없는 서민의 의복을 의미한다.[57] 바다에서 중국인의 의복과 같은 포의를 습득했는데,

---

55 愼鏞廈『韓國民族의 起源과 形性研究』, 서울대학교출판문화원, 2017, p.197·232.
56 東沃沮在高句驪蓋馬大山之東 (중략) 言語音食居處衣服有似句驪(『後漢書』東夷傳, 東沃沮).

그 소매가 3장이라 했다. 소매가 3장이라는 것은 긴 소매의 과장이다. 1장의 길이가 3,333m이므로 3장이라면 10m에 가까워, 그런 의복이 존재한다 해도 일상복, 특히 항해에는 어울리지 않는다.

원래 長袖（장수）는 긴 소매의 의복을 입은 公卿（공경）이나 舞妓（무기）를 의미한다.[58] 그래서 명의 침략을 준비하던 豊臣秀吉（토요토미히데요시）는 중국과 일본을, 소매가 긴 옷을 입은 大明之長袖國（대명지장수국）과 전쟁에 능한 日本弓箭嚴國（일본궁전엄국）으로 비교했었다.[59] 중국과 일본을 문관국과 무관국으로 대비하여, 침략에 대한 자신감을 보이는 표현이었다.

옥저 해안에서 소매가 3장인 포의를 습득했다는 것은 일도나 일국에 포의를 입은 자가 거주했다는 것으로 볼 수도 있고, 포의를 입은 자가 일도나 일국의 주민과 교류하던 중에 바다에 떨어뜨린 결과로 볼 수도 있다. 아니면 그저 항해하다 흘렸을 수도 있다. 그러나 옥저인이 일도의 일을 설명하는 가운데 언급된 것이기 때문에, 일도의 주민이 착용하는 의복으로 볼 수도 있다. 일도에 동녀를 희생으로 하는 의례가 매년 거행된다는 것과 같이 생각하면, 일도에 소매가 3장인 포의를 착용하는 개인이 존재하거나 그런 세력이 형성되었을 경우도 상정 가능하다. 제사장과 군주를 겸한 지도자가 존재하는 경우도 상정할 수 있다.

부여는 백포로 소매가 큰 웃옷과 바지를 만들어 입고, 국외에 나갈

---

57 井上秀雄은 같은 「得一布衣」를 『後漢書』의 경우는 「一枚의 布製의 衣服」으로 해석하고, 『三國志』의 경우는 「一人의 布衣(庶民)」로 해석했다(『東アジア民族史1』, 平凡社, 1995, p.83·90). 그것을 김성구는 「베옷 한벌」로 통일했다(『中國正史朝鮮列國傳』, 東文選, 1996, p.67·100). 이곳에서는 김성구의 해석에 따른다.

58 爾乃傳芳酘揚清曲, 長袖留賓待華燭(梁元帝, 對燭賦).

59 次第次第無油斷相勤, 大明國可成程可申付候, 猶以, 渡海之人数追々可相詰旨, 被仰出候, 日本弓箭きひしき國ニさへ, 五百千にて如此此不残被仰付候, 皆共ハ多勢にて 大明之長袖國へ先懸仕候間, 無心元も不被思食候, 早速可申付事肝要候(『毛利家文書之三』, 904, 天正廿年六月三日, 豊臣秀吉朱印狀); 朝尾直弘『日本の歷史』鎖國, 小學館, 1975, p.91.

때는 견직물·수·금직·모직물로 만든 옷을 입었다. 고구려도 같은 직물로 만들고 금은으로 장식한 옷을 입었다. 옥저의 의복은 고구려와 닮았는데, 고구려와 동족이라는 예는 옷깃이 둥근 옷을 입었다. 마한은 금포로 만든 옷에 주옥을 장식했고, 백제의 의복은 고구려의 그것과 유사했다. 진한은 양잠하여 비단을 짰고, 신라는 백색 옷을 존중했다.[60]

부여와 고구려가 견직물 금직물의 의복을 입고, 백제의 의복이 고구려와 닮았고, 옥저의 의복이 고구려와 유사하고, 예가 고구려의 동족이었다는 것은 부여·고구려·백제·옥저·예의 복식이 유사했다는 것이다.

여기서 유의할 것은 부여인이 웃옷의 소매가 크다는 표현이다. 『삼국지』가 부여인이 입는 옷의 소매를 大袂袍로 기록하면서 일도 주변에서 얻은 포의 소매는 兩袖長三丈으로 표기했다. 부여인의 의복을 설명하는 袖나 일도인의 포의를 설명한 袂가 같이 소매의 길이를 의미한다. 그런데 부여인의 옷은 소매가 크다는 大袂라 했고, 일도인의 옷은 소매가 길다는 袖長으로 표기했다. 그 大와 丈의 차이는 무엇에 근거하는가가 분명하지 않다. 그러나 3세기의 일도에는 포의를 입고 생활하는 주민들이 거주하는 경우는 상정 가능하다.

그런 일도의 주민, 옥저에 왕래하던 그들이 육안으로 확인 가능한 동방의 암도를 인식하는 것은 당연한 일이다. 또 매년 7월이면 동녀를

---

60 在國表向白白布大袂袍袴履革踏出國則尚繒繡錦罽(『三國志』魏書, 東夷傳, 夫餘); 其公會衣服皆錦繡金銀日自飾(『後漢書』東夷傳, 高句麗); 言語飲食居處衣服有似句麗(『後漢書』東夷傳, 東沃沮); 男女皆衣曲領(『後漢書』東夷傳, 濊); 馬韓人知田蠶. 作錦布 (중략) 布袍草履(『後漢書』東夷傳, 韓); 言語服章略與高麗同(『梁書』諸夷傳, 東夷百齊, 『隋書』百濟傳); 俗饒蠶善作緜布(『晉書』東夷傳, 辰韓); 服色尚素(『隋書』東夷傳, 新羅).

희생으로 하는 의례를 거행하는 일도의 주민들이 태양과 같이 모습을 나타나내는 암도를 태양의 거주처로 보고, 태양을 숭배하는 의례를 거행하는 대상으로 삼는 경우는 어렵지 않게 상정할 수 있는 일이다.

(4) 기인 복유면

난파선에 실려 옥저 해변에 표착한 자의 의복이 중국인과 유사했으며 언어가 통하지 않았다는 것은 이국인의 특징일 수 있어 이상한 일이 아니다. 형상이 특이하다거나 인상적인 흉터가 있다거나 문신이 있을 수도 있다. 그러나 머리 위나 목 부분에 또 하나의 얼굴이 있다는 것은 그 한계를 벗어난다. 삼한이나 삼국, 중국과 왜도 아닌 영역의 주민과 인종이 옥저의 동해에 왕래하며 교류하는 경우를 시사하는 내용의 기록이다.

중국 각지의 풍물을 기록하면서 상상의 생물이나 산물을 소개하여 전설 속의 지리지라고도 기서라고도 말하는『산해경』에나 나올 수 있는 형상이다.『산해경』에는 올빼미 같은 생김새인데 사람과 같은 얼굴에 눈이 넷이나 되는 顒, 다리가 하나인 올빼미 형상에 사람의 얼굴을 한 橐𩇯, 수탉 같은 생김새에 사람의 얼굴을 한 鳧徯 등이 소개되어 있고, 사람 같이 생겼으면서도 머리가 둘인 驕蟲이라는 신의 이야기도 있다.[61] 그처럼 신화의 세계를 이야기하는『산해경』에나 나올 법한 인간이 3세기의 울릉도에 실존했다고 보기는 어렵다. 그런데도『삼국지』와『후한서』가 그런 존재를 전하는 것은 자신들의 세계와 일도를 차별하는 방법으로 우월감을 확인하는 방법이었다. 외형의 차별로 우월

---

[61] 有鳥焉其狀如梟人面四目而有耳其名曰顒 (중략) 有鳥焉其狀如梟人面而一足曰橐𩇯 (중략) 有鳥焉其狀如雄鷄二人面名曰鳧徯 (중략) 有神焉其狀如人而二首名曰驕蟲(鄭在書譯註『山海經』, 民音社, 1993, p.67·74·82·176).

감을 확인하는 천하사상의 실현이다.

일도가 야만의 섬이기 때문에 평상인과는 다른 형상의 사람이 사는 곳으로 설정한 것이다. 원래 천하사상이란 자타를 자존적으로 구별하는 화이사상과 우위에 선 자가 열등한 타를 포용해야 한다는 왕화사상으로 구성되는데, 타국이나 이역에 거주하는 주민의 형상을 기이하게 설정하는 것은 자타를 차별하는 화이사상의 실현이다.[62] 그렇게 화이사상으로 구별된 「이」는 「화」의 은덕에 감사하며 교화 받아야 한다.

옥저는 중국의 정세 변화에 따라 위만조선과 한의 현도군 낙랑군에 예속되는 등 많은 영향을 받고 있었다. 한이 위만 조선을 멸망시키고 사군을 설치하는 것은, 한을 천하의 중심에 위치시키는 천하사상의 실현이었다. 옥저가 그런 목적으로 설치된 현도군이나 낙랑군에 예속되었다는 것은 한의 질서를 지키는 주변국임을 인정하는 일이었다. 그런 옥저가 동해안에 표착한 자를 머리가 둘인 기인으로 설명한 것은, 한의 천하에 참여한 경험에 근거해서, 옥저를 세상의 중심에 위치시키는 일이었다. 그렇게 하는 것이 자존인식을 확인하고 유지하는 방법이었다.

4. 일도 동방의 암도

일본이 독도에 대한 우리의 정통성을 부정하는 방법의 하나가 울릉도에서 독도가 육안으로 확인할 수 없다는 주장이었는데, 川上健三의 주장이 그 백미를 이룬다. 천상은 『세종실록지리지』가 전하는 「우산과 우릉은 2도로 울진현의 정동해중에 존재하는데, 2도의 거리가 서

---

62 權五曄 『廣開土王碑文의 世界』, 제이앤씨, 2007, p.276.

로 멀지 않아 바람이 부는 맑은 날에는 망견할 수 있다」[63]라는 내용을 부정하기 위해 어려운 수학공식까지 인용했다. 그리고 울릉도에서 멀리 떨어진 독도에 갈 특별한 이유도 없고, 울릉도에 거주한다 해도 독도의 존재를 알 수 있는 기회가 많지 않은 것으로 추정했다.

사서의 기록과 수학공식까지 인용하는 주장이기 때문에 객관적으로 볼 수도 있었다. 그러나 2008년부터 2009년까지 울릉도 깍끼등의 227m~226m의 위치에서 1년 6개월 간 관측한 최희찬씨는 독도를 56일 관측했다. 그 중 1회는 육안으로 확인했으나 카메라 촬영은 불가능했다.[64] 카메라로 촬영하지 못한 것을 육안으로 확인했다는 것은 새삼 놀라운 일이다. 현대인들보다 육감적인 일도의 주민들이 육안으로 암도를 쉽게 확인하는 경우를 상정할 수 있기 때문이다.

울릉도와 독도의 거리, 즉 울릉도와 무인의 석도는 87,4km의 거리로 울릉도의 해발 약 284m의 지점에서는 독도의 해발 50m 이상의 부분을 인식할 수 있으며, 해발 200m 지점에서 보면 독도의 96m 이상의 부분이 보인다. 서도의 정상부가 삼각형으로 보인다.[65] 울릉도에서 독도를 육안으로 확인하는 일에는 적어도 조건 두 가지가 필요하다. 하나가 날씨가 맑은 것에 그치지 않고 바람이 불어야 한다는 것이다. 또 하나는 해발 108m 이상을 올라가야 한다는 것이다. 그리고 또 하나가 필요하다면 그것은 시력이다. 그런데 3세기의 일기나 주민의 시력은 지금

---

63 于山武陵二島在縣正東海中二島相距不遠風日淸明則可望見(『世宗實錄地理志』 江原道蔚珍縣)
64 해발 108m나 133m에서도 독도를 확인한 일도 있다(洪聖根「독도 가시일수 조사의 배경과 의미」,『독도!울릉도에서 보인다』, 동북아역사재단, 2010, p.30).
65 박배근「『竹島歴史地理學的研究』에 대한 비판적 검토」,『法學研究』42-1, pp.122~123; 문철영「울릉도에서 독도가 보인다는 것의 역사적 의미」,『독도!울릉도에서 보인다』, 동북아역사재단, 2010, p.51.

보다 나쁠 수 없어 현재보다 용이하게 확인할 수 있었다.

천상건삼은 울릉도 사람들이 독도를 확인할 필요가 없었던 것으로 단정했는데, 그것은 일도의 주민들이 동녀를 희생으로 하는 제천의례를 거행한 사실을 몰랐거나 간과한 단견이다. 바다에 뜨고 지는 태양을 보며 생활하는 일도의 주민들은 자신들이 태양의 수호를 독점한다는 사고에 근거하여, 태양의 수호에 감사하며 영원한 수호를 보장받을 목적으로 제천의례를 거행한다. 그런 제천의례를 옥저인은 동녀를 바다에 가라앉히는 습속으로 이해한 것이다. 희생을 헌상하며 소원을 기원하는 도민들에게 태양은 더없이 좋은 숭배의 대상이었고, 태양의 거주처로 인식할 수 있는 독도 역시 더 없이 좋은 신앙의 대상이었다.

태양이 떠오르는 동방에 존재하는 독도는, 동해에서 떠올라 천공을 돌아 서방의 매곡으로 가라앉은 다음에 다시 동방으로 돌아가 휴식하고 나온다고 인식되는 섬이다. 그 위에 바람이 부는 청명한 날에만 자태를 보인다는 것이 더 신비로워, 울릉도 도민들의 신앙심을 자극하기에 충분했다. 그런 독도와 마주한 울릉도에 동녀의 생사여탈권을 행사하는 세력이 3세기에 존재했기 때문에 울릉도와 독도로 구성되는 우산국도 6세기에 건국될 수 있었다.

5. 결론

3세기의 동해에 사람이 사는 일도와 여인들만 산다는 일국에 대한 기록이 『삼국지』와 『후한서』에 있는데, 순여무남의 일국은 양서가 전하는 왜국과 대응한다. 그리고 옥저인과 언어가 통하는 주민과 그렇지 못한 주민이 혼거한다는 일도는 주민이 거주한다는 점과 은기도가 순여무남의 여인국에 대응한 다는 점에서 울릉도라는 도명이 사용되기 전의 섬이라는 것을 알 수 있다.

일도에는 옥저인과 언어가 통하지 않는 주민만이 아니라 동녀의 정보를 제공한 주민, 옥저의 동해안에 표착한 복중면의 주민 등이 혼거하고 있었다. 동해의 유인도는 은기도와 울릉도뿐인데, 은기도의 주민이 옥저의 해안에 표착하는 일은 해류의 흐름 상 있기 어려워, 옥저인이 경험한 자들은 일도의 주민으로 보아야 한다.

옥저인이 일도의 주민과 언어가 통하지 않았는데도 동녀를 희생으로 헌상하는 의례에 관한 정보를 구했다는 것은 일도에 언어가 통하는 자도 거주했다는 것이다. 또 그것은 일도의 주민이 사방에서 이주한 주민들이 혼거하고 있었다는 것과, 그런 주민들의 공동 목표를 달성하기 위한 의례를 주제하는 세력이나 지도자가 존재했다는 것을 같이 의미한다.

옥저의 동해에서 중국인의 의복으로 추정되는 포의를 습득하고, 옥저의 해변에 머리가 둘이기 때문에 복유면으로 표기해야 하는 기인이 표착했다는 것은, 동해상에 옥저인과 중국인·왜인 이외의 종족들도 왕래하고 있었다는 것이다. 또 그것은 그들이 일도에 들리거나 이주하는 경우만이 아니라 일도 주민들이 주변 제국과 교류하고 있었다는 것을 같이 의미한다.

일도의 주민들이 동녀를 희생으로 하는 의례를 거행했다는 것은, 주민들의 공동목적을 위해서 거행하는 의례를 빙자하여 주민들의 생사여탈권을 행사하는 개인이나 세력이 존재한다는 것이다. 그런 세력이나 지배자는 주민들의 효과적인 통솔하는 방법으로 일정한 질서를 구축해야 하는데, 그럴 경우 일정한 형식을 구비한 의례를 거행하는 것이 효과적이었다. 의례를 통해 주민들의 단결을 꾀하고 공동의 목적을 위한 개인의 희생도 요구할 수도 있기 때문이다. 그런 의례를 위해 본인의 의사와 무관하게 차출되는 것이 동녀였다.

동방의 암도가 육안으로 확인되는 일도에 순사를 전제로 하는 동녀를 차출하는 것과 같은 권력, 주민의 생사여탈권을 행사할 수 있는 개인이나 세력이 존재했다는 것은, 그들이 동녀를 헌상하는 대상을 절대신으로 신봉하고 있었다는 것이다. 그럴 경우 숭배의 대상으로 상정할 수 있는 것은 하늘의 일원성신이나 자연물이다. 그 중에서도 동방에서 떠올라 서방으로 지는 태양은 특별한 존재였다. 태양은 일도주민들의 생활에 막대한 영향을 행사하고 있었다. 그런 태양의 수호에 감사하며 영구한 수호를 보장받기 위해 동녀를 희생으로 헌상하는 일은 자연스러운 일이었다.

일도의 주민들에게 풍일청명한 날에만 자태를 나타내는 동방의 암도야 말로 신앙의 대상이기에 충분했다. 태양의 거주처로 인식되는 해중의 암도는 자연스럽게 태양에 대한 숭배심을 흡수하여, 그것을 바라보는 민중들의 신앙의 대상으로 군림한다. 그런 면에서 일도의 동방에 존재하는 암도는 일도 주민들의 신앙의 대상으로 군림하기에 충분했다.

일도의 주민들이 매년 7월에 동녀를 희생으로 삼는 의례를 거행하는데, 그 대상이 무엇인가에 대한 기록은 없다. 그러나 고대의 의례가 태양의 거주처로 인식되는 거산·거암·거목 등을 제신으로 삼는다는 것을 감안하면, 일도에서 육안으로 확인되는 동방의 거암은 숭배와 신앙의 대상이기에 충분했다. 말하자면 3세기의 일도 주민들은 암도를 대상으로 하는 제사의례를 거행하고 있었는데, 그것이 동녀를 바다에 가라앉힌다는 일도의 의례였다.

그런 의례가 3세기의 일도에서 거행되었기 때문에, 6세기에 울릉도와 암도로 구성되는 우산국을 건국하고 신라와 대적할 수 있었다.

제2장

국가로서의 우산국

1. 서문

독도라는 표기는 없으나, 독도가 포함된 것으로 보아야 하는 우산국의 기록이 『삼국사기』에 있다. 우산국은 신라의 이사부가 512년에 복속시킨 나라로, 울릉도와 독도로 구성된 나라였다. 신라가 울릉도와 우산국을 병칭하면서도 정벌의 대상을 우산국이라 한 것으로 알 수 있는 일이다.

이사부의 우산국 정벌은 『삼국사기』의 「신라본기」와 「열전」, 『삼국유사』의 「지철로왕」조에 전하는데, 인명과 정벌의 대상에 차이를 보이나 내용은 유사하다. 그래서 동질의 기록으로 보기도 하는데, 정벌의 대상을 우산국으로 하는 것과 우릉도로 하는 차이, 즉 국과 도의 차이를 간과한 사고라 할 수 있다. 정벌의 대상을 우릉도로 한 『삼국유사』는 지증왕과 「국」의 특별한 관계를 감안하지 않은 것 같은데, 그것은 후세의 연구자들도 마찬가지다.

혁거세가 건국한 나라는 사라·사로 등으로 불리고, 군주호도 거서간·차차웅·이사금 등으로 칭했다. 지증도 마립간을 칭하다 즉위 4년째인 503년에 국호를 신라로 정하고 제왕을 칭해야 한다는 신하들의 건의를 수용하여 신라국왕을 칭하기 시작했다. 신라군주의 통치영역을 「국」으로 정의한 것이다. 그런 지증왕이 정벌의 대상을 울릉도가 아닌 우산국으로 칭했다는 것은 정벌의 대상이 「도」가 아니라 「국」이라는 사실을 분명히 밝히는 일이었다.

『삼국사기』나 『삼국유사』는 신라 중심이기 때문에 우산국을 우한이나 도이와 같은 차별적인 용어로 설명했다. 그렇지만 우산국의 입장에서 기술했다면 그런 용어들은 신라를 설명하는 용어로 사용되었을 것이다. 그래서 우산국을 설명한 차별적인 용어는 우산국의 실체에 근거하는 용어라 할 수 없는데, 역설적으로 그 용어들이 우산국의 실체를 노정시킨다.

이사부는 우한한 우산국인들을 무위로는 복속시킬 수 없다며 목우사자를 보이는 계책으로 우산국을 복속시켰다. 이사부가 우산국을 무위로 복속시킬 수 없다고 말한 것은 신라가 우산국에게 1회 이상 패한 일이 있다는 것, 즉 우산국이 신라의 침략을 격퇴한 일이 있다는 것이다.

우산국이 이사부가 보이는 목우사자를 두려워하며 항복했다는 것도 그렇다. 병사들이 목우사자의 무엇을 두려워했는가가 문제인데, 그 외형이 아니라 사자의 본질을 두려워한 것으로 보아야 한다. 그런데 당시의 신라나 우산국에는 사자가 없어, 사자를 본 경험이 없다. 그런데도 목우사자를 두려워했다는 것은 사자의 본질을 인식하고 있었다는 것인데, 언제 어떻게 인식하게 되었는가가 문제다. 그것을 아는 것이 우산국의 실체를 확인하는 일이다.

사자는 우산국과 신라만이 아니라 중국에도 없었다. 그런 사자가 불교를 수호하는 성수라는 인식이 중국에서 3세기 경에 성립되어 삼국으로 전래된다. 그러나 우산국을 침공하는 512년의 신라는 불교를 공인하지 않아, 은밀한 포교가 이루어지고 있을 뿐이었다. 그런 상황에서 신라가 목우사자를 보이며 위협하고 우산국 병사들이 두려워했다는 것은 신라와 우산국이 불법을 수호한다는 사자를 인식하고 있었다는 것이다.

삼국이 중국과의 교류를 통해 불교를 인식했듯이 우산국도 중국이나 삼국과의 교류를 통해야 불교를 인식할 수 있었고, 불교를 인식해야 사자도 인식할 수 있었다. 그런 면에서 보면 우산국병사들이 목우사자를 두려워하며 항복했다는 것은 이미 사자가 불교와 불법을 수호한다는 사실을 알고 있었다는 것이다.

신라의 우산국 침략은 영토의 합병을 목적으로 하고, 우산국이 대적하는 것은 영토의 수호를 목적으로 한다. 말하자면 우산국은 영토를 지키기 위해 신라와 전쟁을 치른 것이다. 그처럼 국가의식이 분명한 우산국이 울릉도에서 육안으로 확인되는 동방의 암도, 즉 독도를 통치 영역에 포함시키지 않는 경우는 생각하기 어렵다. 육안으로 확인되는 암도를 통치영역에서 제외시킬 이유가 없다. 따라서 우산국은 울릉도와 울릉도 동방의 암도를 영지로 하는 국가로 보아야 하는 데, 그것은 기록이 전하는 신라의 천하사상을 통해서 확인할 수 있는 일이다.

2. 신라의 우산국 인식

(1) 우산국의 기록
『삼국사기』가 전하는 우산국은 다음과 같다.

> 13년 6월에 우산국이 귀복하여 해마다 토의를 바치기로 하였다. 우산국은 명주의 정동쪽의 해도에 있어 혹은 울릉도라고도 하거니와, 땅이 사방 백리로, 천험을 믿고 귀복치 아니하였다. 이찬 이사부가 하슬라주의 군주가 되어 말하길, 우산국 사람은 어리석고도 사나워 위세로써 내복케 하기는 어려우나 계교를 써서 항복 받을 수는 있다 하고, 이에 목우사자를 많이 만들어 전선에 나누어 싣고 그 나라 해안에 이르러 속여 말하기를, 너희들이 만일 항복하지 아니하면 이

맹수를 놓아 밟아 죽이겠다고 하므로, 그들이 두려워하며 곧 항복하
였다.[1]

하슬라 군주 이사부가 무위로 우산국 복속시키지 못한 사실을 인정
하며, 목우사자로 위협하는 계교로 복속시킨 결과를 전하고 있다. 중
요한 것은 정벌의 대상을 울릉도가 아닌 우산국이라 했다는 사실이다.
『삼국사기』의 열전에도 유사한 정벌담이 있다.

　　13년 임진에 아슬라주 군주가 되어 우산국의 병합을 계획하고 있
　　었는데, 그 나라 사람들이 어리석고 사나워서 위엄으로는 항복 받기
　　어려우니 모계로써 복속시킬 수밖에 없다 하고, 이에 나무로 사자를
　　많이 만들어 전선에 나누어 싣고, 그 나라 해안에 가서 거짓으로 말
　　하기를, 너희들이 항복 하지 않으면 이 맹수를 놓아 밟아 죽이겠다고
　　말했다. 그 사람들이 두려워서 곧 항복하였다.[2]

하슬라주를 아슬라주로 표기하고, 거짓을 의미하는 「광고」를 「사고」
로 표기하는 것과 같은 차이는 있으나 내용은 유사하다.[3] 그것을 『삼국

---

[1] 十三年, 夏六月于山国帰服, 歳以土宜為貢, 于山国, 在溟州正東海島 或名欝陵島,
　　地方一百里, 恃嶮不服, 伊湌異斯夫為何瑟羅州軍主. 謂于山人其愚悍, 難以威来,
　　可以計服, 乃多造木偶獅子, 分載戦船, 抵其国海岸, 誑告曰, 如若不服, 則放此猛
　　獸踏殺之, 国人恐懼則降(『三國史記』卷第四, 新羅本紀, 智証麻立干).

[2] 異斯夫(惑云苔宗), 性金氏, 奈勿王四世孫, 智度路王時, 為沿邊官, 襲居道權謀, 以
　　馬戲誤加耶(或云加羅) 國取之, 至十三年壬辰, 為阿瑟羅州軍主, 謀并于山國, 謂其
　　國人愚悍, 難以威降, 可以計服, 乃多造木偶獅子, 分載戰舡, 抵其國海岸, 詐告曰,
　　如若不服, 則放此猛獸踏殺之, 其人恐懼則降(『三國史記』卷第44, 異斯夫).

[3] 『三國史記』는 地名 溟州와 官位 何瑟羅主를 병기했다. 그리고 『三國史記』 권35
　　雜誌第4는 「本高句麗(一作何瑟羅), 後屬新羅…今新羅北界溟州…景德王十六年,
　　改爲溟州」라 했다. 이를 李丙燾는 「溟州를 신라의 北界 또는 濊의 古國이라 한 것
　　을 보면, 東濊의 중심지인 不耐濊, 즉 比列州(지금의 安邊)를 개칭한 것이 분명한

유사』는

> 아슬라주 동쪽 바다에 순풍으로 이틀 걸리는 곳에 우릉도(지금의
> 우릉)가 있다. 이 섬은 둘레가 2만 6천 7백 30보이다. 이 섬 속에 사는
> 오랑케들은 그 바닷물이 깊은 것을 믿고 몹시 교만하여 조공을 바쳐
> 오지 않았다. 이에 왕은 이찬 박이종에게 명하여 군사를 거느리고 가
> 서 치게 했다. 이때 이종은 나무로 사자를 만들어 큰 배에 싣고 위협
> 했다. 너희가 만일 항복하지 않으면 이 짐승을 놓아버리겠다. 이에 오
> 랑케들은 두려워하여 항복했다. 이에 이종을 상주어 주백을 삼았다.[4]

『삼국사기』의 지증왕과 이사부를 『삼국유사』는 지철로왕과 박이
종으로 하고, 우산국과 울릉도를 병기한 『삼국사기』와 달리 우릉도로
표기했다. 울릉도의 「국인」을 「도인」으로 「전선」을 「대선」으로 표기
한 것도 다르다.

지도로왕과 지증왕, 그리고 이사부와 박이종은 동일인이다.[5] 그러
나 『삼국사기』의 우산국과 울릉도, 『삼국유사』의 우릉도와 우릉은 단
순한 표기의 차이로 볼 수 없다. 울릉도·우릉도·우릉은 구전의 토속명
을 한자로 표기한 것에 의한 차이로 볼 수 있으나 우산국은 다르다. 우

데, 史記 撰者는 景德王 때에 何瑟羅主를 개칭한 溟州로 오인한 것 같다」고 했다
(李丙燾역주 『三國史記』下卷, 을유문화사, 1996, p.231).

[4] 第二十二, 智哲老王. 姓金氏, 名智大路, 又智度路. 諡曰智證. 諡號始于此. 又鄕稱
王爲麻立干者. 自此王始. 王以永元二年庚辰卽位(惑云辛巳則三年也) ……又阿瑟
羅州(今溟州)東海中便風二日程, 有于陵島(今作羽陵). 周廻二萬六千七百三十步.
島夷恃其水深. 驕傲不臣. 王命伊喰朴伊宗, 將兵討之. 宗作木偶獅子, 載於大艦之
上. 威之云. 不降則放此獸 島夷畏而降. 賞伊宗爲州伯(李民樹역 『三國遺事』 卷第1
智哲老王, 乙酉文化社, 1985, p.85).

[5] 李丙燾역주 『三國史記』하, 乙酉文化社, 1996, p.386, 주11, 12.

산국의「국」은 울릉도·우릉도의「도」와 동질의 단위로 볼 수 없기 때문이다.

『삼국사기』가 국인을 어리석고 사납다는「우한」으로 표기한 것을 『삼국유사』는「교오한 도인」으로 표기했다. 『삼국사기』가 이사부의 정벌 활동을「광고」·「사고」로 표기하여 목우사자를 보이며 위협하는 것이 우산국을 속이는 전법이었다는 것을 분명히 했다. 반면에『삼국 유사』에는 그런 표기가 없어, 목우사자에 대한 신뢰가 다르다. 고려가 불교국가인 것에 따른 차이일 수도 있다.

이런 표기들은 신라와 우산국을 차별하는 용어로, 우산국을 정벌하는 신라에게 정통성을 부여하기 위해 사용되었으나 역설적으로 우산국의 실체를 부각시킨다.

(2) 위치와 국명

울릉도는 동해안 울진의 죽변에서 130여Km 해상에 위치한다. 이를『삼국사기』는「우산국은 명주의 정동쪽의 해도에 있어, 혹은 울릉도라고도 하거니와, 땅이 사방 백리」라 했고, 『삼국유사』는「동북 바다에 순풍으로 이틀 걸리는 곳」에 존재하며 둘레가 26,730보라 했다. 『삼국사기』가「지방일백리」로 기록한 것을『삼국유사』는 하슬라주에서 도해하는 항해 시간과 섬의 둘레를 같이 기록했다.

『삼국사기』의 100리가 무엇을 의미하는지 확실하지 않으나『삼국유사』와 비교하면 하슬라주에서의 거리나 울릉도의 면적을 의미하는 것으로 볼 수 있다.[6] 그것을「지, 방일백리」로 읽고 사방 100리로 해석

---

6 李鍾旭은『三國遺事』七十二國의「地方百里」와『三國史記』本紀第一「東北一百里」를 근거로 小國의 영역을 1만명의 인구를 거느릴 정도로 보았다(『신라의 역사』1, 김영사, 2002, p.88).

하면 면적을 말하는 것으로『삼국유사』의 26,730보의 둘레와 대응하고,「지방, 일백리」로 읽으면 명주에서의 뱃길 2일과 대응시킬 수 있다. 이 경우 26,730보는 약 40킬로미터로『삼국사기』의 사방 100리와 대응시킬 수도 있다. 그래서 100리가 40킬로미터에 해당하기 때문에 명주와 울릉도의 거리로 볼 수 없다는 단정은 신중을 기할 필요가 있다. 100리를 실수가 아닌 원거리의 표현으로 볼 수도 있기 때문이다.[7]

우산국을『삼국사기』는「혹명 울릉도」로,『삼국유사』는「于陵島(지금의 羽陵)」라고 각각 이명을 소개했다. 울릉도와 우릉도는 한자 표기의 문제로, 토속의 도명을 한자로 표기하는 문제와 신라시대의 지명을 고려시대에 기록하는 시간적인 문제에 의한 이기로 볼 수 있다.『삼국유사』가 편찬될 당시에 우릉도를 우릉으로 표기한다고 주기한 것은, 그 외에도 주민들이 칭하는다수의 이명과 이기가 존재했다는 것이다.

『삼국사기』가 우산국과 울릉도를 병기한 것도 마찬가지이나 우산국과 울릉도는 단순에 병기로 보아서는 안 된다. 그것은「국」과「도」, 즉 나라와 섬이라는 차이가 있기 때문이다. 울릉도가 우산국을 상징하거나 대표할 수는 있어도 우산국일 수는 없다.「국」은 나라를 의미하는「방」과 통용되는 문자로,[8] 천자의 제후가 다스리는 곳, 도읍·교내·성중·고향·지방 등을 의미하여, 일정한 세력을 형성한 지역으로, 제후가 통치하는 영역으로서의 국과[9] 소지역으로서의 국을 의미한다.[10] 말하자면 국가적인 형태를 갖춘 국과 그것에 이르지 못한 지역으로서의 국이라는 차이가 있다. 그에 비해「도」는 해중이나 수중의 육지를 의

---

7 維此聖人 瞻諺百里(『詩經』, 大雅 桑柔).
8 「以佐王治邦國[注]大曰邦, 所曰國, 邦之所居亦曰國」(『周禮』, 天官, 大宰).
9 「皆曰天下國家[注]國, 謂諸侯之國」(『孟子』, 離婁上).
10 「山國龍虎節, 土國用人節, 譯國用龍節」(『周禮』, 地官, 掌節).

미하여,[11] 국과는 다르다. 도가 국을 포함한다기보다는 국이 도를 포함하는 것으로 보는 것이 자연스럽다. 국은 둘 이상의 도를 포함할 수 있으나 도가 국을 포함할 수는 없다.

물론 도 자체가 국가일 수는 있다. 그러나 『삼국사기』가 우산국과 울릉도를 병기한 이상 국과 도는 구별된다. 우산국의 정벌을 설명하면서 언급한 울릉도는 우산국을 대표하는 도명에 지나지 않는다. 국의 대표적 도명이나 도읍이 국호를 대신하거나 겸하는 경우는 많다.[12]

『삼국유사』에는 국이라는 표기가 없고 「우릉도(우릉)」·「도이」로 표기되어, 정벌의 대상이 유인의 섬이라는 것을 알 수 있다. 그렇다 해서 우릉도와 주변의 섬들로 구성되는 우산국을 부정하는 것으로 볼 수는 없다. 정벌의 대상을 우산국의 우릉도라고 설명한 것이다.

이사부가 정벌의 대상을 「도」가 아닌 「국」으로 칭한 것은 지증왕의 국에 대한 인식과 같이 생각해야 한다. 마립간으로 즉위한 지증은 국호를 신라로 개정하고 신라를 통치하는 군주의 호칭도 왕으로 개칭한 다음에 스스로를 신라국왕으로 칭했다.[13] 지증왕이 국의 의미에 얼마나 민감했는 가를 알 수 있는 개칭이었다.

지증이 신라국왕을 칭한 의미는, 신하들이 건의한 내용으로도 알수 있다. 신하들은 옛날부터 나라를 가진 자들은 모두 제왕을 칭하는데 자국만 거서간·차차웅·이사금·마립간과 같은 방언의 군주호와 사라·사로 등을 국호를 사용하는 것이 적절치 못하다며 개정을 건의했

---

11 「島, 說文作嶋(字彙補). 嶋, 海中往往有山可依止, 日嶋从山鳥聲」(『說文』).

12 大和가 한 地名이면서 日本을 의미하거나, 筑紫가 九州의 일부이면서 그 전체를 의미하기도 한다.

13 群臣上言 始祖創業已來 國名未定 (중략) 新者德業日新 羅者網羅四方之義 則其爲國號 宜矣 又觀自古有國家者 皆稱帝稱王 自我始祖立國 至今二十二世 但稱方言 未正尊號 今群臣一意 謹上號新羅國王 王從之(『三國史記』智證麻立干 4년).

다. 주변 제국이 한자의 국호와 군주호를 사용하는 것을 의식한 건의로, 국제화되지 못한 불만에 근거하는 건의였다. 그것을 지증마립간이 수용하여 스스로 신라국왕을 칭한 것이다. 신하와 군주가 국제관계 속의 자국의 위치, 즉 중국을 중심으로 하는 국제질서를 의식했다는 것이다.

지증왕이 우산국의 정벌을 명하는 시기의 고구려는 문자명왕이 통치하던 시기로 492년에 위의 효문제한테 책봉을 받았고, 494년에는 남제한테, 508년에는 양의 고조한테 받았다.[14] 백제 근초고왕도 372년에 진에 사자를 파견하여 진동장군을 책봉 받았고, 386년에는 진사왕이 책봉을 받았다. 416년에는 동진의 안제가 전지왕을 같은 진동장군으로 책봉했다.[15]

그런데 512년에 우산국을 정벌한 지증왕이 책봉을 받았다는 기록이 없다. 국제질서에 참여하려는 노력이 결실을 맺지 못한 것이다. 동아시아의 천하와 무관했던 국가, 독자적인 천하관을 구축하지 못한 것으로 볼 수도 있는 일이었다. 그러나 신라와 주변국들과의 관계를 보면, 주변과의 관계를 신라 중심으로 판단하고 해결하려는 내용이 많아, 신라도 독자적인 천하관을 수립하고 있었던 것으로 볼 수 있다.[16]

---

14 使持節都督遼海諸軍事征東將軍領護東夷中郎將遼東郡開國公高句麗王(元年), 春正月遣使入魏朝貢二月扶餘王及妻孥以國來降(중략)齊帝策王爲使持節散騎常侍都督營平二州征東大將軍樂浪公(3년),齊帝進王爲車騎將軍遣使入齊朝貢(5년), 遣使入魏朝貢(文咨明王4·7·9·10·11·13·14·15·16·17·18·19·20·21·22·24·25·26·27년), 夏四月進王爲車騎大將軍(文咨明王11년), 遣使入梁朝貢(文咨明王25년), 魏靈太后擧哀於東堂 遣使策贈車騎大將軍(『三國史記』高句驪本紀, 文咨明王28).

15 遣使拜百濟王餘句爲鎭東將軍, 領樂浪太守(『晋書』帝紀九, 咸安2年6月); 以百濟王世子餘暉爲使持節, 都督, 鎭東將軍, 百濟王(『晋書』帝紀, 太元11年 夏4月); 以百濟王餘映爲使持節, 都督百濟諸軍事, 鎭東將軍, 百濟王(『宋書』百濟傳).

16 權五曄「『三國史記』의 朴赫居世 神話」, 『日本文化學報』제31輯, 韓國日本文化學會, 2006, p.445.

지증왕 이전의 신라와 중국의 관계는 381년에 위두를 진에 보내 토산물을 바친 정도였으나,[17] 『진서』는 진한이 280년과 281년에 방물을 바친 사실을 전한다.[18] 그렇다 해도 고구려나 백제에 비해 빈약하여, 진과 교섭한 이후에 양에 단 1회 입조했을 뿐, 법흥왕 8년까지 교섭이 없다.[19]

『광개토왕비문』의 신라는 고구려에 조공하는 방법으로 고구려가 중심인 천하에 참여하고 있었다.[20] 『중원고구려비석문』도 장수왕이 신라왕을 매금이라 칭하며 의복을 하사한 내용을 전한다.[21] 신라가 국제 사회의 질서에 참여하고 있었다는 것을 알 수 있는 기록들이다.

그처럼 주변국들이 중국의 질서에 따라 질서화되는 상황에서, 신하들이 타국의 군주들이 제왕을 칭한 사실을 거론하며 군주호와 국호의 개정을 건의하고, 지증왕이 그것을 수용했다는 것은 조공을 매개로 하는 국제간의 질서, 즉 중국 중심의 천하사상을 의식했다는 것이다.

그런 지증왕이 울릉도가 아닌 우산국을 정벌하라는 명을 내린 것은, 정벌의 대상을 울릉도만이 아니라 울릉도에서 육안으로 확인되는 동방의 암도를 포함한 영역으로 보았다는 것이다. 신라의 국호에 사방을 망라한다는 「라」를 포함시킨 것을 보아도, 지증왕이 말한 우산국은 울릉도와 그 주변의 섬들을 망라하는 공간을 영역으로 하는 나라였다는

---

17 遺衛頭入苻秦, 貢方物, 苻堅問衛頭曰, 卿言海東之事, 與古不同, 何耶, 答曰, 亦猶中國時代變革, 名號改易, 今焉得同(『三國史記』新羅本紀, 奈勿尼師今二十六年).

18 武帝太康元年, 其王遣使獻方物. 二年復來朝貢, 七年又來(『晋書』卷97, 列傳67, 辰韓).

19 申瀅植「三國의 對中外交」, 『韓國古代史의 新硏究』, 一潮閣, 1995, p.307.

20 權五曄『廣開土王碑文의 世界』, 제이앤씨, 2007, p.344.

21 百殘新羅舊是屬民由未朝貢……敎遣步騎五萬往救新羅……昔新羅寐錦未有身來論事(『廣開土王碑文』); 新羅寐錦世世願如兄如弟……賜寐錦之衣服……敎諸位賜上下衣服東夷寐錦(『中原高句麗碑釋文』).

것을 알 수 있다.

최남선은 영동일대에 퍼져있던 예 종족의 한 줄기가 해중으로 번져 들어가서 일국을 이룬 것을 우산으로 보는 것이 타당하다며, 도내에서 발견되는 유지나 고분 등을 우산국에 속한 것으로 보았다.[22] 『삼국사기』가 설명한 우산국의 실체를 정확히 파악한 것이다.

3. 화이적 용어

『삼국사기』와 『삼국유사』는 신라 중심의 기록이라 용어의 선택도 그렇다. 『삼국사기』는 우산국인을 「우한」으로 『삼국유사』는 「도이」와 「교오」로 단정했다. 이런 차별적 용어는 신라의 정벌에 정통성을 부여한다. 용어의 차별은 자타를 차별하는 화이사상에 근거하는데, 그것은 야만의 상대를 은덕으로 감화시키기 위해서는 정벌해야 한다는 왕화사상으로 이어진다.

차별되는 「이」는 「화」에게 복속되어야 하는데, 스스로 복속하는 경우와 저항하다 복속되는 경우가 있다. 저항하는 경우에는 무위를 배경으로 하는 침략으로 이어지는데, 왕화를 위한 일이기 때문에 침략이 아니다. 예의를 모르는 이를 무덕으로 왕화시키는 일이다. 그래서 천하의 중심국이 주변국을 정벌하는 것은 침략이 아니라 은덕을 베푸는 시혜가 된다. 이는 화에게 복속해야 하고 화는 이를 은덕으로 왕화시켜야 한다. 그것이 화의 책무이고 이의 도리라는 천하사상이다.

이의 정도가 심할수록 화의 위치는 절대적이고 정벌의 필요성도 증

---

22 崔南善 『六堂崔南善全集2, 韓國史2』, 玄岩社, 1973, p.680.

대한다. 그런 필요에 따라 선택된 것이 우한·도이·교오 등과 같은 용어다. 그것들은 신라에 정벌의 정통성을 부여하는 용어들이기 때문에 우산국의 실체를 반영하지 못한다. 그러면서도 우산국의 실체를 노정한다.

신라가 우산국을 협박하는 광고나 사고가 그렇다. 誑은 속이다·어루꾀다·혼란시키다 등을 의미하는 문자로 迋이나 誑과 통한다.[23] 詐는 속이다·어루꾀다·거짓말하다·말을 꾸민다·함정에 빠뜨리다 등을 의미한다.[24] 그런 광과 사가 이야기하다·말하다·포고하다 등을 의미하는 誥와 조합된 광고·사고는 정직하지 못한 행위를 의미한다. 그러나 그런 용어가 통치자의 능력을 설명하게 되면 의미가 달라진다. 통치자의 거짓과 속임수는 능력으로 간주되기 때문이다.

일본『고사기』가 이야기하는 천손 倭健命는 여장하는 방법으로 적을 토벌하기도 하고 친구를 속여서 살해하기도 하는데, 천신의 혈통을 계승한 천손의 능력을 확인하는 일이기 때문에, 사술이 아닌 지혜와 능력으로 평가된다. 仁德天皇의 처첩 행위도 마찬가지다. 처첩이 많을수록 많은 사람을 만족시키기 때문에 음란한 지도자가 아니라 유교적 성왕으로 평가된다.[25]

그런 의미에서 우산국을 차별하는 용어의 의미를 살펴보는 것은 우산국의 실체를 파악하는 일로 이어진다. 차별적인 용어들을 우산국이 사용하면, 신라인을 규정하는 용어가 된다.

---

23 誑詐也(『釋文』); 天又誑之[注]誑猶惑也(『國語』晉語2); 誑通作迋(『正字通』); 誑通作誆(『正字通』).
24 詐, 欺也(『說文』); 無伐功而求榮富, 詐也(『呂氏春秋』務本); 有掎挐伺詐[注]詐僞其辭, 詐之也[注]祠謂陷阱奇伏之類(『公羊』哀, 9).
25 神野志隆光『古事記を読む』下, 日本放送出版協會, 1994, p.142.

(1) 우한

愚悍을 어리석고 사납다는 의미이나, 이것 역시 우산국의 입장을
고려하지 않은 표기다. 적어도 우산국 사람들은 그렇게 생각하지 않았
다. 「우」에는 지혜가 기능하지 않는 자·바보 같은 생각·바보 등의 의
미가 있고[26] 「한」은 거칠다·조급하다·격심하다 등을 의미한다.[27] 신라
는 「우」에 중점을 두고 우산국 사람들을 어리석은 자들로 보려 했다. 「한」
에는 강하다·용맹하다·날카롭다 등의 의미가 있어,[28] 「한」을 중심으로
하면 용맹스러운 우산국 사람들로 해석할 수 있다.

이사부가 우산국을 무위로 복속시킬 수 없다는 것을 알고 계책을
강구하게 되었다는 것은 우한을 어리석고 사납다 로만 해석할 수 없다
는 것을 의미한다. 이사부가 강구했다는 목우사자를 보이며 위협하는
계책도 마찬가지다. 우산국 병사들이 어리석기 때문에 목우사자의 모
형에 속은 것으로 볼 수도 있으나, 어리석었다면 목우사자의 의미를
알지 못하기 때문에 두려워하기보다는 조소하며 맹공을 가했을 가능
성이 더 크다.

목우사자가 얼마나 정교하여 공포심을 느끼게 했는지를 알 수 없으
나, 아무리 정교하다 해도 나무로 만든 사자를 두려워하는 경우는 생
각하기 어렵다. 만일 외형을 두려워했다면 그것은 우한한 대응이 아니
라 무지한 대응이었다. 그래서 우산국 병사들이 두려워한 것은 목우사
자의 외형이 아니라 그것이 상징하는 가치로 보아야 한다.

---

26 非是是非謂之愚(『荀子』脩身); 三赦曰, 憃愚[注]憃愚, 生而癡騃童昏者(『周禮』秋
官 司刺); 敢不, 昬陳愚而抒情愫(『漢書』王褒傳).

27 析原禁悍[注]悍凶暴也(『荀子』王制); 悍性急也(『中華大字典』); 水湍悍[注]集解曰,
悍彊也(『史記』河渠書).

28 上患吳會稽輕悍[注]師古曰, 悍, 勇也(『漢書』吳王 濞傳); 妻悍忌不得蓄媵妾(『後漢
書』馮衍傳); 石藥之氣悍[注]悍者, 利也(『素問』腹中論).

두려움이나 공포는 대물의 경험이나 인지를 전제로 하는데, 사자는 우산국과 신라는 물론 중국에도 없어, 실견하는 경험을 할 수 없는 대상이었다. 그래서 사자를 보아도 무엇인지 알 수 없어, 두려워할 수 없다. 그런데도 두려워했다는 것은 사자의 특성이나 가치를 인지하고 있었다는 것으로, 이미 사자를 매개로 하는 문화를 경험했다는 것이다.

(2) 도이와 교오

『삼국유사』는 정벌의 대상을 우릉도라며, 『삼국유사』가 편찬되는 당시에 우릉으로도 표기한다는 사실도 주기했다. 그러면서 그곳의 주민을 島夷와 驕傲로 단정했다. 도이의 「이」는 동방에 있는 군자국의 사람·미개인·원방 등을 의미하는데,[29] 신라 중심의 표기이기 때문에 원방의 미개인 정도로 해석 할 수 있다. 중국의 원방이라는 점에서는 신라도 우릉도와 다르지 않다. 그런데도 그런 차별적 용어를 사용하는 방법으로 우릉도를 정벌하는 정통성을 확보한 것이다.

용어의 차별로 정벌의 정통성을 얻는 일은, 자국 중심의 천하사상에서는 얼마든지 가능한 일이다. 상대의 동의를 구하지 않아도 되기 때문이다. 그래서 주변국을 차별하는 화이사상과 「화」가 은덕으로 「이」를 감화시켜야 한다는 왕화사상으로 구성되는 천하사상은 자의적이다.

신라는 울릉도를 「이」에 위치시키는 방법으로 「화」의 위치를 확보한 셈이나, 우산국이 동의한 일이 아니다. 신라의 자의적인 단정일 뿐이다. 우산국의 입장에서 보면 침략하는 신라가 「이」였다. 결국 우산

---

29 東方曰夷(『禮記』王制), 夷, 東方之人也(『說文』); 戎伐其西南[注]戎, 山夷也(『左氏』文16); 又其外方五百里曰夷畿(『周禮』夏官 大司馬).

국은 신라에 복속되기 때문에 「이」라는 누명을 벗지 못한다. 그렇다 해서 우산국이 그것을 인정했다는 것은 아니다. 신라 중심의 기록이 그렇게 단정했을 뿐이다.

존재하는 국가들은 자국을 천하의 중심에 위치시키는 천하사상을 구축하고, 그것을 실현하는 활동의 하나가 「이」로 차별한 주변국을 병합시키는 일이었다. 그럴 경우 정통성은 「화」에게 있기 때문에 내용이 사실과 달라도 무방하다. 『광개토왕비문』이나 『고사기』를 통해서도 확인할 수 있는 일이다. 그것들은 자의적으로 자국을 천하의 중심에 위치시키고 주변국들은 조공해야 하는 「이」에 위치시킨다. 그래서 『광개토왕비문』에 등장하는 백제나 신라는 사실과 관계없이 고구려의 속국이고 『고사기』의 백제와 신라도 일본에 조공하는 주변국이어야 했다.

신라는 「중원고구려비문」에서도 고구려의 주변국이다. 그곳의 고구려는 신라를 동이로 칭하며 의복을 하사했고, 신라왕은 스스로 매금을 칭하며 그것을 수령한다.[30] 여기서 중요한 것은 내용의 사실 여부가 아니라 고구려가 신라를 「이」로 취급을 했다는 것이다. 그처럼 고구려에게 「이」로 취급되는 신라가 우산국을 「이」로 취급했다는 것은, 신라도 자국 중심의 천하사상을 구축했다는 것을 의미한다.[31] 그것은 또 신라가 「이」로 단정한 우산국도 자국을 천하의 중심에 위치시키고 신라를 「이」로 취급하는 천하사상을 구축한 경우를 상정하게 한다.

그것은 「교오」라는 용어로 추정 가능한 일이다. 신라가 우산국을 「우

---

30 諸位賜上下衣服教東夷寐錦(徐永大「中原高句麗碑」,『韓國古代金石文』제1권, 駕洛國史蹟開發研究院, p.44).

31 權靜「신라의 천하로서의 우산국」,『日本學研究』第19輯, 檀國大學校日本研究所, 2006, 10, p.211.

한」과「교오」로 단정한 것은 우산국이 그렇게 단정할만한 자세를 취했다는 것이다. 말하자면 우산국은 신라의 질서에 포함되는 것을 거부하고 저항했다. 그런 우산국을 신라가 그렇게 단정한 것이다. 그러나 우산국의 입장에서 보면 자국을 수호하는 일이고 그럴 수 있는 국력을 구축했다는 것이다. 따라서「우한」이나「교오」와 같은 용어는 우산국의 충실한 국력에 근거하는 용어로 보아야 한다.

차별된 용어가 우산국을 정벌하려는 신라의 정통성을 확인해 준다. 신라는 무위로 우산국을 정벌하는 목적을 이룰 수 없게 되자 목우사자로 위협하는 계책을 강구해야 했다. 우산국이 그런 목우사자를 두려워하며 항복했다는 것은, 사자나 사자를 매개로 하는 문화를 인식하고 있었다는 것이다. 그런 우산국이었기 때문에 신라의 침략을 1회 이상 격퇴할 수 있었다. 그런데도 신라 중심의 기록들은 우산국을 우한·도이·교오 등으로 표기했다. 그래야 신라의 침략행위에 정통성을 부여할 수 있기 때문이다.

4. 우산국의 정벌

차별적인 용어로 화의 위치를 확보한 신라가 우산국 침범하는 것은 당연한 일이었고, 우산국이 패하여 복속하는 것도 당연한 일이었다. 그래서 이사부가 목우사자를 보이며 거짓말을 해도 정벌의 정통성에는 결함이 없다. 그런데 그런 차별적 용어들이 우산국의 실체를 노정시킨다.

신라는 우산국 정벌에 실패하자, 우산국의 전술을 평가하는 것이 아니라, 험한 자연을 극복하지 못한 결과로 보았다. 그러면서 무위가 아닌 목우사자를 보이는 계책을 강구했으며, 우한한 우산국 병사들이 그 계책을 간파하지 못하고 속은 것이라 했다. 우산국은 무위에 근거하는 신라의 침략을 격퇴한 경험이 있으면서도, 목우사자로 위협하는 이사부의 계책을 간파하지 못하여 정벌 되었다는 것이다. 신라가 우산 국과의 전쟁에서 1회 이상 패했다는 것을 알 수 있는 기록인데, 512년 이전에 우산국 정벌에 나선 신라의 인물을 알 수 없다.

신라의 지증왕은 506년에 실직주를 설치하자 이사부를 군주로 임명하고,[32] 512년에는 하슬라주의 군주로 임명하여[33] 우산국 정벌을 명했다. 그러자 무위로는 복속시킬 수 없으니 계책을 써야 한다고 말한 것을 보면, 이사부가 아니었을 수도 있다. 그러나 실직주가 강원도 삼척 지역이었고, 하슬라주가 같은 강원도 강릉과 명주지역이라는 것을 생각하면 512년 이전에 우산국 정벌을 시도했다면 이사부가 지휘했을 가능성은 크다. 그런 경험이 있었기 때문에 무위로는 이길 수 없다며 목우사자로 위협하는 계책을 강구한 것으로 볼 수도 있다.

군주는 국토방어나 외족의 방지를 위한 군사적 정치적 책임을 맡길 필요에 의해 신설한 관직이다. 점령지의 획일적 지배나 왕권과 지방 세력의 연결에 따른 통일적인 통제를 위해, 왕의 측근을 외관으로 파견할 필요가 있었다.[34] 종래의 정벌이 어떻게 이루어졌는지를 알기 어려우나 이사부를 군주로 임명하며 우산국의 정벌을 명하는 것을 보면

---

32 軍主는 신라 최고의 외관으로 진골에 임명되었으며, 예하의 군·현을 통제하면서 자체의 보좌관을 거느리는 특수한 관직이었다(申瀅植「新羅의 地方制度 發達과 軍主」,『新羅史』, 이화여자대학교 출판부, 1993, p.151).

33 智證王6年, 以異斯夫爲悉直州軍主(『三國史記』卷40, 雜志第九, 外官).

34 申瀅植「新羅軍主考」,『白山學報』19號, 白山學會, 1975, 12, p.207.

거국적인 행사로 보아야 한다. 태종이라는 별명을 가진 이사부는 내물왕 4대손으로 가야를 정벌한 경력도 있다.[35] 그런 이사부에게 정벌을 명령했다는 것은 우산국 정벌이 가야정벌에 버금가는 거국적인 출병이었다는 것이다.

이사부는 무위로는 복속(來·服·降)시키기 어렵다고 판단하고 계를 취하는 전술로 우산국은 복속시켰는데, 복속을 의미하는 「래」는 불복하던 우산국의 사자가 토산물을 바치기 위해 신라에 왔다는 것을 의미한다. 복속한 주변국이 공물을 헌상하는 「래공」이나 주변국의 군주가 즉위하고 천자에게 얼굴을 보이며 복속을 서약한다는 「래왕」과 같은 상황을 시사한다.[36]

신라가 목우사자를 보이는 계책으로 목적을 달성 했다는 것은, 우산국이 스스로 항복을 서약했다는 것이다. 우산국이 무위로는 신라의 침략을 격퇴시킬 수 있었으나 신라가 보이는 목우사자의 가치를 인정했기 때문에 복속을 서약한 것으로 볼 수 있다. 그것을 『삼국사기』와 『삼국유사』는 「우한」한 「도이」였기 때문에 속아서 복속한 것으로 했다. 그러나 우산국 병사들은 목우사자의 가치가 자신들의 무위보다 우월하다는 것을 인정했기 때문에 복속을 서약한 것이다.

그래서 우산국의 복속은 목우사자의 외형이 두려워서 항복한 경우와 성수로서의 사자를 인식하고 항복한 경우를 생각할 수 있다. 우산국 사람들이 「우한」하다는 것에 근거하면 외형이 두려워 항복한 것으로 생각하기 쉬우나 그렇지 않다. 우한했다면 외형을 두려워하기보다는 조소하며 공격했을 가능성이 더 많다. 그래서 우산국 병사들이 두

---

35 異斯夫[或云苔宗]姓金氏 奈勿王四世孫 智度路王時 爲沿邊官 襲居道權謀 以馬戲誤加耶[或云加羅]國取之(『三國史記』卷44, 列傳4).
36 使各以其方賄來貢(『史記』孔子世家); 四夷來王(『書經』大禹謨).

려워한 것은 외형이 아니라 목우사자가 상징하는 가치, 즉 불법을 수호한다는 사자가 내린다는 재앙으로 보아야 한다.

『삼국사기』와 『삼국유사』는 우산국이 불복하며 조공하지 않는 원인을 험한 자연조건에서 구하는데, 그것은 우산국의 독자적인 국력, 타국의 질서에 포함되지 않으려는 독자적인 가치관이나 지리조건을 활용할 줄 아는 능력 등을 인정하지 않는 사고에 기인한다. 우산국이 자연을 활용하는 능력을 구비하지 못할 정도였다면 신라에 저항하는 일 자체도 없었을 것이다.

『삼국유사』는 「교오불신」을 이유로 우산국을 도이로 단정했는데, 그것 역시 신라 중심의 판단이다. 이것 역시 예를 알지 못하는 야만의 우릉도를 예를 아는 문명의 신라가 복속시켜 왕화 시켜야 하는 왕화사상의 실행으로, 신라에게 정벌의 정통성을 부여한다. 우산국은 「도이」이기 때문에 신라에게 정벌 되어야 한다는 것이다. 그것이 용어로 차별되는 신라와 우릉도의 관계다. 그래서 신라 위주의 『삼국사기』가 말하는 우릉도 주민은 교오한 도이일 수밖에 없다.

그러나 우산국 병사들이 목우사자가 불교를 수호하는 성수라는 것을 알고 항복을 서약했다면, 그것은 우한한 대응으로 볼 수는 없다. 그래서 불교문화를 이해한 대처로 보아야 한다. 우산국이 주변국과 교류하며 사자가 불법을 수호하는 성수라는 것만 인지했기 때문에 신라가 목우사자를 보이는 전법에 속아 복속을 선언한 것이다. 말하자면 문화적 후진성에 기인하는 복속이었다. 그런데 문제는 사자를 언제 어떻게 인식했는가다. 그것을 아는 것이 우산국의 실체를 아는 일이다.

5. 우산국의 사자

(1) 불교의 사자

사자는 중국에도 없는 공상의 동물이었다. 한무제에 사자를 헌상한 월씨는 곤륜산에서 태어나 기를 먹고 이슬을 마시는 동물이라고 했다. 사자의 소리는 천둥과 같아 주변의 모든 동물이 벌벌 떨었고, 백수의 왕이라는 호랑이도 사자를 보면 눈을 감았다는 것이다. 기를 먹고 이슬을 마신다는 것은 공상적 서술로 맹수임을 강조하는 방법이었다. 후한에 이르러서야 사자를 직접 경험하게 되는데도 사자는 날개를 달고 비상하는 것으로 인식하기도 했다. 그것은 단순한 맹수가 아니라 천계를 비상하며 인간의 영혼을 영계로 안내하는 성수였다.[37]

5세기의 남북조 시대에는 능묘만이 아니라 불교예술에도 사자가 등장한다. 사자의 조각이 대좌나 기물 옆에 놓이게 되었다.[38] 절의 산문에서 불교를 수호하는 인왕상과 같은 역할을 수행하기도 했다. 사자는 백수의 왕으로 실제로 무서운 맹수인데, 중국인들은 그것에 공상을 첨가하는 방법으로 가공스런 허구의 위력까지 첨가한 것이다. 사자에 날개를 달아 비상하는 능력만이 아니라 영혼을 안내하는 능력까지 부여했다.

그런 허구의 능력을 기반으로 불법을 수호하는 성수, 외도를 물리치는 성수로 인정받는다. 그러다 석가여래의 좌협시 문주보살이 타는 사자로, 보현보살의 우협시라는 코끼리와 쌍을 이룬다. 현재 사찰의 정문에서 악마나 외도의 접근을 금하는 인왕도 사자에서 유래한

---

37 「山東省 嘉祥縣의 武氏石祠堂, 四川省 雅安縣의 高頤墓의 석조」(野津龍『因幡の獅子舞硏究』, 米子プリント社, 2003年, p.275).
38 「山東省 嘉祥縣의 武氏石祠堂, 四川省 雅安縣의 高頤墓의 석조」, p.275.

다.[39] 맹수라는 사자의 실질적인 위용과 영혼의 운반자라는 공상적인 주력이 혼재하며 불법의 수호신으로 여겨지게 된 것이다.

사자의 불교와의 관계는 백제에서 일본으로 전래된 기악을 통해서도 확인할 수 있다. 불교의 흥륭과 더불어 번성했다는 기악은 괴이한 가면을 쓰고 줄지어 행진하는 옥외 예능이었는데, 사자무가 포함되어 있다. 기악에 이어 전래된 무악에도 사자가 등장한다. 기악이 궁정이나 사찰의 법회 등에서 공연되면서 사자가 불법을 수호하는 성수라는 인식이 확산된다. 불법에 충실하면 수호하지만 그렇지 못할 경우에는 재앙을 내리는 성수였기 때문에 민중들은 외경하며 숭배했다. 영혼을 운반해 줄뿐만 아니라 악마를 퇴치하고 생명을 수호해주는 성수로서의 사자였다.

그래서 전장에 나가는 용사들은 갑옷이나 무구에 사자상을 장식하며 승전과 무사귀환을 기원했다. 환두대도나 투구에 사자상을 장식하는 이유가 거기에 있었다. 투구에 새겨진 사자상을 『貞丈雜記』는 투구의 차양을 사자의 면으로 만든 것으로 설명했다. 『本朝軍器庫』나[40] 『兩朝平壤』은 倭衆多載鬼頭獅面이라 했다. 사면을 毘沙門天이나[41] 八部衆의 복부에 달기도 했다.[42] 그렇게 하면 악마나 불운을 퇴치한다고 믿은 것이다.[43]

현재에도 사자를 권현으로 모시는 일본 동북지방에서는 마을을 돌

---

39 本田安次『日本の伝統芸能』第十卷, 風流, 錦正社, 1988, p.160.
40 『本朝軍器考』新井白石가 지은 12권의 武家故實書. 속설을 일소하고 확실한 문헌 유품 회화에 근거하여 실증적으로 고증했다.
41 毘沙門天: 四天王의 하나. 須彌山의 半, 第四層의 水精埵에 있다. 몸에 七寶莊嚴의 甲胄를 걸치고, 無量百千의 夜叉를 통솔하여 북방을 수호하고 재보를 주관한다.
42 八部衆, 부처의 설법을 듣는 8종류의 사람들. 불법을 수호하는 8종류의 신들(中村元『佛敎語大辭典』, 東京書籍, 1975년).
43 本田安次『日本의 傳統藝能』제10권, 풍류1, 錦正社, 1996년, p.168.

며 악마 퇴치, 방화 등을 기원하며 사자무를 추는데, 그 의미를 다음처럼 말한다.

> 아시아 농민의 다신교적 정신구조 또는 기반 속에서 사자는 때로는 신이고, 정령이고, 악마이고, 혹은 보이지 않는 존재의 상징으로 여겨졌다. 사자무를 통하여 사람들은 초자연적 세계에 접촉하여, 신의 은총, 혹은 영귀의 가호를 받을 수 있다고 확신하고 있다.[44]

민중들이 사자를 어떻게 이해하고 있었는가를 정리한 설명이다. 이런 사고는 옛날의 그것과 크게 다르지 않다. 민중들은 사자에게 악마나 사신을 퇴치하고 불법을 수호하며 귀속자를 수호한다는 허구적 능력까지 부여하고 그 수호를 보장받으려 했던 것이다.

이런 일본의 사자 인식이 백제를 통해 전래된 기악에서 유래하고, 환두대도 역시 삼국이 전래시킨 것이기 때문에, 일본의 사자인식과 신라의 그것은 유사했던 것으로 볼 수 있다.

(2) 주변국의 사자인식

삼국이 사자를 언제부터 인식했는가는, 사자가 불법의 수호하는 성수라는 것에 근거하면, 불교의 전래와 같은 시기로 보아야 한다. 삼국에서 가장 먼저 불교를 공인했다는 고구려에는 소수림왕 2년(372)에 전진의 승려 순도가 불경과 불상을 전했고, 백제에는 침류왕 원년(384)에 인도의 마라난타가 전했다. 신라는 법흥왕 8년 521년에 공인하지만, 미추왕과 눌지왕 때 고구려 승려들이 전파한 일이 있었다.[45] 그때 사자

---

44 古野淸人『獅子의 民俗』, 岩崎美術社, 1986, p.7.

인식도 같이 전래된 것으로 보아야 한다.

삼국의 사자 인식은 일본의 기록과 유물로 확인할 수 있다.『일본서기』에는 552년에 백제의 味摩之(미마지)가 일본에 전한 기악의 기록이 있는데,[46] 기악에 사자무가 포함되어 있다.[47] 기악은 불교의 흥륭과 더불어 급속히 보급되는데, 무서운 형상의 治道(치도)를 선두로 해서 師子(사자)·師子兒(사자아)·吳公(고오공)·金剛(금강)·迦樓羅(가루라)·崑崙(곤륜)·吳女(오녀)·力士(역사)·大孤父(대고부)·大孤兒(대고아)·醉古王(취고왕)·醉古從(취고종)의 가면을 쓴 일행이 행진하는 예능이다. 그 가면의 사자상이 일본 사자상의 원류라 할 수 있다.[48]

그런 사자 인식은『神西古樂圖(신제이코가쿠즈)』의 新羅狛(시라기코마)로도 알 수 있다. 그것은 손발가락의 형상이 사자의 두상이기 때문에, 한 마리의 사자가 다섯 개의 사자머리를 달고 있다.[49] 공포심을 조장하기 위해 허구의 사자상을 창출한 것이다. 그런 사자의 위용은 무구에도 활용되어, 환두대도의 손잡이나 투구의 차양을 사자상으로 장식했다. 그런 무구를 소지하거나 갑옷을 걸치면 사자의 수호로 영생을 보장 받고 전공을 세울 수 있다고 믿었다.

사자의 가면은 전하지 않으나 우산국 정벌이 이루어지는 6세기의 사자상은 환두대도를 통해 확인된다. 4세기에서 6세기의 것으로 추정되는 島根縣(시마네켄) 安来市(야스기시) 荒島古墳群(아라시마코훈군) 仏山古墳(호토케야마코훈)에서 출토된 獅嚙環頭大(시카미칸토우타)

---

45 道禀敎至雞林 寓止王城西里 今嚴莊寺 于時未雛王卽位二年癸未也(『三國遺事』卷第三興法, 阿道基羅), 初訪祇王時 沙門墨胡子 自高句麗至一善郡 郡人毛禮 於家中作窟室安置(『三國史記』卷第四, 法興王15년).

46 又百濟人味摩之歸化. 曰, 學于吳, 得伎樂儛. 則安置櫻井, 而集少年, 令習伎樂儛. 於是, 眞野首弟子·新漢濟文, 二人習之傳其儛. 此今大市首·辟田首等祖也(『日本古典文學大系『日本書紀』下, 推古天皇20年5月, 岩波書店. 1971, p.199).

47 本田安次『日本の伝統芸能』第十卷, 風流, 錦正社, 1988, p.167.

48 毛利三彌·西一祥『演劇史と演劇理論』, 日本放送出版協會, 1989, p.18.

49 本田安次『日本の伝統芸能』第十卷, 風流, 錦正社, 1988, p.179.

刀의 사자상도 그 중의 하나다. 칼의 손잡이 끝에 달린 둥근 고리 안의 사자가 입을 크게 벌려 손잡이 부분을 물고 있는 형상인데, 백제나 고구려에서 제조된 것이다. 유사한 것이 青森懸 八戸市에 있는 丹後平 古墳群 15호분에서 발굴된 금동제의 獅嚙式三累環頭大刀把頭의 손잡이다. 길이 9,7Cm, 최대폭 5,8Cm로 사자가 대도의 손잡이를 물고 있는 것을 크로바 모양의 3륜이 둘러싸고 있다.

전라남도 나주시의 복암리 3호군에서도 발굴되었는데, 크로바 모양의 삼환 속의 사자가 손잡이 부분을 물고 있다.[50] 포효하는 사자의 윗잇몸의 좌우로 뻗은 송곳니 사이의 4개의 가지런한 이가 손잡이를 물고 있다. 손잡이와 도신의 길이가 84Cm인데, 삼국에서 제조된 것이다.[51] 그것을 鬼面文三還頭大刀라고 표기했는데, 1999년에 국립중앙박물관이 기획한 특별전『백제』의 도록은 獅齒三累還頭大刀로 표기했다.[52]「귀면문」을「사치」로 표기한 것이다.

귀면문은 인간생활을 위협하는 재앙과 질병 등의 사악한 것들을 초자연적인 존재인 귀의 힘을 빌려 멀리 쫓고 행복을 얻으려는 辟邪求福에 근거한다. 대체로 얼굴 부분을 괴수로 표현하는 문양이나 전신을 표현하기도 한다. 험상궂고 무서운 것이 특징으로, 은대의 청동기에 세겨진 饕餮文을 기원으로 하는데, 이후의 용문양이나 사자문양의 영향으로 소의 뿔, 맹수의 치아, 사자의 갈기 등을 조합해 놓은 듯한 험악하고 위압적인 귀면문의 기본형이 완성된다. 그런 점에서 대도의 괴

50 金洛中「5~6世紀 榮山江流域 政治體의 性格-羅州 伏岩理 3號墳 出土 威勢品分析」,『百濟硏究』32권, 2000년. 8월, 충남대학교백제연구소.
51 金洛中「5~6世紀 榮山江流域 政治體의 性格-羅州 伏岩理 3號墳 出土 威勢品分析」,『百濟硏究』32권, 2000년. 8월, 충남대학교백제연구소.
52 국립중앙박물관『특별전 백제』, 통천문화사, 1999, p.98.

수는 귀면만이 아니라 獅嚙나 獅齒의 형상으로 볼 수도 있다.

일본에서 발굴된 환두대도는 삼국에서 전파된 것으로 본다. 일본 서해안의 고분군에서 발견된 금동제 쌍룡 환두대도를 高麗劒로 부르는 것은 삼국에서 전래되었기 때문이다. 安来市의 高廣橫穴古墳群에서 출토된 太環式 귀거리 환두대도 등도 고구려에서 건너간 것이다. 귀거리는 신라의 왕묘나 귀족의 대형원분, 개로왕이 살해된 웅진에서도 발견되어, 5세기에 이루어진 삼국과 일본의 문물 교류를 엿볼 수 있다.[53]

기악의 사자 狛犬는 新羅狛와 유사한 것으로, 둘을 쌍으로 제작하여 신사나 사전에 배치하는 일이 많다. 박견은 개와 비슷하나 상징적인 동물이므로 사자로 볼 수도 있다. 박견은 고려에서 전래했다는 사자와 닮은 것으로, 나무·돌·금속 등으로 제작하여 옥좌의 거실이나 神社의 社殿 社頭에 설치하여 액을 예방하려 했다. 그것은 高句麗나 高麗를 의미하기도 하나 고구려에서 전래된 것을 포함하기 때문에, 新羅狛는 신라에서 전래된 것으로 볼 수 있다.

「박견」은 平安시대의 수필집 『枕草子』에서도 확인된다. 궁중에 박견과 사자를 쌍으로 설치하여 음식을 관장하는 신좌로 삼았다.[54] 이때의 박견은 사자와 구별되지만 「코마」가 고구려나 고려를 의미하는 것에 그치지 않고 삼국을 의미하기도 한다. 그래서 「신라박」과도 통용된다. 사자에 버금가는 맹수였다.

53 全浩天·李成市·上田正昭·西谷正·申敬徹李·炳魯「北東アジアシリーズ2001, 古代朝鮮3国を中心に」, 島根県松江市, 2001年 10月 16日.
54 后の昼の行啓. 御産屋. 宮はじめの作法. 獅子, 狛犬大床子など持てまゐりて. 御帳の前にしつらひする, 内膳御へつひわたしたてまつりなどしたる(日本古典文學全集『枕草子』第92段, 小學館, 1990, p.201).

삼국의 사자상이 일본의 기악·무구·회화 등을 통해서 확인되는 것은, 삼국에 사자가 존재하지 않았으나 중국과의 교류를 통해 삼국이 인식한 사자를 일본에 전해준 결과다. 그처럼 중국의 불교문화가 삼국을 거쳐 일본으로 전래되는 과정에, 삼국과 일본의 사이에 위치하는 우산국에 전래되는 것은 얼마든지 있을 수 있는 일이다.

(3) 우산국의 사자인식

512년의 우산국에는 사자가 없어 그것을 경험할 기회가 없었는데, 그것은 신라도 마찬가지였다. 그런데도 신라가 나무로 만든 목우사자를 보이며 위협하고 우산국은 그것이 두려워 항복했다는 것은 신라나 우산국이 사자를 인식하고 있었다는 것이다. 그렇지 않으면 신라가 사자를 보이며 위협할 수도 없고 우산국이 두려워할 이유가 없다.

경험해야 두려워한다는 것은 고구려 신화를 통해서도 확인할 수 있다. 천제의 아들 해모수가 유화와 혼인하려고, 하백에게 신분을 밝히며 딸과의 교제를 요구했으나 하백은 허가하지 않았다. 그러며 하백이 잉어·꿩·사슴으로 화생하는 능력을 과시했고 해모수는 그때마다 수달·매·승냥이로 화생하여 우위를 점하자, 하백이 어쩔 수 없이 딸과의 교제를 허가했다.[55] 하백이 경험을 통해 해모수의 능력이 자신의 그것보다 우월하다는 인식하게 된 것이다.

그런 우위 경쟁은 『고사기』에도 있다. 지신 大國主神^{오오쿠니 누시노카미}가 국토를 완성하자, 천신 天照大御神^{아마테라스오오 미 카미}가 천손을 통치자로 정하여 하강시키자 지신이 반발했다. 천신의 우위를 경험하지 않았기 때문이다. 그러나 천

---

55 伯化作鯉, 王尋變爲獺, 立捕不待趾, 又復生兩翼, 翩然化爲雉, 王又化神鷹, 搏擊何大鷙, 彼爲鹿而走, 我爲豺而追, 河伯知有神, 置酒相燕喜(『東明王篇』).

신이 3회에 걸쳐 정벌군을 파견하는 방법으로 우위를 입증하자 대국 주신은 어쩔 수 없이 통치권을 양도했다.[56] 우산국이 목우사자가 두려워 항복했다는 것도 마찬가지다. 무위로 신라의 침범을 격퇴시킨 일이 있는 우산국이 자신들의 무위보다 사자의 능력이 우월하다는 것과 신라가 동원한 사자이기에 신라에 우호적일 것이라고 판단했기 때문에 항복한 것이다. 그런데 문제는 사자를 언제 어떻게 경험하고 인식했는가 다.

이사부가 목우사자를 보이며 위협하면서, 거짓이라고 전제했는데, 의미가 분명하지 않다. 항복하지 않으면 목우사자를 풀어 밟아 죽이겠다고 위협했으나, 그것은 실행 불가능한 일이었다. 그래서 誑告·詐告로 표기했으나 그것이 성수로서의 사자를 부정한 것은 아니다. 목우사자를 보이며 위협한 것은 불교를 수호한다는 사자의 위력으로 감화시키려는 행위로 보아야 한다.

우산국 병사들이 항복한 것도 마찬가지다. 그들이 이사부의 거짓에 속아서 항복했다는 것은, 이사부의 거짓을 믿었다는 것으로, 사자가 자신들의 무위보다 우월한 주능을 발휘할 것으로 믿었기 때문에 있을 수 있는 일이었다. 그것을 『삼국사기』는 우한하여 속은 것으로 기록했으나, 배에 실려서 흔들리는 목우사자의 외형이 두려워서 항복하는 경우는 생각하기 어렵다. 신라가 많은 목우사자를 1척 이상의 전선에 싣고 있었다 하나, 해수에 흔들리는 그것은 초라하거나 이상하게 보일 수밖에 없다. 그것을 우한하다는 우산국 병사들이 두려워하는 일은 있을 수 없다. 우한했다면 두려워하기보다는 조소하며 맹공했을 것이다. 그런데도 항복했다는 것은 사자가 불법을 수호하는 성수라는 것을 알

---

56 權五曄·權靜옮김 『古事記』상, 고즈윈, 2007, p.296.

고, 성수의 재앙을 두려워한 결과로 보아야 한다. 이사부가 싣고 왔기 때문에, 이사부의 요구에 응하지 않으면, 목우사자가 이사부의 뜻에 따라, 불법의 재앙을 내릴 것으로 믿은 것이다.

우산국의 불교를 기록으로는 확인할 수 없으나. 사자를 두려워하는 것으로 보아, 이사부가 목우사자를 보이며 위협하는 512년 당시에는 불교를 인식하고 있었다는 것이 된다. 그런데 그런 인식은 주변국과의 교류 없이는 불가능하다. 중국이나 삼한 등의 주변국과 교류했기 때문에 사자를 불교의 성수로 인식하고 두려워한 것이다. 그런 우산국을 『삼국사기』가 기록한대로 우한하고 교오한 집단으로 보아서는 안 된다. 중국이나 삼국과의 교류로 나라의 발전을 도모하는 과정에서 사자가 불교를 수호하는 성수라는 사실을 인지한 국가로 보아야 한다.

6. 결론

『삼국사기』와 『삼국유사』는 우산국을 우한한 사람들이 사는 도이의 나라로 단정했다. 그래서 우산국은 신라에 복속되어 조공해야 한다는 것이다. 그러나 그것은 우산국 정벌하려는 신라에게 정통성을 부여하는 단정일뿐 우산국의 실체에 근거하는 단정은 아니다. 이사부가 무위로 복속시킬 수 없다고 말한 것은 우산국이 신라의 침범을 격퇴한 일이 있었다는 것이다. 이사부가 종전의 무위가 아닌 계책을 세워야 복속시킬 수 있는 나라였다.

『삼국사기』는 우산국이 자연에 의지하여 신라를 격퇴시킨 것으로 비하했으나 자연을 활용한다는 것 자체가 신라에 대적할 수 있는 나라였다는 것이다. 우산국은 기록처럼 우한한 나라가 아니라 신라와 대적할 수 있는 국력을 구축한 나라였다. 우산국 병사들이 목우사자를 두려워했다는 것은 우한과 모순되는 대응이다. 이사부의 말대로 우한했다면 두려워하기는 보다는 조소하며 맹공했을 것이다. 그래서 우산국 병사들이 두려워한 것은 목우사자의 외형이 아니라 그것이 상징하는 가치로 보아야 한다.

우산국과 신라는 물론 중국에도 없는 맹수가 사자다. 그것을 중국은 불교의 성수로 여겼고, 중국에서 불교를 전수 받은 삼국이나 일본도 그렇게 인식하게 된다. 그런 사자를 신라가 나무로 만들어서 보이며 위협하고 우산국이 두려워했다는 것은 신라와 우산국이 사자를 인식하고 있었다는 것이다. 신라만이 아니라 우산국도 주변국과의 교류를 통해 성수로서의 사자를 인식한 것이다.

삼국의 사자 인식은 나주 복암리와 일본에서 발견되는 환두대도의 사자상이나 일본 회화 속의 신라사자, 백제가 전해준 기악의 사자무 등을 통해서도 확인된다. 그런 일본의 사자 인식이 삼국에서 전래된 것이었기 때문에, 그 사이에 위치하는 우산국에 불교의 인식이 전래되는 경우는 있을 수 있는 일이다. 중국인의 이주를 통한 전래도 있을 수 있다. 따라서 우산국 병사들이 목우사자를 두려워한 것은 주변국과 교류하며 불교문화를 인지한 결과로 보아야 한다. 우산국은 이사부가 말한 것처럼 결코 우한한 나라가 아니었다.

우산국이 신라의 침략을 물리친 일이 있었다는 것은, 일정한 영역을 확보한 우산국을 통치하는 지도자가 존재했다는 것이다. 우산국이 신라에 복속되는 것을 거부하고 전쟁을 불사했다는 것은, 우산국도 교류하는 나라들과 마찬가지로 독자적인 천하사상을 구축했기 때문이다. 그런 우산국이 울릉도에서 육안으로 확인되는 동방의 무인도를 영역에서 제외시킬 이유가 없다. 우산국이 그런 국가였기 때문에 신라도 정벌의 대상을 울릉도가 아닌 우산국으로 칭한 것이다.

지증왕은 방언으로 불리던 국호와 군주호를 개정하고 스스로 신라 국왕을 칭할 정도로 「국」의 의미에 민감했다. 그런 지증왕이 정벌의 대상을 울릉도가 아닌 우산국으로 칭했다는 것은, 정벌의 대상을 섬이 아닌 나라로 보았다는 것이다. 그래서 『삼국사기』의 우산국은 울릉도나 『삼국유사』의 우릉도와 다르다. 우산국은 울릉도와 무인도, 즉 울릉도에서 육안으로 확인되는 동방의 암도를 영토로 하는 나라였다.

일월성신이나 거암과 같은 자연을 신앙하는 울릉도 사람들에게 거암의 무인도가 숭배의 대상으로 군림하는 것은 자연스러운 일이다. 동쪽 멀리 존재하는 암도는 울릉도인들의 신앙을 충족시키기에 충분했다. 태양을 등지고 나타나는 암도는 울릉도인들의 태양에 대한 신앙심까지 흡수하기 때문이다. 그래서 무인의 암도와 우산국의 관계는 신앙의 가치관과 더불어 정리되어야 한다.

돈들이 날녹다

제3장

우산국의 종교와 독도

1. 서—목우사자의 종교적 의미

『삼국사기』와『삼국유사기』가 전하는 우산국 기록은 간단하다. 그
것도 신라 위주이기 때문에 우산국의 실체를 알 수 없다고 생각할 수
도 있다. 그러나 단서가 전혀 없는 것은 아니다. 신라가 우산국을 정벌
한 정통성을 확인하는 기록이지만, 우산국의 실체를 추정할 수 있는
내용도 있다. 무위로 정벌하기 어려워 목우사자로 위협하는 계책을 채
택한 것도 그 중의 하나다.[1] 무위로 정벌이 불가능하다는 것을 알았다
는 것은 정벌에 실패한 일이 1회 이상 있었다는 것으로, 우산국이 신라
에 대적할 수 있는 나라였다는 것을 의미한다.

3세기의 울릉도에는 동녀를 희생으로 하는 의례가 거행되고 있었
다는 것도 우산국 문화의 단면을 알려준다. 동녀를 희생으로 하는 의
례를 거행하는 것은, 숭배하는 신의 수호로 주민들의 공동의 목적을
달성하기 위해 거행하는 공동의례로, 부여의 영고, 고구려의 동맹 등
의 제천의례와 비견된다. 마한이 설치했다는 소도와 같은 제장의 존재
도 상정시킨다.

동녀를 희생으로 하는 3세기의 의례가 기록으로 전한다는 것은 울
릉도의 의례가 그것으로 한정된다는 것은 아니다. 그것 외에도, 물체
에 깃든다는 영혼이나 정령 등을 신앙한다는 애니미즘적인 신앙이나
초자연적인 존재와 소통하는 샤먼을 중심으로 하는 신앙 등도 존재했

---

1 恃嶮不服, 伊湌異斯夫為何瑟羅州軍主. 謂于山人其愚悍, 難以威来, 可以計服, 乃
多造木偶獅子, 分載戰船, 抵其国海岸, 誆告曰, 如若不服, 則放此猛獸踏殺之, 国
人恐懼則降(『三國史記』卷第四, 新羅本紀, 智証麻立干); 島夷恃其水深. 驕傲不臣.
王命伊喰朴伊宗, 將兵討之. 宗作木偶獅子, 載於大艦之上. 威之云. 不降則放此獸
島夷畏而降(『三國遺事』卷第1, 智哲老王).

는데, 그것만이 기록으로 전하는 것이다.

　3세기에 동녀를 희생으로 헌상하는 방법으로 주민들의 공통적 가치를 달성하려 했던 「일도」의 주민들이, 6세기에는 울릉도를 중심으로 하는 우산국을 건국하고 신라에 대적했다는 것은, 울릉도 주민들이 선조들의 가치관을 계승 발전시켰기에 가능한 일이었다. 3세기에 동녀를 희생으로 바치며 주민들이 숭배하는 태양신과 같은 절대신의 수호를 독점한다고 믿으며 「일도」를 우산국으로 발전시킨 것이다. 그리고 주변국과 교류하며 사자가 불교를 수호하는 성수라는 것도 인지하게 되었으나 그런 인식이 신라에 미치지 못하여, 신라인들이 보이는 목우사자가 신라를 위해 주력을 발휘할 것으로 오인하고, 이사부의 말에 따라 복속한 것이다.

　우산국 병사들이 이사부가 보이는 목우사자를 두려워하며 항복했다는 것은 사자가 불교를 수호하는 성수, 날개를 달고 천공을 비상하며 인간의 영혼을 이상의 세계로 운반한다는 불교의 성수로 인식했기 때문에 보일 수 있는 반응이었다. 목우사자가 자신들의 능력이나 자신들이 신봉하는 신보다 우월할 것으로 판단했기 때문에 사자가 내린다는 재앙을 두려워한 것이다.

　말하자면 3세기의 울릉도 주민들이 동녀를 희생으로 헌상하며 신앙하던 신의 가치보다 신라가 보이며 위협하는 목우사자의 가치가 우월하다고 판단한 것이다. 그런 우산국의 사람들의 신앙을 이해하는 것이 우산국 실체를 파악하는 일이다.

2. 민족의 이동과 제천의례

(1) 천지 간의 이주

삼한과 그 이전의 시대는 모호한 시기로 기록이 많지 않다. 약간 존재하는 것도 중국의 동이열전이 주를 이룬다. 그런 기록에 근거해서 편찬한 『삼국사기』와 『삼국유사』 같은 기록을 통해 단군조선이나 삼한이 성립되는 과정을 확인할 수 있는데, 그것들은 우산국의 건국과정을 추정하는 단서도 제공한다.

단군조선의 건국은 천계를 지배하는 환인의 아들 환웅이 강세하는 것으로 시작된다. 천하의 통치를 원하는 환웅은 환인의 허가를 받아 풍백·우사·운사와 3천도를 거느리고 태백산으로 천강하여, 신단수 아래에 신시를 열었다. 그리고 곰을 화생시킨 웅녀와 혼인하여, 평양성에 조선을 건국하는 단군을 낳았다.[2] 천제의 아들 천자가 태백산으로 이주하여, 지상의 여신과 혼인하여 천손을 낳았고, 그 천손이 태백산에 조선을 세운다. 다시 말하자면 천자의 천지 간 이동과 천손의 지상 이동을 거친 후에 조선이 건국되었다는 것이다.

그것은 고구려의 경우도 마찬가지다. 천제의 아들 해모수가 하백의 딸 유화와 혼인을 맺고 승천한 후에, 유화는 일광으로 잉태하여 천손 주몽을 난생한다. 그렇게 전지간의 신혼으로 태어난 주몽이 졸본으로 이주하여 고구려를 건국했다.[3] 천에서 지상으로 강세한 천자와 유화의

---

[2] 昔有桓因[謂帝釋也]庶子桓雄數意天下貪求人世父知子意 (중략) 雄率徒三千降於太伯山頂(卽太白今妙香山)神壇樹下 (중략) 雄乃假化而婚之孕生子號曰壇君王儉 (중략) 都平壤城今西京]始稱朝鮮(『三國遺事』卷第一, 古朝鮮王儉朝鮮).

[3] 天帝子解慕漱, 誘我於雄心山下, 鴨淥邊室中私之, 卽往不返 (중략) 幽閉於室中, 爲日所炤, 引身避之, 日影又逐而炤之, 因而有孕, 生一卵 (중략) 今日逃走 (중략) 至卒本川 (중략) 國號高句麗(『三國史記』高句麗本紀第一, 始祖東明王).

신혼으로 부여에서 태어난 천손이 졸본으로, 즉 지상에서 지상으로 이동하여 건국한 것이다. 『광개토왕비문』이 전하는 건국은 크게 다른 내용이다. 천제와 하백여랑의 신혼으로 천상에서 난생한 추모왕이 지상의 북부여로 천강한다. 그리고 북부여에서 이동한 홀본에 도읍을 정한다.[4]

많은 나라는 천신이 지상으로 강림하는 과정을 거치는데 유독 백제의 온조 신화에는 그것이 없다. 백제왕조의 성이 부여씨라는 것을 생각하면, 고구려 건국신화와 유사한 부여신화, 즉 허늘의 정기를 받은 여인이 난생한 동명이 부여를 세웠다는 신화를, 백제를 건국한 온조이전의 신화로 볼 수 있다.[5] 그래야 북부여에서 주몽의 아들로 태어난 온조가 태자 유리를 피해 남하한 위례성에 십제를 세웠다는 건국신화의 결여된 천지 간의 이동이 보충된다.[6]

천자 환웅이 천지 간을 수직으로 이동하고, 환웅의 아들로 태어난 천손 단군이 태백산에서 평양성으로 이주하는 지상 간의 이주를 거쳐 건국한 조선이, 기자와 위만에 의해 왕조가 바뀌는데, 그때마다 유민들의 이주가 이루어진다. 기자조선의 준왕이 위만에게 왕위를 찬탈 당하자 부하 수 천인을 거느리고 도망쳐 마한의 왕이 된 것처럼, 왕조가 교체될 때마다 유민이 발생하는 것은 피할 수 없는 일이었다.[7] 그들은

---

4 惟昔始祖鄒牟王之創基也出自北夫余天帝之子母河伯女郎剖卵降世 (중략) 命駕巡行南下路由夫余奄利大水 (중략) 沸流谷忽本西城山而建都(權五曄『廣開土王碑文의 世界』, 제이앤씨, 2007, p.39·177).

5 侍兒日前見天上氣大如鷄子來降我因曰有身王囚之後遂生男 (중략) 東明奔走南至掩遞水 (중략) 東明乘之得渡因至夫餘而王至焉(『後漢書』東夷傳, 夫餘).

6 朱蒙在北夫餘所生子來爲太子, 沸流·溫祚, 恐爲太子所不容 (중략) 溫祚渡河南慰禮城以十臣爲輔翼國號十濟(『三國史記』卷第二十三, 百濟本紀, 第一).

7 初朝鮮王準, 爲衛滿所破, 乃將其餘衆數千人, 走入海, 攻馬韓破之, 自立爲韓王(『後漢書』東夷傳, 韓); 論曰昔箕子違衰殷之運避地朝鮮(『後漢書』東夷傳, 倭); 朝鮮王滿者故燕人也 (중략) 滿亡命. 聚黨千餘人. 魋結滿夷服而東走出塞. 度浿水.

남으로 이주하여 삼한의 주민들과 혼거하기도 하는데,[8] 『삼국사기』가 전하는 육촌도 그렇게 해서 성립되었다.[9]

일찍이 조선의 유민들이 이곳에 와서 산곡 간에 헤어져 여섯 촌락을 이루었다. 첫째는 알천의 양산촌, 둘째는 돌산의 고허촌, 셋째는 취산의 진지촌, 넷째는 무산의 대수촌, 다섯째는 금산의 가리촌, 여섯째는 명활산의 고야촌이란 것이나, 이것이 진한의 육부이었다.[10]

국호가 신라로 개정되기 전의 서라벌에 6촌을 이루어 살고 있던 조선의 유민들은 혁거세를 거서간으로 추대하고 서라벌을 세웠다. 조선의 멸망으로 이주한 지역에 독자적인 세력을 구축했기에 가능한 일이었다. 촌장들은 국가의 멸망을 경험한 일이 있어, 독자적인 세력을 형성하고 건국의 능력을 구비한 것이다. 그런데 『삼국유사』가 전하는 이동은 다르다.

『삼국유사』는 육촌장의 유래를 「처음에 하늘에서 표암봉에 내려왔으니」, 「처음에 형산에 내려왔으니」, 「처음에 이산에 내려왔으니」, 「처음에 화산에 내려왔으니」, 「처음에 명활산에 내려왔으니」, 「처음에 금강산에 내려왔으니」라고, 「강…봉」, 「강…산)」의 이동으로 해서,

居秦故空地上下鄣. 稍役屬眞番. 朝鮮蠻夷及故燕齊亡命者. 王之. 都王險(『史記』 115, 朝鮮列傳, 第55).

8 古之亡人 避秦役 來適韓國 馬韓割其東界與之(『三國志』魏書, 辰韓傳).

9 中國之人, 苦秦亂, 東來者衆, 多處馬韓東, 與辰韓雜居(『三國史記』卷第一, 新羅本紀第一, 赫居世居西干38년).

10 始祖, 姓朴氏, 諱赫居世, 前漢孝宣帝五鳳元年甲子, 四月丙辰(一曰正月 十五日), 卽位, 號居西干, 時年十三, 國號徐那伐, 先是, 朝鮮流民, 分居山谷之間爲, 一曰閼川楊山村, 二曰突山高墟村, 三曰觜山珍支村(或云于, 珍村), 四曰茂山大樹村, 五曰金山加利村, 六曰明活山, 是爲辰韓六部(『三國史記』卷第一, 新羅本紀 第一).

조선 유민의 출자를 천으로 했다.[11] 물론 조선의 유민이라는 사실을 전제했으므로, 육촌장들은 천지 간을 이동한 천신의 후손으로, 조선에서 서라벌로 이주하는 지상 간의 이동을 경험한 것이다. 그런데도 자신들이 선조가 「강…봉」, 「강…산」의 이주를 한 천신이라는 것을 밝히는 것은, 자신들의 출자를 천자 환웅이 천에서 태백산으로 강림한 사실과 비유하는 방법으로, 천제의 혈통을 계승한 천손이라는 사실을 강조하는 일이었다.

자신들은 조선에서 서라벌로 지상 간의 이주를 했으나, 선조들은 천지 간의 이동을 하여 조선을 건국하는 일에 참여한 천신의 후예라는 사실을 확인하는 일이었다. 그런 신분이 하늘에서 알로 태어나 나정으로 강세한 혁거세를 거서간으로 추대할 수 있는 자격과 권리를 보장했다.

(2) 지상 간의 이주

고조선 말기에 한강 유역으로부터 남부 일대에 진국이라는 큰 부락 연맹체가 형성된다. 당시 북쪽에 위치했던 위만조선은 우거왕 때 한무제에게 멸망하고, 남방의 진국은 지리적 환경에 따라 마한·진한·변한 등 삼한으로 나뉜다.[12] 대략 기원전 3세기 이전부터 남부에 존재하던 한족 세력이 발달하면서 삼한이 형성된 것이다.[13] 그 이후의 사회는 초

---

11 辰韓之地古有六村一曰…初降于瓢嵓峰, 是爲及梁部李氏祖…二曰…初降于兄山, 是爲沙梁部鄭氏祖…三曰…初降于伊山, 是爲漸梁部, 又牟梁部孫氏祖…四曰… 初降于花山, 是爲本彼部崔氏祖…五曰…初降于明活山, 是爲漢岐部, 又作韓岐部, 裵氏祖…六曰… 初降于金剛山是爲習比部薛氏祖(『三國遺事』, 新羅始祖 朴赫居世).

12 韓有三種. 一曰馬韓. 二曰辰韓. 三曰弁辰. 馬韓在西. 有五十四國. 其北與樂浪. 南與倭接. 辰韓在東. 十有二國. 其北與濊貊接. 弁辰在辰韓之南. 亦十有二國(『後漢書』東夷傳, 韓)

13 盧重國「馬韓의 成立과 變遷」, 『馬韓·百濟文化』10집, 圓光大 馬韓百濟文化研究所, 1987.

기철기시대(기원전 300~0)와 원삼국시대(0~300)로 구분되는데, 이는 기원 전후 시기를 삼한 전기로, 삼국의 성립시기부터 기원 후 3세기까지를 삼한 후기로 구분하는 것과도 거의 일치한다.[14]

이 단계에는 삼한의 세력에 중국의 이주세력이 혼합되기도 하고, 마한이 변한과 진한의 발전단계에 관여하면서 문화의 교류도 이루어졌다. 『삼국지』에 의하면 난세를 피해 온 중국인들을 조선 준왕이 서부 영역에 거주시키기도 했고, 중국인 1500명이 한의 노비로 종사한 일도 있다.[15]

이런 민족의 이동은 신라에 복속된 우산국 주민의 유래를 추정하는 근거가 된다. 우산국의 주민이 원주민만으로 구성되었을 가능성은 거의 없다. 사방 각지에서 장기간에 걸쳐 이주한 주민들이 혼거하는 것으로 보아야 한다. 고배와 같은 유물을 근거로 원주민을 동해로 이주한 고구려 계로 유추하는 것은,[16] 일부 주민에 해당하는 유추로 보아야 한다.

장기간에 걸쳐 이루어지는 주민의 구성에는 시기와 지역을 달리하는 이주민들이 화합하는 과정, 소집단이 대집단으로 통합되어가는 과정이 있었기 마련이다. 어느 시기라 해도 가치관을 달리하는 세력과 집단이 분쟁을 통해 합해지면서 일정한 가치를 공유하게 된다. 그럴 경우 신앙의 대상을 공유하는 것은 중요한 조건이고 방법이었다. 가치관의 차이에 의한 분쟁은 모든 가치를 포용한다는 대상을 같이 신앙하

---

14 宋華燮「三韓社會의 宗敎儀禮」,『三韓의 社會와 文化』, 韓國古代史研究會, 1995, p.60.

15 我等漢人. 名戶來. 我等輩千五百人. 伐材木. 爲韓所擊得. 皆斷髮爲奴. 積三年矣 (『三國志』魏書, 東夷傳, 韓).

16 梁泰鎭『한국독립의 상징 독도』, 백산출판사, 2004, p.36.

는 것으로 종식시킬 수 있다. 가치의 공유가 투쟁의 활력소를 화합의 가치로 승화시켜, 일정한 의례의 형식이나 사회체제의 구축도 가능하게 한다.

울릉도에 그런 사회적인 체제가 구축되었다는 것을 시사하는 것이 동녀를 희생으로 헌상한다는 제사의례. 옥저의 동해에 존재하는 「일도」에는 매년 7월이 되면 동녀를 바다에 가라앉힌다는 습속은[17] 동녀를 필요로 하는 의례인데, 자원하는 소녀가 없을 경우에는 조건에 맞는 소녀를 선발해야 한다. 그것은 주민들의 공동목적을 이루기 위해, 주민들이 정한 기준이나 규범에 따라 이루어지기 때문에 선택된 동녀는 순사를 전제로 하는 희생의 처지를 벗어날 수 없다.

그처럼 공동의 이익을 빙자한 생사여탈권을 행사할 수 있는 개인이나 세력이 「일도」에 존재한다는 것은 공동의 이익을 우선하는 사회체제가 구축되었다는 것이다. 그런 체제를 3세기에 구축한 「일도」였기 때문에 6세기에 울릉도를 중심으로 하는 우산국의 건국도 가능했던 것이다.

3. 울릉도의 종교

(1) 원시종교

종교가 초월적인 존재로 믿는 영적인 존재, 즉 영혼·사령·정령·영귀·신 등을 신앙하여 원하는 것을 이루려는 의지를 바탕으로 한다는 것을 감안하면, 3세기의 일도 주민들이 매년 7월에 동녀를 희생으로

---

17 國人嘗乘船浦漁, 遭風見吹數十日, 東得一島, 上有人. 言語不相曉, 其俗常以七月, 取童女沈海(『三國志』魏書, 東夷傳, 東沃沮).

삼는 습속이야말로 종교의례라고 말할 수 있다. 영적인 존재들이 인간과 교류할 수 있는 희로애락의 마음을 소유하며, 개인이나 사회의 운명을 좌우할 능력을 가지고, 시간과 공간을 초월하여 이동할 수 있다고 믿는 이상,[18] 그것을 숭배하는 방법으로 자신들이 원하는 것을 이루려는 의례를 거행하는 것은 자연스러운 일이었다.

지도자나 단체는 주민들이 공유하는 가치관을 바탕으로 연대체계를 형성하고 확대시킬 목적으로 의례를 거행한다. 울릉도에 산재하며 적대하던 세력들이 그런 가치관을 공유하기 때문에 동녀를 헌상하는 의례를 거행하는 것이고, 그것이 종교의례로 발전된다.

산재하는 주민들이 신앙하는 내용과 형태를 확인할 수는 없으나 원시종교의 범위를 크게 벗어날 수 없다. 미개의 부족 종교가 가지는 관념이나 의례, 관행으로서의 애니미즘(Animism)이나 애니머티즘(Animatism) 등이 전형으로 민족종교에 계승되고, 세계적 종교에도 뿌리내리고 있다.[19] 모든 종교는 영적인 존재에 대한 관념이나 신념으로 신앙과 무관하지 않아 다소의 차이는 있으나 애니미즘을 포함한다. 원래 인간은 꿈이나 실신과 같은 경험을 통해 신체를 이탈할 수 있는 인격적인 실체로서의 영혼이 존재한다는 관념을 가지게 된다. 그러한 영혼관은 인간만이 아니라 모든 생물이나 무생물에도 존재한다는 정령관으로 확대되었다.[20] 영혼이나 정령은 인간과 같은 감정으로, 인간에 영향을 미치는 존재로 여기고 그것에 대처하기 위해 그것들을 숭배 위무하거나

---

18 佐々木宏幹『宗教人類学』, 講談社學術文庫, 1995, p.20.
19 에니미즘(animism)이 모든 물체에 깃들어 있다고 믿는 영적 존재를 신앙하는 것에 비해, 인물, 사물, 동식물 등이 가진다는 주력이나 신비력 등의 작용을 신앙하는 에니머티즘(animatism: 有生觀) 역시 원시사회의 공통적 종교다.
20 佐々木宏幹『宗教人類學』, p.25. 사사키는 이곳에서 타일러(Edward Tylor)의 애니미즘 등을 정리하여 설명하고 있다.

물리치려 했다.

이러한 종교는 자연 발생적이었다. 그것은 특정지역에 거주하는 집단들(씨족·부족·민족)의 생활 환경을 기반으로 발생하여, 집단에 의해 지켜지고 있었기 때문에 일정 지역의 한계를 넘어 보편화되기 어렵다. 그것이 다른 집단과의 불화의 근본으로 통합을 어렵게 하는 요인이었다. 그러나 모든 집단이나 친족들을 포섭할 수 있는 새로운 가치가 나타나면 통합과 연대가 가능하다. 그런 면에서 동녀를 희생으로 바치는 의례가 3세기의 일도에서 이루어졌다는 것은, 그것을 통해 공동의 이익을 보장받을 수 있다고 믿는 종교적 가치의 통합이 이루어졌다는 것이다.

이웃 세력들의 통합과정에는 주도하는 인물이 존재하는데, 그는 일반주민과는 이질적이고 특이해야 한다. 그것이 집단을 대표할 수 있는 하나의 조건이다. 그러한 인물에게는 남다른 주력이나 영력이 깃들어 있다고 여겨졌다. 말하자면 만물을 창조한 초자연적인 기운을 말하는 마나(mana)와 같은 능력을 소유한 것으로 인식되었다. 그래서 그들의 능력이나 특성들은 그들의 마나가 발현된 결과로 보았다.[21] 그러한 관념에 근거하는 원시종교에서는 영혼이나 정령, 주력이나 영력을 어떻게 이용하여 현실의 문제를 해결할 것인가가 중요하다. 공동의 목적을 달성하는 방법으로 의례가 거행될 때는 주민의 지도자가 제사장이나 점술사 등의 역할을 수행한다.

그런 지도자가 통솔하는 소집단들이 통합하는 과정에서 가장 큰 문제는 소집단이 신앙하는 영적 존재에 대한 인식의 차다. 그런 문제는 기존의 가치를 우월하며 모두가 공유할 수 있는 신앙의 대상을 찾아야

---

21 佐々木宏幹『宗教人類学』, 講談社學術文庫, 1995, p.27.

해결된다. 일정한 대상이 모든 집단의 소망이 이루어지게 한다는 사실을 입증하면 통합이 가능하다. 그런 신앙의 대상은 적대적인 세력을 포섭하는 과정에서 보편적 가치를 획득하며 활동의 영역을 확대한다. 그런 과정을 거쳐 모두가 숭배하는 신앙이 발현하게 되면, 그것을 구심점으로 모두 통합된다. 그리고 그것을 주도하는 자는 정치적 지도자, 군주나 왕으로서의 위치를 차지한다. 종교적 기능자라고 할 수 있는 지도자로 군림하는 것이다.

그런 지도자는 종교의례나 주술이 뛰어나 제사 주술사 샤먼적 역할을 주도한다. 주민들을 대표하여 영적 존재에 간원하여 그것이 이루어지게 한다. 영적 존재의 초자연력을 이용 조절하여 사람들의 구체적인 문제를 해결하는 역할을 수행하는 것이다. 그때 의례 용구를 사용하거나 주문으로 초자연력을 구사하기도 한다. 또 영적 존재의 능력을 빌려 탁선·치병·예언을 하기도 한다. 그런 면에서 보면, 동녀를 희생으로 헌상하는 3세기의 울릉도에는 주민의 생사여탈권을 행사할 수 있는 그런 지도자나 그를 중심으로 하는 세력이 존재했다는 것이다.

3세기의 울릉도 주민들이 동녀를 희생으로 하는 종교의례를 거행했는데, 울릉도를 중심으로 하는 6세기의 우산국이 어떤 의례를 거행했는가를 알 수 있는 자료는 없다. 그러나 그들은 자신들이 사는 세계를 우산국이라 칭하며, 복속을 요구하며 침범하는 신라와 대적하고 있었다. 그런 우산국이 공동의 이익을 보장받으려는 종교의례를 거행하지 않는 경우는 있을 수 없다. 이사부의 말대로 우한한 우산국이었다면, 목우사자가 불교를 수호하는 성수로서의 사자라는 것을 알지 못하기 때문에 두려워할 이유가 없다. 오히려 조롱하며 더욱 난폭했을 수도 있다.

그런데 신라가 보이는 목우사자를 두려워하며 항복했다는 것은, 사자의 가치를 인지하는 것에 그치지 않고 사자의 종교적 의미도 인지했다는 것이다. 그 가치가 무엇이었는가는 삼국과 중국의 사자인식을 통해서 추정할 수 있다. 주민의 이주와 더불어 문화도 같이 이입되기 때문이다.

512년 이전에 우산국이 신라를 격퇴시킨 일이 있었다는 것은, 우산국에 주민을 통치하는 절대자가 존재했다는 것을 의미한다. 그런 세력을 구축한 절대자라면, 주민들에게 일정한 가치관을 공유시킨 지도사임에 틀림없다. 그래서 상정할 수 있는 것이 제사장적 지도자다. 그는 이질적인 가치관을 원인으로 하는 문제들을 포용할 수 있는 보편적인 가치관을 제시하고, 그것을 구현한다는 신앙의 대상을 제시하는 방법으로 통합을 이루었고 그것을 통해 주민들의 통합을 꾀하고 있었던 것이다. 그렇게 구축된 국력이 무위로 침범하는 신라를 퇴치하여, 무위가 아닌 목우사자를 보이며 위협하는 계책을 강구하게 한 것이다. 그것은 3세기에 동녀를 희생으로 헌상하던 일도의 제천의례가 6세기의 우산국에 전통적인 의례로 발전되고 주민들이 그것을 중심으로 단결했기 때문에 가능한 일이었다.

(2) 신앙의 대상

이사부는 우산국이 험한 자연을 의지하여 귀복하지 않는 것으로 보았다.[22] 그때의 시험이 어리석고 사납다는 우한과 연계되면, 우산국 사람들은 어리석으나 자연이 험하여 정벌하지 못했다는 것으로 이해하기 쉽다. 또 그것이 일반적인 인식이다. 그러나 그것은 우산국의 독자

---

22 于山国(中略), 恃險不服(『三國史記』新羅本紀4, 智證麻立干).

성을 간과한 판단이다. 설령 어리석은 자들이 자연을 믿고 저항한다 해도 독자성을 유지할 국력이 없으면 불가능한 일이었다. 「恃險」의 시가 「믿는다」・「의지하다」 등을 의미하고, 험이 「험하다」・「높다」・「깊다」 등을 의미하여, 험한 자연을 믿는다는 것이므로,[23] 우산국의 저항이 자연환경에 근거하는 것으로 알기 쉽다. 우산국의 자연이 험하다는 것은 사실이나 상륙이 불가능한 것은 아니다. 목우사자로 위협할 때도 해안에 접근했다. 따라서 우산국의 저항 능력을 자연 조건에만 근거하는 것으로 보는 것은 옳지 않다.

시험이 요새의 조건일 일 수도 있으나, 애니미즘적인 면에서 보면 영적 존재들의 거주처로 인식했을 수도 있다. 험하기 때문에 강력한 신들이 살며, 자신들을 수호한다고 생각하면 자긍심도 강해져 신라의 질서에 복속되는 것을 거부할 수 있는 자신감까지 확보할 수 있다.

그런 사고는 울릉도에 산재하는 세력의 통합을 전제로 한다. 세대가 모여 취락을 형성하여 읍락과 국으로 발전하는 과정에 복속과 합병이 이루어지고, 그것에 어울리는 대표자가 나타나 동질의 가치를 공유하게 되었을 때 가능한 일이다.[24]

가치관을 공유하는 합병이 진행되면 신앙의 대상도 변한다. 합병이 이루어질 때마다 기존의 대상을 같이 신앙하거나 새로운 대상을 같이 신앙할 것을 합의할 수도 있다. 그러면서 일정한 숭배물이 모든 주민의 신앙심을 충족하는 대상으로 발전할 수도 있고, 모두가 신앙하는 대상이 새롭게 나타날 수도 있다.

그런 주민들의 기대를 만족시켜 줄 수 있는 것이라면 주민들이 공

---

23 恃賴也, 從心寺聲(『說文』); 險, 阻難(『說文』); 險, 高也(玉篇); 虢叔恃勢, 鄶仲恃險, 是皆有驕侈怠慢之心(『國語』鄭語).
24 權五榮「三韓社會 國의 구성에 대한 고찰」, 『三韓의 社會와 文化』, p.53.

유하는 하천이나 산·거목·거암 등의 자연물을 상정할 수 있다. 그것들에 깃든 영적 존재가 모두를 이롭게 한다고 인식하게 될 때, 모두가 숭배하는 신앙의 대상이 될 수 있어, 그것을 구심점으로 하는 통합이 가능하다. 그런 구심점이 신라가 우산국을 복속시키려던 시기에 확보된 것이다. 공동으로 신앙하는 대상이 확보되고 그것을 구심점으로 통합이 이루어졌기에 신라의 질서에 포섭되는 것을 거부하며 대적한 것으로 볼 수 있다.

문제는 그 대상이 무엇이었는가다. 처음에는 각자가 접하기 쉬운 대상을 신앙하다 이웃과 같이 신앙할 수 있는 대상으로 확대되는 식으로 발전하게 된다. 그러다 울릉도 주민들이 같이 신앙할 수 있는 대상을 공유하게 되는데, 그 대상이 될 수 있는 것이라면, 울릉도에 존재하는 산이나 거목, 주민들이 육안으로 확인할 수 있는 일월성신·바다·동방에 존재하는 암도 등이다.

그 중에서도 육안으로 확인되는 동방의 암도는 해가 뜨는 동방에 존재하며 구름과 안개 속에서 은현하는 방법으로 울릉도 주민들의 신앙심을 자극하기에 충분했다. 동방에서 떠올라 서방으로 지는 태양을 보며 생활하는 주민들은, 태양을 뒤로 하고 나타나는 암도를 태양의 거주처나 휴식처로 보고 그것을 숭배의 대상으로 삼은 것은 있을 수 있는 일이었다. 그런 도민들의 종교의례가 동녀를 바다에 가라앉히는 형태로 3세기의 울릉도에서 거행되고 있었던 것이다. 그때 육안으로 확인되는 암도는 주민들의 태양에 대한 숭배심도 같이 흡수하며 신앙의 대상으로 군림하게 된다.

(3) 천신 숭배

울릉도에는 동녀를 바다에 가라앉히는 의례가 습속으로 전래되고 있었으나, 의례의 대상이 무엇이었는가는 밝히지 않았다. 그런데 그것은 우산국의 경우도 마찬가지다. 우산국에는 시대와 공간을 달리하여 이주한 집단들의 독자적인 종교의례가 거행되었을 것이고, 이주민이 한국과 중국 왜 등지를 근거지로 하기 때문에, 주변국의 종교에 근거해서 추정할 수 있는 일이다.

중국의 고서들은 조선 이래의 국가들을 동이의 범주에 포함시켜, 당시의 종교생활의 개관을 전한다. 그런 기록들이 전하는 동이의 풍습에는 영고·동맹·무천과 같은 제천의례가 거행되고 소도와 같은 종교 영역도 존재했다. 그것들은 한결같이 천을 숭상하는 제천의례였고 제사장이었다. 부여는 은정월에 영고라는 대회를 열고 가무 음주를 즐기며 천신을 제사했고, 고구려는 집에 신당을 세워 귀신을 제사하고 영성과 사직을 모시는 동맹이라는 제천의례를 10월에 거행했다. 동예도 10월에 음주 가무하는 무천이라는 의례를 거행했다. 마한은 5월과 10월에 소도에 모여 제천의례를 거행했는데,[25] 그곳에는 방울과 북을 단 장대를 세우고 신을 맞이했다.[26]

천신을 숭배하는 제천의례는 단군신화와 같은 건국신화를 통해서 확인된다. 단군의 부 환웅은 천상에서 강림하여, 자신이 화생시킨 웅

---

25 以殷正月 祭天 國中大會 連日飲食歌舞 名曰迎鼓. 於是時斷刑獄 解囚徒(夫餘傳), 於所居地左右 立大屋祭鬼神 又祀靈星社稷 (중략) 以十月祭天 國中大會 東盟(高句麗傳), 常用十月節祭天 晝夜飲酒歌舞 名之爲舞天(濊傳), 常以五月下種訖 祭鬼神. 群聚歌舞飲酒 晝夜無休. 其舞數十人 俱起相隨 踏地低昂 手足相應 節奏有似鐸舞. 十月農功畢 亦復如之. 信鬼神 國邑各立一人 主祭天神 名之天君. 又諸國各有別邑 立大木懸鈴鼓 祀鬼神(『三國志』魏書, 東夷傳, 韓).
26 柳東植『韓國巫敎의 歷史와 構造』, 延世大學校出版部, 1981, p.50.

녀와 신혼으로 단군을 낳았다. 그런 출생담이 단군을 천하의 절대자로 위치시켜, 단군이 지배하는 조선의 주민들에게는 천신의 수호가 보장된다.

조선의 천신숭배는 환인과 환웅의 「환」이 광명의 근원인 천신을 상징하는 신명으로도 알 수 있다. 환인을 제석으로 주석하여 불교와 결부시키는 일도 있으나,[27] 그것은 단군의 선조를 당대의 절대신에 위치시키는 방법이므로, 단군이 천손이라는 사실에는 변함이 없다.

고구려의 추모왕 역시 천제와 하백여랑의 신혼으로 태어난 천손이다. 추모왕이 천제의 혈통을 계승했기 때문에 천손, 즉 천신의 자격으로, 천제의 뜻에 따라 지상에 고구려를 세우고 군림한다.[28] 백제의 건국신화에는 천과의 혈연관계가 결락되어, 고구려의 그것을 공유하는 것처럼 말하기도 하는데, 따를 수 없다. 백제왕의 성씨가 부여라는 점에서 부여신화에 근거하면 백제가 천신을 숭배한 경우는 추정 가능한 일이다. 부여의 동명이 천기를 받고 태어난 천손임에도,[29] 부왕은 그것을 인지하지 못하고 방기했다. 그러나 돼지와 말이 보호하는 방법으로 깨닫게 해준다.[30]

건국주가 천신과의 혈통관계를 확인하는 것은 천제를 대행한다는 통치의 정통성을 확보하는 방법이었다. 혁거세는 전광이 비치는 곳으로 말의 인도를 받아 알로 강림했는데, 전광으로 탄생처가 하늘임을

---

27 古記云昔有桓因因謂帝釋也|庶子桓雄(『三國遺事』卷一, 古朝鮮).
28 始祖鄒牟王 (중략) 天帝之子母河伯女郎剖卵降世而有聖 (중략) 於沸流谷忽本西城山上而建都焉(『廣開土王碑文』).
29 侍兒曰, 前見天上有氣, 大鷄子, 來降我, 因曰有身, 王因之, 後遂生男, 王令置於豕牢(『後漢書』東夷傳, 夫餘).
30 北夷槖離國王侍婢有娠, 王欲殺之. 婢對曰: 有氣大如鷄子, 從天而下, 我故有娠. 後產子, 捐於豬溷中, 豬以口氣噓之, 不死: 復徙置馬欄中, 欲使馬借殺之, 馬復以口氣噓之, 不死. 王疑以為天子(王充『論衡』卷二, 吉驗編).

설명하고, 난생으로 탄생의 특이성을 입증했다. 천에서 난생한 혁거세를 백마가 태우고 강세하는 것으로 천손임을 입증하여 지상에 군림할 수 있는 자격을 부여 받은 것이다.

가야 역시 천손이라는 조건이 군림의 절대조건이었다. 수로왕이 지상에 나타나는 것은 하늘에서 들려오는 소리를 들은 주민들이 구지봉을 파는 과정을 거친 후였다. 알이 구지봉에서 나왔으므로 지신의 혈통을 받은 것으로 볼 수도 있으나, 그것이 하늘의 계시에 의한 결과였으므로 천손으로 보아야 한다. 구지봉이 천에 가까운 고지라는 점에서도 그렇다.

이처럼 건국신화들이 천손을 시조로 한다는 것은 당대인들이 천을 숭배하고 있었다는 것으로, 우산국의 주민이 고구려계이든 신라계이든 아니면 중국계나 일본계였다 해도 그들이 숭배하는 신에서 천신은 제외될 수 없다.

일본은 국명부터가 해가 뜨는 극지를 의미할 정도로 천과 밀접했다. 그래서 일본의 건국신화는 천신과 천황의 관계를 확인하는 내용이다. 일본에 대한 하늘의 영향력은 절대적인 것으로, 천신이 동굴에 들어갔다 나오는 것에 의해, 천지가 암흑과 광명을 세계로 변할 정도였다.[31] 천신이 천지의 질서를 통제하고 천손이 천하를 통치해야 한다는 원칙에 따른 현상이었다.

중국의 경우도 마찬가지다. 중국의 고대에는 인군의 가장 존귀한 칭호로 천신을 사용했다. 구체적으로 말하자면 신명·황·제·왕·호·천·화 등은 모두 태양신과 관계를 갖는다. 옛날부터 화하민족의 시조

---

31 天照大御神, 見畏, 開天石屋戸而, 刺許母理坐也. 爾, 高天原皆暗, 葦原中國悉闇. 因此而常夜往 (중략) 天照大御神出坐之時, 高天原及葦原中國, 自得照明(權五曄·權靜옮김 『古事記』상, 고즈윈, 2007, p.144).

로 모셨던 복희·황제 등도 태양신의 칭호였다. 복희는 유명한 존재로 동방에서 태어나 태양의 광명을 구비한 것으로 알려지고 있으며 태호로 불리기도 한다.[32] 천을 숭배하는 사상에 근거하는 신명이다.

이처럼 삼국이 천이나 의인화된 천신을 숭배하고, 중국과 일본 역시 천신을 숭배했다는 것은, 시대와 공간을 초월하여 동아시아 전역에 천신을 숭배하는 사상이 유포되어 있었다는 것이다. 우산국이라 해서 그런 일반적인 사상에서 예외일 수 없어, 천신을 숭배했던 것으로 볼 수 있다.

4. 우산국의 제천의례

(1) 삼한의 제천의례

마한·진한·변한의 삼한은 마한 중심사회였다.[33] 진한에는 진의 이주민들도 살고 있었다.[34] 위만과 기자에 의해서 조선의 왕조가 바뀔 때도 많은 유민들의 이주가 이루어졌는데,[35] 그것이 중국문화가 삼한지역 등지에 전파되는 계기였다.

마한에서는 매년 파종을 마친 5월과 농경을 마친 10월에 군중이 함께 주야를 가리지 않고 음주가무를 하며 귀신을 제사했는데, 그때 천

---

32 神明, 皇, 帝, 王, 昊, 天, 華(何新저 洪熹역『神의 起源』, 東文選, 1993, p.18).
33 其十二國王屬辰王. 辰韓常用馬韓人作之. 世世相繼. 辰王不得自立爲王(『三國志』東夷傳 弁辰傳); 馬韓最大. 共立其種爲辰王. 都目之國. 辰王三韓之地. 其諸國王先. 皆是馬韓種人焉(『後漢書』東夷傳, 韓傳).
34 辰韓. 在馬韓之東. 其耆老傳世自言. 古之亡人. 避秦役. 來適韓國. 馬韓割其東界地與之(『三國志』魏書, 辰韓傳).
35 初朝鮮王準, 爲衛滿所破, 乃將其餘衆數千人, 走入海, 攻馬韓破之, 自立爲韓王, 準後滅絕, 馬韓人復自立爲辰王(『後漢書』東夷傳, 韓).

군은 구슬과 북을 단 나무를 세운 소도에서 천신을 제사했다. 그곳은 범법자가 도망쳐도 추방할 수 없을 성역이었다.[36] 마한의 종교의례가 비교적 자세한 것에 비해 변진의 기록은 제한적이다. 귀신을 제사하는 방법이 마한과 약간 다르다는 것 정도다.[37] 그러나 진한이 마한 사람을 군주로 모신다는 것으로 보아, 마한과 유사한 의례를 거행했던 것으로 볼 수 있다.[38]

제사의례는 수호신의 은덕에 감사하는 방법으로 풍작을 보장받는 것을 목적으로 하는 데, 그런 염원이 시조 박혁거세나 김알지의 난생이라는 형태 발현되기도 한다. 난생은 곡물이 껍질을 까고 나오는 것을 상징하고 염원한다. 그래서 난생한 알지나 우물에서 태어난 알영의 「알」은 곡물·씨앗·알·소아 등을 의미한다.[39] 농경신이 곡령의 형태로 이야기된 것이다.

곡물의 결실은 유화가 태양의 기에 감응하여 주몽을 잉태한 일이나 색리국의 시녀가 천기에 감응하여 동명을 회임하는 일에 대응한다. 그처럼 곡령이 천기에 감응하여 난생하는 시조와 대응하는 것은 신화가 천신을 숭배하는 농경신앙을 모태로 한다는 것을 의미한다.

『삼국사기』가 전하는 진한·변한의 제사는 농사의 진행과 더불어 풍백·우사·영성을 대상으로 해서 이루어지는데,[40] 그 제신이 단군신화

---

36 常以五月下種訖, 祭鬼神, 群聚歌舞飲酒, 晝夜無休, 其舞數十人, 俱其相隨, 踏地低昂, 手足相應, 節奏類似鐸舞, 十月農功畢, 亦復如之, 信鬼神, 國邑各立一人, 主祭天神, 名之天君, 又諸國各有別邑, 各地爲蘇塗, 立大木懸鈴鼓. 事鬼神, 諸亡逃至其中, 皆不還之(『三國志』東夷傳, 韓傳).

37 祠祭鬼神有異(『三國志』魏書, 弁辰傳).

38 辰韓常用馬韓人作主, 雖世世相承, 而不得自立(『晉書』四夷傳, 東夷, 辰韓).

39 如赫居世之故事, 故因其言, 以閼智名之, 閼智卽鄕言小兒之稱也(『三國遺事』金閼智).

40 立春後丑日, 犬首谷門祭風伯, 立夏後申日, 卓渚祭雨師, 立秋後辰日, 本彼遊村祭靈星(『三國史記』권제32, 雜誌第一, 祭祀).

의 풍백·우사·운사를 연상하게 한다. 천신을 신앙의 대상으로 삼았다는 것을 알 수 있다. 이처럼 삼한 모두가 천신을 숭배한다는 것은 마한의 소도가 갖는 종교적 가치관을 삼한이 공유했을 가능성도 시사한다.

마한과 진한의 주종관계가 기원전 3세기경부터 신라의 건국시기까지 지속된 것을 보면, 그 동안에 마한의 소도형 제천의식이 동령의기와 더불어 진한에 전파되었으며, 이런 종교의례의 수용은 진한 사회의 소국형성 과정에 기여한 것으로 추정된다.[41] 마한이 삼한의 정치적 종가였다는 사실이나 세형동검 문화가 마한에서 진한 지역으로 전파된 사실에 근거하는 추정이다. 인적 교류와 더불어 문물만이 아니라 종교의례와 사상도 전파된다는 것을 감안하면 극히 일반적인 일이다.

이러한 삼한의 제천의례는 동녀를 희생으로 헌상하는 우산국의 종교의례 역시 제천의례였다는 것을 입증한다. 우산국에 삼한 등지의 이주민이 혼거한다는 사실을 생각하면, 우산국의 종교의례와 사고를 주변국과 따로 떼어서 생각할 수 없다.

(2) 울릉도의 제천의례

우산국이 신라의 질서에 포섭되는 것에 반대했다는 것은, 이미 가치관을 매개로 하는 사회적 통합이 이루어졌다는 것을 의미한다. 수호신의 가치를 공유하는 것과 같은 통합이 이루어졌기 때문에 신라에 대적하며 독립해야 한다는 공동의 목표를 가진 것이다. 그런 통합이 어떻게 이루어졌는가인데, 우선 생각할 수 있는 것이 절대권력을 확보한 지도자에 의한 통합이다. 그것이 가장 신속하고 효과적일 수 있다. 그러나 도민들이 일정한 가치관을 공유하는 것이 결속에 더 효과적이다.

---

41 宋華燮「三國社會의 宗敎儀禮」,『三韓의 社會와 文化』, p.71.

같은 대상을 신앙하며 숭배하는 것이 모두의 결속과 단합을 촉진하기 때문이다.

원래 종교는 자연현상에 대한 공포에서 유래하는 것으로 모든 민족의 공통적 현상이었다. 그것의 의미는 다양하나 영적 존재에 대한 신앙이라는 주장은 납득할 수 있다.[42] 초월의 영적 존재를 인정하고, 그것의 능력을 빌려 소망을 달성하는 방법으로 택한 의례를 통해 집단의 화합과 통합을 꾀하는 과정은 어느 민족이나 공통적이다.

부여의 영고, 고구려의 동맹, 동예의 무천 등의 제천의례가, 마한에서는 소도라는 제장에서 거행되었다. 중국이나 일본에서도 이루어지는 의례였기 때문에 동아시아의 공통적인 의례라 할 수 있다. 그런 의미에서도 동녀를 희생으로 하는 울릉도의 의례도 제천의례로 볼 수 있다.

해중의 우산국은 일월성신과 밀접했다. 소유를 다툴 상대도 없어, 그것들의 수호를 독점한다고 인식하고, 수호를 보장받기 위해 동녀를 희생으로 헌상한 것이다. 그렇게 해서 일월성신으로 나타나는 천신의 수호를 보장받으려는 했던 것이다.

그런 면에서 울릉도의 동방에 존재하며, 태양을 배경으로 하며 나타나는 독도는 신앙의 대상이기에 충분했다. 거암이라는 것 자체가 신앙의 대상이기에 충분한데, 안개와 구름 속에 자태를 은현하며 신비감을 증폭시키는 독도였다. 그것만이 아니다. 독도는 일월성신의 휴식처나 거주처로 인식되었다. 아침에 떠오른 태양이 천공을 돌아 서해로 진 다음에, 해저의 통로를 통해 동으로 귀환하여[43] 휴식을 취한 후에 다시 떠오르기 위해 대기하는 섬으로 인식되었다. 울릉도의 주민들이

---

42 다이라의 종교정의(佐々木宏幹『宗教人類学』, 講談社, 1995, p.25).

43 何新저, 洪熹역『神의 起源』, 東文選, 1993, p.162.

동방의 암도를 태양의 거주처로 인식하는 것은, 암도가 울릉도 주민들의 태양에 대한 신앙심을 흡수하며 신앙의 대상으로 군림하는 일이었다.

우산국의 구성에 대한 주장이 구구하다. 울릉도 자체가 우산국이라는 주장이 있는가 하면, 그 주변의 도서를 포함시키는 주장도 있다. 후자의 경우도 동방의 암도를 포함시키는 경우와 배제시키는 경우로 갈라진다. 우산국이 「도」가 아닌 「국」이기 때문에 암도를 포함한다는 주장이 있는가 하면, 암도의 존재를 한국이 알게 된 것이 19세기 말이라 포함되지 않는다는 주장도 있다.[44] 그런 주장들은 양도가 육안으로 확인되는 관계라는 사실에 근거해서 정리되어야 한다. 또 암도를 우산국에서 배제시키려면 타당한 이유의 설명이 있어야 한다.

3세기의 옥저인들은 동해상의 「일도」와 「일국」을 구별하고 있었다. 그들이 말하는 「일도」에는 동녀를 희생으로 하는 제사의례가 전래하고, 언어가 통하지 않는 주민도 혼거하는 곳으로, 소매길이가 3척 인 의복을 입는 주민도 거주했다. 또 머리가 둘인 기인이 나타나는 곳이었다.[45] 그런가 하면 「일국」은 여자들만 사는 곳으로, 남녀가 혼거하는 「일도」와는 구별된다. 옥저인의 경험에 근거하는 『삼국지』가 그렇게 「일도」와 「일국」을 구별한 것은, 옥저인의 인식이 그러했기 때문이다. 그런 「일도」의 주민들이 6세기에는 우산국을 칭하고 신라의 침범에 대적했다는 것은 생활 영역을 울릉도 만이 아니라, 울릉도에서 육안으로 확인되는 암도를 포함하는 공간으로 인식하는 경우를 상정시킨다.

---

44 下條正男『竹島は日韓どちらのものか』, 文芸春愁, 2004, p.118.
45 『三國志』東沃沮傳,『後漢書』東夷傳, 濊.

(3) 태양의 거주처 독도

제천의례는 동방에서 떠서 서방으로 지는 태양을 보며 사는 울릉도 주민들로서는 빼놓을 수 없는 의례였다. 동녀를 바다에 가라앉히는 습속도 그래서 거행된다. 동녀를 바다에 가라앉히기 때문에 제천의례가 아니라고 생각할 수도 있으나, 바다를 태양의 거주처로 보는 고대인의 인식을 이해하면, 그것이 태양의 수호를 보장받기 위한 의례라는 것을 알 수 있다.

최남선은 조선에 「백」자를 포함하는 산이 많다는 것과 백에는 신과 천 등의 의미가 있고, 신이나 천이 태양을 의미한다며,

> 원래 天을 抽象的으로 認定하지 못하고, 太陽이란 具象的 存在로서 본 것도 그러하거니와, 이 具象的 要求가 더욱 親近味를 要求할 때에, 天은 곧 太陽인 神의 側近的 鎭護를 생각하게 되고, 이 要求에 應하여 神山이라는 信仰 現象이 그 宗敎的 生活 중에 나타나게 되었다. 아뭏든 옛날에는 山嶽 그 自體의 崇拜도 行하여졌을 것이다. 시방 우리가 遡及할 수 있는 時限 內에서는 朝鮮에 있어서의 神山이란 결코 他에 있어서와 같은 通例의 山岳 崇拜가 아니라 天界의 人間的 存在 또는 太陽의 權現, 혹은 그 宮居로서의 그것임을 알 수 있다.[46]

산악신앙의 대상이 산이 아니라 산을 태양의 권현으로 보는 신앙이라는 것이다. 그처럼 조선인이 산을 태양의 권현이나 태양의 궁거, 즉 거주처로 알고 숭배했다는 것은, 울릉도인의 독도에 대한 인식을 추정하는 데 좋은 단서다. 현재에도 청명한 날에는 울릉도에서 볼 수 있는

---

46 崔南善『韓國史』Ⅱ, 六堂崔南善全集2, 玄岩社, 1873, p.45.

독도를 3세기나 6세기의 울릉도 주민들이 육안으로 확인하는 일은 의심할 수 없는 일이다.

고대 중국인들은 10개의 태양이 존재하며 하루에 하나씩 떴다 일몰하는 것으로 믿었다. 『회남자』의 희화는 10개의 태양을 낳아 감연에서 목욕을 시키고,[47] 까마귀가 그것을 태우고 하늘을 도는 것으로 인식하고 있었다.[48] 태양 10개가 동시에 나와 산천이 메마르고 재앙이 발생하자 요가 예에게 아홉 개의 태양을 활로 쏘아 떨어뜨리게 했다.[49] 그래서 하나의 태양이 아침에 동방의 부상에 올라 천공을 돌기 시작하여, 매곡으로 가라앉으면 밤이 되는데, 매곡으로 들어간 태양은 유도를 통해 동해에 서있는 부상의 아래로 돌아온다. 그 동안 다른 태양들은 부상 아래에서 일출의 순번을 기다린다. 따라서 아홉 개의 해가 9일 간 휴식하는 부상의 아래는 양곡이면서 매곡으로 볼 수도 있다.[50] 그것을 『회남자』는 다음처럼 설명했다.

> 태양은 양곡에 나타나 함지에 씻고 부상에 오른다. 이때를 신명이라 한다. 부상에 올라 운행을 시작하려 할 때를 굴명이라 한다(중략) 이곳에 희화를 멈추고 육룡을 쉬게 한다. 이 때를 현차라 한다. 우연에 이른 때를 황혼이라 하고, 몽곡에 가라 앉은 때를 정혼이라 한다.

---

[47] 東南海之外, 甘水之間, 有義和之國有女子名曰義和方日浴于甘淵義和者帝俊之妻生十日(鄭在書譯註 『山海經』 大荒南經, 民音社, 1993, p.302).

[48] 有谷曰溫源谷, 暘谷上有夫木一日方至一日方出皆載于烏(鄭在書譯註 『山海經』 大荒南經, 民音社, 1993, p.291).

[49] 逮至堯之時, 十日並出, 焦禾稼, 殺草木, 而民無所食. 猰貐, 鑿齒, 九嬰, 大風封豨修蛇皆爲民害. 堯乃使羿誅鑿齒于疇華之野, 殺九嬰于凶水之上, 繳大風於靑丘之澤, 上射九日而下殺猰貐, 斷修蛇於洞庭, 禽封豨于桑林, 萬民皆喜, 置堯以爲天子. 於是天下廣狹, 險易, 遠近始有道里(『淮南子』本經3).

[50] 權五曄「『隱洲視聽合紀』와 독도」, 『동북아역사논총』18호, 동북아역사재단, 2007, p.57.

이렇게 태양이 엄자로 들어가 세류를 거쳐 우연의 사로 들어가면 몽곡포가 밝아진다.[51]

이곳의 몽곡이 매곡이다. 해가 일정을 마치고 매곡에 오면 매곡에서 해를 받아들여 예를 차리고 보내는 전일의 의례를 거행했다. 그런 태양의 움직임을 구체화한 것이, 아침에 오룡거를 타고 나타났다가 저녁에 하늘로 돌아가는 해모수의 일정이다.[52]

태양을 숭배하는 제사의 장소는 태양의 움직임을 기준으로 하기 때문에 동방에 거주하는 사람들은 떠오르는 태양을 맞이하는 영일제를, 서방에 거주하는 사람들은 해가 지는 곳을 향해 예를 표하는 의례를 거행한다. 일본 서해의 주민들은 자신들의 거주지를 서북의 극지인 매곡으로 인식하기 때문에, 해를 받아들이는 의례를 거행했다.[53] 『상서』의 요전 등에 근거하는 의례로,[54] 해가 뜨는 양곡과 매곡이 대응한다.

태양을 독점한다는 울릉도인들이 『회남자』가 전하는 인식을 소유한다는 것은 고대인의 일반적인 인식에 근거하면 쉽게 알 수 있는 일이다. 동쪽 바다에서 떠오른 태양이 천공을 돌아 서쪽 바다로 지는 것을 보며, 바다에 가라앉은 태양이 해저를 통해 아침에 떠올랐던 곳, 즉 동방의 암도로 귀환하여, 그곳에서 휴식을 취하며 다음의 일출을 대기

---

51 日出於暘谷 浴于咸池 拂于扶桑 是謂晨明. 登于扶桑 爰始將行 是謂朏明 (略) 爰止羲和 爰息六龍 是謂縣車 至于虞淵 是謂黃昏 淪于蒙谷, 是謂定昏. 日入崦嵫 經于細柳 入虞淵之汜 曙于蒙谷之浦(『淮南子』卷三, 天文訓12회, 明治書院, 1985).

52 自古受命君, 何是非天賜, 白日下青冥, 從昔所未际, 朝居人世中, 暮反天宮裡[朝則廳事, 暮卽升天, 世謂之天王郞](李奎報『東國李相國集』卷三).

53 按此日月之祭 古之遺法歟 書曰 昧谷寅餞納日 本朝亦曾行此禮 唯其遺法歟 隱州戌亥之極地昧暗也 與元音相近也 上古於是地 餞納日(權五曄·大西俊輝편역주『隱州視聽合紀』, 인문사, 2012, p.179).

54 分命羲仲 宅嵎夷 日, 陽谷, 寅濱出日. 平秩東作. (중략) 分命和仲 宅西 曰, 昧谷. 寅餞納 日, 平秩西成(『書經』堯典, 第二節; 『隱州視聽合紀』, p.640).

하는 것으로 믿었다. 백산을 태양의 권현이나 궁거로 여기고 신앙했던 것과 같은 일이다.

5. 결론

태백산으로 강세한 천자 환웅은, 자신이 화생시킨 웅녀와 혼인하여 천손 단군을 낳았고, 단군은 평양성으로 이주하여 조선을 건국했다. 중국에서 이주한 기자와 위만에 의해 조선왕조가 바뀔 때마다 많은 유민들이 삼한 등지로 이주했다. 진한에 이주한 세력은 육촌을 형성하더니 나중에는 알로 강세한 혁거세를 거서간으로 하는 신라를 건국했다. 조선의 유민이 한반도 전역으로 이주했다는 것은 울릉도에 이주하는 경우도 상정시킨다.

『삼국사기』와 『삼국유사』는 신라의 우산국 정벌을 정당화하는 기록이기 때문에 우산국의 기록을 객관적인 내용으로 보기 어렵다. 그렇다 해서 우산국의 실체를 알 수 있는 내용이 없는 것은 아니다. 무위 대신에 계교를 써야 정벌할 수 있다는 이사부의 주장은, 정벌하려다 실패한 경험이 있다는 것으로, 우산국이 신라에 대적할 수 있는 나라였다는 것이다. 우산국 병사들이 목우사자가 두려워했다는 것도, 우산국이 사자를 인식했다는 것으로, 사자가 불교를 수호하는 성수라는 것도 알고 있었다는 것이다.

그것만이 아니다. 우산국이 자연의 시험을 믿고 항복하지 않는다는 것은, 우산국 주민들이 자연에 깃든 정기·정령 등의 수호를 믿고 있었다는 것으로, 우산국 주민들이 신봉하던 원시종교의 단면을 노정하는 일이다. 그것의 하나를 중국의 사서들은 동녀를 희생으로 하는 의례로 기록했다. 희생의 내용이 분명한 것에 비해 의례의 내용이 불분명하나, 섬의 주민들이 태양을 숭배한다는 일반적인 사실과 같이 생각하면, 태양의 은덕에 감사하는 방법으로 태양의 수호를 보장받으려는 제천의례라는 것을 알 수 있다.

그것을 독자적인 의례로 볼 수도 있으나 주민이 중국과 삼한·삼국 등지의 유민으로 구성된다는 것을 감안하면, 이주민들의 문화와 무관하다고 말할 수 없다. 그곳으로 이주 가능한 중국이나 삼한은 물론 왜도 태양을 숭배하는 제천의례를 거행하고 있으므로, 동녀를 희생으로 삼는 의례도 태양을 숭배하는 제천의례로 볼 수 있다.

3세기의 「일도」 주민들이 공동이익을 목적으로 하는 동녀를 선발할 수 있는 사회체제를 구축했기 때문에, 6세기에 울릉도를 중심으로 하는 우산국을 건국하고, 신라의 침범도 격퇴할 수 있었다. 이사부도 그런 우산국의 국력을 인정했기 때문에, 무위가 아니라 목우사자를 보이며 위협하는 계책을 강구한 것이다.

신라가 목우사자로 위협하고 우산국이 그것을 두려워했다는 것은 양국이 사자를 인식하고 있었다는 것인데, 사자는 신라와 우산국은 물론 중국에도 없는 맹수였다. 그런데도 양국이 사자를 인식했다면, 그것은 불교를 통해 경험하는 경우 이외는 생각할 수 없다.

한무제 시대에 비로서 사자를 경험한 중국인들은 곤륜산의 기를 먹고 이슬을 마시며, 날개를 달고 천공을 비상하는 맹수로 인식했다. 그런 공상의 맹수에게 날개를 달고 비상하는 능력만이 아니라 영혼을 안내하는 능력까지 부여한 것이 불교를 수호하는 성수로서의 사자였다. 사자에게 공상을 첨가하는 방법으로 가공스런 허구의 위력을 첨가한 것이다.

그 결과 사자는 불교의 성수로 인식되었다. 사찰의 정문에서 악마나 외도의 접근을 금하는 인왕도 사자에서 유래한다. 맹수로서의 실질적인 위용과 영혼의 운반자라는 공상적인 주력을 흡수하며 불법의 수호신으로 군림하게 된 것이다. 우산국 병사들은 목우사자를 그런 위력을 행사하는 성수로 인식하고 있었기 때문에, 항복하지 않으면 이사부가 조정하는 목우사자가 신라에 대적하는 우산국 병사들에게 재앙을 내릴 것으로 믿고 두려워하며 항복한 것이다.

우산국이 처음부터 존재한 것은 아니다. 주변국들과 마찬가지로 촌락의 단계에서 국읍의 단계를 거쳐 국으로 발전했는데, 그것은 신앙의 통합과 같이 이루어진다. 신앙에 의한 분쟁을 극복하고 신앙을 공유하는 형식의 통합단계를 거쳐 국가가 형성된 것이다. 그때 필수적인 것이 서로가 공유할 수 있는 가치를 실현하는 신앙의 대상을 공유하는 일이다. 각 집단이 신앙하는 대상의 가치를 같이 인정하고 그것의 수호가 동등하다고 믿을 때, 그것을 매개로 하는 통합이 가능하다.

그런 필요를 충족시킬 수 있는 대상, 즉 주민 전체를 수호한다고 믿을 수 있는 대상이 필요했다. 성인봉이 울릉도 중앙에서 주민들을 어우르듯이, 그와 동등하거나 우월한 가치로 주민들을 어우를 수 있는 신앙의 대상이 필요했다. 그런 것이라면 사면의 바다나 천공의 일월성신, 동방의 암도 등을 상정할 수 있는데, 그 중에서도 동방의 암도는 태양의 거주처로 인식되는 것과 동시에 울릉도 주민들의 신앙의 대상으로 군림하기에 충분했다. 따라서 3세기의 「일도」의 주민들이 동녀를 희생으로 해서 거행한 의례는 동방에 존재하는 암도, 주민들의 태양에 대한 신앙심까지 흡수한 암도에 대한 의례로 볼 수 있다.

곰들이 좋아하는 꿀

신라의 천하와 우산국

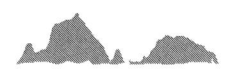

1. 서

신라는 왜 우산국을 정벌 했을까? 512년에 이사부가 우산국을 정벌하여 얻은 국가적 이익이 무엇 이었는가? 『삼국사기』나 『삼국유사』는 정벌한 과정을 설명하면서도 정벌 후는 말하지 않는다. 우산국이 다시 등장하는 것은 우릉도로 표기된 우산국이 고려에 복속의 사자를 파견하는 930년이다. 신라에 복속된 우릉도가 고려에 복속의 사자를 파견했다는 것은 복속된 512년 이후, 어느 시점부터 독자적인 판단을 할 수 있는 위치를 확보했다는 것이다. 아니면 신라에 복속될 때부터 토호의 지도자가 일정한 독자성을 위임 받아 행사했을 수도 있다.

신라가 해중에 존재하는 우산국을 통치하기 어려워, 고려에 사자를 파견한 것으로 볼 수 있는 토호에게 일정한 독자성을 부여하여 관리시켰다면, 그것은 우산국의 정벌이 경제적 이득을 목적으로 하지 않았다는 것이다. 그래서 생각할 수 있는 것이 신라를 세계의 중심에 위치시키는 천하사상이다. 신라가 자국을 중심으로 여기는 관념의 천하를 완성하기 위해 우산국을 정벌했다는 것이다. 신라가 우산국을 정벌로 특별히 얻을 수 있는 이익이 없었다는 것이나 정벌의 대상을 울릉도가 아닌 우산국이라고 칭한 것으로 추정할 수 있는 일이다.

신라는 서방에 백제, 남방에 가야, 북방에 고구려와 중국, 동방에 왜를 두고 있어, 자국이 사방의 중심, 즉 천하의 중심이라고 생각할 수 있는 지리적 조건을 구비했다. 그런데 동방에 위치하며 침탈과 같은 야만행위를 반복하는 왜와는 천하를 같이 할 뜻이 없었는지, 왜를 포섭하려는 의지를 엿볼 수 있는 기록이 없다. 왜의 요청에 어쩔 수 없어 응하는 것으로 볼 수밖에 없는 교류가 이루어질 뿐이었다. 그런데 왜를

교류의 대상에서 제외시키는 것은 사방의 동방이 결락되는 일로, 신라
가 중심이 되는 천하에서 동방이 결락되어, 천하사상에 결함이 발생한
다. 그래서 신라는 왜의 제외로 결락된 동방을 보충할 목적으로 우산
국을 정벌한 것이다.

그런 목적이 있었기 때문에 신라는 정벌의 대상을 울릉도가 아닌
우산국으로 칭한 것이다. 만일 경제적 이익 같은 것이 목적이었다면
우산국이 아닌 울릉도의 정벌이라 했을 것이다.

2. 박혁거세 신화

(1) 천과 무관한 『삼국사기』의 신화

『삼국사기』에는 육촌장 박혁거세 알영·석탈해·김알지 등의 신화
가 전하는데, 육촌장·혁거세·알영의 신화가 합쳐져서 신라의 건국신
화라 한다. 석탈해나 김알지의 신화는 시조신화이면서 왕권과 관련을
가진다. 그래서 신라 왕권신화의 성격을 파악하거나 시조신화와 왕권
신화의 관계를 이해하는데 중요한 자료라 할 수 있다.[1] 신라인의 구성
을 천신족과 지신족의 결합으로 보며,[2] 천신족으로서의 유이민인 박씨
부족은 경주·양산에 거주하고, 지신족으로 토착족인 김씨는 알천변에
거주하고, 토함산과 연결된 석부족은 동해안에 거주했다는 주장이 제
기되기도 한다.[3] 그러나 박씨 부족이 천신족이라는 주장은 『삼국사기』

---

[1] 서대석 『한국신화의 연구』, 집문당, 한국, 2001, 7, p.97.
[2] 金杜珍 「加耶와 新羅의 神聖族神話」, 『韓國古代의 建國神話와 祭儀』, 一潮閣, 1999, p.264.
[3] 金哲埈 「新羅上代社會의 dual organization」上, 『歷史學報』1, 1952, pp.23~25.

를 통해서는 확인 불가능하다.

『삼국사기』의 육촌장은 알천의 양산촌·돌산의 고허촌·취산의 진지촌·무산의 대수촌·금산의 가리촌·명활산의 고야촌 등지에 세력을 형성한 선주민을 말하는데, 천과의 관계를 확인할 수 없다.

그에 비해『삼국유사』의 육촌장은 「처음에 하늘에서 표암봉에 내려왔으니」, 「처음에 형산에 내려왔으니」, 「처음에 이산에 내려왔으니」, 「처음에 화산에 내려왔으니」, 「처음에 이산에 내려왔으니」, 「처음에 명활산에 내려왔으니」, 「처음에 금강산에 내려왔으니」라고,[4] 「강…봉」·「강…산」의 형식을 취하여 6촌장의 위치를 확보한 조선의 유민들은 천손으로 되어 있다. 이곳의 「강…봉」·「강…산」은 6촌장의 선조들이 봉이나 산보다 높은 곳, 즉 천에서 내려왔다는 표기로, 6촌장의 선조가 봉이나 산으로 내려오는 신, 즉 천에서 봉이나 산으로 강림한 천신이었고, 그 혈통을 계승한 천손들이 지상에 6촌을 형성했다는 것을 의미한다.

혁거세도『삼국사기』는 고허촌장 소벌공이 양산의 나정에 발견한 알을 깨고 얻은 아이로 하여, 어디서 왔는가를 알 수 없다. 알을 싣고 온 것으로 볼 수 있는 말도 어디서 왔다 어디로 갔는지를 알 수 없다. 그것을『삼국유사』는 6촌장이 모여 군주가 없음을 걱정하고 있을 때, 백마가 하늘에서 생성된 알을 싣고 양산의 나정으로 내려온 것으로 했다.

하늘에서 땅을 비취는 기운을 보고 달려간 육촌장들이 우물가에서 백마가 보라색 알을 향해 절을 하는 것을 발견했다. 그러자 백마가 길

---

4 初降于瓢嵓峰, 是爲及梁部李氏祖…初降于兄山, 是爲沙梁部鄭氏祖…初降于伊山, 是爲漸梁部, 又牟梁部孫氏祖…初降于花山, 是爲本彼部崔氏祖…初降于明活山, 是爲漢岐部, 又作韓岐部, 裵氏祖(『三國遺事』, 新羅始祖朴赫居世王).

게 울며 상천했다. 우물가에서 태어난 것으로 볼 수도 있는 기록에, 하늘의 빛이 땅을 비췄다는 것과 육촌장을 본 백마가 길게 울며 하늘로 날아갔다는 기록이 있어, 혁거세가 깨고 나온 알이 하늘에서 생성되어 강세했다는 것을 알 수 있다. 그래서 혁거세는 우물가에서 알을 깨고 나왔으면서도 천신을 혈통을 계승한 천손이기 때문에,[5] 천신의 혈통을 계승한 육촌장들의 보호를 받아 신라를 건국할 수 있었다. 반면에 『삼국사기』에는 천과의 관계를 확인할 수 있는 내용이 없어 혁거세가 천손이라는 사실을 확인할 수 없다.

(2) 신화의 시간과 공간

천과 유리된 『삼국사기』가 말하는 박혁거세 신화의 시간과 공간은 사실적이라, 신화라기보다 사실의 기록으로 볼 수 있을 정도다. 그래서 역사적 시간으로 보기도 한다. 박혁거세가 13세인 「전한 효선제 오봉 원년(기원전 57)에 즉위」했으니,[6] 기원전 80년에 태어난 셈이다. 당시는 이미 조선유민들이 육촌장이라는 형태로 일정한 세력을 구축한 시기였다. 그래서 혁거세는 신화적 존재이면서 역사적 시간의 한계를 벗어날 수 없다. 그런 시간의 한계는 혁거세에게 실존성을 부여하여 신비성을 희석시키는데, 그것은 알영은 물론 석탈해·김알지 등의 시간도 한정하여, 혁거세의 시간을 초월 할 수 없다.

---

5 六部祖各率子弟, 俱會於閼川岸上. 議曰. 我輩上無君主臨理蒸民. 民皆放逸. 自從所欲. 盍覓有德人, 爲之君主, 立邦設都乎. 於是乘高南望. 楊山下蘿井傍, 異氣如電光垂地. 有一白馬跪拜之狀. 審撿之. 有一紫卵(一云靑大卵). 馬見人長嘶上天. 剖其卵得童男. 形儀端美. 驚異之. 俗(浴)於東泉(東泉寺在詞腦野北). 身生光彩. 鳥獸率舞. 天地振動. 日月淸明. 因名赫居世王(『三國遺事』新羅始祖朴赫居世王).

6 始祖, 性朴氏, 諱赫居世, 前漢孝宣帝五鳳元年甲子, 四月丙辰(一曰正月十五日), 卽位, 號居西干, 時年十三, 國號徐那伐(『三國史記』卷第一 新羅本紀 第一).

이는 중국의 시간을 기준으로 삼는 것에 의한 한계로, 신라를 중국의 천하에 위치시킨다. 즉 독자적인 세계가 아니라 중국의 세계에 신라를 포함시키는 것으로, 신라 신화의 시간도 중국의 시간에 위치시키고 만다. 사실적으로 보면, 신라 이전에 여러 나라가 존재했기 때문에, 그렇게 설정하는 것이 당연하고 합리적이라 할 수 있다.

그러나 반드시 신화가 역사적 시간에 설정되어야 하는 것은 아니다. 또 실제적으로 그럴 수도 없다. 『광개토왕비문』이 이야기하는 고구려의 건국신화가 좋은 예이다. 그것은 신화의 시간을 「석」으로 설정하는 방법으로, 천신과 지신의 신혼이나, 신혼으로 천자가 난생하는 시기를 신화의 시간에 위치시켰다. 「석」이라는 신화적인 시간으로, 고구려의 건국을 천제가 주제하는 세계에서 이루어진 것으로 설정하여, 건국의 시간이 한정되지 않아, 고구려를 지상에 최초로 건국된 국가, 천하의 중심에 위치시킨다.[7]

그런데도 『삼국사기』는 같은 내용을 한의 효원제 건소 2년, 박혁거세 21년인 갑신년에 주몽이 졸본에 고구려를 건국한 것으로 하여, 신라의 건국을 역사적 시간에 위치시킨다. 그래서 『삼국사기』는 시간을 역사적 시기로 한정하고 공간을 지상으로 한정한다.

혁거세의 출처가 확실하지 않고, 천과의 관계를 확인할 수 없기 때문에, 그의 활동 범위와 더불어 그가 통치하는 세계도 지상으로 한정된다. 신라의 신화가 해상을 포함하는 것은, 박혁거세가 아니라 석탈해 신화를 통해서다. 박혁거세의 출처가 불명이고, 김알지의 출현지가

---

[7] 惟昔始祖鄒牟王之創基也出自北夫餘天帝之子母河伯女郎剖卵降世生而有聖□□□□□命駕巡幸南下路由夫餘奄利大水王臨津言曰我是皇天之子母河伯女郎鄒牟王爲我連葭浮龜應聲卽爲連葭浮龜然後造渡於沸流谷忽本西城山上而建都焉(『廣開土王碑文』第1面, 第1行).

「금성 서편 시림 숲」이어서, 공간이 지상으로 한정된다. 그런 신라의 공간이 석탈해의 신화를 통하여, 신라의 동쪽 바다 건너에 있다는 이계, 석탈해가 태어났다는 다파라국까지 확장된다.[8]

　그것은 『삼국사기』나 『비문』이 이야기하는 고구려의 공간과도 다르다. 『삼국사기』가 이야기하는 고구려의 공간은, 해모수를 천자의 아들로 설정하는 방법으로, 해모수가 천지 간을 왕복하는 이야기를 통하여 천지 간을 공간으로 한다. 『비문』도 마찬가지다. 『비문』은 천제와 하백여랑의 신혼으로 천상에서 난생한 추모왕의 강세와 승천을 통하여, 천지 간을 고구려의 공간으로 한다. 그것은 고구려 왕조와 천제의 혈연적 관계를 확인하는 일이었다.

　『비문』의 경우는 기록의 시기와 기록자의 성격이 『삼국사기』의 그것과 다르기 때문에, 이야기하는 시간이나 공간이 다를 수 있다. 그러나 『삼국사기』가 고구려의 공간은 지상으로 한정하지 않으면서 신라의 공간을 지상으로 한정하는 것은 의도된 결과로 볼 수 있다. 시간과 공간을 한정할 목적으로, 박혁거세를 천과 유리시켰을 수도 있다. 그것이 사실성을 확보하는 일이라고 판단한 것이다.

　신화의 사실성을 강조하거나, 시간과 공간을 한정하는 것은, 신화와 사실적 기록이 접속하는 의미를 상실시키고 만다. 원래 신화와 사실을 접속하는 것은, 신화와 역사적 사실을 대응시켜 그것들을 동질화하여, 신화는 역사적 사실에 신성성이나 정통성 등을 부여하고, 역사적 사실은 신화에 사실성을 부여한다. 그것이 신화와 역사적 사실을 접속하는 의미이고, 그것이 조상을 신격화하고 후손의 천과의 혈통을

8　姓昔　妃阿孝夫人　脫解本多婆那國所生也　其國在倭國東北一千里(『三國史記』新羅本紀, 脫解尼師今).

보장한다. 그런데도『삼국사기』가 시조와 천과의 관계를 언급하지 않은 것은, 신화로 보장받을 수 있는 왕통의 독자성을 인정하지 않는 일이었다. 만일 고려가 아닌 신라가 편찬했다면, 다른 내용이 되었을 것이다. 적어도『삼국유사』정도의 천과의 관계는 확보했을 것이다. 그것은 건국신화 이외의 기록이 천과 연계되는 것으로 알 수 있는 일이다.

3. 신라왕조와 천

(1) 신궁의 제신

신라왕조의 제사는 시조묘·신궁 등에서 이루어졌는데, 제신에 대해서는 제설이 제기된다.『삼국사기』가 전하는 신라의 제사의례는 다음과 같다.

> 살펴 보건데 신라 종묘의 제도는, 제 2대 남해왕 3년에 비로소 시조 박혁거세의 사당을 세워 사시로 제사하고, 친누이 아로에게 제사를 맡게 했으며, 제 22대 지증왕때에는 시조의 탄강지인 내을에 신궁을 창립하고 제향했다.[9]
>
> 9년 2월에 내을에 신궁을 지으니, 내을은 시조가 처음 탄생한 곳이었다. (중략) 17년 정월에 왕이 친히 신궁을 제사했다.[10]

---

[9] 按新羅宗廟之制, 第二代南解王三年春始立始祖赫居世廟, 四時祭之, 以親妹阿老主祭, 第二十二代智證王, 於始祖誕降之地奈乙, 創立神宮以亨之(『三國史記』32, 雜志1, 祭祀).

[10] 九年 春二月, 置神宮於奈乙. 奈乙始祖初生地處也(中略)十七年春正月 王親祀神宮(『三國史記』新羅本紀3, 炤知麻立干).

시조묘와 신궁에 관한 내용으로 왕조와 천과의 관계를 추정할 수 있는 기록이다. 시조묘가 박혁거세를 제신으로 한다는 것은 자체 설명으로 알 수 있으나, 신궁의 제신이 누구인가에 대한 설명이 없어 확정하기 어렵다. 그래서 제설이 제기되었다. 특히 신궁의 기록은 소지왕조과 지증왕조에 중복적으로 기술되어 의아심을 가지게 한다. 두 기록은 기록된 시대나 『삼국사기』 편집 순의 차이가 있을 뿐이지 내용이 유사하여, 의아하게 생각하는 것은 당연한 일이다.

신궁의 제신에 대해서는 건립지가 박혁거세의 탄강지라는 것을 근거로 박혁거세를 제신으로 보는 설, 내물왕 이후의 김씨왕조를 근거로 김씨계의 왕이 제신이라는 설 등이 제기된다. 그러나 그것들이 시조묘와 신궁이 공존하는 사실을 충족시키지 못한다는 점을 직시하고 「신궁의 주신은 자연히 천지신이라는 것을 알 수 있다」[11]라는 최광식의 의견이 논리적이다. 이처럼 신궁의 주신이 천신이고 박혁거세가 탄강한 곳에서 천신을 제사하는 신궁을 건립했다면, 그것은 왕조가 박혁거세를 천신으로 보고 제사했다는 것이다. 즉 신라왕조는 신궁의례를 통해 박혁거세를 매개로, 천신과의 혈연관계를 확인하고 있었다.

천신을 신궁의 제신으로 제사하는 신라왕조라면, 스스로 천신과의 혈연을 부정하는 시조신화를 가질 까닭이 없다. 시조를 천과 유리시켜 이야기하기 보다는 천과의 혈연을 강조했을 것이다. 그럼에도 『삼국사기』가 천과 무관한 시조신화를 전하는 것은 어떻게 보아야 할 것인가? 그것은 왕조의 제사를 종합적으로 설명한 기록을 통해서 살펴볼 문제다.

---

11 崔光植「新羅의 神宮 設置에 대한 新考察」, 『韓國史研究』43, 1983, p.73.

제 2대 남해왕 3년에 비로소 시조 박혁거세의 사당을 세우고 사시로 제사하고, (중략) 제 22대 지증왕 때에는 시조 탄강의 땅인 내을에 신궁을 창립하고 제향하였다. 제 36대 혜공왕 때에 이르러 처음으로 5묘의 제를 정하였다. (중략) 제 37대 선덕왕 때에 이르러서는 사직단을 세웠으며, 또 그 사전에 나타난 것이 모두 국내의 산천뿐이요. 천신 지지에 는 미치지 아니했으니, (그것은) 대개 왕제에「천자는 7묘요 제후는 5묘니, 2소·2목과 태조의 묘를 합하여 5가 된다」하고 또 (왕제에)「천자는 천지와 천하의 명산 대천을 제사하되, 제후는 사직과 자기 영지에 있는 명산대천만을 제사한다」하였으므로, 신라는 감히 (제후의) 예를 벗어나지 않고 실행한 것인가 한다.[12]

신라왕조의 제사의례를 개괄한 기록으로 시조묘·신궁·오묘·사직단의 제사를 함께 취급한 것으로, 문제가 되는 것은 전술한 대로 시조묘와 신궁의 관계다. 종래는 시조묘에서 신궁으로, 신궁에서 오묘로 변화한 것으로 파악하는 것이 일반적이었다. 그러나 그것으로는 시조묘와 신궁이 공존하며 제사되는 것을 설명할 수 없다. 그런 사실을 근거로, 시조묘가 오묘제로, 신궁이 사직단으로 변화한 것으로 판단한 최광식의 의견은 공감을 부른다.

그처럼「시조묘가 오묘제로」,「신궁이 사직단」으로 변화되었으며, 김부식이 말한 대로「제후는 사직과 자기 영지에 있는 명산대천만」을

---

12 第二代南解王三年春, 始立始祖朴赫居世廟, 四時祭之 (中略) 第二十二代智證王, 於始祖誕降之地奈乙, 創立神宮以亨之, 至第三十六代惠恭王, 始定五廟 (中略) 至第三十七代宣德王 立社稷壇, 又見於祀典, 皆境內山川, 而不及天地者, 蓋以王制曰, 天子七廟, 諸侯五廟, 二昭二穆與太祖之廟 而五, 又曰, 天子祭天地天下名山大川, 諸侯祭社稷, 名山大川之在其地者, 是故, 不敢越禮而行之者歟(『三國史記』卷第三十二, 雜志第一, 祭祀).

제사하는 것인데 「신라는 감히 제후의 예를 벗어나지 않」았다면, 김부식이 칭송한 것은 시조묘나 신궁을 제사하는 것을 대상으로 한 것이 아니라, 오묘제와 사직단으로 전환된 이후의 제사를 대상으로 하는 일이었다. 즉 김부식은 신라를 제후국으로 보고, 신라가 제후국에 어울리게 「천신」을 제사하지 않은 것을 예의에 어긋나지 않는 것으로 본 것이다.

김부식은 천신의 제사는 천자만이 제사할 수 있다는 왕제의 전범을 기준으로 해서 신라의 제사제도를 평했다. 따라서 그것은 신라가 신궁에서 천신을 제사하는 것은 해당되지 않는다. 김부식은 신라가 신궁을 통해 천신을 제사한 사실은 평가의 대상에서 제외한 셈이다. 김부식이 예를 벗어나지 않았다는 것은 천신을 제사하지 않는 제도로 변한 후의 제사를 대상으로 한 평가였다.

신궁이 사직단으로 개변되었다는 것은, 제신이 천신에서 토지신으로 변환되는 일이었다. 제신이 천신에서 토지신으로 바뀐다는 것은 제신의 격의 문제이면서 신라왕조의 위상 문제이기 때문에 사소한 일이 아니다. 김부식의 설명대로 토지신을 제사하는 것도 그 대상이 「국내의 산천뿐이요 천신 지신에는 미치지」 못하게 된 것은, 제신의 범위가 한정되며 격이 하향되었다는 일이므로, 그것을 제사하는 왕의 격도 하향되었다는 것이다.

김부식이 왕제에 의거하여 신라의 제사를 제후의 의례로 보려 한 것은, 중국의 제도를 중시하여, 신라를 중국의 질서에 위치시키는 일로, 신라는 제후국으로 한정되게 된다.[13] 그렇게 제후국의 의례로 한정

---

13 「왕제」의 규정은, 중국의 천하사상에 의한 구별로, 그 사상에서는 제후국으로 취급되는 신라의 독자성이 인정될 수 없다. 그러나 그것은 제사제도가 개변된 이후라는 한계가 있어, 그 이전은 그 한계와 무관하게, 천신의 제사가 이루어졌고, 그

되게 되면 신라의 독자성도 한정된다. 그러나 그것은 제도가 전환된 이후에 해당하는 일로, 천신을 제신으로 하는 신궁을 제사하던 이전과는 무관한 일이다. 따라서 『삼국사기』의 박혁거세 신화는 제도의 개변이 있은 후의 제신에 맞추어서 기록한 것으로 볼 수 있다. 즉 천신을 제사하지 못하게 된 시대, 신라의 군주가 제후로 취급되는 시대를 반영하여 기록한 것이 박혁거세 신화다. 김부식이 천신을 제신으로 하는 초기가 아니라, 국내의 산천만을 제신으로 하는 시대의 제사에 중점을 두고 시조신화를 기록했다면, 그것에서 천과의 관계가 생략되는 것은 당연한 일이었다.

신궁의 기록은 소지왕과 지증왕의 기록에서 확인할 수 있는데, 그것은, 천신의 제사가 그때부터 시작되었다는 것을 의미하는 것이 아니라, 그 이전부터 실행되던 것을 정립하고 신궁을 건립한 것이 그때였다는 것이다. 그런데 그것이 소지왕의 「내을에 신궁을 지으니」와 「지증왕 때에는 시조 탄강지인 내을에 신궁을 창립하고 제향했다」가 유사한 내용이라 의아하게 생각할 수도 있다. 그러나 사상적 통일이 이루어지지 않은 소지왕대의 기록과 제도적으로 완성된 지증왕대의 기록으로 구분해서 생각할 수 있다. 신궁이 소지왕대 처음으로 설치되고 친사까지 행했으나 아직 제도적으로 보장되지 못하다가, 지증왕이 비로소 제도적으로 정착시킨 것으로 볼 수 있다.[14] 이는 고구려와 백제가 천신을 제사한 사실이나 천지신과 조상신이 고대 신앙의 주요 제신이었다는 사실과도 부합된다.

신궁이 박혁거세의 탄강지 내을에 창립되었다는 사실은, 박혁거세

것을 반영한 것이 신궁의 기록이다.
14 崔光植 「新羅의 神宮 設置에 대한 新考察」, 『韓國史研究』43, 1983, p.64.

가 천과 무관한 존재가 아니라 혈연적인 관계라는 것, 그의 출처가 내을로 하강할 수 있는 곳, 즉 천이었다는 것 등을 의미한다. 따라서「시조탄강지지내을」의「탄강」은 박혁거세가 강세한 사실의 표현이고,「탄강지지」가「내을」이라는 것은, 박혁거세가 건국하기 위해 강세한 지점이「내을」이었다는 것이다.

「강탄」은 천자로 태어났다는 것을 의미한다.[15]「강탄」에는 귀인이나 비범한 사람이 태어났다는 의미도 있다. 그러나「강」에는 위에서 아래로의 이동한다는 의미,「탄」에는 태어난다는 의미가 있고, 신화의 출생이 천지신의 신혼을 원인으로 하고, 천제와의 혈연을 보장한다는 사실 등을 생각하면, 이곳의「탄강」은 천에서 난생한 혁거세가 강세한 것으로 볼 수 있는 설명이다.

『삼국사기』가 말하는 박혁거세의 출생처는「나정 곁에 있는 숲, 즉 말이 무릎을 꿇고 울고 있어 가보았더니 말은 사라지고, 있는 것은 큰 알 뿐이었다」,「내을에 신궁을 지으니, 내을은 시조가 처음 탄생한 곳이었다」,「시조 탄강지의 땅인 내을」등으로 기록되었는데, 이곳의「내을」과「나정」은 동지라는 것이 통설이다.[16] 바로 그곳, 박혁거세가 탄강한 곳에 신궁을 세우고 제사했다는 것은, 신라가 박혁거세를 천신으로 인식했다는 것으로 보기에 충분한 일이다.

(2) 국호와 왕호

왕제의 규범에 따라 신라를 제후국으로 보는 것은, 신라를 중국의 질서에 편제시키는 일로, 신라의 독자적인 천하관에 근거하면 쉽게 확

---

15 誕, 天子生日 降誕(『玉篇』).
16 梁柱東「鄕歌의 理解, 특히 願往生歌에 대하여」,『靑丘學叢』19, 1935, p.16; 李丙燾『三國史記』상, 新羅本紀 第3, 乙酉文化社, 1996, p.77.

인되는 일이다. 신라의 지증왕은 신궁의 창립만이 아니라, 국호를 신라로 정하고 국왕이라는 군주호를 사용하였으며, 사방에 우역을 설치하고 동경과 소경을 설치하는 등 여러 제도를 정비했다. 그것들은 독자적인 천하사상을 구축했기에 가능한 일이었다. 모두 독자적인 천하사상의 실현으로 볼 수 있는 일이었다. 신라는 시조와 천과의 혈연을 근거로 자국을 천하의 중심으로 여기고, 그것에 부합하는 국호와 군주호의 필요성을 느낀 것이다. 국호와 군주호를 제정하는 과정을 통해서도 확인할 수 있는 일이다.

> 군신이 말하기를, 시조께서 창업한 이래로 국명이 일정치 아니하여 혹은 사라라 하고 혹은 사로라 하고 혹은 신라라 하였으나, 신들은 생각건대 신은 덕업이 날로 새로운 뜻이요, 라는 사방을 망라한다는 뜻이므로, 그것으로 국호를 삼는 것이 좋을 듯하오며, 또 생각건대 자고로 국가를 가진 이가 다 제왕이라 칭하였는데 우리 시조가 건국한지 지금 제 22대에 이르도록 단지 방언으로 칭하여 존호를 정하지 아니하였으니 지금 군신은 한 뜻으로 삼가 신라 국왕이란 존호를 올리옵니다 라고 하니, 왕이 거기에 쫓았다.[17]

신하들이 지증왕 4년에 사라·사로·신라 등으로 불리는 건국 이래의 국호를 신라로 제정할 것을 건의하면서 「신은 덕업이 날로 새로운 뜻이요, 라는 사방을 망라한다는 뜻」이라는 자의를 확인했다. 새롭게

---

17 羣臣上言, 始祖創業已來, 國名未定. 或稱斯羅, 或稱斯盧, 或言新羅. 臣等以爲新者德業日新. 羅者網羅四方之義. 則其爲國號, 宜矣. 又觀自古有國家者, 皆稱帝稱王. 自我始祖立國. 至今二十二世, 但稱方言, 未正尊號, 今羣臣一意, 謹上號新羅國王, 王從之(『三國史記』第四, 智證王 四年).

발전하는 국력으로 사방을 망라하자는 신하들의 제시를 지증왕이 수용한 것이다. 사방을 망라한다는 것은 주변국들과의 관계를 신라 중심으로 정리해야 한다는 의지를 밝히는 일이었다.

그런데 「사방」과 「천하」가 동의어라는 것을 생각하면 「사방을 망라한다」는 것은 「천하를 망라한다」는 것으로, 신라가 천하의 중심이 되겠다는 의지가 포함된 국호의 제정이었다. 축적된 덕업으로 사방을 망라한다는 것은 주변국과의 관계를 신라중심으로 운영하겠다는 의지를 군신이 같이 결의한 것으로, 인국을 복속국으로 위치시키겠다고 결의한 것이다.

원래 「천」이나 「천하」의 관념이 성립하기 전까지는 다른 용어가 사용되었다. 주대의 금석문에는 천하와 대체 가능한 사방이 은의 정령과 관계를 갖는 독자의 여러 외방을 의미했다. 원래 「사방계」와 「천하계」는 서로 배척하는 관계였다. 그것이 보이는 상호간의 배타적인 대체관계의 대부분의 원인이 명료했다. 그것은 보다 오래되어 반은 서주적이고 반은 춘추적인 『시경』의 본문은 대부분이 「사방계」였다. 그리고 보다 새로운 전국시대 이후의 시서에는 대부분 「천하계」가 사용되었다. 다시 말하자면 서주에서 동주의 초기에는 「사방계」로 아직 「천하계」는 없었다. 그 후에 천하의 개념이 발생하면서 급속히 「사방계」를 밀어내고 대신하게 된다.[18]

그처럼 「천하」의 동의어인 「사방」을 「라」에 연관 지어 「신라」라는 국호를 제정했다는 것은, 자국을 천하의 중심으로 여기는, 독자적인 사상을 구축하고 그것을 실행할 수 있는 국력도 축적했다는 것을 의미

---

18 權五曄 「東아시아의 天下思想」, 『日語日文学研究』第41輯, 韓國日語日文學會, 2002, p.256.

한다. 설사 부족한 부분이 있다 해도 보충하면서 실행하겠다는 의지를 밝히는 일이었다. 특히 덕업이 날로 새로워진다는 의미의 「신」은 그런 의지가 갑작스러운 것이 아니라 종래의 가치관을 새로 정립했다는 것으로, 왕조의 전통성까지 보장한다.

전통적 덕업의 근원은, 왕조가 시조묘 신궁 등을 제사했다는 것에서 시조로 추정할 수 있다. 그렇게 지증왕대의 신라가 덕업의 근원을 시조로 한다는 것은 백마를 타고 알로 천강한 혁거세를 매개로 왕조의 덕업을 천신의 그것과 동질화시켜 신성성과 절대성을 확보하는 일이었다. 이때 문제가 되는 것이 시조와 천과의 관계인데, 그것이 천제와의 혈연을 의미하는 것인지, 평범한 천신과의 혈연을 의미하는 것인가다. 확정하기는 어려우나 고구려의 해모수가 천제의 아들(天帝子 解慕漱)이라면, 박혁거세도 그보다 격이 낮을 수는 없다. 신라도 고구려와 마찬가지로 천제를 조상신으로 하고, 그것에 근거하는 논리로 천하사상을 구축한 것으로 보아야 한다.

국호가 신라로 확정되기 전에도 신라는 사로와 더불어 사용되고 있었는데, 국호로 확정된 신라는 진한연맹체가 사로국을 중심으로 재편된, 여러 정치세력이 포괄된 대외적 용도의 호칭이었다. 반면에 사로는 경주지역을 중심으로 하는 좁은 범위의 정치세력으로서 이른바 원신라를 지칭하는 것으로, 신라 내부의 다양한 지역의 정치세력을 분별하는 기능을 했다. 신라의 중심에 위치하는 핵심을 자처하며 여타세력과 구별하려 했던 것인데, 그것은 화이사상의 실현으로 볼 수 있는 자타의 구별이었다. 또 신라라는 국호의 사용은 새로 포섭된 제 세력들에 대한 동일체 의식을 가지려는 의지의 표명이었고, 그렇게 해서 피복속 세력들과의 적대의식을 해소하려 했는데,[19] 그것은 왕화사상의 실현으로 볼 수 있는 일이었다.

신라의 천하사상은 통치를 통해 실현되는데 「사방에 수역을 두고 소사에 명하여 관도를 수리케하」여[20] 공문을 체전하고 공용의 마필을 공급한 것 등이 좋은 예였다. 중앙과 지방의 연결을 위해 설치한 것이 수역이고, 왕경과 지방을 연결하는 공식적인 도로가 관도인데,[21] 이러한 연결은 중앙의 질서가 사방에 미쳐, 지방이 중앙에 포섭되어, 동일 질서로 지배되는 상황, 즉 천하사상이 실현되는 현실의 반영으로 볼 수 있다.

또 천하와 동의어인 「사방」을 「망라사방」이나 「사방군주」의 형식으로 사용하고 있었다는 것도,[22] 독자적인 천하를 의식하고 있었다는 현실의 반영으로 볼 수 있다. 원래 「사방」이 「도」와 연결되면, 그 도로가 통하는 세계나 도로 끝에 존재하는 지역이, 도로의 시발점에 위치하는 왕조에 복속되게 된다. 신라가 사방에 수역을 설치하고 그 도로를 관할하는 자를 두었다는 사실은 그런 의미에 근거해서 판단해야 하는 일이었다.

사방이 의미하는 천하의 실현은 고구려의 「모두루묘지」에서도 확인할 수 있다. 그곳에는 천손이 「천하사방」을 다스렸기 때문에(知此國), 그 국도 「북부여」가 가장 성스럽다는 기록이 있는데, 이곳의 「북」은 「천하사방」을 상징하는 방위로 인식된다. 「모두루묘지」는 「천하사

---

19 朱甫暾「新羅國號의 確定과 民意識의 成長」,『新羅 地方統治體制의 整備過程과 村落』, 신서원, 1998, p.322.
20 三月, 始置四方郵驛, 命所司修理官道(『三國史記』炤知麻立干 九年).
21 朱甫暾「麻立干時代 新羅의 地方統治」,『新羅 地方統治體制의 整備過程과 村落』, 신서원, 1998, p.63.
22 羅者網羅四方之義(『三國史記』智證麻立干四年); 辛巳年二月一日立, 寡人幼年承基政委輔弼智行悉事末□□立□赦□□□□四方□改囚□後地土□陝也 (중략) 智及尺干四方軍主比子伐軍主沙喙登□□智沙尺干(昌寧新羅眞興王拓境碑『譯註韓國古代金石文』, 韓國古代社會研究所, 1992).

방」과 더불어 「북」, 「도」 등의 문자를 사용했는데, 그것은 「사」가 「북」과 연계해서 「동서남북」의 「사방」이라는 방위를 의미하고, 또 「북」과 「도」는 서로 연계해서, 중앙에서 사방으로 확산되는 천하의 위세, 또 각지에서 중앙으로 모여드는 국세를 의미했다.[23] 그처럼 사방의 중심을 국도로 보는 사고는 곧 그 왕조를 천하의 중심으로 여기는 사고를 바탕으로 한다. 따라서 사방에 설치한 수역을 통하여 신라 중심의 천하를 추정하는 일은 가능한 일이다.

신라는 소경이나 동시 등을 설치하고 군주를 임명하는 군현제를 실시하고, 육부 및 거주민들을 이주시키기도 했다.[24] 그 소경의 경우는 수도의 편재성을 보완하기 위해 설치했다는 설, 가야·백제·고구려 수령 통치의 거점으로 설치했다는 설, 피정복민을 사민시키는[25] 정책의 일환으로 설치되었다는 설 등이 제기되었다.[26] 이인철은 이를 종합하여 「수도의 편재성을 보완하고 새로운 점령지 특히 고구려·백제·가야 구령 통치의 거점을 마련함으로써 지방통치를 원활히 하기 위한 것」이라 했다.[27] 신라가 수도의 편재성을 느꼈다는 것은 통치 영역의 확장과 더불어 그것에 부합하는 제도의 필요성을 느꼈다는 것이다. 그것은 마치 천하를 통일한 진시황이 전국적 규모로 실현한 중앙집권적 군주제를 통해 인민의 개별적 지배를 실현하는 수단으로 군현제를 시행하

23 權五曄「동아시아 世界와 天下思想」,『廣開土王碑文의 世界』, 제이앤씨, 2007, p.446.

24 十五年, 春正月, 置小京於阿尸村. 秋七月, 徙六部及南地人戶充實之(『三國史記』 智証麻立干).

25 영역의 확장이 이질적 세력간의 충돌을 내포하게 된다. 그것을 해소하는 방법으로 거주지를 바꾸어 질서에 적응시키는 방법으로 실행되는 것이 사민이다.

26 藤田亮策「新羅九州五京攷」,『朝鮮學報』5, 1953, p.108; 韓沽劤「古代國家成長과 정에 있어서의 對服屬民施策(上)」,『歷史學報』12, 1960, p.114; 林炳泰「新羅小京考」, 『歷史學報』35·36合, 1967, p.108.

27 李仁哲「新羅中古期의 地方統治體系」,『新羅政治制度研究史』, 一志社, p.188.

고, 그 운영의 방법으로 관료제를 채용한 것과[28] 같은 일이었다.

신라가 군주의 호칭을 왕으로 제정하기 이전에는 거서간·이사금·마립간 등을 사용했는데, 자고로 군주를 「제왕」으로 칭하는 관례에 따라 신라를 국호로 정하고 군주의 칭호도 왕으로 정했다. 그것은 「사방을 망라한다」는 천하로서의 사방을 의식하고, 그에 부합하는 칭호가 필요했다는 것이다. 특히 군주를 제왕으로 인식했다는 것에 독자적인 천하관이 나타난다.

원래 「제」란 상제로, 그것은 인격을 갖지 않는 절대신으로, 우주만물의 총괄자였다. 이런 의미의 「제」의 용법은 주대 이후로 계속해서 존속했는데, 그것과 더불어 「제」를 인격신의 칭호로 하는 일이 생겼다. 그것은 선왕, 특히 시조신을 배천 제사하는 일에 기인한다. 시조신이 「제」로 불리자, 제곡·제요·제순처럼 전설상 상고의 성왕이 제호로 불리게 되고, 그것이 전국시대의 오행사상에 의해 오제설화로 체계화된 것이다. 이리하여 「제」는 비인격신으로서의 상제만이 아니라, 인격을 갖춘 성왕의 칭호로도 사용되게 되었다.[29]

이처럼 상제나 고대의 성왕만이 아니라, 현세의 군주의 칭호로도 사용되는 것이 제였다. 따라서 「제호」를 사용하는 경우에는 군주의 권위가 왕국을 초월하여 타국에도 미친다. 그런 의미를 가지는 「제왕」에 비견하여 「왕」을 군주호로 정한 것이 신라였다. 그것이 독자적인 천하관을 바탕으로 한다는 것은 진시황의 군호제정을 통해서도 알 수 있는 일이다. 진시황이 천하를 통일하자 제신들은,

[28] 西嶋定生「皇帝支配の成立」, 『中國古代國家と東アジア世界』, 東京大學出版會, 1983, p.60.
[29] 帝嚳·帝堯·帝舜(西嶋定生「皇帝支配の成立」, 『中國古代國家と東アジア世界』, 東京大學出版會, 1983, p.56).

지금, 폐하는 의병을 일으켜 인민을 해치는 자들을 토벌하고, 천하를 평정하여 해내를 군현으로 하고, 법령은 하나에서 나오게 하셨습니다. 이것은 상고 이래 미증유의 일로, 오제가 미치지 못한 일이었습니다. 신들은 삼가 박사와 논의하여, 옛날에 천황이 있고, 지황이 있고, 태황이 있었으나, 태황이 가장 존귀했습니다. 신들은 새삼 존호를 바치겠습니다. 즉 왕을 태황으로 칭하고, 왕명을 「제」로, 왕령을 「조」로, 천자는 「짐」으로 자칭할 것을 결론지었습니다.[30]

라고 올렸다. 그러나 진시황은 그 어느 것도 사용하지 않고, 태황의 「태를 버리고 황을 취하고, 상고의 제위의 호를 취하여, 칭호를 황제로 하겠다」며 새로운 왕호를 정하였다. 천하를 통일하고 통치에 임하여, 새로운 칭호를 필요로 했던 것이다. 신라가 국호와 왕호를 새롭게 개정하는 의미도 그것과 같은 취지에서 구해야 한다. 신라는 이미 구축한 천하사상에 입각하여 적합한 국호와 왕호를 새로 제정한 것이다.

　　제도의 정비가 지증왕을 전후하여 이루어지게 되었다는 것은, 그러한 사상이 지증왕대에 처음으로 발현되었다는 것은 아니다. 이전부터 존재하는 것을 정리했다는 것이다. 신라는 인접국과 경쟁하며 국력의 신장에 노력하고 있었는데, 그것을 정당화시켜주는 논리가 독자적 천하관이었다. 신라는 지리적으로도 서방의 백제, 남방의 가야, 북방의 고구려, 동방의 왜와 접하고 있었기 때문에, 자국을 중심에 위치시키는 천하의 실현을 궁극의 목적으로 했다. 그런 면에서도 천과의 혈연을 확인할 수 있는 신화가 필요했다.

---

30 制, 詔, 朕(野口定男外三人『史記』秦始皇本紀 第6, 平凡社, 1978, p.76).

4. 신라의 사방의식

지리적으로 신라의 사방에는 적대적인 세력이 존재하여, 부단히 경쟁해야 했다. 그것은 주로 전쟁을 매개로 하기 때문에 국가의 존망과 직결되는 일이었다. 그런 상황에서 독자적인 천하관은 국가의 존재가치와 직결된다. 그것을 확보하고 있을 때, 존망을 전제로 하는 인접국과의 교류에 우월감을 가질 수 있는 것이다. 그러한 신라의 천하상을 동서남북 사방에 위치하는 인접국과의 교류를 통해서 확인할 수 있다.

(1) 서방

신라와 가장 긴밀한 관계를 가진 나라는 서방에 있는 백제였다. 『삼국사기』가 전하는 1~3세기간의 내용 중에서 대백제 기사 대부분은 충돌사고였다. 그런 기사 중에는 「변한이 나라를 들어 와서 항복하였다」, 「마한의 장수 맹소가 복암성을 바치며 신라에 항복하였다」와 같은 표현도 있다.[31] 그곳의 「항」·「래항」 등은 「나라를 들어 와서」·「성을 바치며」·「무리를 거느리고 와서」 등으로 해석되며, 동조자를 동반하여 귀순한 것을 의미한다. 전쟁에 패하여 어쩔 수 없어 항복한 것이 아니라 신라의 은덕에 감화되어 귀순한 것으로 인식할 수도 있는 표현이다. 그래서 객관적인 사실의 기록으로만 볼 수는 없다.

골벌국왕 아음부가 무리를 거느리고 와서 항복하자, 저택과 전장을 주어 안거하게 하고, 그곳을 군으로 삼는 것과 같은 것도 마찬가지다.[32]

---

31 春正月, 弁韓以国來降(赫居世居西干十九年). 馬韓将孟召, 以覆巖城降(『三国史記』卷第1, 脫解尼師今五年秋八月).
32 骨伐国王阿音夫, 率衆來降, 賜第宅田莊安之, 以其地為郡(『三国史記』卷第二, 助賁尼師今七年春二月).

이는 귀순한 세력에 베푸는 왕은으로 주변세력을 감화시키는 왕화사상의 실현으로 볼 수 있다. 전후 처리를 왕은의 시혜처럼 기술하는 것으로 자국 중심의 천하관을 실현하는 것이다. 그러나 이는 객관적 사실의 반영이라기보다는 관념에 의한 기록으로 보아야 한다. 자국을 중심으로 하는 관념에 근거하는 기록으로, 독자적인 천하를 실현하려 하고 있었던 것이다.

(2) 남방

신라의 남방교류는 가야가 주를 이루는데, 그것은 밀양-김해-양천-함안-사천 일대로 향하는 남강 이남으로의 진출과, 창영-초계-협천-거창 일대로 뻗어가는 남강 이북과 낙동강 이서를 연결하는 방향으로의 진출이었다. 그것은 가야의 연합을 저지하고, 해안을 따라 경주지방으로 진출하려는 가야의 의도를 저지하며 이루어지는 일이었다.[33]

가야는 진흥왕 23년(562)에 복속한다. 그처럼 결과적으로 복속하는 세력이라 그런지 가야와의 교류에는 투쟁의 내용이 많다. 결과적으로 복속될 가야를 강하게 설정하여, 그것을 정복한 자국의 절대성과 왕은을 확대하는 방법으로 보아야 한다.

가야가 강력함을 「짐이 부덕한 사람으로, 나라를 다스리어, 서로 백제를 이웃하고, 남으로 가야를 접하였으며, 덕은 능히 인민을 편안케 못하고」[34]라고 파사왕은 스스로 부덕하다는 겸손을 펴며 짐을 자칭했다. 그처럼 짐을 자칭하며 부덕을 언급한 것은 인접하는 서방과 남방에 강력한 세력이 있으나 그것들을 제압하는 것으로, 신라를 통치하는

---

33 申瀅植「新羅君主考」,『白山學報』제19號, 1975, 12, p.202.
34 朕以不德, 有此國家, 西隣百濟, 南接加耶, 德不能綏, 威不足畏(『三国史記』卷第一, 婆娑尼師今八年).

군주의 절대성을 과시하는 일이었다. 그 당위성을 천신의 혈연을 계승하 천손이라는 것을 의미하는 「짐」이라는 칭호를 통해 과시한 것이다.[35] 어차피 복속될 주변의 세력이라면 강력하면 할수록, 복속시킨 신라의 절대성이 부각된다. 신라왕의 부덕함을 한탄하는 것도, 예를 알지 못하는 가야와 신라를 구별하여, 예의를 바탕으로 하는 신라왕의 은덕을 강조하는 방법이었다. 은덕으로 감화시켜 주변세력을 복속시킨다는 왕화사상의 실현이었다. 결국에는 가야가 복속하는 것으로 신라 군주의 절대성은 확인된다.

신라의 왕은은 용서하는 것과 같은 자비를 통해서도 확인된다. 신라왕은 가야를 치려다가도 가야가 사신을 보내 죄를 청하자 그만 두기도 하고,[36] 위기의 가야가 구원을 요청하면 그것에 응하여 포획한 포로를 가야에게 돌려주기도 한다.[37] 그것이 왕은이고 종주국의 자세였다. 주변국과 대등한 것이 아니라 보다 고차원에서 대응하는 것이다.

위기에 처한 가라가 왕자를 보내어 구원을 청하자 신라는 태자를 보내 구원한 일이 있었다. 그때 가야의 「왕자」에 신라의 「태자」를 대응시켜, 칭호로 차별했는데, 그것이야말로 칭호로 자타를 차별하여 구별하는 화이사상의 실행이었다.

(3) 북방

북방으로는 고구려를 비롯한 예·말갈·낙랑 등과 대립하고 있었다. 그것은 내륙지방과 동해안을 축으로 하는 진출 활동이었다. 그 중에는

---

35 朕, 천자의 자칭. 秦始皇二十六年, 定爲至尊之稱, 漢因不改, 以迄今(『論語義沼』).
36 擧兵, 欲伐加耶, 其国主遣使請罪, 乃止(『三国史記』卷第1, 婆娑尼師今十八年).
37 浦上八国謀侵加羅, 加羅王子来請救, 王命太子于老, 与伊伐湌利音, 将六部兵往救之, 擊殺八国将軍, 奪所虜六千人, 還之,(『三国史記』奈解尼師今十四年).

이계에서 신라로 전입해오는 내용, 북방세력이 조공하는 내용, 확장된 세계의 질서를 개편하는 내용 등이 있어, 그것을 통하여 신라의 독자적인 천하상을 확인할 수 있다. 외부세력이 전입하거나 내항한다는 것, 주변국이 토지나 인민을 헌상한다는 것 등은 주변국이 신라의 은덕에 감화되었을 때 일어날 수 있는 현상으로, 주변국이 왕화되어 신라의 질서 속에 포섭된 결과로 볼 수 있다. 객관적 사실이 아니라 해도, 신라의 관념으로 설정할 수 있는 일이다. 상대의 합의 없이, 자국의 필요와 관념으로 상정한 상황일 수 있다는 것이다. 그런 관념에서는 영토의 확장은 천하사상이 실현된 결과로 인식할 수 있다.

조선 유민들의 추대로 혁거세가 거서간이 되자, 유리대에는 낙랑인이 투항해 오고, 파사대에는 음집벌국주와 실직·압독의 두 국왕이 항복했고, 조분대에는 골벌국왕이 무리를 이끌고 내항했으며, 기림대에는 낙랑과 대방 등이 귀복했다.[38] 그처럼 많은 세력들이 다양한 형태로 귀복하는 것은 왕은에 감복해서 일어나는 일로, 신라를 천하의 중심으로 여기기에 충분한 일들이다.

특히 동옥저의 사자가 신라에 성인이 난 것을 알고 말을 헌상했다는[39] 것과 같은 내용의 기록은 신라를 서상지로 여기는 직접적인 표현이다. 신라를 서상지로 보는 것은, 신라를 천하의 중심으로 여기는 사상인데, 혁거세대에 동옥저가 말 20필을 바친(献) 사실, 남해대에 북명

---

38 朝鮮遺民, 分居山谷之間, 爲六村 (중략) 六部人以其生神異, 推尊之. 至是立爲君
    焉(始祖赫居世居西干); 襲樂浪滅之, 其國人五千來投 分居六部(儒理尼師今); 以
    兵伐音汁伐國, 其主與衆自降. 悉直押督二國王來降(婆娑尼師今); 骨伐國王阿音
    夫, 率衆來降. 賜第宅田莊安之, 以其地爲郡(助賁尼師今); 樂浪帶方兩國歸服(『三
    國史記』基臨尼斯今)
39 東沃沮使者來, 獻良馬二十匹, 曰, 寡君聞南韓有聖人出, 故遣臣來享(『三国史記』
    卷第1, 赫居世居西干 五十三年).

인이 세왕인을 바친 사실, 유리대에 맥국의 우두머리가 새와 짐승을 바친 사실, 파사대에 고타군주가 청우를 바친 사실, 조분대에 고타군이 가화를 바친 사실 등도 같은 경우다.[40]

신라는 전입한 세력에게 저택과 전장을 주어 안거시키기도 하는데, 그것은 왕은으로 왕화를 실현하는 일로, 마치 주변국의 조공에 책봉으로 대응하는 관계를 연상할 수 있는 대처였다.

(4) 동방

동방에는 석탈해의 다파라국과 왜가 존재하나, 다파라국은 석탈해의 출생지로 이야기 될 뿐 다시 등장하는 일이 없다. 따라서 왜가 유일한 세력이었다. 훗날 우산국이 신라에 의해 정벌되는 것으로 보아, 신라와 다른 세력으로 우산국이 존재했으나, 일단은 왜를 동방의 대표세력으로 보아도 무방할 것이다. 그 왜에 대해 신라는 소극적이고 부정적이었다. 신라의 동방 정책은 순행과 왜와의 교류가 주를 이루는데, 그 모든 것은 신라의 영역 안에서 이루어진다. 왜와의 관계는 교빙·내빙과 같은 교류나 혼인을 맺는 것과 같은 일이었음에도 대부분은 왜의 적극적인 요구에 응하는 형태의 교류였다.

왜는 건국 초부터 건너왔는데, 그것은 왜의 侵·遣兵·侵境·猝至圍·襲, 왜의 兵寇·兵來攻,왜병의 攻陷·猝至 등으로 표기된다. 그런 도해는 왜의 掠·圍金城·縱火燒之·虜人·抄掠 등으로 연결되어, 왜의 만행에 신라가 대응하는 형식의 교류라는 것을 알 수 있다. 그런 왜의 침략행위는 신라가 왜를 영역 외로 격퇴하는 것으로 종결된다. 그

---

40 北溟人耕田, 得濊王印, 獻之(南解次次雄); 貊帥獵得禽獸, 獻之(儒理尼師今); 古陁郡主, 獻靑牛(婆娑尼師今); 古陁郡進嘉禾(『三國史記』助賁尼師今).

런 교류는 왕은으로 왕화시키는 것을 목적으로 하는 것이 아니라, 신라의 영역에서 왜를 추방하는 것을 궁극의 목적으로 한다.

상호교류로 생각할 수도 있는 교빙이나 내빙도 왜가 적극적이었다. 그러나 그러한 교류의 전후에 왜의 침략·침탈 행위가 있는 것을 보면, 호의적인 교류가 아니었다는 것을 알 수 있다. 왜의 교빙이나 내빙은 침략 이전의 교류로, 침략의 구실을 만들기 위한 과정에 지나지 않았다. 왜는 내빙이나 교빙을 통하여 목적을 이루려다, 여의치 않으면 침략을 자행한다. 다음과 같은 일이 좋은 예라 할 수 있다.

> 왜국이 사신을 보내어 아들의 혼인을 청하므로 아찬 급리의 딸을 보냈다.
>
> 왜국이 사신을 보내어 혼인을 청하였으나, 앞서 여자의 출가를 이유로 사절하였다.
>
> 왜왕이 글을 보내어 절교하였다.
>
> 왜병이 갑자기 풍도에 이르러 변호를 초략하고 또 금성을 진위하여 급히 치므로,[41]

왜와의 교빙 교류가 어떤 의미를 가지는 것인가를 잘 알 수 있는 내용이다. 왜는 혼인과 같은 교류를 원하다 거절이라도 당하면, 일단 절교의 서신을 보낸다. 그리고 침략한다. 소원이 이루어지지 않으면 침략한다는 것이다. 그런 왜에 신라는 부정적이고 소극적이었으며, 왜를 자국의 천하에 포섭하려는 의지를 보이지 않았다. 그것이 신라의 왜에

---

41 倭国王遣使, 為子求婚, 以阿湌急利女送之(訖解尼師今 三年). 倭国遣使請婚, 辞以
  女既出嫁(訖解尼師今三十五年). 倭王移書絶交(訖解尼師今三十六年). 倭兵猝至
  風島, 抄掠邊戸, 又進囲金城, 急攻(『三国史記』訖解尼師今三十七年).

대한 기본자세였다.

(5) 동방으로서의 우산국

신라가 왜를 자국의 영역에 포섭하려는 자세를 보이지 않아, 왜가 존재하는 동방이 신라의 사방에서 결락되게 된다. 그것은 사방의 중심임을 확인하려는 신라에 있어서, 내용의 문제보다도, 형식의 문제였다. 자국을 사방의 세력이 집결해오는 서상지, 사방의 주변국들이 귀복하는 천하의 중심임을 확인하는 천하사상에 차질이 생기는 일이다. 자국을 천하의 중심으로 여기는 것은 사실과 관계없이 관념으로 충분한 일이었다. 그럼에도 신라는 자국의 천하에서 동방의 왜를 제외시키기 위해서는 왜를 대신할 다른 주변국이 필요했다. 그 필요성에 의해 이루어진 것이 우산국 정벌이었다. 우산국을 복속시켜 결락된 동방을 구비해야 자국 중심의 천하가 완성되는 것이다. 그런 의미를 갖는 우산국의 정벌이었다. 따라서 우산국 정벌은 단순한 영역의 확장이 아니라 신라 중심의 천하의 완성이라는 것에 의미를 두어야 한다.

지증왕은 주군현을 정하고 실직주를 두고, 이사부를 군주로 삼았다. 군주제를 정립하고 실시하며 이사부를 군주로 임명했는데, 그가 우산국을 정벌한 것이다. 점령지의 획일적 지배나 왕권과 지방 세력과의 연결에 따른 통일적인 통제를 위해서 왕의 측근자를 외관으로 파견할 필요성이 있었고, 그것에 의해 이사부가 군주로 임명되었고, 그가 우산국을 정벌한 것이다.

우산국을 정벌한 목적이 무엇이었는지 그것이 확실치 않으나, 다른 곳의 정토보다 쉬운 일은 아니었다. 기록 스스로가 인정하고 있듯이, 100리나 떨어진 해상의 천험한 곳에 위치한 것이 우산국이라, 간단히 복속시키기 어려웠다. 그렇다 해서 경제적인 이익이 큰 것도 아니다. 그런 목적이라면 인접한 주변국을 정벌하는 것이 효과적이었다. 그래서 신라의 우산국 정벌은 경제적 이익을 목적으로 하는 것이 아니라 자국 중심의 천하를 완성하는 것을 목적으로 했다는 것을 알 수 있다.

당시의 신라가 여러 제도를 재정비하는 등 독자적인 세계관의 실현을 시도하고 있었다는 것과 우산국의 정벌을 같이 생각하면, 역시 그것은 세계관의 문제, 자국을 천하의 중심으로 여기고, 그것을 확인하는 통치행위로 볼 수 있다. 주군현을 정하고 이사부를 군주로 임명한 것은 천하관을 실현하려는 준비였고, 정벌은 천하관의 실행이었으며, 우산국의 복속은 신라의 천하가 완성되는 일이었다.

5. 결론

『삼국사기』의 박혁거세 신화는 천과 무관하다. 그것은 박혁거세 신화만이 아니라, 신라신화로 일컬어지는 조선유민·석탈해·김알지 등도 마찬가지다. 박혁거세의 경우는 양산의 나정에 알로 나타났을 뿐으로, 그 출처를 알 수 없다. 알과 같이 나타난 말의 출처도 불명하여 박혁거세와 천과의 관계를 확인할 수 없다. 고구려 신화나 『삼국유사』의 박혁거세가 천과 연계되어 이야기된 것을 생각하면 이해하기 어려운 일이다.

신라를 건국한 시조신화에 천과의 혈연을 확인할 수 있는 내용이 없다는 것은, 왕조가 천하사상을 소유하지 못했거나 부정한 결과로 받아들일 수도 있다. 그러나 신라왕조가 천신을 제신으로 하는 신궁을 건설하고 제사한 사실이나, 초기의 왕위가 자연적인 천재지변 괴이 등에 좌우되었다는 사실, 현실의 상황을 천지 간의 관념적 사고를 통해서 파악하기 위해 하늘의 변화(천재지변)와 인간의 활동(정치 외교 전쟁)을 보았다는 사실 등을 생각하면, 신라를 천하사상과 무관한 왕조로 볼 수 없다.[42] 처음부터 천과 관련된 내용이 없었던 것이 아니라 후세에 생략 된 것이다.『삼국사기』가 고려시대에 편찬된 것을 원인으로 한다.

신화와는 달리 사실의 기록은 천재지변과 현실이 연계된다. 천재지변으로 왕이 교체되기도 한다. 삼국의 왕위교체(사망)가 천재지변과 직접 관련되는 기록이 있는데, 신라의 경우는 천재가 지변의 배에 달한다.[43] 이처럼 천과 연계되는 왕조의 기사가 많다는 것은, 신라가 그만큼 천을 의식했다는 것으로, 천과 무관한 신화는 편찬과정에 윤색되었다는 것을 스스로 시사한다.

신화로 천과 왕조의 혈연을 확인하는 것은, 천하를 주재하는 천손의 정통성은 물론, 그가 통치하는 나라를 천하의 중심에 위치시킨다. 그런 면에서 자국이나 왕경을 중심으로 여기는 것은 천하사상을 일환이라 할 수 있다. 따라서 신들이 신라로 집결한 것은, 신라를 천하의

---

[42] 군주의 지위는 천이 부여한 것으로, 그 부덕의 정치는 천재지변으로 나타난다는 것으로, 천하의 정치의 모든 책임은 군주에게 있다. 이 군주관은 군주의 권위의 래원을 천에서 구하는 것으로, 군주는 천명을 받아 만민을 다스리기 때문에, 군주는 천에 대해 정치책임을 져야 하는 자다(西嶋定生「中國古代國家の 構造」,『中國古代國家와 東アジア世界』, 東京大學出版會, p.63).

[43] 삼국시대에는 900여회의 천재지변이 있었다. 신라는 322회(통일신라는 262회)였고, 고구려는 153회 백제는 191회로 신라가 가장 많은 기록을 갖고 있다(申瀅植『한국고대사의 신연구』, 一潮閣, 1995, p.75).

중심지로 여기는 천하사상의 실현이다. 혁거세는 외부에서 전입하여 신라를 건국하는데, 유입한 것은 혁거세만이 아니다. 이전부터 존재하던 육촌장들도 북방의 조선에서 전입했으며, 석탈해는 동북에서, 김알지는 금성의 서편에서 유입했다. 이처럼 신들이 전입세력이라는 것은, 신라가 모든 세력이 집결하는 서상지이며 천하의 중심이라는 것이다.

신화에 대응하는 역사적 기록은 더 구체적이고 직접적이다. 서쪽의 백제, 남쪽의 가야, 북쪽의 고구려에서 신라로 전입하거나 복속한다. 그것은 신라의 주변국 간의 교류의 전부가 아니다. 많은 교류 중에는 그렇게 기록될 수 있는 것도 많다. 신라는 그런 것을 중심으로 자국이 천하의 중심이라는 것을 확인하려 했던 것이다. 신라가 서쪽에 사벌-감문-일선으로 이어지는 상주를 설치하고, 남방에는 남강을 경계로 대야주를 설치하고, 북방에는 내륙방면으로 진출함과 동시에 동해안 방면에 실직주를 설치한 것이,[44] 현실의 상황으로 확인하는 천하상이었다.

신라는 사방에 존재하는 나라들과의 투쟁하며 존재하고 있어, 자국 중심의 천하관은 필수적이었다. 그러한 천하관이 주변국과의 관계를 관념적으로 해석하게 하고, 그것을 실현한 것으로 기록하는 것도 가능하게 했다. 신화나 역사적 사실의 허구의 필요성이 거기에 있었다. 신화로 관념을 구축하고 역사적 기록을 통해서 그것을 확인하고 있었던 것이다.

그런 목적의 신화가 천과 무관하게 이야기되는 일은 없다. 그것은 신라를 제후의 반열에 위치시키려는 편집자들의 의도된 결과로 보아

----

44 申瀅植『韓國古代史의 新研究』一潮閣, 1995, p.196· 203·207.

야 한다. 그러면서도 사실적인 기록이 천과 관계되는 것은, 편집자의 의도와 달리, 천과의 관계를 생략하면 구성이 어려울 정도로, 천과 연계되는 사건이 많았기 때문이었다.

혁거세와 천과의 관계도 그렇다. 신화에서는 천과의 관계를 언급하지 않으면서도 제사의례에서는, 신궁의 제신이 천신이고, 신궁의 건립지가 시조가 탄강한 곳이라는 설명을 통하여, 신라가 혁거세를 천신으로 보고 있었다는 것을 알 수 있다. 신라가 시조를 천신으로 제사했다는 것은, 선조를 매개로 천과의 혈연을 확인하는 일이었다. 그렇게 신라는 천과의 혈연으로 천하를 주재하는 정통성을 확인하며, 그에 부합하게 신라를 국호로 왕을 군주호로 제정한 것이다.

『삼국사기』가 「자고로 국가를 가진 이가 다 제왕이라 칭했」 다는 사실을 기록하고 있는 것은 모든 나라, 신라와 인접하고 있는 백제나 고구려·가야 등도 자국을 천하의 중심으로 여기는 독자적인 천하관을 구축하고 있었다는 사실의 확인이었다. 또 그것은 모든 나라가 그러한데 어찌 신라가 예외일 수 있겠는가 라는 자긍심의 확인이었다. 설사 관념적이었다 할지라도 그것 없이는 국가의 통치는 물론, 인접국과의 교류에서 우위를 확보하는 것도 불가능했다. 그런 의미에서도 왕조가 천과의 혈연관계를 확인하는 일은 필요했다. 그럼에도 천과 무관하게 기록된 것은 편찬자가 윤색한 결과일 뿐이다.

신라의 제사가 초기에는 시조묘와 신궁에서 이루어졌으나, 후에는 오묘제와 사직단에서 이루어지며, 국내의 산천만을 제사하고 천신·지지에는 미치지 못했다. 김부식은 그것을 왕제에 의거하여 「감히 예를 벗어나지 않고 실행한 것」으로 보고, 신라가 제후의 예를 취한 것이라 했다. 그러나 그것은, 후기에 이루어진 오묘제와 사직단의 제사에 해

당되는 일이지, 천신을 제사한 신궁의 제사에는 해당되지 않는다. 김
부식은 천신을 제사한 초기의 신궁의례보다 천신을 제사하지 못하게
된 시기의 의례를 중시하고, 그것을 기준으로 신라의 제사와 제신을
평가한 것이다.

그런 결과를 유교의 합리적인 사상에서 구하기도 하는데,[45] 꼭 그런
것만은 아니다. 유가들도 위서에 의거하여 그런 것들도 인정했다. 유
가들은 타당성으로 우주의 주재자, 도의 체현자로써 무제약적 절대적
존재로 여기는 군주를 규제하려 했다. 그러나 그렇게 되면 권위의 절
대성을 포섭할 수 없다. 그래서 경서가 아닌 위서를 근거로, 황제의 주
술자적 성격과 지배자로서의 절대적 성격을 통일 조정하려 했다.[46] 유
가들도 군주의 신이성이나 주술성을 인정했던 것이다.

유가의 이러한 군주론을 근거로 김부식이 신화에서 천과의 관계를
생략한 것을 생각해보면, 편찬자들이 신라왕조의 천과의 혈연을 인정
하지 않아 생략한 것은 아니다. 그것은 신라를 천자가 주재하는 나라
가 아니라 제후의 나라로 보는 천하사상에 의한 결과였다.

---

45 崔南善編「三國遺事解題」,『三國遺事』, 民衆書館, 1975, p.8.
46 현세를 통치하는 군주의 칭호로서의 황제는 천하를 지배하는 현세 군주로 만물
을 주재하는 우주신 상제와 동일한 것이다. 따라서 군주가 시행하는 법과 술은 무
제약적·절대적인 것으로, 이를 시행하는 군주는 우주의 주재자·도의 체현자로
써 무제약적·절대적 존재이다. 그러나 한의 황제는 상제와 합치하는 황제가 아니
라, 왕을 우월하는 천하의 군주라는 정도의 위호였다. 유학자 董仲舒는 그러한 황
제와 천자의 관계를 조정하여, 황제란 삼라만상과 통하고 그 덕이 천지와 대등한
존재를 말하는 것으로, 천이 이를 도와 아들로 하기 때문에 천자라고 해석했다.
그것은 황제를 천지의 이법에 따르게 하려는 유가의 현실 타당성과 타협을 통하
여 군주를 규제하려 것을 목적으로 한다. 이처럼 황제가 천자 사상에 종속되게 되
면, 황제가 천명에 종속되고, 천명을 받는 군주로서 덕을 쌓아야 하는 윤리적 요
구에 응해야 하는 자로, 황제는 상제와의 관계에서 천자라 해도, 내정에 있어서는
여전히 국사의 주재자이고, 백관을 통솔하고 만민을 다스리는 주권자였다(西嶋
定生『中國古代國家와 東アジア世界』, 東京大學出版會, 1983, p.74·75).

제5장

『고려사』의 우산국과 무릉도

1. 서문 – 고려의 울릉도와 무릉도

신라가 울릉도를 정벌하면서 우산국이라 칭했는데, 그것은 정벌이 대상이 「도」가 아닌 울릉도를 중심으로 하는 「국」의 정벌이었다는 것을 의미한다. 3세기의 옥저가 「일도」로 칭했던 곳을 우산국이라 칭하며, 울릉도와 울릉도에서 육안으로 확인되는 암도를 영역으로 하는 「국」을 정벌한 것이다.

울릉도 동방 해상에 돌궐한 무인의 암도는 태양을 배경으로 하는 방법으로, 태양을 숭배하는 울릉도민의 신앙심을 획득하고 있었다. 『고려사』는 「세가」와 「열전」과 「지리지」에서 우산국의 유래와 지리, 고려의 통치내용을 전하는 방법으로[1] 우산국의 실체를 부각시킨다.

우산국의 주도인 울릉도가 처음으로 기록으로 나타나는 것은 중국의 사서다. 『삼국지』와 『후한서』는 3세기의 옥저의 동해에 존재하는 「일도」와 「일국」을 전하는데, 그것은 울릉도와 왜에 해당하는 도서였다. 「일도」를 『삼국사기』가 우산국과 울릉도로 병기하여, 우산국과 울릉도를 동일한 것으로 이해할 수도 있으나, 우산국은 울릉도를 중심으로 하는 나라였다. 그런 인식을 전하는 것이 『고려사』이기 때문에, 『고려사』가 전하는 정동해중의 지리적 사실을 정리하면 2도로 구성되는 우산국의 실체를 확인할 수 있다.

『고려사』는 우산국과 羽陵 武陵을 동일한 것으로 보기도 하고, 于山 武陵을 동도로 해석할 수도 있는 기록을 하고 있으나, 본래 2도였고, 바람이 부는 맑은 날에만 서로 볼 수 있는 관계라는 것을 같이 전

---

[1] 李丙燾 「獨島의 名稱에 대한 史的 考察」, 『獨島』, 大韓公論社, 1965. p.71; 朴庚來 「獨島領有權의 史法의인 研究」(전게서, p.156); 黃相基 「獨島問題研究」(전게서 pp.227); 愼鏞廈 『獨島領有權 資料의 探求』제1권, 독도보전협회, 1996, p.38.

하여, 우산국이 우릉(우산)과 무릉으로 구성되는 나라라는 것을 알 수 있다.

『삼국사기』는 신라가 우산국을 정벌한 이후의 일을 전하지 않는데 『고려사』는 울릉도가 속하는 주군현의 변천 내용을 전하면서 신라가 우산국으로 칭한 사실을 같이 전한다. 우산국이 정벌 당한 후에도 우산국을 칭하는 주민이 존재했다는 것을 알 수 있다.

우산국을 울릉도 주민들과 신라인 어느 쪽이 칭한 「국명」이었는지를 확인할 수 없으나, 신라가 정벌의 대상을 우산국으로 칭한 것으로 보아, 울릉도 주민도 그렇게 칭한 것 같다. 그런 우산국을 『고려사』가 울릉도·우산·우릉·무릉 등과 혼용한 것은, 고려가 우산국이나 신라처럼 「국」에 특별한 의미를 두지 않았다는 것이다. 우산국은 정벌 당하는 것과 동시에 신라의 지방제도에 합병되어 「국」으로서의 독자성은 상실했기 때문이다. 신라는 지증마립간 6년(505)부터 주현제를 실행하고 있었다.[2]

「지리지」가 동해의 2도를 「무릉·우릉」, 「우산·무릉」으로 병기하며, 바람이 부는 청명한 날에는 서로 육안으로 확인할 수 있다는 사실을 기록한 것은,[3] 무릉에 거주하는 주민들이 무인의 우릉(우산)을 인식하는 것에 그치지 않고 도해했을 가능성도 시사하고, 신라나 고려가 2도를 쌍으로 호칭하고 있었다는 사실도 같이 시사한다.

『고려사』와 유사한 내용을 전하는 것이 『세종실록지』인데, 양서가 1451년과 1454년에 편찬되어, 편찬된 시기는 3년에 불과하지만 『고려

---

2 王親定國內州郡縣, 置悉直州, 以異斯夫爲軍主. 軍主之名, 始於此(『三國史記』新羅本紀, 智證麻立干6年2月).

3 稱于山國, 一云武陵, 一云羽陵 (중략) 一云, 于山·武陵, 本二島相距不遠, 風日淸明, 則可望見(『高麗史地理志』, 蔚珍縣).

사』가 고려 왕조의 자료에 근거해서 편찬되었기에 왕조를 달리하는 기록이다. 『고려사』가 『삼국사기』 등이 전하는 신라인의 우산국 인식에 근거한다는 것을 감안하면 시대적 차이가 갖는 의미는 더 크다 할 것이다.

문제는 『고려사』가 전하는 우산국의 인식이 언제 어떻게 정리되었는가 인데, 기록적으로는, 우릉도의 사자가 고려의 왕건에게 복속의 뜻을 밝힌 930년 이후로 볼 수 있다. 그때 고려가 우릉도 사자에게 벼슬을 준 것은, 사자가 우릉도(우산국)의 현실과 복속의 조건을 설명했고, 고려 측이 그것을 확인하고 인정했다는 것이다. 그때 고려의 우릉도에 대한 인식이 정리되었고, 그 인식에 이후의 관리와 통치 내용이 첨가된 것이 『고려사』가 전하는 우릉도를 둘러싼 정동해중의 인식이다. 그래서 그것들을 정리하면 우산국의 실체가 부각될 것이다.

『고려사』의 「지리지」에는 정동해중에 바람이 부는 맑은 날에 서로 볼 수 있는 우산도와 무릉도가 존재한다는 내용이 「일운」으로 전한다. 고려가 우산도와 무릉도를 인식하고 있었다는 것이다. 그런데도 같은 내용을 전하는 『신찬팔도지리지』가 먼저 편찬되었다거나 우산도를 『고려사』에서 확인할 수 없다는 이유로 평가 절하되고 있다.

『고려사』가 고려인들이 남긴 자료에 근거해서 편찬되었다는 사실을 간과한 인식이다. 원사료를 충실하게 재구성한 것이 『고려사』다. 원사료의 일부가 취사 선택되기는 했으나, 찬술자가 문장을 만들어 내용을 보충하지 않았다. 그런 편찬 방침이었기 때문에 「지리지」의 내용이야 말로 고려인들의 인식에 근거한다고 말할 수 있다.

『고려사』는 울릉도를 우산국·우릉도·무릉도 등으로 다양하게 표기하지만, 그것이 유포된 도명의 전부라 할 수 없다. 표기되지 못했거나 망실된 것도 많았다. 그것은 울릉도 주민들이 육안으로 확인되는 동방의 암도도 마찬가지다. 육안으로 확인되는 암도를 호칭하지 않는 경우는 있을 수 없다. 그런데도『삼국지』를 비롯한 그 어디에서도 우산국을 제외하면 암도를 기록한 것으로 볼 수 있는 표기가 없다.

우산국이 울릉도의 다양한 도명과 혼용되지만 우산국은 그것들과 달리「국」을 접미어로 하고 있어서「도」와는 동질로 볼 수 없다. 울릉도와 암도를 영토로 하는 나라였기 때문이다.

3세기의『삼국지』는 울릉도를「일도」로 표기했는데, 한자를 상용화하지 못한 주민들은「우루뫼」와 같은 토착명을 사용했다. 그것을『삼국사기』는 우산국과 울릉도로 표기하고『삼국유사』는 우릉도로 표기했다. 그러면서『삼국사기』는 울릉도가 우산국의「혹명」이라는 사실을 설명했고,『삼국유사』는 고려시대에는 羽^우陵^릉으로도 표기된다는 주를 달았다. 삼국시대만이 아니라『삼국유사』를 편찬하는 당시도 다양하게 호칭되고 표기되었다는 것이다.

『고려사』는 울릉도의 다양한 도명을 전하면서도, 조선시대에는 울릉도를 대리하는 무릉도와 우산도의 약기인 우산은 각각 1회씩 표기했을 뿐이다.『고려사』「열전」의 신우조에 처음으로 등장하는「무릉도」가 조선조가 되면 울릉도를 대리할 뿐만 아니라「우산무릉등처」나「우산무릉」처럼 우산과 병기된다. 그 무릉도가 신우조에 표기되었다는 것은 우산도나 우산으로 표기될 수 있는 도명이 같이 존재했다는 것이다. 다만 기록으로 전하지 않을 뿐이다. 그런 사회적 인식을 반영한 것이「우산과 무릉은 본래 2도다」라는「일운」이다.

무릉도와 병기되는 우산도가「지리지」의 일운으로 기록된 것을 근거로 고려의 우산도 인식에 의문을 표하거나 부정하기도 하나, 그것은 표기만을 근거로 하는 주장으로, 고려의 사회적 인식을 간과한 것이다. 울릉도 동방의 암도는 3세기「일도」의 주민만이 아니라 우산국과 울릉도라 칭하던 6세기의 주민들도 인식하고 있었고, 그렇기 때문에 주민들이 지칭하는 다양한 도명들이 전승되는 가운데 표기되기도 하고 그렇지 못하여 소멸되기도 하는 가운데「일운」으로 소개된 것이「우산무릉」의 우산이다. 그런 사실을 확인하는 일이 3세기의「일도」와 6세기의 우산국이 현재의 독도를 포함한다는 사실을 확인하는 일이다.

2. 『고려사』의 편찬과 왕통보

(1) 고려사의 편찬

조선의 고려사 정리는 태조 원년에 시작되어,[4] 『고려사』가 편찬되기까지 57년이 걸린다. 태조의 명으로 4년만에 『고려국사』가 편찬되었으나,[5] 태종은 고려 말 정치사의 곡필과 태조의 기술 내용에 오류가 있다며 1414년에 개찬을 명했다.[6] 그러나 태종의 퇴위로 중단된 것을 세종의 지시로 1421년에 『고려사』가 완성되었다.[7] 그것을 또 1423년에 개수하여 『수교고려사』를 완성했으나 역시 반포되지 못했다.[8] 1438년

---

4 命右侍中趙浚, 門下侍郎贊成事 鄭道傳, 藝文館學士鄭摠·朴宣中. 兵曹典書尹紹宗, 修撰前朝史(『太祖實錄』, 太祖1年10月13日).

5 判三司事鄭道傳, 政堂文學鄭摠等撰前朝高麗史自太祖至恭讓君三十七卷以進. 上親覽, 敎鄭道傳曰(『太祖實錄』, 太祖4年1月25日).

6 召領春秋館事河崙, 命竄定高麗史. 國初, 命鄭道傳, 鄭摠等撰之, 僞朝以後之事, 頗多失眞, 故有是命, 蓋因崙之請也(『太宗實錄』, 太宗14年5月10日).

7 鄭道傳所撰高麗史, 間有與史臣本草不同處, 且稱制粃, 稱太子之類, 語涉僭踰, 命柳觀, 卞季良讎校, 至是書成乃進(『世宗實錄』, 世宗3年1月30日).

에 다시 개수하여 1442년에 완성되었으나[9] 1449년에 다시 개수를 시작하여 1451년(문종 1)에 완성하고 1454년(단종 2)에 반포했다.[10]

그처럼 개수가 반복된 것은 것은 가문을 미화하려는 편찬자들의 곡 필이나 용어의 문제만이 아니었다. 군주와 신료 간의 인식의 차가 컸기 때문이다. 왕권과 신권을 강화하려는 갈등이었으나 결국에는 왕권을 우위를 점하는 역사서로서의 『고려사』가 완성된다.[11]

반복된 개수를 편찬자들의 주관으로 왜곡된 내용을 이실직서하는 과정으로 본 변태섭은, 완성된 『고려사』가 객관적 원형을 되찾은 것으로 보았다.[12] 사신들이 주관이 아니라 김관의의 『편년통록』·민지의 『편년강목』·『세대편년절요』·이제현의 『증보편년강목』·『통사』·『사략』·저자 미상의 『왕대종족기』·이창현의 『성원록』·이색과 이인복의 『금경록』·최윤의 『고금상정례』[13] 등의 사료에 충실했기 때문에 가능한 일이었다. 편찬자가 역사를 서술한 것이 아니라, 기존의 자료를 선정하여 재구성했기 때문에 『고려사』의 내용은 현존하는 문집이나 금석문 등의 묘지명과도 일치한다.[14]

편찬자들은 논찬을 통해 자신의 의견을 표하는 것이 일반적인데

---

8 命知館事柳觀, 同知館事尹淮, 改修高麗史(『世宗實錄』, 世宗5年12月29日); 進讎校高麗史, 其序文曰(『世宗實錄』, 世宗6年8月11日).

9 監春秋館事申槪, 知春秋館事權踶等進所撰高麗史(『世宗實錄』, 世宗24年8月12日).

10 議改撰高麗史, 仍傳旨春秋館. 高麗史, 頗失疎略, 今更考閱, 備悉添入. 遂命右贊成金宗瑞(『世宗實錄』, 世宗31年1月28日); 知春秋館事金宗瑞等, 進新撰高麗史(『文宗實錄』, 文宗1年8月25日); 吾東方萬世可法可戒之書, 莫如高麗史, 請印全史廣布(『端宗實錄』, 端宗2年10月13日).

11 김의규 「『고려사』의 편찬과 체제」, 『인문과학연구』 제6輯, 1999, p.6.

12 邊太燮 「高麗史 編纂에 있어서의 客觀性의 問題」, 『震檀學報』 40, 1975, p.171.

13 신서원 『신편고려사』, 신서원, 2001; 東亞大學校石堂學術院 『국역고려사』 世家1, 景仁文化社, 2008.

14 邊太燮 「高麗史 編纂에 있어서의 客觀性의 問題」, 『震檀學報』 40, 1975, p.169.

『고려사』는 「찬수고려사」 범례에서 『원사』를 기준으로 하기 때문에 논찬을 작성하지 않고, 「세가」에 부기된 이제현 등의 찬을 그대로 인용한 사실을 밝혔다.[15] 그래서 「세가」에는 무명의 사신이 작성한 14개의 논찬과 이제현 김부식 등 5인이 작성한 19개의 논찬이 있을 뿐이다. 그에 비해 『고려사』를 저본으로 하는 『고려사절요』에는 24명의 논찬이 108개나 된다. 찬자의 역사의식은 논찬으로 부기되는데,[16] 그러지 않았기 때문에 『고려사』에는 이실직서의 객관성이 보장되었다.

『고려사』의 편찬에 많은 시일이 소요된 것은 왕실과 신료 간의 갈등으로 많은 시일이 소요되었다 하나 그것은 「세가」나 「열전」에 해당되는 일로, 우산국의 유래나 지리를 전하는 「지리지」와는 무관했던 것으로 보아야 한다. 그것들은 왕실과 신료들의 권위나 명예와 무관하기 때문이다. 왕권이나 신권과 무관하기 때문에 그 어느 쪽도 개편할 필요가 없었다. 따라서 「지리지」의 내용은 1395년에 완성된 『고려국사』에 기재되었던 내용이 이후에 반복되는 편찬작업에 그대로 전재되었을 가능성이 크다.

(2) 고려의 왕통보

『고려사』가 전하는 왕통보는 황주량의 『태조실록』·김관의 『편년통록』·민지의 『편년강목』 등에 근거하는데, 이제현은 그것을 『왕씨종족기』·『성원록』에 근거하여 평하려 했고, 사신들은 고려의 자료만이 아니라 『당서』·『당사』·『북사』 등에 근거해서 비판했다. 『편년통록』의 왕통보는 호경·강충·보육·작제건·용건을 거쳐 왕건에 이르

---

15 歷代史, 紀傳表志之末, 皆有論贊, 今纂高麗史, 準元史不作論贊, 惟世家舊有李齊賢等贊(『高麗史』, 纂修高麗史凡例, 列傳).

16 邊太燮 「高麗史 編纂에 있어서의 客觀性의 問題」, 『震檀學報』40, 1975, p.171.

는데, 그것은 왕건에게 건국의 정통성을 보장하려는 가계보로 왕통의
정통성을 혈통으로 보장한다.

성골장군을 자처하는 호경은 평나산의 여신과 혼인을 맺어 신격을
획득한 후에 몽혼으로 강충을 낳았고, 출생담으로 신격을 획득한 강충
은 부호의 딸과 혼인하여 형제를 둔다. 그리고 부소산에 소나무를 심
으면 삼한을 통일할 후손을 볼 수 있다는 예언을 듣는다.[17] 강충의 둘째
아들 보육이 송악산에 올라 오줌을 누어 산천을 잠기게 하는 꿈을 꾸
자, 형 이제건의 딸과 혼인하여 두 딸을 얻었는데, 보육의 둘째 딸 진의
도 오줌이 천하에 넘치는 언니의 꿈을 산다. 그리고 당의 천자와 동침
하는 기회를 얻어 작제건을 낳았다.[18]

진의의 혼인은 고려의 왕통보가 당 천제와의 혼인을 통해 천손의
자격을 획득하는 일로, 후손이 건국하는 나라는 천제의 수호를 받는
나라, 천손의 혈통을 계승한 천손이 다스리는 나라가 된다. 천손의 혈
통을 획득한 작제건은 부를 찾아 나선 해상에서, 삼건의 시대가 되면
동방의 왕이 된다는 예언을 듣고, 용왕의 딸 용녀와 혼인을 맺어,[19] 용
건을 비롯한 4남 1녀를 얻는다. 호경을 통해 산신의 혈통을 계승한 왕
통보가 숙종과의 혼인을 통해 천제의 혈통을 확보하더니, 작제건은 용
녀와 혼인하여 해신의 혈통까지 획득한 것이다.

---

[17] 時新羅監干八元, 善風水, 到扶蘇郡, 郡在扶蘇山北, 見山形勝而童, 告康忠曰, 若
移郡山南, 植松使不露巖石, 則統合三韓者出矣. 於是, 康忠與郡人, 徙居山南, 栽
松遍嶽, 因改名松嶽郡(『高麗史』世家, 高麗世系).

[18] 有名虎景者, 自號聖骨將軍 (중략) 生子曰康忠 (중략) 生二子 (중략) 寶育 (중략)
溺溢三韓山川, 變成銀海. 明日, 以語其兄伊帝建, 伊 帝建曰, 汝必生支天之柱. 以
其女德周妻之 (중략) 後生二女, 季曰辰義 (중략) 其姊夢登五冠山頂而旋, 流溢天
下. 覺與辰義說, 辰義曰, 請以綾裙買之 (중략) 唐肅宗皇帝潛邸時 (중략) 代以辰義,
遂薦枕 (중략) 果生男曰作帝建(『高麗史』世家, 高麗世系).

[19] 吾所欲者, 王東土也. 翁曰, 王東土, 待君之子孫三建必矣. 其他惟命. 作帝建聞其
言, 知時命未至(『高麗史』世家, 高麗世系).

산신과 천신과 해신의 혈통을 계승한 용건은 정체불명의 몽부인과 혼인하고 송악산에 거주하며, 당에서 귀국한 도선의 예언에 따라 가옥을 개조한 후에 왕건을 낳는다.[20] 해상에서 만난 노인이 작제건에게 예언한 「삼건」의 시대가 도래한 셈인데, 그것은 2대조 강충이 송악산에 소나무를 심으면 삼한을 통일한 인물이 태어날 것이라던 감간과 오줌이 삼한의 산천에 넘치는 꿈을 꾼 보육에게 걸출한 인물을 낳을 것이라던 형 이제건의 예언이 이루어지는 일이었다.

「세가」는 선대의 역사 기록이 상세하지 않다는 사실부터 밝히면서 김관의의 『편년통록』·민지의 『편년강목』을 인용하여 호경에서 왕건에 이르는 왕통보를 약기하고, 그것에 대한 이제현의 의견을 첨기한다.[21] 『태조총서』는 왕통보를 계승한 왕건이 태어난 상황을 「신광자기」가 방안에 비치고 뜰에 종일토록 가득했다면서도[22] 「신광자기」는 설명하지 않았다.

그것이 정원이나 산실에서 발하는 것인가, 아니면 밖이나 하늘에서 발하는가에 대한 설명이 없다. 정원에 가득 찬 빛이 산실을 비춘 것으로 볼 수도, 산실에 가득한 빛이 정원으로 흘러나간 것으로 볼 수도 있는데, 어쨌든 산실과 정원에 빛이 가득했다. 하늘에서 빛이 발할 때 왕건이 태어난 것이 아니라, 왕건이 태어나면서 「신광자기」를 발한 것으로 볼 수 있는 내용이다.

---

20 作帝建娶西海龍女來 (중략) 元昌生四男, 長曰龍建 (중략) 故世號夢夫人 (중략) 師道詵入唐, 得一行地理法而還 (중략) 明年必生聖子, 宜名曰王建(『高麗史』世家, 高麗世系).

21 高麗之先, 史闕未詳 (중략) 金寬毅編年通錄云 (중략) 閔漬編年綱目 (중략) 李齊賢曰, 金寬毅云(『高麗史』世家, 高麗世系).

22 唐乾符四年丁酉 正月丙戌 生於松嶽南第, 神光紫氣, 耀室充庭, 竟日盤旋, 狀若蛟龍(『高麗史』世家, 太祖總序).

「신광자기」가 교룡의 형상이었다는 것도 천신이 아닌 해신과의 혈연을 연상시켜, 왕건을 천상을 통치하며 천명을 내린다는 천제의 혈통을 계승했다는 것은 확인하기 어렵다. 그러나 「신광」의 근원을 천, 「자기」의 근원을 지로 보면 천지의 기운이 합해진 것으로 볼 수도 있다. 그것을 보충하는 것이 3대 보육이 당의 천제를 사위로 맞이하는 일이었다.

보육의 딸 진의가 산에 올라 오줌을 눈 언니의 꿈을 사는 방법으로, 보위에 오르기 전에 산천을 유람하는 당의 천자를 만나 작제건을 얻었다.[23] 그것은 천명으로 당을 통치하는 천손의 혈통을 왕건의 선조가 혼인으로 획득한 일로, 고려의 왕통이 천제의 수호를 혈통으로 보장받는 일이었다. 그처럼 천제의 수호가 보장된 작제건이 용녀와 혼인하여 용건을 낳는 것은 해신의 수호까지 확보하는 일이었다. 작제건은 또 도선의 예언에 따라 고려를 건국하는 왕건을 얻는다. 그렇게 시작된 고려의 왕통보는 「왕」씨로 계승되는데, 이제현은 왕씨를 이렇게 설명했다.

> 김관의가, 도선이 송악 남쪽에 있는 세조의 집을 보고서 기장을 심을 밭에 삼을 심었다고 했는데 우리말에서 기장은 왕이라는 말과 서로 비슷하다. 그러므로 태조가, 이를 근거로 해서 왕씨를 성으로 삼은 것으로 기록했다. 그렇다면 아버지가 살아 계신데 아들이 성을 고쳤다는 것인데, 천하에 어찌 이런 이치가 있겠는가.[24]

---

[23] 必大唐天子來作壻矣 (중략) 辰義, 遂薦枕. 閱漬編年, 或云一年, 覺有娠 (중략) 果生男曰作帝建(『高麗史』 世家, 高麗世系).

[24] 金寬毅云, 道詵見世祖松嶽南第日, 種穄之田而種麻也. 穄之與王, 方言相類. 故太祖因姓王氏. 父在而子改其姓, 天下豈有是理乎. 其謂我太祖爲之乎 (『高麗史』 世

기장과 왕의 발음이 비슷하기 때문에 도선의 예언대로 태어난 아이를 「왕」씨로 했다는 『편년통록』의 내용에 의문을 표했다. 부와 다른 성을 칭하는 것은 이치에 맞지 않고, 의심과 시기가 많은 궁예의 화를 자초하는 일이라며 부정했다. 작제건과 용건과 왕건이 「건」을 공유하는 「삼건」도 선조의 이름을 멋대로 사용할 수 없을 것이라며 「건」을 신라의 군주나 관리의 존칭어였던 「간」이나 「찬」의 변화로 보려 했다.[25] 어쨌든 왕씨는 전승되는 성씨가 아니라 왕건이 처음으로 칭한 것이다. 『고려사』의 사관들은 이제현이 명유라는 것을 근거로 그의 의견에 동의하는 반면 하급관리 김관의의 의견은 믿으려 하지 않았다. 그러며 『북사』의 내용을 근거로

예로부터 임금의 세계를 논한 말들은 이런 식으로 괴이한 것이 많고 간혹 억지로 끌어다 붙인 설도 있어 후세 사람들이 의심을 하지 않을 수 없게 되었다.[26]

고려의 자료들이 전하는 왕통보의 내용에 의문을 표했다.

군웅이 할거하는 시대, 배반과 반란이 되풀이 되는 와중에, 왕건이 세력을 넓히고 천하를 통일하는 일은 경제력과 군사력을 배경으로 할 때 가능한 일이었다. 그런 면에서 왕건이 호족의 후손이라는 것만으로는 반목과 배반을 반복하며 뜻을 이루려는 정통성을 충족시킬

家, 高麗世系).

[25] 故太祖因姓王氏. 父在而子改其姓 (중략) 國祖姓王氏. 然則非至太祖, 始姓王也, 種稱之說, 不亦誣哉 (중략) 竊謂新羅之時, 其君稱麻立干, 其臣稱阿干·大阿干(『高麗史』世家, 高麗世系).

[26] 自古論人君世系者, 類多恠異, 而其間或有附會之說, 則後之人, 不能不致疑焉(『高麗史』世家, 高麗世系).

수 없다. 그래서 호족 이상의 출생담이 필요했다. 신라 왕조와 대등해질 수 있는 출생담, 궁예를 제압해야 하는 당위성을 확보할 수 있는 출생담, 배반과 정벌이 천명에 의한 것이라는 것을 확인해 줄 수 있는 출생담이 필요했다. 그런 필요에 따른 것이 호경을 시조로 하는 왕통보였다.

왕건은 918년에 태봉국의 궁예를 폐위시키고 배현겸·신숭경 등의 추대를 받아 고려를 건국했다. 고려의 건국의 정통성을 확보하는 방법으로 궁예의 폭정을 강조하고 있으나, 왕건이 주군을 배반한 것은 사실이다. 그처럼 군주를 배반했다는 점에서는 이성계도 마찬가지였다.[27] 1388년에 우왕의 명으로 요동정벌에 참여했던 이성계가 위화도에서 회군하여, 우왕과 창왕을 폐위시키고, 1392년에는 공양왕을 내쫓고 조선을 건국했기 때문이다.[28]

그런 면에서 왕건이나 이성계는 건국의 정통성을 확보하는데 어려움이 컸다. 그래서 왕건은 선대의 신화와 설화로 즉위의 정통성을 확보하려 했고, 이성계는 고려왕조의 후기에 모든 것이 문란해진 것에 근거하는 흥망성쇠의 사관에서 정통성을 구하려 했다. 전 왕조를 배반하는 태생적인 결함을 흥망성쇠의 사관으로 극복하려는 목적 때문에 『고려사』의 편찬에 57년이 걸린 것이다. 그런 면에서 보면 조선은 고려왕조의 성립부터 부정할 필요성을 느꼈을 수도 있다. 그럼에도 고려의 자료에 근거해서 왕통보의 신성성을 지켜주었다. 군주를 폐위시켰

---

27 騎將洪儒·裴玄慶·申崇謙·卜智謙等密謀, 夜詣太祖第, 共言推戴之意 (중략) 裔遁于巖谷, 信宿飢甚, 偸載麥穗而食, 尋爲斧壤民所害(『高麗史』 世家, 太祖叢書, 貞明六月己卯).

28 禑, 昌, 本非王氏, 不可奉祀, 又有天子之命, 當廢假立眞. 定昌君瑤, 神王七代孫, 族屬最近, 當立. 詣恭愍王 定妃宮, 奉妃敎, 遷禑 于江陵, 放昌于江華, 廢爲庶人, 迎立瑤, 是爲恭讓王(朝鮮王朝實錄『太祖實錄』 1권, 總序 100번째 기사).

다는 공통점에 근거하는 배려로 볼 수도 있으나, 고려가 남긴 자료에 충실한 결과로 볼 수도 있는 일이었다.

3. 고려의 우릉도

(1) 우릉성주의 견사

왕건이 고려를 건국하여 12년이 지난 930년에 우릉도가 백길과 토두를 사자로 파견하여 토산물을 바치자, 왕건은 둘에게 정위와 정조라는 벼슬을 내렸다.[29] 그로써 우릉도는 고려에 속하게 되었는데, 사자를 파견한 인물에 대한 기록이 없다. 고려가 사자에게 벼슬을 내렸다는 것은, 사자로 파견한 인물에게도 상응하는 벼슬을 내렸다는 것인데, 그런 기록도 없다.

그저 「우릉도가 백길과 토두에게 방물을 헌상하」게 하는 것으로 하여, 둘의 자격은 물론 찾아가는 상대에 대한 기록도 없다. 그것이 고려 중심의 기록이기 때문에, 512년에 신라에 복속되었던 우산국이 우릉도를 칭하며, 고려를 건국하고 신라 후백제와 패권을 경쟁하는 왕건에게 사자를 파견한 것으로 이해할 뿐이다.

그것은 『고려사』만이 아니다. 『삼국지』는 「일도」의 주민들이 동녀를 바다에 바친다는 사실을 전하면서 그것을 주도하는 자를 언급하지 않았고, 『삼국사기』는 신라의 침략에 대적하는 우산국의 지도자를 밝히지 않았다.

사자를 파견한 우릉도 지도자의 호칭으로 볼 수 있는 것이 1032년

---

29 芋陵島遣白吉·土豆, 貢方物, 拜白吉爲正位, 土豆爲正朝(『高麗史』太祖13年8月).

(덕종 원)조에 있다. 「우릉성주」가 아들 부어잉다랑을 파견하여 토산물을 헌상했다는 기록이다.[30] 이곳의 우릉은 고려시대에 우산국·우릉도·울릉도·무릉·우릉 등으로 불리고 신라시대에 울릉도·우산국으로 불린 곳이고, 성주는 신라가 우릉도를 관리하는 자에게 제수한 관직 같다. 그것이 토호에게 제수한 것인지, 아니면 신라가 임명하여 파견한 자인지를 알 수 없다. 그런데 신라의 호족들이 「성주」를 즐겨 칭한 사실을 감안하면 930년에 사자를 파견한 인물도 성주를 칭했을 가능성이 높다.

신라의 지역단위는 수장(군주·주주·성주) 중심으로, 군사적·정치적 독립성을 갖고 있었으며 때로는 실직국·감문국·골벌국 등의 「국」으로 표기되기도 했다. 왕권이 절정기인 중대에도 성의 축조가 빈번하여 지방세력의 핵심체는 「성」이었다. 그래서 중앙행정의 질서가 무너진 하대의 호족이나 지방귀족이 성을 중심으로 하는 정치적 행위를 취하고 있었다.[31]

하대에 왕위쟁탈전의 전개와 귀족 간의 항쟁으로 왕권이 약화되자 외관들은 독립할 수 있었고, 촌주들은 독자적 지위를 고수할 수 있었다. 호족들은 장군이라는 호칭을 즐겨 사용했는데 성주 賊帥 등을 칭하기도 했다. 이들의 귀부나 협조가 당시의 세력 판도를 좌우했기 때문에 왕건 견훤 등은 경쟁적으로 받아들이려 했다.[32] 그런 상황에서 우릉도가 고려에 토산품을 헌상했다면, 그것은 우릉도의 지도자, 즉 우릉성주를 칭했을 수도 있는 인물이 판단한 결과로 보아야 한다. 그것이 후삼국이 패권을 다툴 때였고, 우릉도가 512년에 신라에 복속한 우

---

30 羽陵城主遣子夫於仍多郎來, 獻土物(『高麗史』德宗元年11월).
31 申瀅植『韓國古代史의 新研究』, 一潮閣, 1995, pp.189~192.
32 申瀅植『新羅史』, 이화여자대학교출판부, 1993, p.226.

산국이었다는 것을 감안하면 성주의 독자적 판단으로 볼 수 있다. 신라의 왕권이 약해진 데다 해중에 위치한다는 지리적 조건 때문에 신라에 복속된 후에도 보장받은 독자성에 근거하는 판단이었을 수 있다. 신라의 질서에 따르던 성주였다 해도, 이미 신라의 통제권이 약해진 상황에서, 독자적인 행동을 취하는 것은 어려운 일일 수 없다. 어찌 되었던 그것은 성주를 칭하는 자가 신라의 질서에서 일탈하여 고려의 질서에 편입하는 일이었다.

930년 정월에 왕건이 고창전투에서 견훤에게 승리하고 2월에 그 사실을 신라에 알리자 동해안의 주군이 고려에 투항했다. 성만해도 110여성에 달했다.[33] 신라조정이 통제력을 상실했다는 것을 알 수 있는 주군의 투항이었다. 그 같은 집단적인 투항이 있고 반년이 지난 8월에야 우릉도가 사자를 파견했다. 그것은 우릉성주가 시류를 관망한 후에 독자적으로 복속을 정했다는 것이다.

복속의 뜻을 정하고 사자를 파견한 우릉성주에 대한 기록이 없으나 신라의 호족들이 성주를 칭한 사실이나 우릉성주라는 관직명이 있는 것으로 보아, 우릉도에도 성주를 칭한 지도자가 존재했던 것으로 볼 수 있다. 3세기의 일도에서 동녀를 희생으로 하는 의례를 거행한 지도자나 6세기에 우산국 병사들을 거느리고 신라의 침범에 대적했던 토호적 지도자에 대응하는 인물이었다.

그 지도자가 사자를 파견하자 고려가 사자들에게 정위와 정조라는 벼슬을 내렸다는 것은 그들을 파견한 인물에게도 합당한 벼슬을 제수했다는 것인데, 그것을 알 수 있는 기록이 없다. 벼슬을 제수했다는 것

---

33 遣使新羅, 告古昌之捷, 羅王遣使報聘, 致書請相見. 是時, 新羅以東, 沿海州郡部落, 皆來降, 自溟州至興禮府, 惣百十餘城. 庚子幸昵於鎭. 北彌秩夫城主萱達, 與南彌秩夫城主, 來降(『高麗史』世家, 太祖13年2月).

은 종전의 권리를 그대로 인정한다는 것이고, 고려에 복속한 후에도 그에게 우산국의 통치를 위임했다는 것이다. 말하자면 울릉도에서 전통적인 기득권을 확보한 지도자, 즉 토호적 지도자가 고려에 사자를 파견하여 복속의 조건을 제시했고, 고려가 그 조건을 수용한다는 뜻에서 사자에게 벼슬을 내린 것으로 보면, 사자를 파견한 인물에게 고려의 질서를 따르는 것을 전제로 해서, 기존의 권한을 인정했던 것으로 볼 수 있다. 고려조정이 그와의 관계를 어떻게 설정해나가는지를 알 수 없으나, 512년에 신라에 정벌된 우산국을 신라가 관리하던 방법과 크게 다르지 않았을 것이다. 그런 의미에서 신라에 복속된 우산국이 어떻게 관리되었는가는 중요한 문제다.

우산국이 신라와 대적했다는 것은 우산국에 일정한 지도자가 있었다는 것인데, 그 지도자가 칭한 직명을 알 수 없다. 마립간으로 즉위한 지증이 신라국왕을 칭하며 정벌의 대상을 우산국으로 칭한 것을 보면, 우산국을 복속시킨 후에, 우산국의 통치를 위임한 인물에게도 합당한 벼슬을 제수하여 세습하게 했을 것인데, 그것이 무엇이었는지를 알 수 없다.

고려는 동해 연안의 성주들의 귀복을 래강·래견·래귀·래투·청강·래부·강부 등으로 표기하면서도[34] 울릉도의 경우에는 국가와 국가 간의 사신의 교환을 의미하는 「견」이라 했다. 원래 「견」은 삼국과 중국 간의 사자 교환을 의미하는 용자였다.

고구려는 32년에 광무제에게 「견사조공」하여 왕호를 되찾았고,[35] 백

---

34 將軍堅金來見(元年7月), 鶻巖城帥尹瑄來歸(元年8月), 尙州賊帥阿字盖, 遣使來附(元年9月). 黑水阿於閒率二百人來投(4年4月), 順式遣子降附 (중략) 洪術遣使請降(5年7·11月), 與其弟伊達端林來降 (중략) 良文遣其甥圭奐來降(6年3·8月). 新羅以東, 沿海州郡部落, 皆來降(『高麗史』世家, 太祖13年2月).

제는 372년에 진에 「견사공조방물」하여 진동장군령 낙랑태수로 책봉되었으며,[35] 신라는 381년에 전진에 「견…공방물」했고,[37] 왜도 후한에 「견사봉헌」했다.[38] 백제가 방물의 사자를 파견하자 동진이 「견사」하여 책봉한 것으로 보아 「견」이 국제 간의 교류를 의미하는 용자라는 것을 알 수 있다.

『삼국사기』의 우산국은 신라가 보이는 목우사자를 두려워하며 항복했는데,[39] 그 이후의 일을 알 수 있는 기록이 없다. 그래서 신라가 직접 통치했는지, 아니면 신라에 조공하는 주변국으로 존속하면서 일정한 자치권을 행사했는지도 알 수 없다. 그런데 우릉도가 고려에 사자를 파견하여 벼슬을 받았다는 것은, 우산국이 신라에 복속된 후에도, 일정한 자치권을 위임 받은 성주와 같은 지도자가 신라의 질서에 따라 지배했을 경우를 상정시킨다. 그렇기 때문에 백길과 토두의 고려 방문을 「래」가 아닌 「견」으로 표기한 것이다.

(2) 신라와 고려의 견

신라는 후백제에는 적대적이면서 고려에는 우호적이었다. 고려의 힘을 빌려 견훤을 견제하려는 목적이었으나, 결국 신라는 고려에 나라를 헌상하고 만다. 신라는 고려가 건국되고 3년이 지나서야 견사하더

---

35 建武八年高句驪遣使朝貢光武復其王號(『後漢書』高句驪). 漢光武帝八年高句麗
　　王遣使朝貢始稱王(『三國志』魏書, 東夷, 高句麗).
36 百濟, 林邑王各遣使貢方物 (중략) 六月, 遣使拜百濟王餘句爲鎭東將軍　領樂浪太
　　守(『晉書』卷九, 簡文帝本紀, 咸安2年).
37 遣衛頭入苻秦 貢方物 苻堅問衛頭曰 (『三國史記』新羅本紀, 奈勿尼師今26年).
38 二年春正月辛未 初立北郊 祀后土 東夷倭奴國王遣使奉獻(『後漢書』光武帝紀第
　　一下, 中元二年).
39 恃嶮不服 伊飡異斯夫爲何瑟羅州軍主 謂于山人愚悍 難以威來 可以計服 乃多造
　　木偶師子 分載戰船 抵其國海岸 誑告曰 汝若不服 則放此猛獸踏殺之 國人恐懼則
　　降(『三國史記』新羅本紀 卷第四, 智證王13年).

니, 견훤의 침공을 받자 아찬을 왕건에게 견하여 구원을 요청했고, 왕건은 그에 응하여 군사를 견한다.[40]

이를 계기로 왕건은 친신라정책을 펴, 고려를 중심으로 하는 삼국의 친소관계가 정립된다. 경명왕이 죽고 경애왕이 즉위했을 때도 왕건은 조문사를 견했다.[41] 견훤도 견했을 상황인데 기록이 없다. 왕건이 견훤을 상보로 칭하며 화친하려 하자, 신라는 사신을 견하여 만류하더니 견훤과의 전투에 소극적일 때도 전투를 독려하는 사자를 견했다.[42]

견훤이 신라의 도성에 침범했을 때도, 신라는 왕건에 구원을 요청하는 사자를 견했고 왕건이 그에 응하여 군사를 파견했으나, 견훤이 경애왕을 자결시키고 경순왕을 즉위시킨 후였다. 도움이 되지 못한 왕건은 조문사를 보내 위로하고 5천기병으로 견훤을 쳤으나 대패한다.[43]

견훤에 의해 즉위된 경순왕도 왕건과의 화친정책을 계속했다. 왕건은 930년에 견훤과의 전쟁에서 승리하자 사자를 신라에 견하여 알렸고, 신라는 사자를 견하여 왕건과의 면담을 원했다.[44] 이미 신라는 후백제나 고려와 대등하지 못했다. 거듭 면담을 요청 받은 왕건이 방문하자 신라왕은 백관을 성문 밖에 보내어 맞이했다.[45] 왕건에게 의지하던 신

---

40 新羅始遣使來聘 (중략) 新羅遣阿粲金律來求援, 王遣兵救之(『高麗史』世家, 太祖3년 춘정월·10月).

41 新羅王昇英薨, 其弟魏膺立, 來告喪. 王擧哀, 設齋追福, 遣使弔之(『高麗史』世家, 太祖7년9月).

42 以萱十年之長, 稱爲尙父. 新羅王聞之, 遣使曰, 萱反復多詐, 不可和親. 王然之(『高麗史』世家, 太祖8년10月). 新羅王遣使曰, 甄萱違盟擧兵, 天必不祐 若大王奮一鼓之威, 萱必自敗(『高麗史』世家, 太祖9년4月).

43 甄萱攻燒近品城, 進襲新羅高鬱府, 逼至郊畿, 新羅王遣連式告急 (중략) 遣公萱等, 以兵一萬赴之. 未至, 萱猝入新羅都城(중략) 令左右索王置軍中逼令自盡. (중략) 立王表弟金傅爲王 (중략) 王聞之大怒, 遣使弔祭, 親帥精騎五千, 邀萱於公山桐藪, 大戰不利. 萱兵圍王甚急. (중략) 王僅以身免(『高麗史』世家, 太祖10년9月).

44 遣使新羅, 告古昌之捷, 羅王遣使報聘(『高麗史』世家, 太祖13年2月). 新羅王遣大守謙用, 復請相見 (중략) 先遣將軍善弼(『高麗史』世家, 太祖14年2月).

라왕은 독자능력을 상실하자 고려에 사자를 견하여 입조를 약속했다.[45]

이처럼 신라와 고려는 필요에 의해 사자를 견하는데,『고려사』는 「견사」나 사자의 신분이나 이름을 밝히는 형식의 遺兵ᐧ遺阿粲ᐧ遺連 式ᐧ遺公萱ᐧ遺大守ᐧ遺將軍ᐧ遺侍郎ᐧ遺攝侍中 등으로 표기했다. 이 것으로 보아『고려사』의 「견」은 국가로 인정하는 양측이 필요한 내용 의 서찰을 전하는 임무를 맡겨 사자를 파견하는 경우에 사용하는 용자 라는 것을 알 수 있다.

(3) 고려와 후백제의 견

후백제는 신라와 달리 왕건이 고려를 건국하자 일길찬을 견하여 축 하하는 것에 그치지 않고 공작선과 화살을 선물했다.[47] 그렇게 견훤과 왕건은 사자를 교환하는 사이였으나 견훤이 경애왕을 폐하고 경순왕 을 즉위시키자, 왕건이 노하여 전투에 나섰다 패한다.

견훤에 의해 즉위된 경순왕이 견훤에게 감사를 표한 기록이 없다. 경명왕이 병사했을 때도 왕건이 조문사를 보낸 기록만 있을 뿐 견훤이 조문사를 보냈다는 기록은 없다.[48] 그래서 후백제의 견사는 후당에 파 견한 것을 제외하면 고려에 한정된다. 후백제가 신라를 공격하면 신라 는 고려에 견사하여 구원을 요청하고, 고려가 그것에 응하는 형식이 후삼국의 견사활동이었다.

---

45 羅王命百官迎于郊, 堂弟相國金裕廉等, 迎于城門外, 羅王出應門外迎拜(『高麗史』 世家, 太祖14年2月).

46 新羅王金傅遣侍郎金封休, 請入朝. 王遣攝侍中王鐵ᐧ侍郎韓憲邕等往報(『高麗史』 世家, 太祖18年10月).

47 甄萱遺一吉粲閔郜 (중략) 厚禮遺之(元年8月), 甄萱遺阿粲功達, 獻孔雀扇ᐧ智異山 竹箭(『高麗史』世家, 太祖3年9月).

48 新羅王昇英薨, 其弟魏膺立, 來告喪. 王擧哀, 設齋追福, 遣使弔之(『高麗史』世家, 太祖7年9月).

후백제와 고려 간의 교류는 견훤이 아들을 보내 신라의 조물군을 공격하자 왕건이 부하를 시켜 구원시키는 것처럼 공방을 되풀이 하는 형태였다.[49] 견훤이 태조 7년에 견사하여 절영도의 총마 1필을 바친 일, 태조 10년에 장수를 견하여 벽진군을 침략한 일, 태조 13년에 장수를 견하여 순주를 함락하고 약탈한 일 등은 일방적인 견이었다.[50] 그러나 견훤이 927년에 왕건 부하의 시신을 보내자 왕건이 사자의 동생에게 영접시킨 경우처럼 필요에 따라서는 예를 차린 경우도 있다.

견훤과 왕건이 사자를 교환하며 우호적인 관계를 맺는다 해도 그것은 천하의 제패를 목적으로 하는 방책이었기 때문에 오래 가지 못한다. 둘은 서로 유리한 상황을 조성하는 방법으로 견사하여 축하하고 선물하며 인질을 교환했다. 왕건이 견훤을 상보라 칭한 것도 마찬가지다.[51] 견훤이 아들들과의 불화로 왕건에게 귀순하자 그렇게 칭했을 뿐이다. 견훤은 일이 있을 때는 친족이나 부하를 보냈는데, 그들의 자격을 나타내는 용자가 遣一吉粲·遣阿粲·遣子·遣使·遣臣·遣將·遣命旨城元甫 등의 「견」이었다.

(4) 군신 간의 견

태조 13년(930)조까지의 「견」은 신라와 후백제에 사자를 견할 경우만이 아니라, 복속의 뜻을 밝히는 토호의 사자나, 신하에게 명하거나

---

49 甄萱遣子須彌康良劍等, 來攻曹物郡, 命將軍哀宣王忠救之(『高麗史』世家, 太祖7年7月).

50 甄萱遣使, 來獻絶影島驄馬一匹(太祖7年8月). 甄萱質子眞虎病死, 遣侍郎弋萱送其喪(9年4月). 甄萱送王信之喪, 遣信弟育, 迎之(10年1月). 甄萱遣將, 侵碧珍郡, 刈大·小木二郡禾稼(10年10月). 甄萱使將軍官昕城陽山, 王遣命旨城元甫王忠, 率兵擊走之(11年8月). 萱遣將, 攻陷順州, 掠人戶而去(『高麗史』世家, 太祖13年正月).

51 甄萱 (중략) 請入朝. 遣將軍庾黔弼 (중략) 復稱萱爲尙父, 授館南宮. 位百官上, 賜楊州爲食邑(『高麗史』世家, 太祖18年6月).

보고를 받는 경우에도 사용된다.

왕건이 고려를 건국하자 각지의 성주들이 귀순을 원하며 사자를 보내는데, 경우에 따라서는 아들이나 조카와 같은 친족을 보내기도 한다. 부하를 사자를 보내는 경우의 표기는 상주 아자개의 遣使來附, 진보성 성주 홍술의 遣使請降, 매조성 장군 능현의 遣使乞降 등이다.[52] 아들을 인질로 바치는 경우는 명주 장군 순식의 遣子降附, 진보성 성주 홍술이 아들 왕립을 보내 갑옷 30벌을 바치는 遣其子, 벽진군 장군 양문이 생질 규환을 보내 투항한 遣其甥 등이 있다.[53] 진보성 성주 홍술이 사자를 보내 투항의 뜻을 표하자, 왕건도 사람을 보내(遣元尹) 안심시킨다. 왕건이 호족들의 복속을 환영했다는 것을 알 수 있다. 이처럼 견사·견자·견원윤·견기생 등의 「견」은 신라에 속한 관리들이 시세에 따라 귀순할 뜻을 밝히는 사자를 보낸 사실을 의미한다.

고려가 사자를 보내 귀순을 권하는 경우는 강주 장군 윤웅이 아들을 인질로 보내자 벼슬을 주고 혼인을 시킨 다음에 사자를 강주에 보내 귀부를 설득한 遣郎中, 해군장군을 파견하여 목적지를 공격하게 하는 遣海軍將軍, 부하를 파견하여 성을 격파하는 遣元甫在忠, 군사를 파견하여 견훤의 축조공사를 저지시킨 遣命旨城 등이 있다.[54]

이 같은 기록을 근거로 할 때, 우릉도가 백길과 토두를 왕건에게 「견」

---

52 尙州賊帥阿字盖, 遣使來附(太祖1년9월). 眞寶城主洪術遣使請降, 遣元尹王儒·卿含弭等, 慰諭之(太祖5년11월). 買曹城將軍能玄, 遣使乞降(『高麗史』世家, 太祖8년9월).

53 溟州將軍順式遣子降附(『高麗史』世家, 太祖5년7월). 將軍良文遣其甥圭奐, 來降, 拜圭奐元尹(『高麗史』世家, 太祖6년8월). 眞寶城主洪術遣其子王立, 獻鎧三十, 拜王立元尹(『高麗史』世家, 太祖6년11월).

54 康州將軍閏雄, 遣其子一康爲質, 拜一康阿粲, 以卿行訓之妹妻之. 遣郎中春讓於康州, 慰諭歸附(太祖3년1월). 遣海軍將軍英昌·能式等(太祖10년4월). 遣元甫在忠·金樂等, 攻破大良城, 虜將軍鄒許祖等三十餘人(太祖10년7월). 王遣命旨城元甫王忠, 率兵擊走之(『高麗史』世家, 太祖11년8월).

한 것은 그때까지 귀속했던 신라의 질서에서 벗어나 고려의 질서에 편입하겠다는 뜻을 밝힌 일이었다. 그런데 여기서 주의할 것은 같은 930년에 동해안의 여러 주와 군이 귀순한 것을 「견」이 아니라 래항·청항 등이었다. 주와 군의 귀순은 래항·래견·래귀·래투·청항·래부·항부·투항 등으로 표기하여, 귀순을 원하는 신라의 주와 군의 지도자가 스스로 찾아온 것을 의미하는 「래」로 표기했다.

그러면서 우릉도의 경우는 우릉도를 다스리는 인물이 사자를 「견」한 것으로 했다. 이는 백길과 토두를 견하는 것이 우릉도 지도자의 자주적인 판단이었다는 것으로, 그때까지의 우릉도가 동해안의 여타 지역과 달리 신라의 질서에 속하면서도 토호적 위치를 확보했을 경우를 상정시킨다. 우릉도의 토호적 지도자가 해중에 존재한다는 지리적 조건 때문에 신라의 질서에 따르면서도 일정한 독자성을 인정받았던 것으로 생각할 수 있는 사자의 파견이었다.

4. 정동해도의 다양한 표기

(1) 우릉·무릉의 의미

『고려사』는 울진현의 정동해도를 우릉도·우산국·울릉도·무릉도 등으로 표기하여 토속명이 다양했다는 것을 시사한다. 『삼국지』의 「일도」를 『삼국사기』가 우산국과 울릉도로, 『삼국유사』가 우릉도로 표기했던 것이 더 다양해진 것이다. 그것들은 토속명을 한자로 표기한 것인데, 한자로 표기되기 전의 토속명으로 생각되는 것이 일본의 기록에 있다.

藤原行成의 『권기』에는 1004년에 일본의 因藩에 표류한 고려의 우루마인 11인에게 식량을 주어 돌려보냈다는 기록이 있다.[55] 그들은 京都를 거쳐 귀국하는데, 송별연에서 藤原有國가

　　　나는 도성을 찾아 구름 따라 가는데, 당신은 고려를 향해 파도를 저어간다.

　　　후에 다시 만나기 어려워 언젠가는, 추풍의 기러기에 편지를 보내겠다.[56]

라는 시를 읊으며 이별을 아쉬워했다. 그때 藤原公任가 읊었다는 노래가 藤原俊成의 가집 『千載和歌集』와 본인의 가집 『公任集』에도 전한다. 『천재화가집』에는

　　　안타깝게도 우루마섬 사람처럼 내가 말하는 것을 알아듣지 못하는 얼굴이다.

우루마인과 말이 통하지 않아 안타까운 심정을, 연인에게 말을 걸어도 답을 하지 않아 답답한 것에 비유하는 노래를 불렀다. 『공임집』에도 유사한 노래가 있다. 노래 앞에 신라의 우루마 사람이 왔는데 말이 통하지 않아 답답하다는 심정을 먼저 설명한 다음에

55　高麗藩徒芊陵島人漂至因幡…給資糧回歸本國(藤原行成 『權記』 1004년, 長保6).
56　我尋京洛辭雲去, 君赴高麗 棹浪歸, 後會難期何歲月, 秋風宜使雁書飛(內藤正中 『竹島(鬱陵島)をめぐる日朝関係史』, 多賀出版, 2000, p.15; 村井章介 『東アジア往還』, 朝日新聞社, 1995).

원망스러운 우루마 섬사람처럼, 내가 애태우는 것도 모르는 듯한
얼굴이다.

표류한 우루마라는 섬사람들과 말이 통하지 않아 답답한 것을 연서
를 보내도 답을 주지 않고 시치미를 떼는 연인에 비유했다. 그러고도
남는 미련을

아득한 섬사람이 언젠가는 풍문으로 라도 들을 것으로 생각한다,[57]

그리운 사람의 소식을 풍문으로 듣는 것처럼 언젠가는 답을 들을
수 있을 것이라는 희망을 반가로 읊었다. 같은 표류인을 등원유국은
고려인이라 했고, 등원공임은 신라인이라 했는데, 그것은 11세기의 일
본이 신라와 고려를 구별하지 않은 것에 따른 혼용이다. 어쨌든 11세
기의 일본은 울릉도를 「우루마」로 표기했다.

그런데 「우루마」는 「우르뫼·우루매·우루메·우르마」에서 연유하
는 말이다. 우르뫼의 「우르」는 울라(군장)·어라하(백제의 고위 관직)
와 같은 고대어[58] 「어른·우(위·상)·우러러」와 같은 말로 군장·왕(주
상·성상)·왕검 등을 의미한다. 그리고 「뫼」는 산·능을 의미하여 우르
뫼는 임금산·왕검산 등으로 해석된다.

우릉은 우르의 「르」를 생략하고 「우」를 한자로 음역한 것과 「뫼」를

---

57 しらきのうるまの島人, ここのひといふ事を聞きしらすときかせ給て, かへり
こと聞えさりける人に「おぼつかな　うるまの島の　人なれや　わが言の葉を
知らぬ　顔なる」かへし「遥かなる　その島人の　ことの葉を　あるとは見けむ
風の便りに」(公任集).
58 王姓夫餘氏號於羅瑕民呼爲鞬吉支夏言竝王也(金聲九『中國正史朝鮮列國傳』,「周
書」列傳41, 異域上百濟, p.228).

한자로 음역한 「릉」을 합한 것이다. 우산 역시 「우르」와 「뫼」를 한자로 음역한 것이기 때문에 우릉과 우산은 같은 말이다. 또 우릉과 무릉의 한자 표기는 동음으로, 우릉과 무릉은 동도를 의미하여, 울릉·우릉·무릉·우산 등은 「우르뫼」를 한자로 표기한 것이다.[59]

그런 정동해도를 「일도」로 표기한 3세기에, 그곳 주민들은 동녀를 희생으로 헌상하는 의례를 거행하는 방법으로 소원을 이루려 했다. 그런 그들이 육안으로 확인되는 동방의 암도를 인식하지 못하는 경우는 있을 수 없고, 인식하는 한 명명하지 않는 일은 있을 수 없다. 그런 정동해중의 지리적 사실을 『삼국지』는 「일도」로 기록하고, 『삼국사기』는 우산국과 울릉도를 같이 기록했으며, 『삼국유사』는 우릉도로 기록하며 우릉이라는 표기가 있다는 사실도 주기했다. 『고려사』는 그런 다양한 도명을 망라하면서도 설명은 하지 않았다. 그래서 기록만 보면 울릉도에서 육안으로 확인 되는 동방의 암도에 대한 표기가 없었던 것으로 생각할 수도 있다.

그러나 『삼국사기』의 신라가 정벌의 대상을 울릉도가 아닌 우산국으로 칭한 것과 울릉도가 우산국의 혹명이라는 사실을 밝힌 것을 보면 우산국은 울릉도와 그곳에서 육안으로 확인되는 암도를 영토로 하는 나라로 보아야 한다. 다시 말하자면 울릉도 동방의 암도는 『삼국지』의 「일도」나 『삼국사기』의 우산국에 포함되었다는 것이다.

무릉도와 무릉은 각각 『고려사』의 「열전」과 「지리지」에 1회씩 등장하는데, 조선조가 되면 무릉도가 울릉도를 대신한다. 그뿐만이 아니다. 무릉도는 「우산무릉등처」나 「우산무릉」처럼 우산도와 관용적으

---

59 愼鏞廈 「독도 명칭 변화 연구」, 『한국학보』 제91·92합집, 1998; 『한국과 일본의 독도 영유권 논쟁』, 한양대학교 출판부, 2003, p.47.

로 병기된다. 그래서 「열전」과 「지리지」에 무릉도와 무릉의 표기가 존재한다는 것은 그것과 쌍을 이루는 우산도·우산의 표기도 이루어지고 있었다는 것을 의미한다. 그런 고려의 사회적 인식을 「지리지」는 「우산과 무릉은 본래 2도다. 거리가 멀지 않아 풍일 청명한 날에는 망견할 수 있다」라고 「일운」으로 소개했다. 그것을 최남선은

> 본디 欝陵島의 本名이었던 于山이 여기서는 本島 以外인 一屬島의 名으로 別用되어 있고, 于山이란 것은 아마 本島 東北 海上의, 近日 소위 竹島란 것을 가리킨 것처럼 볼 듯하게 되었다.[60]

울릉도의 본명이었던 우산을 「지리지」는 울릉도가 아닌 다른 섬의 도명으로 기록하여, 울릉도의 동북해상에 존재하는 섬, 즉 죽도(독도)를 의미하게 된 것이라 했다. 그것은 『삼국사기』의 「우산국은 명주의 정동해에 있는 섬이다. 다른 이름은 울릉도다」라는 기록에 근거하는 주장 같으나, 우산국의 「국」의 의미를 간과했다. 「도」는 「국」을 포함할 수 없으나 국은 도를 포함할 수 있어, 우산국은 정동해중에 존재하는 2도, 즉 울릉도와 울릉도에서 육안으로 확인되는 동방의 암도를 영토로 하는 나라로 보아야 한다.[61]

(2) 「세가」의 울릉도
우산국을 「세가」는 芋陵島(태조 13년·충목왕 2년), 우산국(현종 9·

---

60 崔南善 「欝陵島와 獨島」, 『六堂崔南善全集2』, 玄岩社, 1973, p.680.
61 權五曄 「국가로서의 우산국」, 『중등교육연구』제29집, 경상대학교 교육연구원, 2017, p.9.

10·13년), 羽陵城(덕종 원년), 蔚陵島(인종 19·원종 14년), 羽陵島(의
종 11년), 蔚陵(원종 즉위년) 등으로 기록했다. 우산국이 울릉도·우릉
도·우릉성 등과 혼용되고 있는데, 우산국과 우릉성 이외의 우릉도와
울릉도는 한자의 표기가 다를 뿐이다. 그처럼 표기가 다양한 것은 토
속명을 한자로 표기한 결과다.

우릉도가 사자를 파견하여 방물을 헌상한 930년 이래로 울릉도는
고려에 복속되었는데, 사자를 파견한 인물이 누구이고 복속한 이래 어
떻게 관리되었는가에 대한 내용이 없다. 그런데 우릉성주가 아들을 사
자로 해서 토산물을 헌상했다는 내용이 1032년조에 있어, 930년에 사
자를 파견한 인물도 성주를 칭했을 가능성이 크다.

사자를 파견한 인물의 호칭을 알 수 없지만, 당대의 호족들이 성주
나 적수를 즐겨 칭했다는 것은 감안하면 성주를 칭했을 가능성이 많
다. 당시는 호족들의 귀부와 협조가 판세를 좌우하는 후삼국시대였기
때문에 견훤과 왕건은 경쟁적으로 그들의 귀부를 수용하려 했다. 그런
상황에서 고려에 사자를 파견한 우릉도의 지배자가 성주를 칭했다면,
고려는 그것을 인정하거나 새로운 관직을 제수해야 했다. 그것이 복속
을 원하는 우릉도의 뜻을 수용하는 일이었다.

그런데 1032년에 토산물을 헌상한 자가 우릉성주를 칭한 것을 보면
930년에 사자를 파견한 인물도 우릉성주를 칭할 수 있는 자격을 확보
하여 세습한 것으로 볼 수 있다.

우릉성주가 아들을 사자로 삼에 조정에 토산품을 헌상한 기록은
1032년조가 유일하다. 그렇다 해서 우릉성주의 헌상이 그것으로 한정
되는 것은 아니다. 그것은 고려 질서에 따르는 우릉성주가 정기적으로
반복해서 실행해야 하는 의무였다. 이행하지 않는 것은 고려의 질서를

어기는 일로 관직을 회수 당하거나 징계 당할 수 있는 일이었다. 어쨌든 우릉성주가 아들을 사자로 삼는 것은 아들의 입지를 다지는 일이고 성주의 세습을 강화하는 조공의례였다.

그런 의례의 실행으로 볼 수 있는 것이「동계의 우릉도인이 래조했다」는 1346년조의 기록이다.[62] 그곳의 동계는 우릉도가 강원도에 속한다는 사실의 기록으로, 우릉도인은 단순한 주민이 아니라 우릉성주가 파견한 사자로 보아야 한다. 우릉도인에 대한 설명이 없으나 그의 방문이 기록되는 것 자체가 사자의 역할을 수행했다는 것이다. 우릉도 주민 중에서 그런 자격을 구비한 자라면 우릉도의 통치를 위임 받은 성주가 신뢰하는 인물이었다. 따라서「우릉도인」은 우릉성주가 파견한 사자로 930년과 1032년처럼 일정한 물품을 헌상한 것으로 보아야 한다.

성주와 같은 토호에게 우릉도의 통치를 위임한 고려는 외적의 침략이 있을 경우에는 직접 관리한다. 1018년에 동북여진의 침입으로 우산국이 폐농하자 이원구를[63] 파견하여 농기구를 하사하고, 난을 피해 본토로 도망 온 자들의 귀환을 명했다. 그런데도 귀환하지 않았는지, 도병마사는 1022년(현종13)에 본토로 도망친 우산국민을 예주에 배치하고 식량을 공급했다.[64]

고려 조정이 여진족의 피해를 입을 난민을 구휼하는 방법으로 통치

---

[62] 東界 芋陵島人 來朝(『高麗史』世家, 忠穆王2년3월).
[63] 左右騎軍將軍·龍虎軍上將軍·尙書右僕射·檢校太子太保를 역임한 무신관료. 1010(顯宗 원)에는 金訓·金繼夫·申寧漢 등과 함께 좌·우기군을 거느리고 緩項嶺에서 契丹을 격퇴함(『高麗史』列傳7, 楊規).
[64] 以于山國被東北女眞所寇, 廢農業, 遣李元龜, 賜農器(顯宗9년11월), 于山國民戶 曾被女眞虜掠來奔者, 悉令歸之(『高麗史』世家, 顯宗10년7월); 于山國民, 被女眞虜 掠逃來者, 處之禮州, 官給資糧, 永爲編戶(顯宗13년7월). 羽陵城主遣子夫於仍多 郎來, 獻土物(『高麗史』世家, 德宗元年11월).

한 사실을 알 수 있으나 여진과의 관계를 설명하면서 우산국을 칭한 이유는 알 수 없다. 신용하는 울릉도가 아닌 우산국으로 기록한 것은 고려가 930년 이후 1018년까지 구 우산국의 토호를 통한 반자치적 간접통치를 하다가 여진족의 침략을 받은 사실을 시사하는 것으로 보았다.[65] 신라가 우산국을 복속시켰으나 일정부분의 자치권을 위임했다는 것으로, 우산국이 험한 지리적 조건을 믿고 신라에 불복했다는 『삼국사기』의 내용에 근거하면 납득이 가는 탁견이다.

우릉도는 조정에 사자를 파견하여 헌상하고 조정은 명주도감창을 통해 관리했다. 1141년(인종 19)에 명주도감창사 이양실이 사람을 파견하여 채취한 울릉도 산물을 조정에 헌상한 일이나 1157년(의종 11)에는 명주도감창전내급사 김유립을 파견해서 우릉도에 주현을 설치할 수 있는가 등을 조사시킨 일 등으로 알 수 있는 일이다.

그런데 김유립이 1157년에 「암석이 많아서 백성들이 거주할 수 없다」고 보고한 것이나 1243년에 최이가 파견한 자가 「풍랑과 파도가 험악하여 사람들이 많이 익사」한 것으로 보고한 것에 따르면 울릉도에 주민이 단절된 시기가 있었던 것으로 여길 수도 있다.[66] 그러나 그것은 울진현령 박순이 1259년에 처자와 노비를 거느리고 도해하려 했던 일이나 우릉도인이 래조했다는 1346년조의 일과 모순된다.[67] 현령이 가족과 노비까지 거느리고 울릉도로 건너가려 했던 이유는 알 수 없으나 우릉도의 거주를 목적으로 했다는 것은 틀림없는 사실이다. 노비가 몇

---

65 愼鏞廈『獨島領有權 資料의 探求』제1권, p.24.
66 柔立回奏, 土多巖石, 民不可居. 遂寢其議(『高麗史』世家, 毅宗11年5月); 以風濤險惡人多溺死罷其居民(『高麗史』列傳, 崔忠獻).
67 蔚珍縣令朴淳, 船載妻孥臧獲幷家財, 將適蔚陵, 城中人知之, 會淳入城, 被拘留. 舟人以其所載, 遁去(『高麗史』世家, 元宗卽位年7月).

인지를 알 수 없으나 현령이 대동하려 했던 「妻孥臧獲」의 「노」가 자식, 「장」이 죄를 짓고 노비가 된 자, 「획」이 도망치다 붙잡힌 노비를 의미하여 10여인은 넘는 것으로 볼 수 있다. 그처럼 이주하려는 자들의 존재는 조정의 뜻을 어기고 이주하는 자들이 상존했고, 그들이 우릉도를 피난처로 여겼다는 것이다. 따라서 우릉도에 주민이 단절된 시기는 없었던 것으로 보아야 한다.

우릉성주는 명주도를 경유하지 않고 조정에 직접 헌상했다. 930년의 사자가 직접 방물을 헌상하여 벼슬을 받은 일, 1032년의 우릉성주가 아들을 파견하여 토산물을 헌상한 일, 1346년에 우릉도인이 조정에 갔다는 일 등으로 알 수 있는 일이다.

조정이 1010년에 이원구를 직접 파견하여 주민들의 생활을 도운 일이나 원이 1273년에 고려에 목재를 요구하자, 허공을 울릉도작목사로 삼아서 고려를 배반하고 원으로 도망쳤던 이추와 동행시킨 일도 있다.[68] 그리고 1141년에 명주도감창사 이양실이 파견한 자가 채취한 산물을 조정에 헌상한 일이나 1157년에 명주도감창 김유립이 울릉도를 조사하여 보고한 일 등을 보면, 울릉도에 상주하는 관리가 없었다는 것이다. 특별한 일이 있을 때는 명주도감을 파견했던 것 같은데, 그렇게 파견되는 관리들과 성주로 표기되는 토호적 지도자의 관계를 알 수 있는 기록이 없다. 그래서 생각할 수 있는 것은, 고려가 토호적 인물에게 성주를 칭할 수 있는 관직을 제수하여 통치하는 것을 원칙으로 하고, 특별한 경우에는 명주도감과 같은 관리를 파견하는 경우다. 그때 그들은 성주와 같은 관직명을 칭하는 토호적 지도자의 협조를 받았을 것이다.

---

68 以簽書樞密院事許珙爲蔚陵島斫木使, 伴李樞以行. 王奏請罷蔚陵斫木(『高麗史』世家, 元宗14년2월).

(3) 「열전」의 무릉도

「열전」의 신우조에는 왜적이 무릉도에 침입하여 반달 가까이 머물렀다는 내용이 있다.[69] 『고려사』의 많지 않은 「무릉도」의 표기로 의미가 크다. 정동해중에 있는 섬이 3세기에는 「일도」로, 6세기에는 우산국 울릉도로 호칭되었다는 것은 중국의 사서 『삼국지』나 고려의 『삼국사기』와 『삼국유사』를 통해 알 수 있고, 우산국이 우릉도 울릉도 등과 혼용되었다는 것은 『고려사』를 통해 알 수 있다. 그런데 「무릉도」라는 표기는 『고려사』의 「신우조」가 처음이다.

「무릉도」의 「무」가 우·울과 같은 표음의 한자 표기이기 때문에 울릉도·우릉도 등의 이기라 할 수 있다. 그러나 「무」가 종래의 우·울을 대리하게 되면서 정동해중에 존재하는 양도의 표기가 달라진다. 『고려사』의 「열전」과 「지리지」에 무릉도와 무릉이라는 표기가 나타나기 시작하더니, 조선조가 되면 울릉도를 대리하며 「우산무릉등처」나 「우산무릉」과 같이 표기되어, 정동해중에 우산도와 무릉도로 불리는 양도가 존재한다는 것을 분명히 한다.

신우조 이전에는 우산국이 울릉도·우릉도 등과 혼용되었으나 울릉도에서 육안으로 확인되는 동방의 암도를 지칭하는 도명은 등장하지 않았다. 정동해중에 2도가 존재한다는 사실에 근거해서 『삼국지』의 「일도」나 『삼국사기』의 우산국에 그 암도가 포함된 것으로 추정할 뿐이었다. 그런데 신우조에 암도의 표기인 우산과 쌍을 이루는 무릉도의 표기가 있다. 무릉과 짝을 이루는 우릉이라는 표기는 없지만, 조선시대에는 무릉과 병기되는 일이 많아, 신우조의 무릉도를 근거

---

69 環封永興君, 妻弟辛珦附辛旽伏誅, 緣坐流武陵島(『高麗史』 列傳4, 宗室2, 襄陽公恕); 倭入武陵島留半月而去(『高麗史』 권134 列傳47, 辛禑 5년7월).

로 우산도나 우산이라는 표기도 이루어졌을 경우를 상정하게 한다. 다시 말하자면 「열전」에 우산도와 병기되는 무릉도의 표기가 있다는 것은 그것과 쌍을 이루는 우산도라는 표기가 이루어진 경우를 상정하게 한다.

조선조가 되면 무릉도가 울릉도를 대리하고, 「우산무릉등처」나 「우산무릉」처럼 우산도와 관용적이라고 할 정도로 쌍을 이루는 무릉도가[70] 고려말의 신우조에 있다는 것은, 당시에 우산도와 그것의 약기인 우산이라는 표기가 이루어지고 있었다는 것이다.

(4) 「지리지」의 울릉도

「지리지」의 울진현조에는 울릉도에 관한 역사와 지리적 사실이 약술되어 있다. 약술이라지만 『삼국사기』와 『삼국유사』만이 아니라 『고려사』의 내용까지 소개하여, 이전의 자료를 망라한 것이라 할 수 있다.

먼저 울진현의 정동해중에 존재하는 울릉도를 신라가 우산국이라고 칭한 것을 고려사회는 무릉·우릉으로도 칭한 사실, 지증왕 12년에 신라에 복속된 사실, 930년에 우릉도가 사자를 파견하여 방물을 바치고 고려에 복속한 사실, 1157년에 의종이 김유립을 파견하여 답사시킨 사실 등을 기록했다. 그러는 가운데 지방이 100리라는 사실을 기록했는데, 이는 『삼국유사』가 우릉도의 둘레를 2만 6천 7백 30보라고 기록한 것을 다른 척도로 계산한 것이다.[71]

---

70 于山武陵居人…倭寇于山武陵(『太宗實錄』太宗17년2월8일·8월6일); 于山武陵等處按撫使(『世宗實錄』世宗7년8월8일); 牛山茂陵兩島(『世祖實錄』世祖3년4월16일).
71 地方百里(『高麗史』地理志, 蔚珍縣條); 周廻二萬六千七百三十步(『三國遺事』智哲老王)

울릉도를 조사한 김유립은 대산에서 사방의 해안에 이르는 거리를 정리한 도보수·주거지의 흔적·석불·철종·석탑 등의 유물, 산물 등을 보고하며 암석이 많아 주거에 부적한 것으로 했다. 최이가 파견한 자가 비옥한 땅에 산물이 많다고 보고한 것과는 달랐다. 김유립은 보고의 말미에,

일운, 우산과 무릉은 본래 2도다. 서로 거리가 멀지 않아 풍일 청명하면 망견할 수 있다.[72]

정동해중에 존재하는 우산과 무릉은 바람이 부는 맑은 날에는 서로 바라볼 수 있다는 사회적 인식을 「일운」으로 해서 보고했다. 이곳의 「무릉」은 신우조의 「무릉도」와 대응하는 도명의 약기로 「일도」나 우산국·울릉도 등으로 표기되던 것을 그렇게 표기한 것이다.

『고려사』열전에서는 1371년에 영흥군 왕환의 처남 신순이 신돈의 세력으로 몰려 처형될 때 연좌되어 무릉도에 유배되었다는 기사에 보이고, 1379년에 왜가 무릉도에 들어와 반 달을 머물다 돌아갔다는 기사에 다시 등장한다. 울릉도·우릉 등으로 부르던 섬을 무릉도·무릉으로 칭하는 사회적 인식에 근거하는 표기였다. 그것들이 울릉도와 우릉을 대리하기 시작했다는 것이다. 조선시대가 되면 「우산무릉등처」·

---

[72] 蔚珍縣本高句麗于珍也縣一云古于伊郡新羅景德王改令名爲郡高麗降爲縣置令有 欝陵島在縣正東海中, 新羅時稱于山國, 一云武陵, 一云羽陵, 地方百里, 智證王十二年來降, 太祖十三年, 其島人使白吉土豆獻方物, 毅宗十一年, 王聞鬱陵, 地廣土肥, 舊有州縣, 可以居民, 遣溟州道監倉金柔立, 往視, 柔立回奏云, 島中有大山, 從山頂向東行, 至海, 一万余步, 向西行, 一万三千余步, 向南行, 一万五千余步, 向北行, 八千余步, 有村落基址七所, 有石佛·鐵鐘·石塔·多生柴胡·藁本·石南草, 然多岩石, 民不可居, 逐寢其議, 一云于山·武陵本二島, 相距不遠, 風日淸明, 則可望見(『高麗史地理志』卷五十八, 蔚珍縣).

「우산무릉」과 같이 양도의 병기가 관용화된다.

따라서 「지리지」의 「우산무릉」은 12세기 이래의 사회적 인식을 반영하는 표기라 할 수 있다. 12세기를 전후로 「우산무릉」과 같은 표기가 이루어졌음에도 그것이 「일운」으로 표기된 데는 그럴만한 이유가 있었을 것이다. 생각할 수 있는 것은 울릉도를 신라가 우산국·우릉도 등으로 칭한 사실과 고려가 우산국·울릉도·우릉도·우릉성·무릉도 등으로 칭하며 혼용했다는 사실이다. 「지리지」의 편찬에 임하여 정동해중의 지리적 사실에 대한 당대의 인식을 정리하면서 다양한 울릉도 동방의 암도가 구별되지 않고 혼용된다는 사실을 인식한 것이다. 그리고 당대인들이 암도를 우산도·우산으로 표기할 수 있는 도명을 칭하고 있는 사회적 인식을 「일운」으로 해서 소개한 것이다.

암도의 존재를 「일도」의 주민들이 인식하지 못했다거나 그것을 지칭하는 도명이 없는 경우는 있을 수 없다. 3세기의 「일도」주민들이 육안으로 확인되는 동방의 암도를 지칭하지 않을 수 없었고, 6세기의 우산국 울릉도 주민들도 마찬가지였다. 울릉도 주민들의 인식에 근거하는 것이 우산국으로, 우산국은 울릉도와 그 동방에 존재하는 암도를 포함하는 나라였다. 울릉도가 다양하게 표기되었다는 것은 그 도명이 다양했다는 것인데, 암도의 호칭 역시 다양했다는 것이다.

일도나 우산국, 그리고 울릉도로 표기되는 섬에 사람이 거주하기 시작했을 때부터, 주민들은 동방의 암도를 인식했을 것이고, 인식했으면 지칭하는 도명이 없을 수 없다. 주민들은 각자 자신의 경험에 근거하는 도명을 지칭했기 때문에, 우산도로 표기되기 전에는 우산도로 표기될 수 있는 다양한 토속명이 사용될 수 밖에 없었다. 그렇게 다양한 토속명 중의 하나를, 한자 표기가 가능한 누군가가, 우산도로 표기하기 시작하여, 그것이 암도를 지칭하는 도명으로 고착된 것이다. 그것을 『고려사』의 편찬에 임한 사관들이 「지리지」의 「일운」으로 소개한 것이다.

「지리지」의 「일운」은 다양하게 해석된다. 천상건삼은 『삼국사기』· 삼국유사』· 『고려사』 등의 기사가 국명으로는 우산, 도명으로는 울릉으로 하고 있어, 우산국과 울릉도가 동일지라 했다.[73] 국과 도를 구별하고도 그 특성을 감안하지 않는 판단이다. 그리고 「지리지」의 내용을 울릉도에 한정하며, 주기의 말미에 「일운」을 기록한 것을 「우산· 무릉 2도설이 있다는 것을 부기하고 있는 것에 지나지 않는다」라고, 당시에 정동해중에 우릉 무릉 2도가 존재한다는 인식이 유포되고 있었다는 사실은 인정했다. 그러면서도 『신증동국여지승람』의 「팔도총도」나 「강원도」에 그려진 우산도와 울릉도의 크기가 비슷하고 위치가 바뀐 사실을 근거로 「지리지」의 「일운」을 관념적인 인식이라했다.[74]

그것은 죽도(독도·우산도)를 타국이 점령했다는 흔적이 없으므로 1905년 1월 28년부로 일본령으로 한다는 명치내각의 결정에[75] 정통성을 부여하는 것을 목적으로 하는 주장이다. 정동해중의 2도는 일도에 주민이 거주할 때부터 인식하고 있었기 때문에, 우산국을 칭하며 신라와 대적할 때나 신라에 복속되었을 때는 물론, 고려에 복속된 후의 주민들도 인식하고 있었다. 그래서 기록이 없는 것을 근거로 주민들의

---

73 權五曄「川上健三說의 虛實(1)」,『日本文化學報』제40집, 2009, 2, p.308.
74 川上健三『竹島の歷史地理學的研究』, 古今書院, 1966, p.99·114; 權五曄역『日本의 獨島論理』, 백산자료원, 2010, p.111·127.
75 無人島ハ地図ニ於テ之ヲ占領シタリト認ムヘキ形跡ナク (중략) 本邦とし島根県所属隠岐島司ノ所管ト為シ差支無之儀ト思考ス依テ請議ノ通閣議決定相な可燃ト認ム(『竹島の歷史地理學的研究』p.212;『日本의 獨島論理』, p.245).

암도 인식을 부정할 수 없다. 기록이 없다 해서 도명 자체가 없었던 것은 아니다. 암도 역시 다양한 토속명으로 회자되다 그 중의 하나가 선택되어 표기된 것이다. 그런 다양한 사회적 인식의 하나를 소개한 것이 「지리지」의 「일운」이다.

「일운」은 「일설」·「일서」·「혹설」 등과 동의어로, 본문으로 해서 기록한 것과 다르거나 유사한 내용이 풍설로 유포되는 것들의 하나를 말한다. 다양한 풍설 중에서 어느 것을 택하는가는 편찬자의 의도로 결정된다. 편찬자는 제설 중의 하나를 선택하여 본문으로 삼는다. 그리고 버리기 아까운 것이 있으면 「일운」으로 소개한다. 따라서 「일운」이 본문과 다른 내용이라 해서 부정하거나 우열을 가려서는 안 된다. 편자의 의도에 따른 배치일 뿐이다. 당대에 유포되는 사회적 인식의 하나였다.

『삼국지』의 「일도」를 비롯한 『삼국사기』의 우산국이나 울릉도와 같은 표기는 토착민들이 사용하던 도명이나 국명이 아니다. 한자표기를 일상화하지 않은 도민들이 그렇게 호칭하지 않았기 때문이다. 정동해도의 주민들이 사용하는 토속명을 사서의 편찬자들이 일도·우산국·울릉도·우릉도 등으로 표기한 것이다. 『삼국사기』가 우산국을 「혹명 울릉도」라고 설명한 것도 그런 경우에 해당한다.

울릉도가 우산국의 혹명이었다는 것은 또 다른 도명들이 사용되고 있었다는 것이다. 도민들이 상용하는 다양한 토속명 중에서 우산국이 채택되었고, 같이 사용되는 울릉도를 혹명으로 소개한 것이다. 우산국의 또 다른 혹명으로 볼 수 있는 것이 『삼국유사』의 우릉도. 『삼국유사』는 삼국시대의 于陵島를 설명하면서 『삼국유사』가 편찬될 당시에는 羽陵島로도 표기된다는 사실을 주기했다. 그처럼 주민들이 자신들의 거주처를 우산국·울릉도·우릉도 등으로 표기할 수 있는 토속명을 사용하고 있었다는 것은 표기되지 않는 토속명이 더 존재했다는 것이다. 또 그것은 그곳에서 육안으로 확인되는 암도도 다양하게 호칭되었다는 것을 의미한다. 따라서 「일운」은 고려시대의 다양한 사회적 인식의 하나가 선택되어 기록된 것으로, 정동해중에 2도가 존재한다는 사실에 근거하는 기록으로 보아야 한다.

(5) 울릉도의 사방

1157년에 울릉도를 조사하고 돌아온 김유립은 섬 중앙의 대산에서 사방 해안에 이르는 거리를 다음과 같이 보고했다.

> 섬 안에 대산이 있다. 산정에서 동으로 1만 여보, 서로 1만 3천 여보, 남으로 1만 5천 여보, 북으로 8천 여보를 가면 해안에 이른다.[76]

울릉도 중앙에 솟은 대산의 정상에서 동서남북의 해안에 이르는 거리를 일목요연하게 정리한 것으로 울릉도의 지리적 실체를 파악하는 중요한 자료다. 그래서 그런지 후세의 『세종실록지리지』는 물론 『신증동국여지승람』도 그 내용을 전재한다. 『세종실록지리지』는 「대산」을 「태산」으로 한 차이가 있을 뿐이다. 후대의 두 사서가 김유립이 조사한 내용을 전제한 사실을 밝히고 있다.[77]

그래서 김유립이 처음으로 측정하고 정리한 것으로 인식할 수 있으

---

76 島中大山從山頂向東行至海一萬余步向西行一萬三千余步, 向南行一萬五千余步向北行八千余步(『高麗史』地理志, 蔚珍縣).

77 審察使金柔立等回來告島中有太山(『世宗實錄地理志』); 遣冥州道監倉金柔立往視柔立回奏言(『新增東國輿地勝覽』卷45, 蔚珍縣附 于山島).

나 그렇지 않다. 동녀를 희생으로 바치는 방법으로 도민들의 공통된 목적을 달성하려 했던 3세기의 「일도」주민들도 그 정도의 지리적 사실은 인식했던 것으로 보아야 한다. 도보를 이동수단으로 하는 도민들이 지역의 거리를 도보수로 계산하는 것은 생활의 기본이었다. 그런데도 3세기의 『삼국지』나 울릉도 주민과 신라인의 6세기 인식을 전하는 『삼국사기』에는 그런 내용이 없다. 그래서 김유립이 처음으로 정리한 것으로 볼 수도 있으나 『삼국사기』가 「지방 백리」라고 울릉도의 크기를 기록한 것이나 『삼국유사』가 하슬라주에서 순풍이면 2일에 갈 수 있는 곳에 위치하는 울릉도의 둘레가 2만6천 7백 30보라고 기록한 것을 보면,[78] 당대인들도 우산국 중앙에 솟은 대산의 정상에서 사방의 해변에 이르는 거리 정도는 정리하여 공유했던 것으로 볼 수 있다.

우산국은 신라의 침범을 1회 이상 격퇴한 나라였다.[79] 그처럼 신라와 대적하는 우산국이 군사적 기초지식이라고 할 수 있는 도내의 거리를 정리하지 않는 경우는 있을 수 없다. 신라도 마찬가지다. 무위로 복속시킬 수 없다는 우산국의 정벌에 나서면서 지리를 조사하지 않는 경우는 있을 수 없다. 직접 조사가 불가능했다면 첩자를 파견하거나 울릉도 주민을 통해서라도 알아야 했다. 그것이 국가의 관리나 타국을 정벌하는 기본자세였다.

『삼국사기』나 『삼국유사』에 도보수로 정리한 내용이 없는 것은, 당시의 주민들이 그런 사실을 인식하지 못한 것이 아니라 보편적인 인식이기 때문에 기록의 필요성을 느끼지 못한 것이다. 따라서 「지리지」의 도보수는 김유립이 처음으로 측정한 것이라기 보다는 주민들에게 전

---

78 何瑟羅州(今溟州)東海中便風二日程 (중략) 周廻二萬六千七百三十步(『三國遺事』卷一, 智哲老王).
79 權五曄 『독도와 안용복』, 충남대학교출판부, 2009, p.53.

승되는 내용을 정리한 것으로 보아야 한다. 물론 김유립이 조사하여 주민들의 인식과 비교하고 확인하는 과정은 있었을 수 있다.

5. 결론

512년에 신라에 복속된 우산국은 930년에 우릉도를 칭하며 백길과 토두를 사자로 고려에 파견하여 방물을 헌상했고, 고려는 둘에게 벼슬을 제수했다. 그것은 사자를 파견한 인물에게도 벼슬을 제수했다는 것인데 그 내용을 알 수 있는 기록이 없다. 지도자를 설명하지 않는 것은 3세기의 일도나 6세기의 우산국도 마찬가지였다. 그런데 1032년조에 「우릉성주」라는 표기가 있어, 930년에 사자를 파견한 자가 「성주」를 칭했을 가능성이 크다. 그것은 당시의 호족들이 장군이란 칭호를 쓰며 성주·적수 등을 같이 칭한 사실과도 부합되는 추정이다.

『고려사』는 정동해도를 우산국·우릉도·울릉도·무릉도·우릉·우산·무릉 등으로 다양하게 표기하고 있으나 그것들이 주민들이 사용했던 토속명의 전부는 아니다. 『삼국지』의 「일도」나 『삼국사기』의 우산국과 울릉도, 『삼국유사』의 우릉도도 당대에 유포된 토속명을 한자로 표기한 것의 일부였다.

그런 도명들을 울릉도의 이기로 보고, 고려의 정동해중에 대한 인식이 울릉도에 한정된 것으로 보기도 하나, 그것은 동방의 암도를 육안으로 확인하며 생활하는 울릉도 주민들의 인식을 간과한 단견이다. 도명의 표기는 주민들에 의해서 이루어진 것이 아니라 사관들이나 한자의 표기 능력을 구비한 자가 구전하는 토속명을 표기한 것이기 때문에 유포된 토속명 전부라 할 수 없다.

우산국이나 신라가 울릉도 동방의 암도를 인식했다는 것은 신라가 정벌의 대상을 울릉도라 하지 않고 울릉도에서 확인되는 암도를 포함하는 우산국으로 칭한 것으로도 알 수 있다. 울릉도 주민들의 암도 인식이 분명히 표기되는 것은 『고려사』의 우산이 처음이라 할 수 있다. 무릉도는 「열전」에, 우산은 「지리지」에 표기되었는데, 지리지는 「우산과 무릉은 본래 2도」라고 기록하여, 정동해중에 존재하는 울릉도와 암도를 무릉과 우산으로 호칭하고 표기하는 사회적 인식을 전한다. 그 것이 언제부터 사회적으로 통용되는 인식이었는가를 확인할 수는 없으나. 무릉도·무릉이 신우조에 처음으로 기록된 것을 보면 고려 말 경으로 볼 수 있다.

조선조가 되면 신우 5년조에 처음으로 표기된 무릉도는 「우산무릉」이나 「우산무릉등처」처럼 우산과 병기된다. 관용적이라고 말할 정도다. 그래서 신우조의 무릉도는 우산도와 병기되는 사회적 인식이 반영된 결과라 할 수 있다. 바람 부는 맑은 날에는 정동해중에 존재하는 우산·무릉 양도가 서로 망견할 수 있다는 사회적 인식이 「일운」으로 해서 기록된 것이다.

지리지는 울릉도 중앙의 대산에서 사방의 해변에 이르는 거리를 도보수로 기록했는데 『세종실록』지리지와 『신증동국여지승람』이 그것을 전재하며 김유립이 조사하여 보고한 것으로 설명했다. 그래서 김유립이 처음으로 측정하고 정리한 것으로 인식하기 쉬우나 그것은 울릉도에 주민이 거주하기 시작했을 때부터 공유하며 전승되는 사회적 인식이었다.

우릉도의 관리자는 우릉성주를 칭하거나 특별한 직명을 칭하지 않

으며 고려 조정에 헌상하고 있었으나, 중앙에서 그들과 별도로 「명주
도감창전중내급사」를 파견하여 관리하고 있었다. 그런데 우릉성주로
대표되는 토호적 관리자와 조정의 관리인 「명주도감창전중내급사」
와의 관계가 분명하지 않다. 이원적 관리를 엿보게 할 정도로 연결점
을 확인할 수 없다.

3세기의 「일도」에 표착한 선박들은 몰라도 우산국의 정벌에 나선
이사부는 자신이 정벌군을 총지휘하는 책임자라는 것을 알게 하는 관
직명을 표기한 선기를 게양했음에 틀림없다. 후일에 우릉성주가 조정
에 파견하는 사자나 고려조정이 파견하는 사자는 물론 명주도감창전
중내급사도 신분에 상응하는 선기를 게양했을 것이다.

김유립이 보고한 주거의 흔적이나 고려 조정이 벌목을 중지시킨 것
등에 근거해서 울릉도에 거주민이 없었던 시기가 있었다고 여길 수도
있다. 그러나 왕건에게 사자를 파견한 930년의 우릉도에는 성주가 통솔
해야 하는 주민이 거주했고, 1259년에는 울진현령이 처자와 노비를 이
끌고 이주하려 했던 사실, 1346년에 우릉도인이 조정을 방문했다는 기
록도 있어, 울릉도에 주민이 멸절된 시기가 없었다는 것을 알 수 있다.

제6장

『태종실록』의 정동해중

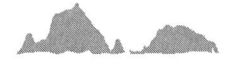

1. 서 – 정동해중의 2도

경상북도 울진군 죽변의 130여Km 동방에 울릉도가 존재하고, 그곳에서 87,4Km를 더 가면 독도가 있다. 울릉도의 주위에는 관음도·죽도·삼선암·코키리바위·딴바위·북저바위 등이 있고, 우산봉의 동도와 대한봉의 서도로 구성되는 독도 주변에도 36개의 암도와 암초가 산재한다. 우산국과 울릉도라는 호칭은 『삼국사기』 512년조에 처음으로 등장하고, 독도라는 도명은 19세기 말부터 사용되는데, 울릉도와 독도는 우릉·무릉·울릉·우산 등으로 표기되어 왔다.

옥저의 정동해중의 섬을 기록한 것은 『삼국지』의 「일도」가 처음이다. 그것을 『삼국사기』는 우산국과 울릉도로 기록했는데, 우산국은 울릉도와 울릉도에서 육안으로 확인되는 암도를 영역으로 하는 나라였다.[1] 따라서 우산국을 정벌한 신라는 암도를 인식했다는 것이 된다.

우산국의 영역을 구체환 한 것이 『고려사지리지』인데, 그곳에는 신라가 우산국을 무릉·우릉 등으로 칭했다는 내용이 있어,[2] 우산국과 무릉·우릉을 동도로 인식할 수도 있다. 그러나 『고려사지리지』는 「우산과 무릉은 본래 2도」라는 「일운」을 소개하여, 정동해중의 2도가 동도가 아니라는 인식이 당대에 유포되었다는 것을 알 수 있다. 그런데 그런 인식은 고려시대가 아니라 「일도」에 주민이 거주하기 시작했을 때부터 있었다. 기록으로 전하지 않을 뿐이다.

『삼국사기』의 우산국이나 울릉도는 신라인의 인식에 근거한 국명이고 도명이지만 원래 「일도」 주민들이 사용하던 토속명을 신라가 차

1　權五曄「신라국과 우산국」, 『日本語敎育』제39집, 2007, p.146.
2　鬱陵島 在縣正東海中. 新羅時, 稱于山國, 一云武陵, 一云羽陵, 地方百里(『高麗史』 地理志, 蔚珍縣).

용한 것으로 보아야 한다. 그래서 울릉도 주민들이 신라와 대적하며 칭했던 우산국과 신라에 복속된 이후의 우산국의 의미는 다르다. 복속된 우산국은 신라의 질서로 지배되는 지역으로 전락했기 때문에 독자적인 정체성이 상실된 호칭이었다. 그래서 512년 이후의 우산국은 울릉도·우산·우릉·무릉 등과 혼용된 것이다.

신라에게 복속된 우산국은 후삼국이 정립하자, 930년에 사자를 파견하여 고려에 복속했으나, 조선왕조에 복속되는 과정의 설명이 없다. 그러나 태종이 1403년에 무릉도 주민의 쇄출을 명한 것으로 보아, 왕조의 교체와 더불어 조선의 영역에 편제되었다는 것을 알 수 있다.[3]

정동해중의 2도를 『태종실록』은 「우산무릉」·「무릉등처」·「유산국도」·「무릉도와 본도」·「무릉도와 소도」 등으로 기록하여 2도의 존재를 확실히 인식했다는 것을 알 수 있다. 그런데 일본은 1417년에 무릉등처안무사 김인우가 무릉도의 주민 3인을 대리고 귀선하여, 우산도에서 돌아온 것처럼 보고한 것을 근거로, 조선왕조는 물론 왕조실록을 편찬한 사관들도 우산도와 무릉도를 동도로 보았다는 주장을 한다.[4]

그러나 그것은 1417년조의 기록을 근거로 『태종실록』의 내용만이 아니라 조선왕조실록 전체의 내용을 규정하는 일로, 부분의 의미를 과장하는 해독이다. 「무릉등처안무사」 라는 관직의 의미를 간과한 의견으로 「무릉등처안무사」 의 활동 범위를 무릉도에 한정하는 일이다.

『태종실록』을 편찬에 관여한 사관들은 『고려사』의 편찬에도 관여했고, 『태종실록』의 편찬이 완성될 때까지도 『고려사』의 내용을 둘러싼 논쟁을 반복하고 있었다. 그래서 『태종실록』을 편찬에 참여한 사관

---

3 命出江陵道 武陵島居民于陸地. 從監司之啓也(『太宗實錄』 3년 8월 11일).
4 川上健三저, 權五曄역 『日本의 独島論理』, 백산자료원, 2010, p.111.

들은 정동해중에 우산도와 무릉도가 존재한다는『고려사지리지』의 내용을 인식하지 못하는 경우는 있을 수 없다.『태종실록』의 정동해중에 관한 기록은『고려사지리지』가「일운」으로 전하는 내용에 근거해서 해석해야 한다. 그러면 정동해중에 바람이 부는 맑은 날에만 서로 바라볼 수 있는 우산과 무릉이라는 2도가 존재한다는 사회적 인식이「무릉등처」·「우산무릉」과 같은 용어로 표기되었다는 것을 알 수 있다.

2. 『태종실록』의 내용

(1) 사관들의 정동해중

태조가 1392년 조준 정도전 등에게 고려시대의 역사편찬을 명한 3년 후인 1395년에『고려국사』가 편찬되었으나 반포되지 못하고, 1424년(세종 6)의『수교고려사』, 1442년(세종 24)의『고려사전문』등으로 개수되는 과정을 거쳐, 1451년(문종 원)에야『고려사』를 반포할 수 있었다. 정도전 변계량 윤회 신개 권제 김종서 정인지 이선제 등이 참여한 편찬이었다.

『고려사』의 편찬 작업이 계속 되는 1408년에 태조가 죽자, 태종은 1410년(태종 10)에 하륜 변계량 윤회 신장 등에게『태조실록』의 편찬을 명하여 1413년에 완성했다. 그것을 신개 권제 정인지 등이 1451년(문종 원)에 개수했다.『정종실록』은 세종이 1424년(세종 6)에 변계량 윤회 황희 맹사성 등에 명하여 1426년(세종 8)에 완성했고,『태종실록』은 태종이 죽은 다음해인 1423년 12월에 시작하여 1431년 3월에 완성했다.

1392년부터 시작된 『고려사』의 편찬이 진행되는 기간에 『태조실록』·『정종실록』·『태종실록』의 편찬이 병행되었다. 그 편찬에 관여하는 사관들이 『고려사』 편찬에 인용된 자료를 확인하는 과정이 없을 수 없었다는 것을 알 수 있는 편찬 작업이었다.

『고려사』의 편찬에 59년이나 걸린 것은 신권과 왕권을 어떻게 정리하느냐의 문제였다. 신료의 역할을 중시하는 신권보다 군주의 역할을 우위에 두는 사서, 즉 군주 중심이고 왕실 본위의 사서로 편찬하는데 시간이 걸린 것이다.[5] 그것은 고려왕조의 정통성과 왕권의 절대성에 관계되는 「세가」와 「열전」의 문제였지 「지리지」의 문제가 아니었다는 것을 의미한다.

따라서 『고려사지리지』가 전하는 울진현의 울릉도조의 내용은 1395년에 완성한 『고려국사』의 내용 그대로였을 가능성이 크다. 반복되는 개수작업에도 수정될 필요가 없는 것이 「지리지」의 내용이었다.

『고려사』의 편찬과 태조·정종·태종의 실록들의 편찬이 병행되었다는 것은, 편찬에 관여한 사관들이 양측의 자료를 같이 확인하는 과정이 있었다는 것이다. 그래서 『태종실록』이 전하는 정동해중에 관한 내용은 『고려사지리지』가 전하는 우산과 무릉의 내용과 무관할 수 없다. 어떤 형태로든 참고하거나 인용하는 가운데 『태종실록』의 편찬이 진행된 것으로 보아야 한다.

(2) 정동해중의 기록

태종은 1401년에 즉위하여 1418년 8월까지 17년 8개월간 재위했는데, 정동해중의 양도에 대한 기록은 5개년(3·7·12·16·17년)에 한정된

---

5 김의규 「『고려사』의 편찬과 체제」, 『인문학연구』제6집, 동덕여자대학교, p.13.

다. 3년조에는 무릉도의 주민의 쇄출을 명한 내용이 기록되었을 뿐 원인이나 목적에 대한 설명은 없다. 그러나 왜선 8척이 장기를 침범했다는 동년 8월 1일의 기록,[6] 대마도주가 포로들을 송환하며 울릉도 이주를 소원한 7년조 등을 보면, 왜구로부터 주민을 보호하는 일로 볼 수 있다. 실지로 왜는 태종 17년에 나타나 약탈을 자행했다.[7]

12년조에는 강원도 감찰사가 유산국도인 12인이 고성의 어라진에 나타나 진술한 내용을 조정에 보고한 내용과 태종이 처리방법을 의정부에 명한 내용이 있다. 일행을 대표하는 백가물은 자신들이 유산국도의 주민으로 무릉도에서 생장하여 본도에 살고 있다고 진술을 했는데, 유산국도와 무릉도와 본도의 관계가 분명하지 않다. 유산국을 우산국의 이기로 본다면, 유산국을 무릉도와 본도로 구성되는 나라라는 주민들의 인식에 근거하는 진술로 보아야 한다.

16년조는 강원도관찰사를 역임했다는 호조참판 박습이 태종에게 정동해중의 지리적 사실을 설명한 내용이다. 박습은 7식의 무릉도의 옆에 「소도」가 존재한다는 사실을 설명하고, 방지용이라는 자가 15가구를 이끌고 입도하여 왜구를 가장했다는 정보도 제공했다. 그리고 무릉도를 잘 안다는 김인우를 천거했고, 김인우는 다시 이만을 천거하며 무릉도에 거주민이 있으면 강원도가 왜구의 해를 입을 수 있다는 의견을 진술했다. 보고를 받은 태종은 김인우를 「무릉등처안무사」로 임명하고 병선 2척을 끌고 가서 주민을 쇄출하게 했다.

박습이 언급한 「무릉도 옆의 소도」는 무릉등처안무사의 「무릉등처」만이 아니라 『고려사지리지』가 「일운」으로 전하는 「우산무릉」의

---

6 倭船八隻, 寇長鬐邊境(『太宗實錄』3년8월1일).
7 若此島多接人, 則倭終必入寇, 因此而侵於江原道矣(『太宗實錄』16년9월2일). 倭寇于山武陵(『太宗實錄』17년8월6일).

우산이나 등처와 대응하여, 정동해중에는 무릉도 외에도 다른 섬이 있다는 사회적 인식에 근거하는 기록으로 볼 수 있다. 즉 정동해중에 2도가 있다는 사회적 인식을 박습은 무릉도와 소도로 설명한 것이다.

태종 17년 2월 5일조에는 병선 2척을 이끌고 정동해중을 순시한 김인우가 우산도에서 귀환하여, 무릉도에서 채취한 것으로 볼 수 있는 산물을 헌상하며 무릉도에 15호 86인이 거주하는데 3인을 쇄출한 것으로 보고했다. 쇄출한 주민과 헌상한 산물이 있다는 점에서 보면 우산도가 아니라 무릉도에서 귀환한 것으로 보고했어야 할 것 같은 내용이다. 무릉도와 우산도를 착각한 것으로 볼 수도 있는 보고였다.

그러나 그것은 안무사의 순시 영역을 무릉도에 한정할 경우에 가질 수 있는 회의다. 무릉등처를 순찰하는 임무를 수행하는 안무사로 임명된 김인우가 무릉도만 순시했다고 판단할 내용이나, 우산도를 순시하지 않았다고 볼만한 내용이 없어, 무릉도와 우산도를 같이 순시한 김인우가 우산도 순시를 강조하여 보고하는 경우는 있을 수 있는 일이다. 그런데도 이 기록을 근거로 무릉도와 우산도를 동도로 보는 의견도 있으나 「무릉등처안무사」라는 관직을 간과한 단견이다.

보고를 받은 태종은 3일 후인 2월 8일에 무릉도 주민의 처리 방법을 논하게 했고, 육조대신들은 쇄출보다 관리를 파견하여 격려시키자는 의견에 동의했다. 그러나 태종은 쇄출해야 한다는 황희의 주장을 받아들여 김인우를 다시 「무릉등처안무사」로 임명하고, 병선 2척을 주어 주민을 쇄출시켰다.[8] 그것은 주민을 쇄출하는 것을 목적으로 하는 파

---

8 武陵居人, 勿令刷出, 給五穀與農器, 以安其業, 仍遣主帥撫之, 且定土貢可也. 工曹判書 黃喜獨不可曰: 勿令安置, 依速刷出 (중략) 宜以金麟雨仍爲安撫使, 還入于山, 武陵等處, 率其居人出陸(『太宗實錄』 17년 2월 8일).

견이었기 때문에, 이때의 활동범위는 무릉도로 한정된다.

태종이 1403년에 쇄출령을 내렸는데, 1412년조의 백가물이 11호에 60여인이 거주한다고 진술한 것이나 옛날의 방지용이 15호를 이끌고 입거했다는 1416년조의 내용, 1417년에 「우산무릉」을 순시하고 돌아온 김인우가 15호에 86인이 거주한다는 사실을 밝히면서도 3인만 쇄출한 것 등을 보면, 무릉도에서 완전한 쇄출이 이루어지지 않았다는 것을 알 수 있다. 주민들이 쇄출을 원하지 않을 뿐만 아니라 쇄출을 피해서 거주하는 주민들이 있다는 사실을 알 수 있는 기록들이다.

태종 17년에 왜인이 「우산무릉」에 침구한 것은 태종 16년에 김인우가, 무릉도에 주민이 거주하면 왜구의 침해를 입는다고 예언했던 일이 현실화된 사건이었다. 이곳의 「우산무릉」은 「무릉등처안무사」의 활동 영역인 「무릉등처」를 「우산과 무릉」으로 구체화한 것이다.

(3) 태종과 왜

3세기의 「일도」가 우산국·울릉도로 불리다 512년에 신라에 복속되더니, 930년에는 고려에 편입되었는데, 조선왕조에 편제되는 과정의 기록은 없다. 1403년에 태종이 강원감사의 품계에 따라 무릉도 주민을 쇄출을 명했다는 기록이 있을 뿐이다. 왜구의 침구에 대비하는 쇄출령이었다.[9]

충정왕 때부터 본격적으로 나타나기 시작한 왜구가 공민왕대에는 115회, 우왕대에는 278회나 침구했다. 500여척의 함대를 이끌고 남부 해안만이 아니라 평안도·함경도 등에도 나타나더니, 수도의 입구인 강화와 예성강 입구까지 출몰하여 고려가 천도를 생각할 정도였다.[10]

---

9 慎鏞廈『独島領有權 資料의 探求』제1권, 독도연구보전협회, 1998, p.40.

이성계가 재위하는 1393년부터 1397년 사이에도 53회나 침구하여 「나라의 근심이 왜구만한 것이 없다」고 한탄했다.[11] 태종은 건국 작업에 참여하여 왕조의 안정에도 공을 세웠기 때문에 왜구에 대한 경계심은 부왕 못지 않았다. 그런 태조였기 때문에 왜구로부터 주민을 보호할 목적으로 주민을 쇄출시키는 일은 있을 수 있다.

태종이 무릉도민의 쇄출령을 내린 4년후인 1407년에 대마도주가 납치했던 포로를 송환하고, 산물을 헌상하며 대마도인의 무릉도 이주를 원했으나 태조는 거절했다.[12] 그런데도 대마도주는 1410년에도 자신의 성명과 자호의 소인을 하사 받고 싶다는 상서를 보냈고, 1416년에도 예물을 헌상하며 도서를 청구했다.[13] 초기의 조선이 수교에 성의를 보이는 왜인을 우대하는 교린정책을 펴자, 대마도는 그에 응해서 특별대우를 요구한 것이다. 대마도주가 청원한 「도서」는 관인과 구분되는 사인으로, 일본의 지방 호족이나 대마도주처럼 통교에 공을 세운 자에게 조선국왕이 하사하는 통상허가증이다. 그것을 하사 받은 자를 수도서인이라 한다.

이런 시기에 대마도주가 무릉도 이주를 원하고 태종은 그것을 거절한 것이다. 태종은 대마도주의 요구를 들어주면 일본국왕과 틈이 생길 수 있다는 이유를 들었다. 투항을 받아주는 것이 왜의 풍습이라는 의

---

10 秋七月乙卯朔 幸白岳, 相視遷都之地, 白岳在臨津縣北五里 (중략) 辛未 始營白岳宮闕. 先是, 欲遷都南京, 遣前漢陽尹李安, 修其城闕, 民甚苦之, 卜于太廟, 不吉. 又興是役, 時人謂之新京(『高麗史』世家, 恭愍王9년7월).

11 倭十三艘寇高灣梁 (중략) 上聞用濡死, 嘆曰: 國家所患, 莫甚於倭. 命益備沿海鎭戍(『太祖實錄』太祖2년5월7일).

12 宗貞茂, 遣平道全, 來獻土物, 發遣俘虜. 貞茂請茂陵島欲率其衆落徙居 (중략) 上曰: 在其境內, 常事也, 若越境而來, 則彼必有辭矣(『太宗實錄』太宗7년3월16일).

13 日本九州節度使(原道鎭)[源道鎭] 上書, 願賜姓名字號小印(太宗10년12월24일). 日本濃州太守平宗壽使人獻禮物, 請圖書(『太宗實錄』太宗16년3월9일).

견이 있었음에도 훗날의 화근을 예상하며 거절했다. 교린정책을 쓰는
태종이 왜구의 침해를 예방할 목적으로[14] 일본국왕이 오해할 수 있는
일을 피한 것이다.

태종은 무릉도에 주민이 많으면 왜구의 침해를 입게 된다는 김인우
를 「무릉등처안무사」로 임명하는 방법으로 정동해중을 관리했다.[15] 그
런데도 왜는 우산과 무릉에 나타나 약탈했다. 교린정책에 순응하는 과
정에 일어난 침구였는데, 그런 침구는 이후에도 반복된다.

3. 태종조의 우산 무릉의 인식

(1) 정보의 유래

무릉도를 의미하는 정동해중의 「일도」가 처음으로 기록에 나타나
는 것은, 표류하던 옥저인들이 「일도」에 도착했다는 『삼국지』의 내용
이다.[16] 「일도」를 『삼국사기』는 우산국 우릉도로 칭한다는 사실과 사
방 백리의 섬으로 기록했고, 『삼국유사』는 하슬라주에서 순풍으로 이
틀 걸리는 해중에 존재하는 둘레 2만 6천 730보의 섬이라 했다.[17]

『삼국유사』의 2만 6천 730보를 『고려사지리지』는 100리로, 중앙의
산정에서 동서남북 해안까지 거리를 1만여보, 1만 3천여보 1만 5천여

---

14 中村榮孝 「倭人上京道路」, 『日鮮關係史研究』상, 吉川弘文館, 1965, p.493.

15 若此島多接人, 則倭終必入寇, 因此而侵於江原道矣. 上然之, 以麟雨爲武陵等處
安撫使, 以萬爲伴人, 給兵船二隻, 抄工二名, 引海二名, 火煸火藥及糧, 往其島, 諭
其頭目人以來. 賜麟雨及萬衣笠靴(『太宗實錄』太宗16년9월2일).

16 耆老言國人嘗乘船浦魚遭風見吹數十日東得一島(金聲九 『中國正史朝鮮列國傳』,
『三國志』魏書, 東沃沮, 東文選, 1996, p.99).

17 何瑟羅州(今冥州)東海中更風二日程有于陵島(今作羽陵)周廻二萬六千七百三十
步 (『三國遺事』卷第一智哲老王).

보, 8천여보로 기록했다.[18] 1보를 1,386m로 보고, 1리를 300보로 계산하면[19] 1리는 4,158Km다. 『삼국유사』의 26,730보는 37,04km로 『고려사지리지』의 100리의 41,58Km와 유사하다. 그런데 그런 인식은 고려시대에 처음으로 정리된 것이 아니라 「일도」에 주민들이 거주하기 시작할 때부터 경험을 정리하여 전승시킨 것으로 보아야 한다.

신라와 대적하는 「일도」를 주민들이 무어라고 칭했는지를 알 수 없으나 『삼국사기』의 이사부는 우산국과 울릉도라 했다. 그러면서 정벌의 대상을 우산국으로 칭한 것을 보면 「일도」의 주민들도 우산국이나 울릉도로 표기될 수 있는 토속명을 칭한 것으로 보아야 한다. 우산국과 울릉도는 일도 주민들이 사용하는 토속명이 한자로 표기된 것이다.

우산국이 신라의 침공을 1회 이상 격퇴한 것도 울릉도의 지리적 사실을 정리하고 대비하는 것과 같은 국력을 구축했기 때문에 가능한 일이었다. 그런 우산국이 울릉도의 지리적 사실을 도보수로 계산하는 정도의 정보도 정리하지 못했다면 이사부가 「무위로는 이기기 어렵다」며 두려워하는 일도 없었을 것이다. 따라서 『삼국사기』·『삼국유사』·『고려사』 등의 기록들이 전하는 정보는 우산국 주민들이 정리하여 공유하고 전승시키던 내용에 근거하는 것으로 보아야 한다.

울릉도의 산물을 소개하는 것은 『고려사』가 처음이다. 『고려사』는 930년에 우릉도가 사자를 파견하여 왕건에게 방물을 바친 내용, 우릉성주가 1032년에 아들을 보내 산물을 바친 내용, 1141년에 명주도 감창사가 울릉도의 산물을 채취한 내용, 1157년에 김유립을 파견하여 답사시킨 내용, 원나라가 울릉도의 재목을 요구한 내용 등을 전한다.[20]

---

18 島中有大山, 從山頂, 向東行至海一萬余步, 向西行一萬三千余步, 向南行一萬五千余步, 向北行八千余步(『고려사지리지』 울진현).
19 이기봉 『조선의 지도 천재들』, 새문사, 2011, p.45.

그런 정보도 고려인들에 의해 처음으로 수집된 것이라기 보다는, 토착민들이 이전부터 공유하던 정보에 근거하는 것으로 보아야 한다. 따라서『고려사』의 내용 중, 당시의 사건을 제외한 내용들은 울릉도에 거주하는 토착민들의 인식에 근거하는 것으로 보아야 한다.

『고려사』의 편찬작업에 참여했던 사관들 중에서 윤회·이선재·어효정 등은『태종실록』의 편찬에도 참여했다. 그『태종실록』이 울릉도를

> 이 섬이 동에서 서까지 남에서 북까지가 모두 2식의 거리이고, 둘레가 8식의 거리입니다. 우마와 논이 없으나, 오직 콩 한 말만 심으면 20석 혹은 30석이 나고, 보리 1석을 심으면 50여 석이 납니다. 대가 큰 서까래 같고, 해산물과 과목이 모두 있습니다.[21]

무릉도 주민들의 진술로 해서, 동서와 남북의 거리가 2식이고 주위가 8식이라고 기록하여『고려사지리지』의 도보수나 리와는 다른 단위로 기록했다. 그것은『고려사』를 편찬할 때 없었던 자료에 근거하는 기록이라는 것이 아니라 채택되지 못했던 자료를『태종실록』이 채택한 것이다.

조선시대의 1식이 12,474Km였다는 것을 생각하면[22] 울릉도의 동서와 남북의 직경이 24,948Km였고, 둘레가 96Km였다는 것이다. 그런데

---

20 芊陵島遺白吉·土豆, 貢方物(태조13년); 羽陵城主遺子夫於仍多郎, 來獻土物(德宗원년); 李陽實遣人入蔚陵島, 取菓核木葉異常者以獻(仁宗19년); 以簽書樞密院事許珙爲蔚陵島斫木使, 伴李柩以行(元宗 14년); 元遣柩, 又索材木. 柩欲入蔚陵島斫木(『高麗史』卷130, 列傳第43, 趙彝父 李柩).

21 自東自西自南至北, 皆二息, 周回八息. 無牛馬水田, 唯種豆一斗出二十石或三十石, 麥一石出五十餘石. 竹如大椽. 海錯果木皆在焉(『太宗實錄』太宗12年4月15日).

22 이기봉『조선의 지도 천재들』, 세문사, 2011, p.44.

1식이 30리이고 1리가 300보, 1보가 1,386m라는 것에 따르면 2식이라는 울릉도의 동서와 남북의 직경은 24,9Km가 되고 둘레는 99,79Km가된다.

『삼국유사』가 울릉도의 주위를 26,730보로 정리한 것을 『고려사』는 100리로 기록하면서 중앙에서 사방의 해안에 이르는 거리는 도보로 정리했다. 그것을 『태종실록』은 「식」으로 정리하고 타 기록에 없는 중량을 「석」으로 기록하여, 당시에 다양한 척도법이 활용되었다는 것을 알 수 있다.

(2) 인구

3세기의 「일도」에서 동녀를 희생으로 하는 의례가 이루어졌다는 것은, 의례를 주도하는 지도자와 그를 따르는 무리가 있었다는 것인데, 무리의 규모는 확인되지 않는다. 『삼국사기』의 우산국도 마찬가지나, 신라의 침공을 1회 이상 격퇴한 나라였다면, 상당한 군사와 지도자가 존재했다는 것이므로, 적지 않은 주민이 거주했다는 것이다. 그런데도 주민수를 알 수 없다.

우산국이 신라에 복속된 후에는 교체되는 신라의 질서에 따라 편제되었으나, 후삼국이 정립 되자, 우릉도는 고려에 사자를 파견하여 벼슬을 받았다. 고려가 사자에게 벼슬을 내렸다는 것은, 사자를 파견한 지도자에게도 벼슬을 제수했다는 것인데, 그 지도자의 신상이나 주민의 숫자를 확인할 수 없다. 특히 주민수는 현종조에 여진족의 침입을 받은 주민들에게 농기구를 하사하거나(1018), 우릉성주가 토산물을 헌납한 일(1032년), 명주도 감찰사가 산물을 채취한 일(1141년), 울진현령 박순이 처자와 노비를 거느리고 이주하려 한 일(1259년) 등을 전한 기록을 통해서도 확인이 불가능하다.[23] 다만 주민이 단절된 시기가 없었다는 것은 분명하다.

그러나 의종의 명으로 답사한 「명주도감전중내급사」 김유립이 백성들이 거주할 수 없다고 보고한 것(1157년)이나 최충헌이 이주시켰던 주민들을 귀환 시킨 것, 최이가 이주정책을 펴다가 중지한 것 등을 보면[24] 고려말의 울릉도에는 주민이 없었던 시기가 있었던 것으로 볼 수도 있다.

그런데 주민이 거주한다는 내용이 고려왕조를 이은 조선왕조의 『태종실록』에 산재한다. 태종이 1403년에 강원도 감사의 건의에 따라 무릉도 주민들의 쇄환을 명했는데, 1412년에 고성 어라진에 나타난 유산국도인 백가물의 진술에 따르면 12호에 60여인이 거주하고 있었다. 호조판사 박습이 1416년에 방지용이란 자가 15호를 인솔하고 들어간 일이 있다고 말한 자들일 수도 있다. 태종이 1417년에 파견한 김인우가 15가구 86인이 거주한다고 보고하면서도 3인을 대려 온 것을 보아도 완전한 쇄출이 이루어진 일이 없다는 것을 알 수 있다.

기록에 의하면 무릉도의 주민은 15호 86인을 넘은 일이 없는데, 그 정도의 인구라면, 신라의 침범에 대적한 『삼국사기』의 우산국의 세력에 미치지 못한다. 시대의 흐름과 더불어 인구가 감소된 결과로 볼 수 있는데, 이는 태종이 취한 쇄출정책에 의한 결과일 수도 있다. 아니면

---

23 以于山國被東北女眞所寇, 廢農業, 遣李元龜, 賜農器(顯宗 9년11월); 羽陵城主遣子夫於仍多郎來, 獻土物(德宗 元年11월); 蔚珍縣令朴淳, 船載妻孥·臧獲幷家財, 將適蔚陵(『高麗史』元宗卽位年7월).

24 柔立回奏, 土多巖石, 民不可居. 遂寢其議(『高麗』毅宗11년5월); 後崔忠獻 (중략) 後果爲風濤所盪舟覆人多物故因還其民(『增補文獻備考』권31, 鬱陵島); 東海中有島 (중략), 移東郡民實之. 後以風濤險惡, 人多溺死, 罷其居民(『高麗史』列傳42, 崔忠獻父崔怡).

토착민들의 비협조로 정확한 조사가 불가능했을 수도 있다.

무릉도에는 백가물이 말한 무릉도에서 생장한 주민만이 아니라, 요역을 피하여 입도한 자들도 거주했다. 그런 주민들은 태종이 말한 대로 요역을 피하며[25] 편안히 살아서 그런지 쇄출을 반기지 않았다. 백가물 일행 12인이 무릉도로 도망치는 것을 막기 위해 분산 배치한 것이나, 태종이 무릉도의 두목을 설득해서 쇄출하라고 말한 것[26] 등으로 알 수 있는 일이다.

그런데『태종실록』이 전하는 정도의 인구라면, 우산국이 신라에 대적하는 경우는 있을 수 없다. 86인 전부가 병사라 해도, 신라의 군대와 대적하여 승리를 거둘 수 없다.

1479년에 성종이 영안도조 경차관 신중거를 불러 삼봉도 수토문제를 논의했을 때의 일이다. 정창손이 삼봉도인들의 내습을 걱정하고 성종이 그런 경우를 걱정하는 장소였다. 그곳에 참여한 영안도 경차관 신중거는 차역을 피하여 삼봉도로 도망친 영안도 주민이 무려 천 여명에 이른다는 정보를 설명했고, 성종은 1천 5백명의 전졸을 파견해야 한다는 의견을 피력했다.[27] 무릉도로 표기된 울릉도에 천명이 넘는 주민이 거주할 수 있다는 것을 알 수 있는 기록이다.

1906년에 울릉도를 시찰한 일본인들의 조사한 것에 의하면 울릉도에는 약 700호에 5천내지 7천인이 거주하고 있었고,[28] 2005년의 인구가

---

25 上曰:刷出之計是矣. 彼人等曾避役安居, 若定土貢, 有主帥, 則彼必惡之, 不可使之久留也(『太宗實錄』太宗17年2月8日).

26 上然之, 以麟雨爲武陵等處安撫使, 以萬爲伴人, 給兵船二隻 (중략) 往其島, 諭其頭目人以來(『太宗實錄』太宗 16年9月2日).

27 鄭昌孫曰: 三峯島人, 無乃覺而來襲乎? 上曰: 若然則官軍恐受辱矣 (중략) 昌孫曰: 若必入討, 則不可緩也. 若使彼人, 知我將討, 而有備, 則大不可. 上曰: 當大擧速討, 用戰卒一千五百若何 (중략) 今敬差官 辛仲琚來言: 本道人民, 逃避差役, 潛往三峯島, 其數無慮千餘(『成宗實錄』成宗10년8월30일).

9,550명(남 4995, 여 4555)이었다.[29] 이런 사실에 근거하면 신라에 대적
하던 우산국의 인구는 『태종실록이』 전하는 것보다 많았던 것으로 보
아야 한다.

(3) 우루뫼와 우산

울릉도의 중앙에는 984m의 성인봉이 솟아있는데, 언제부터 성인봉으
로 칭했는지는 알기 어렵다. 1906년에 울릉도와 독도를 순시한 奧原碧
波(오쿠하라헤키)는 성인봉이 아닌 羅里山(나리산)으로 표기했다.[30] 『삼국지』나 『삼국사기』·
『삼국유사』 등에서는 확인할 수 없는데, 『고려사지리지』는 「대산」으로
『세종실록지』는 「태산」이라 했다. 대산이나 태산은 섬 중앙에 높이 솟아
있다는 형상의 표기이기 때문에 고유명으로 보기 어렵다. 그렇다 해서
고유명이 없었다는 것은 아니다. 울릉도·무릉도·우릉도와 같은 도명이
나 우산국이라는 국명 자체가 섬 중앙에 솟은 산에서 유래할 수도 있다.

성인봉의 토속명으로 추정되는 것이 1786년에 浪華書肆(나니와쇼시)에서 발간
한 朝鮮世表全圖(조선세표전도)와 1806년에 林子平(하야시시헤이)의 朝鮮八道地圖(조선팔도지도)에 있다. 서동
을 축으로 하고 남북을 횡으로 하는 지도인데, 조선의 지도를 근거로
해서 제작되었다. 사방을 표시하는 한자 동서남북에 한글로 「동셔담
븍」의 훈을 단 것으로 알 수 있다. 임자평이 長崎(나가사키)에서 만난 조선인이
소지한 조선도를 근거로 했다는 설이 있다.

두 지도는 울릉도와 천산국을 병기하고 아래에 있는 산을 弓嵩(궁숭)으로
표기했다. 그것을 임자평의 「조선팔도지도」는 弓嵩(이소다케)로 훈하여, 궁숭을

---

28 奧原碧雲저, 권오엽편역주 『죽도 및 울릉도』, 한국학술정보, 2011, p.172.
29 『鬱陵郡志』 울릉군청, 2007, p.77.
30 權五曄역주 『죽도 및 울릉도』, 한국학술정보, 2011, p.150; 奧原碧雲 『竹島及鬱陵
島』, 報光社, 명치40년, p.65.

이소다케로 읽었다는 것을 알 수 있다. 울릉도 주민들이 칭하는 산명을 한자로 표기한 것이 궁숭인데, 그것을 일본인들이 이소다케로 불렀다는 것이다. 궁숭을 이병도는 「곰수리」의 한자 표기로 보았다. 궁은 곰(熊)의 차자이고 숭은 수리·술(上·嶽·峰)의 차자이므로 궁숭은 곧 「곰수리」라는 것이다. 곰을 궁으로 표음한 예는 『삼국유사』 고조선조의 「궁홀산이라고도 하고 금미달이라고도 한다」에서 확인할 수 있다.[31] 이곳의 「금미」가 고미·곰의 사음으로서의 弓忽山(곰골산)과 今彌達(고미달)이 같은 말이다.[32]

고지명 弓漢(궁한)·弓谷(궁곡)·弓村(궁촌)·弓山(궁산)·弓島(궁도) 등의 궁이 신성의 뜻을 가진 곰의 차자이고, 숭이 수리·술의 차자라는 것은 개성의 송악을 崧山(숭산)·嵩山(숭산)·神嵩(신숭) 등으로 칭하는 것으로 알 수 있다. 이때의 송은 소나무가 아니라 수리·술·솔의 차자이므로 崧山(숭산)과 嵩山(숭산)은 수리산으로 풀이할 수 있다. 『고려도경』의 숭산묘조는 숭산묘를 설명하면서

> 그 신은 본래 고산이라 했는데…그 후 산을 봉하여 숭이라 하고,
> 그 산신을 받들어 제를 지냈다 한다. 백성들은 제앙이나 질병이 생기
> 면 옷을 시주하고 좋은 말을 바치며 기원한다.[33]

숭산묘의 제신 고산을 숭산신이라고도 했는데, 숭산신이 외적을 퇴

---

31 始稱朝鮮, 又移都於白岳山阿斯達, 又名弓[一作方]忽山, 又今彌達(『三國遺事』古朝鮮).

32 李丙燾「独島의 名稱에 對한 史的 考察」, 『独島』, 大韓公論社, 1965, p.74; 愼鏞厦편 『韓國의 獨島領有權研究史』, 독도연구보전협회, 2003, p.41; 이하 곰수리에 관한 것은 이 논문을 정리한 내용임.

33 其神本曰高山…後封其山爲崧以祠奉其神也 民有災病施衣獻良馬以禱(徐兢원작, 鄭龍石·金鐘潤공역『高麗圖經』, 움직이는책, 1998, p.184·465).

치하는 공을 세운 것을 계기로 고산을 숭으로 봉하고 제사하게 되었다
는 유래담으로, 신명의 고산과 산명의 숭산과 신숭이 수리·술·솔의 의
역이라는 것이다. 신숭은 궁숭(곰수리)과 같은 표현이다. 현재의 성인
봉이 궁숭·곰수리에서 유래된 산명이라는 것을 알 수 있다.

　그렇다면 「신성한 산」으로 해석할 수 있는 궁숭의 일본의 훈 「이소
타케」는 어떻게 된 것일까. 사전적인 의미를 살펴볼 것 같으면 이소의
「이」에는 마음이 끌린다·용기가 솟아난다·공훈의 의미가 있고, 「이소」
는 다수를 의미한다.[34] 타케는 길이를 의미하는 丈·長, 대나무의 竹, 높
고 큰 산을 의미하는 岳·嶽, 수령의 建, 거칠다는 猛, 용맹하다는 武
등을 의미한다.[35]

　이병도는 이상의 의미와 『隱洲視聽合記』가 울릉도를 「세상에서
말하는 磯竹島로 대나무나 물고기·강치가 풍부하다.[36] 생각하건대 神
書의 五十猛에서 연유하는 것일까」라고 설명한 「이소타케」를 한자
의 뜻이 아닌 『일본서기』의 신 五十猛에 근거해서, 험하고 높은 산악
의 의미로 보려 했다.[37] 원래 오십맹은 하늘에서 신라의 曾尸茂梨로 추
방되자, 일본으로 건너가 수목의 씨앗을 뿌렸다는 신이다.[38] 그래서 『은
주시청합기』의 편자는 오십맹을 문자의 뜻으로 보지 않고 신성과 유
관한 말로 보았다는 것이다. 磯竹는 弓嵩의 譯稱이었는데 원의를 알
지 못하는 일본인이 磯竹로 오해하여 磯竹島 내지 竹島로 칭했다는

---

34 日本大辭典刊行會 『日本國語大辭典』 第一卷, 小學館, 昭和54年.
35 日本大辭典刊行會 『日本國語大辭典』 第六卷, 小學館, 昭和54年.
36 俗言磯竹島多竹漁海鹿(權五曄·大西俊輝편역주 『隱州視聽合紀』, 인문사, 2012, p.53).
37 大韓公論社 『獨島』, p.75; 『隱洲視聽合紀』 p.53·606.
38 五十猛神 降到於新羅國 居曾尸茂梨之處 (중략) 初五十猛神 天降之時 多將樹種
　　而下 然不殖韓地, 盡以持歸 逐始自筑紫 凡大八洲國之內, 莫不播殖而成靑山焉 所
　　以 稱五十猛命 爲有功之神(『日本書紀』 卷第一, 神代一).

것이다.

『삼국지』의 「일도」를 『삼국사기』는 우산국과 울릉도로 표기하고, 『고려사』는 우산국·우릉도(芋陵島·羽陵島)·울릉도(欝陵島·蔚陵島)·우릉성(羽陵城)·무릉도·우산·무릉 등으로 표기했다. 구전의 토속명을 한자로 표기한 것인데, 토속명으로 생각되는 것이 일본의 기록에 있다.

藤原行成의 『權記』에는 고려의 芋陵島人 11인이 1004년에 동해의 끝, 일본의 서해안에 위치하는 因藩에 표류하자 그들에게 식량을 주어 돌려보낸 내용의 기록이 있다.[39] 그들은 京都를 거쳐 귀국하게 되는데, 귀국하기 전의 송별연에서 藤原公任가 읊은 노래가 藤原俊成의 『千載和歌集』와 본인의 『公任集』에 전한다. 『千載和歌集』에는

안타깝게도 우루마섬 사람처럼 내가 말하는 것을 알아듣지 못하는 얼굴이다.

라는 노래가 전하고 자신의 『공임집』에도

원망스러운 우루마섬 사람처럼, 내가 애를 태우는 것도 모르는 얼굴이다.

우루마섬 사람들과 말이 통하지 않는 답답한 심정을 노래했다. 11세기의 일본이 울릉도를 신라의 「우루마」로 인식했다는 것인데, 그것은 우르뫼·우루매·우루메·우르마 등에서 연유하는 도명이다. 우르뫼의

---

39 高麗藩徒芋陵島人漂至因幡…給資糧回歸本國(藤原行成 『權記』1004년, 長保6).

「우르」는 「울라(군장)·어라하(백제의 고위관직)」와 동의의 고대어 「어른·우(위·상)·우러러」와 같은 말로 「군장·왕(주상·성상)·왕검」 등을 의미하고, 「뫼」는 산·릉을 의미하여, 우르뫼는 임금산·왕검산 등으로 해석할 수 있다.

우릉은 「우르」의 「르」를 생략하고 「우」를 한자로 음역한 것과 「뫼」를 한자로 음역한 「릉」을 합한 것이다. 우산 역시 「우르」와 「뫼」를 한자로 음역한 것이기 때문에 우릉과 우산은 같다. 또 우릉과 무릉의 한자 표기는 같음 음으로, 우릉과 무릉은 동도를 의미하여, 울릉·우릉·무릉·우산 등은 「우르뫼」를 한자로 표기한 것이다.[40]

이런 도명 가운데 우산과 무릉의 차이를 분명히 설명해주는 것이 『고려사지리지』「일운」의 「우산과 무릉은 본래 2도다」라는 내용이다. 그런데 기록들은 정동해중에 우산 무릉의 2도가 존재한다는 사실에 밝히면서도, 본토와의 교류 중심이기 때문에, 무인의 암도, 즉 독도를 의미하는 우산이 경우에 따라서는 유인도로 기록되는 경우도 있다.

태종의 명으로 정동해중을 순시한 「무릉등처안무사」 김인우가 무릉도가 아닌 우산도에서 귀환한 것처럼 보고하면서 15호의 86인이 거주한다는 내용을 보고한 것이 대표적인 경우다. 그것은 무릉등처안무사 김인우가 무릉도와 무릉등처에 포함되는 암도로서의 우산도를 순시하고 귀환하여, 우산도에도 들린 사실을 강조해서 보고한 것으로 볼 수 있는 기록이다. 그런데도 김인우가 우산도에서 돌아왔다는 말에 근거해서 김인우의 순시를 무릉도로 한정한다. 그리고 그것을 근거로 조선조정이나 왕조실록에 편찬에 관여한 사관들이 「우산무릉」과 「무릉

---

40 愼鏞廈 「독도 명칭 변화 연구」, 『한국학보』 제91·92합집, 1998; 『한국과 일본의 독도 영유권 논쟁』, 한양대학교 출판부, 2003, p.47.

등처」를 사람이 거주하는 무릉도와 동도로 인식했다며, 조선의 정동해중의 2도 인식을 부정한다.[41]

그러나 그것은『태종실록』의 무릉등처·유산국도·우산무릉과 같은 표기만이 아니라「무릉도와 본도」·「무릉도와 소도」등과 같은 기록의 의미를 간과한 주장이다. 이런 표기들은 어떻게 보아도 정동해중에 2도가 존재한다는 인식에 근거하는 표기로 보지 않을 수 없다.「우산무릉」이 원래 2도라는『고려사』의 설명이 있고,「무릉등처」의「등」이 복수를 의미하기 때문에 쉽게 알 수 있는 일이다.「유산국도」의 경우는「도」를 어미로 보면 1도로 볼 수 있으나, 유산국에 도를 첨부한 것으로 보고「유산국의 섬」으로 해석하는 것이 합리적이다.

(4) 정동해중의 2도

정동해중에 2도가 존재한다는 것은『삼국지』의「일도」에 거주하는 주민 누구나 아는 일이었다. 바람이 부는 맑은 날에는 동방의 암도를 육안으로 확인할 수 있기 때문이다.「일도」의 주민들은 확인하는 것에 그치지 않고 신앙의 대상으로 여겼다는 것은 매년 7월에 동녀를 희생으로 하는 의례를 거행한다는 사실로 알 수 있다. 고대인들은 태양이나 자연을 숭배하는 방법으로 원하는 것을 이루려 했다. 그런 사고를 최남선은 이렇게 설명했다.

天을 抽象的으로 認定하지 못하고 太陽이란 具象的 存在로서 본 것도 그러하거니와, 이 具象的인 要求가 더욱 親近味를 要求할 때에,

41 川上健三『竹島の歴史地理學的研究』, 古今書院, 1996, p.114; 權五曄역『日本의 獨島論理』, 백산지료원, 2010, p.127.

天 곧 太陽인 神의 側近的 鎭護를 생각하게 되고, 이 要求에 應하여 神山이란 信仰 現象이 그 宗敎的 生活 중에 나타나게 되었다. 아무튼 옛날에는 山嶽 그 自體의 崇拜도 行하여졌을 것이나, 시방 우리가 遡及할 수 있는 時限內에서는, 朝鮮에 있어서의 神山이란 결코 他에 있어서와 같은 通例의 山岳 崇拜가 아니라, 天界의 人間的 存在 또는 太陽의 權現, 혹은 그 宮居로서의 그것임을 알 수 있다.[42]

원래 우리 민족은 산을 천계의 인간적 존재의 거주처나 태양의 권현으로 보았다는 것이다. 특히 고산을 절대적인 존재(태양)의 주거로 믿기 때문에 숭배의례를 거행했다. 그런 의례의 일환으로 거행된 것이 동녀를 희생으로 하는 「일도」주민들의 의례였다.

신산을 숭배하는 주민들에게 육안으로 확인되는 동방의 암도는 신앙의 대상으로 군림하기에 충분했다. 바람이 부는 맑은 날에만 모습을 나타내는 신비스러운 암도가 태양을 등지고 나타나는 형상이야 말로 태양에 대한 숭배심을 흡수하며 신앙의 대상으로 군림하기에 충분했다.[43]

「일도」를 『삼국사기』는 우산국과 울릉도를 병기하여, 우산국이 울릉도를 중심으로 하는 「국」이라는 것과 울릉도 이외의 섬이 존재한다는 것을 시사했다. 그것을 『고려사지리지』는 우산과 무릉은 풍일 청명하면 서로 바라볼 수 있다는 「일운」을 통해 정동해중에 2도가 존재한다는 사실을 분명히 했다.

정동해중의 2도가 「일운」으로 취급된 것은 우산국이 신라에 복속

---

42 崔南善 『韓國史』 II, 玄岩社, 1973, p.45.
43 權五曄 「于山國의 종교와 독도」, 『日本語文學』 제35輯, 韓國日本語文學會 2007, 12, p.621.

된 이래, 우산국이라는 국명이 울릉도를 의미하는 우산이나 우릉·무릉 등과 혼용된 결과로 볼 수 있다. 우산국이 우릉·무릉·우산 등과 동일한 섬처럼 혼용되고 있으나 실제로는 다르다고 구별한 것이다.

울릉도 주민들은 우산국이 신라에 복속된 후에도 우산국에 대한 긍지와 미련을 가지고 있었다는 것을 엿볼 수 있는 것이 『태종실록』의 「유산국도인」이다. 고성의 어라진에 건너갔다 붙잡힌 울릉도 주민 백가물은 스스로 「유산국도인」을 자칭하며

> 우리들은 무릉도에서 생장하였는데, 그 섬 안의 인호가 11호이고, 남녀가 모두 60여 명인데, 지금은 본도로 옮겨서 살고 있습니다.[44]

무릉도에서 생장하여 본도에 거주한다고 진술했다. 이곳의 「유산국도인」은 「유산국도」에 거주하는 주민으로 볼 수도 있으나 「유산국」에 속한 섬에 거주하는 주민으로 해석할 수도 있다. 그런데 백가물은 유산국을 말하면서 자신이 생장한 무릉도와 현재 거주하는 본도를 같이 언급하여, 유산국은 무릉도와 본도로 구성되는 나라로 보아야 한다. 우산국이 울릉도와 울릉도 동방의 암도로 구성된 나라였다는 인식에 근거하는 진술이었다.

그런데 백가물이 생장했다는 무릉도와 현재 거주한다는 본도는 주민이 거주한다는 점이나 주민이 거주할 수 있는 섬이 무릉도 뿐이라는 점을 생각하면 무릉도와 본도는 동도라 할 수 있다. 그런데도 다른 섬처럼 설명한 것은 백가물의 진술을 강원도 관찰사가 정리하여 보고한 내용

---

44 流山國島人白加勿等十二名, 求泊高城於羅津, 言曰, 子等生長武陵, 其島內人戶十一, 男女共六十餘, 今移居本島(『太宗實錄』12년4월15일).

이라는 사실과 같이 생각하면, 그렇게 진술한 의도를 추정할 수 있다.

태종이 쇄출령을 내렸는데도 무릉도에 주민이 거주한다는 것은 주민들이 쇄출을 원하지 않았기 때문이다. 쇄출령이 내릴 때마다 은신했다 다시 나타난다는 것이다. 그것은 태종이 무릉등처안무사 김인우에게 병선 2척을 내주며 「두목을 잘 설득하여 사람들을 대려 올 것」을 명한 사실로도 알 수 있는 일이다. 태종은 무릉도 주민을 대표하는 두목이 존재한다는 것을 알고 그의 협조를 구하는 방법을 제시했다. 그처럼 무릉도에 두목으로 불리는 인물이 거주한다는 것은 무릉도에 조정의 질서에 따르지 않는 토호적 지도자가 도민들을 관리 내지 통솔하고 있었다는 것이다. 그런 두목이 관리하는 무릉도 주민의 쇄출을 명받은 김인우가 무릉도에 15호에 86인이 거주한다는 사실을 확인하고도 3인밖에 쇄출하지 못했다는 것은[45] 무릉도의 주민들이 김인우에게 쇄출되는 것보다 토호의 두목이 관리하는 무릉도에 거주하는 것을 원한 결과로 볼 수 있다. 그처럼 정동해중에는 조정의 쇄출령에 응하지 않는 주민들이 상주하고 있었다.

김인우가 정동해중의 지리적 사실을 어떻게 조사하여 보고했는지, 방법과 과정을 확인할 수 없으나 순시 중에 만난 토착민들에게 묻거나 붙잡은 주민을 심문해서 얻은 내용을 정리하여 보고한 경우는 부정할 수 없다. 안무사나 강원도 감찰사가 직접 조사를 한다 해도 결국은 주민들에게 물어서 확인해야 하기 때문에 보고는 사실에 근거하는 것으로 볼 수만은 없다. 쇄출을 원하지 않는 주민들, 특히 태종이 언급한 두목의 의도에 따라 얼마든지 왜곡될 수 있었다.

쇄출되는 것보다 무릉도의 거주를 원하는 토착민들이 정동해중의

---

45 且率居人三名以來. 其島戶凡十五口, 男女幷八十六(『太宗實錄』17년 2월 5일).

지리를 사실대로 알려주는 것은 원하지도 않는 쇄출정책에 협조하는 일, 자신들의 생활을 파탄시키는 일이었다. 또 주민들은 파견된 관리들이 자신들의 협조 없이는 실상을 파악하기 어렵다는 것도 알고 있었다. 그래서 안심하고 필요에 따라 허위 진술도 할 수 있었다.

백가물 일행은 쇄출령을 어기고 무릉도에 거주하다 어라진에 건너갔다 붙잡힌 죄인이었다. 붙잡힌 이상 원하지 않는 육지에서 살아야 될지도 모르나, 생장하고 거주하는 무릉도로 돌아가고 싶다. 그런 백가물의 입장에서 「유산국도인」의 의미를 파악해야 한다. 백가물 일행을 「유산국도인」으로 표기한 것은, 일행이 자신들의 주거지를 「유산국의 어느 섬」이라고 진술했다는 것이다. 그것을 「유산국이라는 섬」에서 건너온 자들로 보고 「유산국도인」으로 기록한 것이다.

유산국의 주민을 자처하는 백가물이 무릉도에서 생장하여 현재는 본도에 산다고 진술한 것은 그가 유산국을 무릉도와 본도를 영역으로 하는 나라로 인식했다는 것이다. 「본도」란 1403년에 쇄출된 주민들이 다시 돌아가 거주하기 때문에 그렇게 칭한 것으로 보기도하나, 그것은 「今移居本島」와 맞지 않는 해석이다. 1403년에 본토로 쇄출되었다 무릉도로 돌아갔다면 「이」가 아닌 「반·환·귀」 등으로 표기해야 한다.

따라서 본도는 무릉도와 같이 존재하는 정동해중의 섬으로, 무릉도에서 생장한 주민들이 이주하여 거주하는 섬으로 보아야 한다. 그것은 정동해중의 2도 중에서 사람이 거주할 수 있는 섬은 하나뿐이라는 사실과 모순되는데, 백가물 일행이 자신들의 안전을 위해 허위로 진술한 것이라면 있을 수 있는 일이다. 정동해중의 정확한 지리적 사실이 외부에 알려지는 것을 꺼리는 자구책이었던 것이다. 그렇게 사실과 다른 진술을 해도 사명의식이 없는 관리들에게 밝혀지는 일은 있을 수 없다. 세종조의 요도와 성종조의 삼봉도가 풍설된 것으로 알 수 있는 일이다.

정동해중의 2도 인식은 호조참판 박습이 태종에게 설명한 정보에도 나타난다. 박습은 무릉도를 설명하면서 옆에 존재한다는 소도를 언급했는데, 무릉도 옆의 소도라면, 무릉도에서 바람이 부는 날에 육안으로 확인되는 암도일 수밖에 없다. 그런 2도 인식이 「무릉도와 본도」·「무릉도와 소도」·「무릉등처」 등으로 표기된 것이고, 그것을 구체화한 것이 『태종실록』 17년조의 「우산무릉」이다.

(5) 무릉등처안무사

무릉도에 주민이 있으면 왜구가 강원도까지 침구할 것이라는 김인우의 보고를 들은 태종은 1416년 9월에 그를 「무릉등처안무사」로 삼으며 주민의 쇄출을 명했다. 그로부터 5개월이 지난 1417년 2월에 김인우는 무릉도에 거주하는 15호의 86인 중에서 3인을 쇄출하며 무릉도에서 채취한 것으로 생각되는 산물을 헌상했다. 그러면서 무릉도가 아닌 우산도에서 귀환한 것처럼 보고했다. 무릉도를 우산도로 오인한 것으로 볼 수 있는 보고였다.

일본은 그것을 근거로 우산도와 무릉도가 동도이고, 「우산무릉」은 사람이 거주하는 1도로 보려 하는데, 그것은 「무릉등처안무사」라는 직책의 의미를 간과한 주장이고, 안무사의 활동을 무릉도로 한정하는 단견이다. 기록에는 김인우가 무릉도만 순찰했다는 내용이나 우산도는 순찰하지 않았다고 볼만한 내용이 없다. 보고가 안무사로 임명된 5개월 후에 이루어진 것을 보면 무릉도만이 아니라 우산도까지 순찰하는 것은 시간적으로 충분했다. 따라서 김인우가 2도를 순시하고 귀환하여 우산도의 순시를 강조하여 보고한 것으로 보아야 한다.

정동해중을 설명한 기록들은 사람이 거주하는 울릉도(우릉·무릉) 중심이다. 주민이 없는 암도로서의 우산도에 관한 기록은 거의 없다. 그렇다 해서 우산국·우릉도·무릉도·울릉도 등을 혼용하는 주민들이 육안으로 확인되는 동방의 암도를 인식하지 못하는 일을 있을 수 없다. 그런 주민들의 인식에 근거하는 것이 「본래 우산과 무릉은 2도다」라는 「지리지」의 「일운」이다. 그것을 『태종실록』은 「무릉도와 본도」·「무릉도와 소도」·「우산무릉」 등으로 기록한 것이다.

그런데도 김인우의 보고를 근거로 무릉도와 우산도를 동일한 섬으로 단정하며 조선조정과 조선왕조실록의 편찬자들이 우산과 무릉을 동일한 섬으로 보았다고 단정하는 것은, 부분의 오류이거나 잘못된 해독을 근거로 전체를 부정하는 일로, 사회적 인식이나 전체의 흐름과 모순되는 결론을 도출하는 근거가 된다. 전체가 부분에 편재한다는 사실을 간과한 일이고, 부분도 전체의 흐름과 모순되지 않아야 의미를 이룬다는 이치에 반하는 일이다.

고려도 정동해중의 섬에 관리를 보낸 일이 있다. 1018년(현종 9)에는 이원구를 파견하여 농기구를 하사했고, 1141년(인종 19)에는 명주도 감사 이양실이 사람을 보내 채취한 산물을 조정에 헌상했고, 의종은 1157년에 김유립을 보내 울릉도를 조사하게 했으며, 원종은 허공을 절목사로 임명하여 파견했다. 모두 고려조정이 울릉도를 관리하는 내용의 기록이다. 그래서 주민이 없는 울릉도 동방의 암도는 기록의 대상이 되질 못했다. 그런데도 정동해중의 2도를 설명하는 내용이 『고려사지리지』의 「일운」으로 전한다는 것은 울릉도 주민들이 동방의 암도를 인식했다는 것이다. 그런 인식이 사회적으로 유포되었기 때문에 기록된 것이다.

『태종실록』이 정동해중의 지리적 사실을 「무릉등처」·「우산무릉」
로 표기하고 그곳에 파견하는 관리를 「무릉등처안무사」로 기록한 것
은, 안무사가 관할하는 영역이 무릉도만이 아니라 무릉도 주변의 섬들
도 관리한다는 것이다. 따라서 「등처」에는 무릉도에서 육안으로 확인
되는 암도도 포함된 것으로 보는 것이 당연하다.

안무사란 육조 대간들의 의견으로 설명되는 직책이다. 「무릉등처안
무사」로 임명된 김인우가 무릉도에 15가구의 86인이 산다는 보고를 하
자 육조대신 들은 주민을 쇄출하는 것보다 오곡과 농기구를 공급하여
생업을 안정시키고 주사를 파견하여 위무하자는 의견을 제출했다.[46] 그
처럼 무릉 등처의 주민을 안무하는 사명을 부여 받은 관리가 「무릉등
처안무사」였다.

정동해중에 존재하는 섬을 다스리는 지배자는 『삼국지』의 「일도」
에도 존재했다. 도민의 생사여탈권을 행사하는 지배자가 있었기 때문
에 동녀를 선발할 수도, 동녀를 희생으로 하는 의례도 거행할 수 있었
고, 신라와 대적하는 우산국으로 발전할 수도 있었다. 그런 일도의 주
민이나 지도자가 육안으로 확인되는 동방의 암도를 인식하지 못하는
일은 있을 수 없다.

정벌되어 신라에 복속된 우산국은 930년에는 백길과 토두를 사신으
로 삼아 고려에 방물을 바치고 벼슬을 받았다. 사자를 파견한 인물에
대한 기록은 없으나, 두 사자 보다 높은 벼슬을 받은 것으로 보아야 한
다. 그의 권한과 의무가 무엇이었는지는 알 수 없으나, 고려가 명주도

---

46 命右議政韓尙敬, 六曹, 臺諫, 議刷出于山, 武陵居人便否, 僉曰, 武陵居人, 勿令刷
出, 給五穀與農器, 以安其業, 仍遣主帥撫之(『太宗實錄』17년2월8일).

의 울진현으로 편제시킨 것에 근거하면, 명주도감의 지시를 받는 토호적 지도자였을 가능성이 크다.

1032년에 우릉성주가 토산물을 헌상한 일이나 1141년(인종19)에 명주도 감창사가 울릉도의 과실을 조정에 바친 일 등을 통해 명주도와의 관계를 엿볼 수 있으나, 1157년에 명주도감을 파견하여 지리적 사실을 정리한 것을 보면, 그때까지의 관리가 철저하지는 못했다는 것을 알 수 있다.

김유립이 조사하고 보고한 내용이 『고려사지리지』에 있는데, 암석이 많아서 백성이 살기 어렵다는 내용이나 중앙에서 사방의 해안에 이르는 도보수, 사람이 살았다는 흔적을 기록한 내용 정도였다. 그 정도의 정보라면 930년의 백길과 토두도 보고했을 것으로 생각되는 내용으로, 울릉도 주민들이나 동해안 주민들에게 구전되는 인식에 근거한다고 보아야 한다.

김유립은 사람이 거주하기에 적당하지 않은 곳으로 보고했으나, 울릉도에서 생장하는 주민들은 그렇게 생각하지 않았다. 원종조의 울진현령 박순이 가족과 노비를 거느리고 이주를 계획할 정도로 선호하는 자도 있었다. 토착민들은 본토인들이 주거에 부적절하다며 기피할 수록, 조정의 간섭을 받지 않고 독자적인 생활을 영위하는데 좋은 일이었다.

그러기 때문에 왜구와 여진족의 침구할 위험이 있는데도 거주하려 했고, 태종이 1403년에 쇄출령을 내렸음에도 응하지 않는 주민들이 있었다. 태종이 1416년에 김인우에게 병선 2척을 끌고 가서 쇄출할 것을 명한 것은, 1403년의 쇄출령에 응하지 않은 주민이나 쇄출 되었다 다시 돌아간 주민들이 있었다는 것이다. 특히 태종이 두목을 설득해서 쇄출시키라고 지시한 것은, 무릉도 주민들을 두목으로 불리는 지도자가 통솔하고 있었다는 것이다.

그 두목이란 930년에 왕건에게 사자를 파견했던 인물, 1032년에 아들을 보내 토산물을 헌상했다는 우릉성주와 같은 위치를 확보하고 주민들을 통솔하는 자로 볼 수도 있다. 태종은 그런 지도자의 존재를 인지했기 때문에, 안무사를 파견하며 두목을 설득하는 방법을 제시한 것이다. 그런 두목의 존재는 우산국이 신라에 복속된 후에도 토호로서의 권한을 확보하고 주민들을 통솔하는 인물이 존재했다는 것을 의미한다.

4. 결론

이성계는 조선을 건국하자 『고려사』의 편찬을 지시하여 3년만에 완성했으나, 건국의 정통성이나 왕권의 서술 등의 문제로 정조·태조·세종을 거쳐 문종 원년(1451)에야 완성되었다. 59년이 소요된 편찬작업이었는데, 그 작업에 참여했던 사관들이 『태조실록』의 작업에도 참여했다. 그래서 『태종실록』에 참여한 사관들은 『고려사지리지』가 「일운」으로 전하는 「정동해중에 우산 무릉이라는 2도가 존재하는데, 바람이 부는 맑은 날에만 서로 바라볼 수 있다」는 내용을 인식할 수밖에 없었고, 그런 인식을 반영한 것이 「무릉등처」·「우산무릉」·「무릉도와 본도」·「무릉도와 소도」·「유산국」 등과 같은 표기다.

『태종실록』의 기록이 사람이 거주하는 무릉도 중심이기 때문에, 주민이 없는 우산도에는 관심이 없었다. 자연히 주민이 있기 때문에 교류하고 사건도 발생하는 무릉도와 관련된 사실의 기록이 중심을 이룬

다. 그러다 간혹 무의식적으로 기록되는 것이 우산도다. 그래서 무릉
도로 착각할 수도 있는 표기가 이루어진 것이다.

태종은 정동해중을 관리하는 방법으로 김인우를 「무릉등처안무사」
에 제수하여, 김인우가 관리해야 하는 영역이 무릉도만이 아니라는 것
을 분명히 했다. 그런데 김인우가 임무를 수행하고 귀환하여 임무 중
에 채취한 산물들을 헌상하며 우산도에서 귀환한 것처럼 보고했다. 그
러자 일본은 우산도가 아닌 무릉도에서 채취할 수 있는 산물이라는 것
을 근거로 무릉도와 우산도를 동도로 단정하고, 조선의 독도인식을 부
정한다. 그러나 그것은 안무사의 관리 영역이 무릉등처, 즉 무릉도와
주변의 영역이라는 단순한 사실을 간과한 주장이고, 안무사의 관리 영
역을 무릉도에 한정시키는 일로, 관직명의 의미를 떠난 주장이다.

김인우의 보고에는 무릉도만 순시했다거나 우산도는 순시하지 않
았다고 단정할만한 내용이 없다. 「무릉등처안무사」의 「무릉등처」가
무릉도 이외의 영역도 포함하기 때문에, 안무사의 순시는 무릉도만이
아니라 등처에 포함되는 영역, 즉 무릉도에서 바람이 부는 맑은 날에
만 볼 수 있는 우산도에서도 이루어진 것으로 보아야 한다.

우산도에서 돌아왔다는 김인우의 보고를 근거로 무릉도와 우산도
를 동도로 해석하며 조선왕조와 왕조실록의 편찬자들도 그렇게 인식
하고 있었다고 주장하는 것은, 부분의 기록에 근거해서 전체를 규정하
는 일이고, 기록의 내용을 왜곡하는 일이다. 기록은 전체가 부분에 편
재한다는 사실에 근거해서 해독해야 한다. 부분이 전체의 흐름과 모순
된다면 그것은 오류이거나 오기다.

태종조의 2도 인식은 「무릉등처」·「우산무릉」과 같은 표기 만이 아
니라 「유산국도인」이라는 표기에도 나타나 있다. 「유산국도인」는 「유

산국도」의 주민, 즉 「유산국 무릉도의 주민」으로 해석할 수 있다. 따라서 그곳에 거주하는 주민들이 언급한 「유산국」은 「무릉등처」를 영역으로 하는 나라로 보아야 한다.

1412년에 고성 어라진에서 체포된 백가물 일행이 언급한 무릉도와 본도는 사람이 거주한다는 면에서 동도였다. 육지에 상륙했다 붙잡힌 무릉도 주민들은 자신들의 거주하는 정동해중의 지리적 사실이 바로 알려지는 것이 두려워 주민이 거주하는 섬이 무릉도 외에도 존재하는 것처럼 진술한 것이다. 그래야 관리들을 혼동시키는 방법으로 자신들의 안전을 도모할 수 있다고 판단한 것이다.

무릉도 주민들은 태종의 쇄출 정책을 원하지 않았다. 태종이 1403년에 쇄출령을 내렸는데도 1412년의 무릉도에 11호에 60여인이 있었고, 1417년에 김인우가 병선 2척을 타고 가서 15호 86인을 확인하고도 3인만 쇄출한 것으로도 알 수 있는 일이다.

쇄출을 원하지 않는 무릉도 주민들은 지리적 사실이나 거주 상황을 사실대로 말하는 것은 자신들의 안정된 생활에 위험을 자초하는 일이었다. 그래서 허위로 진술한 것이다. 도민들은 관리들의 보고가 자신들의 정보에 의지한다는 것은 물론 허위로 진술해도 탄로나지 않는다는 것도 알았다. 사실대로 진술할 필요가 없었다는 것이다. 그래서 고려나 조선의 관리들이 정동해중을 조사하고 보고한 내용에는 사실과 다른 내용이 포함되지 않을 수 없었다.

그렇다 해서 고려와 조선의 관리나 관련자들이 정동해중에 2도가 존재한다는 사실을 몰랐다는 것은 아니다. 정동해중에 2도가 존재한다는 것은 일반화된 사회적 인식이었기 때문에 「무릉등처」·「우산무릉」에 관한 사실이 유포되고 기록된 것이다.

제7장

『세종실록』의 우산무릉
-풍설의 요도-

1. 서 – 풍설을 탄망한 세종

세종대왕은 『고려사』의 편찬 방법과 내용을 사관들과 논쟁할 정도로 역사의 기록에 관심이 많을 뿐 아니라 조예도 깊었다. 태조가 1392년에 편찬을 명한 『고려사』가 59년이 지난 1451년(문종 1)에 완성되게 했을 뿐만 아니라, 태조와 정조의 실록을 개수시켰고 『태종실록』의 편찬을 명하여 완성시켰다. 그러면서 『신찬팔도지리지』를 편찬하여 『세종실록지리지』의 모본을 정리하게 했다.

그런 세종이었기에 『고려사지리지』와 『세종실록지리지』가 같이 전하는 「정동해중의 우산과 무릉은 풍일청명한 날에만 망견할 수 있다」는 내용을 인지하지 못하는 일은 있을 수 없다. 『고려사』가 1451년, 『세종실록』이 1454년에 편찬되어 3년의 차가 나고, 『세종실록』의 지리지가 1432의 「신찬팔도지리지」를 모본으로 했기 때문에, 『고려사지리지』의 「일운」을 『신찬팔도지리지』의 내용을 전용한 것으로 보기도 한다.[1]

세종의 우산도 인식은 태종이 「무릉등처안무사」로 임명했던 김인우를 다시 안무사에 제수하며 관직명을 「우산무릉등처안무사」로 개명한 것으로도 알 수 있다. 정동해중에 우산도와 무릉도가 존재한다는 것을 태종이 「무릉등처」로 표기한 등처를 세종은 「우산무릉등처」로 구체화했다. 세종은 정동해중에 양도 이외에 요도가 존재한다는 풍설을 1429년에 접하자, 실체를 확인하려고 9년이나 노력하고도 뜻을 이루지 못했다. 그러자 1438년에 「무릉도순심경차관」 직을 신설하고 조

---

1 川上健三 『竹島の歷史地理學的研究』, 古今書院, 1996, p.105; 權五曄역 『日本의 獨島論理』, 백산자료원, 2010, p.117.

민과 남회를 경차관에 제수한다. 「무릉등처」를 「우산무릉등처」로 구체화 했던 세종이 「우산」을 생략한 관직을 신설한 것이다. 무릉도를 보다 철저히 관리하려는 의지의 실현으로, 우산을 무릉과 구별하고 있었다는 것을 알 수 있는 조치였다.

세종은 1430년에 강원도의 북방, 함길도의 남방에 요도가 존재하여, 육안으로 확인할 수 있다는 정보를 강원도와 함길도감사에게 제공하며 실체의 확인을 명했다. 그런데 1438년 7월에도 강원도감사에게 같은 지시를 한다. 육안으로 확인된다는 요도를 8년이 경과했는데도 확인하지 못했다는 것이다. 세종이 『신찬팔도지지리』의 편찬의 뜻을 밝힌 보름 만에 『신찬경상도지리지』가 준비되었다는 것과는[2] 대조되는 일이었다.

세종은 성의를 다하면 구해지는 것이 천하고금의 상사이므로, 강역 안의 영토를 반드시 확인해야 한다며, 공로자에게는 신분을 초월하는 벼슬을 하사하고 포상하겠다는 뜻까지 천명했다. 그처럼 풍설되는 섬의 실체까지 확인하려는 세종이 무릉도에서 육안으로 확인된다는 우산도의 통치를 포기하는 일은 있을 수 없다.

태종과 세종은 무릉도의 주민을 쇄출하려 했으나 완전한 쇄출이 이루어지지 않았다. 쇄출된 주민들이 기회가 되면 다시 돌아가기 때문이다. 그런 주민들의 입장에서 본다면, 정동해중의 정확한 지리가 외부로 알려지는 것은 자신들의 안전이 위협받는 일이었다. 그래서 주민들은 지리적 사실을 과장하거나 왜곡해야 했다. 조정이 파견하는 관리도 자신들의 정보에 의지하지 않을 수 없다는 것을 알기 때문에, 안심하고 왜곡할 수 있었다. 그런 사실에 근거하면 풍설의 요도는 무릉도 주

---

2 徐仁源『朝鮮初期 地理志 研究』, 혜안, 2002, p.45.

민들이 쇄출 당하는 것을 면하기 위한 방법으로 풍설시킨 허위로 보아야 한다. 그렇기 때문에 세종이 16년이나 노력하고도 실체를 확인하지 못한 것이다.

「무릉등처안무사」를 「우산무릉등처안무사」로 개명하여 정동해중을 관리하던 세종이 「우산」을 삭제한 「무릉도순심경차관」을 신설하고 조민과 남회를 경차관에 제수하여 무릉도민을 쇄출시킨 것도 무릉도 부근에 존재한다는 요도의 확인을 목적으로 하는 특단의 조치였다. 그럼에도 종국에는 신하들에게 기망당했다며 한탄하게 된다. 실체가 존재하지 않는 요도의 풍설에 왕도에 충실한 세종이 탄망하지 않을 수 없었던 것이다.

2. 세종의 정동해중

(1)『세종실록』의 제 도명

『세종실록』에 기록된 정동해중의 도명은 무릉·무릉도·요도·무릉도우산·우산무릉·본도·차도·기도 등이다. 이것들을 둘러싸는 해역을 관리하는 관직이 「우산무릉등처안무사」와 「무릉도순심경차관」이고, 정동해중의 관리에 관여하는 것이 강원도와 함길도의 감사였다.

무릉은 세종 1·7·27년조에 보이는데, 1년조의 무릉은 경기도 평구역에 쇄출된 이주민들의 원주거지로 「도」가 생략된 무릉도다. 7년조는 김인우가 향하는 무릉도였고, 27년조는 요도와 같이 언급되는 무릉도.[3] 무릉이 무릉도의 약기라는 것을 알 수 있다.

---

3 上以武陵出來男婦共十七名(世宗1년4월1일); 茂陵入歸時, 敗船物故(『世宗實錄』

무릉도는 세종 1·7·8·19·20·21·23·27년조에 등장하는데, 1년조는 평구역에 쇄출된 주민들의 원주거지이고, 7년조는 1417년에 쇄출되었던 주민들이 귀환한 무릉도이고, 8·21·27년조는 강원도 주민들이 무단으로 도해하는 무릉도다. 19·21년의 무릉도는 함길도 감사의 보고에 나오는 섬이고, 20년의 무릉도는 새로 신설한 관직명의 일부로 경차관이 관리하는 영역, 그리고 23년의 무릉도는 경차관이 순심한 곳으로서의 도명이다.

7년조의 「우산무릉」은 세종이 정동해중의 관리를 목적으로 임명하는 「우산무릉등처안무사」라는 관직명에 포함된 조어로,[4] 안무사가 관리하는 영역에 우산도와 무릉도가 포함된다는 것을 의미한다. 우산무릉이 1도가 아니라 우산도와 무릉도의 병기라는 것은 『고려사지리지』와 『세종실록지리지』가 우산 무릉을 2도라고 언급한 것으로 알 수 있다. 1438년에 세종이 「무릉도순심경차관」을 신설하며 우산을 제외한 것을 보아도 우산과 무릉은 동도일 수 없다.

「본도」는 7년의 8·10·12월조와 12년의 1월조에 있는데,[5] 7년의 8월조와 10월조는 강원도 평해인들이 도망쳐 거주하는 무릉도이고, 12월조는 김인우가 무릉도 주민을 쇄출하기 위해 향했던 섬이다. 12년 1월조의 본도는 함흥부 포청사의 주민 김남련이 건너간 일이 있다는 요도다.

「차도」는 7·19·27년조에 있는데,[6] 7년조는 본토인들이 요역을 피해

世宗7년11월20일). 其後因往茂陵, 亦望此島(『世宗實錄』世宗27년8월17일).

4 以前判長鬐縣事金麟雨爲于山, 武陵等處按撫使(世宗7년8월8일). 于山, 茂陵等處按撫使金麟雨搜捕本島避役男婦二十人來復命(『世宗實錄』世宗7년10월20일).

5 復逃入本島, 今年五月, 乙七等七人留其妻子於本島(7년8월8일). 金麟雨搜捕本島避役男婦二十人來復命(7년10월20일). 隨按撫使金麟雨向本島(7년10월28일). 金南連曾往還本島(『世宗實錄』世宗12년1월26일).

들어간 무릉도이고, 19년조는 본토에서 멀고 항로가 험하다는 무릉도다. 27년조는 세종이 추정한 요도다.

「기도」는 20·27년조에 보이는데,[7] 20년조는 경차관이 설명하는 무릉도이고, 27년조는 세종이 언급한 요도다.

「무릉도우산」은 세종 18년 윤6월 20일조에 보이는데,[8] 무릉도의 우산으로 볼 수도 있으나 우산을 우산도의 약기로 보면 무릉도와 우산도의 병기로 볼 수 있다. 강원도 감사 유계문이 세종에게 무릉도의 비옥한 토지에 주민을 이주시키고 관리를 주재시키자는 건의문에 표기된 조어인데, 세종의 전지에 「무릉도」로 표기한 것을 보면[9] 무릉도와 우산도의 병기라기보다는 「무릉도의 우산」으로 보는 것이 타당할 것이다. 그러면 우산은 『고려사지리지』의 「대산」이나 『세종실록지리지』의 「태산」으로 볼 수 있다.[10] 따라서 유계문이 말한 비옥한 토지는 도중에 솟은 산의 자락에 있는 평야로 볼 수 있다. 실제로 성인봉 자락에는 90헥터의 나리평야가 있다.[11]

「우산무릉등처안무사」는 우산도와 무릉도를 둘러싼 해역까지 관리하는 관직이지만, 태종과 세종이 임명한 안무사의 활동이 주민의 쇄출을 주임무로 했기 때문에, 주민이 없는 암도로서의 우산도에 대한

---

6 此島別無異産, 所以逃入者(7년10월20일). 此島遠於陸地, 風水甚惡, 不宜蹈不測之患, 以設郡縣(19년2월8일). 予謂此島, 海中必有之, 然島山平微, 海浪連天, 在岸者未得詳見. 予之尋訪此島 (『世宗實錄』世宗27년8월17일).
7 其島四面皆石, 雜木與竹成林, 西面一處, 可泊舟楫(20년7월15일). 其中豈無親見其島者哉(『世宗實錄』世宗27년8월17일).
8 江原道監司 柳啓聞啓. 武陵島 牛山, 土沃多産, 東西南北各五十餘里, 沿海四面, 石壁周回, 又有可泊船隻之處(『世宗實錄』世宗18년윤6월20일).
9 居于對馬島, 尙且侵掠嶺東, 至于咸吉道. 茂陵島無人日久, 今若倭奴先據, 則將來之患, 亦未可知(『世宗實錄』世宗19년2월8일).
10 柔立回奏云島中有大山(『高麗史地理志』); 審察使金柔立等回來告島中有泰山(『世宗實錄地理志』江原道, 三陟府, 蔚珍縣).
11 울릉군 『鬱陵郡誌』, 울릉군지편찬위원회, 2007, p.56.

기록은 거의 없다. 그렇다 해서 안무사의 관리가 무릉도로 한정되는 것은 아니다. 그것은 태종이 김인우에게 제수했던「무릉등처안무사」를 세종은 동일인에게 안무사를 제수하며「우산무릉등처안무사」라고, 무릉등처를 우산무릉등처로 구체화한 것으로 알 수 있는 일이다.

(2)『신찬팔도지리지』의 정동해중

『고려사지리지』가 1451년(문종 원1)에 편찬되고『세종실록지리지』가 1454년(단종 24)에 편찬되어 3년의 차가 날 뿐이다. 그런데『세종실록지리지』가 1432년(세종14)에 편찬된「신찬팔도지리지」를 모본으로 했기 때문에「무릉도와 우산도」의 관계를 기록한 부분을『세종실록지리지』가 먼저 정리한 것으로 보기도 한다.

1424년에『신찬팔도지리지』의 편찬을 명받은 변계량 맹사성 등이 월령문의 편찬을 주장했으나 세종은 지지와 주군의 연혁이 먼저라는 지침을 내렸다.[12] 지리지에 세종의 관심이 지대했다는 것을 알 수 있는 지시였다.『신찬팔도지리지』가 현존하지 않으나 경상도가 기초자료로 올린『신찬경상도지리지』나『세종실록지리지』를 통해 어느 정도의 내용과 체제는 엿볼 수 있다.[13]

『신찬팔도지리지』를 편찬한 1432(세종14)년은 세종이 김인우를「우산무릉등처안무사」로 임명하여 무릉도 주민 20인을 쇄출한 1425년보다 7년 후이고, 정동해중에 존재한다는 요도의 실체를 확인하기 시작한 1430년 보다 2년 후였다. 또 6년 후인 1438년에는「무릉도순심경차

---

[12] 李良啓曰, 地志及州郡沿革, 一體事也, 使兼春秋館一人掌之. 臣與卓愼, 尹准共議撰之, 月令之文, 臣當任之. 上曰, 月令之文, 姑徐之, 地志及州郡沿革, 卿今撰進(『世宗實錄』세종6년11월15일).

[13] 徐仁源『朝鮮初期 地理志 研究』, 혜안, 2002, p.49.

관」을 신설하여 요도의 실체를 확인하려 했다. 그런데도 뜻이 이루어지지 않자, 1441년에는 국토의 새로운 땅을 확인하는 일에는 성심을 다해야 한다며, 요도의 확인에 공을 세운 자에게는 신분을 초월하는 벼슬을 내리겠다는 의지까지 천명했다.

그런 세종이 『고려사』와 『신찬팔도지리지』가 전하는 우산도와 무릉도의 존재를 인식하지 못하는 경우는 있을 수 없다. 세종이 편찬과정에 확인했을 것으로 생각되는 정동해중의 지리를 『세종실록지리지』는

> 우산과 무릉 2도가 현의 정동해중에 있다. 2도의 거리가 서로 멀지 않아 풍일청명하면 서로 바라볼 수 있다.[14]

강원도의 정동해중의 우산도와 무릉도는, 풍일청명한 날에 육안으로 확인할 수 있다는 사실을 밝힌 다음에 신라가 우산국으로도 칭했던 울릉도의 유래와 지리적 사실, 고려의 태조가 우릉도 사자에게 벼슬을 내린 사실 등을 약기했다.[15] 그것을 『고려사지리지』는

---

14 于山·武陵二島, 在県正東海中, 二島相去不遠, 風日淸明, 則可望見(『世宗實錄地理志』江原道 蔚珍縣).

15 江原道 三陟都護府蔚珍縣, 于山, 武陵二島在縣正東海中. 二島相去不遠, 風日淸明, 則可望見. 新羅時, 稱于山國, 一云鬱陵島. 地方百里, 恃險不服, 智證王十二年, 異斯夫爲何瑟羅州軍主謂于山人愚悍, 難以威來, 可以計服, 乃多以木造猛獸, 分載戰舡抵其國, 詑之曰:汝若不服, 則卽放此獸 國人懼來降. 高麗太祖十三年, 其島人使白吉土豆獻方物. 毅宗十三年, 審察使金柔立等回來告: 島中有泰山, 從山項向東行至海一萬餘步, 向西行一萬三千餘步, 向南行一萬五千餘步, 向北行八千餘步, 有村落基址七所. 或有石佛像鐵鐘石塔. 多生柴胡蒿本石南草. 我太祖時, 聞流民逃入其島者甚多, 再命三陟人金麟雨, 爲按撫使, 刷出空其地. 麟雨言:土地沃饒, 竹大如柱, 鼠大如猫, 桃核大於升. 他物稱是(『世宗實錄』地志, 江原道, 蔚珍縣).

일운은 우산과 무릉이 본래 2도로, 거리가 멀지 않아 풍일청명하면 서로 바라볼 수 있다고 한다.[16]

『신찬팔도지리지』를 모본으로 했다는『세종실록지리지』의 내용과 같은 것을, 제설이 존재한다는 것을 의미하는「일운」으로 해서 소개했다. 그것을 川上健三^{카와카미 켄 조우}는『세종실록지』가『고려사지지』의 울릉도에 관한 주기를 거의 답습한 것이라며『고려사지리지』의「일운」을 문두의 울릉도에 접속시켜, 무릉도와 우산도의 관계가 아니라 본토와 울릉도의 관계를 설명한 내용이라 했다. 그리고 울릉도가 태조 대까지 우릉·울릉·무릉 등으로 불린 사실이나 국명으로서의 우산국이 알려진 사실,「우산무릉」으로 표기되는 사실 등을 근거로「우산무릉」을 2도로 보는 것은 관념이라 했다.[17] 안용복이 일본인들에게 납치당한 1693년까지 조선이 우산도를 인지하지 못했다는 것을 주장하기 위한 의견이었다. 그런 가운데『고려사지리지』가『세종실록지리지』의 내용을 전용했다는 의견도 있다.

1416년 9월 2일에 김인우가 안무사로 파견될 때 그 대상 지역은 무릉(도) 한 섬이 아니라 무릉(도) 이외의 다른 섬이 상정된「무릉등처」였는데, 이것은 조선의 중앙정부가 정해준 것이었다. 따라서 김인우는 무릉(도) 이외에 다른 섬이 있는지 조사하지 않으면 안 되었고, 그 결과 무릉(도)로부터「거리가 멀지 않아 날씨가 맑으면 바라볼 수 있는」섬 독도를 조사하여 우산(도)라는 이름을 붙여 보고한 것이다. 그

16　一云, 于山·武陵, 本二島, 相距不遠, 風日淸明, 則可望見(『高麗史』地理志).
17　『竹島の歴史地理的研究』, p.105·114;『日本의 獨島論理』, p.117·127.

리고 조선의 중앙정부는 1432년에 완성한 『신찬팔도지리지』에 동해 가운데의 조선 영토로 무릉(도)와 우산(도)가 있음을 서술하여 국가의 공식 견해로 삼았고, 그것이 1454년에 완성된 『세종실록지리지』에 그대로 이어진 것이다.[18]

태종이 임명한 김인우가 「무릉등처」를 우산 무릉으로 구체화하고 『신찬팔도지리지』가 국가의 공식 견해로 삼아 수록한 것을 『세종실록지리지』가 모본으로 삼았다는 것이다. 안무사 김인우의 활동내용을 정확히 분석하고 정리하여 명쾌한 설명이다. 그러나

『고려사』지리지는 울릉도 한 섬만 서술된 고려시대의 기록을 중심으로 앞쪽에 쓰고, 조선시대인 태종과 세종 때의 조사에 기초하여 작성된 『세종실록』지리지의 우산(도)와 무릉(도) 두 섬 기록을 뒤쪽에 일설로 덧붙여 준 것이다.[19]

「일운」이 『세종실록지리지』 즉 『신찬팔도지리지』의 내용을 인용한 것이라 했는데, 그것은 고려 이전의 정동해중에 대한 사회적 인식을 인정하지 않는 의견이라 수긍할 수 없다.

1392년에 조선을 건국한 이성계의 명에 따라 37권의 『고려국사』가 편찬된 것이 1395년의 일이었다. 그것이 여러 차례의 개찬을 거쳐 1451년(문종원)에 총 139권의 『고려사』로 완성되었는데, 그렇게 59년이라는 긴 시간이 걸린 것은 서술체제의 문제나 조선왕조 정통성에 대한

18 이기봉 『우산도는 왜 독도인가』 p.12, 국립중앙도서관 학예연구사 이기봉님이 논자의 질문에 응하여 출판대기중의 원고를 2018년 6월 4일에 메일로 전송해주셨다.
19 『우산도는 왜 독도인가』, p.21

왕실과 신료들의 입장이 달랐기 때문이다. 즉 왕권과 신권이 대립했기 때문인데,[20] 그런 문제에서「지리지」는「세가」나「열전」과 달리 자유스러워, 정동해중의 지리적 사실은『고려국사』가 편찬되었을 때 이미 정리되어, 개편이 이루어질 때마다 전재된 것으로 볼 수 있다. 말하자면『고려사지리지』의 정동해중의 지리적 사실은 1396년에 편찬이 완료된『고려국사』에 기재되었던 내용이 1451년에 편찬된『고려사지리지』에 전재되었을 가능성이 크다. 그래서『세종실록지리지』의 내용을「일운」으로 전재했다는 주장은 인정할 수 없다.

『고려사』는 고려가 남긴 사료에 근거해서 편찬된 사서다. 편찬에 관여한 사관들은 고려의 사료에 근거해서 고려의 역사와 인식을 기록해야 한다는 것을 알고 있었다. 후대의 사실과 가치관을 전대의 사서에 인용하는 일은 있을 수 없다. 있었다면 그것은 사관의 바른 자세가 아니다.

『고려사지리지』가 우산과 무릉의 관계를「일운」으로 소개했다는 것 자체가 고려사회에 제설이 유포되고 있었다는 것인데, 제설은「일도」로 불리던 3세기에도 존재했던 것으로 보아야 한다. 일도에서 육안으로 확인되는 암도는 주민들이 보는 장소에 따라 다르게 호칭될 수 있었기 때문이다. 6세기의 신라인들이 일도를 울릉도와 우산국으로 병기 했듯이, 3세기의 주민들도 동방의 암도를 경험하는 위치에 따라 다양하게 호칭할 수밖에 없었다. 그런 다양한 사회적 인식이 전승되다가『고려사지리지』의「일운」으로 채택된 것이다.

울릉도를 대리하는 무릉도는『고려사』의 신우 5년(1379)조에 처음으로 나타난다.[21] 왜인들이 나타나는 섬을 울릉도가 아닌 무릉도로 표

---

20 徐仁源『朝鮮初期 地理志 硏究』, 혜안, 2002, p.29.

기했는데, 그것은 당시의 사회가 울릉도를 무릉도로 칭했다는 것이다. 이전의 고려는 우산국·우릉도·울릉도·우릉성 등을 혼용하고 있었다. 그러던 고려가 1379년에 울릉도를 무릉도로 기록했고, 이후의 조선은 무릉도로 울릉도를 대체한다. 세종은 「무릉등처」를 「우산무릉등처」로 구체화했고, 우산도와 무릉도를 의미하는 「우산무릉」으로 표기하기도 했다. 그런 표기는 무릉(도)와 우산(도)가 쌍으로 호칭되고 병기되는 것이 당대 사회의 관용적 표현이었다는 것까지 시사한다.

따라서 신우조의 무릉도는 무릉도에서 육안으로 확인되는 암도, 무릉도와 쌍으로 호칭되는 우산도라는 도명도 유포된 사회적 인식을 반영한 표기로 볼 수 있다. 그런데도 『고려사』 「세가」나 「열전」에 「우산」이나 「우릉도」와 같은 표기가 없는 것은 그런 사회적 인식을 반영한 자료가 사관들에게 채택되지 않을 결과였다.

3세기의 옥저인들은 「일도」로 표기되는 도명을 사용했는데, 『삼국사기』는 그것을 울릉도와 우산국으로 병기하여, 6세기의 울릉도 주민들이 호칭하던 도명이 다양했다는 것을 알 수 있다. 우산국이 신라에 복속된 이후로는 우산도·우릉도·울릉도·무릉도·무릉·우산·우산무릉·유산도 등과 혼용되는데, 그것은 우산국이 국가로서의 독자성을 상실한 결과다. 그렇다 해서 우산국과 울릉도가 동질의 호칭일 수는 없다. 울릉도가 우산국을 상징하거나 대표할 수는 있어도 우산국일 수는 없다. 「국」과 「도」는 동질의 단위일 수 없기 때문이다.

「국」은 나라를 의미하는 한자로, 천자의 제후가 다스리는 곳, 도읍·교내·성중·고향·지방 등을 의미하여, 일정한 세력을 형성한 제후가

---

21 七月倭寇樂安郡 (중략) 倭入武陵島留半月而去. 八月倭寇餘美縣(『高麗史』列傳, 辛禑5년7월)

통치하는 곳으로서의 국과[22] 그보다 작은 지역으로서의 국으로 해석할
수 있다.[23] 말하자면 국가적인 형태를 갖춘 것과 그것에 이르지 못한 지
역으로서의 국이다. 그에 비해 「도」는 수중의 육지를 의미하여[24] 국과
는 다르다. 도가 국을 포함한다기보다는 국이 도를 포함한다고 보는
것이 자연스럽다. 또 국은 둘 이상의 도를 포함할 수 있으나 도는 국을
포함할 수 없다.

울릉도의 도명이 다양했다는 것은, 울릉도에서 육안으로 확인되는
암도도 다양하게 호칭되었을 가능성을 시사한다. 구체적인 도명을 확
인할 수는 없으나 울릉도를 다양하게 호칭하는 주민들이 육안으로 확
인되는 암도를 명명하지 않는 일은 있을 수 없어, 암도가 다양하게 호
칭되는 경우를 상정할 수 있다. 그런 면에서 최남선이 언급한 「일운」
의 의미는 설득력이 있다.

> 欝陵島의 本名이던 于山이 여기서는 本島 以外인 一屬嶼의 名으
> 로 別用되어 있고, 于山이라는 것은 아마 本島 東北 海上의, 近日 소
> 위 竹島란 것을 가리킨 것처럼 볼 듯하게 되었다.[25]

우산국의 우산을 울릉도의 본명으로 보고 『고려사지리지』「일운」
의 우산을 울릉도 동방의 우산도로 보았다. 정동해중에 울릉도 이외의
섬이 존재한다는 사회적 인식은 신라가 정벌의 대상을 울릉도가 아닌
우산국으로 호칭한 사실로도 알 수 있는 일이다.[26]

---

22 「皆曰天下國家(注)國, 謂諸侯之國」(『孟子』, 離婁上).
23 「山國龍虎節, 土國用人節, 澤國用龍節」(『周禮』, 地官, 掌節).
24 「島, 說文作嶋(字彙補). 嶋, 海中往往有山可依止, 曰嶋从山鳥聲」(『說文』).
25 崔南善 「鬱陵島와 獨島」, 『六堂崔南善全集2』玄岩社, 1973, p.680.

마립간으로 즉위한 지증은 국호를 「신라」로, 군주호를 「국왕」으로 개칭하고, 스스로 「신라국왕」을 칭할 정도로 「국」의 의미에 민감했다. 그런 지증왕이 울릉도가 아닌 우산국을 정벌을 명한 것은, 정벌의 대상을 울릉도만이 아니라 울릉도에서 육안으로 확인되는 암도를 포함한 영역으로 보았다는 것이다. 신라라는 국호가 사방을 망라한다는 「라」를 취한 것을 보아도 지증왕이 말한 우산국은 울릉도와 그 주변의 섬들을 망라한 공간을 영역으로 하는 나라로 보아야 한다. 그런 우산국의 영역에서 동방의 암도를 제외시킬 이유가 없다.[27]

『고려사』의 편찬에 임한 사관들은 그런 사회적 인식을 기록한 자료들을 확인하고, 그 중의 하나를 「일운」으로 기록한 것이다. 『신찬팔도지리지』가 그런 고려의 인식을 「일운」으로 소개했는지의 여부는 알 수 없으나 그것을 모본으로 하는 『세종실록지리지』는 「일운」이 아닌 「정설」로 취했다. 따라서 『고려사지리지』의 「일운」은 『신찬팔도지리지』의 내용을 인용한 것으로 보기보다는 고려인들의 전통적인 인식을 기록한 자료들이 전하는 다양한 사회인식의 하나를 채택하여 기록한 것으로 보아야 한다.

(3) 세종과 왜

태종은 1418년에 세종에게 선위한 후에도 상왕의 자격으로 병권과 인사권을 장악하고 국정을 감독했다. 그런 상황에서 1419년에 왜구가

---

26 于山國在冥州正東海島或名鬱陵島 (중략) 乃多造木偶獅子分載戰船抵其國海岸 (『三國史記』智證王13년).

27 權五曄「于山國의 종교와 독도」, 『日本語文學』제35집, 韓國日本語文學會, 2007, p.621; 權五曄「국가로서의 우산국」, 『중등교육연구』제29집, 경상대학교 교육대학원, 2017, p.7.

비인현을 참범하여 방화하며 노략질을 자행하자,[28] 상왕은 대마도 사신을 꾸짖어 보내고,[29] 구주의 사자에게는

> 대마도는 본래 우리 나라 땅인데, 다만 궁벽하게 막혀 있고, 또 좁고 누추하므로, 왜놈이 거류하게 두었더니, 개같이 도적질하고, 쥐같이 훔치는 버릇을 가지고 경인년으로부터 변경에 뛰놀기 시작하여 마음대로 군민을 살해하고, 부형을 잡아 가고 그 집에 불을 질러서, 고아와 과부가 바다를 바라보고 우는 일이 해마다 없는 때가 없다.[30]

라고 왜구의 만행을 열거하고, 그런 왜구를 정벌하는 것이 하늘의 도리이고 왕자의 대법이라며 정벌의 뜻을 천명했다. 그리고 1419년 5월 14일에 이종무를 삼군도체찰사에 임명했고, 이종무는 1418년 6월 20일에 적선 129척 중 20여 척은 압수하고 나머지는 불태웠다.[31]

이후로 왜구의 활동이 정지되는데 그것은 근린정책을 같이 실행한 결과였다.[32] 정벌과 단교로 생활이 곤궁해진 대마도는 왜구의 금압을 서약하면서 통교를 간청했고, 세종은 1426년에 유화책의 하나로 3포

---

28 本月初五日曉, 倭賊五十餘艘, 突至庇仁縣之都豆音串, 圍我兵船焚之, 烟霧曚暗, 未辨彼我(『世宗實錄』세종1년5월7일).

29 我國與宗貞茂和好久矣, 故凡有所欲, 罔不從之. 今乃放賊, 來侵邊鄙, 燒破兵船, 殺人甚衆(『世宗實錄』세종1년5월20일).

30 對馬爲島, 本是我國之地, 但以阻僻隘陋, 聽爲倭奴所據. 乃懷狗盜鼠竊之計 (중략) 其忘恩背義, 悖亂天常, 豈不甚哉? 以予好生之心 (중략) 賊殺群黎, 自速天禍, 尙且容忍, 不克往征, 猶爲國有人乎(『世宗實錄』세종1년6월9일).

31 李從茂爲三軍都體察使 (중략) 六月初八日, 各道兵船, 竝集見乃梁以待(세종1년5월14일). 是日巳時, 李從茂自巨濟南面周原防浦發船, 復向對馬島(세종1년6월19일). 奪賊船大小百二十九艘, 擇可用者二十艘, 餘悉焚之, 又焚賊戶千九百三十九. 前後斬首百十四, 擒生口二十一, 芟除田上禾穀, 獲被虜中國男婦百三十一名(『世宗實錄』세종1년6월20일).

32 大西俊輝저, 權五曄·權靜역『独島』, 제이엔씨, 2004, p.331.

의 무역을 허가했다.[33] 그 결과 왜인들이 야기하는 부작용이 다발하자 1443년에는 조선이 인정하는 증명서가 있어야 입항할 수 있게 했다. 체류 기간은 20일, 세사미두는 200석으로 제한하고, 특별한 경우에는 특송선을 허가하며 일정한 세금을 납부하게 했다.[34]

그런 세종에 대한 일본의 호감은 표류한 조선인을 후대하는 것으로 나타난다. 1425년(세종 7)에 무릉도로 향하던 김인우의 병선 2척 중 1 척이 일본에 표착하자 30일이나 후대하고, 대마도로 송치할 때는 호송 인 20인을 딸려 보내며, 조선의 전하를 보아 후대한다며 서신과 예물 을 바쳤다. 대마번도 일행이 체류하는 1개월에 3회의 잔치를 열고 귀 환할 때는 호송인을 딸려 보내며, 세종을 존경하여 후대한다는 말을 했다.[35] 세종이 강경책을 취하면서도 투항하는 우두머리에게는 수직왜 인이라는 관직을 하사하여 조공무역에 종사할 수 있는 길을 열어준 은 혜에 보은한 것이다.[36]

세종은 왜에 대한 경계심이 강했다. 1436년 윤6월에 강원도 감사 유 계문이 무릉도의 토지가 비옥하고 산물이 풍부하니 현을 설치하여 영 동을 방어해야 한다는 건의를 받았으나 반대하는 대신들의 의견에 따 랐다. 그러나 유계문이 과거에 왜인들이 울릉도에 두류하며 침략했던 사실을 거론하며 현의 설치를 건의하자 뜻을 바꾸었다.[37] 현의 설치 대

33 且商泊只許乃而浦, 富山浦兩處, 到泊販賣 (중략) 富山兩浦外, 蔚山, 鹽浦, 亦許販賣(『世宗實錄』세종8년1월18일).

34 禮曹致書于對馬州太守宗貞盛曰(『世宗實錄』세종26년윤7월22일). 先是, 宗盛家所遣僧光俊致書禮曹, 凡六條, 請定一年往來船隻之數(『世宗實錄』세종26년11월1일).

35 飄至日本國 石見洲 長濱登岸 (중략) 順都老見我等衣曰, 朝鮮人也. 嗟嘆再三, 給口糧, 衣袴, 留三十日, 日三供頓. 臨送設大宴, 執盞親勸曰. 厚慰爾等, 乃爲朝鮮殿下耳. 給行糧百石, 差人二十護送, 至對馬島, 亦留一月. 都萬戶左衛門大郞三設宴勞之曰. 非爲爾等, 敬殿下如此耳(『世宗實錄』세종7년12월28일).

36 田代和生『倭館』, 文藝春秋, 平成14년, 2002년, p.11.

37 江原道監司柳啓聞啓. 武陵島牛山, 土沃多産, 東西南北各五十餘里, 沿海四面, 石

신에 매년 사람을 파견하여 순찰하고 산물을 채취할 뿐만 아니라 말목
장을 만들어 왜구들의 점거를 예방하는 방법을 강구하게 했다. 그리
고 왜구에 관한 정보와 도해에 적절한 시기와 준비물을 조사하여 보
고하라 했다.[38] 왜를 경계하며 정동해중을 효과적으로 관리하려는 조
치였다.

3. 풍설의 요도

세종은 요도의 풍설을 어떻게 접했는지 1429년(세종 11)에 봉상시윤
이안경에게 방문을 명했고, 이안경은 요도를 방문하고 돌아왔다. 그러
자 세종은 1430년(세종 12) 1월에 함길도 감사에게 요도를 아는 자를
찾게 하여, 함흥부 포청사의 주민 김남련이 요도에 다녀왔다는 보고를
받는다. 그러자 김남련에게 모든 편의를 제공하여 조사할 것을 함길도
감사에게 지시했다.[39] 강원도 해역에 우산도와 무릉도 이외에 요도가
존재한다는 정보를 무시할 수 없어, 김남련을 요도에 파견하거나 노쇄
하여 불가능하면 정보를 수집하여 보고하라고 지시한 것이다.[40] 이안

壁周回, 又有可泊船隻之處. 請募民實之, 仍置萬戶守令, 實爲久長之策. 不允(『世
宗實錄』세종18년윤6월20일).

38 每歲遣人, 或探島內, 或探土産, 或爲馬場, 則倭奴亦以爲大國之地, 必不生竊據之
心. 在昔倭奴來住之時, 何代耶. 所謂古老者, 幾人耶. 若欲遣人, 則風水調順, 何時
何月耶. 入歸之時, 裝備之物, 舟楫之數, 備悉訪問以啓(『世宗實錄』세종19년2월8일).

39 遣奉常寺尹李安敬于江原道, 訪問蓼島(『世宗實錄』세종11년12월27일). 奉常寺尹
李安敬, 訪問蓼島而還. 傳旨咸吉道監司, 前此往見蓼島之人及素見聞本島之狀者,
悉訪之. 咸興府蒲靑社住金南連曾往還本島, 其給傳以送. 若老病則詳問本島形狀
及人居殘盛衣服言語飮食之類以啓(『世宗實錄』세종12년1월26일).

40 傳旨咸吉道監司. 鏡城無地串, 洪原補靑社, 使人登望, 則可見蓼島. 其令首領官,
或詳明守令一人, 借令去金南連, 望見蓼島形勢及水路夷險以啓. 若有借南連往還
蓼島者, 居海邊望見者, 詳問本道形勢遠近以啓(『世宗實錄』세종12년4월3일).

경이 요도를 방문했다고 보고한 상황에서 모든 것을 그에게 물으면 되었다. 그런데도 김남련을 통해 정보를 얻으려 했으므로 1430년(세종 12년) 초에 요도의 실체가 확인 된 것으로 볼 수 있다.

그런데 어찌 된 일인지, 세종은 1430년 4월에 다시 함길도 감사에게 경성 무시곶과 홍원 보청사에서 요도를 볼 수 있다는 정보를 제공하며, 그곳 수령관이나 수령이 김남련과 동행하여 요도의 지형과 항로의 사정을 살피고 보고하는 것에 그치지 말고, 김남련과 동행했던 자나 해변에서 요도를 망견한 자의 정보까지 수집해서 보고할 것을 지시한다. 그리고 강원도 감사에게도 요도가 양양부의 청대나 통천현의 당산의 북쪽에 있다며, 진실한 사람을 파견하여 확인한 내용을 보고하라 했다.

명을 받은 함길도 감사는 전벽 등 4인은 무시곶에 파견하여 봉우리가 셋인 요도를 확인하고 도성에 보고했다. 세 봉우리 중 가운데 봉우리가 높은 섬으로 함길도의 남방에 위치하는 섬이었다.[41] 『신증동국여지승람』의 무릉도나[42] 『숙종실록』의 울릉도를 연상시키는 섬으로,[43] 무릉도가 요도로 풍설로 유포되었을 가능성을 시사하는 보고였다.

어쨌던 요도는 강원도 양양부의 청대나 통천현 당산의 북방, 함길도 길주의 무시곶이나 홍원현 포청사의 남방에 존재한다는 섬이었다. 그리고 이안경과 김남련이 다녀온 섬이었고, 세종이 강원도와 함길

---

[41] 先是, 傳旨于江原, 咸吉道監司日. 今所訪蓼島, 在襄陽府靑臺上, 通川縣堂山登望, 則見于子丑間 (중략) 其令詳明勤恪人望見以聞. 至是, 咸吉道監司報, 令殿直田闢等四人, 往無時串登望海中, 有東西二峯如島嶼, 一微高, 一差小, 中有一大峯. 立標測之, 正當巳午間. 遂送闢于京(『世宗實錄』세종12년10월23일).

[42] 于山島鬱陵島一云武陵一云羽陵二島在縣正東海中 三峰岌嶪空南峰稍卑(『新增東國輿地勝覽』卷454, 蔚珍縣條).

[43] 承旨金龜萬, 侍講筵, 白上日, 臣昔爲江原都事, 至海上, 問居人以鬱陵島, 則爲指示之, 臣早起遙望, 三峰歷歷(『肅宗實錄』숙종20년2월23일).

도 감사에게 탐문시켜 함길도의 남방, 강원도의 북방에 존재하는 것으로 정리된 섬이었다. 정동해중에 무릉도와 우산도 외에 요도도 존재한다는 풍설이 1430년 전후의 조선사회에 유포되고 있었다는 것을 알 수 있다.

그런데 어찌 된 일인지 세종은 1438년에 다시 양양의 동방에 있다는 요도를 탐문하고 보고하라는 지시를 강원도 감사에게 내린다.[44] 그때까지 요도의 실체를 확인하지 못했다는 것인데, 1438년의 명으로도 확인되지 않았는지, 1441년에 또 정보를 수집하여 보고하라는 지시를 내린다.[45]

세종이 수집한 요도의 정보들을 강원도와 함길도 감사에게 제공하며 실체를 확인하기 시작하여 12년이 경과했는데도 실체를 확인하지 못했다는 것이다. 세종은 그것을 성의가 부족한 결과로 판단하고, 한무제와 당태종이 성의를 다하여 원하는 것을 구한 고사를 상기했다. 그리고 성심을 다해야 원하는 것을 얻을 수 있다는 것이 천하의 상사라며, 강역 안에 있다는 요도는 성심을 다하면 반드시 찾을 수 있다는 의지를 밝혔다. 그리고 공을 세운 자에게는 신분을 초월하는 벼슬을 내리고 포상까지 하겠다는 뜻을 천명했다.[46]

그러고도 4년이 지난 1445년 6월에, 세종은 강원도 감사에게 양양부 동방 100여리에 요도가 있다는 정보를 또 제공하며 실체의 확인을 지

---

44 予以衰老之年, 敢望尋覓. 但本島, 諺稱在襄陽之東, 不可不知其在何處也, 卿宜更加訪問以達(『世宗實錄』 세종20년7월26일).

45 境內古老人及事知各人等處, 或懸賞以問之, 或開說以訊之, 多方計畫, 廣行咨訪以聞(『世宗實錄』 세종23년7월14일).

46 況此新地, 在吾域中, 尤不可不知, 求之以誠, 必有得之之理也. 卿其知悉, 境內古老人及事知各人等處, 或懸賞以問之, 或開說以訊之, 多方計畫, 廣行咨訪以聞(『世宗實錄』 세종23년7월14일).

시했다.[47] 1430년에 강원도와 함길도 감사에게 지시했던 것과 다를 바 없는 지시였다. 그러자 2개월이 지난1445년 8월에 권맹손이 삼척부의 해중에 있는 요도를 보았다는 남회를 추천했고, 세종은 상중인 남회에게 특별히 기복을 명하여 의관과 신발까지 하사한 후에 파견했다.[48]

남회라면 1438년에 「무릉도순심경차관」을 제수 받아 무릉도 주민을 쇄출한 일이 있기 때문에 함길도와 강원도에서 망견할 수 있다는 요도를 확인했을 법도한데 그러지 않았던 모양이다. 남회는 스스로 동산현에 올라 바다 가운데 있는 요도를 본 것으로 이해할 수 있는 말도 했었다. 그렇기 때문에 세종은 적임자라고 판단하고 무릉도로 향하는 항로에 존재한다는 요도를 확인하는 일에 종사시킨 것이다. 그러나 남회는 요도를 찾지 못하고 돌아왔고, 세종은 기망당했다고 탄식한다.[49] 세종이 신하들에게 속은 것이다. 그 이후로 요도를 찾는 일이 없게 된다.

세종은 동북방면에 6진을 설치하여 조선의 북계를 두만강 압록강 연안까지 확장했다. 그런 세종의 영토인식은 요도의 실체를 확인하려고 성심을 다하는 것으로도 알 수 있는 일이다. 세종은 실체 확인이 뜻대로 이루어지지 않자, 낮고 작은 요도가 바다와 하늘이 접하는 해중에 있기 때문에 확인하기 어렵다는 판단을 하기도 했다.[50] 그처럼 확인하기 어려운 요도는 실체를 확인한다 해도 큰 이익이 보장되는 것도

---

47 襄陽府人金延奇嘗言. 東距府海路百餘里之地, 有蓼島. 今更詳問延奇等, 備悉以聞(『世宗實錄』세종27년6월12일).

48 前司直南薈與臣言, 蓼島在三陟府海中, 望見之今若遣薈, 則庶或可得. 時薈丁憂在家, 特命起復, 賜衣一襲笠靴遣之(『世宗實錄』세종27년8월17일).

49 薈竝海候望, 竟未得而遷, 蓼島之說妄矣. 苟在海中, 凡有目者所共見, 何獨南薈得見, 而他人不能也. 孟孫輕信南薈之言, 遽聞于上, 其爲欺罔一也. 薈竟不得, 其爲誕妄益明矣(『世宗實錄』세종27년8월17일).

50 然島山平微, 海浪連天, 在岸者未得詳見(『世宗實錄』세종27년8월17일).

아니다. 찾는 것 자체가 어려워 외적의 침구를 걱정할 일도 없는 섬이었다. 그런데도 세종은 체념하는 일 없이 풍설의 요도를 확인하려 했다. 그렇게 노력하고도 실체를 확인하지 못한 것은 요도가 실존하지 않기 때문에 당연한 일이었다.

4. 정동해중의 통치

(1) 세종의 쇄출 정책

고려는 1018년(현종 9)에 동북여진족의 침해를 입은 우산국에 이원구를 파견하여 농기구를 하사하고, 1273년(원종14)에는 허공을 작목사에 임명하여 울릉도의 재목을 벌채하게 했다. 그리고 1141년(인종 18)에는 명주도감찰사 이양실이 울릉도 산물을 채취하여 조정에 헌상하고, 1157년(의종 11)에는 명주도 감찰사 김유립을 파견하여 지리적 사실을 조사하게 했다. 그렇게 조정과 명주도감찰사가 울릉도를 관리하는 가운데, 1259년(원종 즉위년)에는 울진현령 박순이 가족을 이끌고 도해하려다 실패한다.[51]

그런가 하면 930년(태조 13)에 신라의 질서에 따라야 하는 우릉도가 고려에 복속의 사자를 보내 벼슬을 제수 받았고, 1032년(덕종 원)에는 우릉성주가 아들을 보내 토산물을 헌상했으며, 1346년(충목왕 2)에는

---

51 以于山國被東北女眞所寇, 廢農業, 遣李元龜, 賜農器(『高麗史』世家, 顯宗9년11월); 乃以簽書樞密事許珙代之(『高麗史』列傳, 43, 趙彝父李樞); 溟州道監倉使李陽實遣人入蔚陵島, 取菓核木葉異常者, 以獻(世家, 仁宗19년7월). 遣溟州道監倉殿中內給事金柔立往視(世家, 毅宗11년5월). 蔚珍縣令朴淳, 船載妻孥·臧獲并家財, 將適蔚陵(『高麗史』世家, 元宗卽位年7월).

우릉도인이 조정을 방문했다. 이는 우릉도의 토호적 지도자의 활동으로 명주도감찰사나 작목사 등의 활동과 달리 조정의 명에 의한 것이 아니라 자의적이다. 그런 자의적 활동은 일정한 독자성에 근거하는데, 1259년(원종 즉위)에 울진현령이 가족과 노비 등을 인솔하고 울릉도로 건너가려 했던 것을 보면, 고려의 질서를 벗어나기 위해 울릉도로 건너가는 사람이 존재했다는 것을 알 수 있다. 또 그것은 울릉도가 고려의 질서를 벗어나려는 자들을 수용하고 있었다는 것, 고려의 질서에서 일정 부분은 자유스러웠던 상황 등을 시사한다.

이런 『고려사』가 전하는 일련의 기록을 보면 고려조정의 울릉도 관리가 다원적이었다는 것이다. 그러나 조선은 달랐다. 태종은 김인우를 「무릉등처안무사」로 임명하여 정동해중을 관리하게 했는데, 세종도 김인우를 「우산무릉등처안무사」로 임명하여 정동해중을 관리시키더니, 1438년에는 남회와 조민을 「무릉도순심경차관」에 제수하여 안무사의 역할을 대행시켰다.

태종과 세종은 안무사에게 무릉도 주민을 쇄출하게 했으나 완전한 쇄출이 이루어진 일은 없다. 태종이 1403년에 쇄출을 명했으나 1412년에 11호 60여명이 거주하고 있어, 1416년에 김인우를 「무릉등처안무사」로 임명하여 다시 쇄출해야 했다. 그때 태종은 무릉도에 거주한 경험이 있는 이만을 동행시키며 병선 2척, 사공 2명, 인해 2명을 인솔하게 하고, 화통 화약 식량 등을 보급하며 두목을 먼저 설득하라는 방법까지 일러주었다.[52] 쇄환에 만전을 기하려는 후원이었다. 그런데도 1417년 2월에 정동해중을 순시하고 돌아온 김인우는 15호 86인의 주민 중

---

[52] 爲武陵等處安撫使, 以萬爲伴人, 給兵船二隻, 抄工二名, 引海二名, 火㷁火藥及糧, 往其島, 諭其頭目人以來(『太宗實錄』太宗16년9월2일).

에서 3인을 쇄출한 사실을 보고하여,[53] 주민의 이주와 쇄출을 논하게
했다. 종자와 농기구를 보급하며 격려하자는 의견이 대두되었으나
태종은 쇄출을 주장하는 황희의 의견을 채택하고, 김인우를 다시 파
견했다.[54]

결과에 대한 기록은 없으나, 쇄출된 17인을 구휼한 내용이 1419년
(세종 원)조에 보이고, 1423년에 28명이 다시 무릉도로 귀환했다는 기
록이 있어, 쇄출 된 주민들이 기회가 되기만 하면 다시 돌아간다는 것
을 알 수 있다. 무릉도로 귀환했던 주민 7인이 1425년에 평해군에 나타
났다 체포되는 일이 있었다.[55] 그들이 가족을 섬에 두었다는 것은 이주
가 목적이 아니었다는 것으로, 그들이 무릉도의 거주를 원한다는 것,
그래서 쇄출을 원하지 않는다는 것을 알 수 있다.

무릉도민을 쇄출하는 일은 쉬운 일이 아니었고 이익을 얻는 일도
아니었다. 김인우가 이끌던 2척의 병선 중 1척이 일본으로 표류하자,
세종은 20인을 쇄출하려다 40여인이 표류했다고 한탄하며,[56] 표류한
수군들의 초혼제를 지내도록 했다.[57] 그렇게 희생이 따르는데도 쇄환

---

53 命出江陵道武陵島居民于陸地(『太宗實錄』太宗3년8월11일). 其島內人戶十一, 男
　女共六十餘, 今移居本島(『太宗實錄』太宗12년4월15일). 以麟雨爲武陵等處安撫
　使, 以萬爲伴人, 給兵船二隻, 抄工二名, 引海二名, 火㷩火藥及糧, 往其島, 諭其頭
　目人以來. 賜麟雨及裌衣笠靴(『太宗實錄』太宗16년9월2일). 且奉居人三名以來.
　其島戶凡十五口, 男女并八十六(『太宗實錄』太宗17년2월5일).
54 工曹判書黃喜獨不可曰. 勿令安置, 依速刷出. (중략) 宜以金麟雨仍爲安撫使, 還入
　于山, 武陵等處, 率其居人出陸 (중략) 命江原道都觀察使, 給兵船二隻, 選揀道內
　水軍萬戶千戶中有能者, 與麟雨同往(『太宗實錄』太宗17년2월8일).
55 曾逃居武陵島, 歲丙申, 國家遣麟雨盡行刷還. 癸卯 癸卯, 乙之等男婦共二十八名,
　復逃入本島, 今年五月, 乙之等七人留其妻子於本島, 乘小船潛到平海郡 仇彌浦發
　覺, 監司囚之, 本郡馳報. 於是復爲刷還(『世宗實錄』世宗7년8월8일).
56 船軍四十六名所坐一艘, 飄風不知去向. 上謂諸卿曰, 麟雨捕還二十餘人, 而失四
　十餘人, 何益哉(『世宗實錄』世宗7년10월20일).
57 茂陵入歸時, 敗船物故江原道船軍, 招魂致祭致賻. 金麟雨云, 漂向日本. 上以謂敗
　船, 故有是命(『世宗實錄』世宗7년11월20일).

하려는 것은, 주민들이 거주하면 왜적이 그곳에 머물며 강원도 등지에 침범할 경우를 걱정했기 때문이다.[58]

1419년(세종 원)조의 17인과 1425년(세종 7)조의 28인을 1417년(태종 17)에 김인우가 쇄출한 무릉도 주민으로 본다면, 무릉도에 거주한다는 15호 86인에 이르지 못하여, 쇄출이 이루어진 후에도 거주하는 주민이 있었다는 것이 된다. 1412년(태종 12)에 강원도 관찰사가 어라진에 나타난 유산국도인 12명을 3개소에 분산 유치하고 처리 방법을 물었던 것을 보면, 1419년조의 17인도 1417년에 쇄출했던 도민의 일부로 볼 수 있다.[59] 완전한 쇄출이 불가능했다는 것이다.

무릉도에서 생장했다는 백가물 일행 12인이 1412년에 고성에 나왔다 체포되자, 본도에 11호 60여인이 거주한다고 진술한 것이나[60] 1416년(태종16)에 방지용이 15가구를 거느리고 무릉도에 입거했다는 기록을 보면,[61] 조정의 뜻을 어기며 무릉도에 입도하는 자들이 많았다는 것을 알 수 있다. 특히 유산국의 무릉도에서 생장하여 본도에 이주했다는 백가물의 진술은, 태종조의 정동해중에 사람이 거주하는 섬이 무릉도 이외에도 존재했다는 것이다. 그러나 주민의 거주가 가능한 섬은 무릉도 뿐이다. 그것을 모를 리 없는 백가물이 그렇게 진술했다는 것은, 정동해중의 지리적 사실을 왜곡하는 일로, 의도된 진술이었다. 그것이 자신들의 안전을 보장하는 방법이라고 여긴 것이다.

울릉도가 「일도」로 불리는 3세기에도 「일도」의 주민들은 동녀를

---

58 若此島多接人, 則倭終必入寇, 因此而侵於江原道矣(『太宗實錄』太宗16년9월2일).
59 愼鏞廈『獨島領有權資料의 探求』제1권, 독도연구보전협호, 1998, p.51.
60 流山國島人白加勿等十二名, 求泊高城於羅津, 言曰, 子等生長武陵, 其島內人戶 十一, 男女共六十餘(『太宗實錄』太宗12년4월15일).
61 昔有方之用者率十五家入居, 時或假倭爲寇(『太宗實錄』太宗16년9월2일).

희생으로 헌상하는 의례를 통해 도민들의 공동목적을 이루려 했고, 6세기의 우산국은 신라의 대항하며 독자성을 지키려 했으며, 후삼국이 패권을 다투는 930년에는 고려에 사신을 파견하는 방법으로 시류를 극복하려 했다. 모두 울릉도를 거점으로 하는 활동으로 울릉도 거주를 목적으로 하는 일이었다. 그런 주민들이었기 때문에 조정이 쇄출한다 해도, 기회가 되면 울릉도로 귀환하려 했다. 그런 주민의 편모를 엿볼 수 있는 것이 백가물이나 방지용과 같은 일행이었고, 태종과 세종은 그들의 관리를 목적으로 안무사를 제수했던 것이다.

(2) 울릉도와 무릉도

신라가 512년에 우산국을 정벌하고 울릉도 주민들을 어떻게 처리했는가를 알 수 있는 기록이 없다. 신라 본토로 이주시켰는지 울릉도에 그대로 살게 했는지, 아니면 일부의 지도층을 신라가 지정하는 곳으로 이주시켰는지도 알 수 없다. 단지 고구려의 우진야현에 속한 것으로 보았던 우산국을 신라가 점령한 후에, 경덕왕대에 우진야군으로 개명했다는데, 고려가 다시 현으로 강등시킨 사실을 『고려사지리지』가 전하는 정도다.[62]

우릉도가 930년에 고려에 사자를 파견하여 벼슬을 제수 받은 상황도 분명하지 않다.[63] 누가 사자를 파견했는가 만이 아니라, 고려가 사자를 파견한 자를 어떻게 대우했는가도 전하지 않다. 다만 사자를 파견하는 8월의 이전인 2월에, 신라국왕이 왕건에게 사자를 파견하여 만날

---

62 本高句麗于珍也縣, 一云古亐伊郡, 新羅景德王, 改今名, 爲郡. 高麗, 降爲縣, 置令 (『高麗史』地理志, 東界. 蔚珍縣).
63 芋陵島遣白吉·土豆, 貢方物, 拜白吉爲正位, 土豆爲正朝(『高麗史』世家, 태조13년 8월).

것을 요청했다는 사실이나, 신라 동해안의 110여 성이 투항했다는 사실 정도를 알 수 있다. 그처럼 동해안의 세력들이 투항하는 가운데 우릉도가 사자를 파견하여 고려의 벼슬을 받았다는 것은, 우릉도가 동해안의 세력들과는 달리 독자적으로 존재하며 독자적인 자세를 취했다는 것이다. 신라의 질서에 따르면서도 일정한 독자성을 확보한 토호적 지도자가 관리하고 있었던 것으로 볼 수 있는 사자의 파견이었다.

『고려사』는 울릉도를 우릉도(태조 13·의종 11·충목왕 2년), 우산국(현종 9·10·13년), 우릉성(덕종 원년), 울릉도(인종 19년·원종 즉위년·14년), 무릉도(신우5) 등으로 표기했다.[64] 그렇게 다양하게 표기된 섬의 동방에 존재하는 암도는, 주민들의 육안으로 확인되는 섬이었기 때문에 호칭이 없을 수 없다. 『고려사』는 그것을 추정할 수 있는 도명을 기록했다. 신우조의 「무릉도」와 「일운」의 「우산과 무릉은 본래 2도다」라는 기록이다.

신라의 지증왕과 이사부가 울릉도와 우산국을 병칭했는데, 그것은 「일도」로 표기된 울릉도 주민들이 사용하던 토속명을 신라가 차용한 것으로 볼 수 있는 도명이다. 문제는 당시의 토속명이 울릉도와 우산국으로 표기되는 것들만 존재하지 않았다는 것이다. 다양한 토속명이 혼용되는 가운데 우산국과 울릉도로 표기할 수 있는 토속명이 채택되고 한자로 표기되어 전승된 것이다.

『삼국유사』가 『삼국사기』의 우산국과 울릉도가 아닌 「우릉도」로

---

64 芋陵島遣白吉土豆(『高麗史』太祖13년8월), 以于山國(顯宗9년11월), 于山國民戶(顯宗10년7월), 于山國民(『高麗史』顯宗13년7월); 羽陵城主(『高麗史』德宗元年11월); 入島蔚陵島(『高麗史』仁宗19년7월); 東海中有羽陵島(『高麗史』毅宗11년5월); 將適蔚陵(元宗卽位년7월), 爲蔚陵島斫木使(『高麗史』元宗14년2월); 芋陵島人(『高麗史』忠穆王2년3월); 倭入武陵島(『高麗史』列傳, 辛禑5년7월).

표기하면서, 그것을 「今作羽陵」으로 주한 것으로도 알 수 있는 일이다. 『삼국유사』가 于陵島로 표기하며 「현재는 우릉으로 표기한다」고, 울릉도를 于陵島로 표기하며 羽陵島로 표기되기도 한다는 사실을 주기했다. 그것은 곧 다른 토속명이나 한자의 표기도 유포되고 있었다는 것을 의미한다.

3세기의 일도가 6세기에 울릉도와 우산국으로 표기되더니, 고려시대에 우산국 欝陵島·蔚陵島·芋陵島·羽陵·우릉성 등으로 불렸다는 것은 도명이 다양하게 호칭되고 표기되었다는 것이다. 그러는 가운데 무릉도라는 표기가 고려말 신우조에 등장한다. 물론 울릉이나 우릉·무릉 등이 「우르뫼」의 한자 표기라 하지만[65] 울릉도를 무릉도로 표기한 것은, 무릉과 쌍으로 병기되는 우산도 같이 사용되고 있었다는 것을 시사한다. 어느 때부터인가 무릉도의 주민들이 육안으로 확인되는 암도를 우산으로 표기할 수 있는 토속명으로 호칭하고 있었다는 것이다.

『고려사』에는 「열전」 신우조의 「倭入武陵島」·「緣坐流武陵島」와[66] 「지리지」의 「一云于山武陵」이 전부이지만 왕조가 바뀐 이후의 『태종실록』에는 「무릉등처」나 「우산무릉」 등처럼 무릉도와 우산도가 병기되고, 『세종실록』도 「우산무릉등처」·「무릉도우산」·「우산무릉」처럼 울릉도의 이칭인 무릉과 우산도의 이칭 우산을 병기하는 것이 관용적이다. 그것은 「무릉우산」이나 「우산무릉」이라는 호칭과 표기가 고려사회에서 관습적으로 이루어졌을 가능성을 시사한다. 따라서 신우조의 무릉도를 근거로 그것과 쌍을 이루는 우산도도 호칭되고 표기되

---

65 愼鏞廈『한국과 일본의 독도영유권 논쟁』, 한양대학교출판회, 2003, p.49.

66 環封永興君, 妻弟辛珣附辛旽伏誅, 緣坐流武陵島(『高麗史』 권91, 列傳4, 宗室2, 襄陽公恕); 倭入武陵島留半月而去(『高麗史』 권134, 列傳47, 辛禑5년 7월).

는 경우는 상정 가능하다.

　조선의 태종이 1416년에 김인우를 「무릉등처안무사」에 제수하며 무릉도의 주민들을 쇄출을 명했고 김인우는 1417년에 정동해중을 순찰하고 돌아와 우산도에서 돌아온 것으로 보고하여, 무릉등처를 우산과 무릉으로 구체화하여 우산과 무릉이 병기되는 계기를 만들었다. 이때 김인우가 제수 받은 안무사의 「무릉등처」는 태종, 즉 조선의 중앙정부가 정해준 것이었기 때문에, 안무사 김인우는 무릉 외에 다른 섬이 있는지를 조사하지 않으면 안 되었다.[67]

　세종이 같은 김인우를 「무릉등처」가 아닌 「우산무릉등처」라고 애매했던 안무사의 활동범위를 「우산과 무릉」으로 구체화한 「우산무릉등처안무사」에 제수했다. 그것은 태종에 의해서 구체화된 정동해중의 지리적 사실을 일층 세분화하는 일이고, 정동해중에 무릉도와 우산도가 존재한다는 사실에 근거하는 일이었다.

(3) 안무사와 경차관

　정동해중의 통치 내용을 확인할 수 있는 기록은 많지 않다. 『삼국지』가 전하는 옥저와 정동해중의 「일도」는 옥저인들이 표착하거나 「일도」주민들이 건너오는 관계였다.[68] 지증왕은 실직주를 두고 이사부를 군주로 삼았는데, 군주는 최고의 외관으로 예하의 군(태수), 현(령)을 통제하기 위해 자체의 부관을 거느리는 특수한 관직이었다.[69] 이사부

---

67 이기봉 『우산도는 왜 독도인가』, p.12.
68 耆老言國人甞乘船浦魚, 遭風見吹數十日, 東得一島, 上有人, 言語不相曉(金聲九 『中國正史朝鮮列國傳』, 三國志, 東文選, 1996, p.100.
69 申瀅植 『신라사』, 이화여자대학교출판부, 1993, p.151; 강봉룡 「이사부 생애와 활동의 역사적 의의」에 인용된 이명식 「신라 중고기의 장수 이사부고」(『고대해양활동과 異斯夫 그리고 사자 이야기』, 강원도민일보, 2009, p.15).

가 우산국 정벌에 동원한 병선에 건 깃발의 내용을 알 수 없으나, 정벌을 총괄한다는 의미의 관직명을 표기했을 것이다. 1141년에 인종에게 울릉도 산물을 헌상한 이양실은 명주도감창사를 칭했고, 의종이 1157년 울릉도에 파견한 김유립은 명주도감창전중급사를 칭했다. 최이가 1243년에 파견한 관리의 신분은 알 수 없고, 원종이 1259년에 첨서추밀원 허공을 「울릉도작목사」로 제수했는데,[70] 그것이 울릉도 도해를 목적으로 해서 고려조정이 제수한 관직으로 전하는 거의 유일한 관직이다.

그런데 조선의 태종은 김인우를 1416년에 「무릉등처안무사」에 제수하여 정동해중을 관리시켰는데, 그것의 「등처」가 정동해중에 무릉도 이외의 섬이 존재한다는 것을 의미한다. 후에 등처는 우산과 무릉으로 구체화 된다. 「무릉등처」의 등처를 우산으로 구체화한 것은 세종이었다. 세종은 태종이 1417년에 「무릉등처안무사」로 제수했던 김인우를 1425년(세종7)에 「우산무릉등처안무사」로 제수했다. 그처럼 태종의 「무릉등처」를 「우산무릉등처」로 우릉을 첨가했다는 것은 안무사의 활동영역을 무릉과 우릉으로 구체화하는 일이었다. 세종이 정동해중에 무릉과 우릉으로 표기되는 2도가 존재한다는 사실을 인지했기 때문에 가능한 개칭이었다.

그런 세종이 요도라는 별도가 존재한다는 풍설에 접하자 9년이나 실체를 확인하려 했으나 뜻을 이루지 못한다. 그러자 1438년에 「무릉도순심경차관」을 신설하고 남회와 조민에게 무릉도 주민의 쇄출을 명

---

70 溟州道監倉使李陽實遣人入蔚陵島(『高麗史』世家, 仁宗19년7월); 遣溟州道監倉殿中內給事金柔立往視(『高麗史』毅宗11년5월); 以水程遠, 絶往來者久. 怡遣人視之(『高麗史』列傳42, 崔忠獻); 以簽書樞密院事許珙爲蔚陵島斫木使(『高麗史』世家, 元宗14년2월).

한다. 태종의 「무릉등처」를 「우산무릉등처」 구체화 시켰던 세종이 경차관을 신설하면서 「우산」을 삭제한 것이다. 경차관의 활동영역을 무릉도로 한정하면서까지 요도의 실체를 확인하려는 조치였다. 남회는 1438년 7월에 무릉도 주민 66명을 쇄출하며 채취한 산물을 바치며 순심한 경과를 보고했는데,[71] 1425년에 「우산무릉등처안무사」 김인우가 복명했던 것과 유사한 내용이었다.

세종이 「무릉도순심경차관」을 신설한 1438년은 요도의 풍설을 듣고 9년이 되는 해이고, 요도가 강원도와 함길도의 정동해중에 존재한다는 정보를 함길도 감사에게 제공하며 자세한 것을 확인하여 보고하라고 지시하여 8년이 지난 해였다. 그런데 어찌 된 일인지 1438년 7월에 세종은 강원도 감사에게

> 본도가 양양 동쪽에 있다고 말하고 있으니, 어느 곳에 있다는 사실은 불가불 알아야 할 것이다. 경은 다시 방문하고 계달하라.[72]

양양 동쪽에 있다는 요도를 확인하여 보고하라는 지시를 했다. 그런 요도라면 무릉도로 가는 항로에 존재하는 것으로, 어렵지 않게 확인할 수 있었다. 그것을 그때까지 발견하지 못한 것이다. 태종이 1416년 8월에 김인우를 「무릉등처안무사」에 제수하자 5개월이 지난 1417년 2월에 활동을 마치고 귀환하여 우산도에서 돌아온 것으로 보고하

---

71 以前護軍南薈, 前副司直曹敏爲茂陵島巡審敬差官(世宗20년4월21일). 茂陵島復命, 進所捕男婦共六十六及産出沙鐵石鍾乳生鮑大竹等物(『世宗實錄』世宗20년7월15일).

72 但本島, 諺稱在襄陽之東, 不可不知其在何處也, 卿宜更加訪問以達(『世宗實錄』世宗20년7월26일).

는 방법으로「등처」에 우산도가 포함된다는 사실을 밝힌 것을 생각하면 이해할 수 없는 일이다. 그런 상황에서「우산」을 생략하여 활동영역을 무릉도로 한정하는「무릉도순심경차관」이라는 관직을 신설하고 주민의 쇄환을 명한 것은, 무릉도의 순심에 전념시키는 조치로 보아야 한다.

무릉도 근체에 존재한다는 요도의 실체를 확인하는 일에 전념시킨다는 의지를 강조하여「우산무릉등처안무사」에서「우산」을 삭제하는 것에 그치지 않고, 안무사를 경차관으로 개칭한「무릉도순심경차관」직을 신설한 것이다. 그런 의도가 아니라면 풍설의 요도를 확인한다며 16년이나 성의를 다한 세종이, 태종이 신설한「무릉등처안무사」를「우산무릉등처안무사」라고 관리 영역을 구체화시켰었는데, 그 관직에서「우산」을 삭제한 이유를 설명할 수 없게 된다.

5. 결론

세종은『고려사』의 편찬은 물론 태조 정종 태종의 실록 편찬에도 의견을 반영할 정도로 역사 인식이 깊었고, 그런 인식에 근거해서 왕조의 정통성을 강화하려 했다. 그런 세종이『고려사지리지』와『세종실록지리지』등이 전하는 우산도와 무릉도를 인지하지 못하는 경우는 있을 수 없다. 세종이 무릉과 우산을 인식하고 있기 때문에 태종이「무릉등처안무사」로 임명했던 김인우를 다시 등용하면서「우산무릉등처안무사」로 개명한 것이다.

안무사의 활동이 무릉도 중심이어서 세종이 우산국을 인식하지 못했다거나 「우산무릉」과 무릉도를 동격으로 보는 의견도 있으나 그것은 「등처」의 의미를 간과한 결과다. 「무릉등처」는 무릉도를 중심으로 하는 영역으로, 무릉도 이외의 다른 도서도 포함한다.

태종이 「무릉등처안무사」에 임명한 김인우가 정동해중에 무릉도와 우산도가 존재한다는 사실을 보고하여, 정동해중에 무릉도와 우산도가 존재한다는 것이 국가적 인식으로 정착되었다. 태종이 「무릉등처안무사」로 등용했던 김인우를 세종이 다시 등용하며 안무사가 관할해야 하는 영역을 「무릉등처」가 아닌 「우산무릉등처」라고 우산을 첨부한 것은, 태종조의 김인우가 안무사로서의 역할을 수행하며 무릉과 별도의 우산이 존재한다는 것을 확인한 공을 인정한 결과였다. 김인우의 조사와 보고로 정동해중에 무릉도와 우산도가 존재한다는 사실이 공인 되었고, 세종은 그런 인식에 근거해서 김인우의 관직명을 「우산무릉등처안무사」로 개명한 것이다. 다시 안무사를 제수 받은 김인우는 양도가 존재하는 정동해중을 활동영역으로 하면서도 보고의 내용이 무릉도 중심인 것은 그곳에는 주민이 거주하고 채취할 산물이 존재했기 때문이다.

정동해중에는 울릉도와 암도가 존재한다. 그런데도 「등처」를 첨기하는 것은 양도의 주변에 다수의 소도들이 산재하기 때문이다. 그것을 『삼국지』는 「일도」에 포함시켜 기록했고, 512년의 울릉도 주민과 신라인들은 우산국에 포함시켰는데, 『고려사지리지』는 「일운」으로 해서 정동해중에 양도의 존재를 설명했다. 주민들의 인식이 처음으로 표기로 구체화 된 것이다.

정동해중에 우산 무릉 양도가 존재한다는 사실이 표기되는 것은 『고려사지리지』의 「우산과 무릉은 본래 2도였다」와 『태종실록』 17년조의「왜가 우산 무릉에 침입했다」가 처음이다. 그런 상황에서 양도 외에 요도가 존재한다는 풍설이 유포되는 것은 보통 일이 아니다. 그래서 세종은 1429년에 실체의 확인에 나서, 강원도의 북방, 함길도의 남방 해역에 요도가 존재한다는 정보를 정리했다. 요도의 풍설을 정리한 것이다. 그런데 1438년 7월에 그 실체를 확인하지 못했다며 다시 탐문할 것을 지시했다.

그런 지시를 내리기 3개월 전에 세종은 신설한「무릉도순심경차관」에 조민과 남회를 제수했다. 안무사를 경차관으로 개칭하는 것에 그치지 않고 활동영역을 무릉도에 한정한 이유의 설명이 없으나 요도를 확인하는 일에 집중시키기 위한 조치로 볼 수 있다. 세종은 강역 안의 땅을 찾는 것이 천하의 상사이고 왕자의 도리라며 성심을 다했다.

풍설의 요도까지 확인하려는 세종이 우산도를 통치영역에서 제외하는 일은 있을 수 없다. 따라서 신설된 경차관이라는 관직에 우산이 포함되지 않은 것은 관리영역에서 제외시킨 것이 아니라 무릉도 부근에 존재한다는 요도의 실체를 집중적으로 확인하려는 의지의 표현이었다.

풍설의 요도는 삼척에서 100여리 떨어진 해중에 존재하는 봉우리가 셋인 섬이라 했는데, 이는『신증동국여지승람』이나『숙종실록』이 설명하는 울릉도와 흡사하다. 따라서 울릉도가 요도로 풍설 되었을 가능성이 큰데, 그것은 울릉도(무릉도) 주민들이 안전을 도모하는 방법으로 풍설을 유포시킨 결과로 볼 수도 있는 일이다. 태종이 1403년에 무릉도 주민의 쇄출을 명한 이래 수 차례 쇄출했으나 완전한 쇄출은 이루어진 일이 없다. 쇄출된 주민들이 다시 귀도하기 때문이다. 그처럼 주민들은 무릉도의 거주를 선호했다. 그런 주민들의 입장에서는 정동해중의 지리가 사실대로 알려지는 것은 위험한 일이었다. 그래서 정동 해중에 또 다른 유인도가 있는 것처럼 풍설을 유포시켜 쇄출 정책에 대응하고 있었던 것이다.

주민들의 안전을 위해서는 지리적 사실을 왜곡할 필요가 있었다. 관리가 파견된다 해도 주민들의 협조를 받아야 했기 때문에 주민들은 안심하고 왜곡된 정보를 제공하거나 유포할 수 있었다. 따라서 요도의 풍설은 무릉도 주민들이 의도적으로 유포시킨 것으로 보아야 한다. 세종이 그렇게 노력하고도 요도를 확인하지 못하자 신하들에게 기망 당했다며 탄망한 것은 풍설의 허구를 간파하지 못한 결과였다.

제8장

『성종실록』의 삼봉도

1. 서문

강원도의 정동해중에 풍일청명할 때만 망견할 수 있다는 우산도와 무릉도가 존재한다는 것은 무릉도(울릉도)에 사람이 거주할 때부터 인지된 사실이다. 조선의 태조가 건국의 정통성을 확인하기 위해 1392년에 편찬을 명한 『고려사』가 1451년에야 완성된 것은 「세가」나 「열전」의 문제였지 「지리지」의 문제는 아니었다. 세종이 『고려사』를 정리하면서 『신찬팔도지리지』도 편찬하여 『세종실록지리지』의 원전을 정리했기 때문에, 왕과 사관들은 『고려사』와 『신찬팔도지리지』가 전하는 우산도와 무릉도를 인지하지 못하는 경우는 있을 수 없다.

1457(세조4)년에 유수강이 우산·무릉 양도에 현읍을 설치하자고 주장한 것도 그런 사회적 인식에 근거한다.[1] 그런데 성종은 즉위한 다음 해에 정동해중에 삼봉도라는 섬이 있다는 풍설을 접하자, 영안도와 강원도 관찰사에게 정보의 수집과 주민의 쇄환을 명했다. 이후로 13년에 걸쳐 다섯 차례의 계획을 수립하고 실행했으나 삼봉도의 실체를 확인하지 못했다. 풍설이 허구였던 것이다.

옥저가 「일도」로 칭한 정동해중의 도서를 고구려와 신라가 예속시키려 했음에도 도명은 전하지 않는다. 그것을 512년의 신라가 우산국과 울릉도로 호칭하며 복속시켰는데, 그것은 우산국의 울릉도에 거주하는 주민들에게 전승되던 토속명을 한자로 표기한 것이다. 우산국이 신라에 복속된 후에는 우산·무릉·울릉도 등과 혼용되다 『고려사』나 『세종실록』 등에도 기록된다.

---

[1] 江陵人言, 牛山, 茂陵兩島可以設邑 (중략) 無風用櫓亦二日一夜可到. 伏望設縣邑, 擇人守之(『世祖實錄』世祖3년4월16일).

성종이 삼봉도의 실체를 확인하려 했으나 헛된 일이었다. 삼봉도가 존재하지 않았기 때문이다. 세종이 요도를 확인하려고 16년을 노력했던 것과 같은 일이었다. 세종은 요도의 풍설이 망설임을 깨닫자 탄식하는 것에 그쳤으나 성종은 허구라는 것을 알자 풍설을 유포시킨 김한경 등의 무리를 난신역적으로 처벌했다.

그런데 풍설이 허구라는 것을 판명하는데 그렇게 많은 시간을 허비할 일이 아니었다. 관찰사들에게 사명감이 있었다거나 개척정신이 투철한 관리가 있었다면 간단히 규명될 수 있는 일이었다. 성종은 처음부터 의문을 표했으며 강원도 관찰사 이극돈도 풍설을 의심하고 풍문을 신뢰하지 않았다. 그렇게 의심했다면 그것을 규명하려 했으면 허구는 바로 판명되었을 것이다. 그런데도 이극돈은 아무런 조치를 취하지 않다, 성종의 의심이 깊어지자, 처음부터 의심했다며 허구로 밝혀지면 김한경 등을 극형에 처할 것을 주장을 했다. 관리의 나태가 얼마나 많은 국력을 낭비하는 가를 알 수 있는 언행이었는데, 그것은 이극돈만의 일이 아니었다.

1480년에는 제3차 탐방단을 인솔하게 된 초무사 정석희와 박종원은 물길을 꺼린다는 이유로, 파직과 귀양을 각오하고 초무사의 직을 내놓는다. 박종원은 4척의 초마선을 이끌고 1차 탐방에 나섰다 실패한 경험이 있기 때문에 풍설의 진부를 확인하는 일에는 누구보다 적합했다. 그런데도 물길이 두렵다며 사임했다. 그런 관리들이 요직을 점하는 왕조였기 때문에 풍설이 허구라는 것이 판명 되는데 13년이나 허비된 것이다.

삼봉도를 본 사람은 삼봉도에 표착한 일이 있다는 김한경과 삼봉도를 그렸왔다는 김자주 무리로 한정된다. 그들이 탐방단의 중심이었기 때문에 그들을 제외하면 삼봉도를 본 자가 없다. 그런데 영안도민 1천여 명이 도망쳐 거주하는 삼봉도가 정동해중에 있다는 정보를 접한 성종이 군사 1천 5백명의 파견을 언급한 것도 사실이다. 정동해중에 그 정도의 사람이 거주할 수 있는 섬이라면 무릉도 뿐이다. 따라서 영안도민들이 도망쳐 거주한다는 삼봉도는 무릉도일 수 밖에 없다. 그런데도 무릉도가 아닌 삼봉도가 정동해중에 존재한다는 풍설이 왜 유포되었는가? 그것을 규명하는 일이 독도의 실체를 아는 일이다.

2. 삼봉도의 실체

(1) 삼봉도의 위치

세종조에는 강원도의 북측, 영안도의 남측 해상에서 무릉도로 가는 항로에 요도가 존재한다는 풍설이 유포되었으나[2] 망설로 판명되었다. 정동해중에는 무릉도와 우산도 외에 존재하는 섬이 없어 당연한 결과였다. 그런데 성종조에는 영안도민이 도망쳐 거주하는 삼봉도가 존재한다는 풍설이 유포되었다. 그것을 영안도 관찰사 이계손의 보고로 알게 된 성종은 1470년 12월에 탐문하여 보고할 것을 지시했고,[3] 1471년(성종2) 8월에는 강원도 관찰사에게 무릉도로 도망간 영안도민의 체포를 준비하라고 지시했다.[4]

---

[2] 所訪蓼島, 在襄陽府 靑臺上, 通川縣 堂山登望, 則見于子丑間. 在吉州 無時串, 洪原縣蒲靑社望見, 則見于巳午間. 其令詳明勤恪人望見以聞(『世宗實錄』世宗12년 10월23일).

[3] 下書永安道觀察使李繼孫曰, 今悉所啓. 其投往三峯島者, 逃賦背國, 情犯甚惡. 卿宜探問以啓(『成宗實錄』成宗1년12월11일).

[4] 下書江原道觀察使成順祖曰. 今聞, 永安道居民有潛投茂陵島者, 欲使人往捕之.

그렇게 시작된 삼봉도의 실체 확인 작업이 13년이나 지난 후에야 허구로 판명되는데, 삼봉도에 도망친 자는 1천여명이라 했고, 삼봉도를 보았다는 자는 김한경 무리 12인으로 한정된다. 풍설의 삼봉도를 김한경이[5] 언제 어떻게 인지했는지는 불명이나, 영안도 관찰사 이극균의 보고에 의하면, 1471년 5월에 김한경이 삼봉도에 표박하며 주민을 만났고, 1475년에는 7,8리떨어진 해상에서 삼봉도를 망견했다 한다.[6] 성종이 풍설을 접한 것이 1470년인데 김한경이 삼봉도에 표박한 것이 1471년 5월이라면, 김한경이 표박하기 이전부터 삼봉도의 풍설이 유포되었다는 것이다.

김한경은 회령에서 7주야를 동행하여 삼봉도에 도착했고 4주야를 북행해서 귀환한 것으로 설명하는가 하면, 6인의 일행이 경원의 말응대진에서 3일만에 삼봉도에 도착한 것으로 진술하기도 했다. 그런가 하면 김자주 일행과 같이 삼봉도를 그려왔을 때는 경성 해안에서 4주 3야의 항해로 삼봉도 서방 7,8리에 도착한 것으로 했다.[7] 4주 3야와 7주야라는 차이는 해로의 사정에 따른 결과로 볼 수도 있으나, 7주야를 동행했다는 왕로와 북행 4주야의 귀로는 모순된다.

김한경은 조정이 탐방단을 구성할 때마다 참여하는데, 1478년 9월에 파견한 2차 탐방단 12인은 삼봉도의 7,8리 부근까지 접근했으나, 백

(『成宗實錄』成宗2년8월17일).

5 今也遣人搜覓, 如終無此島, 則將初發言金漢京輩, 明其訛語惑衆之罪, 置之極刑 (『成宗實錄』成宗12년1월9일).

6 知鏡城金漢京等二人, 辛卯五月漂泊三峯島, 與島人相接, 又於乙未五月, 漢京等 六人向此島, 距七八里許, 望見阻風, 竟不得達(『成宗實錄』成宗7년6월22일).

7 會寧向東舟行, 七晝夜而到, 向北行四晝夜而還(4년1월9일). 與鏡城人金漢京, 會 寧人 林都致, 慶源人 任有才金玉仙吾乙亡金德生, 就慶源地面末應大津, 發船行 三日, 得見三蓬島(7년2월8일). 於鏡城海濱乘舟, 行四晝夜, 見島屹然(『成宗實錄』 成宗7년10월22일).

의의 조선인 30여인이 서있기 때문에 접근하지 못하고 도형을 그려서 돌아왔다. 일행에는 삼봉도를 그려온 경험이 있다는 김자주도 포함되어, 김자주가 그린 것으로 볼 수 있다. 따라서 삼봉도의 위치나 모형은 그들의 설명에 근거할 수밖에 없다.

김한경과 김자주의 설명에 따르면 3일이나 4주 3야, 또는 7주야를 항해하여 도착할 수 있는 곳에 삼봉도가 존재한다. 그런 항로라면 삼척에서 1주야의 항해로 도착할 수 있다는 무릉도는 해당되지 않는다.

영안도에서 4주 3야나 7주야를 동행해서 도착하는 곳이라면 일본의 秋田縣이나 青森縣의 서해안, 또는 북해도의 函館를 추정할 수 있다. 우산국의 동방에 있는 隱岐島도 7주야의 항로는 아니다. 일본은 은기도에서 조선까지의 항로를 4주야 정도로 보았다.[8] 설사 7주야 항해하여 도착한 곳이 은기도였다 해도 언어가 통하지 않아 삼봉도는 아니다.

김한경은 7주야를 동행하여 도착한 삼봉도에서 4주야를 북행해서 귀환했다는 모순적인 설명을 했는데「북행」은 일본에서 우산도(松島)와 무릉도(竹島)로 향할 때 사용하는 용어였다. 일본의 국경이 은기도라는 사실로 우산도와 무릉도를 조선령으로 인정하는『隱州視聽合紀』는 은기도에서「서북」으로 2일 1야를 가면 송도가 있고, 그곳에서 1일 정도 가면 죽도가 있다며,[9] 은기도의 서북 방향에 양도가 존재하는 것으로 했다.

---

8 隱岐島後より松島ハ方角申酉の沖ニ當る卯方より吹出す風二日二夜颿り (중략) 松島より竹島ハおなし方角ニして卯の針にて卯の風を一日一夜颿り (중략) 島 此方より着岸之所砂濱なり遙ニ朝鮮と見へて或時ハ雲霧靉靆亦ハ晴天ニハ山 乃谷ふかき分り迄見へる大數道法三十里計り(權赫晟・大西俊輝편역주『長生竹島記』, 제이앤씨, 2016, pp.71~83).

9 戊亥ノ間行二日一夜ヲ有松嶋又一日程ニ有竹嶋(權五曄・大西俊輝편역주『隱洲視聽合紀』, 인문사, 2012, p.50).

송도와 죽도가 일본령이라는 주장의 모순을 스스로 노정하는 『長生竹島記』도 양도가 石見國의 북방에 위치하는 섬이고, 양도의 거리가 1일의 항로라는 것, 죽도의 서북서 방향 5,60리에 조선국이 위치한다는 사실을 말하고 있다.[10].

『세조실록』에 의하면 무릉도는 삼척에서 서풍이 불면 축시(2시)에 출선하여 해시(22시)에 도착하고, 순풍이면 24시간(1주야)에 도착하며, 무풍이면 36시간(2주1야)에 도착한다.[11] 1696년에 영의정 남구만의 밀사로 鳥取藩을 방문하는 안용복 일행 11인은 3월 18일에 조반 후에 조선국을 출선하여 석양에 무릉도에서 저녁을 먹었고, 5월 15일에 그곳을 출발하여 당일에 우산도에 도착했다.[12] 말하자면 강원도 동해안에서 1주면 갈 수 있는 것이 무릉도였고, 무릉도에서 1주면 우산도에 갈 수 있었다. 그런데 김한경은 7주야라 했고, 김자주는 4주 3야를 항해한 곳에 삼봉도가 있는 것으로 하여, 그들이 말하는 삼봉도가 무릉도나 우산도가 아니라는 것을 알 수 있다.

(2) 삼봉도의 모형

영안도 주민 1천여 명이 도망쳐 산다는 삼봉도를 보았다는 사람은 김한경과 김자주의 무리 12명에 한정되는 데, 신분이 확인되는 김한경

---

10 竹嶋之外二松嶋与唱石見国海岸ら子之方二當リ海上七八拾里斗相隔候小嶋有之 (6단). 隱伎國福浦へ着夫より順風二随子之方へ沖走いたし松嶋 (중략) 其侭乾之方へ乘廻問七月廿一日竹嶋へ着船 (20단). 尤右竹嶋ら酉戌之方へ當猶又海上五六拾里斗相隔一際雲気覆重リ候所有之自然朝鮮國(『八右衛門とどの時代』所收『竹嶋渡海一件記·全』, 浜田市教育委員會, 2002; 『長生竹島記』, p.71·81·83.).

11 水路則自三陟距島, 西風直吹, 則丑時發船, 亥時到泊, 風微用櫓, 則一晝一夜可到, 無風用櫓亦二日一夜可到(『世祖宗實錄』世祖3년4월16일).

12 当子三月十八日朝鮮国朝飯後二出船同日竹嶋へ着夕夕飯給申候由申候 (중략) 五月十五日竹嶋出船同日松嶋江着同(權五曄·大西俊輝주석 『元禄覺書』, 제이앤씨, 2009, p.167·176).

의 무리 6인 중 2인은 1471년(성종 2) 5월에 삼봉도에 표박하여 주민들을 만났고, 1475년(성종 6) 5월에는 6인이 7,9리 떨어진 곳에서 삼봉도를 망견했다.[13] 김자주는 시기가 분명하지 않을 때 삼봉도가 보이는 곳에 이르렀으나 연기가 나는 섬에 백의의 조선인 30여명이 있어 접근하지 못하고, 그림을 그려서 돌아왔다는 기록이[14] 1476년(성종7)조에 있다. 김한경과 김자주가 비슷한 시기에 삼봉도를 경험했다는 것이다.

영안도 관찰사 이극균이 그런 둘을 포함하는 12인의 탐방단을 구성하여 1476년 9월에 삼봉도에 파견했다. 탐방단은 9월19일에 경원의 말응대를 출선하여 7주야를 항해한 25일에 삼봉도 서측 7,8리 지점에 도착했으나 섬에 인형 같은 것 30개가 서있는 것이 의심스럽고 두려워서 접근하지 못하고 도형을 그려서 돌아왔다.[15]

김한경은 삼봉도에 표박하며 주민을 만났고 멀리서 삼봉도를 망견했으며, 김자주는 삼봉도에 상륙한 일은 없으나 삼봉도에 조선인 30여인이 늘어서 있는 것을 보았다. 무서워서 상륙하지는 못했으나 삼봉도를 그려왔기 때문에 삼봉도를 본 사람은 12인에 한정되고 탐방단이 본 삼봉도의 조선인은 30여명으로 한정된다.[16] 그런데 김자주가 김한경과 같이 파견된 1476년에는 백의의 조선인이 아니라 인형처럼 보이는 형상 30개가 서있는 섬을 그려왔다. 같은 30인을 백의와 조선인의 인형

---

13 金漢京等二人, 辛卯五月漂泊三峯島(성종7년6월22일). 前年五月, 與鏡城人金漢京, 會寧人林都致, 慶源人任有才·金玉山·李吾乙亡·金德生,就慶源地面末應大津, 發船行三日, 得見三蓬島, 遙望島中有七八人, 然吾輩單弱, 不得下陸而還(『成宗實錄』성종7년2월8일).

14 自周言. 往見三峯島, 且圖其形. 送自周以進. 命問之, 自周對曰, 於鏡城海濱乘舟, 行四晝三夜, 見島屹然, 而有人三十餘, 列立島口, 有烟氣. 其人衣白, 形貌遠不能詳, 然其大槪乃朝鮮人也, 懼見執, 不能進也(『成宗實錄』成宗7년10월22일).

15 有如人形別立者三十, 因疑懼不得直到(『成宗實錄』成宗7년10월27일).

16 自周及宋永老與前日往還金興, 金漢京, 李吾乙亡等十二人, 給麻尙船五隻入送(『成宗實錄』成宗7年10月27日).

으로 표기한 이유를 알 수 없으나 사람들이 무리지어 있었다는 것은 같다. 누가 그렸다는 설명은 없으나 전력이 있는 김자주가 그린 것으로 볼 수 있다. 그 섬의 모양은

> 섬 북쪽에 세 바위가 벌여 섰고, 그 옆에 소도, 그 옆에 암석이 열립하고, 그 옆에 중도가 있다. 중도의 서쪽에 소도가 있는데, 사이 사이로 해수가 흐른다.[17]

북측의 소도와 서쪽의 중도로 이루어 지는 삼도의 그림인데, 북측의 소도 옆에 3석이 연립하고 중도 옆에 암석이 늘어선 그림이다. 그것을 신석호는

> 섬 北쪽에 三石에 列立하였다는 하는 것은 西島 北方에 높이 솟은 세 바위섬을 말하는 것이요 다음의 小島와 岩石은 東島와 西島 사이에 無數히 散在하는 바위를 말한 것이요 中島는 西島를 가리킨 것이요 中島 西쪽의 小島는 東島 東南方에 높이 솟아있는 바위섬을 말한 것으로, 대개 지금 독도를 그대로 그린 것이요. 섬 사이에 海水가 流通한다는 것도 독도의 條件에 부합하는 것이다.[18]

독도를 그린 그림으로 보았다. 신용하도

> 소도 중도 다시 소도의 3도가 있고, 中島와 小島 사이에 모두 海水

---

17 則於島北有三石列立, 次小島, 次巖石列立, 次中島, 中島之西又有小島, 皆海水通流(『成宗實錄』成宗7년10월27일).
18 申奭鎬「獨島의 由來」, 『思想界』1969년8월 ; 『獨島』, 대한공론사, 1965, p.22.

가 流通한다는 것은 鬱陵島에는 전혀 해당하지 않는 것이고 바로 오늘날의 독도의 형상과 일치하는 것이다.[19]

울릉도가 아닌 독도로 보았다. 우산도를 삼봉도로 보았다는 것이다. 그러나 그럴 경우 30여명의 주민을 설명할 수 없게 된다. 영안도민 1천여명이 삼봉도로 도망쳐 거주하는 사실을 경차관 신중거가 보고했고, 성종이 그 사실을 영안도 관찰사 이덕량만이 아니라 남도 절도사 이흠석과 북도 절도사 신주에게 유시한 것으로 보아,[20] 삼봉도는 무인의 우산도로 볼 수는 없다.

주민이 거주한다거나 봉우리가 셋이라는 것을 보면 삼봉도는 무릉도로 보아야 한다. 그것은 사적에서 확인할 수 없는 삼봉도를, 해상을 왕래하는 자들이 봉우리가 셋인 섬을 보고 삼봉도로 칭했다는 김국광의 추정과도 부합된다.[21] 무릉도가 3봉으로 구성되었다는 설명은 『신증동국여지승람』이나 『숙종실록』이 설명하는 울릉도와 같다.[22]

삼봉도의 실체를 확인하기 위해서 영안도 경차관 박종원이 4척의 초마선을 이끌고 1472년 5월28일에 울진포를 출선했으나 대풍을 만나 표류하면서 무릉도만 확인하고 6월 6일에 귀환했다. 비록 표류했다 해도, 4척의 초마선에 분승한 160인의 8일 간의 표류 그 자체를 의도하지

---

19 愼鏞廈 『獨島領有權 資料의 探究』제1권, 독도연구보전협회, 1998, p.93.

20 諭永安道觀察使李德良, 南道節度使李欽石, 北道節度使 辛鑄日, 今敬差官辛仲琚辛來言. 本道人民, 逃避差役, 潛往三峯島, 其數無慮千餘(成宗10년8월30일).

21 領事 金國啓曰, 求之史籍, 雖未有所謂三峯島者, 然其民, 必往來海上, 見島之有三峯者(『成宗實錄』成宗10년7월13일).

22 三峯岌嶪撑空南峯稍串, 風日淸明則, 峯頭樹木及山根沙渚, 歷歷可見(『新增東國輿地勝覽』); 至海上, 問居人以鬱陵島, 則爲指示之, 臣早起遙望, 三峰歷歷(『肅宗實錄』숙종20년2월23일); 自江陵三陟等地燈高望之三峰縹緲隱見(『星湖僿說』蔚陵島條).

않은 탐색활동으로 볼 수 있다.

그것은 32명으로 구성된 1479년의 탐방단도 마찬가지다. 일행 32인
은 10월 28일에 부령의 남면을 출선했으나 바람을 만나 일단 귀환했다
다시 출선하여 1개월이 지난 후에 돌아왔다.[23] 그 1개월간 무엇을 했는
지 알 수 없으나 표류했다 해도 그것이 삼봉도가 존재한다는 해역에서
의 일이었으므로 탐색활동과 다를 바 없는 일이었다. 그런 실패가 반
복되자 이극돈은 본인이 강원도 관찰사로 재직하던 1472년에 김한경
을 의심했던 사실을 회상한 것이나, 성종이 파견될 때마다 핑계를 대
는 김한경 무리의 국문과 신병확보를 지시한 것으로 보아, 1개월 후에
돌아온 32인의 일행이 삼봉도를 확인하지 못했다는 것을 알 수 있다.
삼봉도가 존재하지 않기 때문에 당연한 일이었다. 일행도 그것을 알았
기 때문에 1개월이나 표류하며 연락을 하지 못한 것으로 볼 수 있다.
표류하면서도 삼봉도를 발견하지 못한 것은, 그것이 존재하지 않기 때
문에 당연한 일이었다.

3. 성종의 영토인식

(1) 왕정의 광토중민

성종이 13세가 되는 1469년 11월에 즉위하자 정희왕후가 섭정을 펴
고, 신숙주 한명회 등의 훈구파 대신들이 국정을 좌우했다. 그런 상황
에서 영안도 주민들이 삼봉도에 투왕했다는 풍설을 접한 성종이 1470

---

23 三峯島自願入去人, 於諸邑宣布事目, 廣諭召募, 吉城六名, 明川四名, 鏡城十四名,
富寧八名, 合三十二名(성종10년10월30일). 前月二十八日, 曹偉合結麻尙船入送,
風逆還來. 三十日更送, 今幾一月, 而不還(『成宗實錄』成宗10년윤10월26일).

년(성종 1) 12월에 영안도 관찰사 이계손에게 정보를 탐문하여 보고하라 했다. 그리고 8개월 후에는 강원도 강원도관찰사 성순조에게 무릉도에 잠투한 자들의 체포를 준비하게 했다. 삼봉도와 무릉도를 동도로 인식할 수 있는 지시였다. 성종은 또 1472년에 인정전에서

> 국토를 넓히고 백성을 모으는 것이 우선해야 하는 왕정이다. 삼봉도는 우리 강원도 지경에 있는데, 토지가 비옥하고 백성들이 많이 가서 거주하기 때문에 세종조 때부터 사람을 보내서 찾았으나 얻지 못했다. 어떻게 하면 그 땅을 얻어서 거민을 많게 할 수 있겠는가? 혹자는 해도가 험조하여 비록 얻는다 해도 무익하여 방기하는 것만 못하다는데 이 말은 어떠한가.[24]

광토중민이 왕정의 우선임을 전제하고, 세종이 요도를 찾지 못한 일을 상기시킨 후에 삼봉도를 찾을 수 있는 방법을 물었다. 그러면서 반대의견이 존재한다는 사실도 언급했다.

세종이 찾으려 했던 것은 삼봉도가 아니라 요도였다. 그런데도 삼봉도를 찾으려 했던 것으로 말한 것은, 풍설의 요도가 존재했다는 강원도 양양부의 청대나 통천현의 당산의 북방, 함길도 길주의 무시곶이나 홍원현의 포청사의 남방에 삼봉도가 존재하는 것으로 인식했다는 것이다. 성종은 풍설의 섬을 탐방하는 일에 반대하는 의견에는 광토중민이라는 왕정의 덕목으로 대응했다.

1472년에 제1차로 파견한 초마선 4척이 표류하는 것으로 마쳤으나,

---

24 廣土衆民, 王政之所先也, 三峯島在我江原之境, 土地沃饒, 民多往居之故, 自世宗朝, 遣人尋之, 而未得. 若之何, 則得其地, 使居民衆乎? 或言: 海道險阻, 雖得無益, 不如置之(『成宗實錄』成宗3년3월6일).

김한경 김자주 무리가 주축이 된 제2차 탐방단 12인은 삼봉도에 상륙하지 못했으나 섬의 모형은 그려왔다. 그런데도 부역을 피해 도망친 백성들 때문에 군사를 파견하는 것은 위험하므로 방기하자는 주장이 나왔다. 그래도 삼봉도의 존재를 말하는 자가 있으므로 찾아야 한다며 성종은 뜻을 바꾸지 않았다.[25]

삼봉도의 존재의 의문을 가졌던 성종이 1479년(성종 10) 8월에 경차관 신중거의 보고를 받자, 영안도 관찰사 이덕량, 남도절도사 이흠석, 북도절도사 신주에게 유시하길

> 이제 경차관 신중거가 와서 말하기를, 본도의 인민이 차역을 도피하여 몰래 삼봉도로 가서 그 수가 무려 천여 명이나 된다고 하니, 이것은 다름이 아니라 소재 고을의 수령이 능히 무휼하지 못한 소치이다. 그러나 국가를 배반하고 절도에 투신하여 갔으니, 죄가 용서할 수 없는 것이다. 이제 대병을 동원하여 토벌하려고 하니, 경 등은 다 이 뜻을 알고, 초마선 50척을 제조하여서 기다리라. 저들이 만약 스스로 죄과를 알고 회오하여 나오면 마땅히 그 죄를 다 용서하고, 중한 상을 더할 것이며, 만일 혹 집미하고 회개하지 않으면 무찔러 없애버리고 남음이 없게 할 것이니, 뉘우쳐도 미치지 못할 것이다. 경 등은 아울러 이 뜻을 두루 알리도록 하라.[26]

---

25 臣意以爲永安道自丁亥後, 人心洶洶, 今尙不靖, 願專以存撫此道爲憂, 三峰島棄之無妨. 上曰, 此島, 今有明言其處者, 今若不求, 必爲逋逃淵藪, 不可棄也(『成宗實錄』成宗8년3월4일).

26 今敬差官辛仲琚來言, 本道人民, 逃避差役, 潛往三峯島, 其數無慮千餘. 此無他, 所在守令, 不能撫恤所致. 然謀背國家, 往投絶島, 罪在不赦. 今欲擧大兵往討, 卿等知悉此意, 造哨麻船五十艘, 以待. 彼若自知罪過, 悔悟出來, 則當悉貰其罪, 加以重賞. 如或執迷不悟, 則殄殲無遺, 悔無及矣(『成宗實錄』成宗10년8월30일).

1천 5백의 전졸로 삼봉도를 토벌하자는 의견을 내고, 초마선 50척의 제조를 명한다. 그러면서 반성하고 귀순하는 자는 포상하겠다는 내용의 유서를 내렸다.

그렇게 해서 보낸 32인의 탐방단이 1개월이 경과해도 돌아오지 않자, 영안도 관찰사 이극돈은 처음부터 김한경을 의심했다며 탐방단의 파견에 의문을 제기한다. 그런 상황에서도 성종은 배가 파선되는 것과 같은 변고가 있다 해도 반드시 뜻을 이루겠다는 의지를 밝혔다.[27] 그러면서 김한경 무리를 국문할 것과[28] 다음에 파견하는 탐방단에 포함시킬 것을 지시했다.[29] 매번 역풍을 핑계 대는 김한경 무리를 의심하며 삼봉도 풍설이 허구로 판명될 경우에는 문책하기 위한 대비였다.

그 뒤로 8척을 파견하는 4차 계획은 장마와 일기 불순으로 실행되지 못했고, 삼봉도가 존재하지 않는다는 사실이 확인되면 김한경을 극형에 처하자는 이극돈의 주장이 제기된다. 그런 상황에서도 5차계획의 준비가 진행되었으나 실행 여부에 대한 기록은 확인할 수 없다.[30] 대신에 난신역적에 연좌된 김한경의 딸이 공노비가 된 기록이 있어, 풍설의 허구가 밝혀져 김한경 무리가 극형에 처해졌다는 것은 알 수 있다.

---

27 三峯島, 土地沃饒, 民安其業, 不事官役, 背國忘君, 必不自來. 今欲遣人, 審其形勢, 然後大擧征伐, 故如此耳. 其或敗船溺死, 特一時之變, 安可以此, 而不爲乎(『成宗實錄』成宗10년윤10월26일).

28 漢京等前則來歸, 而及今官使之時, 則托以風逆, 甚不可. 令兵曹鞫之(『成宗實錄』成宗10년12월19일).

29 下書永安道觀察使李克墩曰, 今還送金漢京, 金自周, 嚴謹, 金呂强, 可令保授, 待來春, 三峯島以指路入送(『成宗實錄』成宗10년12월25일).

30 如終無此島, 則將初發言金漢京輩, 明其誑語惑衆之罪, 置之極刑, 傳屍一道, 以示衆目(『成宗實錄』成宗12년1월9일).

(2) 삼봉도에 간 사람들

『삼국지』의 「일도」를 『삼국사기』는 우산국과 울릉도로 병기했는데, 그것은 「일도」의 토착민들이 사용하며 전승시킨 토속명을 한자로 표기한 것이다. 우산국을 무위로는 정벌할 수 없다는 이사부의 말은 우산국이 신라의 침공을 격퇴한 일이 있었다는 것이고, 우산국이 그만한 군대를 보유했다는 것인데, 구체적인 내용은 알 수 없다. 우산국이 신라와 고려에 예속되었을 때의 주민의 수도 알 수 없다. 조선이 무릉도 주민들을 반복적으로 쇄환할 때도 100명을 넘는 경우가 없다. 태종조의 안무사 김인우가 확인한 15호 86인이 최다였는데,[31] 그 정도의 주민으로는 신라와 대적했다는 우산국의 국력을 추정하기 어렵다.

영안도 경차관 신중거가 1479년에 보고한 것에 의하면 삼봉도로 도피한 도민만 해도 1천 여명이었고, 보고를 받은 성종이 1500명의 전졸을 파견하여 토벌하자는 의견을 내기도 했다. 그것이 기록으로 확인되는 최다의 주민이었다. 문제는 왜 그렇게 많은 백성이 피난했는가다. 그것은 성종이 즉위하기 2년전안 1467년(세조13) 8월에 진압된 이시애의 난과 같이 생각할 문제다. 이시애는 함경도민의 차별에 반발하여 난을 일으켰으나 3개월만에 생포되어 효수되었다.[32]

난을 진압한 세조는 함길도를 길주 이남의 함길남도와 경성 이북의 함길북도로 양분하고,[33] 어쩔 수 없이 난에 가담한 자들은 용서하면서

---

31 按撫使金麟雨還自于山島獻土産大竹, 水牛皮, 生苧, 綿子, 檢樸木等物, 且率居人 三名以來. 其島戶凡十五口, 男女并八十六(『太宗實錄』太宗17년2월5일).

32 李施愛於本月初十日, 詐稱諭書, 殺康孝文, 薛丁新等. 十一日遣人殺尹敬安, 其爲 反逆明矣(『世祖實錄』世祖13년5월18일). 遂剮施愛, 施合支解之, 傳示五鎭. 浚與 諸將, 向闕拜賀 (중략) 報捷 (중략) 獻其首(『世祖實錄』世祖13년8월12일).

33 今以鏡城以北爲北道, 吉州以南爲南道, 二人分之(『世祖實錄』世祖13년9월4일). 金相五「李施愛의 亂에 대하여(下)」, 『全北史學』3, 전북대학교, 1979.

도망친 잔당과 연좌된 자들을 잡아들이라 했다.[34] 그리고 성종은 1470
년(성종 1) 2월에 함흥인들이 이시애의 난에 참여했으므로 함흥의 부
호를 파하고 영흥과 안변의 호를 합한 영안도로 개칭해야 한다는 품계
를 수용한다.[35]

　그런 반란의 진압과 잔당의 토벌이 이루어 지는 가운데 난에 연좌
된 자들은 도망칠 수 밖에 없고, 그런 필요에 적합한 곳이 정동해중의
섬이었다. 어쩔 수 없이 정동해중의 섬으로 도망쳐 거주하는 영안도민
들은 자신들이 거주처를 삼봉도라 칭했으나 삼봉도는 실존하지 않는
다. 그래서 피난민들이 거주한다는 것을 근거로 해서 상정할 수 있는
곳은 무릉도 이외에는 없다. 피난민들은 자신들이 도망친 곳이 무릉도
라는 것을 알면서도 삼봉도라고 말했다면 그것은 자신들의 안전을 도
모하는 자위책이었다. 태종조의 백가물 일행이 유산국도인을 칭했던
일이나 세종조에 요도의 풍설이 유포되었던 것과 같은 일이었다. 토벌
군의 추적을 대비하여 정동해중의 무릉도와 우산도가 아닌 다른 섬이
존재하는 것처럼 가장하여, 관군을 혼란 시키려 한 것이다. 결과적으
로 조정이 삼봉도의 실체를 확인하기 위해 13년이나 허비하여 목적은
달성된 셈이다.

　그처럼 정동해중의 섬으로 피난하는 도민들의 자위책을 생각하면,
감자주가 불명의 시기에 삼봉도 근처에 이르렀으나 백의의 조선인 30
인이 늘어선 것을 보고 두려워서 접근하지 못하고 그림을 그려서 돌아

34　逆賊李施愛脅從之徒, 則已皆赦不問矣. 其親黨吉州人 (중략) 尙逃漏不卽伏誅. 由
　　卿等與守令, 不用心追捕之故也, 宜亟廣行知會追捕. 其緣坐人, 亦悉捕獲(『世祖實
　　錄』世祖13년12월17일).
35　咸鏡道 永興品官前察訪金榮老等上言曰 (중략) 仍揭永興及初面大官安邊號, 改
　　稱本道號, 爲永安道, 何如. 命院相議之, 申叔舟等請依所啓施行, 從之(『成宗實錄』
　　成宗1년2월17일).

온 이유가 분명해진다. 김자주가 본 30인이 단순한 백성의 모습이 아니라, 배를 타고 접근하는 외부인을 경계하는 자세, 즉 상황에 따라서는 요격할 태세로 보았기 때문에 두려웠던 것이다. 1476년(성종7) 10월에 김자주와 김한경의 무리 12인이 5척의 마상선을 타고 접근했을 때도 마찬가지였다. 12인이었음에도 인형 30개를 보자 의심이 나고 두려워서 더 나가지 못하고 그림으로 그려서 돌아온 것이다.[36]

김자주가 보았다는 백의의 조선인 30인과 1476년의 탐방담 12인이 보았다는 인형 30개는 삼봉도의 주민 전체가 아니었다. 그들은 외부에서 다가오는 배를 정찰하기 위해 나온 파수꾼들과 같은 자들이었고 더 많은 주민, 즉 삼봉도로 도망쳤다는 영안도민 1천여 명이 잠복하고 있다고 판단한 것이다. 그래서 접근하지 못하고 도형만 그려서 돌아온 것이다.

30개의 인형을 신석호는 가제를 오인한 것이라 했고, 천상건삼은 삼봉도가 죽도(독도)가 아니라는 것을 입증할 목적으로 김자주가 말한 백의를 두른 조선인과 동일시하며 사람을 가제로 오인하는 일은 있을 수 없다 했다.[37] 신석호가 말하는 가제는 정동해중에 많이 서식하여 두려워할 만한 것이 아니었다. 울릉도수토사 이경정이 해안에서 소처럼 울어대는 가제를 몽둥이로 때려 잡았다는 것을 보면,[38] 사람으로 오인하고 두려워하는 경우는 생각하기 어렵다.

따라서 30개의 인형은 주민으로 보아야 하는데, 그것도 일반 주민이

---

36 懼見執, 不能進也(7년10월22일). 因疑懼不得直到(『成宗實錄』成宗7년10월27일).
37 申奭鎬「독도의 내력」,『獨島』, 대한공론사, 1965, p.22; 川上健三『竹島の歷史地理的硏究』, p.132; 權五曄역『日本의 獨島論理』, 백산자료원, 2010, p.141.
38 三陟營將李慶鼎 (중략) 仍向玄石龜尾, 則可支魚百十爲群, 吼哮如牛, 或砲或棒, 捉得二首(『日省錄』1831년, 純祖31년 5월 14일).

아니라 무장하고 접근을 용납하지 않겠다는 자세를 취하고 파수꾼의 역할을 수행하는 주민들이었다. 그래서 겁을 낸 것이다. 일행 12인은 1천여명의 영안도인들이 도망쳐 거주한다는 소문을 들었기 때문에, 섬 입구에 서있는 30명이 연락하면 더 많은 주민들이 몰려오는 경우를 두려워한 것이다.

4. 삼봉도의 실체 확인

(1) 삼봉도 탐방단

삼봉도의 실체를 확인하는 탐방계획이 5차례 수립되는데 1차와 2차는 「求」와 「搜覓」을 목적으로 하더니 3차는 「討」, 4차와 5차는 「諭告」와 「諭書」를 목적으로 한다. 1, 2차는 삼봉도의 실체 확인이 목적이고, 3차 이후는 삼봉도로 피난했다는 영안도민 1천인을 의식한 탐방이었다.

성종은 강원도에 속한다는 삼봉도의 정보의 수집을 영안도와 강원도 관찰사에게 지시하고 보고받으며 계획의 수립과 실행은 영안도와 병조에게 주도시킨다. 병조는 1472년 5월 28일에 40인승 초마선 4척을 삼봉도 경차관 박종원에게 인솔하게 하여 울진에서 출선시켰으나 표류하다 6월 6일에 귀환한다.[39] 무릉도를 망견하거나 표박했을 뿐 삼봉도는 찾지 못하는 표류였다.

1차 탐방활동이 표류로 끝나자, 정인지 등이 영안도 관찰사에게 1473년 봄의 탐방을 계획하게 했고, 병조는 초마선 4척의 파견을 계획

---

39 去五月二十八日, 自蔚珍浦發去, 卽遇大風四散 (중략) 本月初六日午時, 到杆城郡清簡津. 司直郭永江等三船, 去五月二十九日, 至武陵島, 留三日 (중략) 本月初六日, 至江陵(『成宗實錄』成宗3년6월12일).

했으나 실행되지 않았다.[40] 대신에 3년이 지난 1476년 2월에 성종이 김한경이 설명한 지세에 회의를 품고 신뢰할 수 있는 자 3인을 탐방에 동행시킬 것을 지시했다.[41] 영안도 관찰사 이극균은 삼봉도에 다녀왔다는 김한경과 삼봉도를 그려온 김자주 무리를 중심으로 하는 탐방단 12인을 1476년 9월에 파견한다.[42]

일행은 경원 말응대를 1476년 9월 19일에 출선하여 25일에 삼봉도 서방 7, 8리에 이르렀으나 섬에 서있는 30개의 인형이 두려워 더 이상 접근하지 못하고 섬을 그려서 돌아왔다.[43] 이것이 5차례의 계획에서 삼봉도를 망견한 유일한 성과였다. 일행 중에 김자주와 김한경의 무리 8인 정도가 삼봉도를 경험했다 하나, 성종의 지시로 포함된 4인은 그런 경험이 없었다.

일행 12인이 삼봉도를 그려오자 병조는 박원종이 이루지 못한 것을 이루었다며 다음해에 문무를 겸한 자 1인을 선발하여 보낼 것을 건의하여 허가 받았다. 그럼에도 탐방에 관한 기본적인 문제가 논의될 뿐 탐방은 실행되지 않았다. 그러다 3년이 지난 1479년 9월에 경차관으로 임명된 조위가 성종의 유서를 소지하고 32인의 일행을 이끌고 10월 27

---

40 一. 依今年三峯島搜覓時例, 哨麻船四隻每船軍人四十名, 抄本道吉城以北諸邑軍士有武才者, 充差. 一. 令本道觀察使, 無問公私船, 擇不腐朽牢實者, 修補以待. 一. 四船篙工, 擇本道諸浦船軍慣水者, 量數分差. 一. 道內有職, 有才略人, 預先揀擇領率, 如有自募人并許送. 一. 往還一朔糧, 令本道觀察使, 計口題給. 一. 搜探後論賞節次, 臨時議定(『成宗實錄』成宗3년8월12일).

41 此言雖不可信, 亦或非妄, 今宜別遣壯健可信人三人同漢京 等, 入送搜覓(『成宗實錄』成宗7년6월22일).

42 與鏡城人金漢京, 會寧人林都致, 慶源人任有才·金玉仙·李吾乙亡·金德生(成宗7년2월8일). 今宜別遣壯健可信人三人同漢京等(『成宗實錄』成宗7년6월22일). 遣自周及宋永老與前日往還金興, 金漢京, 李吾乙亡等十二人, 給麻尙船五隻入送(『成宗實錄』成宗7년10월27일).

43 十八日到宿慶源地末應大, 二十五日西距島七八里許, 到泊望見 (중략) 有如人形別立者三十, 因疑懼不得直到, 畫島形而來(『成宗實錄』成宗7년10월27일).

일에 부령의 해변에서 출선했으나 역풍으로 귀환했다가 다시 출선한다. 그리고 1개월이 지나도 연락이 없었다.[44] 일행에 포함되었던 자들이 이후의 탐방단에도 포함되는 것으로 보아 1개월 후에 귀환했다는 것이 된다.

1개월 후에 귀환했다는 것은 그 동안 정동해중을 표류했다는 것으로, 삼봉도를 탐색하는 활동으로 볼 수도 있다. 삼봉도가 존재한다면 표류하는 동안에 보였을 수도 있는데, 그런 내용이 없다. 3차 계획도 실패한 것이다. 그러자 이극돈은 강원도 관찰사였을 때부터 김한경을 신뢰하지 않았다는 의견을 밝혔고,[45] 성종은 매번 역풍을 빙자하는 김한경 무리의 국문을 지시했다. 그리고 이극돈에게는 김한경의 신변을 확보했다 다음 탐방단에 포함시킬 것을 명했다.

4차 계획의 실행 여부를 논하는 가운데 좌승지 김승경은 삼봉도 옆의 소도를 취한 다음에 삼봉도를 취하는 전법을 이야기 했는데,[46] 그것은 훗날 일본인들이 취한 방법이었다. 1693년에 무릉도서 조선인을 발견한 일본인들은 소도에서 1박하고 다음 날에 안용복과 박어둔을 납치한다.[47]

병조는 1480년 2월에 이전의 경차관을 초무사·부사로 호칭할 것과 영안도나 강원도 군사가 아닌 경군의 군관과 사공 30명의 선발을 요구

---

44 廣諭召募 (중략) 合三十二名 (중략) 金漢京, 則三度往還, 自稱熟知, 鏡城居護軍崔興, 司直金自周(成宗10년10월30일). 前月二十八日, 曹偉合結麻尙船入送, 風逆還來. 三十日更送, 今幾一月, 而不還, 不知其故(『成宗實錄』成宗10년윤10월26일).

45 克敦啓曰, 臣爲江原道監司, 有金漢京者, 始發此言, 臣疑之, 反覆詰問, 其言多變詐, 臣不信聽(『成宗實錄』成宗10년윤10월26일).

46 左承旨金昇卿啓曰, 三峯島旁有小島, 全君子等二戶, 逃居其中. 若募本道之人, 出其不意而往, 則可及三峯島人未覺之時, 取小島兩家矣. 然後審其形勢, 遣人討之何如(『成宗實錄』成宗10년8월30일).

47 權赫晟역『竹島考』하, 인문사, 2013, p.168.

하여 허가 받는다.[48] 그런데 초무사로 임명된 정석희와 박종원이 물길을 꺼려 퇴직을 자원하여 귀양가는 소동이 있었고,[49] 삼봉도의 존재에 의문을 표하며 사실을 확인한 후에 초무사를 파견하자는 의견이 제기된다. 그런 일이 있은 후에 초무사 심안인이 무장선 9척을 이끌고 출선하려 했으나 장마와 풍수로 정지된다.[50]

4차계획 모두가 목적을 달성하지 못하자 이극돈은 삼봉도가 실존하지 않을 경우에는 풍설을 유포시킨 김한경을 극형에 처하는 방법으로 민생을 안정시킬 방법을 제기한다. 또 성종의 유서로 토민의 귀순을 권하여 효과가 없을 경우에 토벌하자는 주장도 제기되었다. 그러나 5차 계획의 실행여부를 확인할 수 있는 기록이 없다. 대신에 김한경의 딸이 난신역적에 연좌되어 공노비가 된 기록이 1481년 2월 24일조에 있다.[51]

성종이 이극돈에게 김한경 무리의 신변의 확보를 명했고, 이극돈이 그들이 대중을 미혹한 죄가 밝혀지면 극형에 처할 것을 주장했던 것으로 보아 김자주·엄근·김여강 등도 같이 처벌된 것으로 볼 수 있다. 김한경 무리가 보았다는 삼봉도는 물론 그들이 그려왔다는 그림 역시 사실에 근거하는 것이 아니었다는 것을 알 수 있다.

---

48 兵曹啓, 今三峯島入去人員, 以招撫使, 副使稱號軍官各十人, 以京軍士擇定 (중략) 幷預差三十人抄定. 從之(『成宗實錄』成宗11년2월12일).

49 鄭錫禧, 以三峯島招撫使, 憚於水路, 謀欲改差, 使妻上言規免罪, 律該杖一百罷職(成宗11년2월24일). 朴宗元, 以三峯島招撫副使, 憚於水路, 托病上言罪, 律該杖一百, 告身盡行追奪. 命只收職牒, 付處于金海(『成宗實錄』成宗11년2월28일).

50 下書于招撫使沈安仁曰: 今霖雨方作, 風水不順, 其停三峯島之行, 斯速上來(『成宗實錄』成宗11년5월30일).

51 義禁府啓, 亂臣逆賊緣坐年未滿者, 曾授族親, 今皆年滿, 請屬諸邑爲奴婢 (중략) 金漢京女貴珍, 咸原站(『成宗實錄』成宗13년2월5일).

(2) 정동해중의 인식

세종은 풍설의 요도를 확인하려고 16년이나 노력하고도 성과를 거두지 못하자 기망 당한 것이라며 탄식했다. 그것을 모를 리 없는 성종이 삼봉도의 풍설에 접하자 13년간이나 실체를 확인하려 했다. 풍설의 영토를 확인하는 것이 왕정이 우선해야 하는 덕목이라며 성심을 경주했는데도 삼봉도를 확인하지 못한 것은 삼봉도가 살존하지 않았기 때문이다.

삼봉도 풍설을 접한 성종은 강원도 관찰사에게는 무릉도에 들어간 영안도민의 체포를 명하며 세종조에 무릉도민을 쇄환한 일을 언급했다. 삼봉도와 무릉도를 동도로 인식했다는 것을 알 수 있는 지시로, 삼봉도의 존재에 회의했다는 것을 알 수 있다. 이미 당대에는 『고려사지리지』나 『세종실록지리지』 등이 전하는 정동해중의 지리가 일반화된 시기였다. 두 지리지가 아니더라도 삼척에서 순풍의 경우는 1주야의 거리이고, 바람 부는 날에는 2주 1야의 거리라는 것을 전하는 『세조실록』을 통해서도 알 수 있는 일이었다.

강원도 해안에서 울릉도까지, 1693년의 안용복은 강원도 해안을 3월 27일 8시에 출범하여 18시에 울릉도에 도착했다. 10시간 정도의 항해였다.[52] 1696년에는 3월 18일 조반 후에 출범하여 석양에 울릉도에 도착하여 저녁을 먹은 것으로 진술했다.[53] 일본의 은기도에서 출선하면, 독도(송도)에서 1주야를 가야 하는 90리 서방에 울릉도(죽도)가 존재

---

52 蔚山与申所より竹嶋与申所江庖若布抔二三月十一日二出帆仕同廿五日二寧海与申所江参着仕其所を同廿七日辰之刻二出帆仕酉之刻竹嶋江参着(權赫晟편역주『竹嶋紀事綜合編』상, 한국학술정보, 2013, p.38.

53 三月十八日朝鮮国朝飯後二出船同日竹嶋へ着夕, 夕飯給申候由申候(權五曄·大西俊輝주석『원록각서』, 제이앤씨, 2009, p.167).

하는데, 울릉도의 30리 서방에 조선이 위치하여, 맑은 날에는 조선의 계곡이 보인다.[54] 일본보다 조선에서 가까워, 밤에는 울릉도에서 부산의 등불이 보인다는 기록도 있다.[55]

강원도에서 무릉도가 얼마나 가까운가를 알 수 있는 기록들이다. 말하자면 조선의 동해안에서 무릉도까지는 1주야나 2주 1야의 항해로 도착하는 섬으로, 왕복한다 해도 5주야면 충분했다. 따라서 정동해중에 요도나 삼봉도가 존재했다면 쉽게 확인되었을 것이다.

울릉도와 우산도(독도)의 도명은 시대에 따라 다양하게 변하지만 두 섬이 존재한다는 것은 이사부의 우산국 정벌이 이루어지기 전인 3세기의 「일도」주민들도 인식하고 있었다. 그런 인식을 정리한 것이 우산국에 포함되는 울릉도와 그 동방의 암도였고, 그런 인식의 하나를 『고려사지리지』나 『세종실록지리지』 등이 「바람이 부는 맑은 날에만 무릉도에서 우산도를 망견할 수 있다」고 기록한 것이다. 그것은 정동해중에 관심을 가지는 사람들에게는 일반적인 인식이었다. 그런 상황에서 세종과 성종이 요도와 삼봉도의 실체 확인을 지시했기 때문에 요도와 삼봉도의 실체는 물론 무릉도와 우산도의 존재는 확인되지 않을 수 없다. 그런데도 요도와 삼봉도의 실체가 확인되지 않은 것은 그것들이 존재하지 않았기 때문이다.

정동해중에 무릉도와 우산도 이외의 섬이 존재한다는 풍설이 유포

---

54 扨松島より竹島ハおなし方角ニして卯の針にて卯の風を一日一夜颬り海上道法九十里程の考なり隠岐嶋より竹島まで海上里数の都合凡二百六十里 (중략) 島此方より着岸之所砂濱なり遙ニ朝鮮と見へて或時ハ雲霧靉靆亦ハ晴天ニハ山乃谷ふかき分り迄見へる大数道法三十里計りの大見也(權赫晟·大西俊輝편역주『長生竹島記』, 제이앤씨, 2016, p.81·83).

55 朝鮮へ渡海, 釜山浦ノ湊へ其間十八里, 夜ニ到レハ, 彼國ニ明ス民家燈, タシカニ見ルト(鳥取藩政資料『伯耆民諺記』).

되었다면 그것은 사소한 일이 아니었다. 더군다나 군주가 실체의 확인을 명한 이상 묵과할 수 있는 일이 아니었다. 또 어려운 일도 아니었다. 직책에 충실한 관리나 진취적인 인물이 존재했다면 쉽게 확인할 수 있는 일이었다. 그런대도 요도와 삼봉도의 풍설이 허구로 판명되는데 16년과 13년이 소요되었다. 그것은 군주의 문제가 아니라 사명의식과 능력이 결여된 관리들의 문제였다.

(3) 관리의 무책임

성종은 삼봉도에 다녀왔다는 김한경의 경험담만이 아니라 무릉도의 북방에 있다는 요도에 다녀온 사람이 없었다는 사실에도 의문을 표했다.[56] 그런 의문을 푼 것은 영안도 경차관 심중거가 1479년에 바친 내용을 알 수 없는 계본을 본 후였다. 계본을 본 성종은 삼봉도의 존재를 믿으며 1천 5백명의 전졸로 토벌하는 방법을 언급했다. 풍설은 접하고 10년이 되는 해의 일이었다. 그 동안 관찰사들과 성종의 지시에 충실했다면 풍설의 허구가 판명되어, 있을 수 없는 일이었다.

그런 면에서 1472년에 강원도 관찰사였고 1479년에 영안도 관찰사였던 이극돈이 무사 안일한 책임이 크다. 정동해중에 피난한 영안도민들의 체포를 강원감사 성순조에게 명한 것이 1471년 8월이었고, 이극돈이 후임을 제수 받은 것이 1472년 4월이었다는 것과 영안도 관찰사를 제수 받은 후의 언행을 보면,[57] 허구가 판명되는데 13년이나 걸린 이유를 알 수 있다.

---

56 金漢京言 (중략) 其所言地勢, 有可疑者. 世傳, 茂陵島之北, 有蓼島, 無一人往還者, 是亦可疑(『成宗實錄』成宗4년1월9일).
57 江原道觀察使李克墩辭(『成宗實錄』成宗3년4월1일). 永安道觀察使李克墩辭(『成宗實錄』成宗10년윤10월5일).

이극돈이 영안도 관찰사를 제수 받는 자리에서 좌승지 이경동이, 3차 탐방단 32명이 1개월이 지나도 귀항하지 않는 이유를 모르겠다는 보고를 했다. 그러자 이극돈은 자신이 강원도 감사였던 1472년에 이미 김한경의 말에 거짓이 많다는 것을 알고 신뢰하지 않았던 일을 회상했다. 그때 감사로서의 직무를 이행했으면 쉽게 사실이 규명되었을 것이다.

그런데 이극돈은 책무를 방기하고 병조참판과 예조참판을 지내다 1479년에 영안도 관찰사를 제수 받았다. 그리고 3차 탐방단이 목적을 이루지 못한 것을 알자, 7년전에 김한경을 신뢰하지 않았다는 사실을 회고했다. 책임감을 엿볼 수 없는 언행이었다. 그뿐만이 아니다. 4차 계획이 장마로 중단되고, 성종이 김한경 무리의 국문을 병조에 지시하며 이극돈에게 신병확보를 지시하자, 이극돈은 허구로 판명되면 극형에 처하여 백성들을 진정시키자는 방법을 제시했다.

강원도 관찰사였을 때 아무런 조치도 취하지 않았던 것에 대한 반성이 보이지 않는다. 김한경을 의심했다면 그때 풍설의 진위를 밝혔어야 했다. 그러지 못했다는 것을 알았으면 직무를 유기했던 사실에 책임을 져야 했다. 그런데 이극돈은 극형을 주장하는 방법으로 책임을 면하려 했다. 그런 관리들의 무능이 풍설의 허구를 판명하는데 13년이 걸리게 한 것이다.

삼봉도의 실체를 확인하는 일이 시작되어 11년째가 되는 1480년에는 병조가 경차관을 초무사·부사로 개칭하고 영안도와 강원도 군사가 아닌 경군에서 선발한 30명을 파견할 것을 요구하여 허가 받았다. 그러자 초무사로 제수된 정석희의 처가 개차를 청원하고 박종원은 칭병한다. 태형과 파직에 그치는 것이 아니라 귀양가야 하는 중죄에 해당되는 일인데도, 둘은 초무사의 책무를 피하려 했다. 그 결과 정석희는 장 1백대는 벌금으로 대신하고 고신을 빼앗긴 다음에 창원으로 귀양 가고, 박종원은 모든 고신을 추탈 당하고 김해로 귀양간다.

정석희의 처가 상언한 내용과 방법을 알 수 없으나 항해에 수반되는 위험을 피하기 위한 술수였다. 정석희는 처가 개차를 원하기 4일 전에, 견문의 내용을 기록할 문인의 동행을 요구하여 허가까지 받았었다.[58] 그처럼 직무에 충실한 척했던 자가 처에게 청원시키는 방법으로 책임을 회피한 것이다. 무인으로서의 긍지나 관리로의 사명감을 엿볼 수 없는 처신이었다.

박종원의 경우는 더 이해하기 어렵다. 그는 1472년의 제1차 탐방단의 경차관으로 임명되자 군법으로 다스리겠다는 말을 하고 4척의 초마선을 인솔하고 나섰으나 표류하다 무릉도 이외의 섬은 보지 못하고 7일만에 귀환했다. 원래의 목적 달성에는 실패했으나 정동해중의 지리는 철저히 경험한 셈이다. 그런 경험이 있어 4차 탐방단을 인솔하는 초무사에 제수된 것이다. 과거의 경험에 근거해서 삼봉도의 실체를 확인하거나 풍설이 허구라는 것을 밝힐 수 있는 기회였다. 그런데 박종원은 수로를 꺼려 칭병하는 방법으로 책임을 피했다. 풍설의 삼봉도가 존재하지 않는다는 것을 알았기 때문에 취한 방법이었을 수도 있는데, 그것은 관리의 자세가 아니다. 그런데 모든 고신을 추탈 당하고 김해로 귀양갔던 박종원은 2년 후에 직첩을 돌려받는다.[59]

(4) 관리들의 지연책

성종이 삼봉도 풍설에 대한 정보 수집을 영안도와 강원도 관찰사에

---

58 鄭錫禧來啓曰: 臣以招撫使, 往三峯島, 凡有見聞, 必須記錄. 臣與 朴宗元, 皆武人, 請帶文臣而行. 命擇文臣一人, 稱從事官遣之(『成宗實錄』成宗11년2월20일).
59 傳旨吏, 兵曹, 還給 (중략) 朴宗元 (중략) 職牒(『成宗實錄』成宗13년7월7일).

게 1470년 12월에 지시하고, 병조가 제1차 탐방단을 1472년 5월에 파견하여 비교적 신속한 진행이었다. 해로가 험하여 삼봉도를 얻는다 해도 무익하니 방기하자는 의견도 있었으나, 성종의 의지에 따라 실체 확인을 위한 계획이 수립되고 실행된 것이다.

그러나 1차 탐방단이 표류로 끝나고 2차 탐방을 계획할 때, 김한경의 정보에 의문을 품은 성종은, 1473년 1월에 영안도 관찰사 정난종에게 세종이 찾으려 했던 요도를 예로 들며, 구체적인 정보를 탐문하여 보고할 것을 지시했다.[60] 그리고 계획하던 제2차 탐방을 김한경 무리 12인이 대행하여 삼봉도를 그려오자, 제3차 탐방단의 파견을 준비시킨다.

그러자 이창신은 한무제가 남월을 치고 군을 설치한 것이 무익한 일이었다는 고사를 예를 들며 무익한 삼봉도를 방기하자는 주장을 한다.[61] 부역을 피해 도망친 자들이기 때문에 군사를 파견하는 것이 위험을 자초하는 일이라며 반대했다. 백성의 보호와 영토의 통치를 포기하자는 주장으로 해석될 수도 있으나 이미 탐방 활동이 시작되어 8년째가 되는 시기에 제기될 주장은 아니었다.

그런 주장이 있었기 때문인지 2년이 지난 1479년에야 성종은 병조의 건의에 따라, 삼봉도 주민의 쇄환을 정승들에게 의논하게 한다. 그러자 정승들은 수로가 험하고 방향을 알지 못하니, 가볍게 사람을 파견하는 것은 불가하다며, 더 자세히 조사하여 인물의 왕래가 명백할 경우에 다시 의논하자는 결론을 낸다.[62] 이미 실체의 확인을 시작하여

---

60 諭永安道觀察使鄭蘭宗曰, 金漢京言 (중략) 其所言地勢, 有可疑者. 世傳, 茂陵島 之北, 有蓼島, 無一人往還者, 是亦可疑. 卿更訪問沿海古老舟人, 詳究以啓 (중략) 卿其審情勢以啓(『成宗實錄』成宗4년1월9일).

61 佐郎李昌臣啓曰, 臣伏聞遣使求三峰島, 爲逃賦入海之民也. 然驅士衆, 擠之大海 之中, 臣恐所得不能償其所失. 得其地, 不可耕也, 得其人, 不可使也, 棄之不爲損, 得之不爲益(『成宗實錄』成宗8년3월4일).

10년이 되는 시기에 인물의 왕래 여부를 확인해 보아야 한다고 주장한 것이다. 그때까지 목적을 달성하지 못한 원인을 찾으며 효과적인 방법을 강구해야 하고, 사실 확인이 늦어지는 것을 질책해야 할 시기였다. 그럼에도 그런 의견을 제기하는 것은 만전을 빙자하여 탐방활동을 지연시키려는 의도였다.

그런데 성종은 영안도 경차관 신중거의 계본을 보고, 그 동안 품었던 의구심을 떨치고 삼봉도의 존재를 확신하며 3차 탐방단의 파견을 추진한다. 그러자 김국광은 도민들이 저항할 경우를 상정하며 병기를 소지할 필요성을 제기했고, 김승경은 삼봉도를 토벌하는 방법을 제시했으며, 정창손은 도민의 내습을 상정하여,[63] 성종이 군사 1천 5백의 파견을 언급하게 했다. 쇄환을 토벌로 전환시키는 의견이었으나, 상황을 전환시키는 방법으로 실행을 지연시키는 일로 볼 수도 있다.

그런 과정을 거쳐 32명의 3차 탐방단을 파견했으나 한 달이 지나도 연락이 없었다. 또 실패한 것이다. 그래도 4차 계획을 추진하자, 김흔이 삼봉도를 중국의 무릉도원과 비교하며, 김한경의 말만 믿고 대량의 탐방단을 파견하는 것은 위험한 일이니 2, 3인을 먼저 보내 확인한 후에 초무사를 파견하자는 의견을 제기했고, 복승정도 삼봉도의 주민을 본 자가 없으니 한 두 사람을 보내 탐지한 후에 초무사를 파견하자는 의견을 제시한다.[64] 초기에나 제기될 수 있는 의견을 제기한 것이다. 이때는 성과

---

62 臣等曾聞, 三峯島水路險惡, 且不知所向, 不可輕易遣人. 更加詳問, 若人物往來明白, 更議遣人何如(『成宗實錄』成宗10년5월12일).

63 金國光啓曰 (중략) 但居此島者, 已有叛心者也, 若遣人求之, 則不可不齎兵器以往(『成宗實錄』成宗10년7월13일). 金昇卿啓曰 (중략) 則可及三峯島人未覺之時, 取小兩兩家矣. 然後審其形勢, 遣人討之何如. 鄭昌孫曰, 三峯島人, 無乃覺而來襲乎(『成宗實錄』成宗10년8월30일).

64 昔茂陵人黃眞 (중략) 無見所謂桃源者. 三峯島有無, 渺不可知 (중략) 請先遣慣水路者二三人, 的知後, 可遣招撫使(『成宗實錄』成宗11년3월11일). 卜承貞啓曰, 三

를 거두지 못한 관리나 탐방단을 질책하는 의견이 제기될 시기였다.

사명의식이 투철한 관리나 개척정신이 강한 인물이 있었다면 쉽게 진부를 판명할 수 있는 것이 삼봉도의 풍설이었다. 그런데 삼봉도가 존재하지 않는다는 것을 확인하는데 13년이나 걸린 것은 사명감이 결여된 관리들의 지연책에 의한 결과로 볼 수 밖에 없다.

정석희와 박종원이 처벌 당한 것이 1480년 2월이었고, 4차 탐방단의 파견이 취소된 것이 동년 5월이었다. 그리고 5차 탐방단의 계획이 진행되는 1481년 2월 24일조로 삼봉도에 대한 모든 기록이 끝난다. 대신에 김한경 무리는 난신역적에 연좌되어 처형 당했다는 내용이 1482년 2월 5일 조에 있다. 박종원이 직첩을 되돌려 받기 5개월 전의 기록이다.

말하자면, 박종원은 성종이 삼봉도 풍설을 유포시킨 김한경 무리를 의심하고 처벌을 언급하는 상황에서 귀양가는 방법을 선택하여 책임을 회피했다. 그리고 김한경 무리의 처형으로 삼봉도 문제가 해결된 후에 직첩을 돌려 받는다. 책임지는 관리가 없는 조정이었다는 것을 알 수 있다.

5. 결론

성종은 영안도민들이 부역과 조세를 피해 장동해중의 삼봉도로 도 망쳐 거주한다는 풍설을 들은 1470년에 자세한 정보를 구하여 보고할 것을 영안도 관찰사에게 지시했다. 이후로 5차례에 걸친 탐방단의 파

峯島有無, 不可的知 (중략) 何無一人見所謂三峯居人耶. 請先遣一二人, 探知後, 遣招撫使(『成宗實錄』成宗11년3월15일).

견이 계획되고 실행되었으나, 2회에 삼봉도를 그려온 것이 유일한 성과였다. 1회와 3회는 표류하다 귀환했고 4회는 장마로 실행되지 못했으며, 5회의 실행여부는 확인할 수 없다. 그러나 김한경 무리가 처형 당한 것으로 보아 풍설의 허구가 판명된 것으로 볼 수 있다. 따라서 2차 탐방단이 그려왔다는 삼봉도의 그림도 허상으로 보아야 한다.

성종은 삼봉도의 풍문을 접하자, 세종이 풍설의 요도를 확인하지 못한 사실을 상기하고, 삼봉도의 풍설을 유포시킨 김한경의 말에 의문을 품었다. 그런데도 1472년부터 탐방단을 계획하고 실행한 것은 광토중민을 왕정이 우선해야 하는 덕목으로 보았기 때문이다. 광토중민을 목적으로 하기 때문에 무익한 삼봉도를 방기해야 한다는 주장이 제기되어도, 삼봉도의 존재를 말하는 자가 있는 한 찾아야 한다며 뜻을 굽히지 않았다. 그것은 성심을 다하면 구할 수 있는 것이 천하고금의 상사라며 풍설의 요도를 확인하려 했던 세종의 처사와 같은 일이었다. 그런 성종이 풍설을 믿게 된 것은 1479년에 영안도 경차관 신중거의 보고를 받은 후였다.

삼봉도 풍설의 허구를 확인하는 일은 어려운 일이 아니었다. 삼봉도의 실체 확인을 지시하는 성종이 삼봉도와 무릉도를 혼용할 정도였다. 그런데도 13년이 걸린 것은 성종의 의지가 부족했던 것이 아니라 관리들의 무책임에 근거한다. 그 대표적인 관리가 강원도와 영안도 관찰사를 지낸 이극돈과 삼봉도 경차관을 지낸 박종원이다.

이극돈은 삼봉도의 실체를 확인하는 영안도 관찰사를 제수 받자, 강원도 관찰사로 재직할 때부터 김한경을 의심하여 신뢰하지 않았다는 의견을 밝힌다. 그런 의견을 말하기 보다는 강원도 감사로 재직할 때 삼봉도가 존재하지 않는 다는 사실을 밝히지 못한 사실을 반성하고 영안도 관찰사로 제수 받은 이상 그 실체를 규명하겠다는 의지를 밝혀야 했다. 강원도 관찰사로 재직할 때 김한경을 의심하면서도 아무런 조치도 취하지 않았다는 것은 풍설의 삼봉도가 존재하는 것으로 오인시킬 수 있는 일이었다.

그랬던 이극돈이 탐방단의 파견을 주도해야 하는 영안도 감사를 제수 받은 후에야, 그것도 김한경에 대한 성종의 의심이 깊어지자, 강원도 감사로 재직하던 당시부터 신뢰하지 않았다는 의견을 밝히는데 그치지 않고, 허위로 밝혀지면 극형에 처할 것을 주장한다. 자신의 나태와 방기를 반성한 후에 할 수 있는 주장이었다. 그런 과정도 없이 극형을 주장한 것은 자신의 과오를 타인에게 돌려 책임을 회피하려는 지략으로 볼 수 있는 언행이었다.

그것은 삼봉도 경차관이었던 박종원도 마찬가지다. 박종원은 제1회 탐방단의 초마선 4척을 이끌고 나섰다 표류한 인물이었다. 그런 그가 8년 후에 초무사로 제수 되었으면 경험을 살려 역할을 성공적으로 수행해야 한다. 그런데 물길이 두려워 칭병하는 방법으로 파직 당하는 길을 택했다. 그리고 삼봉도의 풍설이 허구로 판명된 후에 다시 직첩을 돌려받는다. 그런 일이 가능한 왕조였기 때문에 상봉도 풍설의 허구가 판명되는데 13년이나 걸린 것이다.

정동해중에는 우산도와 무릉도 이외의 섬은 존재하지 않는다. 그런데도 영안도민 1천여 명이 피난하여 거주한다는 삼봉도 풍설이 유포되었고, 결국에는 탐방활동을 주도했던 김한경 무리가 난신역적으로 처형 당한다. 그러나 정동해중의 섬으로 영안도민 1천여 명이 도망쳐 거주한다는 것은 사실이었고, 그 정도의 주민이 거주할 수 있는 섬은 무릉도뿐이다. 그런 사실에 근거하면 삼봉도는 무릉도일 수밖에 없다. 봉우리가 셋이기 때문에 삼봉도라는 김국광의 설명이나 옆에 소도가 있다는 김승경의 설명과도 부합된다.

　이시애의 난의 잔당으로 몰린 영안도 주민들은 생존을 위해 정동해 중의 무릉도로 피신해야 했다. 그러면서 토벌군을 혼동시키는 방법으로 무릉도를 삼봉도로 유포시킨 경우는 있을 수 있는 일이었다. 무릉도 주민들이 쇄출을 피하는 방법으로 허구의 거주지를 대는 것과 같은 일이었다. 따라서 요도나 삼봉도가 독도라는 주장은 삼가는 것이 사실에 근거하는 독도에 대한 역사지리적 정통성을 확인하는 일이다.

제9장

정동해중의 군장
-울릉자산양도감세장 안용복-

1. 서문

독도의 일명인 우산이 기록에 나타나는 것은 『고려사』가 처음이다. 정동해중에 사람이 살기 시작했을 때부터 인식될 수밖에 없는 암도였으나 기록으로 확인된 것은 이곳이 처음이었다. 이전의 『삼국사기』나 『삼국유사』는 무릉도를 우산국, 울릉도, 우릉도로, 일본의 『권기』는 우루마로 기록했는데, 그곳에 사는 도민들은 동방의 암도를 육안으로 확인하지 않을 수 없었다.

기록들은 국명의 우산국과 도명의 울릉도를 혼용했는데 『삼국사기』는 울릉도를 우산국의 혹명으로 구별했고, 최남선은 그것을 「국명으로 우산, 도명으로 울릉」으로 정리했다.¹ 우산국을 울릉도와 울릉도에서 육안으로 확인되는 암도를 영역으로 하는 나라로 본 것이다.

정동해중의 지리적 사실을 처음으로 기록한 것은 『삼국지』다. 그곳, 동옥저의 정동해중에는 언어가 통하지 않는 주민들의 「일도」와 순녀무남의 「일국」에 대한 기록이 있는데, 「일도」는 후대의 우산국이나 울릉도와 대응하고 「일국」은 「동해희씨국」이나 「동해여국」이라고도 하는 왜국과 대응한다. 「일도」와 「일국」 사이에 존재하는 암도는 「일도」에서 육안으로 확인된다는 점에서 「일도」의 부속도로 인식될 수밖에 없었다.

「일도」는 토착민들이 사용한 토속명을 옥저나 위가 한자로 표기한 것이다. 『삼국사기』의 우산국과 울릉도 역시 토속명을 한자로 표기한 것이다. 말하자면 기록으로 전하는 정동해중의 도서명은 토착민들이 사용했던 토속명이 아니라 일정한 시기에 한자로 표기된 것이다.

---

1 崔南善「欝陵島와 獨島」, 『六堂崔南善全集2, 韓國史Ⅱ』, 玄岩社, 1973, p.680.

3세기의 「일도」에 동녀를 희생으로 하는 의례가 거행되었다는 데, 그것은 소녀를 동녀로 차출하는 것과 같은 권한을 행사할 수 있는 세력이나 권력자, 즉 도민의 생사여탈권을 행사하는 세력이나 지도자가 존재했다는 것이다. 또 그런 세력이 존재했기 때문에 신라에 대적하는 우산국으로 발전할 수도 있었다.

울릉도의 관리나 통치에 관련된 자를 기록으로 확인할 수 있는 자는 고려시대의 우릉성주·명주도감창전중내급사·울릉도절목사, 조선시대의 무릉등처안무사·우산무릉등처안무사·무릉도순심경차관·조울양도감세장신·안무사·초토사·수토사·도감·군수 등이다. 모두 한자로 표기된 관직으로 신라를 비롯한 고려 조선인들의 인식에 근거하는 칭호다. 이런 칭호에는 3세기의 「일도」나 신라와 대적한 우산국의 지배자, 그리고 우릉도가 930년에 고려에 사자를 파견한 자의 칭호는 포함되지 않았다. 그러나 매년 동녀를 희생으로 헌상하는 의례를 거행하는 일도나 신라와 전쟁을 하는 우산국에 지도자가 없는 경우는 있을 수 없는 일이다.

17세기의 안용복은 울릉자산양도감세장·삼품당상신·안동지·통정대부·조울양도감세장신 등을 칭했다. 그런데 많은 연구자들은 그것을 부정하면서, 안용복을 관명사칭의 범죄자로 단정하기도 한다. 안용복의 언행과 신분을 확인할 수 있는 자료가 많은데도, 유독 오류가 많은 17세기 일본 조취번 지역의 편찬물에 근거해서 천민으로 단정하고, 안용복의 실체를 규정지으려 한다.

그런 주장이 노군에 종사한 사실을 전하는 『강계고』류의 내용 일부와 일치한다는 것을 근거로 하는 면도 있다. 그러나 그것은 부분에 근거해서 전체를 규정하는 일이다. 그런 주장을 하는 연구자들은 편찬자

스스로, 자신이 전사한 호패에 오류가 있으니 유의해야 한다고 경고한 사실도 아랑곳하지 않는다.

안용복의 신분을 알 수 있는 자료는 다양하다. 안용복의 실체와 부합하는 호패의 내용도 전한다. 따라서 잘못 전사한 호패에 구애되지 말고 여러 자료를 같이 분석하고 종합하며 안용복의 실상을 규명해야 한다. 그리고 규명된 실상에 근거해서 안용복의 언행을 판단하면, 3세기 이래의 기록들이 전하는 정동해중에 존재하는 양도, 특히 독도에 대한 우리의 정통성을 자연스럽게 확인할 수 있을 것이다.

2. 우산국의 군장

(1) 『삼국지』의 군장

진나라의 진수가 편찬한 『삼국지』에는 현재의 울릉도로 추정되는 「일도」에 대한 기록이 있는데, 송의 범엽이 편찬한 『후한서』에도 유사한 내용이 있다. 『후한서』가 『삼국지』를 참고한 결과다.[2] 242년에 고구려 동천왕이 위를 공격하자, 관구검이 반격하여 처음에는 고전했으나 결국에는 환도성을 함락시킨다.[3] 그리고 옥저의 동해안에서 만난 노인한테 이런 정보를 얻는다.[4]

---

2 魏志曰毌丘儉遣王頎追句麗王宮窮沃沮東界問其耆老所傳云(金聲九『中國正史朝鮮列國傳』後漢書, 東沃沮, 東文選, 1996, p.67).

3 魏遣幽州刺史毌丘儉, 將萬人出玄菟來侵, 王將步騎二萬人, 逆戰於沸流水上敗之, 斬首三千餘級. 又引兵再戰於梁貊之谷, 又敗之 斬獲三千餘人 (중략) 冬十月, 儉攻陷丸都城, 屠之, 乃遣將軍王頎 追王, 王奔南沃沮, 至于竹嶺(『三國史記』高句驪本紀, 第五, 東川王20년8·10월).

4 毌丘儉討句麗, 句麗王宮奔沃沮. 遂盡師擊之 (중략) 王頎, 別遣追討宮, 盡其東界, 問其耆老, 海東復有人不(『三國志』魏書30, 東沃沮).

옛날에 국인이 배를 타고 어렵 중에 바람을 만나 수 십일을 표류하다 동해에서 일도를 발견했다. 사람이 살고 있는데 언어가 서로 통하지 않았다. 그곳은 항상 7월에 동녀를 취하여 바다에 가라 앉힌다. 또 말하길, 일국이 해중에 있는데 여자만 있고 남자는 없다고 한다.[5]

표류하던 옥저인이 매년 7월이면 동녀를 바다에 가라앉히는 의례를 거행하는「일도」와 여인들만 거주한다는「일국」을 인식하고 있다는 정보였다. 노인이 그런 정보를 위군에게 제공했다는 것은, 이미 그것이 옥저에 유포된 사회적 인식이었다는 것을 의미한다.

옥저의 해역에는 현재의 울릉도와 독도, 그리고 일본의 隱岐島(오 키노시마)가 존재한다. 3도 중에서 주민이 거주한다는 면에서는 울릉도와 은기도가 동질적이지만 언어가 서로 다르다. 독도는 거주민이 없다는 면에서 양도와 구별된다. 그런 면에서 보면「일도」는 독도가 아닌 울릉도나 은기도로 보아야 한다. 그런데 여자들만 산다는「일국」은 왜국에 존재했다는 여인국「동해희씨국」이나「동해여인국」과 대응하기 때문에[6] 은기도에 해당하여「일도」는 울릉도에 해당한다.

옥저인이「일도」와「일국」을 언급했다는 것은 그 사이에 위치하는 암도도 인식하고 있었다는 것이다. 기록되지는 않았으나 일도에서는 육안으로 확인되고 은기도에서는 확인할 수 없다는 점에서「일도」의 부속도로 인식될 수 밖에 없었다. 그「일도」에서는 매년 7월에 동녀를 바다에 가라앉히는 의례를 통해 주민들의 공동목적을 달성하려 했다.

---

5 耆老言, 國人嘗乘船浦漁. 遭風見吹數十日, 東得一島, 上有人. 言語不相曉, 其俗常以七月, 取童女沈海. 又言有一國亦在海中, 純女無男(『三國志』魏書30, 東沃沮).
6 『日本書紀』의 異本丁本에는「東海姬氏國」이,『續日本紀』에는「東海女國」이 있다(神野志隆光『日本とは何か』, 講談社現代新書, 2005, p.154).

문제는 누가 동녀를 지원하고 누가 선택하는 가다. 순사를 전제로 하는 동녀를 자원하는 자가 나타나지 않으면 보상을 약속하거나 강제적인 방법을 행사해서라도 차출해야 한다. 그래서 동녀를 희생으로 하는 의례를 정기적으로 거행한다는 것은, 주민들의 생사여탈권을 행사하는 세력이나 지도자가 존재했다는 것을 의미한다.

동녀를 희생으로 삼는 것은 자신들이 숭배하는 절대신의 수호를 보장받는 방법이었다. 절대신의 수호를 보장받기 위해서는 절대신이 원하는 동녀는 헌상해야 했다. 원래 인간들은 소원이 있으면 신성한 동물, 신이 선호하는 것을 희생으로 바쳐야 한다고 믿었다. 해모수와 하백의 신혼으로 태어난 주몽이 송양왕과 세력을 다툴 때의 일이다. 주몽은 백록을 매달고

하늘이 비를 내려 비류왕의 도읍을 표몰시키지 않으면 나는 너를 놓아주지 않겠다. 이 곤란을 면하려거든 네가 하늘에 호소하라.[7]

백록을 위협했고, 백록이 주몽이 의도한 대로 슬피 울자, 장마가 이레나 계속되어 도읍이 수몰되어, 송양왕은 주몽에게 항복해야 했다. 주몽의 소원을 백록이 비명으로 하늘에 전했고, 비명을 들은 하늘이 움직인 것이다.[8] 「일도」의 주민들도 그처럼 동녀를 헌상하는 방법으로 숭배하는 신의 수호를 보장받으려 한 것이다. 백록과 동녀의 차이는

---

7 狩獵白鹿 倒懸於蟹原呪曰天若不雨而漂没沸流王都者 我固不汝放矣 欲免斯難 汝能所天 其鹿哀鳴 声撤于天 霖雨七日 漂没松讓王都(中略)六月松讓王擧国来降 (朴斗抱「민족의 영웅 동명왕 설화고」,『국문학연구』, 효성여자대학, 1968, p.13).
8 權五曄『廣開土王碑文의 世界』, 제이앤씨, 2007, p.251; 權五曄『廣開土王碑의 神話』, 인문사, 2011, p.318.

있으나 신에게 희생을 헌상하는 방법으로 목적을 달성하려는 의도와 방법은 같다.

신을 제사할 때는 신이 원하는 것을 바치는 것이 효과적이다. 신은 인간이 아끼는 것을 선호하기 때문에 소원을 말할 때는 아끼는 보물이나 사람을 바쳐야 한다. 보물을 바쳐도 효과가 없을 때는 인신을 바쳐야 한다.[9] 일본의 神武天皇가 항해 중에 폭풍을 만나자, 신무의 형이 해신이라는 어머니와 이모를 부르며 바다에 뛰어 드는 방법으로 파도를 가라앉혔다. 신무의 순조로운 항해를 위해 형이 희생을 자원한 것이다.[10]

백록을 통해 목적을 달성한 주몽이나 신무가 형의 투신으로 목적을 달성했듯이 「일도」의 주민들도 동녀를 헌상하는 방법으로 뜻을 이루고 있었던 것이다. 희생을 헌상하는 방법으로 목적을 달성한 주몽과 신무가 고구려와 왜에 거주하는 주민들의 생사여탈권을 확보했듯이 동녀를 희생으로 의례를 거행하는 「일도」에도 주민의 생사여탈권을 행사하는 지도자가 군림하고 있었다는 것이다.

관구검의 침입을 받은 동천왕이 옥저까지 피난했을 당시의 백제는 고이왕이 다스리고, 신라는 벌휴이사금이 통치하며 세력을 다투고 있었다. 그런 시기에 동녀를 헌상하는 의례가 「일도」에서 거행되었다는 것은 「일도」에도 그런 지도자가 존재했다는 것을 의미한다.

(2) 『삼국사기』의 군장

3세기의 「일도」에 해당하는 것이 『삼국사기』의 우산국이다. 『삼국사기』는 명주의 정동해에 있는 우산국을 울릉도로도 부른다는 사실

9 　倉林正次『日本祭祀研究集成』, 名著出版, 1978, p.134.
10 　我母及姨並是海神. 何爲起波瀾以灌溺乎, 則蹈浪秀而往乎常世鄕矣(『日本書紀』 神武天皇卽位前紀, 戊午年六月).

을 설명하여[11] 「일도」가 우산국과 울릉도로 호칭되게 되었다는 것을 알수 있다. 그런데 울릉도가 우산국의 혹명이었다는 것은 다른 도명들도있었다는 것이고, 여러 도명 중에서 우산국과 울릉도만 표기되었다는것이다. 그렇다 해서 「국」과 「도」가 동격이라는 것은 아니다. 서로 의미하는 영역이 다르기 때문에 동격일 수 없다. 우산국은 울릉도를 포함할 수 있어도 울릉도에 포함되는 우산국은 있을 수 없다.

우산국이라는 국명과 울릉도라는 도명이 『삼국사기』에 있고, 이사부에게 정벌되었기 때문에, 신라가 명명한 것으로 보기 쉽다. 그러나그것은 도민들의 인식을 감안하지 않은 판단이다. 「일도」가 옥저나 위가 한자로 표기한 것이기 때문에 도민들이 사용하던 토속명이라 할 수없다. 토속명을 알 수는 없으나 우산국이나 울릉도로 표기될 수 있는호칭이 있었다는 것은 분명하다.

진한의 맹주국이 된 사로국은 유리이사금대에 이서국, 탈해이사금대에 거칠산국과 우시산국을 병합했다. 그리고 첨해이사금이 사벌국을 병합할 때까지의 진한 지역에는 독립소국과 사로국에 병합된 소국들이 공존했으나, 3세기 중반에는 진한의 소국들이 모두 사로국에 병합되었다.[12] 이런 국명들 역시 주민들이 호칭하던 토속명이 한자로 표기된 것이다.

울릉도와 우산국의 실체도, 신라의 입장에서 생각하는 것이 일반적인데, 토착민들의 입장에서도 생각해 볼 문제다. 『삼국사기』가 전하는 우산국의 주민들은 어리석고도 사나워서 무위는 당할 수가 없기때문에 계책으로 대응해야 하는 대상이었다.[13] 그러나 그것은 우산국

---

11 于山國在溟州正東海島 或名欝陵島(『三國史記』新羅本紀, 智證麻立干13년).
12 이종욱『신라의 역사』, 김영사, 2002, p.114.
13 謂于山人愚悍, 難以威來, 可以計服(『三國史記』新羅本紀, 智證麻立干13년).

주민들이 아닌 우산국을 정벌하려는 신라의 단정이고 표기이기 때문에 객관적일 수 없다. 정벌의 정통성을 확보하기 위해서 신라가 그렇게 폄훼한 것이다.

무위로 복속시킬 수 없으니 계책을 세워야 한다는 것은, 이전에 신라가 우산국을 침범했으나 뜻을 이루지 못한 일, 즉 우산국과 싸워서 패한 일이 있었다는 것이다. 그것은 우산국이 신라와 대적할 만한 국력을 구축하고 있었다는 것을 의미한다. 또 그런 국력의 나라였다면 우산국의 지도자 역시 신라의 지증마립간이 칭하기 시작한 국왕과 같은 칭호를 사용한 것으로 볼 수 있다. 그래서 우산국 사람들이 우한하다는 기록은 신라인들이 왜곡한 판단일 뿐, 우산국인들의 실체에 근거하는 판단이 아니다. 우산국의 입장에서 보면 우한은 신라인들에게 해당되는 용어였다.

(3) 후삼국시대의 군장

신라의 지증마립간은 고구려가 북방으로 진출하려는 틈을 이용해서 실직주를 설치했다. 내물이사금이 신라에 편입시켰으나 자비이사금이 고구려에 빼앗겼던 것을 지증마립간이 505년에 회복한 것이다. 회복한 실직주에 이사부를 군주로 파견하더니, 512년에는 우산국을 정벌했다.[14] 그런데 정벌한 우산국을 어떻게 통치했는가를 알 수 있는 기록이 없다. 신라가 관리를 파견했는지, 토호적 지도자에게 지배를 일임했는지도 알 수 없다.

---

14 四十年 秋八月 靺鞨侵北邊 出師大敗之於悉直之原(奈勿尼師今). 十一年春 高句麗與靺鞨襲北邊悉直城(慈悲麻立干11년). 六年 春二月 王親定國內州郡縣 置悉直州 以異斯夫爲軍主 軍主之名 始於此 (智證麻立干6년). 至十三年壬辰 爲阿瑟羅州軍主 謀并于山國(『三國史記』列傳第四, 異斯夫).

기록으로 확인할 수 있는 것은 『고려사』가 전하는

> 본래 고구려의 우이진야현[고울이군이라고도 함]으로, 신라 경덕
> 왕 때 지금 이름으로 고쳐 군으로 하였다. 고려에 들어서는 현으로
> 강등시키고 영을 두었다.[15]

정도다. 동옥저와 고구려에 속하던 정동해중의 일도가 언제부터 『삼국사기』가 말하는 우산국과 울릉도로 표기 되었는지는 알 수 없으나, 신라에게 복속된 후에도 그대로 존재하다 경덕왕대에 울진현에 속했다는 것이다. 역시 우산국의 통치내용은 알 수 없는 기록이다.

군주는 최고의 외관으로 진골 중에서 임명하는데 보좌관을 거느리는 특수 관직으로 군현을 통제했다. 후에 총관 도독으로 개명된다. 이사부는 내물왕의 4대손으로 우산국을 정벌하기 전에 이미 고구려에 빼앗긴 영지를 회복하고 가야국을 복속시키는 공을 세웠다. 군주는 군과 현을 관리하는 군수나 현령을 통제하며 예하에 주조 장사 등을 둔다.[16] 그런 직분을 생각하면 이사부가 우산국에 주둔하며 통치하는 경우보다 관리를 파견하여 지배했을 가능성이 크다. 아니면 효과적인 지배를 위한 방법으로, 복속하기 전까지 대적했던 우산국의 토호로서의 군장에게 신라의 질서에 따를 것을 서약시킨 후에 관리를 일임했을 수도 있다.

그것은 우산국이 매년 토산물을 공물로 바칠 것을 서약했다는 『삼

---

15 本高句麗于珍也縣[一云古亐伊郡], 新羅景德王, 改今名, 爲郡. 高麗, 降爲縣, 置令 (『高麗史』地理志, 蔚珍縣).

16 州助(州輔)·長史(司馬)·外司正·少守(制守)(申澄植『新羅의 統治構造』, 『新羅史』, 이화여자대학교출판부, 1993, p.151).

국사기』의「우산국이 귀복하여 매년 토산품을 바치기로 했다」로 추정 가능한 일이다.[17] 우산국이 귀복했다는 것은 목우사자를 보이며 위협하는 신라의 계책을 간파하지 못하고 신라의 질서에 따를 것을 서약했다는 것이고, 매년 토산품을 공물로 바치겠다는 것은 신라의 질서에 따르겠다는 서약이었다. 공물의 헌상은 우산국이 복속을 서약한 후에 이루어 지는 일로, 그때까지 신라에 대적했던 우산국의 지도자가 신라의 질서에 따르며 조공하겠다는 뜻을 신라가 수용했다는 것이다.

신라가 복속을 서약한 우산국의 지도자를 어떻게 대우했는가를 알수 있는 기록이 없다. 다만 매년 토산물을 바치게 되었다는「歲以土宜爲貢」은 복속된 우산국의 의무였기 때문에, 이사부와 대적했다 복속된 우산국의 지도자에게 주어진 책무로 볼 수 있다. 이곳의「공」은 복속국이 종주국에게 헌상하는 책임의례로, 복속을 서약하는 우산국의 지도자가 공물을 헌상하는 것과 같은 방법으로 신라의 질서를 충실히 이행하는 일이었다. 신라가 파견한 지도자가 정벌한 우산국을 관리하는 것이 아니라, 신라에 대적하다 복속한 우산국의 지도자에게 신라의 질서에 따를 것을 서약시킨 후에 관리를 일임한 것으로 볼 수 있는 조공행위였다.

왕건이 918년에 고려를 건국하여 12년이 지난 930년에, 우릉도가 사자를 파견하여 방물을 바치자, 왕건은 두 사자에게 벼슬을 내렸다.[18] 우릉도가 사자를 파견한 것은 신라의 질서가 아닌 고려의 질서를 따르겠다는 의사를 밝히는 일로, 고려가 어떻게 대응할 것인가를 조건으로한다. 따라서 고려가 사자에게 벼슬을 내렸다는 것은 사자를 파견한

---

17 于山國歸服 歲以土宜爲貢(『三國史記』新羅本紀, 智證王13년).
18 芋陵島遣白吉·土豆, 貢方物, 拜白吉爲正位, 土豆爲正朝(『高麗史』太祖13年8月).

인물의 요구를 고려가 수용했다는 것이다. 그때 왕건이 사자에게 벼슬을 내렸으나 그들을 파견한 자를 어떻게 대우했는가를 알 수 있는 기록은 없다. 그러나 사자가 벼슬을 제수 받고 예를 표했다는 것은 사자를 파견한 인물의 요구를 왕건이 수용했다는 것이므로, 우릉도의 통치를 그에게 일임한 것으로 볼 수 있는 대응이었다.

930년은 견원과 왕건이 후백제와 고려를 건국하고 신라를 대신하는 왕조를 수립하겠다며 패권을 다투던 시기였다. 견훤이 927년에 경애왕을 경순왕으로 교체하고, 왕건을 공산전투에서 대패시키기도 했다. 그처럼 후삼국이 패권을 다투느라 신라의 통치력이 미치는 것은 경주의 일원 정도로, 인근의 호족들도 제대로 다스릴 능력이 못 되었다. 경순왕이 왕건을 경주로 초청하여 스스로 소국왕을 칭하며 견훤을 원망하는 눈물로 왕건의 동정심을 구걸할 정도였다.[19]

왕권의 약화와 더불어 통제력이 약화되자 호족들이 중앙에 진출할할 수 있는 계기가 증가된다. 골품제도의 혼란으로 외관들이 독립할 수 있었고, 촌주들이 독자적 지위를 강화할 수 있었다. 그들은 장군이라는 호칭을 즐겼고 성주·적수 등으로 호칭되는 것을 좋아했다. 그런 호족의 귀부나 협조가 세력판도를 좌우했기 때문에 왕건과 견훤은 경쟁적으로 포섭하려 했다.[20]

그런 시기에 신라의 질서에 따르던 우산국이 우릉도를 칭하며 왕건에게 사자를 파견했다는 것은, 신라가 아닌 고려의 질서에 따르겠다는 뜻을 밝히는 일로, 우릉도를 지배하는 토호적 군주의 독자적인 판단으로 볼 수 있는 조치였다. 그런 상황에서 왕건이 우릉도의 통치를, 사자

---

19 羅王曰, 小國不天, 爲甄萱梏喪, 何痛如之. 泫然泣下. 左右莫不嗚咽, 王亦流涕, 慰藉之(『高麗史』태조14년2월).
20 申瀅植『新羅史』, 이화여자대학교출판부, 1985, p.226.

를 파견한 토호적 지도자에게 위탁하는 일은 있을 수 있는 일이다.

왕건은 922년에 하지성의 장군 원봉과 명주의 장군 순식이 귀부하자 그들에게 왕씨를 하사하고 지역의 통치권을 인정했다. 그러나 원봉은 928년에 견훤에게 다시 복속했고, 왕건은 그것을 알면서도 처단하지 못했다.[21] 그 정도로 왕과 호족은 호혜적이었다.[22] 왕건이 원봉에 대한 태도로 보아 사자를 파견한 우릉도의 지배자에게도, 종래의 권한을 인정하는 벼슬, 말하자면 우릉성주와 같은 관직을 제수하거나 인정하는 경우는 충분히 있을 수 있는 일이다.

우릉도가 고려에 사자를 파견하는 930년에 신라 동해안의 주군과 부락의 110여성이 고려에 투항했다. 그리고 6개월이 지난 8월에 우릉도가 사자를 파견하여 토산물을 바치고 벼슬을 제수 받는다. 그처럼 우릉도가 동해안의 다른 세력보다 복속의 뜻을 늦게 밝힌 것은 정세를 관망하면서 판단을 보류한 결과겠지만, 그 사이에 왕건이 귀순을 권했거나 먼저 귀순한 호족이 권하는 경우가 있었을 수도 있다. 그만큼 우릉도 성주의 판단이 독자적이었다는 것이다.

우릉도가 여타 지역과 다르다는 것은 110여성의 귀순을 「래항」으로 표기하면서 우릉도의 귀순은 「견」으로 표기한 것으로도 알 수 있다. 사자의 파견을 고려의 입장이 아닌 우릉도의 입장에서 기록한 것이다. 「견」이 국가 간의 사자교환을 의미한다는 자의를 감안하면, 우릉도의 지배자가 동해안의 여타 호족들과 달리 독자성을 확보하고 있었다는 것이 된다.

---

21 下枝城將軍元逢溟州將軍順式, 降於太祖. 太祖念其歸順, 以元逢本城爲順州, 賜順式姓曰王(新羅本紀, 景明王六年春正月). 順州將軍元逢降於甄萱. 太祖聞之怒, 然以元逢前功, 宥之(『三國史記』新羅本紀, 敬順王3年).

22 河炫綱「高麗王朝의 成立과 豪族聯立政權」,『한국사』4, 국사편찬위원회, 1977, p.46.

그러나 그 독자성은 신라의 질서에 한정되기 때문에, 주민들이 우산국을 칭했다 해도, 신라와 대적하던 시기의 우산국처럼 독자적일 수는 없다. 그렇다 해도 여타 호족들과 마찬가지로 장군이나 성주와 같은 호칭을 칭하는 일은 있을 수 있다. 그 중에서도 성주를 칭하는 경우가 유력하다. 1032년에 우릉도의 지도자가 고려조정에 토산품을 헌상하면서 「우릉성주」를 칭한 것으로 추정할 수 있는 일이다.

3. 고려의 우릉성주

고려의 울릉도 지배는 이중적이었다. 우릉도가 930년에 고려에 사자를 파견하여 공물을 바치는 것은 우릉도가 고려의 질서에 따르겠다는 의사의 표현이었다. 그런 우릉도에 1018년(현종 9)에 이원구를 파견하여 농기구를 하사하고, 1273년에 허공을 작목사로 파견하여 목재를 벌채하는 등 조정이 직접적으로 통치행위를 행사했다. 그리고 1141년(인종19)과 1157년(의종 11)에는 명주도감창사 이양실과 김유립을 파견하여 산물을 채취하거나 지리적 사실을 조사하는 것과 같은 통치행위를 행사했다.[23]

이런 기록에 근거하면 930년 이래의 울릉도(우릉도)는 고려의 조정이 직접 통치한 것처럼 보인다. 그러나 1032년(덕종 원)에 성명미상인 우릉성주가 아들 부어잉다랑을 파견하여 토산물을 헌상한 것을 보면, 우릉성주를 칭하며 우릉도(울릉도)를 관리 내지 통치하는 지도자가

---

23 溟州道監倉使李陽實遣人入蔚陵島, 取菓核木葉異常者, 以獻(世家仁宗19년). 有羽陵島 (중략) 可以居民, 遣溟州道監倉殿中內給事金柔立往視(世家, 毅宗11년). 以簽書樞密院事許珙爲蔚陵島斫木使(『高麗史』世家, 元宗14년).

따로 존재했던 것으로 볼 수 있다. 우릉성주가 930년에 왕건에 방물을 헌상하는 사자를 파견한 자에게 이전의 권위를 인정하며 내린 관직이 계승되는 것인지, 아니면 고려 조정이 파견한 관리인지를 알 수 없다. 그러나 930년 경의 왕건은 토호적 지도자들의 협조가 필요했기 때문에, 왕건의 질서에 따르겠다며 사자를 파견한 인물에게 이전의 권리를 인정해주었을 가능성이 크다.

우릉도의 지도자가 930년에 신라 조정의 뜻과 관계없이 왕건에게 복속을 서약하는 사자를 파견했는데, 1032년의 우릉성주는 아들을 파견하여 조정에 산물을 헌상했다. 시대가 다르지만 우릉도의 지도자가 고려 조정에 사자를 파견하여 자신의 뜻을 밝혔다는 점에서는 공통적이다. 이는 우릉도의 이익을 위해 고려 조정에 사자를 파견하는 일로, 사자를 파견한 자를 토호적 지도자로 볼 수도 있는 조건의 하나라 할 수 있다.

이런 토호적 지도자의 존재와 1259년(원종 즉위년)에 울진현령이 처자와 노비를 거느리고 울릉도로 가려다 붙잡힌 일을 같이 생각하면, 고려시대에도 울릉도로 도망치거나 은거하여는 세력도 존재했다는 것을 알 수 있다. 그것은 곧 울릉도가 고려조정의 질서로 철저히 통치되는 영역이 아니었다는 것을 의미한다. 고려의 질서로 통치되는 영역이지만 우릉성주로 표기되는 토호적 지도자가 일정한 독자성을 확보하고 주민들을 관리하는 경우도 상정할 수 있는 사례들이다.

고려가 파견한 감창사나 작목사 같은 관리들이 울릉도 주민들과 어떻게 교류했는지를 알 수 있는 기록이 없다. 그래서 김유립이 주민들에게 전승되는 정보를 참고로 했는지, 허공이 벌채에 주민들을 동원했는지의 여부를 알 수 없다. 우릉성주나 주민들의 협조를 받는지 도움 없이 독자적으로 활동했는지를 알 수 없다는 것이다.

『고려사』는 『삼국사기』의 우산국과 울릉도를 우릉도·우산국·울릉도로 표기하는 것 외에 「무릉도」로도 표기한다. 1379년에 왜인이 침입하여 반달 정도 머물다 돌아간 섬으로 소개된 무릉도를 「지리지」는 「일운」으로 해서 「우산과 무릉은 본래 2도였다」라고 전재한 다음에 「서로 거리가 멀지 않으니 바람이 부는 맑은 날에만 망견할 수 있다」는 관계로 설명했다. 『고려사』가 그렇게 무릉과 병기한 「우산」이, 무릉도(울릉도) 동방에 존재하는 암도의 첫 기록이다. 무릉도에는 여진 등의 외세를 피해 육지로 건너간 주민만이 아니라 울진현령 박순처럼[24] 본토에서 건너가려는 자들도 있었다. 토착민과 새로운 이주민이 혼거한다는 것을 알 수 있다.

그런데 1157년에 울릉도에 파견되어 조사한 김유립은 「땅이 바위투성이라 백성들이 거주하기가 불가능하다」고 보고했고, 최이가 1243년에 파견한 자도

> 석불, 철종, 석탑이 남아 있습니다. 시호, 호본, 석남초가 많이 자라지만 바위가 많아 백성들이 살기는 불가능합니다.[25]

울릉도에 주민이 거주할 수 없는 것으로 보고했다. 그런데 1032년에 우릉성주가 아들 부어잉다랑을 사자로 해서 토산물을 조정에 헌상한 일이나 1346년에 울릉도인이 래조한 사실 등을 보면,[26] 주민만이 아니

---

24 蔚珍縣令朴淳, 船載妻孥, 臧獲幷家財, 將適蔚陵, 城中人知之, 會淳入城, 被拘留 (『高麗史』世家, 元宗卽位元年).

25 有村落基址七所, 有石佛·鐵鍾·石塔. 多生柴胡·蒿本·石南草, 然多岩石, 民不可居(『高麗史』地理志). 有屋基破礎宛然, 於是, 移東郡民實之. 後以風濤險惡, 人多溺死, 罷其居民(『高麗史』列傳42, 崔忠獻條 三十年).

26 羽陵城主遣子夫於仍多郞來, 獻土物(德宗元年二月). 東界芋陵島人來朝(『高麗

라 그들을 지배하는 성주까지 존재했다는 것이 된다. 1346년조에 사자라는 표현은 없으나 동계 우릉도인이 래조했다면, 그것은 개인이 아닌 우릉도를 지배하는 토호적 지도자의 뜻에 의해 파견된 자로 보는 것이 타당하다. 930년에 우릉도를 대표하는 인물이 백길과 토두를 사자로 삼아 왕건에게 파견한 사실이나 1032년에 성주가 아들을 사자로 파견한 일로 추정 가능한 일이다.

고려 조정이 필요에 따라 우릉도에 관리를 파견하는 경우와 우릉성주가 사자를 파견하는 경우의 기록이 같이 존재하는데도, 양자 간의 관계를 확인할 수 있는 기록은 없다. 1032년에 우릉성주가 사자를 파견하여 산물을 헌상한 것에 근거하면 1346년에 내조한 우릉도인도 산물을 지참한 사자로 볼 수 있는데, 그런 사자와 명주도감창사로 대표되는 관리의 관계를 확인할 수 없다. 그래서 생각할 수 있는 것이 고려가 실질적인 관리를 토호적 지도자, 말하자면 우릉성주를 칭하는 토호적 지도자에게 일임하고 필요한 경우에 명주도감사와 같은 관리가 그것을 확인하거나 감독하는 경우다.

3세기의 「일도」나 6세기 울릉도의 인구를 알 수 있는 기록은 없다. 그러나『삼국사기』의 우산국은 신라의 침략을 1회 이상 격퇴시킨 군대를 조직할 수 있는 주민이 거주하고 있었고, 930년에도 고려에 사자를 파견한 우릉도에도 사자를 파견하는 지도자가 지배하는 주민이 거주했다. 그런 우릉도의 주민이『삼국사기』의 우산국에 비해 줄었다고 볼만한 기록이 없다. 그러면서 1032년에 아들을 보내 토산물을 헌상한 인물이 우릉성주를 칭했다는 것은 930년에 고려에 복속사자를 파견한 인물도 우릉성주를 칭한 경우를 상정하게 한다.

史』世家, 忠穆王二年三月).

1032년에 우릉성주가 아들 부어잉다랑을 보내 토산물을 조정에 헌상한 것은 우릉도가 930년에 백길과 토두를 파견하여 방물을 헌상한 것과 달리 보아야 하는 이유가 없다. 930년에 백길과 토두가 수행한 임무를 1032년에는 아들 부어잉다랑이 수행했다는 점에서 보면, 백길과 토두의 임무를 우릉성주의 아들 부어잉다랑이 수행했다는 것이 된다.

1032년에 우릉성주가 아들을 고려에 보내 토산품을 헌상하는 것은, 930년의 백길과 토두가 우릉도를 대표하는 인물의 뜻을 고려에 전달했던 것과 마찬가지로, 우릉성주의 뜻을 고려에 전달하는 것을 목적으로 하기 때문에, 930년에 백길과 토두를 파견한 인물도 우릉성주를 칭했거나 그에 합당하는 호칭, 즉 신라 말의 호족들이 즐겨 사용했다는 장군이나 성주나 적수 중의 어느 것을 칭한 것으로 볼 수 있다. 그럴 경우 1346년에 고려에 내조했다는 「동계 우릉도인」은 개인의 자격으로 고려에 내조한 것이 아니라 930년의 백길이나 토두, 1032년의 부어잉다랑과 마찬가지로 우릉도를 지배하는 인물, 곧 우릉성주의 뜻을 전한다는 임무를 부여 받은 자로 볼 수 있다. 물론 「동계의 우릉도인」도 930년의 백길과 토두처럼 고려에 조공하는 방물, 1032년에 부잉다랑이 헌상하는 토물과 같은 물품을 지참한 것으로 볼 수 있다.

이처럼 930년의 백길과 토두나 1032년의 부어잉다랑, 그리고 1346년의 우릉도인은 명주도감창사를 매개로 하거나 지시에 따른 것으로 볼 수 있는 내용의 기록이 없어, 자체적인 판단에 의한 래조이고 헌상으로 보아야 한다. 그런 사실들을 확인할 수 있는 기록이 『고려사』에 없다는 것은, 기록이 우산국(울릉도)의 실상을 충분히 반영하지 못했다는 것을 의미한다.

4. 조선의 무릉도

(1) 조선 초기의 정동해중

조선은 정동해중의 양도를 무릉도와 우산도로 칭하며 사건이 발생하면 관직을 신설해서 관리했다. 태종은 「무릉등처안무사」를 신설하고 세종은 그것을 「우산무릉등처안무사」로 개명하여 무릉도 주민을 쇄출하려 했다. 양도 외에 요도가 존재한다는 풍문을 들은 세종은 1438년에 「무릉도순심경차관」을 신설하여 풍설을 확인하려 했고 삼봉도의 풍설을 접한 성종은 초무사직을 신설했다. 그러나 풍설은 허위였다. 세종과 성종이 허구의 풍설에 기망 당한 것이다.[27]

그런 일련의 사건들은 조선이 정동해중을 관리하는 일로, 무릉도 주민들의 의사와는 무관했다. 그것을 엿볼 수 있는 내용이 『태종실록』에 있고 『성종실록』에는 무릉도의 실상을 추정할 수 있는 내용이 있다. 태종이 1403년에 무릉도 주민을 쇄출했는데, 1412년에 무릉도의 주민 백가물 일행 12인이 어라진에 나타난다. 『세종실록』1425년조에는 1416년에 쇄환된 주민들이 1423년에 무릉도로 도망쳤다 다시 쇄환된 내용이 있다.[28] 조정의 뜻에 반하며 무릉도에 거주하는 주민이 있었다는 것이다. 백가물 일행도 그런 주민들이었는데, 심문에 임한 그들은 「유산국도인」을 자처하며

---

27 孟孫輕信南嚞之言, 遽聞于上, 其爲欺罔一也. 嚞竟不得, 其爲誕妄益明矣(『世宗實錄』世宗27년8월17일); 亂臣逆賊緣坐年未滿者, 曾授族親今皆年滿, 請屬諸邑爲奴婢 (중략) 金漢京女貴珍, 咸原站(『成宗實錄』成宗13년2월5일).

28 江原道 平海人金乙之, 李萬金, 亐乙金等, 曾逃居武陵島, 歲丙申, 國家遣麟雨盡行刷還. 癸卯, 乙之等男婦共二十八名, 復逃入本島, 今年五月, 乙之等七人留其妻子於本島, 乘小船潛到平海郡 仇彌浦發覺(『世宗實錄』世宗七年八月八日).

우리들은 무릉도에서 생장했다. 섬의 인호는 11호이고, 남녀 모두 60여 명이다. 지금은 본도로 옮겨 살고 있다.[29]

태어나 자란 곳과 현재의 주거지가 다르다는 진술을 했다. 정동해중에 주민이 거주할 수 있는 섬은 무릉도 뿐인데도 마치 주민이 거주하는 섬이 달리 있는 것처럼 진술했다. 그처럼 유산국도인을 자처하는 자들이 무릉도에서 태어나 현재는 본도, 즉 유산국의 본도에 거주한다고 진술한 것은, 유산국을 무릉도와 본도를 영지로 하는 나라로 인식했다는 것을 의미한다. 자신들을 신라에 대적했던 우산국의 후예를 자처하고 있다고 볼 수도 있는 진술이었다. 「유산국도」의 유산국은 우산국의 오기로 볼 수도 있다. 유산국이나 우산국이 주민들의 전래 도명, 즉 토속명을 한자로 표기한 것이기 때문에 어느 쪽이라 해도 토속명이 그대로 표기된 것이라 할 수 없어, 표기의 차이는 큰 의미를 가지지 못한다.

정동해중의 유인도가 하나뿐이라는 것은 그들이 더 잘 아는 사실이다. 그럼에도 다른 유인도가 존재하는 것처럼 진술한 것은 자신들의 안위를 생각한 방책이었다. 쇄출된 도민들은 기회를 보아 다시 귀도하려 했다. 그런 도민들은 정동해중의 지리가 사실대로 알려지는 것은 쇄출을 쉽게 하는 일로 여겼기 때문에, 무릉도 외에도 유인도가 있는 것처럼 진술하는 경우는 충분이 있을 수 있다.

기록의 무릉도 주민은 100인을 넘지 않는다. 김인우가 1417년에 주민 3인을 쇄환하면서 15호에 86인이 거주한다고 보고한 것이 최다수

---

[29] 命議政府議處流山國島人. 江原道觀察使報云. 流山國島人白加勿等十二名, 求泊高城於羅津, 言曰, 予等生長武陵, 其島內人戶十一, 男女共六十餘, 今移居本島(『太宗實錄』太宗12년4월15일).

였다. 그런데 김인우가 1425년에 20인을 쇄출하고, 1438년에 남회와 조민이 66인을 쇄출하여 모든 도민을 쇄환한 셈이다.[30]

그러나 1457년(세조 3)에 우산도와 무릉도 주민의 쇄환 문제가 거론된다.[31] 완전한 쇄환이 이루어지지 않았다는 것이다. 쇄출된 주민들이 다시 귀도할 뿐만 아니라 본토 주민들이 이주하는 일도 있어, 완전한 쇄환은 불가능한 일이었다.

그렇다 해도, 그 정도의 주민수, 즉 100인이 넘지 않는 주민들로는 신라의 침범에 맞서서 싸우는 우산국은 물론 왕건에게 사자를 파견하여 벼슬을 제수 받는 우릉도는 상정하기 어렵다. 그런데 그런 경우를 상정할 수 있는 주민수가 성종조에 있다. 부세를 피하여 영안도민 천여명이 삼봉도로 도망쳐 거주한다는 풍설을 들은 성종이 1천 5백의 전졸로 토벌하는 방법을 제기하며 초마선 50척의 제조를 명했다는 내용이다.[32]

그것은 이시애의 난과 같이 생각할 문제다. 이시애는 함경도민의 차별에 반발하여 난을 일으켰으나 3개월만에 생포되어 효수된다. 난을 진압한 세조는 함길도를 길주 이남의 함길남도와 경성 이북의 함길북도로 양분하고, 잔당과 연좌된 자들을 잡아들이라 했다.[33] 그 잔당과

---

30 且率居人三名以來. 其島戶凡十五口, 男女并八十六(『太宗實錄太宗17년2월5일). 金麟雨搜捕本島避役男婦二十人來復命(『世宗實錄』世宗7년10월20일), 護軍南薈, 司直曹敏回自茂陵島復命, 進所捕男婦共六十六(『世宗實錄世宗20년7월15일).

31 令其道觀察使審度移泊處, 以啓. 從之. 但兩島流寓者, 勿令刷還(『世祖實錄』世祖3년4월16일).

32 上曰, 當大擧速討, 用戰卒一千五百若何 (중략) 敬差官辛仲琚來言, 本道人民, 逃避差役, 潛往三峯島, 其數無慮千餘 (중략) 今欲擧大兵往討, 卿等知悉此意, 造哨麻船五十艘, 以待(『成宗實錄』成宗10년8월30일).

33 逆賊李施愛脅從之徒, 則已皆赦不問矣. 其親黨吉州人 (중략) 尙逃漏不卽伏誅. 由卿等與守令, 不用心追捕之故也, 宜亟廣行知會追捕. 其緣坐人, 亦悉捕獲(『世祖實錄』世祖13년12월17일).

연계할 수 있는 것이 삼봉도 주민인데, 삼봉도는 존재하지 않고, 영안도민들이 도주하여 거주한다는 섬은 실존했다. 그런데 거주민이 있는 곳은 무릉도 뿐이므로 삼봉도는 무릉도일 수 밖에 없다. 또 성종이 삼봉도와 무릉도를 동도로 볼 수 있는 지시를 하기도 했다. 이시애의 난에 연관된 자들은 어쩔 수 없이 무릉도에 피난하여 거주하면서, 관군을 혼란 시킬 목적으로 삼봉도가 존재하는 것처럼 풍설을 유포시킨 것이다.

정동해중에 천 여명이 도망쳐 거주했다는 사실은 신라에 대적했던 우산국의 주민수를 추정할 수 있는 근거가 된다. 영안도민이 1천 여명이 피난했다는 것은 그 이상의 주민이 거주하고 있었다는 것이다. 1906년에 울릉도를 시찰한 일본인은 약 700호에 5천내지 7천의 주민이 거주하는 것으로 기록했고, 2005년의 울릉군에는 9,550명이 거주하고 있었다.[34] 그런 사실들은 신라와 대적하던 512년의 우산국에도 신라에 대적하는 군대를 조직할 수 있는 주민들이 거주하는 경우를 상정할 수 있는 근거가 된다.

울릉도는 일도·우산국·우릉도·무릉도·유산국 등으로 표기되고 독도는 우산도로 표기된다. 그런데 그런 도명들은 신라나 고려와 조선의 입장에서 표기한 것으로, 주민들이 칭한 것은 유산국의 무릉도와 본도 정도다. 『삼국사기』의 우산국과 울릉도가 토착민들이 호칭하던 것을 신라가 차용한 것으로 볼 수도 있으나 확인할 수 있는 기록이 없다. 유산국의 무릉도와 본도는 정동해중의 섬에 거주하는 토착민들이 강원도의 고성에 나갔다 체포되어 진술한 국명과 도명이었다. 강원도의 관리가 기록했

---

34 奧原碧雲『竹島及鬱陵島』, 報光社, 明治40·1907), p.82; 권오엽역주『죽도 및 울릉도』, 한국학술정보, 2011, p.172;『울릉군지』, 울릉군청, 2007, p.77.

으나 어디까지나 토착민들의 진술에 근거하는 국명이고 도명이었다.

우산국이라는 국명이 고려시대에도 사용되었으니, 조선시대에는 사용되지 않는다.[35] 대신에 유산국의 무릉도와 본도의 주민을 자처하는 주민이 존재했다. 이는 우산국이 신라에게 복속된 이후 고려와 조선이 통치하고 있을 때도, 그곳에 사는 주민들은 우산국의 후예를 자처하며 신라와 대적했던 선조들의 위업에 긍지를 느끼며 살았던 경우를 상정케 한다. 백가물 일행이 유산국의 무릉도에서 생장하여 현재는 본도에 거주하는 주민을 자처한 일은 그런 맥락에서 보아야 한다.

무릉도의 주민들이 조정의 쇄환 정책에 따르지 않으려 했다는 것은, 무릉도에 거주하는 주민이 태종조와 세종조에 기록된 100인에도 미치지 못하는 것이 아니라, 기록에 포함되지 않는 주민, 즉 조선의 질서에 따르지 않는 주민이 더 있었다는 것을 의미한다. 삼봉도로 피난한 영안도민만 해도 천명이 넘었다. 일도로 기록된 3세기에도 동녀를 선발할 수 있는 권한을 확보한 통치자가 존재하고 있었다. 따라서 신라와 대적하던 우산국에는 일도를 우산국으로 발전시킨 지도자가 더 강화된 권력을 행사하며 주민을 통솔했던 것으로 볼 수 있다.

우산국이 신라에 복속된 이후에는 신라의 질서에 따를 것을 서약한 토호가 통치권을 위탁 받았을 수도 있다. 1032년(덕종 원)에 우릉성주가 토산품을 고려에 헌상한 일로 추정할 수 있는 일로, 그런 성주가 존재했다는 것은 성주가 통치해야 할 정도의 주민들이 존재했다는 것이다.

조선의 무릉도는 더한다. 쇄출된 도민들이 다시 귀도하는 것에 그치지 않는다. 영안도 주민 1천여명처럼 조정의 압박을 피해온 도민도

---

35 『세종실록』과 『고종실록』에 있으나 『삼국사기』의 내용을 소개한 것임.

존재했다. 그런 도민들은 누군가가 효과적으로 관리하거나 통솔해야
했다. 그런 인물을 태종은 두목이라 했다. 태종은 1416년에 김인우를
「무릉등처안무사」에 제수하면서로 이만을 반인으로 해서 병선 2척,
사공 2명 인해 2명과 화통 화약 및 식량을 보급하며 무릉도 주민의 쇄
환을 명했다. 무릉도에 주민이 거주하면 왜인이 무릉도를 거점으로 해
서 강원도 침입하는 것을 예방하는 조치였다.

그때 태종은 무릉도의 두목인을 설유하는 방법을 제시했다. 태종이
안무사 김인우에게 설유할 대상을 「두목인」으로 지정했다는 것은 무
릉도의 주민을 통솔하는 지도자가 존재한다는 것을 전제로 하는 방법
이었다. 태종이 호조판사 박습이 추천하는 김인우를 신설한 무릉등처
안무사에 제수하고, 무릉도인을 쇄출하는 방법까지 일러주었다는 것
은, 무릉도에 「두목인」으로 표기된 자가 통솔하는 주민들이 거주한다
는 사실을 조정이 인지하고 있었다는 것이다.[36] 결국 김인우는 무릉도
에 15호 86인이 거주한다는 사실을 확인하고 3인을 쇄환한다. 3인 중에
두목인이 포함되었는지를 알 수 없으나, 나머지 83인은 두목인이나 두
목인을 대리하는 자의 통솔 하에 계속해서 무릉도에 거주한다는 것이
다. 또 김인우가 보고한 86인이 무릉도의 전주민이라는 것도 아니다.
어쨌든 무릉도에는 태종이 두목인이라고 언급할 정도의 지도자가 지
배하거나 관리하는 주민이 존재했다는 것이다.

(2) 중종과 광해군의 울릉도

성종조의 삼봉도 풍설이 허위로 밝혀진 후로『조선실록』에 정동해

---

36 以麟雨爲武陵等處安撫使, 以萬爲伴人, 給兵船二隻, 抄工二名, 引海二名, 火㷁火
藥及糧, 往其島, 論其頭目人以來(『太宗實錄』16年9月2日). 且率居人三名以來. 其
島戶凡十五口, 男女并八十六(『太宗實錄』17年2月5日).

중의 기록이 중단된다. 영해에서 무릉도의 불빛을 보고 왜인이나 죄인의 잠입을 추정하는 기록이 중종 6년(1522)에 있는 정도다.[37] 그리고 임진왜란으로 인적이 끊긴 울릉도를 왜가 磯竹島(이소타케시마)로 칭한다는 기록이 『지봉유설』에 있다.[38] 태종 이래의 쇄환정책에도 단절되지 않았던 주민, 성종조에는 영안도민만 해도 1천여명이 피난하여 거주했다는 무릉도의 주민들이 왜의 만행으로 멸절된 것이다.

그런 상황에서 조선과의 교류를 독점하는 것으로 부를 축적한 대마번이 울릉도를 기죽도라 칭하며 침탈을 획책한다. 1614년(광해 6)에 기죽도의 영유를 획책하며 그곳을 조사하겠다는 구실로 길을 물었다.[39] 조선정부가 울릉도를 지키고자 하는 결의가 어느 정도인가를 알아보려 한 것이다.[40] 그러자 비변사는 「의리에 의거하여 크게 꾸짖어, 간사하고 교활한 꾀를 막아야 한다」는 것을 건의했고,[41] 동래부사 윤수겸은 일본이 조선에 왕래하는 길은 대마도를 통하는 길로 한정한 사실을 상기시키며 다른 항로로 왕래하는 것을 해적으로 단정한다는 답서를 보냈다.[42]

왜란으로 침탈의 맛을 안 대마번이 조선의 의중을 떠본 것이다. 당

---

37 寧海居軍官朴自範云, 江原道武陵島, 與此相望, 夜有火光, 疑是倭船隱接, 或我國連亡人潛寓云. 臣之所聞如是, 故敢啓 (중략) 下諭于江原道觀察使, 令審驗武陵島以啓(『中宗實錄』中宗6년5월21일).

38 壬辰變後人有往見者亦被倭焚掠無復人煙近聞倭奴占據磯竹島或謂磯竹島卽蔚陵島也(『之峰類說』卷二, 鬱陵島條).

39 倭船三隻, 稱以探問磯竹島, 持路引出來, 問島何在, 則在我慶尙江原兩間, 似是蔚陵(『東萊府接倭事目抄』光海君6년6월조).

40 愼鏞廈『史的解明獨島』인터출판, 1997, p.49.

41 具載於回答書契之中, 據義切責, 以杜奸猾之計, 似爲便益. 移文于慶尙監司釜山邊臣, 另諭來舡, 專齎此書, 作速歸報島主, 俾遵朝廷禁約(『光海君日記』光海君6년9월2일).

42 日本與我国, 海嶠州嶼, 各有区別, 分限截然, 而或有往来之事, 惟以貴島為一路門戸, 此外別便以海賊論斷(『東萊府接倭事目抄』光海君6년6월).

시 주민의 거주 여부를 알 수 없으나 지봉유설이 「임진왜란 이후 사람들이 들어가 본 일이 있으나 역시 왜의 분탕질을 겪어 인적이 없었다」라고 기록한 것을 보면 주민은 물론 지도자도 존재하지 않았다는 것을 알 수 있다. 울릉도에 주민이 단절된 유일한 시기였다.

(3) 울릉자산양도감세장 안용복

『숙종실록』22년 9월 25일조에 안용복이 「울릉자산양도감세장」이라는 관직을 가칭했다는 내용이 있는데, 연구자들은 그것을 부정하려 한다. 안용복이 그것을 가칭한 사실을 비변사에서 밝혔을 때부터 부정하려는 했다. 안용복이 천민이라는 선입관에 구애된 편견이다.

18세기의『강계고』는 동래인 안용복이 노군으로 왜어에 능하다고 기록했는데 유사한 내용은 전하는『증보문헌비고』와『만기요람』은 「처음(初)」에 노군이었다고 기록하여,[43] 군역을 마친 후의 신분까지 한정하는 것은 아니다. 그럼에도 노군이라 신분이나 岡嶋正義의 편찬물이 전하는 호패에 근거해서 안용복을 천민으로 한정하고 「울릉자산양도감세장」은 천민이 칭할 수 없는 관직이기 때문에 사칭이라는 것이다. 그러나 그것은 안용복의 신분을 「노군」에 한정하는 사고의 한계이고 강도정의의 호패에 근거하는 단정일 뿐이다. 군역을 실행할 당시는 노군이었다 해도, 군역을 필한 후에는 당대의 납속제도에 참여하여 신분을 상승시킬 수 있었고, 그것을 확인할 수 있는 기록도 강도정의의 편찬물 만이 아니라 隱岐番所가 작성한『원록각서』등에도 있다.

안용복의 호패라는 것이 강도의 편찬물과『원록각서』에 전하는데,

---

43 安龍福東來人也隷櫓軍善倭語(『疆界考』); 初東萊安龍福隷能櫓軍善倭語(『增補文獻備考』); 初東萊安龍福隷櫓軍善倭語(『萬機要覽』); 安龍福者東萊府戰船櫓軍也…愚案安龍福直是英雄儻匹以一卒之賤出(『星湖僿說』).

강도는 안용복과 같이 납치된 박어둔 호패의 「위산」이 「울산」의 오기라면서[44]

지금 생각하건 데, 이 패면의 문자는 아마도 전사의 오류가 있는 것 같다. 그래서 후일의 식자에 의해 규명되어야 할 것이다.[45]

호패의 내용에 오류가 있으니 후세의 연구자가 규명해야 한다는 의견을 부기했다. 후세에 대한 주의이고 경고였다. 그런데도 연구자들은 그것을 무시한 체, 해독이 불명한 곳을 무리하게 해독하면서 안용복을 사노로 단정하고, 그것을 근거로 관명을 사칭한 범죄자로 보려 한다.

1693년 4월 17일에 울릉도 해역에서 안용복과 박어둔을 납치한 鳥取藩 米子의 회선업자 大谷家는 조취번에 둘의 처벌을 요구했고, 조취번은 그것을 江戸幕府에 전하자, 막부는 對馬藩에 조선인의 죽도 어렵을 금지해줄 것을 조선에 요구하게 했다. 그러나 대마번은 막부의 뜻과 달리 죽도의 영유를 주장하여 영토문제를 야기했다.

납치된 안용복은 죽도(울릉도)가 일본령이라는 말은 처음 듣는다는 진술로 죽도가 조선령이라는 인식을 표했고,[46] 조취번도 처음과 달리 막부에 죽도의 영유를 부정하는 보고를 했다. 그리고 막부가 둘을 조선으로 송환하라고 명하자, 둘을 가마에 태워 長崎奉行所에 호송하는 호의를 표했다. 그러나 장기에서 둘을 인계 받은 대마번은 범인 취

---

44 又トラヘが札に庚午蔚山ハ蔚山であるべし. 尤 傳寫の誤りも多かるべし(權五曄편주『岡嶋正義古文書』, 선인. 2011, p.203).
45 權赫晟역『竹島考』하권, 인문사, 2013, p.205.
46 彼嶋之儀日本の地ニ而御座候も朝鮮之地ニ而御座候も一円存不申候日本ニ罷渡候而日本之地ニ而御座候由初而承申候(權赫晟編譯注『죽도기사종합편』상, 한국학술정보, 2013, p.64.

급을 하며 5개월 남짓 억류하다 1693년 12월 10일에 동래부사에 양도 했다. 송환된 안용복은 막부의 뜻을 왜곡하는 대마번의 비리를 고발하려 했으나 조선의 관리들은 듣지도 않고 2년형에 처했다. 그러다 갑술환국으로 남인정권이 남구만 윤지완 등의 소론정권으로 바뀐다.

감금된 안용복이 교체된 접위관 유집일을 만나는 것은 1694년 8월 3일과 11일 사이였다. 유집일은 전임 접위관 홍중하와 달리 안용복이 제공한 정보를 믿고, 대마번의 사자에게 안용복을 침책한 사실 등을 강호막부에 알리겠다는 뜻을 밝히는 방법으로 협상의 우위를 점한다.[47] 그런 정보를 접한 영의정 남구만은 남인정권이 「울릉도는 조선령이고 죽도는 일본령」이라는 내용을 기록해서 1694년 1월 15일에 건넸던 국서를 8월 25일에 회수했다. 그리고 울릉도와 죽도가 1도 2명의 동도라는 내용의 국서를 9월 10일에 왜관에 건네는 것으로[48] 대마번과의 회담을 종료시킨다. 대마번이 반발하며 새로운 국서를 요구했으나 응하지 않았다. 그러는 사이에 조취번을 통해 죽도의 지리적 사실을 확인한 막부는 일본인의 죽도도해를 금하는 금지령을 1696년 1월 28일에 내린다. 안용복의 인식을 일본이 인정한 셈이다.

안용복의 신분을 알 수 있는 조선의 기록은 많지 않은데, 조취번에는 강도가 정리한 『증보진사록』·『인부연표』·『인부역년대잡집』·『죽도고』 등이 전하고, 은기에는 『원록각서』 같은 편찬물이 전한다. 대마번에도 『죽도기사』와 같은 자료들이 전한다. 그것들이 설명하는 안용

---

47 集一問龍福, 始得其實, 乃喝倭差日. 我國將移書于日本, 備言侵責龍福等之狀, 諸島安得無事(『肅宗實錄』肅宗20년8월14일).

48 自禮曹覆書日 (중략) 雖弊境之鬱陵島 (중략) 今此漁船, 敢入貴境竹島, 致煩領送 (肅宗20년2월23일). 本是鬱陵島, 而以其産竹, 或稱竹島, 此乃一島而二名也. 一島二名之狀, 非徒我國書籍之所記, 貴州人亦皆知之(『肅宗實錄』肅宗20년8월14일).

복은 부산포의 상관이라는「산카이의 샤큐한」의 명을 수행하는 인물이었다.[49] 안용복은 동래부사로 대표되는 공권력의 지시에 따라 정동해중에서 활동하는 비장이었다.「산카이의 샤큐한」의 三界를 강도는 釜山浦·釜山海의「후」가 생략된「산카이」, 즉 부산첨사로 보았다.[50]

납치된 안용복은 안비장으로 추정되는「안펑샤·안히샨·안펜칭우」를 칭했다.[51]『증보진사록』·『인부역년대잡집』·『죽도고』등은 안용복이 소지했다는 호패의 내용을 전한다. 그것은 1690년에 동래부가 발부한 것으로 안용복을 33세로 했다. 그러나 안용복은 1654년생이므로, 호패가 발부되었다는 1690년에는 36세여야 한다. 그것을『죽도고』는 42세로 하면서 4척 2촌(124cm)의 신장이라 했는데 안용복의 신장이라 할 수 없다. 결정적인 것은 호패에서 가장 중요한 성명에 해당하는 부분「龘」은 1자로 판독해야 할지 2자로 판독해야 할지도 분명하지 않다. 그런데도 연구자들은「奴用」으로 판독하고,「私龘卜」을「私奴用卜」으로 판독하는 것에 그치지 않고「私奴龍福」으로 해독하고 만다. 판독되는 것은「사」와「복」뿐이고「안」은 어디에도 없다. 그런데도「私奴用卜」으로 판독하고 그것을 검증하는 일도 없이「私奴龍福」으로 해독하면서 安龍福의 호패로 단정한다. 이런 경우를 우려했기 때문에 강도가 후세인의 규명이 필요하다고 주의한 것이다. 그런데도 연구자들은 그런 우려를 간과하는 것에 그치지 않고 안용복을 사노로 단정하고, 그것을 근거로 해서 안용복이 칭한 통정대부나 조울양도감세장신

---

49 三界のシャンクワンより鮑取上ケ申候にと被仰付 (중략) シャンクワンは上官ナルベシ(權五曄편주『岡嶋正義古文書』, 선인, 2011, p.39·194).

50 大西俊輝저·權靜역『안용복과 원록각서』, 한국학술정보, 2011, p.46; 權五曄「南九萬의 密使 安龍福」,『일본어문학』第65輯, 한국일본어문학회, 2015, p.434.

51 權赫晟역『竹島考』하, 인문사, 2013, pp.174~177.

등의 관직을 사칭이라며 매도한다.

강도의 편찬물이 전하는 호패가 안용복의 것이 아니라는 것은, 1696
년에 안용복이 조취번을 방문하는 도중에 표착한 은기도의 번소가, 안
용복이 허리에 차고 있는 호패의 내용을 기록해서 보고한 것과 다르다
는 것으로도 알 수 있는 일이다. 은기번소가 기록한 호패는

갑오년(1654)에 태어난 자로 43세다. 관과 같은 검은 삿갓에 수정
의 끈이 달렸다. 옅은 노란색 목면의 저고리를 입고 허리에는 호패를
하나를 차고 있다.

안용복의 출생과 나이, 복장 등을 기록하고, 표면에 통정대부 안용
복, 갑오년에 태어났다. 이면에는 동래에 산다는 인영이 있다.[52]

1654년에 태어나 동래에 거주하는 안용복이 1696년에는 43세라는
것을 명확히 기록했다. 따라서 납치당한 1693년에는 40세여야 하는데,
강도의 편찬물은 42세로 했다. 안용복은 납치되었다 송환된 다음에 2
년형을 받았음에도 1696년 6월에 통정대부를 칭하며 조취번을 방문하
여 대마번의 비리를 막부에 고발했다. 그런 안용복을 조취번은 사자로
대접하며 안용복의 고발장을 막부에 전달했다. 그렇게 안용복은 1696
년에 소지한 호패의 관직에 어울리는 역할을 수행하고 귀국한다.

그런 안용복을 조정 대신들은 치하하는 것이 아니라 범월죄를 물어
사형에 처할 것은 주장했고, 숙종도 마지못해 수용했으나, 사면을 주
장하는 남구만 세력의 주장에 따라 유배형으로 감형한다.

---

52 午歳四十三冠ノヤウナル黒キ笠水精ノ緒アサキ木綿ノウハキヲ着申候腰に札
を壱ツ着ケ申候. 表ニ通政太夫安龍福年甲午年表ニ住　東萊印彫入(權五曄・大西
俊輝『元祿覺書』, 제이앤씨, 2009, p.96).

안용복의 정동해중의 활동은 부산첨사로 대표되는 지역의 공적권력의 지시로 가능했으나 조취번의 방문은 지역권력의 한계를 초월하는 일로, 중앙권력의 지시나 비호가 없이는 불가능한 일이었다. 그런데도 안용복이 조취번을 방문하여 대마번의 비리를 고발했다는 것은 그것이 중앙권력의 지시를 수행하는 일이었다는 것이다. 안용복이 일본에서 전개한 활동한 내용과[53] 대마번을 제외한 외교노선을 구축하겠다는 남구만의 정책이 일치한다는 것,[54] 그리고 사형이 결정된 안용복을 남구만 세력이 사면시킨 것 등으로 알 수 있는 일이다.

안용복 일행 11인은 1696년 3월15일에 울산을 출선하여 울릉도에서 체류하다 5월 16일에 우산도를 거쳐 20일에 은기에 표착하자, 조취번을 방문하는 목적을 설명하고 협조를 요구했다.[55] 그리고 6월 4일에 조취번의 赤崎(아카사키)에 도해하여, 이미 은기번소의 보고를 받아서 알고 있는 조취번의 안내로 6일부터 靑谷(아오야)의 專念寺(센넨지)에 머물다 14일에 賀路(가로)의 東善寺(토우젠지)로, 22일에는 조취번의 정회소로 이동한다. 정회소로 이동할 때는 2대의 가마와 9필의 전마를 내어 영접했다.[56] 그랬던 조취번이 7월 17일에는 태도를 바꾸어 일행을 湖山池(코 야마이케)의 靑島(아오시마)에 유폐시켰다 8월 6일에 賀路(카로)에서 조선으로 송환한다.

안용복 일행이 조취번을 방문한 사실을 보고 받은 막부는 6월 23일에 조선인의 소원을 처리할 것을 조취번에 지시하더니, 24일에는 장기

---

53 和館江罷越候商人共咄申候者安同知儀用事被申付外二地頭壱人相添船弐艘二而鬱陵嶋江被差越彼嶋之様子委細致見分其上因幡伯耆江之渡口之恰合具二見届 (중략) 東武江可申上内談二而も可有御座候哉与存候 而無之候(權靜·大西俊輝편역주『竹嶋紀事』2~2, 2011, p.208).

54 朝廷方被存込候此上者如何二も我国之嶋之證拠を書立　東武江差上候者御誠信を以重而竹嶋二日本之通路御止被成間敷事二而無之候(『竹嶋紀事』1~3, p.444).

55 權五曄·大西俊輝역주『元祿覺書』, 제이앤씨, 2009, p.57·179.

56 權五曄편주『岡嶋正義古文書』, 선인, 2011, p.151.

봉행소로 이송하라며 지시내용을 수정했다. 그리고 1개월이 지난 7월 24일에는 직접 조선으로 돌려보내라며 지시 내용을 또 바꿨다.[57]

조취번을 방문하는 안용복 일행은 강도가 「조선국 사신이 탄 배」라고 표기한 배에 「조울양도감세장신안동지기」·「조선국안동지승주」라는 선기를 게양했다. 그런 안용복을 은기번소는 통정대부로 보고했고, 조취번은 그것에 맞는 대우를 했다. 3년 전의 비장과는 다른 신분이라는 것을 인지한 것이다. 조취번은 안용복 일행이 제출한 서류를 막부에 보고하고 지시에 따랐다. 결국 대마번을 제외하는 외교노선을 구축하려는 남구만의 목적은 대마번의 집요한 반대로 좌절되었으나 조선의 뜻을 막부에 전달하려는 남구만의 계획은 달성했다.

활동을 마친 안용복 일행은 양양으로 귀국했으나 강원감사에게 검거되어,[58] 비변사에서 심문 당한다. 영의정 유상운을 비롯한 대신들이 범월죄를 물어 사형에 처할 것을 주장했다.[59] 그러자 영의정 자리에서 물러난 남구만이 후임 영의정에게 서신으로 대마번이 막부의 명과 달리 울릉도의 영유를 주장한 사실이 안용복의 정보로 발각되었다는 사실을 설명하면서 위급할 때에 쓸만한 인물로 평가한 후에

    비변사 제신들의 뜻도 군이 안용복을 죽일 필요가 없다고 말하는 자가 있다 하니, 바라건대 다시 물어 조처하시는 것이 어떻겠습니까.[60]

---

57 池内敏『大君外交と「武威」』, 名古屋大學出版會, 2006, p.307.

58 轉入日本國 伯耆州, 與倭人相訟後, 還到襄陽縣界, 江原監司心杯, 捉囚其人等馳啓, 下備邊司(『肅宗實錄』肅宗22년8월29일).

59 左議政尹趾善曰, 安龍福罪犯更無容貸之事不必久因而領相所達誠然依此爲之以好矣 (중략), 犯境事也等事極爲陰兇生事邊境之罪何可容貸乎 (중략) 實則愚蠢之人希功罔上而已(『承政院日記』367冊, 肅宗22년9월27일).

60 對馬倭之假稱鬱陵以竹島虛託江戶之命欲使我國禁人往來於鬱島其中間欺操弄之狀今因龍福而畢露此則亦快事也 (중략) 備局諸宰之意亦有以爲不必殺者云幸

사면을 요구했고, 유상운은 자신이 결석하는 대신에 남구만 세력이 어전회의에 참석하여 안용복의 사면을 요구할 수 있는 기회를 만들어 주었다. 남구만 세력은 그 어전회의에 참석하여 안용복의 사면을 주장하여, 숙종이 유배형으로 사면하는 계기를 만들었다.[61]

그런데 남구만이 안용복에 내린 지시는 공적인 것이라기 보다는 밀명이었다. 목적을 달성하지 못하면 은폐되어야 하는 밀명으로 추진하는 일부 세력만이 인지해야 했다. 대마번이 아닌 다른 곳을 통하여 막부와 교류하는 일은 조정의 허가를 받기 어려웠다. 그렇게 되면 일본에 부산포 이외의 곳으로 왕래하는 빌미를 줄 수 있기 때문이다. 그렇다 해서 대마번의 비리를 방관할 수도 없어 남구만은 안용복을 밀사로 파견한 것이다.[62] 그런 안용복을 연구자들은 『강계고』 등이 전하는 「노군」 이라는 신분에 구애되어 천민으로 한정한다. 그렇기 때문에 「허세를 부리고 적당히 관명을 참칭한」 안용복으로 단정한 일본의 주장이 아직도 철회되지 않는 것이다.[63]

조선은 왜란과 호란으로 국토가 황폐되고 각종 면세자가 증가하여, 역을 부담하는 계층의 감소와 구조적 모순으로 재정 적자에 처했다. 그러자 상위의 사회신분 계층 내지 관계 조직으로의 진입을 인정하는 대신 재정을 부담시키는 납속제도를 실시한다.[64] 그 제도에 참여하여 받을 수 있는 관직은 통정대부·절충장군·가선대부 등으로, 당상품계

望更詢而處之如何(『藥泉集』제31서, 答柳相國, 肅宗22年10月5日).

61 以法論之則不可容貸而事機如此減死遠配可也(『承政院日記』肅宗23년3월27일).

62 權五曄「南九萬의 密使 安龍福」, 『日本語文學』第65輯, 韓國日本語文學會, 2015, p.448.

63 川上健三『竹島歷史地理學的研究』, 古今書院, 1996, p.173; 權五曄 역『日本의 獨島論理』, 백산자료원, 2010, p.186

64 徐漢敎「朝鮮顯宗肅宗代의 納粟制度와 그 기능」, 『大丘史學』제45집, p.2.

인 가선·통정·절충 등의 품계를 가진 납속자가 숙종 4년에는 33%, 43년에는 77%였고, 정조 7년에는 100%에 이르렀다. 전체적 평균이 78%인데 37%가 통정대부였다.[65] 숙종대의 첨지첩은 40석 내지 8석이었고 동지첩은 50석 내지 10석이었다.[66] 안용복이 납속제에 참여했다면 쉽게 받을 수 있는 것이 통정대부였다.

안용복이 「비장」을 자칭한 것이 1693년(숙종 19)이었고 「통정대부」를 칭한 것이 1696년(숙종 22)이었다. 그리고 계속되는 흉년으로 납속자가 줄자 모속을 늘리기 위한 방법으로 연령을 낮추어 첩가를 내리는 모속별단까지 제정한 것이1690년(숙종 16)이었다. 그런 사회적 상황을 감안하면, 안용복이 납속제도에 응하여 1693년에 「비장」을 칭하고 1696년에 「통정대부」·「삼풍당상신」·「조울양도감세장신」·「울릉자산양도감세장」 등을 칭할 수 있는 자격을 획득하는 것은 어려운 일이 아니었다.[67]

(4) 장한상과 안용복

영의정이 된 남구만은 장한상을 삼척첨사로 삼고 유집일을 접위관에 천거하여, 1694년 8월 11일 이전에 안용복을 접견한 유집일은 대마번이 파견한 사자와의 대담에서 우위를 점할 수 있었다.[68] 삼척첨사에 제수된 장한상은 1894년 9월 19일에 울릉도에 상륙하고 10월 6일에 귀환하여 시찰한 내용을 보고했고, 보고를 받은 남구만은 「2년 간격으로 수토할 것」을 숙종에게 건의하여, 울릉도의 수토제는 1894년(고종 31)

65　崔承熙「朝鮮時代兩班의代加制」,『震檀學報』60, 1985, p.4.

66　徐漢敎「17·18세기 丹城地方 納粟人의 實態와 身分變動」,『歷史敎育論集』제23, 24집, p.861.

67　權五曄「通政大夫 安龍福」,『日本語敎育』第50輯, 2009, p.255.

68　集一問龍福, 始得其實, 乃喝倭差日, 我國將移書于日本, 備言侵責龍福等之狀, 諸島安得無事. 倭差相顧失色, 始自折服(『肅宗實錄』肅宗20년8월14일).

까지 지속된다.

장한상이 울릉도에 도해한 것이 9월 19일이라는 것과 안용복이 구금된 상태에서 대마번의 비리를 알리려 했던 일, 남구만의 대마번에 대한 인식이 중간에 바뀐 것, 그리고 유집일이 안용복의 정보를 입수한 것이 8월 11일 이전이었다는 것 등을 감안하면,[69] 안용복이 장한상의 수토 활동에 합류했을 가능성을 부정할 수만은 없다. 정한상의 일행 150인 중에 포함된 안신휘가 별견역관이었다는 것이[70] 안용복이 수행한 통사 역할과 부합하고, 안용복이 울릉도 지리에 밝다는 것 등을 감안하면, 장한상의 울릉도 탐사단에 포함되었을 가능성은 크다.

조선은 수토사제를 폐지하기 전인 1882년에 이규보를 울릉도 검찰사에 제수하여 울릉도를 조사한 후에, 울릉도와 독도의 개척을 결의했다. 김옥균을 동남제도개척사 겸 포경사에 임명하고,[71] 1883년부터 강원도·경상도·전라도 주민들을 입도시키기 시작했다.

고종은 1897년(고종34)에 국호를 대한제국으로 연호를 광무로 개명하고 황제를 칭한다. 대한제국은 울릉도 시찰위원으로 임명한 우용정은 1900년 5월 31일부터 5일간 조사한 내용을 보고했다. 대한제국은 그 보고에 근거해서 1900년 10월 25일자 「칙령 41호」로 울릉도를 울도로 개칭하고 도감을 군수로 개정한 사실을 관보에 게재했다. 그리고 도감 배계주를 초대 군수로 제수했다.[72]

---

69 我国之嶋之證拠を書立東武^{江}差上候者御誠信を以重而竹嶋^{二}日本之通路御止被成間敷事^{二}而 無之候(『竹嶋紀事綜合編』上, p. 264).

70 柳美林『우리 사료 속의 독도와 울릉도』, 지식산업사, 2013, p.359.

71 金玉均為東南開拓使, 兼捕鯨等事, 使之除. 下直, 從便往來(『고종실록』고종20년3월16일).

72 勅令第四十一號, 鬱陵島를鬱島로改稱하고島監을郡守로改正한件. 第一條, 鬱陵島를鬱島라改稱하야江原道에附屬하고島監을郡守로改正하야官制中에編入하고郡等은五等으로할事. 第二條, 郡廳位寘는台霞洞으로定하고區域은鬱陵全島

5. 결론

독도가 처음으로 기록된 것은 3세기의『삼국지』다. 그곳에는 일도로 표기되어 있는데, 여인들만 산다는 일국과 같이 소개되었다. 일도와 일국 사이에 위치하는 암도는 일도에서 육안으로 확인된다는 점에서, 일도의 부속도로 인식될 수밖에 없었다. 일도에서는 매년 7월에 동녀를 희생으로 헌상하는 의례가 거행되었는데, 그것은 주민의 생사여탈권을 행사하는 지도자가 존재했다는 것으로, 그런 지도자의 활동으로 일도는 울릉도와 암도를 영역으로 하는 우산국으로 발전한다.

울릉도로 개명되는 일도의 주민들이 칭한 토속명을 확인할 수 없으나 6세기의 도민들은 우산국과 울릉도로 기록되는 토속명을 칭하며 신라와 대적했다. 이사부가 우산국을 무위로 복속시킬 수 없다고 말한 것을 보면, 우산국은 신라의 침범을 격퇴하며 그때까지 존속했다는 것이다.

신라에 복속된 이후의 우산국이 어떻게 통치되었는지는 알 수 없다. 신라가 파견한 관리가 통치했는지, 신라의 질서에 따를 것을 서약한 토호가 통치권을 위임 받아 관리했는지를 알 수 없다. 그러나 신라 말에 왕권의 약화와 더불어 토호가 중앙에 진출하거나 독자적인 세력을

와竹島石島를管轄할事. 第三條, 開國五百四年八月十六日官報中官廳事項欄內鬱陵島以下十九字를刪去하고開國五百五年. 勅令第三十六號第五條江原道二十六郡의六字는七字로改正하고安峽郡下에鬱島郡三字를添入할事. 第四條 經費는五等郡으로磨鍊하되現今間인즉吏額이未備하고庶事草創하기로該島收稅中으로姑先磨鍊할事. 第五條 未盡한諸條는本島開拓을隨하야次第磨鍊할事. 附則, 第六條 本令은頒布日로부터施行할事. 光武四年十月二十五日. 御押, 御璽, 奉勅, 議政府議政臨時署理贊政內部大臣李乾夏.

강화하는 것으로 보아 우산국의 지도자도 그 정도의 독자성을 확보하고 신라의 질서에 따른 것으로 볼 수도 있다. 지역의 토호들이 장군·성주·적수 등으로 불리는 것을 선호했던 것으로 보아 우산국의 토호적 지도자가 성주를 칭하는 경우는 있을 수 있는 일이다. 토호들의 귀부나 협조가 후삼국의 세력을 좌우했기 때문에 후백제의 견훤이나 고려의 왕건은 그들을 경쟁적으로 포섭하려 했다.

그런 가운데 우릉도가 930년에 사자를 파견하여 고려의 벼슬을 제수 받았는데, 그것은 사자를 파견한 자의 요구를 수용했다는 것으로, 사자들 보다 높은 관직을 제수했다는 것이다. 신라의 질서에 따르겠다는 서약을 하는 그에게 종전대로 관리를 위임한 것으로 볼 수 있는 고려의 대응이었다. 그 관직을 알 수 없으나 호족들이 성주를 선호했던 것이나 우릉성주가 토산물을 헌상했다는 기록이 있어, 우릉성주를 칭하게 했을 가능성이 크다.

930년에 고려에 복속된 우릉도는 우산국·울릉도·무릉도 등으로 불리고, 서로 망견한다는 무릉과 우산의 지리적 사실을 『고려사지리지』가 전하는 것으로 보아, 우릉도 주민들이 동방에 존재하는 우산을 인식했다는 것을 알 수 있다. 조정이 명주도감찰사를 파견하여 우릉도의 산물을 채취하고 우릉성주가 사자를 파견하여 산물을 헌상하는 것을 보면, 우릉도는 조정의 관리와 토호로서의 성주가 이중적으로 지배했다는 것을 알 수 있다. 말하자면 조정의 직접 지배가 이루어졌다기 보다는 토호로서의 성주가 어느 정도의 자율권을 위임 받아 관리하고 감찰사와 같은 관리가 필요에 따라 순시했을 가능성이 크다는 것이다.

조선의 태종과 세종은 「무릉등처안무사」와 「우산무릉등처안무사」에게 무릉도 주민의 쇄출을 명했으나 완전한 쇄출이 이루어진 적은 없다. 또 기록에 의하면 무릉도에 100인 정도의 주민이 거주한 적이 없는데, 성종조에 영안도 주민 1천여명이 삼봉도로 도망쳐 거주한다는 기록과 성종이 1천 5백명의 병사로 토벌을 계획한 내용이 있다. 그런데도 기록의 경차관이나 초무사가 확인한 것은 30여 명에 불과했다. 천여명이 거주한다는 정보에 근거해서 탐색하고도 그 정도 밖에 확인하지 못했다는 것은, 고려나 조선의 관리들의 보고가 사실을 반영하지 못했다는 것이다. 보고된 것보다 더 많은 주민들이 삼봉도라는 무릉도(울릉도)에 거주하고 있었다.

정동해중에 주민이 거주할 수 있는 도서는 무릉도 뿐이고, 영안도민 1천여명이 삼봉도로 도망쳐 거주했다면 삼봉도와 무릉도는 동도라는 것이다. 그곳에 나라의 쇄환령과 관계없이 도민들이 거주한다는 것은 태종 12년에 강원도에서 주민 12인이 붙잡힌 것으로도 알 수 있다. 그들은 무릉도에서 생장하여 본도에 거주하는 「유산국도인」을 자처했는데, 그것은 자신들을 무릉도와 본도로 구성되는 유산국에 속하는 주민으로 인식하고 있었다는 것이다.

태종이 안무사 김인우에게 무릉도 주민들의 두목인을 설유하여 쇄환시키는 방법을 제시했다는 것은 무릉도에 주민을 통솔하는 토호적 지도자가 존재했다는 것이다. 태종이 두목인으로 칭하고 성종 11년 조에 괴수라는[73] 기록이 있는 것으로 보아 울릉도의 주민들이 토호적 지도자에게 통솔되고 있었다는 것을 알 수 있다. 그것은 곧 울릉도에는 주민을 관리 내지 통치하는 지도자가 주민이 거주하는 동안 상존했다는 것을 의미한다.

조선왕조의 쇄환정책에도 단절되지 않았던 무릉도 주민이 임진왜

---

[73] 三峯島居人若多, 則只奉魁首而來, 其餘并留之(『成宗實錄』成宗11年3月8日).

란으로 단절된다. 왜군의 살륙이 주민을 절멸시킨 것이다. 이후 무릉도와 우산도는 부산첨사가 관할하는 가운데, 안용복이 공적권력의 일부를 대행하고 있었다. 안용복은 일본 어민들에게 납치된 1693년에는 비장을 칭했고, 대마번의 비리를 고발하겠다며 조취번을 방문한 1696년에는 「통정대부」·「조울양도감세장신」·「삼품당상신」 등을 칭했다. 월경죄로 비변사에서는 심문 받을 때도 「울릉자산양도감세장」을 가칭한 사실을 밝혔다. 연구자들은 그런 안용복을 관명사칭의 죄인으로 단정하려 하나 그것은 오류에 근거하는 자료를 맹신한 결과다.

안용복이 노군이었다 해도 군역을 마친 후에는 부산첨사로 대표되는 공적 권력을 실행하는 비장을 거쳐 1696년에는 통정대부를 칭할 수 있는 신분이었다. 임진왜란 후의 납속제도를 이해하면 안용복이 삼품당상신과 같은 관직명을 칭할 수 있다는 것은 쉽게 확인할 수 있는 일이다.

옮긴이 황진영

제10장

안용복의 실상

1. 서문

독도를 의미하는 「우산」이 처음으로 등장하는 것은 『고려사』이고, 별명인 자산도가 일본이 말하는 松島^{마쓰시마}라고 말한 것은 안용복이 처음이었다. 안용복의 납치를 계기로 울릉도(竹島^{타케시마})에 대한 영토분쟁이 일어났으나, 江戸^{에 도} 막부가 자산도를 부속도로 하는 죽도에 일본인이 도해하는 것을 금지시키는 것으로, 양도가 조선령이라는 안용복의 인식을 일본도 공유하게 된다.

그러나 일본제국은 1905년에 송도를 죽도로 개칭하며 영유를 주장하기 시작했는데, 안용복의 활동이나 인식을 부정해도 성립되지 않는 주장이다. 그런데도 일본은 판독이 불가능한 호패에 근거해서 안용복을 관명사칭의 천민으로 단정하는데, 객관성을 가지지 못한다.

안용복의 언행이 사실에 근거한다는 것을 기록으로 확인하면 독도에 대한 우리의 역사적 정통성은 분명해진다. 그래서 일본은 안용복이 關白^{칸 파쿠}(將軍^{쇼우 군}·大君^{다이 군})의 서계를 받았다는 진술이나 안용복이 칭한 관직을 근거로 부정하려 한다. 안용복은 기록에 등장할 때부터 부정 당한다. 안용복을 납치한 大谷家^{오오 야 케}는 자가의 이익을 해치는 범월자로 보았고, 鳥取藩^{돗 토리 한}도 처음에는 대곡가의 의견에 동조했다. 그러나 안용복의 영토인식을 접한 후로는 죽도가 조선의 영지라는 전통적인 인식을 되찾는다. 반면에 조선외교를 전담하는 對馬藩^{쓰시 마 한}은 부정으로 시종했는데, 그런 주장이 명치제국의 침략을 부정하는 오늘의 일본에 그대로 전승되고 있다.

납치한 안용복과 박어둔의 송환을 명받은 대마번은 조선인의 죽도 도해금지를 요구하라는 막부의 지시를 영유권 문제로 왜곡시켰고, 조선은 편의적으로 대응하는 우를 범한다. 납치되었다 송환된 안용복이 대마번의 비리를 제공하려 했으나 조선 관리들은 만나주지도 않고, 울릉도와 죽도가 2도 2명이라는 내용의 국서를 건네고 만다. 그러다 갑술환국으로 1694년에 정권을 잡은 남구만 세력은 안용복이 제공하는 정보를 통하여 대마번의 비리를 재확인하고 대마번을 제외하는 외교 노선의 구축을 공언했다.

안용복은 조취번을 방문하여 대마번의 비리를 고발하여, 조선의 뜻을 막부에 직접 전하겠다는 남구만의 구상을 실행했으나 조정대신들은 안용복의 범월죄를 물어 처형하려 했다. 그런 상황에서 남구만 세력이 사면을 주장하여 관철 시킨다. 그런 안용복의 도일활동이 남구만의 외교 구상이 일치하여, 안용복이 남구만의 밀사라는 것을 알 수 있다.

안용복의 신분을 확인할 수 있는 자료로는 「노군」으로 기록한 『강계고』류와 岡嶋正義의 편찬물, 隱岐番所의 보고서, 대마번의 『죽도기사』 등이 전한다. 이중 조취번의 자료들은 안용복의 호패라는 것을 전사했으나 안용복의 진술이나 여타 기록과 달라 안용복의 것으로 볼 수 없다. 호패에서 가장 중요한 성명의 판독 자체가 불가능하다. 그런데도 안용복이 소지했다는 것을 근거로 안용복을 천민으로 단정하는 근거로 삼는다. 안용복의 진술에 근거하는 기록에 의하면 납치된 1693년에는 비장을 칭하는 40세였고 조취번을 방문한 1696년에는 통정대부를 칭하는 43세였다. 강도정의의 편찬물만이 1693년의 안용복을 42세로 한다.

연구자들은 강도가 전사한 호패에서 판독이 애매한 성명 부분을 「私奴用卜」으로 해독하는 것에 그치지 않고, 전사에 오류가 있다는 편자의 경고까지 무시하며 「私奴安龍福」으로 해독한다. 그리고 그것에 근거해서, 안용복이 비장이나 통정대부 같은 관직을 칭할 수 있는 신분이라는 것을 입증할 수 있는 기록이 있는데도, 안용복을 천민으로 규정하고 안용복의 언행을 부정한다. 기록을 떠난 주장으로 실상이 확인되면 붕괴될 주장이다.

조선의 쇄환 정책에도 단절되지 않았던 울릉도 주민이 왜란으로 절멸되었으나 해방이나 생계를 위한 왕래는 지속되었다. 그런 활동과 무관할 수 없는 것이 부산첨사였다. 안용복의 활동이 부산첨사로 대표되는 공권력을 배경으로 한다는 것은 여러 자료로 확인된다. 1693년의 안용복이 부산첨사의 공권력을 대행하는 비장이었고, 1696년의 안용복은 남구만의 밀명으로 조취번을 방문하여 대마번의 비리를 막부에 고발한 통정대부였다는 것도 기록으로 확인할 수 있다.

2. 안용복의 출생과 관직

(1) 호패의 연령과 신장

1693년 4월 18일에 울릉도에서 大谷家 어민들에게 납치된 안용복은 4월 20일에 隱岐番所의 심문에 응한다. 안용복은 이후에도 米子·鳥取藩·江戸·長崎奉行所·對馬藩 등지에서 이루어진 심문에 응하여 진술한 내용이 전한다. 조선인을 납치한 竹島丸가 4월 20일에 은기의 福浦에 귀착하자, 은기번소는 선두 黑兵衛와 平兵衛에게 구상서의 제출을 요구했으나 두 선두는 조선인에게 직접 물으라며 거절하여, 번소의 대관들이 대신해서 다음과 같은 구상서를 작성했다.

통사의 이름은 안헨치우, 연령은 43, 거주지는 조선의 톤넨기. 하인의 이름은 토라헤, 거주지가 같은 조선의 울산인이다. 삼계의 샤쿠완이 전복을 채취하라고 명했다. 어느 나라라는 지시가 없었으나, 거년에 전복을 채취하러 갔던 자가 죽도에 갔다고 들었기 때문에, 죽도에 건너가 미역이나 전복을 채취하고 있었다.[1]

은기번소의 대관은 안헨치우와 토라헤로 표기된 안용복과 박어둔을 통사와 하인으로 구별하고, 안용복을 조선 돈넨키에 거주하는 43세의 주민으로 기록했다. 그러면서 「산카이의 샤쿠완」, 즉 부산첨사의 지시로 전복을 채취하다 납치된 것이라 했다.[2] 1692년에 죽도에서 일본인들을 조우한 조선인들은 國主의 명을 받은 것으로 설명하여, 조선인들이 국주나 삼계의 샤쿠완으로 표기되는 부산첨사의 지시를 받고 도해한다는 것을 알 수 있다. 그런데 28일에 미자의 대곡가에서는

이번에 섬에 건너간 것은 삼계의 샤쿠완이 전복을 따라고 명령했기 때문이 아니다. 제각각 상매로 돈을 벌기 위해 전복이나 미역을 채취하다 결국 죽도에 건넜을 뿐이다.[3]

---

1 唐人弐人之内通じ申口. 通シ, 名ハ, アンヘンチウ, 年四十三. 在所, 朝鮮之内, トンネンギと申所. 下人, 名ハトラヘ. 在所, 同くウルサンの者. 三界のシャクワンより鮑取上ケ申様ニて被仰付, 何国と申指図ハ無之由, 去年参候者竹嶋へ参候様ニと申聞候由, 竹嶋ニて和希(若布)鮑取揚申由(權五曄편주『岡嶋正義古文書』, 선인, 2011, pp.191~194).
2 權五曄『南九萬의 密使 安龍福』, 『日本語文學』第65輯, 韓國日本語文學會, 2015, p.433.
3 竹嶋と申所朝鮮ニて聞及申候, 此度参着申候三界しやくらんより被仰付ニ而は無之候(『大谷氏舊記』二, 「唐人弐人内通辭申方」, 東京大學史料編纂所).

은기에서 진술한 것과 유사한 내용이나 부산첨사와의 관계를 부정
한다. 도해활동이 조직적인 것이 아니라 생활비를 벌기 위해 개인적으
로 도해한 것이라며 진술 내용을 바꿨다. 은기에서 미자로 이송되는
동안에 새로 얻은 정보나 상황의 변화에 대응하여 내용을 수정한 것이
다.[4] 이후에도 상황에 따른 변화가 있을 수 있다는 가능성을 시사하는
변화였다. 실제로 조취번에서는 43세로 진술했던 것을 장기봉행소에
서는 언어가 통하지 않은 오류라며 40세로 정정한다.[5]

안용복과 박어둔은 납치될 때 호패라는 것을 소지하고 있었는데,
안용복의 것이라는 호패에는 문제가 많아 안용복의 것으로 볼 수 없
다. 그것을 강도가 자신의 편찬물에 전사했다.[6]

[增補珎事錄]   [因府歷年大雜集]   [竹島考]

---

4 大西俊輝저, 權靜역『안용복과 원록각서』, 한국학술정보, 2011, p.54.
5 安ヨクホキ歲四拾二罷成候然所二因幡二而歲四拾三与申上候由二御座候(權赫晟편
    역주『竹嶋紀事』상, 한국학술정보, 2013, p.41).
6 本藩幕府之旨二應ジテ條上シ給ヘル處ノ竹島ノ精記及ヒ圖子二投ゼル人アッ
    テ(權赫晟역주『竹島考』상, 인문사, 2013, p.16).

이것은 경오년(1690)에 동래부에서 발행했다는 「私䆆卜」의 호패다. 표면에는 연령과 신장과 얼굴의 특징, 그리고 주인이 오충추라고 기록되어 있고, 이면에는 발급 연도와 부산 좌자천 1리 제14통 3호라는 주소가 기록되어 있다. 그런데 그곳에 기록된 신장 4척 1촌(124cm)은 조선인의 평균 신장 161.1cm에 미치지 못한다.[7] 자척의 계산에 문제가 있을 수도 있으나 그보다 더 큰 문제는 성명의 정확한 판독이 안 된다는 것이다. 성명을 기록한 부분이 3문자인지 4문자인지 불분명하다. 『인부역년대잡집』과 『죽도고』가 「私䆆卜」과 차행에 「尺一寸」의 3문자를 대응시킨 것에 비해 『증보진사록』은 「尺一寸面」의 4문자를 대응시켰다. 3문자로 본다면 2번째 문자를 판독할 수 없고, 4문자로 보면 처음과 마지막 문자는 「사」와 「복」으로 판독된다. 그런데 많은 연구자들은 3행의 「主京屋吳忠秋」를 의식해서 그런지 「䆆」를 「奴用」으로 보고, 전체를 「私奴龍福」으로 해독한다. 이때 「用과 卜」을 「龍과 福」으로 전자한 이유의 설명도 없다. 그리고 「사노이자 외거노비이기 때문에 성도 없이 용복이라는 이름만 가지고 있었던 것 같다」며 안용복의 호패로 본다.[8] 호패에서 가장 중요한 안이라는 성의 표기가 없는데도 안용복의 표기로 단정한 것이다. 그러나 이것은 편자가 조취번의 자료를 전사한 후에

지금 생각하건대, 이 패면의 문자는 아마도 전사할 때의 오류가 있는 것 같다. 그래서 후일의 식자에 의해 규명되어야 할 것이다.[9]

---

7 「조선시대 우리조상 평균키」(『대전일보』2012년 2월 1일).
8 宋炳基 『울릉도와 독도』, 역사공간, 2010, p.49.
9 今按ニ此牌面ノ文字恐ハ傳写ノ謬アラン後日識者ニ可糺ス(權赫晟역 『竹島考』하, 인문사, 2013 p.205).

경고한 사실까지 간과한 단정이다. 어느 부분○○고 지정하지는 않았으나, 조취번의 자료를 정리하면서 오류로 생각되는 부분을 발견하고 후세의 연구자가 규명해야 한다고 경고한 것이다. 강도는 편찬작업을 하면서 자료들이 뒤섞인 사실을 지적하더니,[10] 호패를 전사한 후에는

> 이 둘의 문장은 신분의 존비에 따라 정조가 있는 것은 아닐까라 생각된다(중략) 단, 앞에 기록한 대로라면 본 자를 알 수 없기 때문에 자세히 설명하기 어렵다(중략)원래 전사의 잘못도 많은 것 같다.[11]

내용에 의문을 제시했다. 그런데도 연구자들은 4척 1촌을 146cm로 보며 「키가 매우 작은 편인데, 아마 옮겨 적는 과정에서 잘못이 있었던 것으로 보인다」라고 의문을 표하는 것에 그친다.[12] 大西俊輝는 어깨까지의 길이로 보고 머리의 길이를 더하면 160cm가 된다 했다. 포목상의 척도법에 의하면 185cm가 된다는 주장도 있으나[13] 그것을 적용한 근거의 제시가 없다.

안용복은 대곡가에 구금된 상태에서도 외출과 술을 요구하며 난동을 부렸다 한다. 『죽도고』는 안용복이 맹성광폭하기 때문에 부녀자의 접촉을 금한 것으로 기록했고,[14] 『인부역년대잡집』은 악성이라 다루

---

10 その本字知れずと精記ニハ見ゆ. 事の具ハ竹嶋考に載たれバ略之(『岡嶋正義古文書』, p.182).

11 想に, 安は姓, ヘンチウは名なるべし, ヒンシャとヒシャンとは倶に神将の韓音ニして官名なるべきかと愚察せられ候也. 但, 前ニ記せるガ如くなれバ, 本字知らざるゆへ, 詳ニ弁じ難く(『岡嶋正義古文書』, p.203).

12 일본의 1척은 30,30cm였고, 조선초의 1척은 32,12cm였다. 송병기의 146cm는 35,6cm로 계산한 것이다.

13 『안용복과 원록각서』, p.62; 안기태『안용복 장군님 고맙습니다』(사단법인안용복장군기념사업회, 2007, p.10).

14 米子唐人あんびじやん, 気晴ニ出可申由, 色々わやく 申候由 (중략) 是又昼夜ニ

기 힘들다고 기록했다. 대마번의『죽도기사는』조취번 赤崎^{아카사키}에서 삿대를 휘두르며 난동을 부린 것으로 기록했는데,¹⁵ 모두 4척 1촌의 신장과는 부합되지 않는 언동이었다.

17세기 충청도 속오군 1600여명의 신장이 3척에서 4,4척 사이였다는 것에 근거하면 4척 1촌은 평균으로 볼 수 있다. 군적을 조사한 논문은 1척을 영조척(일본척)의 30,30cm보다는 길었을 가능성이 높다면서 40cm로 가정하기도 했다. 그러면서 1897년의 성인 남자 1,060명의 평균신장이 163,8cm였다는 것과 1880년경에 태어난 시위대의 평균신장이 5,38척이었다는 것을 근거로 1척을 30,4cm로 보며, 영조척이나 일본척의 30,3cm와 유사한 길이로 보았다.¹⁶ 그렇다면 호패의 4척 1촌은 124cm 정도의 단신으로, 조선시대 남자의 평균 161,1cm에 미치지 못한다.

호패의 주인공이 호패가 발부된 1690년에 33세라는 것은, 1657년 출생으로 1693년에는 36세였다는 것인데 그것은 안용복의 진술과 다르다. 『증보진사록』과 『인부역년대잡집』은 1693년의 안용복을 43세로 하고『죽도고』는 42세로 기록하여,¹⁷ 6~7세의 차이가 난다. 같이 납치된 박어둔이 1690년에 30세인데 1693년의 나이를 34세로 기록하여 1세의 차이가 있으나, 계산에 따라 있을 수 있는 차이다. 그런데도 호패의 나이를 들어

三升より上は無用之由申達事(權五曄편주『控帳』책사랑, 2010, p.77); アンピンシャは猛省強暴ナル者者ノ由(『竹島考』하권, p.189); アンヒシアン殊外悪性ノ者ニて, 米子表ニてももてあまし候由(『岡嶋正義古文書』, p.259).

15　致立腹水竿ニ而此方之者を打倒し(權赫晟편역주『竹島紀事綜合編』하, 한국학술정보, 2013, p.236).

16　조영준·차명수「조선중후기의 신장추세, 1547~1882」,『경제사학』제53호, 2012, p.11·15.

17　通シ, 名ハアンヘンチウ, 年四十三(『岡嶋正義古文書』p.39·192); アンピンシャ与＜又アンヒンシャ, アンペンチウニ作ル＞(중략) 年齢四十二ナリ(『竹島考』하권, p.174).

호패에 의하면 당시 36세였기 마련인데, 울릉도에서 대곡가의 선
두 흑병위 등과 조우했을 때는 42세라고 자칭하고 있었다. 나이를 속
이며 허세를 부렸을 것이다. 허언벽은 안용복의 성격인 듯 그 후에도
자주 주위를 혼란에 빠뜨리고 있다.[18]

안용복을 비난하는데, 사실과 다르다. 기록 간의 신분에 차이가 있
는 것은 안용복이 허구를 진술했기 때문이 아니다. 역법의 차이일 수
도 있고 기록자의 오기일 수도 있다. 강도가 주의한 것처럼 전사하는
도중의 문제로 볼 문제다.

안용복의 출생을 전하는 기록은 강도의 편찬물, 조선의『강계고』류
의 내용을 인용한『성호사설』,[19] 1696년에 안용복 일행과 대담하고 관
찰한 은기번소의『원록각서』, 대마번의『죽도기사』정도다.『강계고』
는 안용복이 동래인으로 예노군이었다고 전하는데『증보문헌비고』
와『만기요람』은「初東萊安龍福隷能櫓軍」・「初東萊安龍福隷櫓軍」
이라고, 문두를「初」로 수식하여, 노군이라는 신분을 일정한 시기로
한정시킨다. 군역을 마친 후에는 다른 신분이었을 가능성을 시사하
는 표기인데, 당시의 납속제도에 참여하면 신분은 얼마든지 변동 가
능했다.

『강계고』류의 신분은 개괄적인데 일본의 기록은 구체적이다. 강도
의 편찬물은 납치된 1693년의 신분을「비장」으로 기록하고, 도일하는
1696년의 신분을「삼품당상신안동지」라 했는데 그것은『원록각서』의
통정대부와 부합한다. 1696년의 안용복은 은기번소를 방문하여 호패

---

18 下條正男『竹島は日韓どちらのものか』, 文藝春秋, 2004, p.34.
19 愚案安龍福直是英雄儔匹以一卒之賤出萬死之計爲國家抗强敵息累世之爭(『星湖
僿說』울릉도).

를 제시했는데, 표면에는 갑오년생의 통정대부라고 기록되어 있었고, 이면에는 거주지 동래가 기록되어 있었다.[20] 이런 자료들을 종합하면 1654년생의 안용복이 납치된 1693년에는 40세의 비장이었고, 조취번을 방문한 1696년에는 43세의 통정대부였다는 것을 알 수 있다.

(2) 비장과 통정대부

울릉도의 주민들이 왜란으로 멸절되지만 해방과 정동해중에서 이루어지는 활동은[21] 부산첨사가 감시하고 관리해야 했다. 부산첨사는 부산성을 진호하는 무인으로 부산에서 울산으로 이어지는 동해안의 조운업무도 관여한다. 그때 부산첨사의 권한을 대행하는 감독관이나 지휘관은 염공(塩貢: 塩稅)과 탈세의 징수를 주요 직무로 한다.[22]

그런데 1696년에 조취번을 방문하다 은기도에 표착한 안용복은 대마번의 비리를 막부에 고발하는 용건을 마치면 울릉도에 남아서 활동하는 12척의 배를 거느리고 귀국하여, 세금을 바치겠다는 계획을 은기번소에 밝혔다. 1693년의 안용복이 비장을 칭하며 부산첨사의 권력을 대행했다는 것을 알 수 있는 언행이었다. 안용복과 부산첨사의 관계는 강도나 대곡가의 자료로도 확인된다. 1692년에 대곡가의 어민들이 정동해중에서 조우한 조선인들은 국주의 명으로 3년마다 죽도에서 전복을 채취하는 조선 國村의 주민이라 했다.[23] 카와텐카와지는 동래현으

---

20 表二通政太夫安龍福, 年甲午年表二住東萊. 印彫入(權五曄·大西俊輝주석『원록각서』, 제이앤씨, 2009, p.96).

21 伐取大竹, 且捕鰒魚云, 雖非漂風, 亦或爲取利而往來, 漁採爲業之民, 雖難一切嚴斷(『備邊司謄錄』肅宗19년11월14일).

22 『안용복과 원록각서』, p.323.

23 此嶋より北二当り嶋有之三年二一度宛国主之用にて鮑取二参候国元ハ二月廿一日に類舟十一艘出舟いたし難風に逢五艘に以上五拾三人乗し此嶋へ三月廿

로 추정되는 곳이나[24] 1693년에 가덕에서 배가 도해한 것에 근거하면[25] 가덕으로 볼 수도 있다. 일본인이 조우한 것은 5척의 53인이었으나 원래는 11척이 출선했다. 그런 설명을 한 자가 누구인지는 알 수 없으나, 53인 중에 일본어 소통이 가능한 자가 포함되었다는 것과 조선인들이 국주로 표기된 공적 권력의 허가를 받고 출선했다는 것은 알 수 있다. 1693년에 통사와 비장으로 기록되는 안용복이 울릉도에서 납치된 것을 보면 1692년에 대곡가 어민들과의 대화한 자도 안용복이었을 가능성은 있다. 국주의 명으로 죽도에 도해한 자가 일본어로 소통이 가능했고, 통사로 기록된 안용복이 비장을 칭하며 죽도에서 부산첨사의 공권력을 대행했다는 것은 둘을 동일인으로 볼 수도 있는 일이다.

문제는 국주의 실체인데, 그것을 『죽도고』는 「샤쿠한」으로 표기하고

> 삼계의 샤쿠한(지금 생각하건대 산카이라는 곳이 자세하지 않다. 아마도 부산포라고 말한 것을 산카이로 잘못 들었을 것이다. 또 샤쿠한은 상관, 혹은 장군일 것이다).[26]

산카이를 부산포로 보았다. 釜山海·釜山浦의 「후」가 탈락된 「산카이」라는 것이다. 그 산카이와 장군이나 상관을 의미하는 「샤쿠한(사쿠완)」을 합한 것, 말하자면 부산해(부산포)를 지배하는 장군이나 상

三日二流着(『岡嶋正義古文書』, p.22).

24 『안용복과 원록각서』, p.31.

25 同壱艘者十五人乘慶尚道之内加徳與申所之者與承及申候(『竹嶋紀事』상, p.39).

26 三界ノシヤクハン(今按二三界ト云地詳ナラス恐クハ釜山浦ト云ケルヲ三界ト聞誤リタルコトニヤ又シヤクハンハ上官若クハ將軍ナルベシ)(『죽도고』하권, p.177).

관을 의미한다는 것이다. 그렇게 보면 「산카이의 샤큐완」, 즉 부산해를 관리하는 부산첨사에 해당한다. 그것과 안용복이 부산의 주민이라는 것을 같이 생각하면, 안용복은 부산해역을 관리하는 부산첨사의 지시를 받고 경제활동을 하고 있었다는 것이 된다.[27]

안용복이 미자의 대곡가에서 진술한 내용을 정리한 『대곡씨구기』는 은기에서 진술한 것과 달리 부산첨사와의 관계를 부정하고 있으나, 부산첨사가 정동해중을 관리하는 것과 안용복이 그곳에서 활동한다는 것은 틀림없는 사실이다. 그래서 정동해중에서 이루어지는 안용복의 활동이 공적 권력을 배경으로 한다는 사실에는 변함이 없다. 그런 면에서 안용복과 관계되는 기록의 국주·公儀·殿 등은 정동해역을 통치하는 공적권력을 행사하는 주체를 의미하고,[28] 안용복의 활동은 그것을 배경으로 한다는 것이다. 그것이 안용복이 비장을 칭한 사실과도 부합된다. 1693년의 안용복은 통사,힌샤·히샨으로 표기되는 비장, 변장으로 추정되는 「헨치우」 등을 칭했는데,[29] 그것들은 은 40목을 지불해야 받을 수 있는 직책이라 했다.[30] 신분을 보장하는 징표를 소지하는 데 금전의 수수가 이루어진다는 것이다. 1696년의 안용복은 은기번소에서 울릉도를 이렇게 설명했다.

죽도는 강원도 동래부에 있습니다. 조선국왕의 이름은 금상입니

---

27 『안용복과 원록각서』, p.321.
28 池内敏「安龍福事件考」,『竹島問題とは何か』, 名古屋大學出版會, 2012, p.184.
29 ヒンシャとヒシャンとは倶に神将の韓音ニして官名なる(『岡嶋正義古文書』, p.203); 安邊將(『안용복과 원록각서』 p.60); 김병열은 「안핀샤」를 「安兵使」로 보았다(内藤正中·金柄烈『竹島·独島』, 岩波書店, 2007, p.153).
30 吾邦ニテ此牌牌無者ハ世間ノ交リ難シ相成リ依之銀四拾目ツツノ運上ヲ出シテ是ヲ受ル事也(『竹島考』하권, p.195).

다. 천하의 어명은 주상입니다. 그리고 동래부 관리의 이름은 일도방
백입니다. 동소 지배인은 동래부사라 합니다.[31]

　죽도를 동래부사가 관리하는 조선국왕의 영지라 했다. 이곳의 「쿠
모샨」은 금상, 즉 주상이고, 그것과 구별한 일도방백은 동래부사를 의
미한다. 대마번의 비리를 막부에 고발하기 위해 조취번을 방문하는 도
중에 표착한 은기도에서 안용복이 죽도가 동래부에 속한다고 설명하
면서 조선국왕과 관련된 금상과 동래부사를 언급했다. 그것은 죽도가
조선의 영지라는 주장으로, 자신의 1693년의 울릉도 도해가 불법이 아
니었다는 것, 자신의 활동이 공적권력을 배경으로 한다는 사실을 설명
하는 일이었다.

　1693년에 납치된 안용복이 은기번소·미자의 대곡가·조취번·강호·
장기봉행소·대마번 등지에서, 일본이 말하는 죽도가 조선의 울릉도라
고 주장했고, 조취번과 막부는 그것을 인정내지 묵인했었다. 그렇기
때문에 강호막부는 1696년 1월 28일에 일본인들의 죽도도해를 금지시
킬 수 있었다.

　1692년의 조선인들은 3년마다 도해한다 했으나 1693년의 안용복이
거년에 도해한 어민을 언급한 것을 보면 매년 도해한다는 것이 된다.
1692년에 11척이 출선했고, 1693년에 41인의 3척, 1696년에는 13척이 도
해했다.[32] 그것은 선단으로 볼 수도 있는 규모의 출선이었다.[33] 조취번

---

31 竹嶋ハ江原道東萊府之內ニ而御座候. 朝鮮国王之御名クモシヤン, 天下ノ名主上.
　　東萊府殿ノ名一道方伯. 同所支配人之名東萊府使卜申候(『元祿覺書』, p.200).
32 舟数十三艘ニ人壱艘ニ九人十人十壱人十弍三人十五人程宛乘リ(『元祿覺書』,
　　p.170).
33 『안용복과 월록각서』, p.30.

의 村川家와 대곡가는 공동으로 1척을 파견하면서도 번의 지원을 받아야 했다. 그것을 생각하면 그 많은 배들이 도해한다는 것은 조선의 관이 후원하거나 감시하는 경우 상정하게 한다. 사실 안용복은

> 伯耆國에서 용무를 마치고 죽도에 돌아가, 12척의 배에 짐을 싣고, 다시 6월이나 7월경에 귀국하여 관리에게 세금을 바치기로 되어 있다.[34]

조취번을 방문하여 대마번의 비리를 막부에 고발하는 용무를 마치면 울릉도에서 활동하는 선박 12척을 거느리고 돌아가 세금을 납부해야 한다는 계획을 설명했다. 안용복이 공적권력을 배경으로 하거나 그것을 행사하는 관리라는 것을 알 수 있는 설명이었다.

안용복은 납치되는 박어둔을 구하려다 같이 되었는데,[35] 은기번소는 둘을 통사와 하인으로 구별했다. 그때 비장을 칭한 안용복이 3년 후에는 통정대부를 칭하며 「조울양도감세장신안동지기」라는 선기를 걸고 조취번을 방문하여, 사신의 예우를 받았다.

조취번은 일행의 배를 「사박」으로 기록하고 일행을 사절단으로 대우했다.[36] 안용복이 칭한 통정대부는 「삼품당상관안동지」만이 아니라 선기의 신분, 비변사에서 언급한 「울릉자산양도감세장」과도 부합된

---

34 伯州用事仕廻竹嶋江戻リ十弐艘之舟ニ荷物ヲ積セ (중략) 帰国仕リ殿江も運上ヲ上ケ申筈之由申候(『元祿覺書』, p.196).

35 四月十七日ニ日本船一艘参り天間ニ七八人乗候而右之小屋ニ参ハクトラヒを捕天間ニ乗セ尤小屋ニ置候平包壱取乗セ罷出候付アンヨグ其所ニ参断申ハクトラヒを陸江揚可申与存天間ニ乗候(『죽도기사종합편』상, p.64).

36 朝鮮國通ス使舶ヲ于本藩 (중략) 竹島ノ一義ニ依テ使舶ヲ通ゼシ其明白セズ(『죽도고』하권, p.283·287).

다.[37] 강도는 선기의「조울양도」를

> 울릉도〈일본에서는 이것을 죽도라고 칭한다〉와 자산도〈일본에서
> 는 송도라한다〉[38]

조선의 울릉도와 울릉도 동방에 존재하는 양도, 그것을 일본이 죽
도와 송도로 칭한다는『因幡誌』의 내용을 소개한 다음에

> 아마도 그 섬에 매년 풍흉을 검사하기 위해 보낸 관인에게 伯州
> 의 사절을 겸임시켜 도해시킨 자였을 것으로 생각된다.[39]

「조울양도감세장」을 울릉도의 풍흉을 검사하기 위해 조선이 매년
파견하는 관인으로 보고, 그 역할을 수행하는 안용복이 백기주를 방문
하는 사절를 겸임한 것으로 보았다. 그런데도 川上 같은 자는 일본이
사정이 어두운 것을 이용하여 어줍잖은 지식을 뽐내며 허세를 부리며
적당히 관명을 참칭한 것이라 했고, 下條는 허언이 안용복의 성격 같
다 했다.[40] 자료를 자의적으로 활용하는 비난이다.

조선은 왜란과 호란으로 국토가 황폐하고 각종 면세자가 증가하여

---

37 龍福之冒禁再往鬱島, 及漂到他國, 假稱監稅, 將至於上疏呈文, 挑出事端之罪, 固
不容誅矣(『承政院日記』숙종22년10월13일).
38 朝鬱両嶋ハ鬱陵島, 日本ニテコレヲ竹島ト称ス, 于山島, 日本ニテ松島ト呼, 是
ナリ(鳥取藩政資料『因幡誌』).
39 恐クハ彼島ヘ毎歳豊凶ヲ監検ノ為遣シ候官人ニ伯州ヘノ使節ヲ兼テ渡海セシ
ムル(『岡嶋正義古文書』, p.340·346).
40 川上健三『竹島の 歴史地理學的研究』古今書院, 1965, p.173; 權五曄역『日本의
獨島論理』, 백산자료원, 2010, p.186; 下條正男『竹島は日韓どちらのものか』, 文
藝春秋, 2004, p.34.

역 부담 층의 감소와 구조적 모순으로 재정적자에 처하게 되었다. 그런 상황에서 실행된 것이 부유한 사민에게 기민을 돕게 하고 일정한 논상을 하는 납속제도였다. 군량의 관출, 영건 사업의 재정보충, 기민의 진휼 등을 위해 시행하는 제도로, 납속인은 상위의 사회신분 계층 내지 관계 조직으로의 진입을 인정하는 대신 재정을 부담시켜 양반 지배체제를 보존하는 제도였다.[41] 납속 품직은 통정대부·절충장군·가선대부 등으로, 납속직자의 절대다수가 이 품계를 가진다. 당상품계인 가선·통정·절충 등의 품계를 가진 납속자자가, 숙종 4년에는 33%, 43년에는 77%였고 정조 7년에는 100%에 이르렀다.[42]

안용복이 부산첨사의 지역권력을 대행하면서 정동해중에서 이루어지는 경제활동에 관여했다면, 수군의 노군이었다는 경력은 유효했다. 그런 경력과 능력을 인정 받아 활동하는 데는 그것에 상응하는 신분을 칭하는 것은 효과적이라, 납속제도에 참여하여 필요한 관직을 칭할 수 있는 권리를 획득한 것이다. 그것이 1693년의 비장이고 1696년의 통정대부였다.

3. 강호행과 관백의 서계

안용복의 江戶行(에도유키)는 남구만이 언급한 사실이다. 강호막부가 납치된 안용복과 박어둔에게 노자를 주어 송환시킨 교린의 정을 언급했다. 안용복을 접견한 유집일의 보고로 알게 된 사실인데, 안용복은 기회가

41 徐漢敎「朝鮮顯宗肅宗代의 納粟制度와 그 기능」, 『大丘史學』제45집, p.2.
42 崔承熙「朝鮮時代兩班의代加制」, 『震檀學報』60, 1985, p.4.

있을 때마다 관백(장군)의 서계를 받은 것으로 말한다. 안용복은 울릉도에서 납치되었다 송환되었음에도 구금된다. 안용복은 1694년 8월 11일 이전에 만난 유집일에게

> 처음 일본에 갔을 적에 매우 대우를 잘하여 의복과 호초와 초를 주어 보냈고, 또한 모든 섬에 이문하여 아무 소리도 못하게 했는데, 장기에서 침책하기 시작했다.[43]

조취번이 안용복을 후대했으나 대마번에 양도된 후에 침책 받기 시작한 것으로 진술했다. 서계라는 표현은 없으나 조취번이 안용복과 박어둔을 장기로 이송할 때 일행이 통과해야 하는 검문소에 보여야 하는 「이문」을 작성해 준 것으로 진술했다. 조취번은 호송단을 인솔하는 사자에게 장기 봉행소에 보내는 서류와 도중에 지켜야 할 규범 등을 건네면서,[44] 안용복과 대곡가 선두의 구상서 등을 같이 건넸다.[45] 그 속에 안용복이 언급한 이문과 관백의 서계가 포함된 것으로 볼 수 있다. 안용복은 1696년 5월에 대마번의 비리를 고발하겠다며 조취번을 방문하다 은기도에 표착하자

> 근년에 내가 이곳에 들어와서 울릉도 자산도 등을 조선의 지경으로 정하고, 관백의 서계까지 있는데, 이 나라에는 정식이 없어 또 우

---

43 安龍福朴於屯, 初至日本, 甚善遇之, 賜衣服及椒燭以遣之, 又移文諸島, 俾勿問, 而自長碕島, 始侵責之(『肅宗實錄』肅宗20년8월14일).
44 長崎御奉行江之御書, 并道中御條目御書出等, 右両人江相談申候(權五曄편주 『控帳』, 책사랑, 2010), p.127.
45 右朝鮮人, 船頭口上書四□□□候. 御当地宮城越前守殿江も右之段相達候(權靜편역 『御用人日記』, 선인, 2010), p.41.

리 지경을 침범하였으니, 이것이 무슨 도리인가.

3년 전인 1693년에 관백의 서계를 받은 사실을 언급했다. 그리고 조취번을 방문해서는

> 전일 두 섬의 일로 서계를 받아낸 것이 명백한데, 대마도주가 서계를 빼앗고 중간에서 위조하여 두 세 번 차왜를 보내는 법을 어겨 함부로 침범하였으니, 내가 장차 관백에게 상소하여 죄상을 두루 말하려 한다.[46]

다른 곳도 아닌 서계의 작성에 관계한 조취번에서 장기로 이송될 때 받은 서계(관백의 서계)를 언급한 후에 그것을 대마번이 탈취한 사실까지 설명했다. 허위라면 조취번이 부정하는 내용의 기록이 있었을 텐데, 그런 기록이 없다. 오히려 조취번은 일행을 조선국의 사절단으로 보고 후대하며 안용복이 제출한 고발장 등을 막부에 전달했다. 안용복이 언급한 관백의 서계가 허언이 아니었다는 것을 알 수 있다.

그런데 안용복이 언급한 관백의 서계나 남구만이 언급한 강호행은 대곡가도 주장했다. 대곡가는 1693년 5월 29일에 조취번의 지시에 따라 안용복과 박어둔을 加納卿右衛門과 尾關忠兵衛에게 경호하게 하여 미자를 출발하여 6월1일에 조취번에 양도했다. 그 조선인을 조취번이 심문한 후에 강호로 이송했다 한다. 그것을 『竹島渡海由來記拔書控』는 일시나 과정의 설명은 생략하고

---

46 以鬱陵, 子山等島, 定以朝鮮地界, 至有關白書契, 而本國不有定式, 今又侵犯我境, 是何道理 (중략) 前日以兩島事, 受出書契, 不啻明白, 而對馬島主奪取書契, 中間僞造, 數遣差倭, 非法橫侵, 吾將上疏關白(『肅宗實錄』肅宗22년9월25일).

즉시 조취에서 심문이 이루어졌습니다. 그 결과 조선인을 강호에 인도했다. 즉시 강호에서 조사하고, 조사를 마치자 순서에 따라 물품을 주어서 귀국하게 했다.[47]

조취번이 조선인을 막부에 인도하자, 막부가 다시 조사한 후에, 정해진 순서에 따라(順々) 정해진 물품을 주어(御贈) 귀국시킨(歸卜成ル) 것이라 했다. 이곳의 「어증」은 남구만이 「노자를 많이 주어서 돌려보냈다」는 노자, 「울릉도는 영구히 조선에 속한다는 공문을 만들어주고 증물도 많았는데, 대마도를 거쳐서 나오는 길에 공문과 증물을 모두 대마도 사람들에게 빼앗겼다」는 공문과 증물,[48] 안용복이 은기에서 「계유년에 일본에서 받았던 것들」이라고 언급한 「것들」, 「울릉 자산도 등의 섬을 조선의 지경으로 정한 관백의 서계가 있다」고 안용복이 비변사에서 언급한 관백의 서계 등과 대응한다.[49] 『백기지』도

명이 있어 藤兵衛(토우 베 에)가 이국인을 거느리고 본부에 갔다. 번사 加納(카노우)

47 其後鳥府表江唐人被召 船頭 黒兵衛始水主召連 勝房後見藤兵衛出府 唐人道中 爲警固 御組士加納郷右衛門樣尾関忠兵衛樣 右御両所御出府 則鳥府表御吟味之 上 唐人江府へ御引渡 則江戸表御穿鑿 相済順々御贈帰卜成ル(權五曄·大西俊輝 편역주『竹島渡海由來記拔書控』下, 한국학술정보, 2011, p.56).

48 領府事南九萬以爲: 龍福癸酉年往鬱島, 被虜於倭人, 入去伯耆州, 則本州成給鬱 島永屬朝鮮公文, 且多有贈物, 出來時, 路由馬島, 公文, 贈物, 盡爲馬島人所奪云 (『肅宗實錄』肅宗22년10월13일);『안용복과 원록각서』, p.185; 瀧本誠一篇『賀島兵 助言上書』日本經濟大典第12卷, 明治文獻, 1967; 權五曄·大西俊輝편역주『竹島 文談』, 한국힉술정보, 2011, p.91.

49 轉到江戸, 幸蒙責國大君, 明察事情, 優加資遣(『肅宗實錄』肅宗20년8월14일). 以鬱 陵, 子山等島, 定以朝鮮地界, 至有關白書契(『肅宗實錄』肅宗22년9월25일). 本州 成給鬱島永屬朝鮮公文, 且多有贈物, 出來時, 路由馬島, 公文贈物, 盡爲馬島人所 奪云(『肅宗實錄』肅宗22년10월13일). 四年以前癸酉十一月日本二而被下候物共 書付之帳壱册出シ申候則写之申候(『元祿覺書』, p.204).

와 尾關씨가 수호했다. 이국인을 강호막부가 불러들였다가 본토로
보냈다.[50]

대곡가의 등병위가 가납 미관과 함께 안용복과 박어둔을 호송하여
조취번에 양도하자, 조취번이 심문한 후에 강호막부에 인도했고, 강호
막부도 심문한 후에 물품을 주어 조선으로 귀국시킨 것으로 했다. 그
처럼 대곡가의 기록과 향토지가 같은 내용을 전한다는 것은, 그런 풍
설이 지역사회에 유포되었다는 것을 의미한다.

이상으로 보아 안용복이 강호에서 관백의 서계를 받았다는 진술은
사실에 근거하는 것으로 보아야 한다. 그런데도 강호행과 관백의 서계
는 부정당한다. 기록들이 전하는 일정에 의하면 안용복이 강호에 들릴
시간이 없었다는 것이다. 그러나 강호행의 기록이 있는 이상 부정하려
면 기록이 존재하는 이유도 밝혀야 한다. 아무런 설명도 없이 일정만
을 근거로 해서 부정하는 것은 옳지 않다.

납치되었다 송환되었음에도 안용복은 범월죄로 2년형에 처해졌다.
그리고 형이 끝났을 무렵인 1696년 3월에 일행 11인을 구성하여 울릉
도와 자산도, 일본의 은기도를 거쳐 6월에 조취번을 방문하여 대마번
이 막부의 뜻을 왜곡하는 방법으로 울릉도를 탈취하려 한다는 내용의
고발장을 제출했다. 조취번이 그것을 강호번저를 통해 6월 22일에 막
부에 제출했다. 대마번이 아닌 다른 곳을 통해서 조선의 뜻을 막부에
직접 전해야 한다는 남구만의 구상을 실현시킨 것이다. 비록 대마번의
저지로 대마번을 제외하는 외교노선의 구축은 실패했으나, 남구만의

---

50 命有て藤兵衛異人を具して、本府に至る、番士加納氏尾関氏守護たり、異人江戸
に召されて本土に送らる(『鳥取藩政資料』「伯耆志」).

정책은 실행한 셈이다. 그럼에도 귀국한 안용복은 처형당할 위기에 처했다. 그러자 그때까지 방관하던 남구만이 후임 영의정 유상운에게

　　왜인에게 붙잡혀 백기주에 들어가니, 본주는 즉시 울릉도가 영원히 조선에 속한다는 공문과 많은 것을 주었습니다. 그러나 일본을 나오면서 경유한 대마도에서 공문과 증물 등을 모두 탈취 당했다 합니다.[51]

조취번을 통해 대마번의 비리를 막부에 고발한 안용복의 공을 설명하면서 3년 전에 공문을 탈취당했다는 사실을 언급했다. 그런데 이곳의 「入去伯耆州,則本州」는 조취번에 이송되자 그곳에서 공문을 작성해 주었다는 것으로, 남구만이 3년 전에 강호에서 받은 것으로 말한 것과는 장소를 달리 한다.

안용복의 서계에 대한 언급은 동래부나 비변사에 한정되지 않는다. 1696년에 표착한 은기도에서도 1693년에 받았다는 서부 1권을 제출했다. 그러면서 조선의 울릉도와 자산도를 일본이 죽도와 송도로 칭한다는 사실을 설명했다. 그것은 관백이 양도를 조선의 영지로 인정하는 서계를 작성해주었다는 것을 근거로 하는 진술로 볼 수 있는 언행이었다.

울릉도가 영원히 조선에 속한다는 관백의 서계를 받았다는 것은 막부와 조취번이 그렇게 인식했다는 것으로, 막부와 조취번의 그런 인식은 기록으로 확인 된다. 조선인을 납치했다는 대곡가의 보고를 처음으로 받았을 때만 해도 조취번은 대곡가의 뜻에 따라 「이후로 그 섬에 조

---

51 龍福, 癸酉年, 往鬱島, 被擄於倭人, 入去伯耆州, 則本州成給鬱島永屬朝鮮公文, 且多有贈物, 出來時, 路由馬島, 公文·贈物, 盡爲馬島人所奪云(『承政院日記』숙종 22년10월13일; 『藥泉集』숙종22년10월5일; 『숙종실록』10월13일).

선인이 오지 않도록 해서 전복도 지금처럼 헌상하고 싶다」며 안용복과 박어둔의 처벌을 막부에 요구했었다.[52]

조취번은 조선인이 납치된 사실과 대곡가의 뜻을 1693년 4월 28일 비각으로 江戶藩邸^{에도한테이}에 알렸고, 그것을 5월 9일에 수취한 번저는 10일에 막부에 보고하며 조선인이 소지한 서부와 물품만이 아니라, 자신이 조선의 영지에서 납치되었다는 안용복의 구상서도 같이 제출했다. 그리고 13일에 둘을 장기로 이송하라는 지시를 받고, 21일에 죽도에 관한 막부의 질문을 받는다. 그러자 번저는 22일에 5개조를 답하며 4개조는 국원(조취)에 물어 답하겠다고 보고했다.

그 5개조 중에는 「죽도는 멀리 떨어진 섬으로 사람이 살지 않습니다. 원래 백기수가 지배하는 곳도 아닙니다」라는 조항도 있다.[53] 번저에 무슨 변화가 있었는지, 막부에 일본의 죽도에서 어렵을 한 조선인의 처벌을 요구했던 것과 달리 죽도의 영유를 부정한 것이다. 그보다 더 이상한 것은 그런 보고를 받은 막부가 어떤 의문이나 이의를 제기하지 않았다는 것이다. 그것은 번저와 막부가 안용복의 인식에 동의하기 때문에 취할 수 있는 보고와 반응이었다.

그처럼 막부와 조취번이 죽도가 조선령이라는 안용복의 주장을 인정 내지 묵인한 상황이라면, 송환에 임하여 안용복의 주장을 인정하는 서계를 작성해 주는 것은 있을 수 있는 일이다. 서계를 막부와 조취번 어느 쪽이 작성했건 간에 그것이 관백의 뜻과 다르지 않았다면 관백의 서계를 받은 것으로 말할 수 있다.

---

52 向後彼嶋江朝鮮人不參候樣致シ, 蚫をも前之通, 献上も仕度指申達候処(『御用人日記』, p.41).
53 竹島ははなれ嶋ニて人住居は不仕候. 尤, 伯耆守支配所ニても無之候(『어용인일기』, p.73).

그것은 1666년에 부산에 표착한 대곡가의 선원 22인을 송환하면서 조선국왕명의 서계를 작성해준 것으로 알 수 있는 일이다. 그때 대곡가는 2척에 50인을 죽도에 파견하여 어렵을 하며 1척의 배를 신조했다. 그러나 7월 3일에 귀선하다 폭풍을 만나 1척의 22인이 부산의 챤기리에 표착했다. 그것을 조선 관아가 보호하다 10월 5일에 귀국시키며 생필품과 그것들을 기록한 목록 2통을 건네 주었는데,[54] 그것이 조선국왕의 명으로 된 목록이었다.[55]

표류했다 귀국하는 대곡가 어민들에게 조선국왕이 직접 작성한 목록을 건네주는 일은 있을 수 없다. 그러나 동래부사나 부산첨사가 국왕명에 어긋나지 않는 내용의 목록을 발부했다면 그것은 조선국왕의 목록이라고 말할 수는 있는 일이다. 안용복 등이 언급한 관백의 서계도 그렇게 볼 일이다. 조취번과 막부가 죽도가 조선의 영지라는 안용복의 주장을 인정하는 상황에서, 조취번이 관백의 뜻에 어긋나지 않는 서계를 작성하여 발부하는 일은 있을 수 있다. 그것을 안용복이 관백의 서계로 인식하는 것도 있을 수 있는 일이다.

안용복의 강호행은 대마번에도 알려진 일이었다.

> 안과 박을 강호에 보냈는데, 강호의 취조에서는, 죽도는 조선의 땅인데, 그들을 납치하는 것은 불법이라며, 납치해온 자를 참죄에 처했다. 그들은 강호에서 대접을 잘 받았는데 장기와 대마도에서는 죄인으로 취급되었다고 조선의 조정에 호소했다[56].

---

54 權赫晟역『竹島考』하, 인문사, 2013, p.83.
55 尤朝鮮国王ヨリ船頭水主江餞別目録二通有之 于今致所持 則左書顕ス也(『竹島渡海由來記抜書控』상, p.216).
56 安・朴は江戸に送られたるに、江戸にての吟味では、(중략) 彼等は江戸に於いて

왜관이 조선에서 취득한 정보를 대마번에 보고한 내용이다. 안용복의 강호행이 초량왜관과 대마번에도 알려졌다는 것을 알 수 있는 기록이다. 이처럼 안용복을 납치한 자와 납치당한 자의 진술, 그리고 둘을 송환시킨 대마번의 기록이 강호행을 언급하고 있어, 안용복의 강호행은 사실로 볼 수 있는 조건을 완비한 셈이다. 그런데도 田川孝三(타 가와코우조우)는 대마번을 譏誣(참 무)한 것이라 했고, 천상건삼은 조취번의 자료가 언급하지 않았으므로 작위라 했다.[57] 그런 가운데 大西俊輝(오오니시토시테루)는 출발하여 7일만에 강호에 도착했다는 진술을 근거로,[58] 조취에서 7일 정도에 갈수 있는 大坂城(오오사카죠우)로 보았다. 장기로 이송하는 도중에 들린 대판성에서 조취번의 사자들이 취하는 정중한 자세를 강호에서 장군에게 취하는 자세로 보았다는 것이다.[59]

대마번은 장기를 강호로 오인한 것이라 했으나[60] 금품을 하사 받았다는 강호와 그것을 탈취 당한 장기를 혼동하는 경우는 있을 수 없다. 조취의 경우도 마찬가지다. 안용복은 자신을 납치한 대곡가가 조취번의 회선업자라는 것을 알고 있었고, 이송될 때 90인이 가마에 태워 호송하는 예우를 받았다. 그런 조취를 강호와 착각하는 일은 있을 수 없다. 따라서 안용복이 강호에서 관백의 서계를 받았다는 진술은 사실에 근거하는 것으로 보아야 한다. 일정상의 문제가 있다 하지만, 그 일정이 절대적이라고 단정할 수도 없어, 강호행을 사실로 보면서 일정상의 문제를 해결하는 노력을 해야 한다. 그것이 자료의 바른 활용이라 할 수 있다.

殊の外馳走を請けたるに, 長崎, 対馬にては段々と罪人の如く扱われたとて朝鮮の公儀に訴へたる由(田川孝三「竹島領有に関する歴史的考察」, 『東洋文庫書報第200號』東洋文庫, 1988, p.26; 『죽도기사종합편』하, p.31).

57 『竹島の歴史地理學的研究』, p.171; 『日本의 獨島論理』, p.186.

58 我々を召捕縄を掛囚人ニ仕江戸ヘ七日目ニ送届候(『죽도기사종합편』하, p.68).

59 『안용복과 원록각서』, p.135.

60 但質人両人江戸ヘ者不罷越候得共書面ニ如此書載在之候ハ両人之者とも長崎を江戸と存違ヘ朝鮮ニ罷帰江戸より被送越候(『죽도기사종합편』상, p.317).

4. 안용복과 남구만

(1) 남구만과 안용복의 교류

안용복이 대마번의 비리를 막부에 고소하고 돌아오자 조선은 그를 사죄로 다스리려 했다. 그것을 남구만 세력이 유배형으로 감형시킨다. 대신들의 말대로 안용복이 음흉하고 기군망상하는 천민이었다면 남구만이 사면을 주장할 이유가 없다. 안용복의 활동을 평가한 활동으로 볼 수도 있으나 이미 은퇴한 신분이었다는 것을 생각하면 그것만으로는 설명이 안 된 것이다.

조선의 남인 정권이 1694년 1월 15일에 「울릉도는 조선령이고 죽도는 일본령」이라는 내용의 국서를 대마번에 건넸는데, 대마번은 울릉도의 삭제를 요구했다. 그렇게 되면 죽도가 일본령이라는 내용만 남아 죽도의 영유를 주장할 수 있기 때문이다. 그런 상황에서 갑술환국으로 정권이 바뀌고 영상이 된 남구만은 대마번의 요구에 응하려 했다. 그러나 지일파 윤지완에게 제지 당하자, 유집일을 접위관으로 천거했고, 유집일은 안용복을 만나, 대마번이 막부의 뜻을 왜곡한다는 정보를 접하여 외교적 우위를 점할 수 있었다.[61]

1693년 4월 18일에 울릉도에서 납치된 안용복은 은기도·미자·조취·강호·장기·대마도 등지를 거쳐 12월 10일에 동래부에 양도되었다. 그러자 접위관 홍중하는 안용복을 바로 구금했다.[62] 안용복이 일본에서

---

61 集一問龍福, 始得其實, 乃喝倭差曰, 我國將移書于日本, 備言侵責龍福等之狀, 諸島安得無事(『肅宗實錄』肅宗20년8월14일); 俞集一爲軍資正 (중략) 俞集一爲接慰官(『承政院日記』肅宗20년윤5월25일); 是より前八月三日接慰官㱏馳走訳朴同知朴僉知罷下東莱着之由訓導別差方より申来(『竹嶋紀事綜合編』상, p.226).

62 右漁民二人爲請取之則縄掛候躰㱏相見候(『竹嶋紀事綜合編』상, p.102).

얻은 정보를 제공하려 했으나 대마번을 신뢰하기 때문에 들을 필요가 없다며[63] 2년형에 처했다.[64] 그런 안용복을 유집일이 1694년 8월 11일 이전에 만나 대마번의 비리를 알게 된 것이다.[65]

강호막부는 조선인이 죽도에 출어하는 것을 금지시켜 줄 것을 요구하라 했는데, 대마번은 일본의 죽도에 조선인의 도해를 금지시켜 달라며,[66] 어렵문제를 영토문제로 왜곡했다. 남인정권은 그 심각성을 몰랐는지 울릉도와 죽도가 2노 2명이라는 내용의 국서를 1694년 1월 15일에 건넸고, 대마번의 사자는 2월 27일에 그것을 가지고 돌아갔다. 그러나 울릉도를 삭제하는 방법으로 울릉도를 침탈하려는 숙원을 이루려는 대마번은 윤5월 13일에 사자 橘眞重(多田与左衛門)를 다시 파견하여 국서에서 울릉도가 조선령이라는 내용을 삭제해달라고 요구했다.

그때 조선은 갑술환국으로 정권이 바뀌고 유집일이 새로운 접위관이 되어 8월 3일에 동래부에 도착하여 9일에 귤진중과 대담한다. 유집일은 울릉도와 죽도가 1도 2명의 동도라는 주장을 하고 대마번은 울릉도의 삭제를 도성에 주진할 것을 요구하여 합의에 이를 수 없었다.[67] 그

---

63 接慰官了簡ニ此者ども日本竹嶋江罷越候旨從對馬被仰渡候上ハ彼者共吟味仕ニ不及候(『竹嶋紀事綜合編』상, p.127); 爾國旣云入往竹島則何可不信而更推乎(『邊例集要』肅宗20년2월).

64 府使不以聞以犯越刑之二年(『星湖僿說』鬱陵島條); 向者漁採人之謫配, 恐爲過也. 上曰, 爾言亦有見矣(『肅宗實錄』肅宗20년2월23일).

65 黃欽, 以問事郎廳, 以大臣意啓曰, 郎廳兪集一, 以接慰官, 不久將下去(『承政院日記』肅宗20년윤5월27일). 南九萬이 兪集一을 接慰官으로 추천한 일이 『肅宗實錄』 8월14일조에 있으나 對馬藩이 울릉도의 삭제를 요구한다는 내용이 『邊例集要』2월조에 있고, 南九萬이 『三國史記』, 『高麗史』, 『太宗實錄』 등의 울릉도를 언급하며 接慰官을 파견하여 답서의 회수를 건의하는 내용이 『承政院日記』윤5월조에 있어, 『肅宗實錄』의 내용이 후일에 정리된 결과로 보아야 한다.

66 竹嶋与申所江去年朝鮮人罷越漁仕候 (중략) 向後弥不參候樣ニ堅朝鮮表江被仰遣候樣(p.20). 日本之竹嶋江重而不參候樣堅可被仰付与之御返答ニ而可相済事ニ候(『竹嶋紀事綜合編』상, p.107).

67 被仰開趣承屈候都ニ而被申含候趣茂御座候間二三日致了簡其上ニ而可致注進候

러나 2일 후인 8월 11일에 유집일은 역관을 왜관에 보내, 무리한 요구를 하는 대마번을 의심하지 않을 수 없어, 울릉도가 조선의 섬이라는 증거를 기록하여 막부에 직접 전달하겠다는 뜻을 밝혔는데,[68] 9일과는 완전히 다른 대응이었다. 이는 유집일이 대마번 사자에게

우리 나라에서 일본에 글을 보내 안용복 등을 침책한 상황을 갖추어 말한다면, 모든 섬들이 어찌 아무 일이 없을 수 있겠는가.[69]

라고 야단쳤더니 왜차가 실색하며 굴복했다는 『숙종실록』의 내용과 같은 주장이었다. 유집일이 8월 9일과 11일 사이에 안용복을 만나 대만번에 관한 정보를 얻었다는 것을 알 수 있는 대응이었다. 이후 유집일은 19일에 남인이 건넸던 답서의 반환을 요구하여 25일에 회수하고,[70] 울릉도와 죽도가 1도 2명의 조선령이라는 내용의 국서를 9월 12일에 왜관에 건네고 회담을 종결 짓는다. 예조참판 이여의 명으로 된 국서였으나 남구만의 뜻이 반영된 국서였다.[71]

(『竹嶋紀事綜合編』상, p.262).

68 常々之御誠信与不存候由朝廷方被存込候此上者如何ニも我国之嶋之證拠を書立東武江差上候者御誠信を以重而竹嶋ニ日本之通路御止被成間敷事ニ而 無之候 (『竹嶋紀事綜合編』상, p.264).

69 集一問龍福, 始得其實, 乃喝倭差曰, 我國將移書于日本, 備言侵責龍福等之狀, 諸島安得無事(『肅宗實錄』20년8월14일).

70 封進宴席被相調一嶋二名之儀御心能接慰官江御挨拶 被成候者御書簡并去年此方より之返簡壱度ニ請取封進物御書簡同前ニ都江為差登具ニ御相談之通被致注進候ハ丶 定而御返簡之写可被差下候之間写し御覧被成御了簡も御座候ハ丶 直シ申様ニ可仕候相談之大事爰(『竹嶋紀事綜合編』상, p.279). 当春請取候参判参議東莱釜山之返簡両判事江相渡ス(『竹嶋紀事綜合編』상, p.289).

71 本是蔚陵島, 而以其産竹, 或稱竹島, 此乃一島而二名也. 一島二名之狀 (중략) 轉報東都, 申飭貴國邊海之人, 無令往來於蔚陵島, 更致事端之惹起(『肅宗實錄』肅宗20년8월14일;『竹嶋紀事綜合編』상, p.311).

대마번과의 교류가 남구만의 의도에 따라 진행되었으나 접위관 유집일이 안용복을 만난 것으로 볼 수 있는 8월 9일과 11일을 계기로 교류의 흐름이 조선 중심으로 바뀐다. 그것은 대마번이 아닌 다른 곳을 통하여 막부에 조선의 뜻을 직접 전하겠다는 뜻을 밝힌 후의 일로, 유집일이 안용복을 만나 대마번의 비리를 알고 대담에 임하고 남구만에게 보고한 후의 변화였다.

영의정이 된 남구만은 대마번의 요구를 처음으로 접했을 때는 대마번의 요구를 들어주려 했으나 지일파 윤지완에게 제지 당한 후부터는 대응이 달랐다. 유집일을 접위관으로 삼아 동래부에 파견하고 장한상을 삼척첨사로 삼아 울릉도를 탐방시키는 등 사실을 확인하려 했다. 그런 남구만이 유집일을 통해 들은 안용복의 정보는 필요한 내용이었다. 그런 필요에 의해 남구만이 안용복을 만나는 일이 있었을 것으로 생각되나 그것을 확인할 수 있는 직접적인 기록이 없다.

그러나 접위관이 된 유집일이 안용복을 만나 대마번에 침책 당한 사실을 알고 그 사실을 막부에 직접 전달하겠다는 의지를 표현하여 외교적 우위를 점한 사실이나, 남구만의 주도로 작성된 국서의 내용이 안용복이 납치되어 심문 당할 때마다 진술한 내용과 같다는 것은 남구만이 안용복을 만났을 가능성을 시사한다. 1694년 10월에 왜관에 출입하는 상인들 사이에는

　　안동지가 임무를 부여 받아, 다른 지두 한 사람을 거느리고, 배 2척으로 울릉도에 파견되었 는 것이다. 그 섬의 상황을 자세히 검분하고, 그 위에, 인번 백기로 가는 창구로 어울리는가 어떤가를 살펴보고, 근래에 귀국했다 한다.[72]

안동지라는 자가 울릉도에 파견되어, 조취번에 갈 수 있는 항로로 적당한가를 조사하고 돌아왔다는 풍문이 유포된 것을 보면, 안용복이 9월 19일부터 10월 3일사이에 이루어진 장한상의 울릉도 탐방단에 합류한 것으로 볼 수도 있다. 탐방단의 일행 150명에 별견역관 안신휘가 포함된 것은 일본인을 만났을 경우를 대비한 것이다. 그런 상황에서 일본어에 능하고 울릉도 지리에 밝은 안용복이 탐방단에 참가하여 노약한 안신휘를[73] 보좌하는 경우는 있을 수 있는 일이다. 소문은 그것만이 아니었다.

[조선은] 울진현에서 직접 배를 내어 [울릉도를 중개로 해서 인번·백기로 향하여, 그곳에서 일련의 사정을 동무에 소송할 생각이 아닐까.] 이번 일건의 상황을 [대마의] 사자가 중간에서 차단하여 [조선의] 반한을 정지시키고 수취하지 않겠다고 하는 일이나, 그 외의 여러 가지 일에 대해, 즉 나라(대마)의 어려운 문제가 될 것 같은 일 등, 여러 가지 일을 기재한 서간을 작성하여, 인번·백기 국주를 통해 동무에 제출할 생각이 아닐까. 그 같은 일이 조선국에는 소문나 있다고 [화관의 상인들이] 이야기하고 있었다. 만일에, 그 같은 일이 실제 이야기라면 [조선과 교류하는 역할을 수행하는 대마로서는, 그 입장이 붕괴되는 일이 된다. 이것은 방치할 수 없는 일로] 결국에는 위험천만한 일이다.[74]

---

72 和館[江]罷越候商人共咄申候者安同知儀用事被申付外[二]地頭壱人相添船弐艘[二]而蔚陵嶋[江]被差越(『竹嶋紀事綜合編』上卷, p.406).

73 安愼徽本以衰敗之人 渴病之餘 瘡疾滿身(柳美林『우리 사료 속의 독도와 울릉도』, 지식산업사, 2013, p.395).

74 必定今度之返簡御請取不被成勢[二]致決定候者蔚珎縣より直[二]船を渡今度之一件之樣子使者中途[二]而相障返簡差留不請取候段其外御国之御難儀[二]罷成申儀共書

대마번이 접위관 유집일이 건네는 국서, 울릉도와 죽도가 1도 2명의 섬으로 조선의 영유라는 내용의 국서를 받지 않으면, 대마번이 아닌 조취번을 통해 직접 막부에 조선의 뜻을 전달할지도 모른 다는 풍문까지 유포되었다. 그렇게 되면 조선외교를 전담하는 특권을 상실하는 위기에 처한다며 걱정하고 있었다. 그래서 8월 9일 까지만 해도, 울릉도를 삭제한 국서의 작성을 요구하면서도 남인이 1월에 건넸던 국서를 반환하지 않던 대마번이 8월 25일에 반환했고, 9월 12일에는 죽도가 1도 2명의 조선령이라는 답서까지 수령했다. 모두 남구만이 뜻한 그대로였다.

원래 남구만은 대마번의 의도를 잘 몰랐는지 대마번이 원하는 답서를 작성하려 했던 일이 있었던 것을 생각하면, 접위관 유집일을 통해 대마번의 비리를 알게 된 남구만이 안용복이 제공한 정보를 분석하거나 직접 안용복을 만나 대마번의 실체를 확인하는 일이 있었던 것으로 볼 수 있는 변화였다. 그렇게 보아야, 남구만이 유집일과 장한상을 접위관과 삼척첨사로 추천한 일, 접위관이 된 유집일이 8월 11일 이전에 안용복을 만나 대마번의 비리를 알게 된 일,[75] 삼척첨사가 된 장한상이 9월에 울릉도를 탐방한 일 등을 이해할 수 있다.

1694년 10월에 그런 소문이 왜관에 유포되었다는 것은 남구만이 조선외교를 전담하는 대마번이 중간에서 사실을 왜곡하기 때문에 울릉도를 매개로 하는 영토문제게 해결되지 않는다고 판단하고 대마번을

載書簡相認因幡伯耆之国主を頼東武江差出シ可申心入ニ而も可有御座候哉与彼国ニ而風聞仕候由咄申候ニ付万一実説ニ而御座候時者至而大切千万成儀ニ罷成候 (『竹嶋紀事綜合編』 상, p.407).

[75] 九萬遽欲從其言, 改前書, 尹趾完執不可曰 (중략) 請擇三陟僉使, 遣于島中, 察其形勢, 或募民以居之, 或設鎭以守之, 可備旁伺之患也. 上許之. 遂以張漢相爲三陟僉使, 接慰官兪集一, 受命南下(『肅宗實錄』 肅宗20年8月14日).

제외하는 외교노선의 구축을 공언한 일이 있다는 것이다. 그런데 실지로 막부는 조선어민의 죽도도해금지를 요구하라고 지시했는데, 대마번이 죽도가 일본령이라며 어렵문제를 영토문제로 왜곡했었다. 그것을 안용복이 알았기 때문에 유집일에게 알려, 유집일이 대마번의 사자에게 막부에 직접 사실을 전하겠다는 의지를 표한 것이다.

남구만이 안용복을 만났는 지를 직접 전하는 기록은 없으나 그렇게 볼 수도 있는 내용이 『죽도기사』에 있다. 막부의 뜻을 왜곡하며 울릉도를 침탈하려던 대마번은 안용복의 정보를 신뢰하는 남구만의 대처로 뜻을 이루지 못하자 西山寺의 瀧六郎右衛門은 병사를 죽도(울릉도)에 파견하여 조선인이 건너오지 못하게 하자는 의견을 제시했다.[76] 그때 (1695년7월) 롱은 안용복이 조취번을 강호로 착각했다는 말을 하며, 새로 파견되는 대마번의 사자는 안용복이 제공한 정보가 사실과 다르다는 것을 조선 측에 설명해야 한다면서 이런 말을 했다.

　　　은밀히 들었는데, 죽도에 건너간 귀국의 어민들이 지금 조정의 어
　　전에 불려가서 직접 심문을 받은 일이 있다고 한다.[77]

울릉도에서 어렵하던 안용복의 일행 중 복수의 누군가가 어전에서 심문을 받았다는 소문이 왜관을 통해 대마번에 전달되었다는 것을 알 수 있는 내용이다. 1693년에는 3척 41명이 도해했는데, 안용복 일행은

---

76 此方より番人を被差渡置若朝鮮人参候儀も御座候ハヽ追払寄附不申候様ニ被仰付候(『竹嶋紀事綜合編』下卷, p.55).

77 內々承候得者竹嶋参候貴国之漁民共只今之朝廷之御前被召出直御尋被成候処彼者共申候ハ竹嶋而我々を召捕繩を掛囚人仕江戸へ七日目送届候然所江戸而ハ存之外相替ケ様可仕儀而無之候(『竹嶋紀事綜合編』下卷, p.68).

9인이었다. 그 중의 누가 어전에서 심문을 받았는가에 대한 기록은 없으나 롱이 안용복의 강호행을 부정하는 과정에 언급한 내용이기 때문에, 안용복으로 볼 수도 있다. 또 승려가 그런 정보를 언급했다는 것은 왜관이 보고하여, 대마번에 풍설로 유포된 정보였다는 것이다.

안용복이 어전에서 심문을 받았다면 그것은 납치되었다 동래부에 송환된 1693년 12월 10일부터 조취번 방문을 위해 울산항을 출발한 1696년 3월 11일 이전에 이루어진 일이었다. 그런데 그 당시는 남구만이 영의정이었기 때문에 어전에서 이루어지는 심문에 남구만이 참가한 것은 물론, 심문을 전후에서 직접 정보를 청취하고 확인하는 과정이 없을 수 없다.

어전에서 이루어진 심문에 관한 기록은 없으나 그것이 1695년 7월에 대마도에서 풍설된 것으로 보아 1694년 8월 말부터 1695년 7월 이전에 이루어진 것으로 볼 수 있다. 당시는 영의정 남구만이 대일외교를 총괄하는 시기였으므로 심문에 임석하는 것은 물론, 심문을 전후해서 안용복과 대면하여 사실을 확인 할 수 있었다.

막부가 제기한 어렵문제를 대마번이 영토문제로 왜곡한 것이 사실이고, 유집일이 안용복을 만난 직후에 대마번을 통하지 않고 막부에 직접 조선의 뜻을 전하겠다는 의지를 표명했고, 조취번을 통해 막부에 조선의 뜻을 전하려 한다는 정보가 왜관과 대마번에 유포되었다. 그것은 남구만이 유집일을 통해 안용복의 정보를 접하는 것에 그치지 않고, 직접 안용복을 만나 정보를 청취하는 경우까지 상정시킨다.

안용복이 대마번의 비리를 막부에 고발하기 위해 울산항을 떠난 것이 1696년 3월 11일이었다는 것을 생각하면,[78] 전술의 풍문이 유포되는

---

78 三月十一日ニ出帆仕同卄五日ニ寧海与申所江参着仕其所を同卄七日辰之刻ニ出帆

시기의 안용복은 대마번의 비리를 제공한 공으로 석방되어, 대마번을 제외하는 외교노선을 구축하려는 남구만을 돕고 있었을 수도 있다. 어찌되었든 대마번을 통하지 않고 직접 막부와 교류해야 한다는 남구만의 외교정책이 안용복의 정보를 접한 후에 구상되었다는 것은 틀림없는 사실이다.

대마번의 비리를 막부에 고발하겠다며 조취번을 방문하는 안용복 일행 11인은 1696년 5월에 은기도에 표착하자 번소를 방문하여 소송하기 위해 조취번을 방문한다는 사실을 밝혔고, 조취번에서는 사신단의 대접을 받으며 정회소에 머문다. 조취번은 안용복이 제출한 고발장을 강호번저를 통해 막부에 제출하여,[79] 대마번을 통하지 않고 조선의 뜻을 막부에 전달하겠다는 남구만의 구상은 실현되었다.

보고를 받은 막부는 23일에 조취번에서 소송을 취급하라고 지시하더니 다음 24일에는 소송은 장기봉행소에서 취급하는 것이 대법이므로 장기로 보내라며 지시의 내용을 바꾸었다. 그리고 한 달이 지난 7월 24일에 소송을 취급하지 말고 조취에서 송환할 것을 명했다.[80] 그래서 안용복은 남구만이 공언한 외교노선의 구축에는 실패했으나 남구만의 뜻을 막부에 전하는 목적은 달성했다.

그런 안용복을 조정대신들이 처형하려 했고, 남구만은 영의정 유상운에게 「사람됨이 녹록하지 않은 듯하여 위급할 때에 쓸만하다」며, 울

仕酉之刻竹嶋(『竹嶋紀事綜合編』上卷, p.38).

79 御聞役吉田平馬を以委細之御口上書, 並朝鮮人書記も一所ニ御差出被遊候(權靜 편역 『御用人日記』, 선인, 2010, p.175).

80 因幡江訴詔可申上与朝鮮人申候ハヽ於因幡取上不被成候而者成間敷候(p.234). 長崎江参間敷由申にをひてハ外之所ニ而者取あげ不申大法之旨申含帆候様可相達由伯耆守方江申達候(p.248). 今度因州江朝鮮人渡り訴詔之由申候得共外ニ而御取上無之国法ニ而候故訴詔之訳不聞召被差返候(『竹嶋紀事綜合編』하, p.315).

릉도가 조선령이라는 사실을 밝힌 안용복의 처형을 반대했다.[81] 안용복에 대한 남구만의 신뢰를 엿볼 수 있는 사면활동이었다. 특히 녹녹하지 않다는 평은 기록들이 전하는 안용복의 언행과 일맥상통한다. 그때 남구만이 윤지완에게 서간으로

천비의 전개 건으로 말하자면 부침이 염려는 없을 듯합니다. 바라건 데 이번에는 시파해 주시는 것이 어떨런지요.[82]

자문을 구했는데, 언뜻 이해가 안 되는 내용이었다. 그것을 최영성은 서간의 「천비」·「전개」·「부침」을 중의의 은어로 보았다. 천비를 자신을 돕는 가객과 동의어로 보고, 전개는 어떤 일을 전적으로 위임하여 보내는 사람, 즉 사신이나 인편으로 보고, 부침은 시세나 어떤 세력의 성쇠·우편물이 분실되어 전달되지 않는 경우로 보았다. 천비의 전개가 밀사 안용복을 암시한다는 것이다.[83] 거란이 송을 공격하려 하자, 송나라가 고려와 옛날에 한 약속을 이행하겠다고 다짐하는 사자를 전개로 표기한 것이나[84] 일본이 성종에게 토산품을 바치며 그 동안의 은덕에 감사를 표하며 동철의 원조를 요구하며 파견한 사자를 전개로 표기한 것을 보아도,[85] 설득력 있다.

---

81 龍福雖曰汎濫生事然其爲人似非庸碌緩急或不無可用 (중략) 鬱島屬我國事兩度辨明於日本(『藥泉集』肅宗22년10월5일).

82 賤婢專价以無浮沈之慮幸望於此回示破若何(『藥泉集』권31, 14b, 「答尹右相」)

83 台敎中有無限憂慮, 願一仰煩之示, 未知是何等事耶. 賤婢專价, 以無浮沈之慮, 幸望於此, 回示破, 如何(崔英成「安龍福 제2차 度日의 성격에 관한 고찰」,『獨島硏究』제26호, 2019, 영남대학교 독도연구소, p.105).

84 契丹遣檢校禮部尙書兼御史王永言來, 詔曰, 朕以關南十縣, 我國舊基, 將擧兵師, 議復土壤. 宋朝累馳專介, 懇發重言, 定於舊貢銀絹三十萬兩匹外, 每年別納金繒之儀, 用代賦與之物(『高麗史』世家, 正宗8년11월).

85 我系出貴國, 世敎舊好, 久而彌篤 (중략) 只欠銅鐵耳. 故復以寶光院堯信, 爲專价

남구만 스스로도 안용복이 제공한 정보를 접한 사실을 접위관 홍중하와 유집일을 비교하는 방법으로 시사했다. 납치되었다 송환된 안용복을 조사도 하지 않고 대마번의 말만 믿는 남인정권이 울릉도와 죽도를 2도 2명으로 하는 내용의 국서를 건네준 원인을 한탄한 것이다. 그리고 새로 임명된 유집일이 안용복을 만나 일본인들이 후대했던 일과 대마번이 중간에서 농간한 사실들을 탐지했기 때문에 대마번을 힐문하여 굴복시킬 수 있었다고 숙종에게 아뢰었다.[86]

이처럼 남구만은 유집일이 안용복을 만나 얻은 대마번의 비리를 근거로 교섭에서 우위를 차지한 사실을 알았다. 그런 일이 있은 후에 남구만은 대마번을 제외하는 외교노선의 구축을 공언하여, 그 외교정책은 안용복이 제공한 정보를 근거로 하는 것으로 볼 수 있어, 남구만이 안용복을 직접 만나는 경우를 상정하게 한다. 그런 점에서 어전에서 심문 받았다는 어민들에는 안용복도 포함된 것으로 볼 수 있다.

(2) 안용복의 도일활동

강호막부에 대마번의 비리를 상소하고 8월 29일에 양양으로 귀국한 안용복 일행은 강원도 감사에게 체포되어 비변사로 이양된다. 그런 안용복의 활동을 조선정부의 어떤 위임도 받지 않은 것으로 보기도 하고 밀항한 안용복에게 조취번이 번롱 당한 것이라 보기도 한다. 그러나 그것은 통정대부를 칭하는 안용복을 조취번이 사신의 예우를 한 사실을 간과한 부정이다.

(『成宗實錄』成宗25년11월4일).

86 兪集一下去時, 則先問於被擄者, 悉得日本人接待之事及馬人中間操弄情狀, 每於言端提起詰問, 故倭人, 先自折服, 凡於前後書契授受之際, 不敢更爲如前作梗者, 實由於先得其要領故也(『備邊司謄錄』肅宗21년5월22일).

안용복은 도중에 표착한 은기도에서 통정대부라는 신분을 밝히고 죽도와 송도가 조선의 울릉도와 자산도라고 설명하는 것에 그치지 않고 조취번을 방문하는 목적까지 밝혔다.[87] 또 은기도에 체류하는 2주일 정도에 9통의 서간으로 소통하며 전복으로 예를 표하는 등 품격을 지키며,[88] 3년 전에 일본에서 받았다는 장부를 정리하고 조취번에 제출할 고발장을 형식에 맞게 정리했다. 그러면서도 조취번에 직접 설명하겠다며 고발의 자세한 내용은 일러주지 않았다.[89]

그렇다 해서 안용복 일행이 조취번을 방문하는 목적을 은기번소가 몰랐던 것은 아니다. 은기번소는 일행과 대담하고 관찰한 내용을 정리한 보고서를[90] 안용복 일행이 제출한 서류들과 같이 5월 23일에 石州代官所를 통해 막부에 보고했다.[91] 조취번은 그것을 6월 2일에 수취하고 바로 江戸藩邸에 이송했고, 번저는 13일에 막부에 보고했다.[92] 그러면서 안용복 일행의 조취번 방문에는 협조하지 않았다. 일행의 방문에 대비할 수 있게 하려는 은기번소의 배려였다.

---

87 安龍福申候ハ私乗参候船ニハ 拾壱人伯州江参取鳥 伯耆守様江御断之義在之罷越申候(『원록각서』, p.176).

88 權五曄「『元禄九年丙子年朝鮮舟着岸一卷之覺書』와 安龍福」,『日本語文學』제39집, 韓國日本語文學會, 2008, p.428.

89 伯州ヘ訴訟之わけ書付出シ候 様ミニと申候得者始ハ心得候由申候處, 廿二日之朝ミニ至リ其事共 書出スミニ不及候伯州ヘ参委 細可申上由重而ハ其間者無用ミニ可仕由書付出申候則指上ケ申候(『원록각서』, p.220).

90 右廿二日 (중략) 前々書付斗書出申候廿一日舟ヲモ證懸リ申候書簡今度之訴訟一巻と被為長々と仕たる下書ヲ致シ本書をも證懸リ候 (중략) 併前之書付ニ而始終大躰わけ聞ヘ申候 様ニ奉存候其通ニ而差置申候(『원록각서』, p.229).

91 右此度朝鮮人一巻之書付并朝鮮人出候奉書目録ニ記 之弥次右衛門持参仕候口上ニ茂 可申上候 以上. 中瀬弾右衛門一 山本清右衛門. 石州御用所. 五月廿三日(『원록각서』, p.244).

92 朝鮮の船一艘, 五月二十日, 隠岐国ヘ着岸 (중략) 右の趣今月二日国元家来まで申し越し候 (중략) 国元より今日飛脚を以て申し越し候(『御用人日記』元禄九年六月十三日); 從国元今日以飛脚申越候ニ付, 先御届申上置候. 以上. 六月十三日. 右之通, 加賀守様江御届被成候(『岡嶋正義의 古文書』, p.308).

그런 배려가 있어 조취번은 4일에 赤崎로 건너가 조취로 향하는 안
용복 일행을 6일에 靑谷의 專念寺에 두류시킨다.[93] 그리고 유학자 辻
權允을 파견하여 필담으로 도해 목적을 확인하려 했으나 성공하지 못
한다.[94] 안용복이 조취번에 직접 설명하겠다는 의지를 관철한 결과였
으나 유학자가 죽도 문제로 온 것이냐고 물은 것은, 은기번소의 보고
로 방문 목적을 이미 알았다는 것을 의미한다.

번저의 보고를 받은 막부는 6월 23일에 조취번과 대마번의 가신을
불러, 대마번의 조선어 통사를 조취로 파견할 것을 지시했다. 그리고
조취번에는 「因藩(조취번)에서 소송하고 싶다고 말하고 있는 이상」[95]
조취번이 처리할 것을 지시했다. 그런 지시를 같이 받고 나온 조취번
의 吉田平馬는 대마번의 鈴木半兵衛에게, 안용복 일행이 대마번을
고소하기 위해 방문한 사실을 알았지만 대마번의 입장을 생각해서 언
어가 통하지 않아서 모르는 것으로 답했다는 말을 했다. 그러면서 필
담을 하면 소송을 접수한 것이 되기 때문에 필담도 하지 않은 것으로
답했다는 것과 3년전에 대마번이 안용복을 포박하는 등 냉대한 사실
을 언급했다는 것도 일러주었다.[96] 조취번이 막부에 사실과 다른 보고
를 했다는 것이다.

---

93 四日伯州赤崎灘へ朝鮮国ノ船着岸ス (중략) 伯州へ訴訟ノ爲, 使舶を通ジ候 (중략) 御船手山崎主馬へ被命急ギ赤崎表へ發遣セラレ候 (중략) 靑谷へ引戻シ(『岡嶋正義의 古文書』, pp.137~142).

94 御儒者辻權允〈後改晩庵〉筆談被仰付靑谷へ罷向候テ舩長安同知〈安ハ姓同知ハ官名也 (중략) 外〈李進士上同〉ニ一人ヲ專念寺へ請シ對談ニ及ケルニサラバ竹島ノ一義ニ依テ使舶ヲ通ゼシ共明白セズ(『竹島考』하, p.287).

95 兎角達而因幡江訴詔可申上与朝鮮人申候ハヽ於因幡取上不被成候而者成間敷候(『죽도기사종합편』하, p.234).

96 筆談ニ而埒明可申儀候筆談者不仕候哉与被仰候付筆談を仕候而者訴詔之儀を受込候同前江御座候故筆談不仕候旨申上候 (중략) 先年竹嶋江参候節御国元朝鮮ニ而しはりなどハ不被成候哉(『죽도기사종합편』하, p.236).

막부는 24일에 전날의 지시와 달리, 모든 것을 장기봉행소에서 취급하는 것이 일본의 대법이라는 것을 조선인에게 설명하고, 조선인이 장기에 가지 않겠다면 돌려보내라고 지시의 내용을 바뀌었다. 그리고 1개월이 지난 7월 24일에는 대마번 이외에서는 취급하지 않는 것이 국법이라며, 소송의 이유를 들을 것 없이 돌려보내라고 지시했다. 대마번을 통하지 않는 외교노선이 신설되는 것을 두려워하는 대마번의 요구를 막부가 수용한 것이다.

안용복의 활동이 남구만의 지시에 따른 것이라는 직접적인 기록은 없으나 은기도나 조취번에서의 언행이 남구만이 공언한 외교구상이나 정책과 일치하는 것으로 추정 가능한 일이다. 안용복의 조취번 방문을 대마번이 냉대했던 것에 대한 불만을 원인으로 보기도 하나[97] 잘못된 추정이다.

안용복은 납치되었다 송환되었음에도 2년형에 처해졌었다. 그런데도 1696년 3월에 11인의 일행을 구성하고 통정대부를 칭하며 조취번을 방문한다. 많은 경비가 필요하고 종국에는 조선에 알려진다는 것을 누구보다 잘 아는 안용복이었다. 그럼에도 조취번을 방문하여 대마번의 비리를 막부에 고발했는데, 그런 안용복의 언동이 남구만이 공언한 외교정책, 즉 대마번을 통하지 않고 막부에 조선의 뜻을 직접 전할 수 있는 외교노선을 구축하겠다는 구상과 일치한다.

안용복 일행이 조취번을 방문하여 대마번의 비리를 고소한 것은, 1694년 8월에 접위관 유집일이 구금된 안용복을 통해서 대마번의 비리를 알게 되자, 대마번의 사자에게 「우리나라가 일본에 글을 보내어」

97 池内敏 『竹島』, 中公新書, 2016, p.96; 박지영 「鳥取藩의 古文書와 독도영유권」, 『한국영토학회 춘계학술대회 발표논문집』, 2019.5.24, p.51.

비리를 밝히겠다고 경고했던 일의 실현이었고, 남구만이 대마번을 제외하는 외교노선의 구축이 필요하다고 공언했던 외교정책의 실행이었다. 그러나 그것은 공표하기 어려워 비밀리 추진해야 했기 때문에, 남구만은 안용복에게 밀명을 주어 실행해야 했다.[98]

안용복 일행이 조취번을 통해 대마번의 비리를 고소하자, 조취번에서 취급하라고 지시했던 막부가 결국에는 소송을 접수하지 말고 돌려보내라고 지시하여, 남구만이 구상한 외교노선의 구축은 실현되지 못했다. 그러나 조선의 뜻을 막부에 직접 전달하겠다는 남구만의 구상은 실행된 셈이다. 안용복 일행은 3년전과 달리 장기와 대마도를 경유하지 않고 조취에서 직접 양양으로 귀환한다. 그 이유에 대한 설명은 없으나, 조취번과 막부가 안용복 일행을 조선의 사자로 보고, 그것에 합당한 대우를 한 것으로 볼 수 있는 일이었다. 대마번의 비리를 고발한 안용복 일행을 대마번의 영향력을 피할 수 없는 장기와 대마도를 경유시킬 수 없다고 판단한 것이다.

안용복이 대마번이 아닌 조취번을 통해 남구만의 뜻을 막부에 전달했으므로, 귀국하는 것도 대마번의 영향이 미치는 장기와 대마도를 들리지 않겠다는 뜻을 밝혔고, 그것을 조취번과 막부가 수용한 것이다. 그렇지 않으면 일행이 조취에서 출선하는 것 자체가 불가능했다.

(3) 남구만의 사면활동

영의정 유상운이 9월 27일에 안용복을 타국에서 사단을 일으킨 난민으로 단정하고, 처형을 건의하자,[99] 숙종은 대신들에게 의논을 명했

---

98 權五曄「南九萬의 密使 安龍福」,『日本語文學』第65輯, 韓國日本語文學會, 2015.6, p.450.
99 不畏法禁, 生事他國之亂民也. 不可容貸 (중략) 不送對馬島, 直自其處出送 (중략)

다. 열석한 대신들이 안용복의 처형을 반대할 이유가 없었다. 입시하지 않은 대신들의 뜻을 알아본 김진귀와 신익상도 우의정 서문종이 안용복의 인물을 평가했다는 사실을 전하면서도 영상의 뜻에 동조했다.[100]

그러자 영의정 자리에서 물러난 남구만은 10월 5일에 유상운에게 서신으로,[101] 안용복이 대마번의 비리를 막부에 고소한 것을 보니, 일본의 장군(관백·대군)이 울릉도를 조선령으로 인정한다는 내용의 공문과 선물 안용복에게 주었다는 말이 사실 같다며 처형을 반대하는 의견을 피력했다. 그리고 막부에 사신을 파견하여 대마번의 비리를 직접 알리는 구상을 설명했다.[102]

이후 10월 13일의 어전회의에는 영의정 유상운이 빠지는 대신에 남구만 세력이 참석하는데, 와병 중인 신여철도 참가했다. 유상운의 불참은 남구만의 사면활동을 도와주려는 배려였다.[103] 회의에 참가한 윤지완이 조선이 막부와 직접 교류하지 않기 때문에 대마번이 중간에서 기만했는데, 안용복의 활동으로 다른 행로가 있다는 것을 알면 두려워할 것이라며 안용복의 공을 평가했다.[104] 남구만도 안용복이 대마번의

龍福到彼所爲之事, 只憑其招, 亦有不可盡信者, 龍福則姑待渡海譯官還來後處斷(『承政院日記』肅宗22年9月27日).

100 則右議政徐文重以爲, 龍福爲人, 雖曰愚濫 (중략) 臣觀右相之意, 亦非謂待彼所言, 然後處之也 (중략) 自襄陽先往他處, 故祕關于開城府及延安等處, 以爲捉來之地, 而姑無形影, 待其入來後, 似當一時處置矣(『承政院日記』肅宗22年9月27日).

101 以柳尙運爲領議政, 以左參贊徐文重拜右議政, 尹趾善陞左議政(『肅宗實錄』肅宗22년8월11일).

102 伯耆州則本州成給鬱陵永屬朝鮮公文, 且多有贈物 (중략) 今見龍福再往伯耆呈文, 則前言似是實狀 (중략) 其中間欺操弄之狀今因龍福而畢露此則亦快事也 (중략) 自朝廷, 將欲別遣使臣於日本, 以審其虛實(南九萬『藥泉集』答柳相國, 肅宗22年10月5日).

103 『안용복과 원록각서』, p.402.

104 但念馬島之人, 從前欺詐, 無有紀極者, 以我國非渠, 不得通江戸之故耳. 今知別有

비리를 조취번을 통해 정문한 쾌사가 사실인 것 같다며 사면을 주장했고, 신여철도 막부에 고발한 공을 들어 처형을 반대했다.[105] 그러자 숙종은 반대하는 상소가 있었음에도 남구만의 의견을 수용하여 안용복의 형을 유배형으로 감형했다.[106]

안용복의 처형에 숙종까지 동의하려는 상황에서 남구만을 비롯한 재외대신들이 사면을 주장한 이유가 분명하지 않다. 그러나 대신들이 음흉한 난민으로 기군망상한 천민이라며 처형을 주장하는 가운데 남구만 세력이 사면을 주장하는 것에는 그럴만한 이유가 있어야 했다. 그것은 안용복이 조취번을 통해서 대마번의 비리를 막부에 고소한 일련의 활동이, 중간에서 사실을 왜곡하는 대마번을 제외하는 외교노선을 개척할 필요성을 공언한 남구만의 구상과 일치한다 점에서 찾을 수 있다. 안용복의 도일 활동과 남구만의 외교구상이 같다는 것과 남구만 세력의 사면활동을 같이 생각하면, 안용복이 남구만 세력의 뜻에 따라 조취번을 방문했다는 것이 된다.

그것이 아니라면 안용복이 조취번을 방문한 이유는 물론 남구만의 사면활동도 설명할 수 없다. 안용복이 조취번을 통해 대마번의 비리를 막부에 고발하여 얻을 수 있는 이익이 없고, 그것이 사적인 활동이었다면 조취번이 막부에 보고하는 일도 있을 수 없다. 조취번이 안용복에게 속았다는 주장도 있으나 그것은 조취번의 역량을 폄훼하는 일이

他路, 則必將大生恐惻之心, 而聞龍福之被誅, 則又喜其路之永塞矣 (중략) 廢法固
不可, 失計亦可惜(『승정원일기』숙종22년10월13일).

[105] 國家所不能爲之事, 渠以無知小民, 能爲上書於彼國 (중략) 龍福, 不可以一罪斷之
矣(『승정원일기』숙종22년10월13일).

[106] 上曰, 安龍福所犯, 不可不論以一罪, 而領府事·領敦寧及頃日筵中申汝哲 (중략)
以法論之, 則不可容貸, 而事機如此, 減死遠配, 可也(『承政院日記』肅宗23년3월27
일). 重茂所啓, 請還收罪人安龍福減死定配之命. 上曰, 勿煩(『承政院日記』肅宗23
년4월13일).

다. 따라서 안용복의 활동은 남구만의 지시에 따른 활동으로 보아야 한다. 다만 그것이 공개적으로 추진할 수 없는 밀사적인 활동이었기 때문에 처형이 논의될 때는 방관했으나 처형까지 방관할 수 없어 사면 활동에 나선 것이다.

남구만은 윤지완의 대일정책을 존중했다. 윤지완은 1682년에 德川^{토쿠가와} 綱吉^{쓰나요시} 장군의 취임을 축하하는 조선통신사의 정관의 역을 수행하면서, 유학을 중시하는 덕천강길이 조선과의 우호관계를 원한다는 것을 알았다.[107] 덕천강길은 문치를 중시하며 살생을 금하는 법령을 시행한 장군이었다. 윤지완이 그런 사실을 인지하고 조언했기 때문에, 대마번의 요구가 막부의 뜻이 아니라는 안용복의 정보를 남구만도 신뢰한 것이다.

남구만이 영상이고 윤지완이 우의정일 때 신여철은 훈련대장 포도대장 어영대장을 역임하며 치안부대를 장악했고, 공조판서에 취임했다. 서문종은 병조판서로 병권을 장악하고 윤지완의 후임으로 우의정도 역임했다. 남구만의 천거로 삼척첨사를 제수 받고 울릉도를 탐사한 장한상도 윤지완과 같이 조선통신사에 참여했었다. 남구만이 그런 지일파의 뜻을 존중했기 때문에 대마번을 제외하는 외교노선의 개척을 공언하고 안용복에게 실행시켰고, 안용복의 처형이 결정되었을 때 사면활동에 나서서 관철시킬 수 있었다.

다만 남구만이 안용복을 밀사로 파견하는 일은 공적인 일이 아니었다. 성공하지 못하면 은폐되어야 하는 비밀스러운 일이었기 때문에 추진하는 세력만 인지해야 하는 밀명이었다. 그래서 전면에 나서지 못한 것이다. 안용복이 남구만의 지시를 받은 것으로 볼 수 있는 기록이 아

---

107 『안용복과 원록각서』, p.407.

주 없는 것은 아니다. 1763년의 조선통신사행에 서기로 참여했던 원중
거는 조취번을 방문한 안용복을

> 국사를 담당하는 것을 자기의 임무로 여기고 창해에게 길을 열라
> 고 호통을 치니 사신의 배가 말을 타고 가듯 하였다. 강과 유를 스스
> 로 잘 구사하고 지와 용을 서로 알맞게 사용하면서 대마번 사람의 악
> 행을 내지에 널리 알려 한 번의 사행에서 국위를 떨쳤으니, 늠름하여
> 인상여나 감연수의 유풍이 있었다.[108]

중국의 인상여와 감연수에 비유했다. 인상여는 전국시대 조나라의
책략가로 진나라에 사신으로가서 빼앗길 뻔한 和氏璧 문제를 해결한
외교의 명수였다. 또 감연수는 전한 원제 때의 장군으로 황제의 制書
를 위조하는 방법으로 흉노를 물리쳐 공죄상반의 인물이었다. 원중거
는 인상여와 감연수에 비유하는 방법으로 안용복이 남구만의 밀사라
는 것을 말하려 했던 것이다.[109]

임진왜란 후에 교류를 원하는 일본의 청을 받아들여 1609년에 기유
약조를[110] 맺은 이래, 일본인들의 조선 왕래는 대마번을 통한 부산포로
한정되었다. 조선의 허가를 받은 대마번의 증명서를 가진 자만이 부산
포에 왕래할 수 있었다. 그런 상황이었기 때문에 대마도가 아닌 다른

---

108 乃能擔國事爲己任. 喝開滄溟. 使舟如馬. 剛柔自濟. 智勇交周. 揚馬人之惡於內地.
張國威於一行. 凜然有藺相如甘延壽遺風(박재금 옮김『와신상담의 마음으로 일
본을 기록하다』, 소명출판, 2006, p.460.).

109 崔英成「安龍福 제2차 渡日의 성격에 관한 고찰」,『독도연구』제26집, 영남대학교
독도연구소, 2016년6월, p.121.

110 조선정부가 일본에 통교를 허용하는 형식으로 맺은 조약으로, 조선에 오는 모든
왜선은 對馬島主의 징표를 소지해야 한다. 징표가 없는 자와 釜山浦 외에 배를 대
는 자는 모두 적으로 논한다는 내용이 있다.

곳을 통해서 일본과 교류하려는 계획은 조정의 허가를 받기 어려웠다. 그렇게 되면 대마번도 부산이 아닌 다른 곳을 통한 왕래를 요구하는 빌미를 줄 수 있기 때문이다. 그렇다 해서 대마번의 왜곡을 방관할 수도 없어, 안용복을 밀사로 파견한 것이다.

그런 밀사의 파견은 부산첨사로 대표되는 지역권력의 한계를 초월한다, 그것은 중앙권력의 허가가 필요한 일이다. 그래서 안용복의 조취번 방문은 중앙권력을 배후로 해서 이루어진 거사로 보아야 한다. 말하자면 남구만이 영상이었기에 실행할 수 있는 밀사의 파견이었다. 외교노선의 구축을 위한 밀사의 파견을 계획하는 남구만에게는 안용복 이상의 적임자가 없었다. 일본인과 소통이 가능한 비장으로 부산첨사의 공권력을 대행한 경험이 있고, 납치되어 일본 각지를 경험하여 일본 사정을 잘 알았으며, 시비를 분별하며 담론하는 능력까지 구비하고 있었다. 그래서 안용복을 외교노선의 구축을 실행하는 적임자로 보고 밀사로 파견한 것이다.

5. 결론

안용복은 천민이기 때문에 그가 칭한 비장이나 통정대부 같은 관직은 사칭이고, 그렇기 때문에 그의 진술은 물론 그것을 기록한 자료도 신뢰할 수 없다는 인식이 많다. 노군이었다는 것을 근거로 안용복을 천민으로 단정하는 것은 납속제도에 참여하는 방법으로 신분을 상승시킬 수 있었다는 사실을 간과한 의견이다. 안용복이 관직명을 칭할 수 있는 신분이었다는 것은 여러 자료로 확인된다.

안용복의 것이라는 호패의 내용을 조취번과 은기번소의 기록들이 전한다. 전자는 판독 불가능한 부분이 많은 데다 식자가 규명해야 한다는 편자의 주까지 달려있는 것에 반해 후자는 안용복이 43세가 되는 1696년에 통정대부를 칭한 사실을 전하는데, 타 기록들이 전하는 신분과 부합한다. 그런데도 많은 연구자들은 전자에 근거해서 안용복을 천민으로 한정하려 한다.

조취번의 호패는 1690년의 나이를 33세로 하여, 1693년에는 36세이고 1657년 출생이어야 하는데, 그것은 안용복이 42세와 43세로 진술한 것과 다르다. 안용복이 장기본행소에서 1693년의 나이를 40세로 정정하여 1654년생이라는 것을 알 수 있는데, 그것은 은기번소가 정리한 것과도 같다. 따라서 안용복의 신분은 은기번소의 호패에 근거해서 정리해야 한다. 그러면 1654년생의 안용복이 1693년에 40세의 비장이었고 1696년에는 43세의 통정대부였다는 것을 알 수 있다.

왜란으로 울릉도의 주민이 절멸되었으나 동래부는 해방이나 조운과 같은 경제활동 때문에 부산첨사가 관리해야 했는데, 조취번의 자료들은 부산첨사를 「삼계의 샤쿠완」으로 기록하고, 안용복을 부산첨사로 대표되는 지역권력을 대행하는 비장이라 했다.

납치된 안용복은 심문이 이루어질 때마다 일본이 말하는 죽도가 조선의 영지라고 주장하여, 막부가 그것을 인정하는 서계를 받았으나 대마번에 탈취 당했다 한다. 그리고 1696년에는 대마번의 비리를 고소하겠다며 조취번으로 향하다 표착한 은기도에서는 죽도와 송도가 조선의 영지로, 동래부사 지배한다는 사실을 분명히 했다. 그리고 용건을 마치면 죽도에서 활동하는 12척의 배를 인솔하고 귀국하여 세금을 바친다는 계획까지 설명했다. 안용복의 정동해중에서 활동하는 어선들을 관리 감시한다는 사실의 설명으로, 비장을 칭하는 안용복이 부산첨사의 권력을 대행했다는 것을 알 수 있는 설명이었다. 그런데도 많은 연구자들은 판독이 불가능한 조취번의 호패에 근거해서 안용복을 천민으로 한정하는 데, 그것은 자료의 바른 해독이 아니다.

안용복의 강호행은 안용복을 부정하는 근거가 되기도 하는데, 대곡가가 그것을 기록한 이상 사실로 보아야 한다. 그렇지 않고 부정하려면 그 이유를 밝혀야 한다. 납득할 만한 근거를 제시하지 못하는 한 대곡가의 기록은 사실로 보아야 한다. 유집일은 안용복을 통해 대마번이 중간에서 막부의 뜻을 왜곡하는 비리를 범한다는 사실을 알았기 때문에, 조선의 뜻을 막부에 직접 전달하겠다는 의지를 밝히는 방법으로 외교적 우위를 점할 수 있었고, 남구만은 일본이 말하는 죽도가 조선의 울릉도라는 사실을 관철시킬 수 있었다.

남구만은 대마번의 비리를 알았기 때문에, 남인정권이 울릉도와 죽도가 2도 2명이라는 내용의 국서를 대마번에 건넸던 것을 유집일에게 회수시키고 울릉도와 죽도가 1도 2명의 조선령이라는 내용의 답서를 건넸다. 그것만이 아니다. 대마번을 제외하는 외교노선의 구축을 계획하고, 안용복에게 밀명을 주어 실행시켰다. 안용복은 남구만의 외교정책을 실행하는 밀명을 받았기 때문에 통정대부를 칭하며 조취번을 방문하여 사신 대접을 받고 귀국하여, 비변사에서 범월의 범인 취급을 당하면서도 그간의 활동내용을 설명할 수 있었다.

조취번은 안용복 일행을 가마와 전마로 영접하여, 안용복이 제출한 고소장을 막부에 제출하고 막부의 지시에 따랐다. 처음에는 조취번에서 소송을 해결하라던 막부가 대마번이 아닌 곳에서는 조선의 소송을 취급할 수 없다며 송환을 명했다. 자번을 제외하는 외교노선이 신설되는 것을 두려워한 대마번의 뜻을 막부가 수용한 것이다. 그 결과 안용복은 외교노선을 구축한다는 남구만의 목적은 달성하지 못했으나 조선의 뜻을 막부에 직접 전달하겠다는 뜻은 실현했다.

그런데도 귀국한 안용복이 범월의 죄로 처형 당할 위기에 처한 것은 조정의 허가를 받은 공공연한 활동이 아니었기 때문이다. 공적인 사자의 파견은 일본과의 관계를 우선하는 세력들 때문에 실행하기 어려웠다. 일본도 부산 이외의 곳을 통한 교류를 요구할 수 있기 때문이다. 그래서 남구만을 중심으로 하는 세력은 안용복을 밀사로 파견하여 조선의 뜻을 막부에 전하려 한 것이다. 목적이 달성되면 공론화하지만 실패하면 사적인 일탈로 처리해야 하는 정책이었다. 그렇기 때문에 안용복의 처벌이 거론될 때 남구만 세력은 방관했으나 처형의 위기에 처하자 더 이상 방관할 수 없어 사면을 주장하여 유배형으로 감형시킨 것이다.

남구만이 안용복의 정보를 신뢰하고 능력을 인정하여 사실을 왜곡하는 대마번을 제외하는 외교노선의 구축하려고 안용복을 밀사로 조취번에 파견했다. 그러나 조선외교를 전담하는 대마번의 필사적인 저항을 막부가 수용하여 새로운 외교노선의 구축에는 실패했다. 그래도 대마번을 거치지 않고 막부에 조선의 뜻을 직접 전달하겠다는 남구만의 뜻은 실현했다. 안용복과 남구만의 활동으로 대마번의 침탈야욕을 분쇄하여 울릉도와 독도의 영유권을 수호한 것이다.

제11장

안용복의 비변사 진술

1. 서론

1693년 4월 18일에 일본 어민들이 납치한 안용복과 박어둔을 강호 막부는 대마번을 통해 12월 10일에 동래부에 송환했다. 8개월 만의 송환이었음에도 2년형에 처해졌던 안용복이 1696년에 11인의 일행을 구성하고 조취번을 방문하여, 대마번의 비리를 고발하고 귀국한다. 영의정 남구만의 밀명에 따른 활동이었으나 체포되어 비변사에서 진술한 내용이 『숙종실록』 등에 전한다. 그 진술에 근거하면 독도 대한 우리의 역사적 정통성은 의심할 요소가 없다. 그래서 그런지 일본은 안용복의 진술 내용만이 아니라 안용복의 진술을 전하는 조선의 기록들을 부정하는데, 그것은 부분의 오류를 강조하는 방법으로 전체를 부정하는 일로, 자료의 바른 해독이 아니다.

안용복은 비변사에서 자신의 신상을 이야기하고 울산에서 만난 뇌헌 등의 일행을 구성하여 울릉도에 도해하게 된 경위를 먼저 설명했다. 그리고 울릉도에서 만난 왜인들에게 울릉도가 조선의 영지라는 사실에 근거하여 꾸짖었을 뿐만 아니라 왜인들이 말하는 송도가 조선의 자산도라며 추방했다. 그러다 은기도에 표착했다는 것이 안용복의 진술이었다. 안용복이 은기도에 표착하자 일본이 말하는 죽도와 송도가 조선의 울릉도와 자산도라고 말한 것은 양국의 전통적인 인식이었다.

은기도에 표착한 안용복 일행은 번소를 찾아가, 관백이 울릉도와 자산도 등이 조선의 영지라고 인정하는 서계를 작성해 주었는데, 그것을 어기고 조선의 영지에 침범하는 일본인들이 있어 따지기 위해 조취번을 방문한다며 협조를 요청했다. 은기도주는 백기주에 전보하겠다고 약속을 했으나 기다려도 소식이 없어, 참지 못하고 백기주로 도해한 것이라 했다. 일본의 기록들이 전하는 것과도 같은 내용이다. 그런데도 천민인 안용복이 관백의 서계를 받았을 리 없다는 주장이 그치질 않는다. 잘못 이해한 자료에 근거하는 주장이다.

조취번을 방문하는 1696년의 안용복은 「울릉자산양도감세장」을 칭하며 그에 맞는 복장을 했고, 조취번은 11인의 일행을 가마와 전마로 영접하는 등 사절단 대우를 했다.

안용복은 은기도주에게 관백의 서계를 대마번이 탈취하고 왜곡하여 사자를 파견하는 등 위법행위를 하는 사실을 관백에게 상소하기 위해서 조취번을 방문한다는 목적을 밝혔고, 조취번을 방문해서도 같은 설명을 하며 필요한 서류를 제출하여 협조를 약속 받았다. 그러자 대마도주 부가 「소를 올리면 아들이 중한 죄로 반드시 죽게 될 것이」라며 소장을 제출하지 말아달라고 조취번주에게 간청하여, 관백에게 품정하지 못한 것으로 진술했다. 조취번주가 안용복이 아닌 대마도주의 요구에 따랐다는 것이다. 대신에 범월한 자 15인을 처벌하고 울릉도와 자산도가 조선의 영지라는 것을 강조하며 후일에 침범하는 자가 있으면 처벌하겠다는 약속을 하며 귀국하는 일행을 호송하는 차왜를 동행시킬 것을 제의했으나 안용복이 사양했다 한다.

이상의 진술은 타기록들이 전하는 것과 내용이 유사하다. 안용복이 대마번의 비리를 조취번을 통하여 막부에 제출한 사실과 달리 기록된 내용도 있으나, 대부분은 조선과 일본의 행정체제가 다른 것에 근거하는 차이다. 그런데도 사실과 다른 부분에 근거하여 안용복의 진술만이 아니라 그것을 기록한 자료 자체를 부정하려 한다. 대표적인 것이 관백의 서계, 안용복이 조취번주와 대면한 내용, 대마도주의 부가 소를 제출하지 못하게 백기주에 애걸했다 것 등이다.

그러나 그것들도 배경을 조사해보면 허위가 아니라는 것을 알 수 있다. 구체적인 면에서 약간의 차이가 있기는 하나, 그것은 이국의 사정에 밝지 않은 안용복의 한계로 볼 수 있는 것이지, 근거가 없는 것은 아니다. 그것은 여타 자료와 비교 검토하면 확인되는 사실이다. 따라서『숙종실록』만이 아니라 조선의 여타 자료들이 전하는 안용복에 관계된 기록들은 사실에 근거하는 내용으로 보고, 자료가 전하는 내용의 의미를 파악해야 한다.

2. 안용복의 영토인식

(1) 울릉도 동방의 암도

안용복은 1696년에 울릉도에서 왜인들과 조우하자 관백의 서계를 거론하며 울릉도와 자산도에 서 추방하고, 은기도에 표착한 후에도 서계를 언급했다. 1693년에 일본이 안용복에게 서계를 작성해 준 것은, 납치된 죽도가 조선의 울릉도라고 안용복이 항변한 결과였다. 울릉도가 조선의 영지라는 인식은 안용복에게 한정된 것이 아니라 조선과 일본의 전통적인 인식이었다.

울릉도가 처음으로 기록된 것은 옥저인의 인식에 근거하는『삼국지』의「일도」로, 매년 7월에 동녀를 바다에 헌상하는 의례를 거행하는 섬이었다.「일도」의 주민들은 육안으로 확인되는 동방의 암도를 인식하지 않을 수 없었는데, 그것을 포함하는 영역의 표기는『삼국사기』의 우산국을 효시로 한다. 우산국을 울릉도 주민들이 호칭하기 시작했는지, 아니면 이사부로 대표되는 신라인들이 호칭하기 시작했는지는 알 수 없으나, 정동해중에 존재하는 울릉도와 그곳에서 육안으로 확인되는 암도를 포함하는 영역의 국가였다.

신라의 침략을 1회 이상 격퇴한 우산국이[1] 512년에 신라에 복속되어 고려의 영지가 되는데,『고려사』는 그것을 울진현의 정동해중에 존재하는 2도로 표기하고, 풍일청명한 날에는 망견할 수 있는 무릉도와 우산도로 구체화했다. 이때의 우산국은 울릉도와 혼용되기도 한다.『세종실록』이나『신증동국여지승람』등도 같은 내용을 전한다.[2] 그렇게 정동해중의 2도는 다양하게 호칭되는 가운데 기록으로 전승되었다. 17세기의 안용복은 그런 일반적인 인식에 근거해서 정동해중에서 활동하고 있었다.

정동해중의 지리를『삼국지』는 옥저의 동해에「일도」와「일국」이 존재하는 것으로 기록했는데,「일도」는 매년 7월이면 동녀를 바다에 헌상하는 의례를 거행하는 섬이었고,「일국」은 여인들만 거주하는 순여무남의 나라였다.[3]『삼국사기』는「일도」를 울릉도와 우산국으로 병기하며, 우산국이 지방 1 백리의 울릉도와 그곳에서 육안으로 확인되는 암도를 영지로 하는 나라, 험한 자연에 의지하여 신라와 대적하는 나라로 기록했다.[4]

---

1 權五曄「국가로서의 우산국」,『중등교육연구』제29집, 경상대학교 교육연구원, 2017, p.13.

2 一云, 于山武陵, 本二島, 相距不遠, 風日淸明, 則可望見(『高麗史』地理志. 蔚珍縣). 于山武陵二島在縣正東海中. 二島相去不遠, 風日淸明, 則可望見. 新羅時, 稱于山國, 一云欝陵島(『世宗實錄』地理志, 江原道蔚珍縣); 于山欝陵島, 一云武陵, 一云羽陵, 二島在縣正東海中. 三峰岌嶪, 撑空南峰稍卑, 風日淸明, 則峰頭樹木及山根沙渚, 歷歷可見, 風便則二日可到, 一說于山欝陵本一島, 地方百里(『新增東國輿地勝覽卷45, 蔚珍縣條).

3 耆老言國人嘗乘船捕魚遭風見吹數十日東得一島上有人言語不曉其俗常以七月取童女沈海又言有一國亦在海中純女無男(金聲九『中國正史朝鮮列國傳』三國志, 東文選, 1996, p.99).

4 于山國在溟州正東海島 或名欝陵島 地方一百里 恃嶮不服(『三國史記』智證麻立

우산국은 신라에 복속된 이래 우릉도·우릉성·울릉도 등과 혼용된다. 울릉도를 고려의 김유립이 1157년(현종17)에 조사하여, 섬 중앙에 솟은 대산에서 동으로 1천여 보, 서로 1만 3천여 보, 남으로 1만 5천여 보, 북으로 8천여 보 가면 바다에 이른다며,[5] 대산에서 사방의 해안에 이르는 거리를 보수로 기록했다.

그것이 김유립의 기록이라 해도, 주민들의 전통적인 인식과 무관할 수 없다. 3세기의 「일도」 주민이나 6세기에 우산국을 칭하던 주민들의 전통적인 인식을 떠난 기록일 수 없다. 토착민들의 전통적인 인식을 김유립이 기록으로 정리한 것이다. 그런데 『고려사』는 「열전」 신우조에서 울릉도를 무릉도로 표기하고,[6] 「지리지」에서는 우산과 무릉 2도를 병기하여, 울릉도 주민들이 동방의 암도를 우산도로 표기할 수 있는 토속명을 칭했다는 것을 알 수 있다.

조선의 태조와 세종은 울릉도를 무릉도로 표기하며 주민들을 쇄출하는 「무릉등처안무사」, 「우산무릉등처안부사」 등을 임명했는데도 정동해중의 지리를 설명하는 기록은 없다. 그런데 『세종실록』은 풍설의 요도가 함경도 길주 무시곶의 동남해역에 존재하는 섬으로, 「동쪽과 서쪽의 두 봉우리가 섬처럼 생겼는데, 하나는 약간 높고 하나는 약간 작으며, 중간에 큰 봉우리 하나가 있는」 것으로 기록했다.[7] 함경도의 동남방 해안에 3봉으로 구성되는 요도가 존재한다는 것인데, 실제로는 존재하지 않았다. 정동해중에는 무릉도와 우산도만 존

干13년).

[5] 島中有大山, 從山頂, 向東行至海一萬余步, 向西行一萬三千余步, 向南行一萬五千余步, 向北行八千余步(『高麗史』地理志, 蔚珍縣).

[6] 倭入武陵島留半月而去(『高麗史』134, 列傳47, 辛禑2).

[7] 往無時串登望海中, 有東西二峯如島嶼, 一微高, 一差小, 中有一大峯. 正當巳午間(『世宗實錄』世宗12년10월23일).

재하기 때문에, 3봉으로 구성된다는 요도는 무릉도, 즉 울릉도일 수 밖에 없었다.

세종은 요도를 찾으려고 16년이나 노력하고도 확인하지 못하자, 신하들에게 속은 것이라며 탄망했다.[8] 그런데도 성종조에는 삼봉도의 풍설이 유포된다. 세종 16년(1434)조와 17년조에 왜인이 삼봉도에 나타났다는 기록이 있어, 무릉도의 별명이 분명한데도,[9] 영안도 주민 1천여명이 피난하여 거주하는 섬으로 풍설 되었다. 그런 풍설을 접한 성종도 삼봉도의 실체를 확인하기 위해 13년이나 노력하는 가운데 김자주라는 자는 회도까지 그려왔다. 그것은

> 섬 북쪽에 세 바위가 벌려 서있고, 그 옆의 소도, 그 옆에 암석이 열립하고, 그 옆에 중도가 있다. 중도의 서쪽에 소도가 있는데, 사이 사이로 해수가 흐른다.[10]

3봉의 섬이었다. 안용복이 비변사에서 「주산인 삼봉은 삼각산보다 높았고, 남에서 북까지는 이틀 길이고 동에서 서까지도 그러 하였습니다」[11]라고 설명한 울릉도와 유사한 섬이었다.

삼봉도를 독도로 보기도 하는데, 성종은 13년이나 노력하고도 실체를 확인하지 못하자, 삼봉도의 존재를 주장했던 자들은 난신역적으로 다스렸다.[12] 정동 해중에는 무릉도와 우산도만이 존재하고, 주

---

8 遽聞于上, 其爲欺罔一也, 竟竟不得, 其爲誕妄益明矣(『世宗實錄』世宗27년8월17일).
9 有賊船三隻, 前來本道三峯島, 遇見本國巡哨兵船 (중략) 還向對馬州去訖(『世宗實錄』世宗17년10월24일)
10 則於島北有三石列立, 次小島, 次巖石列立, 次中島, 中島之西又有小島, 皆海水通流(『成宗實錄』성종7년10월27일).
11 高於三角, 自南至北, 爲二日程, 自東至西亦然(『肅宗實錄』肅宗22년9월25일).

민이 거주할 수 있는 곳은 무릉도뿐이라는 것을 생각하면 당연한 일이었다.

안용복의 정동해중의 지리 인식이 전통적인 것이었기 때문에 납치된 상황에서도 일본이 말하는 죽도가 조선의 울릉도라며 납치의 부당함을 주장한 것이다.[13] 막부도 조취번이 제출한 안용복의 구상서와 소지했다는 서류 등을 보았기 때문에, 조취번에 죽도의 지리적 사실을 물었고, 조취번도 안용복의 구상서를 통해 죽도가 조선의 울릉도라는 내용을 확인했기 때문에, 죽도(울릉도)의 영유를 부정하는 답서를 제출한 것이다.[14]

송환된 안용복이 관백의 서계를 근거로 대마번의 비리를 설명하려 했으나 접위관 홍중하는 만나지 않은 체 2년형에 처했다. 그런 안용복을 후임 유집일이 1694년 8월 3일과 11일 사이에 만나, 막부의 뜻을 왜곡하는 대마번의 비리를 알 수 있었고, 남구만도 안용복의 정보를 공유하게 된다.

조취번의 大谷家(오오야 케)와 村川家(무라카와 케)가 울릉도를 죽도로 칭하며 22인승의 竹島丸(타케시마마루)를 파견한 것은 1625년경부터였다. 양가는 막부의 阿部四郎(아 베 시 로우) 五郎(고 로우)의 주선으로 1625년에 죽도에 도해해도 된다는 허가를 받아, 갱신하는 일 없이 도해하더니, 1693년에는 조선인을 납치하는 만행을 자행했다. 그러나 양가의 도해는 공적인 것이 아니라,[15] 조선 몰래 이

---

12 亂臣逆賊緣坐年未滿者, 曾授族親, 今皆年滿, 請屬諸邑爲奴婢 (중략) 金漢京女貴珍, 咸原站(『成宗實錄』成宗13년2월5일).

13 竹嶋と申所朝鮮ニて聞及申候(『大谷氏舊記』2, 「唐人弐人之內通辭申方」, 東京大學史料編纂所).

14 竹島ははなれ嶋ニて人住居は不仕候. 尤伯耆守支配所ニても無之候(權靜편역『御用人日記』, 선인, 2010, p.73).

15 池內敏『大君外交と武威』, 名古屋大學出版會, 2006, p.270.

루어지는 밀항이었다. 그런데도 도해의 독점권을 획득한 것처럼 행동한 것은 여타 지역의 어민들이 도해하는 것을 금지시키는 것을 목적으로 한다.

1666년에 부산의 기장에 표류된 竹島丸의 어민 22인이 伯耆의 13명과 은기도의 9명으로 구성된 것을 보면,[16] 여러 지역의 어민들이 죽도환을 타고 도해했다는 것을 알 수 있다. 당대의 일본인들은 죽도를 보물섬으로 인식하고 그곳에 가는 것을 「보물산에 오르는」 일에 비유할 정도였다.[17] 실제로 대곡가와 촌천가는 죽도도해로 거대한 부를 축적했다. 은기도나 山陰 지역의 주민들이 그것을 잘 알기 때문에, 죽도환에 승선하지 않을 때는 독자적으로 도해하기도 했다. 안용복이 1696년에 울릉도에서 만났던 자들도 그런 자들이었을 것이다. 따라서 안용복의 증언은 사실로 보지 않으면 안 된다.[18]

(2) 안용복의 일행

11세기의 일본은 因幡國에 표착한 우릉도인 11인을 고려인으로 기록했고,[19] 17세기의 『은주시청합기』는 은기도 서북에 송도가 있다는[20] 사실을 밝히는 것으로, 일본의 영토가 은기도를 한계로 한다는 것은 분명히 했다. 임진왜란의 전진기지였던 은기도의 주민들이 울릉도와 자산도를 조선의 영지로 인식한 것이다. 그것은 대곡가와 촌천가의 도

---

16 權赫晟역『竹島考』하, 인문사, 2013, p.97.
17 宝の山に登り空しく金寶を得さる(權赫晟·大西俊輝편역주『長生竹島記』, 제이앤씨, 2016, p.137).
18 大西俊輝저, 權靜역『안용복과 원록각서』, 한국학술정보, 2011, p.293.
19 高麗蕃徒芋陵島人漂至因幡(『增補史料大成 權記2』1004年, p.7).
20 二日一夜ヲ有松嶋又一夜程ニ有竹嶋 (중략) 日本之乾地以此州ヲ爲限卜矣(權五曄·大西俊輝편역주『隱州視聽合紀』, 인문사, 2012, p.50).

해를 당대의 지역사회가 무단행위로 인식했다는 것으로도 알 수 있는 일이다.[21]

어쨌든 일본인의 밀렵으로 조일 양국인이 울릉도에서 같이 어렵을 하는 시기가 있었다는 것인데, 그것이 기록 되는 것은 1692년이 처음이다. 물론 그것이 조선인의 울릉도 도해를 1692년으로 한정하는 것은 아니다. 1692년에 조선선 11척이 출선했으나 5척의 53명이 울릉도에 도착했고,[22] 1693년에는 17인승의 전라도선, 15인승의 경상도 가덕도선, 안용복 일행 9인이 승선한 배도 도해했다.[23] 원래 안용복의 일행은 10인이었으나 1인이 병으로 영해에서 하선했다. 10인의 일행 중에 안용복만이 부산포 사람이었고 9인은 울산 사람 이었다. 그 중 3인이 1692년에도 출선했다 하나 『죽도고』는 4인이 출선한 것으로 전한다.[24] 기록에 혼선이 있다는 것을 알 수 있다.

안용복의 1693년의 일행 10인은 다음처럼 정리된다.

---

21 大谷村川ハ異邦ヘ近キ絶島ナレトモ数十年來縱ニ渡海シテ後ニハ自己ノ領地ノ如ク挙動ケレトモ誰手ザシスル者モ無リシコトト知レタリ(權赫晟역『竹島考』上卷, 인문사, 2013, p.120).
22 国主之用にて鮑取ニ参候国元ハ二月廿一日に類舟十一艘出舟いたし難風に逢五艘に以上五拾三人乗し此嶋ヘ三月廿三日ニ流着(權五曄편주『岡嶋正義古文書』, 선인, 2011, p.22).
23 權赫晟편역주『竹嶋紀事綜合編』상, 한국학술정보, 2013, p.39.
24 去年渡海セル者四人アリ. 其名ハヤガキイワンニン某某與云者ナリ(權赫晟역『竹島考』하, 인문사, 2013, p.179).

	변례집요	죽도기사(대마번)	인부역년대잡집(조취번)
1	安龍福	안요구, 부산포	안헨치우, 선두, 통사
2	朴於屯	바쿠토라비, 울산	토라헤, 船子, 하인
3	金德生	키무토구소이, 울산	토쿠센기, 船子
4	金加之洞	키무바타이, 울산, 去年	바타이, 鍛冶
5	金自信	키무요치야키, 울산, 선두	요치엔기, 船子
6	徐花立	세코치, 울산	세호테키, 大工
7	李還梁	이하니, 울산	이한닌, 거년
8	淡沙里	챠구챠춘, 울산	야가이, 거년
9	성명 미상(金?)	키무덴토이(金天童?), 울산	텐쓰우엔, 船子
10	성명미상	병자, 울산, 영해 하선	성명미상, 거년

(大西俊輝가 정리한 1693년의 일행)

    1696년의 일행 11인 중에는 3년 전의 일행은 한 사람도 없다. 박어둔은 울릉도까지 동행했음에도 조취번에는 동행하지 않았다. 그러나 안용복이 귀국시 울릉도에 남은 박어둔과 12척을 거느리고 돌아가 세금을 바치겠다는[25] 계획을 밝힌 것을 보면 안용복이 통솔했다는 것을 알 수 있다.

    11인의 일행을 大西俊輝(오오니시토시테루)는 ① 안용복과 박어둔을 천시금(박어둔의 모)을 매개로 하는 인척관계로 보고, ② 뇌헌과 이인성도 인척관계, 둘과 김성길은 수운활동(물자유통)의 동료, ③ 안용복과 유일부와 유봉석은 조운선의 동료(물자유통의 동료), ④ 뇌헌과 연습은 스승과 제자, ⑤ 박어둔·승담·영률·단책은 향당 관계(울산인), ⑥ 뇌헌·연습·승담·영률·단책은 승려 동지, ⑥ 승담·영률·단책은 목수 동료(선박 유지), ⑦ 뇌헌·이인성·김성길은 문자를 이해하는 지식인, ⑧ 안용복·박어둔

---

25 安龍福ととらべ弐人四年已前 (중략) 其とらべも此度召連参竹嶋ニ残置申候 (p.186). 伯州用事仕廻竹嶋江戻リ十弐艘之舟ニ荷物ヲ積セ改仕六七月之比帰国仕リ殿江も運上ヲ上ケ申筈之由申候(權五曄·大西俊輝주석『元禄覺書』, 제이앤씨, 2009, p.196).

과 승담·영률·단책은 울릉도에 도해 경험이 있는 인맥으로 구별하여 정리했다.

또 안용복을 축으로 하는 부산해로의 집단, 박어둔(원래는 다른 울산인. 박어둔은 축이 될 만한 인물이 아니었다)을 축으로 하는 울산해로의 집단, 이인성(뇌헌이 아닌)을 축으로 하는 순천 해로의 집단으로 분류하기도 했다.[26] 그 11인의 일행을 이렇게 정리할 수 있다.

	숙종실록	원록각서	岡嶋正義 편찬물
1	安龍福, 東萊	安龍福, 通政大夫, 안헨치우, 동래	安同知, 三品堂上臣, 안토우치, 안도우치
2	李仁成, 平山浦	李裈元, 이비쟌	李裈將, 進士軍官, 리히샤우, 이히샨, 리히샨
3	金成吉. 樂安	金可果, 킨샤우구한	金裈將, 進士軍官 帶率, 킨히샤우, 탄히샨, 킨히샨
4	金順立, 延安	金甘官, 킨구한구한	金沙工, 帶率, 船格, 킨샤코우, 타무소우, 키무소우
5	劉日夫, 興海	柳上工, 유샤코우	劉漢夫, 帶率, 船格, 水主 리우칸후, 치미샤콘, 친챠콘
6	劉奉石, 興海	文子不明, 末座 하인, 유우카이	劉格率, 帶率, 船格 리우카쿠소쓰, 시쿠소리, 신소리
7	雷憲, 順天僧	雷憲, 興國寺僧, 토이혼	憲判事, 金烏僧將, 釋氏. 켄한지, 탄한스
8	勝淡, 順天僧	膽淡, 스우쿠하네이	淡法主, 釋氏帶率僧, 탄호우샤, 유쿠와이, 탄호우슈
9	連習, 順天僧	衍洲, 雷憲弟子, 엔스쓰	習化主, 釋氏帶率僧, 시우쿠하샤우, 유쿠와이, 요쿠와이
10	靈律, 順天僧	靈律, 욘유쿠	律化主, 석씨대솔승, 신쿠와슈, 엔니우리
11	丹責, 順天僧	丹册, 탄소이	責化主, 釋氏帶率僧, 세키쿠와슈, 탄세키

(大西俊輝가 정리한 1696년의 일행)

26 大西俊輝가 2014년 10월 29일에 메일로 준 명단임.

정동해중을 관리하는 1696년의 동래부사가 이홍적이고 삼척첨사가 장한상이었다. 일행이 조취번에서 양양으로 귀환한 것을 보면, 일행은 동해연안을 항해할 수 있는 허가증 같은 것을 부산·울산·순천·삼척 등지에서 받았다는 것이 된다. 안용복이 납치될 당시 품속에 품고 있었던 3통의 운행증도[27] 동해연안의 항로를 관리하는 공적 권력이 발행한 것으로 볼 수 있다.

3. 관백의 서계

(1) 안용복의 일본 경험

안용복이 일본 경험을 2회로 보는 것이 일반적인데 3회 이상 설도 있다.[28] 일본인들이 1694,5년에도 울릉도에서 조선인을 만났다는 기록에 근거하는 추정인데[29] 가능성이 많은 주장이다. 그런데 납치된 안용복이 은기도에 이르자 20세의 여인이 눈물을 흘리며 상의를 벗어주었고, 또 다른 기회에 안용복과 박어둔이 방문하자 주민들이 환영하고 헤어질 때는 홍루를 흘렸다는 기록도 있어,[30] 안용복의 일본 경험은 2회로 한정할 수는 없다.

---

27 御月番御老中土屋相模守樣江朝鮮人口上書, 同持參之さすが, 壞中之書付三通 (權靜편역『御用人日記』, 선인, 2010, p.28).

28 朴炳涉『안용복사건에 대한 검증』, 한국해양수산개발원, 2007, p.68.

29 權五曄편역주『竹嶋之書附』, 지성人, 2010, p.101.

30 扨も又舟長の妻にはおしき其器量年ハ廿のまだ花の頃淚汲にて気をもだへつ いかいどりの上着をぬぎて伏居る二人に打かけにけり (중략) 地下人濱へ出る に馴染のあべんてふ虎へひなり (중략) 異國船に打乗りけれハ藻を焼浦の老若 男女濱邉へ出て言葉わからぬ名残をおしみ紅涙たもとをひたす(權赫晟·大西俊 輝편역주『長生竹島記』, 제이앤씨, 2016, p.189·275·281).

비장을 칭하는 안용복은 「삼계의 샤쿠완」으로 표기된 부산첨사의 명으로 울릉도에서 활동하던 중에 대곡가 어민들에게 납치되었다.[31] 그때 안용복은 박어둔을 구하려다 같이 납치되어[32] 비장의 역할을 얼마나 충실하게 이행했는가를 알 수 있다. 4월 18일에 납치된 둘이 20일에 은기도에서 진술한 구상서가 『인부역년대잡집에』에 전한다.[33] 자신의 활동이 부산첨사의 명에 따른 것이라는 내용이 포함된 구상서였다.

대곡가의 죽도환은 23일에 福浦(후쿠우라)를 떠나 島前(토우 젠)에 머물다 26일에 雲州(운 슈우)를 거쳐 27일에 米子(요나 고)에 도착하여 두 조선인을 창고에 감금했다. 米子(요나 고)城의 荒尾修理(쬬우 아라 오 슈 리)가 그 사실을 28일에 조취번에 보고하자, 조취번은 28일에 7일 비각으로 江戸藩邸(에 도 한 테이)에 연락했으며, 번저는 5월 10일에 막부에 보고했다. 그리고 둘을 장기로 이송하라는 막부의 지시를 받은 번저는 13일에 小谷伊兵衛(코 타니 이 베 에)를, 16일에는 비각을 조취에 파견했다.[34] 대곡가의 조선인을 인수 받기 위한 조치였다.

비각이 5월 26일에 도착하자, 조취번은 미자의 대곡가에 억류된 안용복과 박어둔을 29일에 출발시켜 6월 1일에 조취에 도착시켰다. 그리

---

31 三界のシャンクワンより鮑取上ケ申様ニと被仰付 (중략) 竹嶋ニて和希·鮑取揚申由. 右之弐人唐人胸ニ懸申候札之文字, 左之通. 小子按ニ, シャンクワンハ上官ナルベシ(『岡嶋正義古文書』 p.39·195); 彼国人ニ安姓多シアンハ恐クハ姓ニシテヒンシヤ与ヒシヤンハ武官ノ名ニテ俱ニ種將ノ轉語ナル可歟(중략) 三界ノシヤクハン, 今按ニ三界ト云地詳ナラス恐クハ釜山浦ト云ケルヲ三界ト聞誤リタルコトニヤ又シヤクハンハ上官若クハ將軍ナルベシ(『竹島考』하권, p.174·177).

32 ハクトラヒを捕天間ニ乘せ尤小屋ニ置候平包壱取乘せ罷出候付アンヨグ其所ニ參断申ハクトラヒを陸ﾃﾄ揚可申与存天間ニ乘候ヘハ早速船を出し両人共ニ本船ニ乘せ早速出船仕(權赫晟편역주 『竹嶋紀事綜合編』상, 한국학술정보, 2013, p.65).

33 元禄六年酉四月廿八日. 南方村年寄, 同村庄屋, 与三左衛門. 北方村庄屋. 十九左衛門, 甚八. 同村年寄佐之助. 田辺甚九郎様, 三好平左衛門様(『岡嶋正義古文書』, p.245).

34 彼唐人長崎江被遣, 御奉行所江相渡, 右之段々申達候用被仰渡, 為御請小谷伊兵衛即刻被遣之(『御用人日記』, p.23).

고 荒尾大和 댁에 머물게 하고 2일에 중신 셋이 방문한 후에 정회소로 옮긴다.[35] 5일에는 번주의 동생 辰之助君가 방문하고,[36] 7일에 장기로 이송한다.

조취번은 조선인을 장기로 이송하는 사자로 山田兵左衛門과 平井甚右衛門으로 정하고, 山崎主馬는 원만한 인계인수에 필요하다며 활동비 2천필을 장기의 下見助右衛門에게 보냈다.[37] 90인의 호송단은 둘을 가마에 태우고 부채질을 하며 물까지 뿌렸다.[38] 6월 30일에 장기에 도착한 일행은 7월 1일에 장기봉행 川口宗恒와 山岡景助이 열석한 長崎奉行所에 양도하는데, 두 봉행은 대마번 장기 留守居 浜田源兵衛에게 안용복과 박어둔을 심문하고 조취번이 제출한 구상서와 비교 검토할 것을 명했다.[39]

이때 조선인을 인수하기 위해 파견된 대마번의 사자 嶋雄關右衛門은 막부의 허가를 받는데 시일이 걸리므로 일단 귀국해도 된다는 봉행소의 의견에 따라 돌아가자, 대마번은 一宮助左衛門을 다시 파견했고, 8월 14일에야 막부의 허가를 받은 장기봉행소는 16일에 둘을 인계받아 대마도로 귀환하는 일행에게 통행증과 같은 증문을 발부했다.

일행이 9월 3일에 대마도에 도착하자, 대마번은 안용복과 박어둔을 4인이 경비하는 사자옥에 숙박시키고 출입을 금지시켰다.[40] 그리고 9

---

35 今夕ハ大和所ニ一宿, 明日會所江參申事 (p.121) 朝鮮人今晩会所江參, 其前式部将監日向同道ニて, 大和宅江參逢申事(權五曄편주『控帳』, 冊舎廊, 2010, p.123).

36 五日, 辰之助君朝鮮人御見物ノ爲町會所被爲入(『岡嶋正義古文書』p.119).

37 長崎江之御使者人柄逐吟味, 山田兵左衛門・平井甚右衛 (p.95) 先達て山崎主馬より以飛脚金子千疋被遣候事(『控帳』, p.103)

38 惣人数九拾余人相附尤朝鮮人駕籠にて相送候(『竹嶋紀事綜合編』상, p.36). 道中ニ而も駕籠ニ御乗せ被成左右よりあふき或ハ金銀を被下殊外結構ニ被仰付候(『竹嶋紀事綜合編』하, p.49).

39 因幡ニ而之口上書与相違無之様ニ与之御事ニ而少々文句御改被成請書いたし明日差上候様(『竹嶋紀事綜合編』상, p.37).

월 4일에 둘을 심문하여 조취번과 장기봉행소가 작성한 것보다도 구체적인 구상서를 작성했다.

안용복과 박어둔은 9월 22일에 대마번을 떠나 11월2일에 부산의 왜관에 도착하여, 50여일이 지난 12월 10일에 동래부에 양도된다. 8개월만의 송환이었으나 둘을 양도받은 접위관 홍중하는 즉시 포박하여 구금시키고 2년형에 처했다.[41] 감금된 안용복이 막부의 뜻을 왜곡하는 대마번의 비리를 제공하는 것은 새로 임명된 접위관 유집일이 동래부에 도착한 후였다. 1694년 8월 3일에 동래부에 도착한 유집일은 8월 9일과 11일 사이에 안용복을 만나, 강호막부가 제기한 어렵문제를 대마번이 영토문제로 왜곡한 사실을 알게 되었다. 조선과 일본 사이에서 사실을 왜곡하는 대마번을 제외하는 외교노선을 구축해야 한다는 필요성을 남구만이 말한 것도 그 후였다.

안용복이 2년형을 다 복역했는지, 남구만의 추천으로 삼척첨사가 된 장한상의 울릉도 탐사에 참여했는지를 알 수 없다. 그러나 장한상의 울릉도 탐방이 1694년 9월 19일 이후에 시작되었다는 것이나 150명의 일행에 별견역관 안신휘가 포함된 것을 생각하면[42] 울릉도 지리에 밝고 일본어 능력을 구비한 안용복도 참가한 것으로 볼 수도 있다.

안용복이 형기를 다 채웠는지는 알 수 없으나 1696년 3월 11일에 11

---

40 朝鮮人宿御使者屋ニ被仰付宿番御徒士四人組之者四人被仰付朝鮮人門外ニ出入不仕様申渡(『竹嶋紀事綜合編』상, p.58).

41 竹嶋ニ罷越候漁民二人召連候警固として横目改濱田源左衛門也代官樋口太郎兵衛相附罷出候處馳走訳朴同知金判事両人此方警固二人ニ致挨拶彼方之者大勢召出し右漁民二人為請取之則縄掛候躰ニ相見候(『竹嶋紀事綜合編』上, p.102).

42 去9月19日巳時量, 自三陟附南面將五里津待風所發船 (중략) 僉使與別見譯官安愼徽, 領來諸役各人及沙格并一百五十名, 騎船各一隻, 及水船四隻良中從其大小分載. 同日巳時量, 因西風開洋是乎(張漢相『欝陵島事蹟』; 柳美林『독도와 울릉도』, 지식산업사, 2013, p.359).

인의 일행을 구성하고 15일에 울산항을 떠나 18일 석양에 울릉도에 도착한다.[43] 그리고 5월 15일에 울릉도를 출발하여 자산도에 도착했고, 16일에 자산도를 출발하여 18일 아침에 은기도의 西村(니시무라)에 이르렀으나 풍랑으로 표류하다 20일에 大久村(오오 쿠 무라)에 입항하여 번소를 방문한다. 그곳에서 통정대부라는 신분을 증명하는 호패를 보이며 조취번을 통해 막부에 대마번의 비리를 고발하겠다는 목적을 밝혀, 은기번소가 안용복 일행의 건을 조취번과 石州(세키슈우)에 보고할 수 있게 했다. 그리고 6월 4일에 赤崎(아카사키)에 건너가, 이미 은기번소의 보고를 받은 조취번의 안내에 따라 靑谷(아오 야)의 專念寺(센 넨 지)와 賀路(카 로)의 東善寺(토우젠 지)에 머물다 21일에 조취번의 정회소로 옮겼다.

그때 조취번은 2대의 가마와 9필의 전마로 일행을 영접하고, 요리사와 시중까지 임명했다. 안용복을 「삼품당상신안동지」로, 일행을 조선국의 사신단으로 예우하는 환대 속에서 지내다 7월 17일에 湖山池(코 야마이케)의 靑島(아오시마)로 옮겨서 머물다, 6월 7일에 하로를 출선하여 양양으로 귀환하여, 8월 29일에 강원감사 심평에게 체포된다.

(2) 막부와 조취번의 죽도 인식

1693년 4월 28일에 대곡가가 안용복을 심문한 구상서와 죽도환의 선두 黑兵衛(쿠로 베 에)와 平兵衛(히라 베 에)의 구상서를 미자성의 荒尾修理(아라 오 슈 리)가 당일에 조취번에 제출하자, 조취번은 7일 비각으로 강호번저에 보고했고, 그것을 5월 9일에 수취한 번저는 10일에 조선인의 소지품 3점과 같이 막부에 제출했다.[44] 그러자 막부가 13일에 조선인의 장기봉행소 이송을 지

---

43 当子三月十八日朝鮮国朝, 飯後二出船同日竹嶋へ着夕(權五曄·大西俊輝역주 『元禄覺書』, 제이앤씨, 2009, p.167); 廿五日二寧海与申所江参着仕其所を同廿七日辰之刻二出帆仕酉之刻竹嶋江参着仕(『竹嶋紀事綜合編』상, p.38).

시했고, 번저는 즉시 대곡가의 조선인을 인수하기 위해 小谷伊兵衛를 조취에 파견했다.[45]

그리고 안용복과 대곡가의 구상서를 검토했을 5월 21일에 막부의 松平美濃守가 번저의 伊庭七郎左衛門을 불러 죽도의 지리적 사실을 질문을 했고, 이정은 22일에 죽도가 조취번의 영지가 아니라는 내용이 포함된 5개조를 보고했다.[46] 그러면서 미진한 4개항은 國元(조취)에 물어서 보고하겠다는 답을 했다.[47] 번저의 荒尾志摩는 즉시 대곡가와 촌천가에 물어 보고할 것을 國元에 지시했고, 국원은 미자성에 그것을 전하여 6월 7일에 보고를 받는다.[48]

그런데 강호번저가 5월 22일에 죽도의 영유를 부정하는 답서를 막부에 제출했다는 것은 그 이전에 죽도의 영유를 부정하는 국원의 보고를 받았다는 것인데, 국원이 언제부터 그런 인식을 하게 되었는가가

---

44 今月十日, 早々御聞役を以御月番御老中土屋相模守様江朝鮮人口上書・同持参之さすが・壊中之書付三通, 并村川・大屋船頭之口上書共被遺(『御用人日記』, p.28).

45 彼唐人長崎江被遺, 御奉行所江相渡, 右之段々申達候用被仰渡, 為御請小谷伊兵衛即刻被遺之(『御用人日記』, p.23).

46 一, 伯者国米子より竹島江海上凡百六十里程有之由候. 例年米子出舟, 出雲江参, 隠岐国江致渡海候て竹島江渡申候. 米子より直竹島江渡候儀成不申候. 一, 村川市兵衛・大屋九右衛門, 御当地罷越御目見被仰付候節, 竹島石決明献上仕候. 一, 竹島江て蚫取候運上は無之候. 伯耆守献上蚫も右□□□□人共我手前より相調差上申候. 一 竹島ニて海馿取候て, 彼地ニて油仕取帰候て商売仕候. 尤油之運上も撫御座候. 一, 竹島ははなれ嶋ニて人住居は不住候. 尤, 伯耆守支配所ニても無之候. 右之通ニて御座候(『御用人日記』, pp.56~73). 같은 내용이 『竹嶋之書附』에도 있음.

47 一竹島渡海之儀, 委細爰許ニて相知不申候. 一竹島渡海付, 御朱印は無之様覚申候. 併相尋自是可申上候. 併御奉書之写も爰元ニ無之候. 一竹島江渡海之舟ニ御紋之船印相立候儀, 爰元ニて相知不申候. 一村川市兵衛・大屋九右衛門御当地江罷下候儀, 何ケ年壱度罷越候哉. 其段爰元ニて樋相知下申候. 右之通国許江申遺, 追て可申上候(『御用人 日記』, pp.75~83). 『竹嶋之書附』에도 있음.

48 竹嶋江渡海初候儀様子, 先頃於江戸松平美濃守殿御尋之由ニ村, 委細村川・大屋江相尋候て申候越様ニと志摩より申來. 依之村川市兵衛儀修理へ申候て, 呼寄, 委書付差出候付, 写候て, 御奉書之写(『控帳』, p.133).

문제다. 대곡가가 조선인을 납치한 사실을 막부에 보고하면서 조취번이 「향후 그 섬에 조선인이 오지 않도록 해서 지금까지와 마찬가지로 전복을 헌상하고 싶다」라고 말한 것을 보면,[49] 조취번도 처음에는 죽도를 일본의 영지로 착각하고 있었다는 것이다.

그런 상황에서 강호번저가 22일의 답서에서 죽도의 영유를 부정했다는 것은 그 사이에 번저의 인식이 변했다는 것이다. 그래서 생각할 수 있는 것은 조취번이 4월 28일에 제출하고 번저가 5월 7일에 수취한 제출물에 그런 내용이 있었다는 것이다. 4월 28일에 조취번이 번저에 제출한 것은 안용복의 구상서와 소지품 3점과 선두의 구상서였는데, 실제로 조선인의 구상서, 즉 안용복이 진술한 구상서에는 죽도가 조선의 영지라고 주장한 내용이 있었다.

안용복은 4월 20일에 은기번소에서 부산첨사의 지시로 죽도에 도해한 것으로 진술했고, 28일의 대곡가에서는 울릉도(죽도)도해가 부산첨사의 지시가 아니라고 진술 내용을 바꾸면서도, 죽도가 부산첨사가 관리하는 조선의 영지라는 인식은 바꾸지 않았다. 조취번이 4월 28일에 제출한 구상서가 은기번소에서 20일에 작성한 것과 대곡가에서 28일에 작성한 것 둘 다였는지, 대곡가의 것뿐이었는지는 알 수 없으나, 어느 쪽이라 해도 죽도가 조선의 영지라는 내용은 포함되어 있었다.

따라서 번저가 5월 22일에 막부에 제출한 죽도의 영유를 부정하는 답서는 안용복의 구상서에 근거하는 것으로 볼 수 있다. 안용복은 조취번과 장기봉행소에서 이루어진 심문에 응해서도 「죽도가 일본령이라는 것은 일본에서 처음으로 알았다」고,[50] 죽도가 일본이 아닌 조선의

---

49 向後彼嶋江朝鮮人不參候樣致シ, 蚫をも前之通, 献上も仕度指申達候処(『御用人日記』, p.41).
50 日本之内竹嶋与申所之由ハ此度承申候御事(『竹嶋紀事綜合編』상, p.40).

영지라는 인식을 분명히 밝혔다. 그런 인식에 근거하는 안용복의 구상
서를 조취번과 강호번저가 같이 확인한 상태에서, 막부와 번저가 5월
21일과 22일의 문답을 통해 「죽도가 조선의 영지」라는 사실을 재확인
했다. 그러면서 번저나 막부 그 어느 쪽도 그 내용에 회의를 표하거나
부정하지 않았다. 그것은 안용복의 인식을 막부와 강호번저, 그리고
조취번 모두가 묵인 내지 동의했다는 것을 의미한다.

그처럼 인식의 변화가 있었기 때문에 조취번은 안용복과 박어둔을
장기로 이송하는 90인의 호송단을 조직하여 가마에 태우고 부채질을 하
는 것에 그치지 않고, 물까지 뿌린 것이다. 그것만이 아니다. 1즙 3채의
일반적인 식사를 둘에게 1즙 7,8채로 대접하는 호의를 보인 것이다.[51]

6월7일에 조취번을 출발한 일행은 30일에 장기에 도착하는데 일행
이 경유해야 하는 공령과 사령도 후대하여 조취번이 감사인사를 계획
할 정도였다.[52] 그것은 안용복이 유집일에게

> 처음 일본에 갔을 적에 매우 대우를 잘하여 의복과 호초와 초를
> 주어 보냈고, 또한 모든 섬에 이문하여 아무 소리도 못하게 했는데,
> 장기도에서 침책하기 시작했다.[53]

조취번이 후대한 것에 비해 대마번은 죄인 취급을 하며 소지품을
탈취한 것으로 설명했다. 처음에 일본에 갔을 때란 막부가 조취번에

---

[51] 田代和生 『倭館』, 文藝春秋, 平成14, p.177; 御馳走被仰付候膳部一汁七八菜程宛ニ
而(『竹嶋紀事綜合編』상, p.65).

[52] 長崎江罷越候節道中, 御領私領共御馳走有之 (중략) 御領・私領にて御馳走之に
て御礼之義ハ, 御中陰あきし以後可被仰遣筈也(『御用人日記』, p.128).

[53] 初至日本, 甚善遇之, 賜衣服及椒燭以遣之, 又移文諸島, 俾勿問, 而自長碕島, 始
侵責之(『肅宗實錄』20년8월14일).

조선인을 장기에 이송하라고 지시했을 때, 즉 조취번이 후대할 때를 말하고, 장기에서 침책하기 시작했다는 것은 조취번이 장기봉행소에 양도한 둘을 대마번이 인수한 1693년 7월 1일 이후를 말한다. 안용복이 말한 조취번의 후대는 둘에게 물품을 주는 것 외에도, 일행이 경유하는 공령 사령에 일행의 통과를 보장하는 「이문」을 보낸 것도 포함된다. 이문이란 동등한 아문에 보내는 공문서로 「공이」라고도 하는데, 중앙 관아 및 지방 관찰사 등의 관서 간에 행정적으로 협조할 필요가 있을 경우에 발부했다.

조취번은 둘을 장기로 이송하기 위해 사자를 둘로 정하고 사전 작업을 위해 장기의 관련자에 경비를 미리 보내는 등 준비에 만전을 기했다. 장기로 떠날 때도 봉행에 보내는 봉서와 도중에 지켜야 하는 조목을 기록한 서류를 작성에 주었다.[54] 그런 서류에 안용복이 언급한 이문도 포함된 것으로 볼 수 있다. 그것만이 아니다. 일행이 장기로 떠난 당일에 대곡가와 촌천가에 물어서 정리한 죽도의 지리적 사실, 대마번주가 荒尾內匠에 보낸 서장의 사본, 서류 2통 등을 번저에 보고하면서, 장기로 출발한 일행에게도 비각으로 전달했다. 장기봉행소의 질문에 대비한 조치로, 조취번이 둘의 호송에 정성을 다 한다는 것을 알 수 있는 배려였다.

조취번이 두 조선인을 장기봉행소로 이송하는 것은 번주의 권한이 미치지 않는 영역을 이동하는 일이기 때문에 경유하는 영역의 영주들에게 이문을 보내 협조를 받아야 했다. 그럴 경우 영주들의 협조를 보장 받을 수 있는 것은 조취번주보다 관백의 서계가 효과적이었다. 일행이 경유하는 영역 모두가 관백의 질서에 속한 영역이기 때문에 통행

---

54 長崎御奉行江之御書, 并道中御條目御書出等, 右両人江相談申候(『控帳』, p.127).

을 보장한다. 그것만이 아니라 조선에서의 안전도 보장할 수 있다. 둘의 일본행이 의도된 것이 아니라 연행된 것이라는 것을 보증하여 범월죄로 치죄되는 경우를 면하게 할 수도 있다.

안용복과 박어둔이 조취를 떠나 장기로 향하는 6월 7일은 이미 조취번과 막부가 죽도가 일본의 영지가 아니기 때문에 조선령이라는 인식을 공유한 시기였다. 또 6월 7일은, 강호 번저가 막부에 분명하지 않는 죽도의 지리적 사실은 조취에 물어서 보고하겠다며 조취에 조사하여 보고할 것을 5월 23일에 지시했었는데, 조취번이 그것들을 조사하여 강호번저에 보고한 날이었다.[55] 말하자면 죽도가 조선의 영지라는 안용복의 주장을 확인하고 인정한 시기였다.

그처럼 죽도가 조선의 영지라는 인식을 막부와 조취번이 공유했기 때문에 둘을 가마에 태우는 것과 같은 호의를 표한 것이다. 그런 상황에서 둘이 조선에 송환된 후의 안전까지 보장할 수 있는 서계, 즉 안용복의 인식을 관백이 인정하는 서계를 작성해 주는 일은 필요한 일이었고, 강제로 연행한 일본의 책임이라고도 말할 수 있는 일이었다. 그런 의미에서 안용복의 주장을 인정하는 서계를 작성하여, 경유하는 각지의 협조를 보장하고, 조선에서 범월자로 치죄되는 경우를 면하게 한다는 차원에서 관백의 서계를 작성해주는 일은 있을 수 있는 일이다.

관백의 서계를 건넨 사실을 시사하는 내용은 대곡가의 기록에도 있다. 조취번을 거쳐 강호에 이송한 안용복과 박어둔을 심문한 후에 물품을 주어(어증) 송환했다는 내용이다.[56] 그것은 남구만이 「노자를 많

---

[55] 竹嶋江渡海初候儀樣子, 先頃於江戸松平美濃守殿御尋之由ニ村, 委細村川大屋江相尋候て申候越樣ニと志摩より申來. 依之村川市兵衛儀修理へ申候て, 呼寄, 委書付差出候付, 写候て, 御奉書之写 (중략) 江戸へ今日之飛脚ニ差遣事(『控帳』, p.133).

이 주어서 돌려보냈다」는 노자, 관백이 울릉도가 영구히 조선에 속한다는 공문과 증물을 주었는데 대마번에 빼앗겼다는「공문」과「증물」,[57] 3년 전에 일본에서 받았다고 안용복이 은기에서 진술한「것들」, 비변사에서 진술한 관백의 서계 등과 대응한다.[58]

1666년의 조선은 부산의 기장에 표착한 대곡가 어민 22인을 송환하면서 생필품과 그것들을 기록한 목록을 건네면서 조선국왕의 전별목록 2통을 건넸다.[59] 표착한 일본어민을 송환하면서 조선국왕이 직접 전별목록은 작성하여 건네는 일은 있을 수 없는 일이다. 그럼에도 대곡가 어민들이 국왕명의 전별목록을 받았다고 말하는 것은 부산첨사나 동래부사가 작성하고 조선국왕명으로 서명한 것을 건네준 결과로 보아야 한다. 그렇게 하는 것이 표착민을 격려하는 일이고 송환된 후에 범월죄로 처벌되는 경우를 면하게 한다고 판단하고 배려한 것이다. 안용복이 언급한 관백의 서계도 그런 경우를 대비해서 발부된 것으로 볼 수 있다. 막부의 인식에 어긋나지 않는 내용의 서계를 조취번이 작성하여 건네는 경우는 있을 수 있는 일이다. 또 안용복이 그것을 관백의 서계로 인식하는 것은 어쩌면 당연한 일이었다.

---

56 其後鳥府表江唐人被召 船頭 黑兵衛始水主召連 勝房後見藤兵衛出府 唐人道中 爲警固 御組士加納鄕左衛門樣尾関忠兵衛樣 右御前所御出府 則鳥府表御吟味之 上 唐人江府へ御引渡 則江戶表御穿鑿 相済順々御贈帰卜成ル(權五曄·大西俊輝 편역주『竹島渡海由來記拔書控』下, 한국학술정보, 2011, p.56).

57 『안용복과 원록각서』, p.185; 瀧本誠一편『賀島兵助言上書』, 日本經濟大典第12卷, 明治文獻, 1967; 權五曄·大西俊輝편역주『竹島文談』, 한국학술정보, 2011, p.91.

58 以鬱陵, 子山等島, 定以朝鮮地界, 至有關白書契(『肅宗實錄』肅宗22년9월25일); 本州成給鬱島永屬朝鮮公文, 且多有贈物, 出來時, 路由馬島, 公文贈物, 盡爲馬島 人所奪云(『肅宗實錄』肅宗22년10월13일); 安龍福以爲伯耆州所給銀貨及文書. 馬 島人劫奪(『肅宗實錄』肅宗22년10월23일); 癸酉十一月日本二而被下候物共書付 之帳 壱册出シ申候則写之申候(『원록각서』, p.205).

59 尤朝鮮国王ヨリ船頭水主江餞別目録二通有之(權五曄·大西俊輝편역주『竹島渡 海由來記拔書控』上, 한국학술정보, 2011, p.216).

(3) 안용복의 소지품

안용복의 울릉도 도해를 『숙종실록』이 위법처럼 기록하여, 일본의 관백한테 울릉도가 조선령 이라는 서계를 받았다는 안용복의 진술에 회의를 품게 된다. 그러나 막부와 조취번이 안용복의 구상서를 확인한 후에 죽도의 영유를 부정하며 송환한 것을 보면 안용복의 진술이 사실에 근거한다는 것을 알 수 있다.

납치될 당시 안용복과 박어둔은 3통의 서류를 소지하고 있었다. 불시에 납치되면서도 소지해야 할 만큼 소중한 서류였다는 것을 알 수 있다. 누가 소지했는가에 대한 기록은 없으나 박어둔이 납치될 때 보따리 하나를 들었다는 데,[60] 그 안에 서류가 들었던 것 같다.

미자성의 황미수리가 안용복이 납치된 상황을 조취번에 보고하면서 조선인의 구상서와 소지품과 품속의 서류 3통, 그리고 대곡가와 촌천가의 구상서 등을 제출했다. 조선인의 구상서란 안용복이 4월 20일에 은기번소에서 진술한 것이 아니라 28일에 대곡가에서 다시 진술한 것으로, 죽도는 부산첨사가 관할하는 영지라는 내용이 있다. 1693년 9월 4일에 대마번이 정리한 조선인의 소지품은 조취번이 준 12품목과 원래 소지했던 13품목으로 구별했는데,[61] 그 중의 船手形^{후나 테 가타} 3매가 안용복이 품속에 간직한 서류에 해당한다. 구체적인 용도는 확인할 수 없으나 안용복이 부산~울산~흥해~영해~삼척으로 이어지는 동해안과 정동해중에서 활동한 것을 감안하면 각지에 설치된 검문소의 통과

---

60 四月十七日ニ我々罷在候所ニ罷出則着物杯入置申候ひら包をおさゑ我々両人彼方之船ニ乗せ(『竹嶋紀事綜合編』上, p.38).

61 木綿綿入下斗壱, 打帯弐筋, 木綿帯弐筋, 笠弐, 木綿足袋壱足, さすか壱本, 虎のきはか之指壱, 船手形三枚, 木札弐枚, 右朝鮮人持渡候分何茂無違請取申候以上. 宗馬守内濱田源兵衛印(『竹嶋紀事綜合編』上, p.43).

를 보장하는 통행증으로 볼 수 있다.

안용복이 「삼계의 사쿠완」으로 표기된 부산첨사의 공권력을 대행하는 비장이었다는 것이나 박어둔 가족이 울산부를 찾아가 구명을 호소한 일,[62] 조취번을 방문하고 귀환한 안용복 일행이 강원도 양양에서 체포된 것 등을 보면, 안용복의 활동은 동해 연안을 관리하는 공적권력과 무관하지 않다는 것을 알 수 있다. 곳곳에 설치된 검문소를 통과할 수 있는 신분으로, 그것을 입증할 수 있는 증서를 소지해야 했는데, 선수형이 그것에 해당하는 것 같다.

원래 안용복은 박어둔을 구하려다 납치되었기 때문에, 납치된 순간부터 납치의 부당함을 지적하며 저항하는 것은 당연히 있을 수 있는 일이었다. 은기에서 시작된 심문에 응할 때마다 죽도가 일본의 영지라는 것을 납치된 후에 알았다고 진술한 것으로 알 수 있는 일이다.[63] 안용복이 박어둔을 구하려다 납치되었다는 것은 비장의 역할에 충실했다는 것이다. 그런 안용복의 주장을 조취번이 인정했기 때문에 막부에 죽도의 영유를 부정하는 보고를 했고, 그것을 확인한 막부도 이의를 제기하거나 부정하지 않았다. 막부도 안용복의 주장을 묵인하거나 인정한 것이다.

1696년에 조취번을 방문할 때 소지한 물품은 『원록각서』가 19품목으로 기록했다. 주로 항해에 필요한 도구와 생필품이었다. 목록에 없는 것이 「조울양도감세장신안동지」라는 선기, 안용복이 통정대부를 칭하며 은기번소에 제시한 호패, 3년 전에 일본에서 받은 것을 기록했다는 장부 1권, 조취번을 방문할 때 착용하는 관복과 모자 등이다.

---

62 依之被捕候者之親女房子供方より蔚山之地頭江誰々九人乗組漁ニ罷出七人ハ罷歸候へ共我男親ハ不罷帰候(『竹嶋紀事綜合編』上, p.170).

63 朝鮮国にてハムルグセム与申候日本之内竹嶋与申所之由ハ此度承申候御事(『竹嶋紀事綜合編』上, p.40).

은기번소는 안용복 일행과 3일간 대담하고 관찰한 내용과 일행이 제출한 서류의 목록을 5월 23일에 조취번과 석주에 제출했고, 조취번은 그것을 번저를 통해 6월 13일에 막부에 제출했다.[64] 번저는 22일에도 조취번의 보고서에 첨부된 선중의 서류, 즉 조선인의 서류도 제출했는데, 안용복 일행이 은기도에서 정리한 소송장도 포함된 것으로 볼 수 있다.[65] 그런 것들이 막부에 전달되었다는 것은 안용복의 정보로 대마번의 비리를 안 남구만이, 대마번이 아닌 다른 곳을 통해 조선의 뜻을 막부에 전달하겠다는 외교적 구상이 실행되는 일이었다.

4. 대바번의 비리

(1) 대마번의 사실 왜곡

안용복은 울릉 자산 양도를 조선령으로 인정하는 관백의 서계를 받았으나 대마번이 그것을 탈취하여 위조하는 방법으로 양도를 횡침하려 했다는 내용의 진술을 했다.[66] 그런 대마번의 비리는 기록으로 확인되는 사실이다.

대곡가가 조선인을 납치했다는 조취번의 보고를 받은 막부는 5월 13일에 조취번의 吉田平馬와 대마번의 鈴木半兵衛를 불러, 길전에게는 조선인의 장기이송을 지시하고, 영목에게는 장기에서 조선인을

---

64 今月二日国元家来迄申越候 (중략) 従国元今日以飛脚申越候付, 先御届申上置候 (『어용인일기』, p.161).

65 前々書付斗書出申候廿一日舟ヲモ證懸り申候書簡今度之訴訟一巻と被為長々と仕たる下書ヲ致シ本書をも證懸り候(『元祿覺書』, p.229).

66 前日以兩島事, 受出書契, 不管明白, 而對馬島主奪取書契, 中間僞造, 數遣差倭, 非法橫侵(『肅宗實錄』肅宗22년9월25일).

양도 받아 조선으로 송환 하며, 조선인의 출어금지를 요구할 것과 조선어 통사를 조취번에 파견할 것을 지시했다.[67] 그러면서 죽도가 조취번의 부속도가 아니라는 사실도 밝혔다.[68]

9월 2일에 조선인이 대마번에 이송되자 번주의 부 宗義眞(소우요시자네)는 막부가 죽도를 조선령으로 여기는 것 같으니 확인할 필요가 있다는 말을 했다. 그러나 번주 宗義倫(소우요시토모)의 노직들은 따르지 않았다.[69] 대신에 多田与左衛門(타다요에몬)(橘眞重(타챠바나마사시게))을 사자로 선발하고, 일본의 죽도에 건너온 조선인을 송환하니, 이후로는 도해하는 일이 없도록 해달라는 서간을 조선에 보냈다.[70] 막부가 지시한 어렵문제를 영토문제로 왜곡한 것이다. 그러나 대마번의 의도를 간파하지 못한 조선의 남인 정권은「조선의 울릉도와 일본의 죽도」라는 사실과 다른 국서를 1694년 1월 15일에 건넸다.[71] 일본의 은혜를 입고 살기 때문에 일본을 위해 일한다는 역관 박재흥과[72] 울릉도의 언급을 피한 답서의 작성을 원하는 대마번의 阿比留總兵衛(아비루소우베에)가 조율한 결과였다.[73]

67 朝鮮人竹嶋与申所江漁として罷越候 (중략) 向後不罷越候様ニ与對州江申遺候得之由被仰渡也(『竹嶋紀事綜合編上』, p.18).

68 右竹嶋与申所ハ伯耆様御領内にても無之因幡より百六十里程も有之所ニ而御座候(『竹嶋紀事綜合編上』, p.20).

69 朝鮮之竹嶋与被思召上たる事与相見へ候間右之次第一応 公儀江御伺被成思召之程得与御聞被成候上朝鮮ニ可被仰懸哉与之御事ニ候所此時之衆儀 公命を以朝鮮ニ被仰達候ハヽ違難ニ及申間敷(『竹嶋紀事綜合編上』, p.68).

70 日本之内竹嶋江罷越候付重而不参様ニ申付追返し候 (중략) 重而彼地江不罷越候様ニ堅く可申(『竹嶋紀事綜合編上』, p.70).

71 弊境之蔚陵島亦以遼遠之故切不許任意往来 (중략) 貴界竹島(『竹嶋紀事綜合編上』, p.145; 雖弊境之鬱陵島 (중략) 貴境竹島『肅宗實錄』肅宗20년2월23일).

72 私儀朝鮮国ニ生候程共, 唯今着仕候衣類妻子養候事茂, 殿様御頼ニ候得者何事ニ而も御用之節心を尽御奉公可仕与存候 (중략) 日本人ニ而御座候得者下々迄茂朝鮮人より冝様仕度与存事御座候(『竹嶋紀事綜合編』上, p.123).

73 欝陵嶋御捨置殊漁民迄不参候様被仰付候上ハ欝陵嶋之噂不被成候而(『竹嶋紀事綜合編』上, p.128).

다전은 그것을 막부에 바치면 전쟁이 재발될 수 있다며 조선을 위협하다[74] 돌아갔다. 그러자 대마번은 울릉도의 삭제를 요구하며 윤 5월 13일에 다전을 다시 파견했는데 그 사이에 조선은 갑술환국으로 정권이 바뀌어 영의정이 된 남구만이 대응하게 된다. 처음의 남구만은 대마번의 요구에 응하려 했으나 윤지완이 제지하자, 유집일을 접위관으로 추천했고, 유집일은 2년형을 받은 안용복을 만나 대마번이 막부의 뜻을 왜곡한다는 사실을 알게 된다. 그러자 남구만은 유집에게 남인이 건넸던 국서를 8월 25일에 회수시키고, 죽도가 조선의 울릉도라는 내용의 국서를 9월 12일에 건네는 것으로[75] 협상을 종결 지었다.

다전은 국서를 받을 수 없다며 9개월이나 항의하다 1695년 6월 17일에 귀환하자, 대마번주의 부 종의진이 8월 30일에 대마도를 출발하여 11월 25일에 막부의 노중 阿部豊後守正武(아 베 분 고노카미마사타케)와 해결책을 상의한다. 그 때 노중 아부정무는 조선인과의 공동도해가 장군의 뜻이라고 밝혔으나,[76] 대마번이 수용하지 않았다. 그러자 아부정무는 12 월 24일에 죽도의 지리적 사실을 조취번에 물어 죽도와 송도가 조취번의 영지가 아니라는 내용이 답서를 25일에 받았다.[77] 1693년 5월 21일과 22일에 막부와 조취번 강호번저가 문답했던 것과 같은 일의 반복이었다.

그렇게 막부는 죽도의 지리적 사실을 조취번에 물어 죽도와 송도가

---

[74] 其節朝鮮之返答ニより大事ニ及候歟又ハ左候ハヽ日本江進候与被申候も如何敷候(『竹嶋紀事綜合編』上, p.165).

[75] 本是鬱陵島, 而以其産竹, 或稱竹島, 此乃一島而二名也. 一島二名之狀, 非徒我國書籍之所記(『肅宗實錄』20년8월14일).

[76] 日本より者弥可相渡候間彼方より罷渡候ハヽ其通ニ与何となく (중략) 双方より罷渡候而者入交候而以来災も出来殊ニ者御法度之商賣等も可仕候哉与奉存候(『竹嶋紀事綜合編』下, p.156).

[77] 竹嶋松嶋其外兩國江附屬之嶋無御座候事(權五曄편역주『竹嶋之書附』, 대구한의대, 2012, p.87).

조취번에 부속된 영지가 아니라는 것을 확인 하자 1696년 1월 9일에 대마번의 平田直右衛門^{히라다 나오에몬}을 불러 조취번의 부속도가 아닌 죽도에서 어렵을 하고 있을 뿐이라는 설명을 하고, 일본인이 거주하거나 취한 일이 있으면 돌려주기 어려우나 그런 일도 없어 문제 삼을 것이 없다는 말을 했다. 또 무위로 해결하자는 주장도 수용하지 않았다.⁷⁸ 다전이 전쟁의 재발을 거론하며 위협했던 방법을 부정한 것이다.

그리고 막부는 1696년 1월 23일에 강호번저에 다시 질문하여 25일에 9개조의 답을 받았는데, 그중에는 「송도는 조취번에 부속된 섬이 아니고 죽도에 가는 길에 들리는 섬이다」, 「조취번 이외의 사람이 송도와 죽도에 도해한다는 말은 들은 일이 없다」라는 항목도 있다.⁷⁹ 그때 강호번저는 소곡이병위가 정리한 『죽도지서부』도 같이 제출했다. 그러자 막부는 26일에 松江藩에 같은 내용을 확인하여, 대곡가와 촌천가의 도해를 금하면 일본인의 도해를 금하는 것이라고 판단할 수 있었다.⁸⁰

막부는 그렇게 대곡가와 촌천가가 도해하는 죽도와 송도가 조취번의 영지가 아니라는 사실을 철저히 조사한 내용에 근거해서 1696년 1월 28일에 일본인의 죽도도해를 금했다. 막부의 조치에 놀란 종의진은 대마번이 조선에 통보하기 전에는 조취번이 공포하지 못하게 해달라는 부탁을 했으면서도,⁸¹ 안용복이 방문할 때까지 알리지 않았다. 그랬

---

78 竹嶋元しかと (중략) 因幡伯耆^江附属与申^二而茂無之候 (중략) 朝鮮之嶋を日本^江取候与申^二而も無之 (중략) 日本人居住仕候か此方^江取候嶋^二候ハ〜 今更遣しかたき事^二候得共左様之証拠等も無之候間此方より構不申候様^二被成 (중략) 蚫取^二参候迄^二而無益嶋^二候 (중략) 御威光或武威を以申勝^二いたし候而も筋もなき事申募候儀者不入事^二候(『竹嶋紀事綜合編』下, p.196).

79 松嶋ハ何れ之国江付候嶋^二而も無御座候由承候 (중략). 竹嶋江渡海之節道筋にて御座候故, 立寄狩仕候, 他領より猟^二参候儀ハ不承候(『磯竹島覚書』国立公文書館内閣文庫; 池内敏『竹島問題はとは何か』, 名古屋大学出版会, p.320).

80 池内敏『竹島問題とは何か』, 名古屋大學出版會, 2012, p.29;『竹島』, p.76.

81 私方より訳官^江申渡候与之遂御案内候以後伯耆守^江被仰付候得かしと奉存候

으면서도 안용복의 방문으로 조선에 알려질 상황이 되자, 일본인의 죽도도해금지를 자신들이 주선한 결과라며 또 사실을 왜곡했다.[82]

(2) 대마도주의 간청

대마도주의 부 宗義眞(소우요시자네)가 조취번주에게 안용복의 소송이 이루어지면 아들이 죽게 된다며 소송이 이루어지지 않도록 해달라고 간청했기 때문에, 안용복이 관백에게 품정하지 못한 것이라 했다. 대신에 월경했던 왜인 15인을 처벌하고, 다시 침범하는 자를 엄벌할 것을 약속하며, 양식을 주고 사자를 동행시키겠다는 조취번주의 제의를 안용복이 거절했다 한다.[83]

대마도주의 부가 간청하여 품정하지 못했다는 것을 제외하면 사실에 근거하는 진술이었다. 안용복 일행이 은기번소에 제출한 서부가 조취번과 석주를 통해 막부에 1696년 6월 13일에 전달되었고,[84] 조취번의 유학자가 안용복 일행과 대담한 내용이 번저를 통해 22일에 막부에 제출되었기 때문이다.[85] 다만 번저는 조취번이 안용복과 필담을 했음에도 그런 일이 없었던 것으로 보고했다.

갑술환국으로 영의정이 된 남구만이 대마번의 비리를 간파한 후에 대마번을 제외한 외교노선의 개설을 공언하고, 죽도가 조선의 울

(『竹嶋紀事綜合編』下, p.227).

82 時島主入去江戶, 言于關白以竹島近朝鮮, 不可相爭, 仍禁倭人之往來, 周旋之力多矣(『肅宗實錄』肅宗23년2월14일).

83 島主之父來懇伯耆州曰, 若登此疏, 吾子必重得罪死, 請勿捧入. 故不得稟定於關伯, 而前日犯境倭十五人, 摘發行罰 (중략) 仍給糧, 定差倭護送, 渠以帶去有弊, 辭之(『肅宗實錄』肅宗22년9月25日).

84 依之去五日御国より注進之脚力今朝到来仕付, 公義江先御聞役吉田平馬を以御届之御口上書(『御用人日記』, p.156).

85 竹島訴訟之様にも不相聞候旨, 金左衛門晚庵江承て罷帰間, 船中ニ有之物之書記も御国より差越候(『御用人日記』, p.169).

릉도라는 답서를 건네는 것으로 협상을 종결했다. 그런 남구만의 외교적 구상은 안용복이 조취번을 통해 비리를 막부에 고발한 것으로 실행되었다.

당시 조취번주 池田綱淸가 강호에 있었고 대마번주의 부 종의진이 대마도에 있었다는 것을 근거로, 안용복이 조취번주와 대좌하여 대마번의 비리를 논한 것이나 대마번주가 조취번주에게 고소가 이루어지지 않게 해달라고 간청했다는 진술이 허위라고 주장되기도 한다.[86] 그때 조취번주 지전강청이 강호번저에 체류하고 대마도주의 부가 대마도에 체류한 것은 사실이었다. 그래서 안용복이 둘을 직접 만나지 못했다는 것도 사실이다. 그러나 종의진은 대마도에 있으며 강호번저의 모든 일을 지휘했고 조취번은 가로들이 번주를 대행했기 때문에, 안용복의 진술을 허위로 단정할 수는 없다. 안용복이 강호에 체류하는 조취번주를 대리하는 가로들과 대담하는 것은, 번주와 대담하는 것과 같은 일이었고, 대마번 강호번저의 가로들이 조취번의 강호번저를 찾아가는 일은 조취번주와 대마번주를 대리하는 가로들이 대담하는 일이었다. 대마번 강호번저의 가로들이 조취번의 강호번저를 통해 안용복에 관한 정보를 구하려고 노력했고, 조취번의 가로가 대마번의 입장을 생각해서 막부에 거짓보고까지 했다. 그것은 조취번과 대마번의 번주가 간접적으로 대담한 것으로 볼 수 있어, 안용복의 진술은 부정될 수 없다.

막부의 죽도도해금제령을 조선에 알리지 않은 상태에서 안용복 일행이 조취번을 방문하여, 대마번의 비리를 고발했다는 사실을 대마도에서 접한 도주의 부 종의진은 놀라지 않을 수 없었다. 조선과의 교류

---

86 下條正男『竹島は日韓どちらのものか』, 문예춘추, 2004, p.76.

를 독점하는 것으로 거부를 축적하는 대마번으로서는 조선이 조취번을 통하여 막부와 교류하는 선례가 생기는 것은 자번의 특권을 상실하는 일로, 죽도해금지령을 조선에 알리지 않았기 때문에 받는 문책이나 아들의 목숨을 잃는 것과는 비교할 수 없는 위기였다. 그야말로 번의 생존이 걸린 문제였다.

안용복 일행과 소통할 조선어 통사를 조취번에 파견하라는 막부의 지시를 1696년 6월 23일에 받은 宗義方^{소우요시미치}는 그 내용을 대마도의 부에게 보고했다. 7월 7일에 보고를 받은 종의진은 6인의 통사단을 파견하며, 조취번에 도착해도 강호에 체류하는 번주의 지시가 없으면 조선인과 대화하지 말라고 지시했다.[87] 그리고 賀嶋權八^{카 지마 곤 하치}를 강호의 번주에게 파견하여 대응지침 14조를 전하며, 지침에 따라 노중 阿部豊後守^{아 베 분 고노카미}와 상의하게 했다. 대마도주의 부가 대마도에 거주하면 모든 일을 지시하며 관리하고 있다는 것을 알 수 있는 일이었다.

종의진은 안용복 일행이 조취번을 방문할 때까지도 죽도도해금지령을 조선에 알리지 않았는데, 안용복 일행의 방문을 계기로 조선이 그것을 알게 되면, 안용복이 소송하여 죽도도해가 금지된 것으로 인식하게 되어, 문제가 있을 때마다 대마번이 아닌 다른 곳을 통해 소송하게 될 것을 걱정했다. 선례가 생기면 문제가 발생할 때마다 대마번이 아닌 다른 곳을 통해서 해결하려 할 것이고, 그렇게 되면 조선외교를 전담한다는 대마번의 특권을 잃게 되기 때문이다.[88]

---

87 加勢藤五郎諸岡助左衛門被仰付被差越候付権平儀通詞下知被仰付候彼地^ㄲ罷越候共 (중략) 将又賀嶋之儀抔彼国役人相尋候共不存由申決而左様之咄等不仕様^二可被相心得旨是又申渡之(『竹嶋紀事綜合編』下, p.260).

88 先年竹嶋^ㄲ参候アンヒチヤク与申者も乗罷渡候由^二候故定而竹嶋之訴詔にても可有之哉 (중략) 彼方^二者訴詔申上候故御聞分被成定候而如此被仰付候与可存候左候而者以来共^二少之儀^ニ而も直^ニ訴詔可仕与申候(『竹嶋紀事綜合編』下, p.264).

그래서 대마번은 세 가지 방안을 막부에 제의했다. 첫째는 조선인의 소송을 듣지 않고 조취번에서 귀범시키는 방법이고, 둘째는 장기로 보내되 소송은 접수하지 않고 돌려보내는 방법이었고, 셋째는 소송을 들어야 한다면 대마번의 以酊庵이 입회하는 방법이었다.[89]

그러자 막부는 7월 24일에 첫째 방안을 수용했고,[90] 조취번은 안용복 일행은 8월 6일에 귀국시켰다. 대마번주의 부가 막부에 호소하고 조취번의 협조를 받은 결과였다. 이는 대마도주의 부가 조취번(백기주)에 아들이 중죄로 죽게 된다며 상소하지 못하게 간청했다는 것과 같은 일이었다.

안용복은 대마도주의 부가 조취번에 부탁한 것으로 진술했으나, 실제로는 대마도주와 부가 아부정무에게 부탁하여, 구체적인 면에서는 차이가 있으나, 대마번이 소송이 이루어지지 않도록 전력을 경주했다는 점에서는 안용복의 진술은 사실로 볼 수 있다. 조취에 체류하며 소송의 결과를 기다리는 안용복으로서는, 조취번을 중심으로 해서 소송 문제의 진행과정을 이해했기 때문에, 비변사에서 진술한 대로 이해하는 것은 당연한 일이었다. 따라서 안용복의 진술은 사실에 근거하는 것으로 보아야 한다.

안용복 일행의 귀범이 결정되자 대마도주 종의방은 이미 조취번에 파견한 통사 일행이 도착하기 전에 대마도로 돌려보낼 것도 요구했다.[91] 그처럼 종의진은 대마도에 거주하면서 강호에 체류하는 아들이

---

89 因州より直ニ御帰シ被成 (중략) 第二ニ者 (중략) 朝鮮国漂船之定例之通長崎御奉行所ニ被送遣候而彼所より此方ニ御渡被成法 (중략) 第三ニ者 (중략) 此方ニ御渡被成此方ニ而以酊庵御同前ニ訴詔之趣御聞被成(『竹嶋紀事綜合編』下, p.275).
90 各出羽殿右京殿ニ申談候処段々尤存候依之於因州朝鮮人願之儀不取上法を背罷越候者ニ候へハ馳走ヶ間敷儀不仕早々追返シ候之様ニ被申付旨松平伯耆守方ニ相達候(『竹嶋紀事綜合編』下, p.311).

나 가로들에게 대응책을 지시하며 기득권을 유지하기 위한 노력을 경주했다. 아들 종의방도 부 종의진의 지시에 따르며 대마번의 이익을 지키려 했다.

안용복은 그런 상황을 종의진이 아들 종의방의 처벌을 면하게 하려는 노력으로 보았으나, 종의진에게는 아들의 목숨보다 조선외교를 전담하는 특권을 유지하는 것이 더 큰 문제였다. 대마도주의 부가 아들의 구명을 조취번에 간청한 것으로 보아도 이상할 것이 없는 상황이었다.

(3) 비변사 진술의 진위

안용복이 비변에서 진술한 내용 중에서 조취번을 방문하는 일행의 구성이나 울릉도의 묘사에는 특별히 의문을 표할 여지가 없다. 안용복이 울릉도와 자산도에서 만난 왜인에게 일본이 말하는 송도와 죽도가 조선의 자산도와 울릉도라며 추방한 것은 전통적인 영토인식에 근거하는 언행이었다. 양도가 전통적으로 조선의 영지라는 것은『삼국지』의 「일도」주민들의 영토인식이『삼국사기』의 우산 국으로 발전되어, 울릉도에서 육안으로 확인되는 암도에 대한 영유인식에 근거한다. 그런 인식이 고려와 조선으로 전승되어, 안용복이 활동하는 사회의 공동인식이 된 것이다.

그런 안용복의 인식은 사서에 근거할 수도 있으나 주민들의 전통적인 인식이나 정동해중에서 활동하는 자들의 인식에 근거할 수도 있다. 말하자면 안용복의 죽도와 송도 인식이 특별한 것이 아니라 당

---

91 其趣通詞之者[江]被申聞朝鮮人之儀因州より直[二]罷帰候様[二]急度申渡帰国可被申付候委細之儀者伯耆守様より可被仰付候間御家来衆[江]被申談早々可被差返候(『竹嶋紀事綜合編』下, p.325).

시의 사회인식, 조선의 전통적 인식이었다는 것이다.

조취번이 울릉도에 침월한 15인을 처형하고 이후에 침범하는 자도 엄벌하겠다고, 안용복에게 6월 21일 이후에 약속하는 것은, 1월 28일의 죽도도해금지령에 반하는 일이 아니기 때문에 실행 여부와 관계없이 조취번이 언급할 수 있는 일이었다.

귀국하는 일행에게 생필품을 공여하는 것은 양국 간의 관행으로 볼 수 있는 일이고,[92] 사사를 동행시키겠다는 조취번의 제의를 거절한 것은, 1693년에 대마번이 차왜의 파견을 제의했을 때 조선이 거절했던 것과 같은 일로 볼 수 있다.[93] 원래 안용복의 조취번 방문이 남구만의 밀명으로 이루어진 일이었기 때문에 공론화 되어서는 안 되었다. 안용복이 1693년에 은기번소의 심문에 응하여 부산첨사의 명을 받고 활동한 것으로 진술했으면서, 8일 후에 미자의 심문에서는 관의 명을 부정했던 것처럼, 남구만의 밀명을 받은 사실이 공론화되는 것을 방지하려는 대응으로 볼 수도 있는 일이었다.

따라서 안용복의 비변사 진술에서 문제가 된다면 관백한테 받았다는 서계의 존재와 안용복의 소송이 이루어지지 않도록 종의진이 조취번주에게 간청했다는 것 정도이나, 관백의 서계는 막부와 조취번이 죽도가 조선의 영지라는 안용복의 주장을 부정하지 않은 것으로 보아 존재했던 것으로 볼 수 있다. 대마번이 안용복의 소송을 저지하기 위해 노력한 것은 대마번 강호번저가 조취번 강호번저를 통해 안용복의 정보를 얻으려 한 것이나 노중 아부를 통해 안용복이 제출한 고소장을 접수하지 못하도록 간청한 것과 대응하여, 근거가 없는 진술이 아니었

---

92 池内敏『近世日本と朝鮮漂流民』, 臨川書店, 1990, p.33.
93 朝鮮人を御捕被成参判之御使者を以被送渡候段不及覚悟事候(『竹嶋紀事綜合編』上, p.78).

제11장 안용복의 비변사 진술 411

다. 그래서 부분적인 차이를 근거로 진술 전체를 허위로 보는 것은 사건의 흐름을 간과하는 일이고 부분을 근거로 전체를 부정하는 일이라 할 수 있다.

안용복이 언급한 대로 대마번이 막부의 뜻을 왜곡하는 것과 같은 비리를 범한 것은 분명한 사실인 것에 반해, 안용복의 진술에는 허위로 단정할 수 있는 내용이 없다. 따라서 안용복이 유집일만이 아니라 은기번소와 조취번, 비변사 등지에서 언급한 관백의 서계는 존재했던 것으로 보아야 한다. 죽도가 조선의 영지라는 안용복의 인식을 조취번과 막부가 공유 내지 묵인하는 상황에서 조선으로 송환하는 안용복과 박어둔의 안위를 배려하여 관백의 서계로 인식할 수 있는 것을 작성해서 건네주는 일은 충분히 있을 수 있는 일이다.

1666년에 조선에 표착한 일본인을 송환하며 조선국왕의 전별목록을 건넸다는 것과 같은 일로 볼 수 있다. 죽도에서 어렵을 마치고 귀환하던 일본인 22인이 부산에 표착했을 때, 동래부는 그들을 송환하며 생필품과 그것들을 기록한 「조선국왕」 명의 목록을 건넸다 한다.[94] 그것은 동래부가 작성한 것을 조선국왕으로 해서 발부한 한 것으로 볼 수 있는 일이었다. 안용복이 언급한 관백의 서계도 막부의 허가나 묵인 하에 조취번이 작성한 것으로 볼 수 있다.

1693년에 강호번저는 대곡가에 억류된 조선인을 양도받아 장기로 이송하기 위해 聞役 小谷伊兵衛를 조취에 파견했었는데,[95] 안용복은 그를 강호막부, 즉 관백이 파견한 사자로 오인하여, 조취번이 발부한

---

94 朝鮮国所々ニ而御馳走, 順々ニ送返シ相成事具別記有之略ス. 尤朝鮮国王ヨリ舩頭水主餞別目録二通有之(『竹島渡海由來記拔書控』상, p.216).

95 彼唐人長崎江被遣, 御奉行所江相渡, 右之段々申達候用被仰渡, 為御請小谷伊兵衛即刻被遣之(『御用人日記』, p.23).

서계를 관백의 세계로 인식했을 수도 있다.

　대마도주의 부가 아들의 구명을 위해 소송을 멈춰달라고 조취번주에게 간청한 것도 마찬가지다. 조취번을 통한 안용복의 소송이 이루어지면, 조선외교를 전담하는 대마번의 특권을 상실한 것이 된다. 그것은 아들의 목숨을 잃는 일보다 더 큰 일이었다. 그래서 실권을 행사하는 부 종의진이 아들이며 번주인 종의방을 대신해서 소송이 접수되지 못하도록 막부는 물론 강호번저에 체류하는 조취번주에게도 가신들을 보내어 정보를 얻는 것과 같은 대응법을 일러 주었다. 안용복이 진술대로 아들이 목숨을 구하려고 간청한 것으로 보일 정도로 종의진은 할 수 있는 일을 다 했다. 그 결과 막부는 조취번을 통한 조선의 소송을 접수하라던 처음의 지시내용을 바꾸어, 소송을 취급하지 말고 송환하라고 지시 내용을 바꾼다. 안용복은 그 같은 사실의 전개 과정을 조취에 체류하며 견문했기 때문에, 대마도주의 부가 조취번주에게 아들의 구명을 간청한 것으로 인식 할 수도 있었다.

5. 결론

　안용복이 1696년에 조취번을 방문하여 대마번의 비리를 막부에 고소했으나 조선외교를 전담하는 대마번의 입장을 고려한 막부는 그것을 기각하고 귀국시킨다. 그래서 대마번을 배제하는 외교노선의 구축은 실패했으나 조선의 뜻을 막부에 전하려는 남구만의 뜻은 달성했다. 그런데도 귀국한 안용복은 체포되어 비변사에서 심문을 받았다.

　그때 진술한 것 중에서 일행의 명단이나 울릉도의 전경, 울릉도와

자산도가 조선령이라는 인식, 조취번을 방문할 때의 복장, 조취번의
응대 등에는 특별한 문제가 없다. 울릉도를 조선의 영지로 인정하는
관백의 서계를 받았다는 것도 막부와 조취번이 죽도가 일본령이 아니
라는 것을 인식하고 조선인의 송환한 것에 근거하면 사실로 보지 않을
수 없다.

1693년 4월 18일에 대곡가 어민이 조선인을 납치한 사실을 황미수
리가 조취번에 보고했고, 조취번이 강호번저를 통해 막부에 전달하여,
5월 13일에 둘의 장기 송환을 명 받는다. 그리고 5월 21일에 막부가 죽
도의 영유 여하를 묻자 번저는 22일에 영유를 부정하는 답서를 보내,
막부와 조취번이 안용복의 주장에 동의한 것으로 볼 수 있다. 황미수
리는 보고할 때부터 안용복의 인식을 알았고, 보고서를 번저를 통해
막부에 제출한 조취번도 인지했다. 조선인을 미자에서 조취로, 조취에
서 장기로 이송할 때 극진한 예를 표한 것도 안용복의 주장을 인정했
기 때문이다.

90명의 호송단이 안용복과 박어둔을 가마에 태우고 길에 물을 뿌리
며 부채질까지 했던 조취번이었기 때문에, 둘의 안전한 이송과 귀국
후의 안전을 배려하는 차원에서 관백명의 서계를 건네는 일은 얼마든
지 있을 수 있다. 안용복은 기회가 될 때마다 서계를 언급했으나 그것
을 부정할 만한 증거가 없다. 또 조선과 일본은 표착민을 송환할 때는
생필품 등을 주었고, 1666년의 동래부는 조선국왕명으로 인식하는 서
계를 작성해 주었다. 조일 양국의 관례로, 조선국왕이 직접 작성하여
주는 일은 있을 없다. 담당관이 작성한 것을 군주의 이름으로 서명하
는 경우는 있을 수 있다. 안용복이 말한 관백의 서계도 그런 정도에서
이해할 수 있다. 안용복 일행의 소송을 접수하지 말라고 대마도주의

부가 조취번에 간청했다는 것도 마찬가지다. 대마번을 제외하는 소송이 이루어지면 조선외교를 전담한다는 특권을 상실하는 일로, 아들이 처형 당하는 것과는 비교가 안 되는 위기였다. 그래서 도주의 부는 대마도에 체류하면서 강호에 체류하는 대마번주와 막부의 노중에게 소송이 이루어지지 못하도록 조종하고 소원했다. 그 결과 막부는 안용복의 소송을 접수하라 했던 지시를 거두고, 송환을 지시한다. 그러나 안용복 일행이 제출한 소송장이 조취번을 통해 막부에 제출되었기 때문에 품정도 하지 못했다는 것은 사실과 다르다.

안용복 일행의 소송이 기각된 것은, 대마도에 체류하는 대마도주의 부가 해결책을 정리하여 강호에 체류하는 아들 대마도주에게 실행시키고, 막부에는 대마번이 조선외교를 전담하는 것이 전통이라는 사실을 강조한 결과였다. 대마도주는 부의 지시에 따라 막부와 조취번에 대마번의 뜻을 전하며 협조를 구했다. 모두 안용복이 조취에 체류하는 기간에 이루어진 일이었고 조취번의 가신들을 통해 들었기 때문에, 대마도주의 부가 조취번에 아들의 생명을 간청한 것으로 인식할 수 있었다. 복잡한 일본의 행정체제에 밝지 않는 이국인의 한계라고 말할 수도 있는 일이었다.

울릉도에 침월한 왜인 15인을 처벌했다는 내용이나 이후에 침범하는 자를 처벌하겠다는 약속 같은 것들을 이미 반포된 죽도도해금지령에 포함되는 사항이다. 돌아가는 일행에 식량을 주고 사자를 동행시키겠다는 조취번의 제의를 거절했다는 것도, 사건의 공론화를 피하려는 안용복으로서는 당연 한 일이었다. 안용복이 남구만의 밀사였다는 점에서도 공론화되는 것은 바람직한 일이 아니었다.

이상으로 보아 안용복이 비변사에서 진술한 내용이 사실에 근거한다는 알 수 있다. 구체적인 면에서 보이는 사소한 차이는 안용복이 납치된 상황에서 간접적으로 확보한 정보의 한계이고, 복잡한 일본의 행정체제를 숙지할 수 없는 이국인의 한계였다. 그런 한계에 근거하는 오류에 근거해서 진술 전체를 부정하는 것은 자료의 가치를 바르게 이해하는 일이 아니다. 따라서 안용복의 진술을 전하는 조선의 기록들은 사실에 근거하는 것으로 보아야 한다.

제12장
금오승장 뇌헌과 안용복

1. 서

1693년에 일본어민들에게 납치되었다 송환되었음에도 2년형을 받은 안용복이, 1696년에 강호막 부의 뜻을 왜곡하는 방법으로 울릉도를 침탈하려 하는 대마번의 비리를 고발 하겠다며, 뇌헌과 같이 11인의 일행을 구성하여 조취번을 방문했다. 둘을 천민과 상승으로 한정하는 자들은 일행을 이익을 탐하는 집단으로 단정하거나 조취번이 속은 것이라며 일행의 활동을 평가절하한다.

그러나 안용복의 정보로 대마번의 비리를 알게 된 남구만이 대마번을 제외하는 외교노선의 구 축을 언명했고, 안용복이 도일하여 전개하는 활동이 그것과 일치하여, 일행을 이익집단으로 보는 것은 바른 판단이 아니다. 일행의 활동과 일행을 사절단으로 영접한 조취번의 예우는 안용복이 남구만의 밀사였고 뇌헌이 의승수군이 주진하는 홍국사의 승려라는 사실에 근거해야 이해할 수 있다.

안용복이 밀사였다는 것은 그의 도일활동이 남구만의 외교정책과 일치하고, 처형당할 안용복을 사면시키는 남구만의 활동 등으로 알 수 있다.[1] 그런 안용복과 뇌헌이 같이 일행을 구성하고 동행했다는 것은 동행한 뇌헌도 그에 합당한 자격을 구비했다는 것인데, 그것은 「금오산주인장」 을 소지하고 홍국사주지와 금오승장을 칭한 사실로 알 수 있다.

뇌헌과 안용복이 처음으로 만난 것은 1696년 3월 이전이다. 울산에

---

[1] 權五曄「南九萬의 密使 安龍福」,『日本語文學』第65輯, 韓國日本語文學會, 2015, p.450; 權五曄「安龍福의 實像」,『독도를 둘러싼 역사의 쟁점과 독도영유권 증명, 2018년11월8일, 독도연구보전협회. 독도학회, p.73; 崔英成「일본의 고문헌을 통해 본 독도」,『한국사상과 문화』84, 한국사상문화학회, 2016.

서 출선준비를 하는 뇌헌을 안용복이 찾아 갔다. 이미 승선원을 조직하고 출선준비를 하는 뇌헌을 찾아간 안용복의 권고로 해산물이 풍부한 울릉도에 도해한다. 그것은 뇌헌이 구성한 일행에 안용복이 편승하는 것과 같은 일이었다. 뇌헌이 안용복의 권유에 따라 해산물이 풍부하다는 울릉도에 도해하는 것은 상승·판승에 상응하는 일이고, 흥국사주지와 금오승장을 칭했다는 것은 흥국사가 의승수군의 주진사였다는 것과 상응하는 일이었다.

안용복의 참여로 11인의 일행이 구성되었으나 선주가 뇌헌이고 적어도 8인이 뇌헌의 세력인데도 안용복이 일행을 대표하는 데는 뇌헌이 동의할 만한 이유가 있었다는 것이다. 그것은 안용복의 신분에 근거해야 추정 가능한 일이다. 안용복이 일본에 납치된 1693년에는 정동해중에서 부산첨사의 권한을 대행하는 비장을 칭했고 뇌헌과 같이 조취번을 방문하는 1696년에는 통정대부와 삼품당상신을 칭했다. 그리고 일본에서의 언행은 남구만이 구상하는 외교정책과 일치한다. 그런 사실에 근거하면 안용복이 남구만의 밀사라는 사실을 뇌헌이 인지하고 그를 일행의 대표로 삼았다 는 것으로 볼 수 있다.

뇌헌이 상승·판승만이 아니라 흥국사주지를 칭하고, 흥국사가 의승수군의 주진사였다는 사실이나 통정대부를 칭하는 안용복의 도일 활동이 남구만의 외교정책과 일치한다는 것은 뇌헌과 안용복의 조취번 방문이 남구만으로 대표되는 조정과 흥국사의 허가나 묵인하에 이루어진 것으로 볼 수 있는 근거가 된다.

1690년에 중창된 흥국사 대웅전의 불상화 좌측에「시주뇌헌비구」라는 명패가 안치되어 있고, 뇌헌이 조취번을 방문한 후에 세워진「흥국사중수사적비」에는「판사뇌헌」으로 명기되어 있어, 뇌헌이 울산에서 출선을 준비한 일이나 조취번 방문이 흥국사의 가치와 위배되지 않는다는 것을 알 수 있다.

주인장을 소지한 뇌헌이 울산에서 출선준비를 하고 있었다는 것은 배와 선원을 확보하고 출선지와 출선의 목적도 정했다는 것이다. 그런 상황에서 안용복의 설명을 듣고 안용복을 대표로 해서 조취번을 방문한다는 것은 뇌헌이 계획을 변경했다는 것으로, 결단이 필요한 일이었다. 또 그것은 뇌헌이 그런 재량권을 가지고 있었다는 것이다.

뇌헌과 안용복은 조취번을 방문하여 대마번의 비리를 막부에 고발했다. 말하자면 조선의 뜻을 막부에 직접 전달하겠다는 남구만의 뜻을 실행한 것이다. 그런데도 조정은 귀환한 일행을 죄인 취급하며 안용복을 사죄에 처하려 했다. 그것을 근거로 뇌헌을 이익을 탐하는 상승으로 한정하려 한다. 그러나 안용복이 남구만의 밀사였다는 사실이나 뇌헌의 일본에서의 활동, 흥국사의 기록 등에 근거하면 사소한 이익을 탐한 도일로 보는 것은 사건의 본질을 간과하는 일이다.

뇌헌은 왜인의 침략에 항거하는 의승수군의 주진사인 흥국사에 속하는 승으로, 대웅전의 건립에 시주하는 등 불사에 적극적이었다. 그런 뇌헌이 안용복을 통해 대마번의 비리를 알게 되었다면 분개하는 것은 당연한 일이다. 그리고 대마번의 비리를 막부에 고소하기 위해 조취번을 방문한다는 안용복이 동행을 권유했다면 거절하지 못했을 것이다. 그래서 해산물이 풍부하다는 설명에 현혹되어 동행했다는 주장은 완전하다 할 수 없다.

1692년에는 부산첨사의 허가를 받은 5척이 울릉도에 도해했고, 1693년에는 3척, 1696년에는 13척이 도해했다. 그런 시기에 울산에서 출선준비를 하던 뇌헌이 울릉도에 해산물이 풍부하다는 것과 같은 정보도 확보하지 못하는 일은 있을 수 없어, 어렵으로 이익을 얻을 수 있다는 안용복의 말에 현혹되어 도해하는 경우는 믿기 어렵다.

뇌헌과 안용복이 조취번을 방문한 의미는 안용복이 대마번을 제외하는 외교노선을 구축하려는 남구만의 밀사였다는 사실과 뇌헌이 의승수군들이 주진하는 흥국사주지와 금오승장을 칭한 사실에 근거해서 판단해야 한다.

2. 뇌헌과 안용복

(1) 뇌헌과 안용복의 만남

뇌헌이 조취번을 방문한 사실은 조선의 『숙종실록』과 그것을 인용한 『성호사설』·『증보동국여지승람』·『오주연문장전산고』·『강계고』·『증보문헌비고』·『만기요람』 등, 그리고 일본의 『원록각서』·『죽도고』·『인부역년대잡집』·『증보진사록』·『죽도기사』 등이 전한다. 『숙종실록』은 둘의 만남을 안용복의 진술로 해서

저는 본디 동래에 사는데, 어미를 보러 울산에 갔다가 승 뇌헌 등을 적봉하여 근년에 울릉도에 왕래한 일을 자세히 설명하고, 그 섬에 해물이 풍부하다는 말을 했더니, 뇌헌 등이 이롭게 여겼습니다. 그리고 같이 승선하여 영해에서 뱃사공 유일부 등을 태워 같이 떠나 울릉도에 이르렀습니다.[2]

---

2 以爲, 渠本居東萊, 爲省母至蔚山, 適逢僧雷憲等, 備說頃年往來鬱陵島事, 且言本島海物之豐富, 雷憲等心利之. 遂同乘船, 與寧 海篙工劉日夫等, 俱發到本島(『肅宗實錄』 肅宗22년9월25일).

모친을 뵈러 울산에 갔다 「뇌헌 등」을 만나, 같이 울릉도에 도해한 것이라 했다. 그것을 『강계고』류는

안용복이 매우 분심하여 울산으로 달려가니, 해변에 상승 뇌헌 등이 출선준비를 하고 있었다. 안용복이 권하여 말하기를, 울릉도에는 해삼이 많은데, 내가 그대들을 위하여, 그 길을 안내하여 주겠다고 말했더니, 승이 흔연히 따랐다.[3]

안용복이 분심하며 울산으로 달려가서 출선 준비 중인 「뇌헌 등」에게 울릉도 도해를 권하자 「뇌헌등」등이 흔쾌히 동행한 것이라 했다. 안용복이 뇌헌을 만난 것이 울산이었고, 출선을 준비하던 뇌헌이 안용복을 일행에 합류시켰다는 것이다. 그리고 영해에서 유일부 등을 합류시키는 것으로 일행의 구성을 완료하고, 안용복을 일행의 대표로 삼았다. 뇌헌이 안용복을 울산에서 만났다는 것은 두 기록이 같으나 울산에 간 이유는 다르다. 『숙종실록』은 모친을 만나러 간 것으로 했으나 『강계고』류는 원인을 밝히지 않는 일로 분심하여 달려간 것이라 했다. 분심한 이유나 달려간 목적을 알 수 없으나, 뇌헌과 같이 울릉도로 건너가는 것을 보면 처음부터 뇌헌과 같이 울릉도에 도해할 목적으로 울산에 간 것으로 볼 수 있다. 그래서 안용복이 분심한 이유를 알아야 뇌헌이 계획을 변경하여 동행한 이유도 알 수 있다.

『성호사설』은 안용복이 울분을 참지 못하여 울릉도에 도해한 사실을 설명하기 전에, 납치되었다 송환된 안용복이 대마번의 비리 등을

---

3 龍福憤心走蔚山海邊有商僧雷憲等艤舟龍福誘之曰鬱陵島多海蔘(菜)吾當爲汝指其路僧欣然從之(『疆界考』鬱陵島安龍福事〈1756〉;『增補文獻備考』輿地考海防東海蔚珍〈1770〉;『萬機要覽』軍政篇海防東海蔚陵島事實〈1808〉).

호소했으나 동래부사가 상부에 보고도 하지 않고 2년형에 처한 사실을 기록했다. 안용복이 비리를 범한 대마번과 사건을 제대로 처리하지 않는 관리들에게 분개한 것으로 볼 수 있는 상황의 설명이다.[4]

안용복이 울산에 갔을 때 「뇌헌」 등이 출선준비를 하고 있었다는 것은, 배가 「뇌헌」 등의 소유이고 출선지도 이미 정해졌다는 것이다. 또 그곳이 울산이었다는 것을 감안하면 동해안이나 동해에서 이루어지는 경제 활동에 참여할 준비를 하고 있었다는 것이다. 그랬던 뇌헌이 안용복과 동행하는 것이 이익이라고 판단하고 흔연히 안용복의 말에 따른다. 울릉도에 산물이 많다는 말을 들었기 때문이라 하나, 울산에서 출선준비를 하는 뇌헌 등이 그런 정도의 정보도 모르는 경우는 생각하기 어려워, 출선지를 변경한 이유는 달리 있었던 것으로 보아야 한다. 그래서 뇌헌이 계획을 바꾸어 울릉도를 거쳐 조취번을 방문한 이유는 아는 것은 안용복이 분심한 이유를 아는 것을 전제로 한다.

(2) 안용복의 분심

안용복은 「삼계의 샤쿠완」으로 기록된 부산첨사의 권한을 대행하며 동해에서 활동하던 비장이었다.[5] 그런 안용복을 조취번의 어민들이 1693년에 납치하여 처벌을 요구하자, 전통적인 영유 인식을 망각한 조취번은 어민들의 뜻을 그대로 막부에 보고했다. 그러나 납치된 안용복이 죽도가 조선의 영지라며 납치의 부당함을 주장하는 구상서를 접한 막부는 5월 21일에 죽도의 지리적 사실을 물었고, 조취번은 22일에 그 질문에 답하면서 죽도의 영유를 부정했다.[6] 그 사이에 조취번의 영토

---

4 龍福 悉訴之府使不以聞以犯越刑之二年乙亥夏憤鬱不已(『星湖僿說』鬱陵島).
5 權五曄「南九萬의 密使 安龍福」,『日本語文學』第65輯, 2015, p.434; 大西俊輝저, 權靜역『안용복과 원록각서』, 한국학술정보, 2011, p.268.

인식에 변화가 생긴 것이다.

막부는 강호번저가 5월 10일에 제출한 조선인의 구상서, 즉 안용복의 구상서를 접수하자 13일에 조선인의 장기 이송을 명했고,[7] 강호번저는 그 사실을 조취번에 전하는 비각을 16일에 파견하고, 조취번은 미자의 대곡가에 억류된 안용복과 박어둔을 6월 1일에 가로 荒尾大和^{아라 오 히로카즈}댁에서 양도받는다. 그리고 6월 7일에 조선인을 호송하는 일행이 장기봉행소로 향했다.[8]

그런데 장기봉행소에서 안용복과 박어둔을 인계 받은 대마번은 둘을 죄인 취급하며 소지품까지 탈취했다. 그리고 조선인의 울릉도도해를 금지시켜달라는 막부의 지시를[9] 일본의 죽도에 조선인의 도해를 금지시켜달라며, 어렵문제를 영토문제로 왜곡했다. 그런 사실을 잘 아는 안용복이 대마번의 비리를 조선조정에 알리려 했으나 관리들은 만나지도 않고 2년형에 처했다. 그리고 「죽도는 일본의 섬이고 울릉도는 조선의 섬」이라는 내용의 국서를 대마번에 건넸다.

국서를 받은 대마번은 울릉도가 조선령이라는 구절을 삭제해 줄 것을 원하며 다시 사자를 파견했으나 그 사이에 조선은 갑술환국으로 정권이 바뀌어 영의정 남구만이 대일 외교를 담당하게 되었다. 남구만은 1694년 8월 11일 이후에 접위관 유집일을 매개로 안용복의 정보를 접

---

6 竹嶋は離れ嶋で人は住んでいません. しかし伯耆守の支配する所でもありません(權五曄편역주『竹嶋之書附』, 지성人, 2912, p.121).

7 則江戸表御穿鑿 相済順々御贈帰卜成ル(權五曄·大西俊輝편역주『竹島渡海由來記拔書控』下, 한국학술정보, 2011, p.56).

8 朝鮮人弐人五月七日因幡発足六月晦日長崎^江到着. 因幡より護送之御使者松平伯耆守様御家来山田兵右衛門平井甚右衛門惣人数九拾余人相附尤朝鮮人駕籠にて被相送候(權赫晟編譯注『竹嶋紀事綜合編』上, 한국학술정보, 2013, p.36.

9 右竹嶋与申所ハ伯耆様御領内にても無之 (중략) 御国元^江も急度被申越重而不参候様^二堅朝鮮表^江被仰遣候様^二与之御事^二御座候(『竹嶋紀事綜合編』上, p.20).

하여, 대마번이 막부의 뜻을 왜곡하는 비리를 범한 사실을 알게 되자, 대마번을 제외하는 외교노선을 개설하여, 조선의 뜻을 막부에 직접 전달해야 한다는 외교정책을 구상하게 되었는데,[10] 그것이 풍문으로 왜관에 퍼져 대마번에도 전해진다.

그런데 1696년 3월에 울산을 떠나 6월에 조취번을 방문한 안용복의 언행이 남구만이 언명했던 정책과 일치한다. 안용복을 남구만의 밀사로 보는 근거가 거기에 있다.[11]

그런 사실에 근거하면 막부의 뜻을 왜곡하여 영토분쟁을 일으킨 대마번과 그것을 간파하지 못하는 조선관리들의 안일함에 안용복이 분개한 것으로 볼 수 있다. 그런 상황에서 조취번을 통해 대마번의 비리를 막부에 고소하라는 남구만의 밀명을 받았기 때문에 안용복은 비장하지 않을 수 없었다. 그런 안용복이 뇌헌에게는 분개하는 것으로 보인 것이다. 안용복의 비장한 언행은 의승수군이 주진하는 흥국사의 승려로, 일본에서 흥국사주지와 금오승장을 칭하는 뇌헌을 공감시키기에 충분했다. 뇌헌은 분심하는 안용복과 동행하는 것이 흥국사의 창사이념을 실행하는 이로운 일이라고 판단하고, 계획을 바꾸어 안용복과의 동행을 흔쾌히 결심한 것이다.

1693년 4월 18일에 납치되었다 12월 10일에 송환된 안용복이 2년형을 받고 복역하던 1694년 8월 9일부터 11일 사이에 접위관 유집일에게 대마번의 비리를 설명할 수 있었다. 그리고 유집일은 안용복이 제공한 정보에 근거해서 대마번 사자와 담판하여 외교적 우위를 점할 수 있었고, 남구만은 대왜정책을 설정할 수 있었다. 남구만이 삼척첨사 장한

---

10 我国之嶋之證拠を書立, 東武江差上候者御誠信を以重而竹嶋ニ日本之通路御止被成間敷事(『竹嶋紀事綜合編』上, p.264).
11 權五曄「南九萬의 密事 安龍福」, p.450.

상에게 울릉도를 답사하게 하고, 대마번을 제외하는 외교노선을 개척하려 한다는 풍문이 유포된 것도 그 후의 일이었다.[12]

그때 안용복은 복역 중이었는지 유집일과 남구만의 배려로 석방되어 장한상의 울릉도 탐사에 참여했는지를 알 수 없으나 분명한 것은 뇌헌이 출선준비를 하는 1696년 3월 이전에는 형기가 끝났다는 것이다. 뇌헌이 안용복을 일행에 합류시키는 것은 1696년 3월 18일 이전이었다. 안용복 일행은 18일 아침을 마치고 출선하여 당일 석양에 울릉도에 도착하여 머물다, 5월 15에 울릉도(죽도)를 떠나 우산도(송도)에서 1박하고 16에 송도를 출선하여 19일에 은기도에 표착한다.[13]

남구만은 남인들이 1694년 1월 15일에 건넸던 국서, 즉「울릉도는 조선의 섬이고 죽도는 일본의 섬」이라는 내용의 국서를 1694년 8월 25일에 회수하자, 9월 10일에 울릉도와 죽도가 1도 2명의 조선령이라는 내용의 국서를 건네고 협상을 종결한다. 그 이후에 남구만은 대마번을 통하지 않고 조선의 뜻을 막부에 직접 전달할 수 있는 외교노선을 구축해야 한다고 공언했고, 왜관에는 남구만이 외교노선을 개척하려 한다는 풍문이 돌았다. 대마번이 중간에서 사실을 왜곡하기 때문에 안용복을 울릉도에 파견하여 조취번이 창구로 적당한가를 조사했다는 소문이었다.

실제로 남구만의 추천으로 삼척첨사가 된 장한상은 기선 2척과 급수선 4척에 150인을 통솔하고 1694년 9월 19일부터 10월 3일까지 울릉도를 탐사하고 군의 주둔 여부까지 조사했다.[14] 그 일행에 일본어 역관

---

12 和館ﾆ罷越候商人共咄申候者安同知儀用事被申付外ﾆ地頭壱人相添船弍艘ﾆ而欝陵嶋ﾆ被差越 (중략) 朝鮮より直ﾆ船を渡シ 東武ﾆ可申上内談ﾆ而も可有御座候哉与存候(『竹嶋紀事綜合編』上, p.406).

13 權五曄·大西俊輝역주『元祿覺書』, 제이앤씨, 2009, pp.176~179.

안신휘가 포함된 것은 일본인과 조우하는 경우까지 대비했다는 것인데, 그럴 경우 일본어만이 아니라 동해의 지리와 일본의 사정에 밝은 안용복을 참가시키는 일은 있을 수 있다. 그런 의미에서 「울릉도에 도해한 경험이 있는 안용복은 틀림없이 포함되었을 것이다」라는 대서준휘의 주장은 정확하다 할 수 있다.[15] 안용복은 일본인과 의사소통이 가능할 뿐만 아니라 울릉도 지리에도 익숙하여 장한상의 활동에 필요한 인재였다. 그런 안용복을 장한상과 남구만이 방기할 이유가 없다.

3. 흥국사의 주지 뇌헌

(1) 흥국사와 의승수군

흥국사는 고려의 보조국사 지눌이 명종 25년(1195) 경에 창건한 사찰로, 불국토 신앙과 호국 사상을 기본이념으로 해서 국리민복을 기원하며 창사했다. 흥국사라는 사찰명 자체가 절이 흥하면 나라가 흥하고 나라가 흥하면 절이 흥하는 것을 보장한다. 1631년(강희 30)의 『전라도 순천부영취산흥국사사적』은 국가와 절이 둘이 아닌 공동체라는 사실을, 몽고군과 왜적에 의해 소실 될 때마다 중건된 사실에 근거해서 확신하고 있었다.[16]

---

14 去九月十九日巳時量, 自三陟府南面莊五里津待風所, 發船緣由. 曾已馳報爲有在果. 僉使與別遣譯官安愼徽, 領來諸役各人及沙格并一百五十名, 騎船各一隻, 給水船四隻良中從其大小分載(張漢相『蔚陵島事蹟』; 柳美林『독도와 울릉도』, 지식산업사, 2013, p.52·359).

15 『안용복과 원록각서』, p.215.

16 興國寺此寺興則邦國興邦國興而此寺興 (중략) 有幸也吘此寺也興而廢廢而興實乃邦國之所知也(「全羅道順天府靈鷲山興國寺增修寺跡碑」; 眞玉『興國寺』, 興國寺, 1989, p.219).

몽고가 소실시킨 체 300여년이나 방치된 것을 법수대사가 1560년에 중창했는데, 그것을 왜군이 또 소실시킨다. 그 전에 왜군의 토멸을 목적으로 의승수군이 조직되었으나, 주진하는 흥국사를 왜군이 소실시킨 시기의 기록이 없다.[17] 그러나 정유재란을 의미하는「해파정유」를 계기로 남은 것이 없다는『사적』에 근거하면[18] 1597년 6월 이후로 추정할 수 있다. 豊臣秀吉의 간계를 간파하지 못한 조선이 삼도수군통제사에 제수한 원균이 6월 19일에 왜적에게 대패한 이후다.

흥국사의 유래를 정리한 스님 진옥은 이충무공의 장계 등을 근거로 의승수군이 1592년에 조직 되고 1593년 2월 1일의 웅천 전투에 처음으로 참전한 것으로 보았다.[19] 이충무공은 1593년 1월의 장계를 통해

> 작년 8, 9월 사이에 근처 각 고을에 통문을 보내 여러 절에 숨어 있는 승도 및 병적에 들지 않고 노는 자를 적발하여 석주·도탄·두치 등지에 파수보도록 신칙했더니 승도들이 소문을 듣고 즐거이 모여 들어 1달 내에 400여명에 이르렀다.[20]

왜적이 침략한 1592년 4월 13일에서 4개월도 지나지 않아 의승수군이 조직된 사실을 밝혔다. 그리고 1594년 3월 10일의 장계에서는 300여 명의 군병을 모집한 의승장들의 공을 거론하며,

---

17 禪堂舊上樑文(1633, 6慈雲圓正撰). 禪堂舊緝上樑記(1780, 應雲證寤撰). 寂默堂重創上樑文(1803, 5, 孝庵允鑑撰); 尋劍堂重建上樑文(1812, 4, 孝庵允駟撰); 湖左水營守城創設寺跡碑(1879년, 여수시 연능동87); 興國寺拱北樓重修記(1893, 水軍節度使李鳳鏑);『完文興國寺』(興國寺所藏, 1893);『李忠武公全書』(『美術史學誌』第一輯, p.175).
18 海波丁酉之土崩兩亂爲人人之所害寺舍什物百無一存(眞玉『興國寺』, p.219).
19 眞玉『興國寺』, p.82.
20 李殷相역『李忠武公全書』上卷, 忠武公記念事業會, 1960, p.234;『興國寺』, p.79.

해상에서 진을 친지 2년 동안 자기들 손으로 군량을 준비하여 이곳 저곳 나누어 공급하며 간신히 양식을 이어대는 고생스러운 정상은 관군보다 곱절이나 더한데 아직도 수고스러움을 꺼리지 아니하고 더욱더 부지런할 뿐입니다. 일찍이 적을 토벌하였을 적에도 현저한 공로가 많았으며 나라를 위한 분개심은 처음부터 지금까지 변하지 않으니 참으로 가상한 일입니다.[21]

어려운 여건 속에서 관군 이상의 전공을 세운 사실을 보고하며 표창을 건의했다. 의승수군이 이순신 장군의 지시를 받으며 왜적을 토벌하고 있었다는 것을 알 수 있는 장계였다.

왜란과 동시에 전국에서 의승병들이 일어나자 서산을 팔도총섭으로하여 경상도는 사명, 충청 도는 영규, 황해도는 의엄, 전라도는 처영 스님이 호국보민의 깃발 아래 창검을 잡았다.[22] 흥국사의 의승수군은 전후에도 성을 정비하고 군수물을 대는 것과 같은 활동을 지속했다.[23]

「전라좌수영이 관할하는 의승수군은 흥국사를 주진사로 삼았는데 전란 후에도 전라좌수영절도사의 군무통제하에 운영되며, 많을 때는 700여명이 주진했으나 300명 정도가 상설규모였다. 왜란 당시에는 지역의 경계 근무, 조선 및 전함수리, 군사적전의 수행, 제지, 본영의 취사, 망화의 제작, 설제 등의 활동을 했고, 전란 후에는 주진처의 수성과 보수관리 제지부역, 공출, 사원의 보수와 관리 및 기타 부역을 행했다.

21 李殷相역『李忠武公全書』上卷, p.234; 眞玉『興國寺』, p.81.
22 眞玉『興國寺』, p.77.
23 「禪堂舊上樑文」(1633년6월);「完文興國寺」(1653년11월);「鳳凰大樓重刱上樑文」(1729년);「湖左水營守城倂設碑」(1779년);「禪堂修葺上樑文」(1780년);「寂默堂重刱上樑文」(1803년);「尋劍堂重建上樑文」(1812년);「拱北樓重修記」(1893년) 등으로 확인되는 사실이다.

흥국사는 의승수군의 주진사로서 20개소의 소속 암자와 함께 의승수군의 본거지였다.[24] 1893년의 「흥국사공북루중수기」에 수군절도사 이봉호가 중수에 참여한 기록이 있어,[25] 19세기 말에도 의승수군이 흥국사에 주진했다는 것을 알 수 있다.

임진왜란 때에는 이순신 장군이 흥국사에서 거북선을 건조했을 뿐만 아니라 의승수군을 훈련시켰고, 현재의 흥국사에는 당시의 유물을 전시하는 「의승수군유물전시관」과 전사자들의 명복을 비는 「호국의승수군영령각별위영가」가 있다. 흥국사가 의승수군의 호국사상을 현재까지 계승하며 기린다는 것을 알 수 있는 기념물이다.

흥국사의 호국사상은 불타의 가르침에 따라 불국토를 건설하고 상하가 화합하고 단결하여 민주적 역량을 키우면 외적의 침입이나 국난을 극복할 수 있다는 이념이다.[26] 호국토·호불법·호민족이 함축된[27] 지눌의 호국사상은[28] 중창주 법수대사 계특·통일 등을 통해 흥국사가 전승하면서 의승수군의 진주사 역할을 수행 하는 방법으로 실천했던 것이다.

흥국사의 『완문흥국사』에 의하면 흥국사의 의승수군이 영문에 전속되는 것이나 감군되는 것을 반대하여 절도사는 의승수군의 존감을 시행자의 재량에 맡겨야 했다. 의승수군은 그 정도로 자율성을 확보하고 있었다. 그것만이 아니다. 세금이 면제되고 남한산성이나 북한산성의 의승과 대등했다. 그러기 때문에

---

24 眞玉『興國寺』, p.83.
25 興國寺在普照國師之刱建而義僧之駐進也 (중략) 光緒十九年癸巳季秋節度使李鳳鎬識(眞玉『興國寺』, p.246).
26 安啓賢『韓國佛教史研究』同和出版社, 1982, p.36; 眞玉『興國寺』, p.53.
27 眞玉『興國寺』, p.58
28 佛日重輝普照國師(眞玉『興國寺』, p.71).

성을 지키는 군졸인즉 임으로 이주하는 것을 금하고 군율에 의해
서 처벌한다. 본사에서 삭발하고 다른 절로 이주하는 자는 대사 수좌
이외에는 소재지를 알릴 것이며 일일이 소환토록 경고한다.[29]

이주 등의 규율이 엄했다. 그런 상황에서 뇌헌이 4인의 승과 같이 울
산에서 출선준비를 하고 있었다는 것은 뇌헌의 활동이 흥국사나 전라
좌수영의 허가를 받고 이루어졌다는 것을 의미한다.

(2) 금오승장 석씨 헌판사

조선의 기록이 전하는 뇌헌의 언행은 울산에서 안용복과 만난 것으
로 한정된다. 울릉도와 일본에서의 언행은 물론 비변사에서 진술한 내
용도 전하지 않는다. 일본을 방문하고 귀국한 일행을 취조할 때도 안
용복과 이인성을 주종범으로 취급하고 뇌헌을 다른 일행과 마찬가지
로 치죄의 대상으로 삼지 않았다. 이인성의 오촌이라는 것을 알면서도
처벌을 거론하지 않았다.[30]

뇌헌의 직접적인 언행이 없는 것은 일본의 기록도 마찬가지다. 일
행이 표착하여 은기도에 2주 간 정도 두류했을 때와 조취번에 2개월여
체류했을 때의 언행도 직접적인 것이 아니다. 은기번소의 대관과 조취
번의 가신이 대담하고 관찰한 내용이 전하는 정도다. 그런 가운데 『원
록각서』는 뇌헌을 비교적 구체적으로 기록했다.

먼저 11인의 일행을 속인 6인과 승려 5인으로 구별하고 뇌헌을 승려

---

29 本寺僧徒, 旣是守城之軍卒. 則任意去留, 亦師律削髮, 本寺而移住他利者, 大師首
座外, 隨其所一一刷還爲齊(『興國寺』, p.244).
30 則雷憲以其五寸叔亦勸之 (중략) 以雷憲雖日有勸成疏文之事不可又爲分別定罪
矣(『承政院日記』숙종22년 9월27일).

의 대표로 보았다. 55세의 뇌헌은 흥국사주지를 칭하며 관과 같은 모자에 달린 목면을 목에 걸었고, 손에는 부채와 상자를 들고 있었다. 길이 1척 폭과 높이가 각각 4촌인 상자 안에 있는 금속제 열쇠가 달린 상자 속에는 기사년 윤 3월 28일부의 금오산지주인장, 강희 28년 윤 3월 28일부의 주인이 날인된 서류, 죽제의 주판, 그리고 칸막이한 곳에는 벼루·붓·먹이 들어 있었다.[31]

안용복은 호패에 근거해서 1654년생의 통정대부라고 기록했는데, 뇌헌의 경우는 호패에 대한 기록이 없다. 따라서 『원록각서』의 뇌헌에 대한 기록은 뇌헌이 소지한 「금오산지주인장」과 「금오산주인지서부」나 뇌헌의 진술에 근거하는 것으로 볼 수 있다. 뇌헌이 인솔한 4인 중에서 연습만 33세의 제자라고 기록한 이유가 분명하지 않다. 그것을 근거로 연습이 문자를 이해하기 때문에 경리를 담당하고 나머지 3인을 문맹의 목공으로 추정되기도 한다.[32]

자물쇠가 달린 상자를 칸막이 한 곳에 죽제의 주판과 문방사보가 들어있었다. 그것은 뇌헌이 소중히 여겼다는 것들인데, 그 중의 주판을 근거로 회계책으로 보기도 한다.[33] 『성호사설』의 판승이나 『강계고』류의 상승과 부합하는 추정이다. 일행이 표착한 은기도에 체류하는 동안 대관들과 9통의 서간을 주고 받았는데,[34] 그때마다 뇌헌이 소지한

---

31 興旺寺ノ住持雷憲, 歳五十五, 冠ノヤウナル黒キ笠木綿ノ紐細美ノウハキヲ着. 扇ヲ持申候. 己巳閏三月十八日金烏山之朱印状雷憲所持仕候ヲ出シ申候ニ付則写申候. 康熙二十八年閏三月二十日金烏山朱印ノ書付雷憲所持仕候ヲ出シ申ニ付則写シ申候. 箱壱ツ長壱尺はゝ四寸, 高四寸, 錠ノカナク在リ. 内ニ算木在竹ニ而作之申候. かけごニ硯ヲ仕組申筆墨在リ(『元禄覺書』, p.120).
32 『안용복과 元禄覺書』, p.283.
33 『안용복과 元禄覺書』, p.274.
34 權五曄「『元禄九丙子年朝鮮舟着岸一卷之覺書』와 安龍福」, 『일본어문학』제39집, 한국일본어문학회, 2008, p.428.

문방사보가 사용되었을 것이다. 은기번소의 요구에 따라 뇌헌이 승려들의 종파와 신상을 기록해서 제출한 것을 보면, 뇌헌이 이인성과 같이 기록도에도 관여했던 것으로 볼 수 있다.[35]

조선의 사찰에는 이판승과 사판승의 구별이 있었다. 이판은 참선하고 경전을 강론하고 수행하는 방법으로 홍법 포교하는 스님이었고, 사판은 생산에 종사하고 절의 업무를 꾸려나가고 사무행정을 담당했다.[36] 그런 면에서 보면 주판을 소지하고 상승으로 표기된 뇌헌은 사판에 해당된다. 뇌헌이 사판이었기 때문에 울산에서 준비했던 출선의 계획을 바꾸어 조취번을 방문하는 안용복과 동행할 수 있었다. 남해와 동해에서 이루어지는 경제활동에 참여하는 것이 사판 뇌헌의 역할이었으나 안용복과 같이 조취번을 방문하여 대마번의 비리를 막부에 고발하는 것도 의승수군이 주진하는 흥국사의 호국사상을 실행하는 일이라고 판단한 것이다.

뇌헌 등 5인이 사판승이고, 이인성과 김순길이 남해항로의 주민, 김성길이 서해에서 남해를 통과하는 연안인 이라는 것은 그들이 남해안에서 이루어지는 운수 유통을 통해 이익을 도모하려는 세력이라는 것이다. 그런 그들이 울산에서 출선준비를 했다는 것은 활동영역을 동해안까지 확장 했다는 것으로, 동해를 관리 감독하는 부산첨사나 삼척첨사의 허가를 받았다는 것이다. 그런 의미에서 금오산주인장과 주인을 날인한 서류가 의미를 가진다. 일본의 기록이므로 일본의 경우에 근거하면 금오산의 주인장이나 서류는 일정한 활동을 보

---

35 沙門宗派五人共ニ一宗カ又別宗カ何宗そと尋候ヘハ雷憲其間ノ書付ニ答ヲ書記申候然共其分ケ不分明様ニ相聞ヘ申候依之翌廿一日ニ宗旨名伯州ヘ参候わけ荷物等之義書付相尋候ヘハ病人李裨元筆者ニテ書出ス(『元祿覺書』, p.151).
36 李能和『朝鮮佛教通史』下卷, 新文館, 1918.

장하는 증서다.

주인이란 인장에 붉은 인주를 묻혀서 찍는 도장을 말하는데, 일본이 말하는 주인에는 특별한 의미가 있다. 강호막부는 무역을 허가하는 증서에 주인을 날인했다. 그 허가장을 주인장이라 하고, 그것을 가지고 무역하는 배를 주인선이라 했다. 주인장은 도착지가 명기된 공문서로 소지자가 승선한 배가 해적선이 아닌 상선이라는 것을 증명한다. 주인선은 반드시 장기에서 출항하여 장기로 귀항해야 한다. 안남·샴·루손·통킹·캄보디아 등에 도항할 뿐, 명이나 조선은 가지 않는다. 명은 일본인의 도항이 금지되었고, 조선은 대마번이 외교와 무역을 담당했기 때문이다.

그런 면에서 뇌헌이 소지한 주인장은 남해안과 동해안에서의 경제활동을 보장하는 증서라 할 수 있다. 뇌헌이 소속된 흥국사가 의승수군의 주진사라는 것에 근거하면 그것은 흥국사나 전라좌 수영의 절도사가 발행한 증서로 볼 수 있다. 그것을 소지하고 울산에 갔다는 것은 동해의 항해도 보장하는 운행증이었다는 것이다. 또 그것은 뇌헌이 남해와 동해를 항해하며 사찰의 운영에 필요한 경제활동을 하고 있었다는 것도 같이 의미한다.

조취번의 회선상인 대곡가와 촌천가는 죽도환 1척을 죽도에 파견하면서도 조취번한테 경제적 지원을 받아야 했다. 그런데 조선에서는 1692년에 5척이 도해했고, 1693년에는 3척, 1696년에는 13척이 도해했다. 대서준휘는 그런 출선에 근거해서 거대한 경제적 조직망의 존재를 추정하고, 안용복이 조취번 방문을 마치면 울릉도에 머물고 있는 12척의 배와 같이 귀국하여 관에 세금을 바친다고 말한 것을 근거로 부산 첨사가 관리하는 조직을 추정했다.[37] 어민들이 국주에게 헌상할 전복의 채취를 위해 3년마다 도해한다고 말한 것이나 안용복이 납치되었을 때 「산카이의 샤쿠완」으로 기록되는 부산첨사의 허가를 받았다고 주장한 것에[38] 근거해도 추정 가능한 일이다.

뇌헌이 조취번을 방문하여 칭했다는 「금오승장」의 「금오」와 뇌헌이 소지했다는 주인장과 서류의 「금오」는 「金鳫」으로 표기되어 있다. 그런데 조취번이 그것을 「긴우」로 훈한 것을 보면 「金烏」의 오기로 볼 수 있다.[39] 흥국사의 개산을 설명하는 전설의 금오는 「金鰲」다. 「보조국사가 절터를 찾아다니다 金鰲島 掘峰山에서 만난 노승이 영취산 자락에 흥국사를 지으라는 말을 하고 사라졌다 한다. 금오도는 광양만의 태인도나 돌산의 금오도로 추정되기도 하는데,[40] 모두 흥국사의 생활권이다. 金烏와 金鰲가 다른 것 같으나 부처를 의미한다는 점에서 동질적이다.

최영성은 여수 돌산도에 있는 금오산 부근에 전라좌도수군통제영의 소속기지의 하나인 防踏鎭의 선소에 7백명이 넘는 수군이 배치된다는 사실과 금오산 향일암이 임진왜란 때 승군의 본거지로 사용된 사실을 언급했다. 그리고 뇌헌이 소지한 주인장은 뇌헌을 승장에 임명하거나 해상통행권을 부여하는 내용이 담긴 것으로 추정했다. 이어서 두 가지를 유추했다. 첫째가 흥국사 의승수군은 주로 방답진에 배치되는 경우이고, 둘째는 장군이란 전라좌도수군절도사이고, 공문서는 승장 임명장이었을 가능성이 높아 해상통행권일 수도 있다는 것이다.[41]

---

37 『안용복과 원록각서』, p.30·322.
38 權五曄「南九萬의 密使 安龍福」, p.434.
39 『안용복과 원록각서』, p.275.
40 『흥국사』, p.26
41 崔英成「안용복 제2차 도일의 성격에 관한 고찰」, 『독도연구』제26호, 영남대학교 독도연구소, 2019, p.113.

이는 전라좌도수군절도사가 뇌헌을 승장으로 임명한 것으로 볼 수도 있다는 의견인데, 이것은 『완문흥국사』의 「승군을 수영에 전속시키면 승군들이 반대하고 승군을 모두 감소시키면 승군의 창설취지에 위배되는 것이니, 각 기관에서 존감하는 것은 상의해서 시행자의 재량에 맡긴다」의 내용과 배치될 수도 있다.[42] 뇌헌이 흥국사 주지를 칭한 것과 모순될 수 있다.

4. 일본을 방문한 뇌헌

(1) 11인의 일행

분심한 안용복이 찾아간 것은 뇌헌이 아니라 「뇌헌 등」이었다. 「뇌헌 등」에 안용복이 합류한 후에 유일부 등이 합류하여 11인 일행이 구성되었으므로 「뇌헌 등」은 8인이었던 셈이다. 그 중에서 안용복만 부산이 사람이고 유일부와 유봉석은 울산세력, 뇌헌·승담·연습·영율·단책의 5인과 김성길 이인성 김순립은 순천세력이다. 영해에서 합류한 유일부와 유봉석은 안용복의 세력으로 볼 수도 있으나, 배의 소유자 뇌헌과 사전에 계약한 것으로 볼 수도 있다.

『성호사설』과 『오주연문장전산고』는 안용복이 판승 5인과 도공 4인을 권하여 울릉도에 도해한 것으로 하여, 일행 11인 중 2인이 모자라는데, 그것은 안용복과 대솔이나 수부에 포함되지 않는 이인성으로 보아야 한다. 이인성이 소장을 작성한 일이나 은기번소에서 뇌헌을 대신

---

42 僧軍專屬營門則渠之亦不欲全減以有其端而其所存減廣謀各所依此施行者(『興國寺』, p.244).

하여 서류를 작성한 것을 보면 대솔이나 선격으로 표기된 일행과 구별된 것으로 볼 수 있다. 따라서 도공 4인은 승려 5인과 안용복과 이인성을 제외한 김성길·김순립·유일부·유봉석으로 볼 수 있다.

『원록각서』는 안용복 등 6인의 속인과 뇌헌 등 5인의 승려로 구별했고,[43] 『죽도고』는 「삼 품당상신안동지」·「금오승장석씨헌판사」·「진사군관이비장」 등의 관직과, 김사공·유격솔·유한부 등의 대솔, 석씨대솔승 4인으로 구별했다. 어떻게 보아도 뇌헌을 중심으로 하는 일행의 구성이었다. 그런데도 조취번을 방문할 때는 「조울양도감세장신안동지기」·「조선국안동승주」라는 선기를 걸어, 안용복을 일행의 대표로 삼았다.

그것은 납치되었던 1693년도 마찬가지였다. 처음에는 10인 일행이었으나 병자 하나가 영해에서 하선하여 9인이 울릉도에 도해했는데, 8인이 울산인이고 안용복만 동래인이었다. 그런데도 안용복이 대표처럼 행동했다. 일본어 능력에 근거하는 결과로 볼 수 있으나 안용복이 「산카이의 샤쿠완」으로[44] 표기된 부산첨사의 공적권력을 대행하는 비장이라는 신분에 따른 결과로 볼 수도 있다. 1696년에 안용복이 뇌헌의 배에 편승하면서도 일행을 대표한 것은 남구만의 밀사이며 삼품당상신이나 통정대부를 칭할 수 있는 신분이었기 때문이다. 그래서 조취번도 일행의 배를 「사박」으로 기록하고 일행을 조선국의 사신단으로 예우한 것이다.

---

43 船中人数 拾壹人, 俗安龍福·俗李裆元·俗金可果·俗三人名不書出, 年不書出. 坊主雷憲, 坊主雷憲弟子 衍習. 坊主三人名年不書出候(『元祿覺書』, p.87).

44 三界のシャンクワンより鮑取上ケ申様ニと被仰付(權五曄편주『岡嶋正義古文書』선인, 2011, p.38·194). 三界ノシヤクハン〈今按ニ三界ト云地詳ナラス恐クハ釜山浦ト云ケルヲ三界ト聞誤リタルコトニヤ又シヤクハンハ上官若クハ將軍ナルベシ〉ヨリ(權赫晟역『竹島考』下卷, p.177).

안용복의 일본어 능력이 일행을 대표하는 하나의 조건이었다면, 53
명이 도해한 1692년의 일행 에 포함되었다는 일본어 통사도 안용복이
었을 가능성은 배제할 수 없다.[45] 1693년의 일행 10인 중 안용복만 부산
포인이었고, 1696년의 일행 11인도 그랬다. 그런데도 안용복이 일행을
대표한 것은 일본어 능력만이 아니라 국주, 즉 「삼계의 샤큐완」으로
표기되는 부산첨사의 권한을 대행하고 있었기 때문이었다. 그런 면에
서 보면 1692년의 일행 53명을 대변한 자도 안용복으로 볼 수도 있다.
명단을 확인할 수 없으나, 국주의 명으로 울릉도에 도해한다는 사실을
설명한 자를 안용복이 아니라고 부정할 단서도 없다. 이런 사실들은
안용복이 동해에서 이루어지는 경제활동을 관리 감독했을 경우를 상
정하게 한다.

(2) 일행의 행정

『강계고』류는 뇌헌과 안용복이 돛을 올린 지 3일만에 울릉도에 도
착한 것으로 했는데『원록 각서』는 3월 18일 조식 후에 출선하여 저녁
을 울릉도에서 취한 것으로 하여, 1696년 3월 15일에 울산을 출선했다
는 것이 된다.[46] 신라의 이사부가 언제 어디서 출선하여 우산국에 도착
했는가를 알 수 있는 기록이 없고, 930년의 우릉성주도 어디를 거쳐 왕
건에게 사자를 파견했는지를 알 수 없다. 그것만이 아니라 고려 의종
이 1157년에 파견한 김유립, 원종이 1259년에 파견한 작목사나 1243년
(고종 30)에 최이가 파견한 자의 행정에 관한 기록도 없다.

---

[45] 此嶋より北二当り嶋有之三年二一度宛国主之用にて鮑取二参候(『岡嶋正義古文
書』, p.22).
[46] 遂擧帆三晝夜泊薪陵島(『강계고』류); 當子三月十八日朝鮮国朝飯後二出船同日
竹嶋へ着夕, 夕飯給申候(『元祿覺書』, p.167).

조선의 태조 16년(1416)에 「무릉등처안무사」를 제수 받았고, 세종 7년(1425)에 「우산무릉등 처안무사」를 제수 받은 김인우의 경우도 마찬가지다. 출선지와 소요 일수 등의 기록이 없다. 세종 20년(1438)에 「무릉도순심경차관」에 제수된 남회와 조민이 1439년에 무릉도를 수색하여 66 인을 체포한 사실을 복명하면서 「출발하여 1일 1야」에 이르렀다는 것이 처음이다.[47] 이때도 출선지와 귀착지의 기록은 없다. 그런 것들이 기록되는 것은 세조 3년(1457)조가 처음이다. 강원도 정동해중의 우산도와 무릉도에 읍을 설치할 수 있다는 사실을 설명하며

> 삼척에서 섬에 이르는데 서풍이 곧바로 불어온다면 축시에 배가 출발하여 해시에 도착할 수가 있지만, 바람이 살살 불어도 노를 사용한다면 1주야에 도착할 수가 있으며, 바람이 없어도 노를 사용한다면 또한 2주 1야면 도착할 수가 있다.[48]

순풍을 만나면 삼척에서 1주 1야에 갈 수 있고, 바람이 없으면 2주 1야가 걸리는 곳에 울릉도가 위치하는 것으로 설명했다. 그것을 안용복이 3주야로 설명했는데, 3주야에는 울산에서 삼척에 간 일수도 포함된 것으로 볼 수 있다.

안용복은 1693년 7월과 9월에 장기봉행소와 대마번에서 울릉도에 도해한 행정을 설명했다. 장기에서는 3월 11일에 울산을 출선하여 25일에 영해에 도착해서, 27일 진시(08시)에 영해를 출범하여 유시(18)에 죽도

---

47 護軍南薈, 司直曹敏回自茂陵島復命, 進所捕男婦共六十六及産出沙鐵石鍾乳生鮑大竹等物, 仍啓曰, 發船一日一夜乃至(『世宗 實錄』세종 20년7월15일).
48 牛山, 茂陵兩島 (중략) 水路則自三陟距島, 西風直吹, 則丑時發船, 亥時到泊, 風微用櫓, 則一晝一夜可到, 無風用櫓亦二日一夜可 到(「世祖實錄」세조3년4월16일).

에 도착한 것으로 진술했다.[49] 대마번에서는 3월 11일에 승조원을 갖추어 15일에 울산항을 출선하여 흥해에서 머물다, 25일에 그곳을 떠나 영해에 도착했고, 27일 아침 진시(08시)에 영해를 출범하여 석양 유시(18)에 죽도에 도착한 것으로 진술했다.[50] 대마번의 기록이 보다 구체적인데, 어쨌든 10시간 정도의 항해로 울릉도에 도착했다는 것이다. 순풍을 만나며 1주 1야에 갈 수 있다는『세조실록』보다 짧은 시간이었다.

10시간은 안용복 일행 11인이 1696년에 조취번으로 향하다 5월 20일에 표착한 은기번소에서, 3월 18일 조식 후에 출발하여 석식을 죽도에서 취했다고 말한 것과 같은 시간이다. 1693년과 1696년의 안용복은 10시간 정도에, 영해에서 울릉도로 도해할 정도로 항로에 익숙했다. 또 안용복이 1696년 8월에 남구만의 밀명을 수행하고 강원도 양양으로 귀환했으면서도 부산에서 체포된 것을 보면,[51] 부산~울산~영해~울릉도의 항로만이 아니라 부산~울산~양양~울릉도의 항로도 있었고 안용복이 항해한 경험이 있었다는 것이다.

안용복은 비변사에서, 울릉도와 자산도에서 만난 왜인들을 추방하고 추격하다 은기도에 표착한 것으로 진술했다. 은기번소는 안용복의 진술에 근거해서, 1696년 5월 15일에 죽도를 출선하여 당일에 송도에 도착했고, 16일에 그곳을 떠나 조취번으로 향하다 표류하여 18일에 은기도의 서포에 입항했으나 악천후로 정박하기 못하고, 19일에 大久村^{오오 쿠 무라}

---

49 三月十一日ニ出帆仕同廿五日ニ寧海与申所江参着仕其所を同廿七日辰之刻ニ
　出帆仕酉之刻竹嶋江参着仕(『竹嶋紀事綜合編』상, p.38).
50 三月十一日乗組仕同十五日ニウルサン出船仕同日ウルサン之内ブイカイ与申
　所ニ罷着同廿五日ブイカイ出帆仕慶尚道之内エンハイ与申所ニ罷着同廿七日
　辰之刻エンハイ出帆仕同日酉刻竹嶋江罷着申候(『竹嶋紀事綜合編』상, p.63).
51 安龍福自東萊拿來, 命備局堂上, 刑曹堂上各一員, 齊會備局, 究覈稟處. 以其事關
　邊情也(『肅宗實錄』숙종22년9월22일).

의 카요이포에 정박하다, 20일에 대구촌에 정박한 것으로 설명했다.[52] 표착한 안용복 일행은 21일에 은기번소를 방문하여 조취번을 방문한다는 사실을 밝히며 생필품의 협조를 요구했다.[53]

3월 18일에 울릉도에 도해한 뇌헌 일행이 5월 15일에야 조취번을 방문하기 위해 울릉도를 출선한 것에 의심을 품거나 조취번의 방문이 우발적이었다고 말하며, 이익을 탐하는 도해로 단정하는 의견이 적지 않다. 그런 의문을 해소시키는 내용이 『화국지』에 있다.

나는 대장의 명령을 받고 감세하기 위해 울릉도에 들어갔다. 귀주의 사람들이 국경을 침범한 것을 목도하였습니다. 마땅히 구속하고 대장에게 상신하여 법에 따라 형벌을 정해야 합니다. 그런데 국경에서 귀주 사람들이 먼저 스스로 도망하여 돌아갔습니다. 그래서 뒤쫓아 여기에 이른 것입니다.[54]

대장의 명으로 감세장의 역할을 수행하며 3월 18일부터 울릉도에 체류하던 안용복은 5월 15일 이전의 어느 날, 울릉도에 나타난 일본인을 체포하여 대장에게 보고하려 했다는 것이다. 그러나 일본인이 도망치기 때문에 조취번까지 추격한 것으로 했다. 안용복이 대장의 명을

---

52 五月十五日竹嶋出船同日松嶋江着同十六日松嶋ヲ出十八日之朝隱岐嶋之内西村之礒へ着同廿日ニ大久村江入津仕候由候西村之礒ハ荒礒ニ而御座候ニ付同日中村江入津是之湊悪候故翌十九日彼所出候而同日晩ニ大久村之内かよひ浦卜申所ニ舟懸リ仕廿日ニ大久村江参(『元祿覺書』, p.176).

53 廿一日安龍福ヨリ書付出シ申飯米ニ切レタ飯ヨリ食ニ絶候由申(『元祿覺書』, p.212).

54 元重擧지음, 李慧淳감수, 朴在錦 옮김『와신상담의 마음으로 일본을 기록하다』소명출판, 2006, p.457; 吾受大狀令. 監稅 入鬱陵. 目見貴州人犯境者. 當拘上大狀. 依律定刑. 於境上. 貴州人先自逃還. 故踵至此(元重擧『和國志』安龍福傳).

받은 것을 분명히 했는데, 그것은 1693년에 「샤쿠완」으로 표기되는 부산첨사의 명을 받았다고 진술한 것과 맥을 같이 한다. 대장을 비변사가 천거하는 동래부사로 보기도 하나[55] 명령자가 동래부사건 부산첨사건 간에 안용복의 신분이 달라져, 명령자도 안용복의 신분에 의거해서 판단 해야 한다.

1693년의 안용복은 비장을 칭하며 부산첨사나 동래부사와 같은 지역의 공적권력을 행사하는 관리의 명을 받은 것이 된다. 그러나 1696년의 안용복은 통정대부·삼품당상신안동지·조울양도감세장신 등을 칭하여, 부산첨사나 동래부사의 명을 받는 신분이 아니었다. 그것은 중앙권력을 대표하는 영의정 남구만이나 보장할 수 있는 관직이고, 그런 관직이었기 때문에 남구만의 밀명을 수행하는 밀사가 될 수 있었던 것이다. 그래서 부산첨사나 동래부사가 조취번의 방문을 명했다 해도 그것은 남구만을 대리하는 것으로 보아야 한다.

남구만의 밀명을 받은 안용복 일행이 울릉도에 약 2개월이나 체류한 데는 여러 이유가 있겠으나, 그 중의 하나는 일본을 방문하는 구실을 찾는 것이었다. 대마번의 비리를 고발하기 위해 방문하면서 일본어민들이 조선의 울릉도에 범월하는 구체적인 증거를 확보해야 했다. 그것을 『화국지』는 대장의 명령을 받들어 부세를 감독하러 울릉도에 들어갔다라고 도해의 목적을 밝히고, 일본인들의 위법을 목격했기 때문에 그들을 구속하기 위해 추격하다 은기도를 거쳐 조취번을 방문한 것으로 기록했다. 남구만의 밀명을 받은 밀사라는 신분을 밝히지 않으려는 고심이 엿보이는 설명이었다.

---

55 崔英成 「安龍福 제2차 渡日의 성격에 관한 고찰」, p.102.

은기도에 머물던 안용복 일행이 6월 4일에 赤崎(아카사키)에 도해하여 조취번으로 향하자, 이미 은기번소의 보고를 받은 조취번은 6일에 일행을 靑谷(야)의 專念寺(센넨지)에 두류시키더니, 12일에 賀路(카로)의 東善寺(토우젠지)로 옮겨 29일까지 머물게 하고, 21일에 2대의 가마와 9필의 전마로 정회소로 안내했다. 그리고 상륙시키지 말라는 지시에 따라 7월 17일에 湖山池(코야마이케)의 靑嶋(아오시마)로 옮기고, 8월 6일에 하로에서 조선으로 돌려보냈다. 그렇게 해서 대마번를 제외한 외교노선을 통해 조선의 뜻을 막부에 직접 전달하겠다는 남구만의 구상을 실행한 일행은 8월 29일에 강원도 양양으로 귀환한다. 그리고 강원감사 심평에게 체포된다.

(3) 일행의 역할

일본의 기록들이 안용복을 「삼품당상신안동지」, 「통정대부」, 「조울양도감세장신」, 「조선 국안동지」, 「울릉자산양도감세장」 등으로 기록한 것으로 보아 안용복이 일행을 대표했다는 것을 알 수 있다. 조취번이 일행 11인을 2대의 가마와 9필의 전마로 영접하고, 일행의 배를 「조선국 사박」으로 기록한 것들도 방증이라 할 수 있다.

이비원 이비장으로도 기록되는 이인성은 진사군관으로 기록을 담당했다. 은기번소에서 조취번을 방문하는 목적을 병중인 이비원이 기록하는 것으로 보아 항해에 익숙하지 않았던 것 같고, 비변사가 조취번의 방문을 범월죄로 다스릴 때 안용복의 차율로 취급하고,[56] 우두머리라는 일본의 기록도 있어,[57] 일행의 지도자급이라는 것을 알 수 있다.

---

56 而對馬島主奪取書契, 中間僞造, 數遣差倭, 非法橫侵, 吾將上疏關白, 歷陳罪狀. 島主許之. 遂使李仁成, 構疏呈納(『肅宗實錄』肅宗22년9월25일). 李仁成製疏, 其罪亦重, 而若論首, 從, 仁成爲從, 宜斷以次律(『肅宗實錄』肅宗22년9월27일).
57 同船十一人ソノ頭タル者ノ姓名ヲ李シンシと云(『岡嶋正義古文書』, p.77).

안용복과 이인성을 제외한 속인 4인을 조취번의 자료들은 김성길을 진사군관 대솔, 김순립과 유봉석을 대솔·선격, 유일부를 대솔·선격·수주로 기록하여 『성호사설』의 「도공 4인」이 이들 에 해당한다.

뇌헌·승담·영율·단책·연습의 5인은 방주로 기록 되지만 뇌헌에게는 흥국사의 주지라는 별기가 있어, 뇌헌 방주는 여타 승려들을 대표한다. 『죽도고』 등은 뇌헌을 「금오승장석씨헌판사」로 기록하며 다른 방주들을 법주·화주·석씨·대솔승 등으로 기록한다. 법주와 화주의 의미가 분명하지 않으나 법을 전하는 주, 즉 일문의 대표자와 교화의 주, 유덕의 승으로 풀이된다.[58] 흥 국사의 「聽溪庵重刱文」에 「化主前啣學仁文贊」이라는 내용이 있고 「順天府靈鷲山興國寺禪堂修葺上樑記」에도 「化主通政獲禮」라고 화주라는 법명이 있어, 화주가 흥국사에서 통용되는 법명이었다는 것을 알 수 있다.

뇌헌이 울산에서 출선을 준비했다는 것은, 그들이 동해 연안이나 동해에서의 경제활동을 준비하고 있었다는 것으로, 동해의 울릉도에 관한 정보 정도는 알고 있었다는 것이다. 따라서 안용복의 정보를 접하고 울릉도에 도해한 것으로는 볼 수 없다. 뇌헌과 안용복의 활동영역이 울릉도와 자산도를 벗어난 일본의 은기도와 조취번까지 확산된 것으로 보아, 안용복이 뇌헌에게 설명한 것은 조선의 영역을 벗어나 일본의 영역인 조취번을 방문하는 목적으로 보아야 한다. 목적이 분명한 권유였기 때문에 흥국사의 주지와 금오승장을 칭하는 뇌헌이 동행을 결단한 것이다.

원래 호국사상을 창사이념으로 하는 흥국사는 몽고군과 왜군에 소실될 때마다 중창되었고, 1592년에 왜적의 침략에 맞서 조직된 의승수

---

58 『안용복과 원록각서』, p.280.

군은 관군 이상의 용맹을 떨쳤다. 의승수군이 주진하는 흥국사의 뇌헌이었기 때문에 출선준비를 마친 상황에서, 안용복과 의기투합했기 때문에, 계획을 변경하여 조취번의 방문을 결단할 수 있었다. 뇌헌의 활동을 이익을 탐하는 것으로 보기도 하나 그것은 판승이나 상승이라는 표기를 중시한 편견으로, 흥국사주지와 금호승장을 칭한 의미를 간과한 판단이라고 말할 수 있다.

뇌헌은 1690년에 중창한 대웅전의 불사에 시주하여, 대웅전의 불상화에 「시주뇌헌비구」라는 명패가 표기되고 1703년의 사적비에는 「판사뇌헌」으로 명기될 정도였다. 판승의 「판」이 물건을 매입하여 전매하여 이익을 얻는 일, 싸게 구입하여 비싸게 파는 일 등을 의미하고,[59] 상승의 「상」도 장사, 장사하다, 장사하는 사람 등을 의미하는데, 그 중에서도 점포를 차리지 않은 행상을 의미한다. 이런 자의와 뇌헌이 울산에서 출선준비를 했다는 것을 같이 생각하면, 뇌헌은 사찰의 재무와 사무 등에 관여하는 사판으로 볼 수 있다.

뇌헌의 원래 계획은 알 수 없으나 안용복의 설명을 듣고 울릉도를 거쳐 조취번을 방문하는 것으로 계획을 바꾼 것은 사실이다, 그럴 경우의 뇌헌은 흥국사의 재정을 확보하는 상승으로서의 의미보다는 의승수군이 주진하는 흥국사의 주지로서의 활동을 택한 것으로 보아야 한다. 왜적의 침략에 분개하여 왜적의 토멸을 목적으로 해서 조직된 의승수군을 관리하고 유지하는 흥국사의 주지였기 때문에 영의정 남구만의 밀명을 받고 대마번의 비리를 고발하기 위해 조취번을 방문한다는 안용복과 뜻을 같이 한 것이다. 그것이 호국사상의 실행으로, 흥국사의 창사이념과도 부합 되는 일이었으므로, 1703년의 사적비에 「판

---

59 販, 買轉賣貴者(『說文』); 往來販賤賣貴(『史記』呂不韋).

사뇌헌」으로 명기될 수 있었다. 뇌헌의 일본 방문이 흥국사의 이념이나 규율에 위배되었다면 7년후에 건립된 사적비에 명기될 수 없었다.

『죽도고』는 뇌헌을 「금오승장석씨헌판사」로 기록했는데 「금오승장」이 의승수군이 주진하는 흥국사와 관련된 직명이라는 것은 앞에서 살펴본 대로이고 「석씨」 역시 뇌헌이 불문에 속한다는 것을 의미한다. 「헌판사」는 불문과 관계되는 직함으로 「헌」은 뇌헌의 약칭이다.

판사는 세가지로 풀이 된다. 첫째는 선종의 법계 大選^{대선}→中德^{중덕}→禪^선師^사→大禪師^{대선사}→ 都大禪師^{도대선사}의 도대선사는 자동적으로 선종판사가 되어 선종을 총판한다. 이때의 판사는 선종판사의 약칭이다. 둘째가 통신사의 직책으로서의 판사다. 원활한 사무 처리를 위해 상판사, 차상판사, 押物判事^{압물판사} 등의 직책을 두었다. 셋째가 관군과 수군 간의 원활한 소통을 위해 둔 직책이었다. 뇌헌은 상황에 따라 그 어느 것으로도 볼 수 있다.[60]

흥국사의 의승수군은 왜군을 퇴치하고 주민들의 재산과 안전을 지키는 것을 목적으로 해서 조직되고 운영되었다. 그런 현실에서 금오산 주인장을 소지한 뇌헌이 흥국사 주지와 금오승장을 칭했다는 것은 5인의 승려가 뇌헌을 승장으로 하는 의승수군이었다는 것을 의미한다. 설사 의승수군이 아니라 해도 의승수군의 호국사상은 숙지하고 있었던 것으로 보아야 한다.

그랬기 때문에 뇌헌이 흔연히 안용복의 뜻에 따라, 안용복을 자신들의 배에 태우는 것에 그치지 않고 일행의 대표로 삼아 조취번을 방문한 것이다. 뇌헌은 안용복과 동행하는 것이 흥국사에 이로운 일, 즉 호국사상을 실행하는 일이라고 판단한 것이다.

---

60 崔英成「안용복 제2차 도일의 성격에 관한 고찰」, p.112.

5. 결론

1696년 봄에 울산에서 출항준비를 하던 흥국사 승려 뇌헌이, 분개하며 찾아온 안용복과 뜻을 같이하며 울릉도를 거쳐 조취번을 방문한다. 그 일행 11인 중 8인 이상이 뇌헌의 세력이었음에도 안용복이 일행을 대표한다.

조선의 기록은 뇌헌을 판승·상승·순천승 등으로 기록하고 일본의 기록은 「흥국사주지뇌헌」·「금오승장석씨헌판사」 등으로 기록했다. 뇌헌은 대마번을 제외하는 외교노선의 구축을 구상한 남구만의 밀명을 받은 안용복과 뜻을 같이 하고 조취번을 방문했고, 은기번소와 조취번은 일행을 조선의 사절단으로 보고 후대했다. 그러나 남구만의 밀사로서의 역할을 수행하고 귀국한 안용복을 조선은 범월의 죄를 물어 처형하려 했다. 안용복이 사실을 왜곡하는 대마번을 제외하는 외교노선을 구축하여, 조선의 뜻을 직접 막부에 직접 전달하려는 남구만의 밀명 받고 건너간 사실을 몰랐기 때문이다. 현재도 안용복을 사노로 해독할 수도 있는 호패의 의미를 간파하지 못한 연구자들은 그런 논리를 전개하기도 한다. 그러나 그런 인식으로는 뇌헌 일행이 일본에서 취한 언행은 물론 일본의 일행에 대한 후대도 설명할 수 없다.

은기번소와 조취번은 뇌헌 일행을 조선국의 사절단으로 보았고, 강호막부는 일행이 조취번을 통해 제출한 고소장에 근거해서 대마번과 조취번이 취해야 하는 내용을 지시했다. 『숙종실록』도 안용복이 일본을 방문하며 「울릉자산양도감세장」을 가칭한 사실을 전한다. 그런데도 오기가 분명한 조취번의 호패에 근거해서 안용복을 사노로 단정하는 주장이 존재하지만 안용복의 도일활동이 남구만이 구상한 외교정책과 일치하여, 안용복은 남구만의 밀사로 보지 않을 수 없다.

뇌헌이 속한 흥국사는 고려의 보조국사 지눌이 1196년경에 창건했으나 몽고군에 의해 전소되어 300여년이나 방치되다 1560년에 법주대사가 중창했는데 그것을 또 왜군이 소실시켰다. 왜의 침략 과 동시에 조직된 의승수군은 흥국사를 주진사로 해서 관군 이상의 전공을 세웠고, 흥국사는 왜군에 의해 소실된 1597년 이후에도 주진사의 역할을 계속했다. 그러다 계특이 1624년에 불사의 중건을 시작하여 1690년에 대웅전을 중창했는데, 뇌헌의 공이 컸는지, 대웅전의 불상화에 「시주 뇌헌비구」라는 명패를 표기했다. 그리고 6년 후에 조취번을 방문하여 흥국사주지와 금오승장을 칭했는데, 그것도 흥국사의 가치와 위배되지 않았는지, 1703년의 『사적비』에 「판사뇌헌」이라 고 명기된다. 뇌헌이 대웅전 중건에 재정적으로 공헌한 일, 안용복과 같이 대마번의 비리를 막부에 고발한 공을 흥국사가 평가한 것이다.

흥국사의 창건이념에 근거해서 조직된 의승수군의 호국정신을 실현하려는 뇌헌으로서는 안용복한테 조취번을 방문해야 한다는 말을 들었거나 동행을 제안 받았다면 거절하기 보다는 동행을 자청했을 것이다. 불사에 시주하고 흥국사주지와 금오승장을 칭한 사실로 알 수 있는 일이다.

흥국사의 의승수군이 타지로 이주할 때는 소재지를 밝히는 것이 군율이었다. 그런 상황에서 뇌헌이 울산에서 출선을 준비했다는 것이나 안용복과 같이 조취번을 방문하는 것과 같은 일은 주인장을 발부하는 곳의 허가 없이는 불가능한 일이다. 따라서 안용복과 뇌헌의 조취번 방문은 남구만의 밀명을 받은 안용복과 흥국사의 허가를 받은 뇌헌이 임무를 수행하는 일로 보아야 한다.

제13장

납치된 안용복의 영토 인식

1. 서문

鳥取藩의 회선상인 大谷家는 村川家와 같이 조선의 허가 없이 竹島(울릉도)에 도해하는 경제활동으로 거부를 구축했다. 그러다 보니 죽도가 조선의 울릉도라는 사실을 망각하고, 1692년에 그곳에서 만난 조선인들의 도해금지를 요구하더니, 다음해에는 안용복과 박어둔을 납치했다.

그런데 조선인들이 전복을 채취하기 위해 정동해중에 있는 섬으로 도해한 배가 1692년에는 53인의 5척, 1693년에는 41인의 3척이었다. 그렇게 많은 배들이 출어할 수 있는 정동해중의 섬이라면 일본이 죽도로 칭하는 울릉도 외에는 존재하지 않는다. 따라서 대곡가의 선원들이 영유를 주장한 죽도는 조선인들이 도해하는 울릉도임에 틀림 없다.

그럼에도 1693년에 납치를 자행한 대곡가는 안용복과 박어둔을 일본의 영지에 나타난 범법자로 간주했고, 안용복과 박어둔은 반대로 그들을 범월의 범법자로 보았다. 납치의 상황을 통해 확인되는 일이다. 납치의 상황을 전하는 기록으로는 竹島丸의 선두의 진술에 근거하는 구상서와 안용복의 진술에 근거하는 구상서가 전하는데 서로 내용을 달리한다.

선두의 구상서는 대곡가의 기록과 岡嶋正義의 편찬물이 전하고 안용복의 구상서도 대곡가와 강도의 편찬물, 그리고 對馬藩의 기록으로 전하는데 죽도에 대한 인식이 근본적으로 다르다. 그럼에도 일본이 말하는 죽도가 조선의 울릉도라는 안용복의 영지인식은 일관적이다.

그처럼 선두와 안용복의 영유인식이 달랐기 때문에, 납치가 이루어질 때부터 정당성을 둘러싼 논쟁이 있었기 마련이다. 그런데도 선두들은 납치의 정당성을 확보하지 못했다. 隱岐番所가 선두에게 조선인을 끌고 온 구상서의 제출을 요구하자, 조선인에게 직접 들으라며 구상서의 제출을 거부하는 것에 그치지 않고 은기번소 작성한 구상서의 날인도 거부한 것으로 알 수 있는 일이다. 납치한 선상에서 죽도가 일본의 영지라는 진술을 확보했다면 거부할 이유가 없다.

그런 선두와 안용복의 구상서의 내용을 확인하는 것이 17세기의 울릉도가 조일 어느 쪽의 영지였는가를 확인하는 일이고, 울릉도와 병기되는 자산도(우산도: 독도)에 대한 조선의 정통성도 확인하는 일이다.

여기서 중요한 것은 안용복이 박어둔을 구하려다 같이 납치되었다는 사실이다. 박어둔이 납치되는 것을 다른 동료들도 보았을 것인데, 안용복이 구출하려 했다는 것은 비장, 즉 책임자로서의 책임을 수행하는 일이었다. 그런 안용복의 언동에 근거하면 1693년에 비장을 칭하고 1696년에 통정대부를 칭하며 「조울양도감세장신안동지기」라는 선기를 게양하고 조취번을 방문한 정통성이 확인된다. 그것만이 아니다. 안용복 일행을 사절단으로 영접한 조취번의 후대도 이해할 수 있다.

2. 준비된 납치

조선의 태종이 1403년에 울릉도 주민을 쇄출하고 1417년에 황희의 의견을 수용하여 김인우를 안무사로 삼아 「우산무릉등지」의 주민들을 쇄출한 이래 조선의 해금정책은 지속된다.[1] 그렇다 해서 모든 도해

---

[1] 右議政韓尙敬, 六曹, 臺諫, 議刷出于山, 武陵居人便否 (중략) 工曹判書 黃喜獨不可曰. 勿令安置, 依速刷出. 上曰. 刷出之計是矣 (중략) 宜以金麟雨仍爲安撫使, 還入于山, 武陵等處, 率其居人出陸(『太宗實錄』태종17년 2월 8일).

가 금지된 것은 아니다. 숙종이 「포변의 주민들이 날마다 이익을 취하여 입해하는 것을 금하여, 사는 길을 끊을 수는 없다」며 묵인하는 것과 같은 도해는 이루어지고 있었다.[2]

일본의 서해안 주민들도 울릉도에 밀항하고 있었다. 그런 가운데 조취번 米子(요나고)의 大谷家(오오야 케)와 村川家(무라카와 케)는 막부의 阿部四郎五郎家(아베 시로우 고로우 케)와의 유착을 배경으로 1625년에 울릉도에 도해할 수 있는 배타적 권리를 획득했다 한다. 그것은

> 임진왜란을 겪은 조선인들이 어쩌다 일본 배를 보면 맹수라도 본 듯, 벌벌 떨며 도망치기 때문에, 양가는 조선에 가까운 섬인데도 수십 년 동안 마음대로 건너 다니더니, 나중에는 자기들 것처럼 행동했다. 그런데도 누구 하나 손가락질 하지 않았다.[3]

라고 지역민들이 힐난할 정도로 정상적인 일이 아니었다. 조일 양국의 어민들이 도해하며 경제활동을 하던 1625년에 대곡가와 촌천가가 도해면허를 획득했다 해서 이전의 도해가 없었다는 것은 아니다. 이전에도 조일 양국민의 도해는 이루어지고 있었다. 또 1692년에 죽도에서 조선인을 조우한 것을 근거로 그때 조선인의 도해가 처음으로 이루어진 것처럼 말하기도 하나 그것도 그렇지 않다.[4] 조선인의 도해는

---

2 海畔漁氓頻煩往來於武陵島及他島伐取大竹且捕鰒魚云 (중략) 浦邊居民, 以漁採爲業, 雖欲嚴禁. 其勢未由. 唯當隨現禁斷矣. 上日, 海浦漁氓. 日日逐利, 乘船入海. 勢難一切禁斷, 以切其生道(『備邊司謄錄』숙종19년 11월14일).

3 吾舩帆ヲ望コトアルトキハ虎兒豺狼ノ思ヒヲナシ惴々トシテ迯去ケル故大谷村川ハ異邦へ近キ絕島ナレトモ数十年來縦ニ渡海シテ後ニハ自己ノ領地ノ如ク挙動ケレトモ誰手ザシスル者モ無リシ(權赫晟『竹島考』상, p.120).

4 渡海最初ヨリ是迄八十年来, 終ニ唐船ノ来ルコト無ト記セリ(權五曄편주『岡嶋正義古文書』, 선인, 2011, p.19).

1417년 이후에도 지속되고 있었다.

1692년의 죽도환은 2월 11일에 미자를 출선하여 28일에 도착한 隱岐
國 福浦^{쿠니 후쿠우라}에서 도해준비를 점검하고, 3월 24일에 출선하여 26일에 죽도
(울릉도) 동방의 いか嶋^{이 카 지마}에 이르렀다. 그러나 조선인 먼저 도착한 것을
알자 그곳에 1박하며 동정을 살피고, 27일에 浜田浦^{하마 다 우라}(도동)에서 만난
조선인에게 물어 5척의 53인이 도해한 것을 알자 경제활동을 방기하
고 귀환했다.[5] 그러면서 증거로 조선인의 물품을 훔쳐, 28일에 죽도를
떠나 4월 5일에 귀선했다. 도해로 막대한 이익을 얻는 선주로서는 용
납할 수 없는 일이었다.

죽도환을 죽도에 파견하는 일에는 많은 경비와 시일이 소요된다.
미자를 출선하여 죽도에 도착하는 데 1692년에는 43일이 걸리고, 1693
년에는 70일이 걸렸다. 그렇게 어렵게 도해했으면서 조선인을 만났
다며 빈배로 귀선했기 때문에 조취번의 융자금을 갚지 못하여, 1694
년에는 융자를 거절 당한다.[6] 그렇기 때문에 조선인을 만났다는 이유
로 어렵도 포기하고 귀선한 것은 질책 당할 일로, 선주는 「어린애
가 뱀을 보고 놀라서 도망치는 것처럼 행동하는 것은 선원의 도리가
아니」라고 질책하며, 이익이 있어야 분배도 가능하다는 말을 했다.[7]

---

[5] 同廿六日之朝五ツ時分ニ竹島之内イカ島ト申所へ着舟仕, 様子見申候得者鮑大
   分取上ケ申様ニ相見へ不審ニ奉存, 同廿七日之朝浜田浦へ参申内ニ唐船二艘相
   見へ申候(『岡嶋正義古文書』, p.22).

[6] 例年鮑代内借シ弐貫目御借シ被成候処, 当年は朝鮮人嶋ニ罷在, 猟無之ニ付て,
   戌年市兵衛渡海番迄御延被遣(『控帳』, p.68). 例年之通竹嶋渡海仕候ハヽ, 拝借奉
   願候 (중략) 拝借之儀は度々之儀故不被仰付候(權五曄편주『控帳』, 2010, p.150).

[7] 童の蛇に行逢たるがごとく恐しきと計りの言分け真の道にあらす去冬より過
   分なる仕出しの金銀を以て其身計りニあらす (중략) 何分来春乗組て稼をはげ
   ミ利得を與んと (중략) 最早今年ハ渡海の日和ニ遅れ何分来春乗組て稼をはげ
   ミ利得を與んと誤て憚事なく折しは垂釣をなしてそ立わかけり(權赫晟・大西
   俊輝편역주『長生竹島記』, 제이앤씨, 2016, p.139・143).

1693년에는 조선인과의 충돌이 두려워 승조원들이 기피하려는 움직임도 있었으나 예정대로 출선했다. 그러나 조선인을 만나자 불리하다며 철수를 결정하고, 증거가 필요하다는 선주의 말을 상기하며 안용복과 박어둔을 납치했다.[8] 그것이 자신들의 책임을 다하는 것으로 판단한 것이다. 그런 면에서 대곡가의 선원들이 안용복과 박어둔의 납치는 사전에 계획된 일이라 할 수 있다.

3. 일본의 울릉도 인식

일본이 문헌에 처음으로 울릉도가 등장하는 것은 『권기』의 1004년조로, 因幡國(이나바노쿠니)에 우릉도인 11인이 표착했다는 기록의 芋陵(우릉)이다.[9] 일행 11인이 京都(교우토)로 이송되었다 송환될 때, 藤原公任(후지와라 킨 토)가 이별을 아쉬워하며 읊은 시에 신라의 울릉도라고 내용이 있어,[10] 1004년의 일본이 울릉도를 고려의 영지로 인식했다는 것을 알 수 있다. 1592년이 豊臣秀吉(토요토미히데요시)는 인번국의 龜井茲矩(카메 이 코레노리)에게 울릉도를 거쳐 조선을 침범시켜,[11] 왜군의 석비가 발견되는데,[12] 당시의 약탈과 방화로 주민이 멸절되기도 했다.[13]

---

8 去年伯州米子にて利談にせまりし此証拠連れ帰る外他事なしと邪智を廻らし (『長生竹島記』, p.161).

9 高麗蕃徒芋陵島人漂至因幡(『增補史料大成, 權記』, p.7); 內藤正中 『竹嶋(鬱陵島)をめぐる日朝關係史』(多賀出版, 200年), p.15; 權五曄·權靜 『獨島와 竹島』, 제이앤씨, 2005, p.29.

10 しらきのうるまの島人きて, ここのひとのいふ事を聞しらすとときかせ給て, かへりこと聞こえさりける人にふ(藤原俊成 『千載和歌集』 卷第11戀歌).

11 佐藤信淵 『宇內混同秘策』 大同館書店, 1937; 大西俊輝저, 權五曄·權靜역 『獨島』, 제이앤씨, 2004, p.149.

12 石檀重たる石碑あり苔結びて文字明かならず是を磨きて見れバ摂州大坂德兵衛(『長生竹島記』, p.95).

13 壬辰變後, 人有往見者, 亦被倭焚掠, 無復人煙, 近聞倭奴占據礒竹島(李睟光 『之

1614년에 대마번이 3척의 배를 보내 磯竹島를 탐문하겠다며 동래

부의 뜻을 묻자, 동래부가 강원도와 경상도 사이의 울릉도라는 사실을

밝혔다.[14] 비변사는 그 사실을 보고하며, 경상감사와 부산의 변신이 간

계에 속지 말고, 조선의 영지에 오지 않는다는 금약을 지키게 할 것을

진언했다. 동래부사 박경업은 그것이 조선의 울릉도라는 사실을 밝히

며 일본인의 통행은 동래부로 한정되기 때문에 다른 곳으로 가는 배는

적선으로 논단하겠다는 뜻도 전했다.[15]

그런 상황에서 대곡가와 촌천가가 1625년에 죽도도해면허를 받았

다며 도해하기 시작했다. 그러다 1692년에 조선인을 만나자 경제활동

을 포기하고 공선으로 돌아가더니 1693년에는 안용복과 박어둔을 납

치했다. 그리고 조취번을 통해 막부에 조선인의 처벌을 요구했다.

1625년에 발부되었다는 도해면허는 4인의 노중이 울릉도의 도해를

허가한 것일 뿐이지 영지를 인정한 것은 아니었다. 만일 영지로 인정

하려면 별도로 조취번주에게 주는 領地朱印狀에 기입해야 한다. 강

호시대라 해도 추상적인 일본령의 토지는 존재하지 않고, 토지는 高

로 표기되는 생산력을 정한 후에 村에 부속되고, 영주 大名에게는 지

배할 수 있는 모든 村名를 열거한 영지주인장을 장군이 바뀔 때마다

교부하는 방법으로 영지를 확인했다. 그렇게 해서 모아진 촌명(촌의

峰類說』卷2, 地利部, 島)

14 倭船三隻, 稱以探聞磯竹島, 持路引出來, 問島何在, 則在我慶尙江原兩間云, 以是
   蔚陵(『東萊府接倭事目抄』光海六年6月); 內藤正中저, 權五曄·權靜역 『獨島와 竹
   島』, 제이앤씨, 2005, p.51.

15 今者島倭猶欲來居鬱陵島, 又送書契, 殊爲可駭 (중략) 據義切責, 以杜奸猾之計,
   似爲便益. 移文于慶尙 監司釜山邊臣, 另諭來舡, 專齎此書, 作速歸報島主, 俾遵朝
   廷禁約(『光海君日記』光海6년9월2일); 所謂磯竹島, 實我國之鬱陵島, 介於慶尙,
   江 原兩道海洋 (중략) 貴島我國往來通行, 唯有一路, 此外則無論漂船眞假, 皆以賊
   船論斷(『肅宗實錄』肅宗21년6월 20일).

생산력)의 총체가 일본령이다.[16]

그런데 조취번주에게 교부된 영지주인장에 죽도가 기입된 일이 한 번도 없다. 현재 조취번주에게 교부된 영지주인장의 사본이 전하는데, 그곳에는 因藩와 伯耆 영국의 高만 기재 되어있다. 영지목록은 하나도 전하지 않으나 知行(소유, 지배권)가 인번·백기 양국에 소재하는 촌들로 한정된다. 그것은 막부 말기에 편찬된으로 보이는『御判物根帳拔書』와 1713년에 작성한『領地御目録村數增減改帳』의 鳥取藩政 자료로도 확인된다. 그것만이 아니다. 元禄國繪圖의「因幡國圖」「伯耆國圖」그 어느 곳에도 죽도가 그려져 있지 않다. 그것에 비해 元禄國繪圖의 隱岐國圖에는 福浦에서 죽도에 이르는 주선의 항로가 그려져 있다. 그것을 근거로 죽도가 은기국에 부속된 것으로 주장할지도 모른다. 그러나 가령 그렇다 해도 조취번주에게 준 주인장에 飛地領로 하는 은기국의 촌명이 기재되지 않으면 안 된다. 그래서 결국 죽도도해면허를 근거로, 강호시대에 죽도가 일본령이었다고는 주장할 수 없다.[17]

광해 9년(1617)에 조선통신사의 일원으로 참가한 이경직은 대마번의 가로 柳川調興와 16세기말에 단교 상태에 빠졌던 조선과 일본의 관계가 德川家綱의 평화정책에 의해 개선된 것에 관해서 대담한 일이 있다. 그때 둘은 礒竹島가 조선령이라는 것을 확인했다. 그리고 유천이 4일 후인 10월 5일에「죽도도해면허」에 서명한 노중의 하나인 土井利勝와 豊臣秀吉 시대의 礒竹彌左衛門을 거론한다. 기죽도(울릉도)에 건너가 벌목하기 때문에 그렇게 불렸는데, 지금은 그곳에 왕래하는 일

---

16 池内敏『竹島』, 中央公論新社, 2016, p.48.
17 池内敏『竹島』, 中央公論新社, 2016, p.49.

본인이 없다는 내용이었다.[18] 그런 일이 있었는데, 8년 후인 1625년에 죽도도해면허가 발급되었다면, 서명한 막각은 죽도가 조선의 울릉도라는 것을 알기 때문에, 죽도의 영유를 인정한다고 기록하지 않는 것은 당연한 일이었다.[19]

그런데도 촌천가와 대곡가는 죽도에 도해하는 배타적 권리를 획득하자 그곳에서 채취한 산물을 막부만이 아니라 조취번에도 헌상하며 사례장을 받을 정도로 재산을 구축하여,[20] 장군까지 알현했다. 그러다 보니 도해를 당연한 권리로 착각한다. 조취번이 양가에 도해자금을 대여하고 산물로 회수하여, 죽도도해는 공인사업과 같은 위치를 확보한다. 그것을 池內敏는

> 막부 측이 주체적으로 도해사업을 공인했다고 말할 수 있을까 어떨 까는 말하기 어려우나, 객관적으로 보아, 관민일체, 혹은 관의 어정쩡한 인식 하에 이루어진 사업으로는 볼 수 있다. 그렇지만 그것은 죽도(울릉도)를 조선령으로 정치적으로는 확인한다는 사실을 환골탈태하여 도해면허가 발급되었다. 그런 사정에서 반복된 도해사업이었다.[21]

죽도가 조선의 울릉도라는 것을 알면서도 양가의 울릉도 도해를 묵인한 것으로 보았다. 임진왜란 후의 조선인들이 일본인을 짐승처럼 무서워하는 것을 이용하여 양가가 수 십 년 동안 멋대로 도해하더니 나

---

18 李景稷『扶桑錄』10月1日, 5日條.
19 池內敏『竹島』, 中央公論新社, 2016, p.52.
20 權五曄·大西俊輝편역주『竹島渡海由來記拔書控, 下』, 한국학술정보, 2011, pp.176~206.
21 池內敏『竹島』, 中央公論新社, 2016, p.53.

중에는 자기 영지처럼 행동한다는 사회인식 그대로였다. 그런 인식이 있기 때문에 대곡가 어민들은 납치한 조선인의 처벌을 요구했고, 조취번은 그것을 막부에 전달한 것이다.

대곡가가 1693년에 파견한 죽도환의 선두가 4월 18일에 조선인을 납치하여 27일에 귀환하자, 조취번이 독자적인 지배를 허가한 倉吉의 가신 荒尾修理가 그 사실을 28 일에 조취번에 보고했고, 조취번은 당일에 7일 비각으로 강호번저에 알린다. 그것을 5월 9일에 접수한 번저는 10일에 조선인의 구상서와 소지품과 품속의 서류 등을 첨부하여 막부의 노중 土屋相模守에게 제출했다. 그러자 막부는 5월 21일에 伊庭七郎左衛門을 불러 죽도도해에 관한 것을 물었고, 번저는 22일에 9개항목을 기록한 답서를 제출한다.

1, 伯耆國 米子에서 죽도까지는 해상으로 약 160리 정도 된다고 합니다. 보통 미자에서 출선 하여 出雲로 가서 은기국에 도해하여 죽도로 건너갑니다. 미자에서 직접 죽도로 건너갈 수 없다 합니다.

1, 村川市兵衛와 大谷九右衛門이 강호에 와서 장군을 알현을 명 받았을 때는 죽도의 전복을 헌상 합니다.

1, 죽도에서 전복을 잡는 세금은 없습니다. 백기수가 헌상하는 전복도 위의 두 정인이 우리에게 조달하여 바치는 것입니다.

1, 죽도에서 강치를 잡아서 그곳에서 기름을 채취하여 돌아와서 판매합니다. 그리고 기름의 세금은 없습니다.

1, 죽도는 멀리 떨어진 섬으로 사람이 살지 않습니다. 원래 백기수가 지배하는 곳도 아닙니다.

위와 같습니다.

1, 죽도도해에 대해서는 자세한 것은 이곳에서 잘 알지 못합니다.

1, 죽도도해에 대한 주인은 없는 것으로 알고 있습니다. 또 지금부터 조사하여 보고하겠습니다. 또 봉서의 사본도 이곳에는 없습니다.

1, 죽도에 도해하는 배에 어문의 선기를 거는 것에 대해서는 이곳에 서는 알지 못합니다.

1, 춘천시병위와 대곡구우위문이 당지(조취)에 내려오는 일이 몇 년에 한 번 오는지, 그것은 이곳에 서 확실히 알지 못합니다.

　　　위와 같은 일을 국원에 연락하여 바로 보고하겠습니다. 이상,

　　　5월 22일.[22]

　죽도가 조취번의 영지가 아니라는 사실을 분명히 밝히며, 미비한 것은 조취에 물어서 보고하겠다는 답서였다.[23] 그런데 이 보고서를 번 저가 13일에 小谷伊兵衛를 조취로 파견한 일이나 조선인을 장기로 이송하라는 막부의 지시를 조취에 전하는 비각이 16일에 떠난 것과 같이 생각하면, 이것은 강호번저의 자료에 근거하는 답으로 보아야 한다.

22　一, 伯耆国米子より竹島江海上凡百六十里程有之由候. 例年米子出舟, 出雲江参, 隠岐国江致渡海候て竹島江渡申候. 米子より直竹島江渡候儀成不申候. 一, 村川市兵衛大屋九右衛門, 御当地江罷越御目見被仰付候節, 竹島石決明献上仕候. 一, 竹島江て砲取候運上は無之候. 伯耆守献上砲も右□□□□人共江手前より相調差上申候. 一, 竹島ニて海駅取候て, 彼地ニて油仕取帰候て商売仕候. 尤油之運上も撫御座候. 一, 竹島ははなれ嶋ニて人住居は不仕候. 尤伯耆守支配所ニても無之候. 右之通ニて御座候. 一, 竹島渡海之儀, 委細爰許ニて相知不申候. 一, 竹島渡海付, 御朱印は無之様覚申候. 併相尋自是可申上候. 併御奉書之写も爰元ニ無之候. 一, 竹島江渡海之船ニ御紋之船印相立候儀, 爰元ニて相知不申候. 一, 村川市兵衛大屋九右衛門御当地江罷越候儀, 何ケ年壱度罷越候哉. 其段爰元ニて慥相知下申候. 右之通国許江申遺, 追而可申上候. 已上. 五月廿二日(權靜편역 『御用人日記』, 선인, 2010, pp.56~83; 權五曄편역주 『竹嶋之書附』, 지성인, 2012, pp.113~129).

23　江戸藩邸의 荒尾志摩가 鳥取藩에 묻자, 米子의 荒尾修理가 양가를 만나 조사하게 하여, 6월 7일에 江戸藩邸에 보고했다(權五曄 『控帳』, 册舍廊, 2010, p.133).

막부는 5월 10일에 조선인을 납치했다는 보고를 받으며 안용복과 안용복을 납치한 선두의 구상서도 같이 제출 받았다. 그것만이 아니라 은기번소가 작성한 안용복의 구상서도 석주를 통해 접수했을 것이다. 그처럼 죽도에 대한 인식이 상반되는 안용복과 선두의 구상서를 동시에 확인한 막부는 구상서 간의 모순을 발견하고 번저에 사실을 확인하려 한 것이다. 그런 막부의 질문을 21일에 접수한 번저는 기다렸다는 듯이 죽도의 영유를 부정하는 답서를 22일에 제출한다.

조선인을 납치했다는 번저의 보고를 받은 막부는 13일에 조선인을 장기에 이송할 것을 지시하고 대마번에는 장기에서 양도받을 것을 지시했다. 그러자 조취번 강호번저는 즉시 조선인의 신변을 인수하기 위해 소곡을 파견하고,[24] 16일에 조선인을 장기로 이송하라는 막부의 지시를 전하는 비각을 출발시켜 26일에 도착시킨다.[25] 조취번은 비각이 도착한 당일에 대곡가의 안용복과 박어둔을 조취로 이송할 방법 등을 논했고, 조취번의 지시를 받은 미자성은 5월 29일에 米子組^{요나 고 쿠미} 2인에게 둘을 인솔하여 미자를 떠나 6월 1일에 조취에 도착하게 했다. 그리고 안용복과 박어둔은 조취번에서 후대를 받다 6월 7일에 가마를 타고 90인의 호위를 받으며 장기로 출발한다. 주민들이 「참으로 희유한 일」이라고 말할 정도로 특별한 호송이었다.[26]

이때 소곡이 파견되어 수행하는 역할을 알 수 있는 기록이 없다. 그러나 안용복의 송환을 계기로 울릉도를 침탈하려는 대마번은 뜻대로

---

24 彼唐人長崎江被遣, 御奉行所江相渡, 右之段々申達候用被仰渡, 為御請小谷伊兵衛即刻被遣之(p.23). 御奉行衆段々之子細被仰達御渡可被成旨被仰渡候. 為御請小谷伊兵衛被遣之(權靜편역『御用人日記』, 선인, 2010, p.28).

25 從江戸今月十六日之飛脚到來, 朝鮮人之儀公儀江御窺之處, 御聞屆, 長崎江送可被遣由被仰出之旨申來(控帳, p.92).

26 実ニ稀有ノ変事ナリ(『竹島考』하, p.193).

이루어지지 않자 전 번주, 즉 번주의 부 宗義眞가 1695년 10월에 강호막부의 노중 阿部豊後守正武를 찾아가 무력으로 울릉도를 영유하자는 주장을 폈다. 그러자 막부는 12월 24일에 다시 강호번저에 죽도의 지리적 사실을 물었고, 번저는 1693년과 마찬가지로 다음날인 12월 25일에 죽도만이 아니라 송도(독도)의 영유까지 부정하는 보고를 했다. 그리고 막부가 일본인들의 죽도도해를 금지시키는 1696년 1월 28일보다 3일 전인 1월 25일에는 소곡이병위가 정리한 5개항의 「각」과 4개항의 「별지」를 제출했다. 죽도와 송도가 일본의 영지가 아니라는 내용의 자료였다. 그러자 막부는 26일에 죽도도해에 관한 것을 松江藩에도 질문하여, 出雲와 隱岐 등의 주민들은 대곡가와 촌천가에 고용되지 않는 한 도해하지 않는다는 답을 받았다.[27] 막부는 그 같은 사실들을 확인하고 1월 28일에 일본인의 죽도도해를 금지시켰다. 막부가 일본의 전통적인 영토인식, 즉 죽도와 송도가 조선의 울릉도와 우산도라는 인식을 회복하고 일본인의 죽도도해를 금지 시킨 것이다.

그런 과정에 소곡이병위가 수행한 활동을 살펴볼 필요가 있다. 막부의 월번 土屋相模守가 5월 13일에 번저의 吉田平馬를 불러 조선인을 장기로 이송할 것을 명하자 번저는 즉각 조선인의 신병을 인수받기

---

27 同年正月廿六日松平出羽守留守居召寄尋候趣, 書付を以返答申来. 口上書. 松平出羽守. 一(第一条)雲州隱州之者為自分働磯竹江致渡海候之儀不及承候, 乍然隱州近年之様子不存候. 一(第二条)伯州米子町人村川市兵衛·大屋九右衛門雲州雲津より直ニ磯竹江者不致渡海, 隱岐国迄乗船, 彼地より磯竹江渡海仕候由承候. 一(第三条)竹嶋之儀雲州ニ而者磯竹と申候事. 一(第四条)雲州隱州より磯竹江海路難所ニ而候故, 右両国之者米子之者ニ同船参候儀望不申候得共, 市兵衛·九右衛門船子共年々雇申候付罷越候事. 一(第五条)右之通候故, 自分として磯竹江渡海之義決而無之候, 乍然隱州之儀者近年御代官所ニ成候故, 委細不存候事. 一(第六条)委細之儀御尋被遊候者, 国元江申遣, 吟味可仕候, 已上. 正月廿六日松平出羽守(「磯竹島覺書」國立公文書館內閣文庫; 池內敏『竹島問題とは何か』, p.28·320).

위해 소곡을 파견했다. 즉 막부의 부름(呼)을 받고 번저의 길전이 찾아
뵙자(參上), 조선인을 장기로 보낼 것을(被遣) 명했고, 번저는 「御請」
의 수행을 위해 소곡을 파견한 것이다. 그런데 「어청」의 의미와 「피견」
의 장소가 명료하지 않다. 막부가 대곡가에 구금된 조선인을 장기로
이송할 것을 명했고, 번저가 그것을 조취에 전해야 한다는 것을 생각
하면 파견처는 조취로 보아야 하고 「어청」은 민간인이 구금한 조선인
을 관청이 인계 받는 일로 볼 수 있다.

또 그것은 소곡이 죽도와 송도의 지리적 사실을 조사하여 정리한
내용과 손수 작성한 「小谷伊兵衛差出候竹嶋之繪圖」와 「竹嶋之繪
圖」 4점이 전하는 사실로 추정할 수 있는 일이다. 5월 13일에 파견되었
던 소곡이 6월 29일에 막부의 부름을 받아 이국선에 관한 봉서를 받는
것을 보면,[28] 파견된 조취에서 자료를 확인하고 죽도에 도해한 자들의
인식을 들으며 정리한 자료들로 볼 수 있다.

5월 13일에 강호번저가 소곡을 파견했는데, 조선인을 장기로 이송
하라는 막부의 지시를 전하는 비각은 16일에 번저를 떠나 26일에 조취
에 도착한다. 소곡이 13일에 출발하고 비각이 16일에 떠난 이유를 알
수 없으나, 이동능력 상 늦게 출발한 비각이 먼저 도착했을 수 있다. 비
각이 도착하자 조취번은 즉시 대책회의를 열고 조선인을 조취로 이송
할 것을 미자에 지시했다.[29] 소곡이 먼저 도착했다면 그 대책회의에 참
가했을 수도 있는데, 그런 내용의 기록은 없다. 안용복과 박어둔을 인
솔한 미자의 가신들은 29일에 출발하여 다음 6월 1일 밤에 조취번의

---

28 大久保加賀守殿より御聞役共之內御招付て, 小谷伊兵衛候処, 異国舟之儀付御
定之御奉書被成御渡之. 御書被遣之加賀守殿御差図付て, 殘御老中方江も被仰
遣之(『御用人日記』, p.125).
29 權五曄편주『控帳』, 책사랑, 2010, pp.92~105.

가로 荒尾大和 댁에 양도한다. 둘은 다음 날 2일부터 정회소에 머물다 7일에 장기로 출발했다.[30]

조취번은 대곡가가 조선인을 납치한 사실을 번저를 통해 5월 10일에 막부의 노중에게 보고했는데, 5월 12일에는 대곡가의 죽도도해를 주관하는 大屋藤兵衛와 조선인을 납치한 선두 흑병위와 평병위를 소환하여 조사했다. 막부에 제출한 선두의 구상서와 안용복의 구상서의 내용이 다르기 때문에 사실을 확인하기 위해서 소환하여 심문한 것이다. 조취에 파견된 소곡은 그 내용을 확인한 것으로 보아야 한다. 또 5월 29일에 안용복과 박어둔을 인솔하고 온 등병위와 흑병위 등은 물론 송환된 안용복과도 대담하여 많은 정보를 확보하여, 5점의 회도를 작성하고 다음과 같은 내용을 정리한 것으로 볼 수 있다.

각

1, 백기국 미자에서 출운 운진까지의 도정은 10리 정도이다.

1, 출운 운진에서 은기국 燒火山까지의 도정은 23리 정도이다.

1, 은기국 소화산에서 동국의 복포까지는 7리이다.

1, 복포에서 송도까지는 80리 정도이다.

1, 송도에서 죽도까지는 40리 정도이다.

이상

병자(1696)년 1월 25일

별지

1, 송도까지는, 백기국에서 해로로 120리 정도입니다.

---

30 朝鮮人弐人五月七日因幡発足六月晦日長崎江到着因幡より護送之御使者松平伯耆守様御家来山田兵右衛門平井甚右衛門惣人数九拾余人相附尤朝鮮人駕籠にて被相送候(權赫晟편역주『竹嶋紀事綜合編』상, 한국학술정보, 2013, p.36).

1, 송도에서 조선까지는 8, 90리 정도나 되는 것 같다고 들었습니다.

1, 송도는 어느 나라(백기국이나 인번국, 즉 조취번)에 종속된 섬도 아니라는 말을 들었습니다.

1, 송도에 어렵하러 간다고 하는 것은, 죽도에 도해할 때, 가는 길이 기 때문에, 들려서 어렵을 합니다. 다른 영지에서 어렵하러 간다는 일은, 들은 일이 없습니다. 원래 출운국이나 은기국 사람들은 미자 사람들과 같은 배에 타고 갑니다.

이상.

1월 25일[31]

「각」은 백기국 미자에서 출운국의 운진까지의 도정이 10리, 운진에서 은기국 소화산까지의 도정이 23리, 소화산에서 복포까지의 도정이 7리, 복포에서 송도까지의 도정이 80리, 송도에서 죽도까지의 도정이 40리라는 5개항으로 구성되어 있다. 「별지」는 백기국에서 송도까지가 120리 정도, 송도에서 조선까지는 8,90리 정도이고, 송도는 어느 나라(백기국·인번국)에도 종속된 섬이 아니라는 3개항, 송도는는 죽도에 갈 때 들리는 섬이으로 출운국이나 은기국 사람들이 미자 주민들과 같이 도해한다는 1개항으로 구성되었다.

---

[31] 一, 伯耆国米子より出雲雲津迄, 道程拾里程. 一, 出雲国雲津より隠岐国焼火山迄, 道程弐拾三里程. 一, 隠岐国焼火山より同国福浦迄七里. 一, 福浦より松嶋江八十里程. 一, 松嶋より竹嶋江四十里程, 以上 子正月廿五日. 別紙. 一, 松嶋江伯耆国より海路百弐拾里程御座候事. 一, 松嶋より朝鮮江は八, 九拾里程も御座候様及承候事. 一, 松嶋は何れ之国江附候嶋二ても無御座候由承候事. 一, 松嶋江猟参候儀, 竹嶋江渡海之節道筋二て御座候故立寄猟仕候. 他領より猟参候儀は不承候事. 尤出雲国·隠岐国之者は米子之者と同船二て参候事. 以上 正月廿五日 (權五曄편역주『竹嶋之書附』, 지성人, 2012, pp.193~209).

4 납치의 순간

(1) 선두의 진술

조선인을 납치하는 상황은 죽도환의 선두와 피납된 안용복의 진술로 알 수 있는데, 기록 간에 약간의 차이를 보인다. 강도정의의 편찬물들은 안용복과 박어둔을 「통사와 하인」이나, 비장을 의미하는 「핀샤」·「히샨」 등과 어렵물을 소금 처리하는 「염간」으로 구별한다. 물론 안용복의 진술에 근거하는 기록이다.

1692년에 죽도에서 조선인을 만나자 경제활동을 포기하여 질책을 받았던 죽도환의 선원들은 1693년 4월 17일에 울릉도에 도해했으나 조선인을 보자 「토우센가사키」에서 1박하며 동정을 살핀다. 그리고 다음날에 조선인 둘을 납치하여, 20일에 은기국 복포로 귀선했으나 구상서를 제출하라는 은기번소의 요구를 「조선인에게 직접 들으라」며 거절하는 것에 그치지 않고, 은기번소가 작성한 구상서의 날인도 거부했다.[32] 은기번소는 사건을 西鄉의 隱岐郡代를 통해 石見代官所에 보고해야 하기 때문에 年寄와 庄屋를 입회시킨 가운데 구상서를 작성했다.

은기번소의 구상서 작성에 비협조적이었든 선두는 4월 23일에 복포를 떠나 27일에 미자로 귀환하여 28일에 구상서를 작성했다. 그것에 의하면 4월 17일에 「토우센가사키」에서 1박하며 동정을 살피고 18일에 7인이 전마선으로 조선선 1척이 메어 있는 북포의 소옥에 갔다. 그 안에서 채취한 전복과 미역을 손질하는 조선인에게 상황을 물었으니

---

32 於隱岐御番所私共被召出, 口上書上ケ候樣被仰付候故, 私共申候ハ, 即唐人居申候間, 御直ニ御聞被遊候樣申上候 (중략) 私共へも右之唐人口上書判形仕候樣被成御座候へ共, 達て御理申上, 判形不仕候(『岡嶋正義古文書』, p.226).

말이 통하지 않자

　　조선인을 전마선에 태우고 오오텐구라는 곳을 찾아갔다. 그곳에
서 조선인 10인 정도가 어렵을 하는데, 통사 한 사람이 있어 우리 전
마선에 태우고, 북포에서 태운 조선인은 상륙시켰다. 그리고 또 한
사람, 이상의 둘을 태우고 사정을 물었더니 말이 통했다.[33]

　　소옥의 조선인을 전마선에 태우고 10여인의 조선인이 있는 大天拘^{오오텐구}
에 이르자, 북포에서 태운 자를 그곳에 하선시키고, 통사와 또 다른 사
람을 전마선에 태우고 상황을 물을 다음에 본선에 옮겨 탄 다음에 은
기도로 도망쳤다. 죽도환의 선원들이 조선인을 납치하는 순간부터 질
문을 했다는 것이다. 그것은 본선에 옮겨 탄 후에도 질문을 계속했다
는 것을 의미한다.

　　둘을 납치한 죽도환이 20일에 은기도 복포로 귀선했으면서도 구상서
의 제출을 요구하는 은기번소의 요구를 두 선두가 거절했다는데, 그것
은 납치할 때부터 납치의 정당성을 확보하기 위한 질문을 했으나 원하
는 진술을 확보하지 못했다는 것을 의미한다. 선두들이 납치의 정당성
을 입증할 수 있는 진술을 확보했다면 번소의 요구를 거절할 이유가 없다.

　　그런 선두들이 미자의 대곡가로 귀환한 4월 27일이나 28일에 구상
서를 작성했고, 미자성의 황미수리가 그것을 4월 28일에 조취번에 제

---

33 唐人一人居申候小屋之內を見候へは蚼めの葉大分取上ケ有之ニ付, 彼唐人に樣
　子尋候得共, 通じニて無御座故, わけ聞へ不申候. 右の唐人はし船に乘せ大てん
　ぐと申所へ尋參り候はゝ, 唐人拾人斗獵仕居申候內, 通じ壱人居申故, 此方のは
　し船ニ乘, 前に北浦ニて乘せ候唐人ハ舟より上ケ, 外に壱人以上弌人乘せ樣子
　相尋申候得ハ通じ申候(『岡嶋正義古文書』, p.225).

출했다. 조선인이 매년 죽도에 나타나면 어렵을 할 수 없어 납치했다
는 내용의 구상서였다. 그런데 같은 선두의 진술에 근거하는 구상서임
에도 대곡가가 1818년에 정리한『竹島渡海由來記拔書控』가 전하는
상황은 다르다. 그것에 의하면 1692년에 울릉도에서 조선인을 조우했
기 때문에 1693년에는 철포 50정과 창칼 등으로 무장하고 도해했다. 그
런데 먼저 도해한 조선인들이 大坂浦(大天拘) 쪽으로 가고 둘이 육지
에 남았는데, 하나는 통사 같았다. 죽도환의 어민들이 둘을 심문했으
나 말에 두서가 없어 붙잡아 은기로 귀범했다 한다.[34]

조선인들이 어디서 대판포로 갔는가에 대한 기록이 없으나 구상서
에 근거하면 북포라는 것을 알 수 있다. 또 전년에는 울릉도의 동방에
서 조우했는데 1693년에는 서방에서 조우한 것을 보면, 조일 양국인들
의 활동이 울릉도 전 해역에서 이루어졌다는 것이다.

대곡가와 강도의 편찬물이 전하는「구상서」가 납치의 상황을 비교
적 자세히 전하 는 것에 비해 조취번의 편찬물의 설명은 간단하다. 『控
帳』는

예년과 마찬가지로 죽도에 전복을 잡으러 가는 배가 도해했는데,

그 섬에 조선인이 있어 어렵을 하지 못하고 돌아오며, 조선인 둘을

배에 태워왔다 한다.[35]

---

34 唐人等俄二乘船 同島大坂浦へ退 于時唐人両人陸相残壱人通辞有之船頭共打寄
遂吟味 処不埒之申分二而 不得止事 則彼唐人両人共召捕 直二乘船 隠岐国迄帰
帆(權五曄·大西俊輝『竹島渡海由來記 拔書控』下, 한국학술정보, 2011, p.53).
35 例年竹嶋江鮑取二参候船渡海候処, 被嶋二唐人居申候付て, 猟不罷成戻り候付,
唐人弐人船二乘せ参候由(『控帳』, p.72).

납치의 결과만을 기록했다. 조취번 강호번저의 기록 『御用人日記』도

> 올해도 도해해서 조선인이 어렵을 하고 있어서 전복을 잡을 수 없
> 었습니다. 그래서 조선인들 중에 통역과 다른 한 사람, 이상 둘을 배
> 에 태워서 미자로 돌아왔습니다.[36]

역시 간결하다. 강호번저의 소곡이병위가 정리한 『竹嶋之書附』도

> 우두머리로 보이는 자를 한 명, 신분이 낮은 자로 보이는 자 한 명
> 의, 둘을 데리고, 동 18일 죽도를 출선했습니다.[37]

납치한 둘을 상하관계로 구별한 것에 그친다. 납치의 상황에는 관
심이 없었다는 것이다.

(2) 안용복의 진술

안용복은 「삼계의 샤쿠완」으로 표기되는 부산첨사의 명을 받아 동
해에서 이루어지는 경제활동에 참여하고 있었는데, 그것은 부산첨사
로 대표되는 공적권력을 대행하는 일이었다. 동해에서의 활동이 국가
나 관의 허가로 이루어진다는 것이 기록으로 확인된다. 농토가 척박하
여 어쩔 수 없이 입해한다는 사실을 보고받은 숙종이 그것을 묵인한
일이나,[38] 안용복이 울산에 선임을 지불하고 출선한 사실을 은기번소

---

36 朝鮮人猟仕罷有候故, 鮑取不申ニ付, 彼朝鮮人之内, 通詞壱人外壱人以上両人,
　同船ニて米子へ罷帰候(『御用人日記』, p.28).
37 頭と相見へ申者壱人, 下部之者壱人両人召連(『竹嶋之書附』, p.97).
38 東邊民人, 田土瘠薄, 不能耕作, 唯事漁採, 雖日加嚴飭, 萬無不出外洋之理矣(『承

에서 1693년 4월에 밝히더니, 3년 후에도 들린 은기번소에서 귀국하면 세금을 바쳐야 한다고 설명한 사실 등으로 알 수 있는 일이다.[39]

납치된 안용복은 은기의 복포, 미자의 대곡가, 장기 봉행소, 대마번 등지에서 심문을 받았다. 조취번이 제출한 안용복의 구상서를 장기봉행소가 확인하고 다시 정리할 것을 명한 것을 보면,[40] 조취번에서도 은기번소나 대곡가 제출한 구상서를 검증하는 과정이 있었다는 것을 알 수 있다. 일정상 무리라는 주장도 있으니 강호에서 심문하고 순서에 따라 물품을 주어 송환했다는 기록이 있어, 강호에서도 심문했다는 것을 알 수 있다.[41] 따라서 안용복의 심문은 5회로 한정되는 것이 아니라,[42] 납치된 선상이나 왜관 등지에서도 이루진 것으로 볼 수 있다.

죽도환의 선두가 구상서의 제출을 거부하자 은기번소는 남방촌과 북방촌의 年寄와 庄屋를 입회 시키고 4월 28일부의 조선인 구상서를 작성하여 隱岐郡代, 石見代官所를 통해 막부에 보고해야 했다. 조선인을 납치한 죽도환은 20일 복포에 입항하여 23일에 출선했다. 그런데도 4월 28일부로 되어 있는 것은 죽도환이 떠나면서 두 선두가 서명을 거부했던 구상서를 놓고 갔기 때문에 은기번소가 다시 정리하여[43]「唐人弎人之內通ジ申口」, 즉 연행한 두 조선인 중에서 통사인 안용복이

政院日記』숙종20년3월3일).

39 朝鮮の内のウルサンといういうところで、今回の船賃を支払った(『大谷氏舊記2』、「唐人弎人之內通辭申方」, 東京大學校史料編纂所);『안용복과 원록각서』, p.53; 帰国仕リ殿江も運上ヲ上ケ申筈之由申候『元祿覺書』, p.196.

40 朝鮮人申分口上書相認差出候様ニ与被仰出則下書仕リ入御覽候所因幡ニ而之口上書与相違無之様ニ与之御事ニ而少々文句御改被成請書いたし明日差上候様ニ与被仰渡(『竹嶋紀事綜合編』상. p.37).

41 則鳥府表御吟味之上, 唐人江戸府御引渡, 則江戸表御穿鑿, 相濟順順御贈歸卜成ル(權五曄, 大西俊輝편역주『竹島渡海由來記 拔書控』하, 한국학술정보, 2011, p.56).

42 『安龍福과 元祿覺書』, p.48.

43 大西俊輝저, 權靜역『安龍福과 元祿覺書』, 한국학술정보, 2011, p.52.

진술한 구상서로 완성했기 때문이다.

죽도환의 두 선두는 안용복과 박어둔을 연행하기 때문에 자신들이 서명까지 거부했던 구상서를 가져 갈 필요가 없었다. 대신에 그들은 미자의 대곡가로 귀선한 후에 안용복을 심문하여 작성한 구상서를 제출하면 되었다. 그것이 『大谷氏舊記』에 남아 있는 4월 28일부의 「唐人弐人之內通辭申方」라는 구상서다. 용자에 약간의 차이는 있으나 은기번소가 정리한 날과 같은 날에 작성한 것으로 되어있다.

안용복이 납치되어 가장 먼저 진술한 것에 근거하는 은기번소의 구상서 즉 「唐人弐人之內通ジ申口」에는 「삼계의 샤쿠완이 전복을 잡아서 바치라고 명하시어」[44] 라고, 부산첨사로 해석되는 삼계의 샤쿠완의 명을 받은 것으로 진술했었다. 그런데 대곡가에서 안용복이 진술했다는 「唐人弐人之內通辭申方」에는

죽도라는 곳은, 조선에서도 도명을 들어서 알고 있었다. 이번에 섬에 건너간 것은 삼계의 샤쿠완이 전복을 따라고 명령했기 때문이 아니다. 제각각 상매로 돈을 벌기 위해 전복을 채취하려고 죽도에 건넜을 뿐인 둘이다. 우리들과 같이 가지 않겠는가 라고 권했기 때문에, 그것에 응하여 죽도에 건너 전복이나 미역을 채취했다. 조선 내의 울산이라는 곳에서 이번의 선임을 치뤘다.[45]

부산첨사와의 관계를 부정했다. 은기번소에서 「삼계의 샤쿠완의 명으로」 전복을 채취한 것으로 진술했던 것과는 다르다. 안용복이 은

---

[44] 三界のシャクワンより鮑取上ケ申様ニて被仰付(『岡嶋正義古文書』, p.195).

[45] 『大谷氏舊記』2, 「唐人弐人之內通辭申方」, 東京大學校史料編纂所; 『안용복과 원록각서』, p.53.

기도에서 미자로 이송되는 동안에 진술의 내용을 바꿀 수 밖에 없는 상황의 변화가 있었던 것이다. 그러나 안용복의 울릉도 도해가 부산첨사의 명으로 이루어지는 일, 그러니까 안용복이 부산첨사의 권리를 대행했다는 것은 사실이었다. 안용복이 심문에 응하여 부산첨사와의 관계를 부정한다 하여, 정동해중을 부산첨사가 관리한다는 사실이 부정되거나 조선인들의 도해활동이 부산첨사와 무관하다는 것은 아니다. 안용복이 「삼계의 샤쿠완」의 명을 언급했다는 것은 조선인들이 울릉도를 조선령으로 인식하고 있었다는 것이다. 그런 인식이었기 때문에 안용복은 납치된 순간부터 납치가 부당하다며 항변하는 것은 당연한 일이었다.

안용복은 은기도를 비롯하여 미자·조취·강호·장기 등지에서 심문을 받았음에도 대마번에서도 심문을 받는다. 대마번은 안용복의 진술을 16개 항으로 정리했는데, 이런 내용도 있다.

> 우리들이 그 섬에 체재하는 동안 주거를 위해 소옥을 짓고, 그 소옥의 당번으로 바쿠토라히라는 자를 남겨 두었습니다. 그러한 곳에 4월 17일에 일본선 1척이 와서 7, 8인이 탄 전마선으로 앞의 소옥에 와서 바쿠토라히를 붙잡아 전마선에 태우고 상륙했습니다. 그리고 소옥에 놓아두었던 보따리 하나를 가지고 배에 싣고 나가려고 하였습니다. 그러한 곳에 안요구가 그곳에 가서 바쿠토라히를 육지로 상륙시켜야 한다고 말할 생각으로 전마선에 탔는데, 서둘러 전마선을 내어 둘을 본선에 태우고 출선 했습니다.[46]

---

46 我々彼嶋ニ罷在候内小屋を掛小屋之番ニハクトラヒ与申者残置候処ニ四月十七日ニ日本船一艘参り天間ニ七八人乗候而右之小屋ニ参ハクトラヒを捕天間ニ乗せ尤小屋ニ置候平包壱取乗せ罷出候付アンヨグ其所ニ参断申ハクトラヒを陸iT揚

원래 안용복의 일행은 10인이었으나 1인이 병으로 영해에서 하선하고 9인이 도해했다. 그 중의 하나인 박어둔이 소옥에 홀로 남아있는데 대곡가 어민들이 납치한 것이다. 그때 안용복이 어디에 있었는가에 대한 설명이 없으나, 일본인들이 박어둔을 납치하는 것을 보고 그곳으로 갔다. 소옥이 보이는 곳에 있다가 위기에 처한 동료를 구하러 간 것이다. 육지에 있었다면 바다에 뛰어들었다는 것이고, 바다에 있었다면 헤엄쳐서 다가갔다는 것인데, 어느 쪽이라 해도 통솔자로서의 책임감을 엿볼 수 있는 구출활동이었다.

안용복의 그런 언행은 울릉도를 조선령으로 인식하기 때문에 가능했는데, 그런 영토인식은 심문에 응한 진술들로도 확인된다. 1693년 9월 4일에 이루어진 대마번의 심문에 응한 안용복은 자신이 납치된 곳을 조선에서는 「무루구세무」로도 칭한다는 사실을 설명하고

> 그것이 일본의 영지인지, 조선의 영지인지, 그러한 것은 일체 모릅니다. 일본에 건너와서, 일본의 영지라는 것을 처음으로 들었습니다.[47]

무루구세무라고도 불리는 울릉도가 일본의 영지라는 말은 납치된 후에 처음으로 들은 것이라 했다. 그것은 납치되기 전에는 조선의 영지로 인식했다는 것이다. 그런 인식이었기 때문에 심문이 이루어질 때

可申与存天間ニ乗候ヘ丶早速船を出し両人共ニ本船ニ乗せ早速出船仕隠岐国ニ同
廾二日ニ罷着申候其間者洋中ニ罷在候(『竹嶋紀事綜合編』상, p.64~65).

[47] 一, 彼嶋之名を朝鮮ニ而ムルグセムと申候. 一, 彼嶋之儀日本之地ニ而御座候も朝鮮之地ニ而御座候も一円存不申候日本ニ罷渡候而日本之地ニ而御座候由初而承申候(『竹嶋紀事綜合編』상, p.64).

마다 일본이 말하는 죽도가 조선의 영지라고 진술한 것이다.

납치의 공간을 『발서공』은 일행 모두가 大坂浦^{오오사카우라}로 철퇴하고 남은 둘을 北浦^{키타우라}에서 납치한 것으로 했고 「선두구상서」는 북포에서 태운 자를 大てんぐ^{오오텐구}에서 상륙시키고 다른 둘을 태운 것으로 했다. 납치한 곳을 『발서공』은 북포라 했는데 「선두구상서」는 오오텐구라 했다. 그것을 『죽도기사』는 소옥에 납치되는 박어둔을 다른 곳에서 본 안용복이 구하려고 전마선에 올랐다 같이 납치된 것으로 했다. 그것은 오오텐구에서 둘이 납치되었다는 「선두구상서」의 공간과 소옥에 남은 둘이 납치되었다는 공간을 같이 포함한다. 따라서 납치상황은 『죽도기사』에 근거해서 판단해야 한다.

죽도환의 선두가 울릉도에 도해하고서도 경제활동을 포기하는 대신에 조선인을 납치해온 일은 선주의 기대에 반하는 일이었다. 선주에게는 경제적 손실이 문제였지, 조선인을 어디서 어떻게 납치했는가와 같은 상황은 중요하지 않았다. 그러나 안용복은 달랐다.

안용복은 납치될 때부터 심문에 응하여 진술해야 했고, 그때마다 사실 여부를 검증 받아야 했다. 조취번이 장기봉행소에서 둘을 대마번에 양도할 때는 장기봉행 川口宗恒^{가와구치무네쓰네}와 山岡景助^{야마오카카게스케}, 그리고 대마번의 사자 浜田源兵衛^{하마다 겐 베 에}와 조취번의 사자 嶋雄慶右衛門^{시마 오 케 이 에 몬}이 임석했다. 그런 상황에서 조취번이 제출한 구상서를 검증하여 사실여부를 확인했다.[48] 그렇게 납치된 안용복은 8회 이상의 심문에 응하여 진술하고 검증까지 받아야 했다. 안용복의 진술이 사실에 근거한다는 알 수 있는 일이다.

---

48 朝鮮人被召出様子御尋被成則朝鮮人申分口上書相認差出候様ニ与被仰出則下書仕り入御覧候所因幡ニ而之口上書与相違無之様ニ与之御事ニ而少々文句御改被成請書いたし明日差上候様ニ与被仰渡(權五曄·大西俊輝 편역주『竹嶋紀事』1~1, 한국학술정보, 2011, p.229).

안용복과 박어둔의 관계를 『증보진사록』이나 『인부역년대잡집』이 「통사와 하인」으로 구분 한 것은[49] 둘의 진술에 근거하는 구별로 볼 수 도 있지만, 안용복의 당당한 언행과 책임지는 용기에 근거하는 일본의 판단으로 볼 수도 있다.

(3) 조선의 납치 기록

대마번이 안용복과 박어둔의 송환에 앞서 그 사실을 1693년 9월에 조선에 알려,[50] 조선은 그때서야 자국민이 납치된 사실을 알게 된다. 그 것을 『숙종실록』은

> 왜인의 배가 이르러 박어둔 안용복 두 사람을 꾀어내어 잡아갔다.[51]

라고 납치된 사실만 기록했다. 후세의 『강계고』·『증보문헌비고』· 『만기요람』 등도

> 죽도에 들어와서 뒤섞여 어채를 하고 있었습니다. 그래서 우리 토 관이 어민 둘, 안용복과 박어둔을 억류하여 주사에 볼모로 잡아두고 일시의 인질로 삼았습니다.[52]

---

49 權五曄『岡嶋正義古文書』, 선인, 2011, p.192.
50 先向使永瀨伝兵衛被差渡竹嶋之一件ニ付御使者渡海之趣裁判高瀬八右衛門より 東莱ニ申達候所則都表ニ及啓聞十月十日都表より返事到来之由ニ而 東莱より両 訳を以裁判方ニ被申開候趣ニ裁判返答左ニ記之(『竹嶋紀事綜合編』上, p.78).
51 倭船適到誘執朴於屯安龍福二人而去 (『肅宗實錄』肅宗20년2월23일).
52 漁民四十餘口入竹島雜然漁採由是土官拘留其漁民二人〈安龍福朴於屯〉爲質於州 司以爲一時之證(『疆界考』欝陵島, 安龍福事).

라고 일본이 알려준 내용을 기록했을 뿐이다. 그것을『성호사설』은

울릉도에 표박했는데 왜선 7척이 먼저 와 있었다. 왜인들이 이미
섬의 영유를 다투는 분쟁을 일으켰다. 이에 용복이 왜인들과 말하여
따졌더니, 노한 왜인들이 잡아서 오랑도로 끌고가 구금했다.[53]

울릉도에 표박한 안용복이 왜인들과 분쟁하다 납치된 것으로 했다.
안용복이 표박하기 전에 시작된 분쟁(爭島之端)에 관여하다 납치되었
다는 것인데, 분쟁의 대상과 내용이 분명하지 않다.「쟁도지단」의「단」
을 근본이나 본원으로 보고, 1692년에 일본인들이 울릉도를「장군한테
받아 매년 도해하는 섬」이라고 주장한 것을 같이 생각하면,[54]「단」은 울
릉도의 영유권이 분쟁의 원인이었다는 것을 알 수 있다. 그 분쟁에 안
용복이 개입했다는 것인데 그것은『죽도기사』의 상황과 유사하다.

『죽도기사』의「박어둔을 붙잡아 전마선에 태워(捕天間二乘)」는『성
호사설』의「왜인들이 이미 섬의 영유를 다투는 분쟁을 일으켰다(倭已
惹爭島之端)」와 대응하고, 안용복이 박어둔을 상륙시키라고 말한 것
(陸江揚可申與存)은 안용복이 왜인들과 따진 것(龍福與倭辨詰), 둘이
같이 납치된 것(両人共二本船二乘せ)은 오랑도로 잡혀가 구금되었다
(歸拘五浪島)와 대응한다.

이처럼『상호사설』과『죽도기사』의 상황이 상응한다는 것은, 안용
복이 진술한 내용과 같은 인식이 조선사회에 유포·전승되었다는 것

---

53 漂泊鬱陵島 倭船七艘先到 時倭已惹爭島之端 龍福與倭辨詰 倭怒執以歸拘五浪
島(『星湖僿說』卷三, 鬱陵島).
54 川上健三『竹島の歷史地理學的研究』, 古今書院, 1996, p.145; 權五曄역『일본의
독도논리』, 白山, 2010, p.154.

으로, 일행의 안전에 최선을 다하는 안용복의 활약상이 풍문으로 퍼졌다는 것을 의미한다. 그런 내용은 『변례집요』에도 있다. 일행 중에서 납치되지 않고 귀환한 자들을 경상감영이 문초하여 올린 장계에 그런 내용이 있다.

> 표류하다가 무릉도에 닿았는데, 김득생 등 여섯은 땅에 내려 숨었으나 박어둔 등 둘은 하선 하지 못했다. 갑자기 배를 타고 나타난 왜인 8명이 칼과 조총으로 위협하여 둘을 붙잡아 간 사건입니다.[55]

울릉도에 도착한 안용복의 일행이 왜인을 보고 모두가 도망쳐 숨었으나 안용복과 박어둔은 하선이 늦어서 납치되었다는 것이다. 이것은 「섬에 표착하여, 하선하여 숨었으나, 박어둔과 안용복은 하선이 늦어, 배를 타고 온 8인의 왜인들에게 도검과 조총으로 위협 당하며 끌려갔다」로, 마치 행동이 느려서 납치된 것으로 해석될 수도 있다.[56] 유사한 내용이 『伯耆志』에도 있다.

> 다음 해에 관의 명령을 받아 무기를 배에 싣고 이르렀다. 조선인이 그 섬의 대판포로 도망 쳐 숨었다. 남은 자 둘이 있었다. 즉시 그들을 붙잡아서 돌아와 관에 소송했다.[57]

---

55 各各取招則 矣等 漂到武陵島 金得生等六人 下陸隱匿 朴於屯二人 未及下船之前 倭人八名 乘船恣到 以刀釰鳥銃 威脅兩人 執捉以去事(『邊例集要』숙종20년8월).
56 下條正男『竹島は日韓どちらのものか』, 文芸春秋, 平成16, p.30.
57 明年に官命を得て武器を載せて至る. 朝鮮人彼島の大坂浦に遁る. 残る者二人なり. 即これを捕へ帰帆して, 又官に訴ふ(『伯耆志』).

무기를 소지한 일본인이 울릉도에 가자 조선인들이 도망쳐 숨었는데 안용복과 박어둔은 도망치지 못하여 납치된 것이라 했다. 이곳의 「조선인이 섬의 대판포로 도망쳐 숨었다」는 『변례집요』의 「여섯 사람은 땅에 내려 숨었으나」와 「남은 자 둘」은 「둘은 하선하지 못하여」와 상응한다. 부하들을 먼저 피신시키다 납치당한 지도자, 그래서 유능한 지도자나 우두머리로 볼 수 없다고 여길 수도 있는 설명이다.

그러나 하선하지 못했다(未及下船)는 동료들을 먼저 하선시키느라 늦은 것으로 해석할 수도 있어, 우두머리가 부하들을 먼저 피난시키는 자세의 표현으로 볼 수도 있다. 『변례집요』의 내용대로라면 조일 양방의 세력이 같은 8인이었는데, 1692년에 죽도에서 조선인들을 만났을 때는 조선인이 5척의 53인이었고 대곡가의 선원들은 21인이었기 때문에, 일본인들이 조선인을 두려워하며 경제활동을 포기하고 빈배로 돌아 갔었다.[58] 따라서 조선인이 왜인을 두려워하며 도망쳐 숨거나 안용복이 행동이 느려서 붙잡혔다는 것은 사실로 볼 수 없는 주장이다.

안용복은 대마번에서 진술한 대로, 납치당하는 동료를 구하려고 스스로 일본의 전마선에 올랐다가 납치되었다. 그것을 『변례집요』는 하선하지 못하여 납치된 것으로 해석할 수도 있게 기록 하고 『백기지』는 도망쳐 숨지 못하여 납치된 것으로 해석할 수도 있게 기록한 것이다.

---

58 唐人ハ大勢此方ハ纔ニ貳十一人ニテ御座候ニ付無心元奉存(『岡嶋正義古文書』, p.22).

5. 『장생죽도기』의 납치

矢田高當가 1801년에 지역의 전승을 정리한『長生竹島記』에는 허구가 많다. 대곡가와 촌천가의 울릉도 도해가 德川家綱 대에 시작되었다는 것을 비롯해서, 납치된 조선인의 행적을 은기도로 한정한 것, 모순을 내포하는 안용복의 언행, 일본의 동방에 송도가 있으므로 서방의 송도도 일본령이라는 것 등이 사실과 다르다.[59] 문제는 그것이 사실을 몰랐거나 자료를 구하지 못한 것을 원인으로 하지 않는다는 것이다. 시전 보다 27년 늦게『죽도고』를 편찬한 강도정의는 제가의 사기와 패설, 그리고 전문의 기록들이 쌓일 정도라 했다. 조취번의 기록을 제공하는 자도 있었다.[60] 시전도 여러 전승을 참고한 이상[61]『장생죽도기』의 허구는 의도된 결과라 할 수 있다.[62]

『장생죽도기』가 전하는 납치의 상황은 구체적이다. 1692년에 소옥에 철포·석화시 등을 갖춘 암혈에 거주하는 조선인을 발견한 일본인들은 「죽으면 아무것도 아니라」며 도망치 듯 귀환하여 선주한테 질책당한다. 그런데 조선인의 무장은 다른 기록에서 확인할 수 없다. 전복·어망·두건·누룩 등이 발견될 뿐이다. 무장은 오히려 1693년에 「무기를 싣고 갔다. 조선인이 섬의 대판포로 도망쳤다」는『백기지』나 「원

---

59 本朝の東奧州ニ松嶋有り上件ニ云西ニ是なる松嶋あり(權赫晟·大西俊輝편역주『長生竹島記』2016, p.297).

60 諸家ノ之私記稗說ヲ采リ惑ハ故老ノ口碑ヲ聞テ集錄シ之ヲ 漸ヲ遂テ斯ニ塵塚卜成レリ (중략) 本藩 幕府ノ旨ニ應ジテ條上シ給ヘル処ノ竹島ノ精記及圖子ニ投ゼル人アツテ(權赫晟역『竹島考』상, 인문사, 2013, pp.13~16).

61 雲州之人有矢田翁者集録於西海中之名嶋古蹟而為一卷名曰竹島記矣(『長生竹島記』, p.311).

62 權五曄「『長生竹島記』의 天下」,『동아시아 古典學과 漢子世界』, 소명출판, 2016, p.255.

록 6년에 도해하는 선중에 철포 5정 ·창·칼의 지참을 허가」받고 도해했다는 『발서공』 등이 전하는 것처럼 조선인이 아니라 왜인들이 했었다.[63]

죽도환의 선원들은 1693년에 1692년처럼 헛되이 돌아오지 말라는 선주의 다짐을 받아, 무장하고 죽도에 도해했으나 조선인을 보자 납치할 계획을 세우고, 선상에 주연을 열고 조선인을 초대했다. 그리고 조선인들이 취하자, 다른 선원들을 하선시키고 계속해서 마시다 쓰러진 안용복과 박어둔을 납치했다.[64] 둘이 납치된 것을 늦게 안 동료들이 포를 쏘며 추격하다, 잘못하면 안용복과 박어둔도 희생될 수 있다며 추격을 멈췄다. 그때서야 안용복과 박어둔은

> 일본의 배라는 것을 알고 놀라서 서로의 얼굴을 바라보았다. 그리고 하늘을 향해 빌며 겁에 질린 모습으로 주저앉았다. 눈물을 흘리며 손을 마주잡고 알아듣지 못하는 말을 하며 마구 절을 하기 시작했다.[65]

비굴한 자세로 빌었다. 다른 기록에서는 볼 수 없는 언행으로 자체 모순을 이룬다. 죽도환의 선두는 둘을 납치하고 추격하는 일행까지 따

---

63 明年命を得て武器を載せて至る. 朝鮮人彼島の大坂浦に遁る(『伯耆志』). 其翌八年渡海船中 鉄砲五挺槍太刀蒙御免 御威光ヲ以渡海致し候(『죽도도해유래기발서공』하, p.50).
64 我々二人はなばなしき酒に出合是に越へたる薬あらず残りの唐人にも飲せ呉れよ (p.163), あべんてふ虎へひも謀を実に受二度とハ飲ぬ此酒と気も心もうばわれて船中に酔とれてたわひなく臥す(『長生竹島記』, p.165).
65 唐人酔醒て見れハ何国ともなき海上を見はらし言葉わからぬ日本船あきれ果たる有様にて顔と顔とを見合て天を拝し座にひいり亦乗組に向ひ涙を流し手を合ちんふんかんと云ひたてゝむたひに拝む(『長生竹島記』, p.181·183).

돌렸다면, 둘을 심문하여 납치의 정당성을 입증할 수 있는 진술을 확보해야 했다. 그런데도 『장생죽도기』의 선두는 심문을 하는 것이 아니라 안용복과 선상에서 대좌하여 대담한다. 북극성을 좌표로 하는 항해술이나 남만으로 향하는 항로 등을 내용으로 하는 대담이었다. 시전이 조선인의 항해술을 칭송한 사실에 근거하면,[66] 안용복이 선두에게 항해술을 설명하는 대담이었다는 것을 알 수 있다. 납치기 이루어지는 상황과 어울리지 않는 내용이다.

시전은 그것에 그치지 않고 조선인과 은기도민의 친숙한 관계도 기록했다. 분명하지 않을 시기에 안용복과 박어둔이 복포를 방문하자 주민들이 해변에 나와 환영했고 안용복과 박어둔은 「하늘을 손가락으로 가리키고 9배한 다음에 모여든 주민들에게도 3배」를 했다. 둘이 상륙하여 용무를 마치고 귀환할 때는 주민들이 해변에 나와 「슬퍼하며 흘리는 홍루가 옷소매를 적실」 정도였다.[67] 그것만이 아니다. 둘이 납치되어 복포에 들렸을 때는 선장의 부인이 납치된 둘이 불쌍하다며 눈물을 흘리고 몸부림치다 웃옷을 벗어 주었다.[68] 안용복과 박어둔이 은기도민과 친밀한 관계였다는 것을 알 수 있는 내용이다. 안용복이 이롭게 한 일이 많았기에 보일 수 있는 주민들의 대응이었다.

일본 산음 지역의 주민들은 죽도가 조선의 울릉도라는 사실을 인식하면서도 그곳에 도해하여 얻는 이익을 단념하지 못했다. 그런 집념과 미

---

66 鍛錬の程日本人に可越へ哉と巧者なる船乗評すなり(『長生竹島記』, p.273·275).
67 そらへ指をさして九拝をなし次ニ集り居る大勢に向ひ又三拝して (중략) 藻を燒浦の老若男女濱邊へ出て言葉わからぬ名残をおしみ紅涙たもとをひたす猶唐人も名残はるかにはらはらと涙を流(『長生竹島記』, p.277·281).
68 舟長の妻にはおしき其器量年ハ廿のまだ花の頃涙汲にて気をもだへついかいどりの上着をぬぎて伏居る二人に打かけにけり唐人も時の情に気を休め心潤ふ風情なり誠にてるが夫の因果かへり見て(『長生竹島記』, p.189·191).

련이 송도는 일본의 영지라는 관념으로 변한 것이다. 그리고 일본의 동방에 송도가 존재한다는 사실에 근거해서 서방의 송도도 일본의 섬이라는 논리를 세웠다. 소나무와 대나무가 쌍을 이룬다는 송죽사상에 근거해서 송도의 서방에 존재하는 죽도의 영유를 주장하기 위한 포석이었다.

죽도에 도해하여 얻을 수 있는 이익을 포기하지 못하는 지역사회의 욕구가 송죽사상에 근거해서 송도와 죽도가 일본의 영지라는 관념에 빠지게 한 것이다. 그런 관념에 근거하면 정동해중의 지리적 사실이나 막부가 1696년 1월 28일에 일본인의 죽도도해를 금하는 「죽도도해금제령」을 반포한 사실 등은 문제가 되지 않는다.[69]

일본의 산음 지역에는 안용복과 박어둔에 관계된 것만이 아니라, 다른 조선인들과 관계된 전승도 많은데, 편자는 그것들을 안용복과 연관지어 정리했다. 그것이 사실에 근거해서 사실을 규명하는 것을 목적으로 하는 것이 아니라, 송도의 도해가 재개되기를 염원하는 지역사회의 욕구에 응하여 편찬한 것이다. 그래서 많은 모순을 포함한다. 따라서 송도를 일본의 한계로 한다는 내용을 사실로 볼 수 없다.[70] 지역사회의 관념에 근거하는 허구일 뿐이다.

6. 결론

안용복이 수군의 노군이었다는 기록이 있는가 하면, 안용복의 것이라는 호패에는 사노로 해석할 수 있는 내용이 있다. 그러나 노군이라

---

69 權五曄 「『長生竹島記』의 天下」, 『동아시아 古典學과 漢子世界』, p.282.
70 これぞ聞伝ふ松島哉遠見す本朝西海のじゃて也(『長生竹島記』, p.73).

는 신분은 수군에 속했던 시기로 한정되고, 사노로 해석할 수도 있는 호패는 안용복의 것이 아니다.[71] 성명은 판독할 수 없고 신장이나 나이가 안용복의 그것과 다르다. 그래서 그것을 전사한 편자는 후대의 식자가 규명해야 한다는 경고까지 했다.[72]

그런데도 안용복을 부정하는 것이 독도에 대한 조선의 역사적 정통성을 부정할 수 있다고 판단한 일본은 그런 자료에 근거해서 안용복을 부정한다. 안용복이 노군이었다 해도 1693년에는 비장을 칭했고 1696년에는 통정대부를 칭했다. 또 그것들은 당대의 납속제도에 참가하면 칭할 수 있는 관직이었다. 안용복이 1696년에 칭한 통정대부는 은기번소가 확인한 신분으로, 조취번은 그것을 인정했기 때문에 안용복 일행의 배를 「조선사박」으로 표기하고, 2대의 가마와 9필의 전마로 일행을 영접한 것이다.

1693년에 비장을 칭한 안용복이 「하인」으로 표기되는 박어둔을 구하려다 같이 납치된 것은, 죽도를 조선의 울릉도로 인식하기 때문에 취할 수 있는 언행이었고, 비장의 역할에 충실한 일이었다. 그런 안용복이 납치의 부당성을 주장하는 것은 당연한 일이다. 대곡가 어민들은 70여 년간 조선 몰래 죽도에 도해하다 보니 그것이 조선의 울릉도라는 사실조차 망각한 것이다.

죽도환의 선두는 1692년과 1693년에 연속해서 경제활동을 포기하고 귀선하는 정당성을 입증하기 위해 조선인 둘을 납치했음에도 안용복한테 원하는 진술을 확보할 수 없었다. 그래서 조선인의 구상서를 제출하라는 은기번소의 요구를 거절할 수밖에 없었다. 안용복은 은기번

---

71 權五曄「安龍福의 號牌」,『日本文化學報』第64輯, 韓國日本文化學會, 2015, p.238.
72 今按ニ此牌面ノ文字恐ハ傳写ノ謬アラン後日識者ニ紲ス可(『竹島考』하, p.205).

소에서 부산첨사의 명을 받고 울릉도에서 경제활동을 한다고 주장한 이래, 이후에 반복되는 심문에서도 같은 주장을 되풀이했고, 조취번은 그런 내용의 구상서 등을 막부와 장기봉행소에 제출했다.

대곡가와 촌천가의 죽도도해는 조취번만이 아니라 막부도 죽도를 조선령이라는 사실을 일시적으로 망각한 상황에서 이루어졌다. 그러던 조취번과 막부가 「일본이 말하는 죽도가 조선의 영지」라는 안용복의 주장을 접하고 전통적인 영토인식을 회복하게 된 것이다. 그렇기 때문에 막부가 죽도의 지리적 사실을 묻자 조취번이 그 영유를 부정하는 내용의 보고를 했고, 막부도 아무런 이의를 제기하지 않은 것이다. 안용복의 영토인식을 접한 후에 그런 반응을 보였다는 것은 막부와 조취번이 안용복의 영토인식에 동조내지 묵인했다는 것을 의미한다.

납치된 안용복의 심문을 마친 은기번소가 술을 대접했고, 안용복이 대곡가에 구금되었을 때는 외출과 술을 요구하여 1일 3승의 음주를 허가 받았다. 그처럼 언행에 거침이 없는 안용복을 조취번은 맹성광폭한 인물로 평가하고 부녀자의 접근을 금지시켰다.[73] 안용복이 납치된 순간부터 부당함을 주장할 만한 인물이었다는 것을 알 수 있는 언행이었다. 당시 조취번의 영지에는 임진왜란을 경험한 조선인이 일본인을 호랑이나 승냥이처럼 두려워하는 것을 기화로 양가가 수 십 년 동안 멋대로 도해하더니, 자기들 영지처럼 행동한다는 사회적 인식이 유포되고 있었다.

그런 상황에서 납치된 안용복이 죽도가 조선의 영지라고 주장했기 때문에, 조취번은 지리적 사실을 확인하여, 안용복이 주장하는 것처

---

73 氣晴ニ出可申由, 色々わやく申候由, 修理迄申來候へ共, 外江出候儀不通ニ無用と差圖申事(『控帳』, p.77); 此時アンピンシヤハ猛省狂暴ナル者ノ由兼テ其ノ聞エアリケレバ(『竹島考』하, p.189).

럼, 죽도가 자번의 영지가 아니라는 전통적인 영토인식을 회복한 것이다. 그렇기 때문에, 막부가 조선인을 송환하라고 지시하자, 의사와 요리사가 포함된 90인의 호송단에게 둘을 가마에 태워서 장기까지 호송하는 호의를 표한 것이다.

그런 안용복의 확고한 영토인식이 있었고, 그런 안용복의 인식을 구상서를 통해 조취번과 막부가 접했기 때문에, 막부는 죽도가 조선의 울릉도라는 전통적인 인식을 회복하고, 1696년 1월 28일에 일본인의 죽도도해를 금지시킨 것이다.

제14장

안용복의 강호행과 관백의 서계

1. 서문

죽도를 발견하여 영토를 확장한 공으로 村川家(무라카와 케)와 같이 그곳에 도해할 수 있는 배타적 면허증을 1618년에 받았다는 것이 大谷家(오오야 케)의 주장이다.[1] 그리고 정당성과 관계 없이 양가가 1696년 1월 28일까지 도해한 것은 사실이다. 대곡가는 헌상한 일이 없이 도해면허를 받았다고 주장하는 것과 달리 기회가 될 때마다 관계요로에 헌상하고 있었다. 도해가 금제되었을 때도 가산을 탕진하며 재기를 시도했으나 뜻은 이루지 못하고 가독은 병사한다. 대곡가의 7대 가독은 그런 사실들을 전하는 『大谷家由來記(오오야 케 유 라이 키)』·『竹島由緖記(타케시마 유 쇼 키)』 등을 1818년에 『竹島渡海由來記拔書控(타케시마 토 카이 유 라이 키 밧 쇼 코우)』(이하 발서공)로 정리하여 조취번에 제출했다.[2]

죽도가 조선의 울릉도라는 것은 강호막부도 인정하는 전통적인 인식이었기 때문에, 양가가 그곳에 도해할 수 있는 허가를 받았다는 것은 기존질서에 반하는 일로, 막부가 자국민의 범법을 묵인하는 일이었다. 그런데도 도해로 부를 구축한 대곡가가 조선인을 납치한 것이 영토분쟁을 야기하여 막부와 조취번이 죽도의 지리적 사실을 재확인하고, 일본인의 도해를 금한다. 그런 면에서 대곡가의 납치 행위는 죽도와 송도가 조선의 울릉도와 독도라는 사실을 재확인하는 계기였다.

그래서 대곡가가 말하는 죽도도해의 유래와 결과를 확인하는 일이 중요하다. 어떻게 해서 죽도에 도해하는 배타적 독점권을 획득했고, 70여 년이나 그것을 유지했는가를 알아야 한다. 그것이 울릉도와 독도

---

[1] 池內敏을 비롯한 일본 연구자들에 의해 1625년으로 정정되었다.
[2] 文政改元寅八月米子城主 (중략) 新九郎勝意鳥府江罷越 (중략) 先祖より持伝し竹島由緒記其外御拝領之品持参 (중략) 寅九月十六日鷲見公迄差出候事(權五曄·大西俊輝편역주『죽도도해유래기발서공』上, 한국학술정보, 2011, p.43).

에 대한 우리의 정통성을 확인하는 일이다.

대곡가의 주장 중에 특이한 것은 안용복의 강호행이다. 다른 사람도 아닌 대곡가, 안용복과 박어둔을 납치하여 1개월여나 억류하고 심문했던 대곡가가 두 사람을 조취번을 거쳐 강호에 인도한 것으로 기록했다. 향토지『백기지』도 그렇게 전하는데, 다른 기록들의 일정에 근거하면 불가능한 일로 볼 수도 있다.『발서공』의 대곡가가 죽도를 발견했다는 내용이나 헌상한 일이 없다는 주장은 사실이 아니고, 도해를 허가한 일이 정당성을 결여한 일이지만, 도해가 사실이었다는 것을 감안하면, 부정할 수 만도 없는 것이 강호행이다.

대곡가가 안용복의 강호행을 기록하고 안용복이 언급한 關白의 서계가 존재했던 것으로 볼 수 있는 기록이 있는 이상, 사실여부는 규명되어야 한다. 그때 참고할 수 있는 것이 조선인을 인계 받기 위해 파견된 조취번 강호번저의 聞役 小谷伊兵衛의 존재이고 조선국왕이 대곡가 어민들에게 발부했다는 전별목록이다.

대곡가의 조선인 납치가 조일 양국 영토분쟁으로 발전했는데, 안용복의 활동이 없었으면 막부의 뜻을 왜곡하는 대마번의 의도대로 울릉도를 침탈 당했을 수도 있었다. 그것 때문에도 안용복의 언행을 살펴보는 일이 중요하다.

2 17세기의 일본

(1) 강호막부

1600년의 關原전투에서 승리하고 江戸幕府를 연 德川家는 먼저

諸大名·朝廷·寺社의 권력을 통제하는 방법으로 轉封·減封·增封 등을 감행하여 통일권력을 확보한다. 대명·公家를 통제하기 위해 法度에 따른다는 서약서를 제출시켜 막부에 대항할 수 있는 능력을 가질 수 없게 하는 정책이었으나, 그들은 막부의 군사력과 정치력에 따르지 않을 수 없었다.

대명의 계보와 규모에 따라 구별되는 대명제는 덕천가의 분가인 親藩, 전통적인 가신인 譜代, 세키하라 이후의 가신인 外樣의 구별과 영지의 대소에 따른 國持·國主·國持並·準國主·城持·城主·城持並·城主格로 구별 된다. 2대 秀忠는 천황가와 유대를 강화하는 방법으로 인사권을 강화했고, 3대 家光는 武家諸法度를 개정하는 것으로 參勤제를 제도화하여 대명 지도체재를 확립했다. 4대 家綱는 譜代大名들의 합의제로 幕政을 운영했고, 5대 綱吉는 방계라는 정통성의 문제로 가강의 한계를 초월할 필요에 따라 가강 시대의 전통을 타파하려 했다.

가강의 치세와 강길의 치세는 합하여 29년이었으나 그 동안에 이루어진 除封·減封·減俸된 대명은 26과 46으로 배에 가까웠다. 특히 강길은 보대에 엄했다. 장군의 권위를 확립하기 위해 권력을 독점한 선례를 깨뜨리고 외양을 측근으로 등용했다.[3] 또 첩자의 정보를 중시했다. 전반적으로 대명의 권위를 약화시키고 장군의 권위를 강화한 것이 초기의 권력양상이었는데, 그런 시기에 조취번이 아니라 장군가 직속의 가신단 旗本를 수호역으로 하는 대곡가와 촌천가의 죽도도해가 1625년에 허가되고 1696년에 금제된다.

---

3 尾藤正英『日本の歷史第19卷元祿時代』, 小學館, 1975, pp.272~277.

(2) 쇄국과 주인선

16세기의 명은 왜구에 대비하는 해금정책을 폈는데, 그것이 불만인 세력은 해적들과 결탁하기도 했다. 명은 제국이 바치는 조공물을 매입하는 형식으로 무역의 이익을 독점하려는 의도의 감합제도로 중국인의 해외 교통과 사무역을 금했다. 무역의 이익을 독점하는 방법으로서의 해금은 왕실이 무역의 독점을 보장하는 제도로 강화되었다.[4]

덕천막부는 기독교를 배제하는 방법으로 무역을 독점하려 했다. 장기·薩摩·대마도·松前의 대명에게 담당시키는 방법으로 국내시장에 공급했고, 수출품은 생산지를 직접 장악 통제했다. 장기를 외국무역의 창구로 하여 폴란드와 중국무역을 관리하고, 대마도를 통해서는 조선무역, 살마를 통해서는 琉球무역, 송전을 통해서는 蝦夷무역에 대응했다.

일본은 고대부터 주인을 사용했는데 그 印版狀를 주인장이라 한다. 전국 대명이나 강호막부의 장군은 黑印狀와 朱印狀를 병용했다. 德川家康는 남방무역에 종사하는 자에게 도항을 허가하는 주인장을 주었는데, 1604년부터 1635년 사이에 적어도 356척의 도항을 허가했다. 주인장에는 도항지와 발행 연월일만 간결하게 기록하고, 가강이 외교문서에 사용하는 주인 源家康忠恕를 날인할 뿐, 그것을 받는 자의 이름 등은 기록하지 않는다.[5]

기독교의 금지와 무역통제를 내용으로 하는 쇄국령이 내린 것이 1616년(元和 2)이었고, 4인의 노중이 서명한 17개조의 쇄국령은 1633년(寬永10)에 반포되었다. 봉서선 외에 외국선을 고용하는 것이나 일본

---

4 朝尾直弘『日本の歴史第17卷 鎖國』, 小學館, 1975, p.54.
5 「自日本到安南國周也. 右, 慶長十年 巳七月朔日」이라고 도항지와 발행일만 기록하고 德川家康이 외교문서에만 사용하는 주인「源家康忠如」를 날인한다(永積洋子『朱印船』, 吉川弘文館, 2001, p.1).

인의 외국행을 금하는 내용이었다. 그런 시대의 1625년에 죽도도해가 허가되었다는 것이다. 조선의 교류가 대마번으로 한정된 상황에서, 조취번의 회선상인이 기본의 중재로 허가를 받았는데, 도항자만이 아니라 수령자의 이름까지 명기하여 다른 주인장과는 다르다. 죽도가 일본의 영유라면 발행할 필요가 없는 도해허가서를 발행하면서 형식을 주인선과 달리한 것이다.

여기서 주의할 점은 주인선 제도를 보완한 奉書船 제도(1631년)의 봉서에 서명한 노중이 죽도도해면허에 서명한 노중과 겹친다는 것이다. 봉서선 제도는 주인선을 파견한 자가 다시 파견할 때마다 노중의 봉서를 장기봉행에게 제시하는 제도였다. 이익이 큰 주인선 무역은 서국 대명들의 관심사였으나 장군의 주인장은 얻기 어려워, 장기봉행이 발행하는 주인장을 사용한 것이다.[6]

봉서에 서명한 노중은 「고관」으로 통하는 井上正就·酒井忠勝·酒井忠世·土井利勝로, 죽도도해면허에 서명한 永井尚政·井上正就·酒井忠世·土井利勝의 3인이 겹친다. 그런 노중의 의미는 폴란드인의 인식을 통해 확인할 수 있다. 장기봉행 竹中重次는 자신이 도항허가증을 발행하고 폴란드 측에도 그것을 강제했다. 폴란드 측은 그 뜻을 거스를 수 없어 받아들였는데, 그 이유를 폴란드 상관장은 이렇게 설명했다.

장기에서 범선 일척이 출범했다. 平戸侯의 명령대로 우리들은 이들에게 통항허가서를 건넸다. 그들은 또 장기봉행 采女의 허가서도 가지고 있다. 이 범선은 평호후가 준비한 것으로 현금을 싣고 있다.

---

6 朝尾直弘 『日本の歴史第17卷 鎖國』, 小學館, 1975, p.221.

(중략) 사실은 고관의 것으로, 고관 개인적 이익을 얻기 위한 것이다. 왜냐하면 황제의 주인장이 지급되지 않기 때문에, 상인은 거래할 수 없어, 고관은 자신들의 이익을 얻고 있는 것이다. 상품은 현재 아주 고가로 「고관은 거래해서는 안 된다」라는 황제의 명령에 반함에도 불구하고, 이들 고관은 큰 이익 때문에, 이처럼 유혹당하고 있다.[7]

고권들이 봉시선 제도의 이익에 관어한다는 기록이나. 고관이 정상정취·주정충승·주정충세·토정리승이라는 것은 평호나 장기에서는 공공연한 비밀로, 주인선의 이익에 관여하며 위법도 서슴지 않는 자들이 노중이었다. 따라서 노중들이 죽도도해를 허가했다는 것을 죽도도해로 얻는 이익에 관여했다는 것으로, 대곡가와 촌천가는 기회가 될 때마다 그들에게 헌상하고 있었다. 그래서 대곡가와 촌천가가 배타적인 죽도도해를 허가 받은 일은 이익을 탐하는 노중들과 죽도도해로 부를 구축하려는 지역상인의 담합에 의한 결과로 볼 수 있다.

(3) 대곡가와 조취번

대곡가가 죽도에 도해하는 배타적 권리를 획득하는 일의 중개역은 조취번이 아니라 덕천가의 가신단인 중에서도 고위급인 旗本 阿部四郎五郎 政之였다[8]. 죽도는 조취번만이 아니라 여타 지역의 상인들도 관심이 많은 곳이라, 막부를 배경으로 해야 배타적 도해권을 확보할 수 있었다.[9]

---

7 永積洋子『平戶オランダ商館の日記』, 講談社, 2000; 朝尾直弘, 前揭書, p.218.
8 其頃因伯御太守新太郎樣御幼稚ニテ爲御城代安倍四郎五郎樣御越之砌(『죽도도해유래기발서공』상, p.64).
9 池田敏『大君外交と「武威」』, 名古屋大學出版會, 2006, p.264.

대곡가는 조취번에 속하는 백기국 미자의 회선상인이었음에도 기본 아부가에 의지하려했다. 그래서 조취번은 아부가가 실각할 때까지는 막부의 지시를 전달하는 역할 정도에 그친다. 조취번으로서는 번거로운 일이었으나 그것은 대곡가도 마찬가지였다. 모든 문제를 장군의 아부가와 상의하는 것이 효과적이었다.

대곡가가 도해면허를 받을 때나 도해가 금지된 후에 감사를 표한 것도 아부가 중심이었다. 순견사가 죽도문제를 심문했을 때도 아부가의 주선으로 배령한 것이라 했고,[10] 죽도도해가 금지 되어 장기 진출을 꾀할 때도 아부가와의 관계를 강조했다.[11]

그러면서도 죽도도해에 필요한 자금을 조취번한테 융자받고 있었다. 그러다 1692년에 죽도환의 선원들이 조선인을 만나자 경제활동을 포기하고 귀선했기 때문에 융자금 2관매의 상환이 불가능했는지 기일을 연기한다. 그리고 1693년에 파견된 선원들이 경제활동을 포기하고 조선인을 납치하자 조취번은 대출을 중단한다.[12] 그런 관계를 근거로 죽도도해를 공인사업으로 보기도 하나[13] 그것은 조선의 영지에 조선의 허가 없이 드나드는 불법도해였다.

대곡가는 연초에 이루어지는 태수의 알현에 의미를 두지 않았다. 태수의 알현을 언급하면서 장군을 알현한 일을 소개하거나 강호에서

---

10 阿倍四郎五郎樣御取持ヲ以 竹島拜領仕 其上親共ヨリ御目見迄 被為仰付難有奉存候事(『죽도도해유래기발서공』상, p.244).
11 其節右之竹島江渡海仕度旨　村川市兵衛卜申合四郎五郎樣江御伺申上候處(『죽도도해유래기발서공』상, p.216).
12 米子村川市兵衛竹嶋渡海ニ付, 例年鮑代内借シ弐貫目御借シ被成候処, 当年は朝鮮人嶋ニ罷在, 猟無之ニ付て, 戊年市兵衛渡海番迄御延被遣(『控帳』, p.68). 米子大屋·村川来春, 例年之通竹嶋渡海仕候ハヽ, 拝借奉願候. 若去年之通朝鮮人居申候ハヽ, 如何樣ニ可仕哉と願申ニ付, 返答, 拝借之儀は度々之儀故不被仰付候(權五曄편주『控帳』, 책사랑, 2010, p.150).
13 池內敏『竹島』, 中央公論新社, 2016, p.53.

알현을 신청한 것이 이루어졌다는 것 정도를 언급한다. 죽도의 도해가 금지된 후, 조취번의 배려로 생선 도매업을 허가 받았을 때도, 죽도를 개기한 선조의 공을 먼저 상기했다.[14] 그 공이란 아부가를 매개로 해서 죽도도해면허를 받은 일이었다.

3. 조취번 어민의 울릉도 도해

(1) 대곡가의 유래

대곡가의 유래는 후손 大谷文子의 『大谷家古文書』에[15] 기록된 「大谷家由緒實記」를 통해 和田씨가 원조였다는 것을 알 수 있다. 화전가의 적손 玄番는 伯耆國 尾高의 성주 杉原家에 출사하면서 大谷(大屋)玄番를 칭했다. 현번은 많은 전공을 세웠으면서도 분쟁에 휩싸일 염려가 있다며 大屋谷로 돌아왔다 그리고 두 아들과 甚吉를 米子에 이주시킨다.[16] 그곳에서 回船業를 하는 甚吉가 1617년(元和 3)에 죽도에 표착했다 귀선하더니, 죽도를 발견했다며 米子城代 阿部四郎五郎正之에게 배타적 도해면허를 청원했다. 그러자 아부는 村川市兵衛와 같이 신청하는 것을 조건으로 해서 막부에 주선하여, 도해를 허가 받게 했다. 죽도를 발견했다는 심길이 죽도에서 병사했으나 기일이 불명하여, 도해면허를 받았다는 1618년(元和 4) 5월 16일을 기일로

---

14 是全竹島開基就由緒 乍恐公方様御余光故卜 難有仕合奉存候(『죽도도해유래기발서공』하, p.144).

15 大谷文子『大谷家古文書』, 九保印刷所, 1984, 非賣品; 權五曄편역주『大谷家古文書』, 인문사, 2012.

16 玄番長男和田九衛門勝宗二甥 甚吉与申者有之 米子灘江引越住居為致 廻船家業二相営候処(『죽도도해유래기발서공』상, p.57·61).

한다.[17]

(2) 배타적 도해면허

심길이 죽도에 산물이 풍부하다는 것을 확인하고 미자로 귀환하자 大谷姓(오오 야 세이)의 개조라는 大谷勝宗(오오 야 카쓰무네)는 「공허의 섬을 심길이 실제로 발견하여 일본의 토지를 넓」혔다며[18] 그곳에 도해하는 권한을 독점할 계획을 세우고 막부가 파견한 아부를 찾아간다.

池田光政(이케 다 미쓰마사)가 藩主(한 슈)인 조취번은 因幡國(이나바노쿠니)와 伯耆國(호우키노쿠니)를 영지로 하는데, 백기국의 성주는 米子城(요나 고 죠우)에 거주했다. 関ヶ原の戦(세키가하라노타타카이)(1600) 후에 백기국을 수령한 中村一忠(나카무라카즈타다)가 미자성에 입성했으나 단명으로 1609년(慶長(케이쵸우)14)에 가문이 단절되어, 1610년에 加藤貞泰(카 토우사다야스)가 성주로 입성했다. 가등이 1617년(元和3)에 伊豫国大洲藩(이 요쿠니오오 즈 한)으로 전봉되고 지전광정이 姫路城(히메 지 죠우)에서 조취번주로 감전봉된다. 그때 막부가 미자성의 인계인수를 위해 기본 아부를 파견했다. 아부는 미자성에 체재하며 가등한테 인계 받은 성을 지전에게 인계해야 했다. 바로 그때 대곡승종은 심길의 명으로 면허를 신청했고, 아부는 전우였던 村川市兵衛(무라카와이치 베 에)와 연명으로 신청하는 것을 조건으로 해서 막부에 주선하여 도해면허를 받게 했다.[19] 말하자면 승종이 아부가와 촌천가의 구연을 활용하여, 다음과 같은 봉서를 받아낸 것이다.

　　　백기국 미자에서 죽도에, 선년부터 배로 건넜다 한다. 그래서 이

---

17 權五曄편역주『大谷家古文書』, p.355; 大谷文子『大谷家古文書』, p.174.

18 誠二空居之島 甚吉見顯日本之土地廣(『죽도도해유래기발서공』상, p.64).

19 阿倍公御帰国之節, 市兵衛甚吉両人御召連則江府相詰御訴訟申上(『죽도도해유래기발서공』上, p.94); 大西俊輝저, 權靜역『獨島』, 제이앤씨, 2004, p.187.

494 문헌상의 독도

번에도 또 도해하고 싶다는 말을 미자 정인 촌천 시병위와 대곡 심길이 신청했습니다. 그 일에 대해 상의했는데, 그것을 들으신 장군이 도해에 이의가 없다는 뜻을 말씀하셨습니다. 그 뜻을 얻을 수 있었기에, 도해가 가능하다고 명할 수 있게 되었다. 삼가 이 일을 아룁니다.[20]

5월16일

나가 이 시나노카미나오마사
永井神農守尚政

이노우에카즈에노카미마사나리
井上主計頭正就

도 이 오오이노카미토시카쓰
土井大吹頭利勝

사카 이 우 타노카미타다 요
酒井雅樂頭忠世

마쓰다이라 신 타 로우 토노
松平新太郎 殿

1618년에 발급되었다는 이 도해면허는 고증에 의해 1625년에 발부된 것으로 본다.[21] 이는 죽도도해를 1625년으로 한정하는 면허로, 양가가 아닌 조취번주에게 발급되었다.[22] 이것을 근거로 강호시대에 죽도가 일본령이 되었다는 주장을 하기도 하나, 죽도가 조선의 울릉도라는 당대의 일반적인 영토인식을 감안하지 않은 주장이다.[23]

대곡가는 장군에게 공물을 상납하지 않았는데도 심길이 공허의 섬을 발견하여 영토를 넓힌 공을 인정하여 면허를 받았다고 주장한다.[24]

---

20 從伯耆国米子竹島江 先年船相渡之由候 然者如其今度致渡海度之段 米子町人村川市兵衛 大屋甚吉 申上付而 達上聞候之処 不可有異議之旨 被仰出候間 被得其意 渡海之儀可 被仰付候　恐々謹言. 五月十六日. 永井信濃守尚政. 井上主計頭正就. 土井大炊頭利勝. 酒井雅楽頭忠世. 松平新太郎殿(『大谷家古文書』, p.124).

21 藤井讓治『江戸幕府老中制形成過程の研究』, 校倉書房, 1990, p.318·326;『大君外交と武威』, p.247.

22 池内敏『大君外交と武威』, p.250.

23 池内敏『竹島』, 中央公論新社, 2016, p.49.

그러나 대곡가는 기회가 될 때마다 장군을 비롯하여 막각들에게 헌상을 한 사실이『대곡가고문서』에 전한다. 도해면허의「선년」이 어느 해를 의미하는지 분명하지 않으나 그것이「지난 과거」·「왕년」등을 의미하여, 죽도를 발견했다는 1617년은 아니다 오래 전부터 도항한다는 관행을 근거로 도해허가를 요망했다는 것으로, 1617년에 죽도를 발견했기 때문에 도해허가를 요구했다는 주장 자체가 모순이다.

(3) 도해와 헌상

대곡가는 죽도도해가 공도를 발견한 공에 근거한다는 것을 강조하는 방법으로, 상납 일체를 부정했으나 사실이 아니다. 촌천가와 연명으로 허가를 신청하는 것부터가 米子城代^{요나 고 죠우다이} 아부와 촌천가의 구연을 이용하는 방법이었다. 대곡가와 촌천가는 죽도도해로 부를 구축하자, 기회가 될 때마다 관계요로에 죽도산물 등을 헌상하고 받은 감사장들이『발서공』에 전재되어 있다. 막각이 먼저 품목을 지정하며 요구하는 경우도 있었다.[25]

대곡가의 헌상은 죽도도해가 금지된 후에도 이루어진다. 長崎貫物^{나가사키 칸 부쓰}에 진출하기 위해서 관계요로를 찾아 다니던 大谷勝房^{오오 야 카쓰후사}는 가산을 탕진하고도 뜻을 이루지 못하자 병사할 정도였다. 도해금지로 지역상인으로 전락한 10대 勝意^{카쓰오키}는 매년 성주에게 헌금하는데, 늦으면 최촉장이 날아올 뿐만 아니라, 그것을 소각시키라는 지시까지 받았다.[26]

24 御公儀江貢物上納ハ雖不仕ト誠ニ空居之島甚吉見顕日本之土地廣 御式帳戴之段抜群之功ト御称美(『죽도도해유래기발서공』上, p.64).

25 內々申達候 百合草 海鹿之肝 參着候者可給候 御当地御静謐之段(『죽도도해유래기발서공』上, p.303).

26 權五曄편역주『大谷家古文書』, p.348; 大谷文子『大谷家古文書』, p.168.

大谷勝實가 1671년에 장군을 알현할 때만 해도 장군을 비롯해서 老中·若老中·遠國御奉行·若御年寄·寺社奉行·太守·宮樣·役人 등에게 죽도의 산물이나 부채·칼·양초·옷감 같은 것을 헌상했는데, 海鹿·전복·백합초·梅檀 등의 죽도산물을 선호했다. 전복의 경우는 竹島鮑五百貝入一折·「竹島鮑三百貝入一折」의 단위로 헌상하는데, 장군이나 노중에게는 500패 일절을, 若老中나 寺社奉行의 경우에는 300패 일절을 헌상했다.[27]

죽도산 목재는 궁의 건축에도 애용되어 1638년에는 江戸城 西之御丸의 수복 공사에 조달할 것을 명 받았다[28]. 日光의 東照宮의 조영과 정비를 지휘했던 松平政綱가 전복을 받고 답서를 보낸 것을 보면[29] 대곡가의 헌상물이 東照宮의 조영에도 사용된 것으로 볼 수 있다.

죽도도해가 금지된 후 강호에 체류하며 시도한 長崎貫物의 진출에 실패하고 가산만 탕진한 勝房가 병사하자, 대곡가는 지역 상인으로 전락한다. 막각과의 교류가 죽도도해로 구축한 부를 배경으로 했다는 것을 알 수 있는 변화였다. 대곡가와 촌천가를 수호하던 아부가가 쇠락한 결과였다. 따라서 아부가를 매개로 하는 양가와 막각의 교류는 공적인 것이라기 보다 죽도도해와 같은 이권을 매개로 하는 관계로 보아야 한다. 아부가 대신에 조취번이 양가의 도해에 관여하면서 그것은 공공성을 가지게 되는데, 그런 공공성 때문에 양가의 죽도도해가 금지된다. 조선인의 납치를 아부가가 아닌 조취번이 중개했기 때문에 공식

---

27 御公方樣江獻上箱肴但例之通竹島鮑 五百貝一折 (중략) 右御七人樣江竹島鮑 五百貝一折宛(『죽도도해유래기발서공』上, p.171·173).

28 寬永十五年西之御丸 御材木御用被為仰付(中略) 西御丸御書院御床板御書棚等之御用 相勤候二付(『죽도도해유래기발서공』上, p.109).

29 今朝者被相尋殊串鮑五百入壱箱預持參之[趣心付之通令祝着候 令他出不能面談候 猶期面候(『죽도도해유래기발서공』上, p.277).

화되어 애매하게 처리할 수 없게 된 것이다.[30] 그 결과 1696년에 일본인의 죽도도해가 금지된다.

(4) 도해 금지령

1693년에 대곡가 선원들이 죽도에서 조선인을 납치한 것이 조일 양국의 영토분쟁으로 발전되자, 강호 막부는 1696년 1월 28일에 일본인들의 도해를 금지시키는 방법으로, 죽도가 조선의 울릉도라는 사실을 재 확인했다. 그러자 대곡가는

> 조선국왕은 죽도가 옛날부터 일본이 지배하는 섬이었다. 그것이 틀림없다는 증문을 장군님이 받으셨습니다. 그런 입장에서 조선국에 섬을 맡기신 것이라 합니다. 그런 연유로 우리 들에게, 죽도도해의 제금을 명하신 것입니다.[31]

죽도가 일본의 영토라는 것을 조선이 인정하는 상황에서, 장군이 죽도를 조선에 맡겼기 때문에 일본인의 도해가 금지된 것이라 했다. 사실과 다른 주장이다. 죽도가 조선의 울릉도라는 사실을 일본도 인정하는 상황에서 대곡·촌천 양가가 도해하다, 조선인을 납치했고, 대마번은 그것을 죽도를 침탈하려는 숙원을 이룰 수 있는 기회로 보았다. 그런 대마번의 의도를 아는 안용복이 죽도가 조선의 울릉도라고 주장했고 조취번과 막부가 그것을 인정한 결과였다.

---

30 池内敏『大君外交と「武威」』, p.272.
31 朝鮮国王ヨリ竹島之儀 従往古日本御支配相違無之旨 則御証文御取附被遊 其上ニ而朝鮮国江御預ニ相成故 私共竹島渡海御制禁 被為仰出候事(『죽도도해유래기발서공』下, p.135).

처음의 조취번은 대곡가의 뜻에 따라 죽도에서 납치한 조선인의 처벌을 요구했다.[32] 그러나 막부가 지리적 사실을 묻자, 죽도의 영유를 부정하는 답서를 제출했고, 막부는 조선인의 장기 이송을 명했다. 조취번의 답서가 죽도는 조선의 영지라는 안용복의 주장을 접한 후에 제출되었고, 막부는 죽도의 영유를 부정하는 조취번의 보고에 이의를 제기하지 않아, 안용복의 영토인식을 묵인 내지 인정한 셈이다.

그처럼 죽도가 조선의 영지라는 안용복의 인식을 조취번과 막부가 공유한 상황에서 대마번은 무위를 동원하자는 의지를 표명했고,[33] 막부는 조선과의 공동도해를 제안하기도 했다.[34] 그런데도 대마번이 뜻을 바꾸지 않자 막부는 1695년 12월 24일에 3년 전과 마찬가지로 조취번에 죽도의 지리적 사실을 다시 물었고, 조취번은 죽도만이 아니라 송도의 영유까지 부정하는 답을 했다.[35]

그런데도 막부는 죽도도해금지령을 반포하기 5일 전인 1696년 1월 23일에 다시 강호번저에 같은 질문을 했고, 강호번저는 당일에 9개조의 답을 했다.[36] 그리고 25일에는 小谷伊兵衛(코 타니 이 혜 이)가 정리한 「竹嶋之書附(타케시마 노 쇼 후)」까지 제출했다. 23일에 제출했던 것과 유사한 내용이었다.

3년 전인 1693년 5월 13일에 조취번 강호번저는 대곡가에 억류된 안용복과 박어둔을 인계 받으라며 소곡을 파견했었다. 그때 소곡은 「각」

---

32 向後彼嶋江朝鮮人不參候樣致シ, 蚫をも前之通, 献上も仕度指申達候処(權靜편역『御用人日記』, p.41).

33 候御威光或武威を以申勝ニいたし候而も筋もなき事申募候儀者不入事ニ候(權赫晟편역주『竹嶋紀事綜合編』하, 한국학술정보, 2013. p.197).

34 日本より者弥可相渡候間彼方より罷渡候ハヽ其通ニ与何となく被仰遣急度無之樣被成可然存候(『竹嶋紀事綜合編』하, p.156).

35 竹嶋松嶋其外兩國江附屬之嶋無御座候事(權五曄편역주『竹嶋之書附』, 지성인, 2012, p.87).

36 池内敏『竹嶋問題は何か』, 名古屋大学出版会, 2012, p.319).

5조와 「별지」 4조의 「죽도지서부」를 정리했던 것이다. 그곳에는 죽도만이 아니라 송도도 일본의 영지가 아니라는 조항도 있다.[37] 그런데 막부는 그것에 그치지 않고 26일에는 出雲의 松江藩에 6개항을 물어 출운·은기도의 주민들이 독자적으로 도해하는 일이 없다는 내용의 답을 받는다.[38]

막부가 그렇게 조취번만이 아니라 송전번에도 죽도의 지리적 사실을 확인한 것은, 3년 전에 납치된 안용복이 죽도가 조선령이라고 주장하는 것을 계기로, 막부와 조취번이 죽도가 조선령이라는 전통적인 인식을 회복했기 때문이다. 막부는 죽도에 도해 가능한 출운과 은기에 물어, 안용복이 주장한 것처럼, 죽도가 일본의 영지가 아니라고 판단했기 때문에, 무위를 동원하자는 대마번의 뜻을 수용하지 않고 다음과 같은 도해금지령을 반포한 것이다.

선년에 곧 송평신태랑님이 인주와 백주를 영지할 때 건의하여, 백주 미자의 정인 촌천 시병위와 대곡 심길에게 죽도도해를 허가했다. 지금도 어렵을 한다 해도, 향후로는 죽도에 도해하는 것을 금한다는

---

37 松嶋何れ之國江附候嶋ニても無御座候 (p.207) 竹嶋江渡海之節道にても筋御座候故立寄獵仕候(『竹嶋之書附』, p.209).

38 同年正月廿六日松平出羽守留守居召寄尋候趣. 書付を以返答申来. 口上書. 松平出羽守. 一(第一条)雲州隱州之者為自分働磯竹江致渡海候之儀不及承候, 乍然隱州近年之様子不存候. 一(第二条)伯州米子町人村川市兵衛·大屋九右衛門雲州雲津より直ニ磯竹江者不致渡海, 隱岐国迄乘船, 彼地より磯竹江渡海仕候由承候. 一(第三条)竹嶋之儀雲州ニ而者磯竹と申候事. 一(第四条)雲州隱州より磯竹江海路難所ニ而候故, 右両国之者米子之者ニ同船仕参候儀望不申候得共, 市兵衛·九右衛門船子共年々雇申候付罷越候事. 一(第五条)右之通候故, 自分として磯竹江渡海之義決而無之候, 乍然隱州之儀者近年御代官所ニ成候故, 委細不存候事. 一(第六条)委細之儀御尋被遊候者, 国元江申遣, 吟味可仕候, 已上. 正月廿六日松平出羽守(「磯竹島覺書」國立公文書館內閣文庫; 池內敏『竹島問題とは何か』, p.28·320).

것을 명합니다. 장군이 그렇게 명하셨으니, 그 취지를 충분히 알고
이후의 도해를 중지해야 할 것입니다. 삼가 말씀 드립니다.[39]

쓰치 야 사가미노카미마사나오
土屋相模守政直

토 다 야마시로노카미타다마사
戸田山城守忠昌

아 베 분 고노카미마사타케
阿部豊後守正武

오 오 쿠 보 카 가노카미타다토모
大久保加賀守忠朝

정월 28일

마쓰다이라호우키노카미 토노
松平伯耆守 殿

　어떤 이유로 양가가 죽도에 도해하고 있다 해도 1696년 1월 28일 이
후의 도해를 금한다는 명령이었다. 이곳의 마쓰다이라신 타 로우 松平新太郎는 이케 다 미쓰마사 池田光政
로 1617년(元和3)에 히메 지 한 슈 姬路藩主에서 조취번주로 전봉되었다. 양가가 비
록 죽도에 도해한다 해도 앞으로는 도해를 금지시킨다는 봉서를 1696
년의 조취번주 마쓰다이라호우키노카미 松平伯耆守, 즉 이케 다 쓰나키요 池田綱淸에게 내린 것이다. 당시의 번
주 강청은 병약하여 부가 후견하고 있었으나 대곡가가 조선인을 납치
한 1693년에 죽어 번정에 혼란이 생긴다. 8세에 번주가 된 지전광정이
16세가 되는 1625년에 막부는 양가의 죽도도해를 묵인했고, 번주 지전
강청이 병약하여 번정이 혼란스러운 1696년에 죽도도해를 금하는 봉
서가 내린 것이다.

---

39 先年松平新太郎 因州伯州領知之節. 相窺之伯州米子之町人村川市兵衛大屋甚吉
　竹島江渡海致 于今雖致漁候 向後竹島江渡海之儀制禁可申付旨 被仰出候付 可
　被存其趣候 恐々謹言(『죽도도해유래기발서공』下, p.131).

4. 안용복의 영토인식과 막부

(1) 안용복의 구상서와 막부

조취번의 대곡·촌천 양가가 죽도에 도해하는 것은 일본의 전통적인 영토인식과도 어긋나는 일이었다. 양가가 막부의 <ruby>旗本<rt>하타모토</rt></ruby> <ruby>阿部四郎五郎正之<rt>아 베 시 로우 고 로우마사유키</rt></ruby>의 중재로 죽도에 도해할 수 있는 배타적 도해면허를 받고 70여년간 도해하며 거부를 구축하자, 그것이 조선령이라는 전통적인 인식을 망각하고 안용복과 박어둔을 납치하는 만행을 범하고 만다.

그러자 안용복은 은기번소와 대곡가에서 4월 20일과 28일에 이루어진 심문에 응하여 죽도가 조선령이라는 주장을 했고, 미자성의 황미수리는 28일에 대곡가가 작성한 안용복의 구상서를 조취번에 제출했다. 조취번은 그것을 강호번저를 통해 5월 10일에 안용복을 납치했던 죽도환 선두의 구상서와 같이 막부에 제출했다.

그것은 납치의 정당성을 주장하는 선두와 부당함을 항의하는 안용복의 구상서를 조취번과 막부가 같이 확인하는 일이었다. 그런데 조취번과 막부는 안용복의 진술에 근거하는 구상서의 내용을 부정하거나 회의를 표한 일이 없다. 안용복의 구상서를 확인한 막부는 조선인을 장기봉행소로 이송할 것을 번저에 지시했고, 번저는 당일에 대곡가에 억류된 조선인을 인계 받으라며 <ruby>小谷伊兵衛<rt>코 타니 이 베 에</rt></ruby>를 파견했다.[40] 그리고 막부의 지시를 조취번에 전하는 비각을 16일에 파견한다. 그것을 『어용인일기』 13일조는 조선인을 인계 받기 위해 소곡이병위를 즉각 파견

---

40 為御請小谷伊兵衛即刻被遣之(p.23). 被朝鮮人長崎江被遣, 御奉行衆段々之子細被仰達御渡可被成旨被仰渡候. 為御請小谷伊兵衛被遣之(權靜편역『御用人日記』, 선인, 2010, p.28).

했다(為御請小谷伊兵衛即刻被遣之)라고 기록했으나 15일조에는
당일을 의미하는「즉각」이라는 표기가 없다.

한편 4월 28일에 조선인의 납치사실을 번저에 보고했던 조취번은 5
월 12일에 대곡가의 죽도도해를 총괄하는 大屋藤兵衛와 납치를 주도
한 黑兵衛와 平兵衛를 소환하여 13일에 심문했다.[41] 황미수리가 제출
한 안용복과 선두의 구상서가 보이는 모순을 확인할 필요가 있었던 것
이다. 막부도 조취번처럼 구상서 간의 상이점을 발견했는지, 5월 21일
에 번저에 죽도에 관한 질문을 하여 22일에 이런 답서를 받았다.

1, 백기국 미자에서 죽도까지는 해상으로 약 160리 정도 된다고 합니
다. 보통 미자에서 출선하여 출운으로 가서 은기국에 도해하여 죽
도로 건너갑니다. 미자에서 직접 죽도로 건너갈 수는 없다 합니다.

1, 촌천시병위와 대곡구우위문이 당지에 와서 알현을 명 받았을 때
는 죽도의 전복을 헌상합니다.

1, 죽도에서 전복을 잡는 세금은 없습니다. 백기국이 헌상하는 전복
도 위의 두 사람을 우리가 조정해서 바치는 것입니다.

1, 죽도에서 강치를 잡아서 그곳에서 기름을 채취하여 돌아와서 판
매합니다. 그리고 기름의 세금도 없습니다.

1, 죽도는 멀리 떨어진 섬으로 사람이 살지 않습니다. 원래 백기국이
지배하는 곳도 아닙니다.

위와 같습니다.[42]

---

41 米子大屋藤兵衛, 并船頭黑兵衛平兵衛兩人, 以上三人明日於會所御目附山崎主
馬, 今度竹嶋唐人之儀樣子聞申樣ニ申渡事(『控帳』, p.88).

42 一, 伯者国米子より竹島江海上凡百六十里程有之由候. 例年米子出舟, 出雲江参,
隠岐国江致渡海候て竹島江渡申候. 米子より直竹島江渡候儀成不申候. 一, 村川

번저는 일단 죽도가 조취번의 영지가 아니라는 사실을 포함하는 5
개항을 답하며

1, 죽도도해에 대해서는 자세한 것은 이곳에서 잘 알지 못합니다.

1, 죽도도해에 대한 주인은 없는 것으로 알고 있습니다. 또 지금부터
　조사하여 보고하겠습니다. 또한 봉서의 사본도 이곳에는 없습니다.

1, 죽도에 도해하는 선박에 어문의 깃발을 다는 것에 대해서 이곳에
　서는 모릅니다.

1, 촌천시병위와 대곡구우위문이 당지에 몇 년에 한 번 오는지 그러
　한 내용을 여기서는 확실히 알지 못합니다.
　　위와 같이 국원에 연락하여 바로 보고하겠습니다.[43]

확실하지 않은 사실 4개항은 국원, 즉 조취번에 물어서 답하겠다고
답했다. 그리고 6월 27일에 다음과 같이 보고한다.

1, 6월27일에 伊庭七郎左衛門_{이 테이시치로우 자 에 몬}이 松平美濃守_{마쓰다이라미노노카미}님에게 가지고 간 서
　부를 여기에 기록해 둔다.

　메모

市兵衛大屋九右衛門, 御当地江罷越御目見被仰付候節, 竹島石決明献上仕候. 一,
竹島江て蚫取候運上は無之候. 伯耆守献上蚫も右□□□人共江手前より相調
差上申候. 一, 竹島ニて海馿取候て, 彼地ニて油仕取帰候て商売仕候. 尤油之運
上も撫御座候. 一, 竹島ははなれ嶋ニて人住居は不仕候. 尤, 伯耆守支配所ニて
も無之候. 右之通ニて御座候(『御用人日記』, pp.56~73).

43　一, 竹島渡海之儀, 委細爰許ニて相知不申候. 一, 竹島渡海付, 御朱印は無之様覚
申候. 併相尋自是可申上候. 併御奉書之写も爰元ニ無之候. 一, 竹島江渡海之舟
ニ御紋之船印相立候儀, 爰元ニて相知不申候. 一, 村川市兵衛大屋九右衛門御当
地江罷下候儀, 何ケ年壱度宛罷越候哉. 其段爰元ニて慥相知不申 候. 右之通国許
江申遺, 追て可申上候. 已上. 五月廿二日(『御用人日記』, pp.75~83).

백기국 미자의 상인 촌천시병위와 대곡구우위문이 죽도에 도해
하기 시작한 것은 원화 4년에 아부사랑오랑이라는 분의 주선으로
도해면허를 받아 그때부터 위의 두 사람은 알현을 명 받았다.

1, 위의 섬에 도해하는데 있어서 주인장은 없습니다. 송평신태랑이
백기국을 통치할 때, 도해의 건에 대해 봉서를 받았습니다. 사본
을 보여드립니다.

1, 위의 섬에 도해하는 배에 가문의 문장이 새긴 배의 깃발을 단다는
것을 허가받아 거는 것은 분명하지 않지만, 위 두 사람이 조상 때
부터 지금에 이르기까지 달고 있습니다. 전년에 죽도에 도해한 배
가 조선국에 표류했을 때, 가문의 문장이 있는 배 깃발을 달았기
때문에, 일본의 배라고 알고 돌려보냈다고 합니다.

1, 위의 상인이 당지 강호에 내려오는 것은 4,5년에 한 번씩 한 사람
이 교대로 옵니다. 그때는 사사봉행들에게 주선을 신청하여 알현
할 것을 원하고 알현을 명 받은 후에 계절 복을 배령받았다 합니
다. 이상.[44]

번저가 잘 알지 못하는 내용은 조취에 물어 답하겠다고 5월 22일에
약속했던 것을 6월 27일에 보고한 것이다. 죽도가 조취번의 영지가 아

---

[44] 一, 六月廿七日, 伊庭七郎左衛門, 松平美濃守殿江持参付書付, 此所ニ記置也. 覚.
伯者国米子町人村川市兵衛大屋九右衛門, 竹島江渡海始候儀, 元和四年阿部四
郎五郎殿御取持ヲ以渡海御免被遊, 其節より右二人御目見被仰付候事. 一, 右嶋
江渡海付御朱印は無御座候. 松平新太郎伯者国領知之節, 渡海之儀付被成御奉
書候. 則写掛御目候. 一, 右嶋江渡海舟ニ御紋之舟印御免被遊相立候儀, 不分明
候ヘ共, 右二人先祖より至ニ今相立申候. 先年竹島江渡海之舟, 朝鮮国江流着候
節, 御紋之舟印立候付, 日本之船と見知申, 対馬国江送超, 米子江罷帰候由, 御座
候. 一, 右町人御当地江罷下候儀, 四五年壱度宛壱人替々罷越候. 其節者寺社御
奉行衆江御案内申, 御目見之儀奉願御目見被仰付以後, 時眼拝領仕由, 以上(『御
用人日記』, pp.87~103).

니라고 부정했던 인식에는 변함이 없다. 그러면서 대곡가와 촌천가가 도해하게 된 유래와 죽도환에 선기를 건다는 내용, 양가가 정해진 시기에 교대로 장군을 알현하는 내용 등을 보고했다. 조취번의 보고에 근거하는 보고였다.

조취번은 대곡가가 조선인을 납치한 사실을 4월 28일에 번저에 보고한 후에, 번저가 막부의 지시를 전하기 전인 5월 12일에 죽도도해를 관장하는 등병위와 선두 흑병위와 평병위를 소환하여 조선인이 죽도에 도해하는 상황을 조사했다. 그리고 6월 7일에 두 조선인을 장기로 이송하고 그 사실을 번저에 보고하는 비각을 출발시켰다.[45] 조취와 번저 간의 비각이 10일 정도 걸린다는 사실에 근거하면 6월 17일 정도에 번저에 도착한 것을 27일에 막부에 보고한 셈이다.

이런 일련의 지시와 보고는 자신이 납치당한 죽도가 조선의 울릉도라고 진술한 안용복의 구상서를 접하고 난 후에 전개되는 일이었다. 안용복의 구상서를 접한 막부는 그 내용을 강호번저에 확인하려 했고, 번저는 확실한 내용은 바로 답하고 미진한 내용은 조사하여 보고하겠다는 보고를 하며 조취번에 조사를 지시했다. 지시를 받은 조취번은 이미 5월 12일에 대곡가의 관계자들을 소환해서 조사한 내용만이 아니라 촌천가에 물어서 정리한 내용을 6월 7일에 번저에 보고하여, 번저가 27일에 막부에 보고한 것이다. 그런데 그것이 안용복의 진술에 근거하는 구상서의 내용과 다르지 않았다.

그런 사실의 확인을 거치면서 안용복의 진술이 사실에 근거한다는 인식을 조취번과 막부가 공유하게 되었다. 그렇기 때문에 막부는 1696

---

45 江戸へ申上ため, 今日より九日割之御飛脚差出候事 (p.131) 村川市兵衛儀修理へ 申候て, 呼寄, 委書付差出候付, 写候て, 御奉書之写, 宗對馬殿より荒尾内匠へ之 御状之写, 并書付両通, 江戸へ今日之飛脚ニ差遣事(『控帳』, p.133).

년 1월 28일에 일본인의 죽도도해를 금한 것이다. 그런데도 대곡가는 그것을 「조선국왕한테 죽도가 옛날부터 일본이 지배하는 섬이라는 것이 틀림없다는 증문을 받고 조선국에 섬을 맡긴 것」이라고 주장한다. 안용복을 납치한 선두들도 전년에 죽도에서 만난 조선인들에게 「장군한테 배령하여 매년 도해하는 섬」이라고 죽도의 영유를 주장한 일이 있다.[46] 조취번이 그런 양가의 죽도인식을 확인했음에도 양가의 인식이 아닌 안용복의 인식과 같은 답을 했고, 막부도 그런 조취번의 보고에 이의를 제기하지 않았다.

막부는 양가에게 도해면허를 발부했었고, 조취번은 양가에 도해자금을 융자해주는 등 편리를 제공했었다. 그런 조취번이, 죽도가 조선의 영지라는 안용복의 구상서를 접하고, 죽도의 영유를 묻는 막부에 안용복의 주장과 같은 내용, 즉 죽도의 영유를 부정하는 내용의 보고를 했는데, 막부가 그것에 이의를 제기하지 않았다. 그것은 대곡가와 촌천가의 죽도도해에 협조했던 종전과는 다른 태도이고 인식이었는데, 막부도 그런 조취번에 이의를 제기하지 않았다.

그것은 조취번과 막부가 안용복의 구상서를 접하고, 죽도가 조선의 영지라는 전통적인 인식을 회복했기에 보일 수 있는 반응이고 대응이었다. 안용복의 인식에 동조 내지 묵인했다는 것을 알 수 있다.

(2) 강호행과 관백의 서계

1693년에 납치되었던 안용복의 일본에서의 행정 중에서 이론이 많은 것 중이 하나가 江戸行다. 안용복의 강호행은 남구만이 언급했는데, 정작 안용복이 언급한 기록은 없다. 그런데 안용복을 납치하여 구

---

46 従公義代々拝傾致し, 毎年通船スル嶋ナレバ(『岡嶋正義古文書』, p.19).

금했던 대곡가의 기록이 안용복의 강호행을 전한다. 죽도환의 선원들이 안용복과 박어둔을 납치해서 4월 27일에 미자로 귀선하자 대곡가는 둘을 구류하고 미자성에 보고했다. 그리고 5월 26일에 둘을 조취로 이송하라는 조취번의 명을 미자성을 통해 받자, 29일에 대곡가를 출발하여 다음 날인 6월 1일 석양에 조취에 도착하여 조취번의 가로 荒尾^{아라 오}大和^{히로카즈} 댁에 양도한다.

안용복과 박어둔은 다음날인 6월 2일에 정회소로 옮겨 머물다 6월 7일에 장기로 출발했다는 것이 조취번의 기록 『공장』이나 『어용인일기』 등이 전하는 일정이다. 그런데 대곡가의 『발서공』은

무사히 鳥取府^{톳 토리 후}에 도착했습니다. 즉시 조취에서 심문이 이루어졌습니다. 그 결과 조선인을 강호에 인도하게 되었습니다. 즉시 강호에서 조사하고, 조사가 끝나자, 순서에 따라 물건을 하사하고 귀국하게 되었습니다.⁴⁷

조취에서 심문을 마친 조선인을 장기가 아닌 강호로 이송하여, 강호에서 심문한 다음에 물품을 주어 귀국시킨 것으로 기록했다. 안용복이 그곳에서 진술한 내용은 알 수 없으나 이전에 은기번소·미자·조취에서 진술한 것과 같은 내용이었을 것이다. 심문을 마친 후에 물품을 주어 귀국시켰다는 것으로 알 수 있는 일이다. 만일 이전의 진술과 달랐다면 순서에 따라 물품을 주어 귀국시키기 전에, 은기번소나 대곡가

---

47 其後鳥府表江唐人被召, 船頭黒兵衛始水主召連, 勝房後見藤兵衛出府. 唐人道中為警固　御組士加納郷右衛門様尾関忠兵衛様, 右御両所御出府. 則鳥府表御吟味之上, 唐人江府へ御引渡. 則江戸表御穿鑿, 相済順々御贈帰卜成ル(『죽도도해유래기발서공』下, p.56).

와 조취번에서 진술한 것과 비교 확인하는 과정을 거쳐야 다음 행선지로 이송할 수 있었다. 조취번이 작성한 안용복의 구상서를 장기봉행소가 검증하고, 대마번이 새로 작성한 구상서의 내용과 비교한 것을 보면, 강호에서 진술한 내용도 이전의 것들과 비교 검토하여, 다른 다른 내용이 없었기 때문에 순서에 따라 송환한 것이다.

여기서 우리가 다시 확인해야 하는 것은 은기번소에서 심문 당할 때부터 죽도가 조선의 영지라고 주장했던 안용복을,[48] 강호에서 심문하고 물품을 주어 귀국시켰다는 것은, 안용복의 주장을 막부가 인정했다는 것이다. 대곡가가 조선인을 납치했다는 보고를 처음으로 접했을 때만 해도 조취번은 조선인의 처벌을 요구했다. 그랬던 조취번이 막부가 죽도의 지리적 사실을 묻자 다음 날에 영유를 부정하는 보고를 하고, 보고를 받은 막부도 그 내용을 부정하거나 이의를 제기하지 않았다. 그것은 안용복의 주장을 조취번이 인정하고 막부가 조취번의 보고에 공감했다는 것이다. 말하자면 조취번과 막부가 「죽도가 조선의 영지」라는 안용복의 인식에 동조 내지 묵인한 것이다.

안용복의 강호행은 『발서공』만이 아니라 『백기지』도 전하는 것은,[49] 조선인의 납치와 강호행이 백기주에 풍설되었다는 것이다. 그런데 강호행을 안용복의 소지품을 탈취했다는[50] 대마번이 부정한다. 장

---

48 竹嶋と申所朝鮮ニて聞及申候. 此度參着申候三界之しゃくわんより鮑取候樣ニと被仰附ニ而波無之候. 銘々之商賣ニ鮑若布取ニ參候旁竹嶋へ參候(『大谷氏舊記』2, 「唐人弐人之內通辭申方」, 東京大學史料編纂所; 權靜역 『안용복과 원록각서』, p.53; 大西俊輝 『日本海と竹島』, 東洋出版, 2011, p.184).

49 藤兵衛異人を具して本府に至る. 番士加納氏・尾關氏守護たり. 異人江戸に召されて本土に送らる(鳥取藩政資料 『伯耆志』).

50 前日以兩島事, 受出書契, 不曾明白, 而對馬島主奪取書契, 中間僞造(『肅宗實錄』肅宗22년9월25일); 則本州成給鬱島永屬朝鮮公文, 且多有贈物, 出來時, 路由馬島, 公文, 贈物, 盡爲馬島人所奪云(『肅宗實錄』肅宗22년10월13일).

기에서 둘을 양도받은 대마번은 막부의 뜻을 왜곡하는 방법으로 죽도를 침탈하려 했다. 그러나 조선이 1694년 9월에 울릉도와 죽도가 1도 2명의 동도라는 사실과 그곳에서 납치한 안용복을 강호에 구집한 사실을 질책하는 국서를 보내자,[51] 대마번은 「장기를 강호로 오인한」 것이라 했고,[52] 막부에 무위로 죽도를 침탈하자는 의견을 제시할 때는 조취를 강호로 착각한 것이라고 주장했다.[53]

그러나 일본어로 소통이 가능하여 많은 일본인과 대담한 안용복이 강호를 조취나 장기로 혼동하는 일은 있을 수 없다. 안용복은 4월 27일부터 대곡가에 구금되어 6월 1일에 조취로 이송되었다 7일에 장기로 출발했다는 것이 일반 자료들이 전하는 행정이다. 안용복은 납치되어 이송될 때마다 심문에 응하여 진술하고, 그 내용을 검증 받고 있었다. 그렇기 때문에 안용복은 이송된 곳의 지명 정도는 정확히 기억하고 있었던 것으로 볼 수 있다.

특히 안용복이 조취에 머물 때는 가로들만이 아니라 번주의 동생 池田淸定(이케 다 키요사다)까지 접견하며 교류했다. 그리고 조취번은 장기로 이송할 때 둘을 태운 가마를 90인이 호송하는 호의를 표했다. 23일에 걸친 호송이었다. 그 동안 안용복은 많은 조취번 사람들과 대화하고 교류하여, 조취번을 강호와 혼동하는 일은 있을 수 없다.

장기도 마찬가지다. 6월 30일에 안용복이 장기에 호송되자, 장기봉행소는 7월 1일에 안용복이 조취번에서 진술한 내용을 검증했다. 장기

---

51 自為犯越與之相値乃反拘執二氓轉到江戶 (중략) 蔚陵島而以其産竹或稱竹島此乃一島而二名也(『竹嶋紀事綜合編』상, p.311).
52 但質人兩人江戶へ者不罷越候得共書面ニ如此書載在之候ハ兩人之者とも長崎を江戶と存違へ(『竹嶋紀事綜合編』상, p.317).
53 書載為被致所与奉存候因幡之城府を江戶与奉存候了簡違より事起り候(『竹嶋紀事綜合編』하, p.49).

봉행이 열석한 가운데 대마번에 인계된 안용복과 박어둔은 대마번으로 출발해도 좋다는 막부의 허가가 내리는 8월 중순까지 장기에 머문다. 그래서 장기를 강호로 혼동하는 일은 있을 수 없다.

조취번에서 장기에 도착하는 일정을 분석한 大西俊輝는 大坂府를 강호로 혼동한 것이라는 의견을 제시했다. 안용복이 조취와 강호를 혼동했다는 瀧六郎右衛門이 「죽도에서 우리들을 붙잡아 새끼줄로 묶어, 수인으로 해서, 7일째에 강호에 보낸 일이 있다」라는 안용복의 진술을 인용한 것에 근거하는[54] 의견이다. 조취에서 7일 정도에 도착할 수 있는 대도시에서 장군을 만난 것으로 진술했다면, 그것은 강호의 장군이 아니라 大坂城代였다는 것이다.[55]

강호행은 안용복을 납치 구금했다 조취번에 인계한 대곡가가 기록한 이상 사실로 보고 접근 해야 한다. 그때 참고할 수 있는 것이 1666년(顯宗 7)에 부산에 표착한 대곡가 어민 22인을 송환하며 조선국왕명의 전별목록 2통을 건넸다는 기록이다.

1666년에 2척의 배로 죽도에 도해한 대곡가 어민들은 그곳에서 1척의 배를 신조하여 7월 3일에 3척에 50여인이 분승하여 귀선하다 폭풍을 만나 1척만이 7월 11일에 부산에 표착한다. 그때부터 주민과 관의 보호 속에서 지내다 10월 6일에 귀환하는 표류민 22인에게 조선의 관아는 백미·생선·술·된장 등의 생필품과 그것들을 기록한 목록을 선물한다.[56]

---

54 竹嶋二而我々を召捕縄を掛囚人二仕江戸へ〜七日目二送届候然所二江戸二而ハ(『竹嶋紀事綜合編』하, p.68).

55 大西俊輝저·權靜역『안용복과 원록각서』, p.135.

56 白米拾四俵(毎俵五斗三升ヲ入ル) (중략) 目錄ヲ凡テ音物トシテ賜リケル(權赫晟역『竹島考』下, p.81).

그 목록을『죽도고』는 조선국의 선물이라 했는데[57]『발서공』은「조선국왕이 선두나 수부에게 준 전별목록」이라 했다. 표류한 왜인을 송환하며 생필품을 하사하며 그것들을 기록한 목록도 같이 하사했는데, 그 목록이 조선국왕의 명의로 되어있다는 것이다.[58] 당시의 조선국왕이라면 현종인데, 현종이 직접 작성하여 하사하는 경우는 있을 수 없다. 현종의 뜻에 따라 동래부사나 부산첨사가 작성한 목록이었을 것이다. 안용복이 언급한 관백의 서계도 그와 같았을 것이다. 막부와 조취번이 죽도가 조선의 영지라는 안용복의 주장을 인정하는 상황에서, 안용복의 주장을 반영한 구상서를 조취번이 관백의 명으로 해서 작성해 주는 일은 있을 수 있는 일이다. 관백명이 아니었다 해도 조취번이 관백의 뜻에 반하지 않는 내용의 서계를 작성해 준 것을 안용복이 그렇게 인식했을 수도 있다.

5. 결론

17세기의 일본은 죽도가 조선의 울릉도라는 사실을 잘 알고 있었다. 그런데 조취번의 회선상인 大谷甚吉가 그것을 1617년에 발견했다며, 米子城代 阿部正之에게 도해면허를 신청했다. 그러자 아부는 村川市兵衛와 같이 배타적 도해면허를 신청하도록 했다. 그리고 막부에 주선하여 양가가 죽도도해면허를 받게 해주었다.

---

57 朝鮮國ヨリ贈レル音物ノ目錄二通(『竹島考』下, p.83).
58 漂倭処別贈, 頭倭一人, 白米弐斗, 白紙弐卷, 從倭二十一名, 白米各壱斗, 白紙各壱卷, 丙午九月日, 巡察 花押 (p.218) 漂倭二十二人. 白米拾肆石拾斗 (중략) 生鮮弐拾弐束, 甘醬陸斗陸升, 際, 丙午十月日(『죽도도해유래기발서공』上, p.221).

대곡가는 헌상한 일이 없음에도 영토를 확장한 공을 인정 받은 결과라 했으나 사실이 아니다. 대곡가는 기회가 될 때마다 관계 요로에 헌상하는 방법으로 도해권을 유지했고, 문제가 발생할 때마다 아부가를 통해서 해결했다. 1696년 1월 28일에 죽도도해가 금지된 후에도 재기를 위해 가산을 탕진할 정도로 헌상했으나 뜻을 이루지 못하자 가독은 병사하고, 가문은 지역의 상인으로 전락하고 만다.

양가의 죽도도해금지는 안용복과 박어둔의 납치를 원인으로 한다. 대곡가가 1693년에 둘을 납치하여 처벌을 요구한 것이 조취번과 막부가 죽도가 조선령이라는 전통적인 인식을 회복하는 계기였다. 조취번은 안용복의 구상서를 통해 죽도가 조선의 영지라는 인식을 회복하자, 죽도의 지리적 사실을 묻는 막부에, 죽도의 영유를 부정하는 답을 했다. 그리고 안용복과 박어둔을 장기로 이송하라는 막부의 지시를 받자 둘을 가마에 태워 90인에게 호송하게 했다. 그런 조취번의 보고를 받은 막부도 의문을 표하지 않는 방법으로 안용복의 인식을 인정했다.

그런데 대마번은 장기봉행소에서 둘을 인계 받자 죄인 취급을 하며 소지품까지 탈취했다. 그 탈취품 속에 죽도를 조선령으로 인정하는 관백의 서계도 포함되었다는 것이 안용복의 주장이었다. 그런데도 안용복이 언급한 관백의 서계는 강호행과 같이 부정되지만, 강호행은 대곡가의 기록만이 아니라 향토지『백기지』도 같이 전하는 내용이라 사실로 보아야 한다.

죽도가 조선의 영지라는 안용복의 구상서를 접한 조취번과 막부가 죽도가 조취번의 영지가 아니라는 문답을 주고받은 것은 안용복의 주장을 인정하거나 묵인했다는 것을 의미한다. 그처럼 조취번과 막부가 안용복의 영토인식을 부정하지 않는 상황에서 안용복과 박어둔의 송환이 이루어졌기 때문에, 안용복의 주장을 인정하는 서계를 조취번이 작성해주는 일은 있을 수 있다. 관백이 직접 작성한 것이 아니라, 조취번이 막부의 인식에 반하지 않는 서계를 작성했다면 그것은 관백의 서계라고 말할 수 있다.

1666년에 부산에 표착한 대곡가의 어민 22인을 송환하며 동래부사나 부산첨사가 작성한 물품목록을 건네주면서 조선국왕이 내린 것으로 기록한 것과 같은 일이다.

조취번과 막부는 죽도가 조선의 울릉도라는 인식을 공유했기 때문에, 막부의 뜻과 달리 무위를 동원하자는 대마번의 의견에 동의하지 않았다. 오히려 조취번에 다시 문의하여 죽도와 송도가 조취번의 영지가 아니라는 보고를 받자, 1696년 1월 28일에 일본인의 죽도도해를 금지시켰다. 조선 몰래 70 여 년이나 지속했던 도해가 안용복의 납치를 원인으로 해서 금지된 셈인데, 그것은 안용복의 영토 인식을 조취번과 막부가 인정했기 때문에 있을 수 있는 일이었다.

제15장

안용복과 강호막부의 독도인식

1. 서문

1693년 4월 18일에 동해에서 경제활동을 하던 중에 납치되는 박어 둔을 구하려던 안용복도 같이 납치된다. 그리고 18일에 隱岐番所^{오키한쇼}의 심문에 응하여 자신이 납치된 죽도가 부산첨서가 관리하는 조선의 영 지라는 내용의 진술을 했다.[1] 이후 米子^{요나고}·鳥取^{톳토리}·江戸^{에도}·長崎^{나가사키}·對馬島^{쓰시마} 등 지에서 이루어진 심문에서도 같은 내용의 진술을 했다.

그런데 안용복의 진술에 근거해서 은기번소가 작성한 「조선인구상 서」를 본 조취번과 강호번저와 강호막부도 아무런 이의를 제기하지 않았다. 막부는 안용복의 구상서를 접하고 이상하다고 느꼈는지, 아니 면 좀더 확인할 필요가 있었는지, 5월 21일에 번저에 죽도의 지리적 사 실을 물었고, 번저는 22일에 죽도의 영유를 부정하는 보고를 했다. 「조 선인구상서」를 접한 후의 변화로, 조취번과 강호번저와 막부가 안용 복의 인식을 인정한 것으로 볼 수 있는 일이었다.

「조선인구상서」를 확인한 막부는 아무런 이의를 제기하는 일 없이, 13일에 조선인의 장기 이송을 번저에 명했고, 번저는 즉각 대곡가에 억류된 조선인의 인수를 위해 小谷伊兵衛^{코타니이베에}를 파견했다. 그리고 16일 에는 막부의 지시를 전하는 비각을 파견한다. 비각이 26일에 도착하자 조취번은 대곡가에 억류된 조선인의 소환을 지시하여, 6월 1일 도착하 자 荒尾大和^{아라오히로카즈} 댁에 숙박시킨다. 그날 밤 안용복과 박어둔을 대곡가와 조취번 어느 쪽이 관리했는가에 대한 기록이 없으나 황미대화가 조취 번의 가로였으므로 조취번이 관리한 것으로 볼 수 있다. 그런데 조취 번이 관리했다면 1일 밤에 대곡가와 조취번 사이에 조선인을 인계인

---

[1] 鬱陵島와 獨島를 일본자료에 근거할 때는 竹島와 松島로 표기한다.

수하는 절차가 이루어졌어야 한다. 그런데 그런 기록이 없다. 간단해서 생략했는 지는 알 수 없으나 인계인수가 없을 수는 없다.

인계인수에 관한 기록이 없으니 인계인수에 관계했거나 입회한 인물에 대한 기록도 없다. 그러나 추정할 수 있는 것은 대곡가와 조취번의 관계자, 강호번저가 파견한 소곡이병위 등은 참가해야 했다. 그리고 참가자들은, 대곡가 사람을 제외하면, 죽도가 조선의 영지라는 안용복의 인식을 막부와 조취번이 인정 내지 묵인한다는 사실을 인지하고 있었다. 조취번은 이미 막부의 명에 따라 조선인을 장기에 이송할 사자의 선발을 마치고 필요한 경비도 장기에 송금한 상태였다.

조선인을 장기와 대마번을 거쳐 조선으로 송환한다는 것은 鳥取藩^{톳 토리 한}主^슈의 권한이 미치지 않는 영역을 통과하는 일로, 그런 영역의 통과를 보장할 수 있는 증서가 필요했다. 그럴 경우 조취번보다는 장군의 증서, 말하자면 관백의 명이라는 것을 입증할 수 있는 증서가 필요했다. 그것은 조선으로 송환된 안용복과 박어둔이 납치된 사실을 보장하여 처벌을 면하게 할 수도 있다. 또 그렇게 하는 것이 조선의 영역에서 조선인을 납치한 일본의 책임이기도 했다.

그런 필요에 의해 안용복의 영토인식을 인정하는 증서, 즉 안용복과 남구만이 언급한 관백의 서계를 작성해 주는 경우는 있을 수 있다. 그러데 그것은 조취번과 강호번저와 강호막부 간의 보고와 지시, 안용복의 언행 등으로 확인 가능한 일이다. 어쨌든 조취번과 막부가 안용복의 죽도인식에 동조하기 때문에, 무위로 죽도를 침탈하자는 대마번의 제의가 있었음에도 막부는 1696년 1월 28일에 일본인의 죽도도해를 금지시킨 것이다.

2. 1693년의 안용복

(1) 안용복의 영토인식

1693년 4월 17일에 죽도에 도착한 竹島丸^{타케시마마루}의 선두 黑兵衛^{쿠로 베 에}와 平兵衛^{히라 베 에}는 조선인들이 먼저 온 것을 알자 唐船ケ鼻^{토우 센 가 하나}에서² 1박하고 18일에 7인이 전마선을 타고, 조선선 1척이 있는 北浦^{키타우라}의 소옥에 가서, 해산물을 정리하는 조선인을 태우고 10인 정도가 있는 大天拘^{오오 텐 구}에 이르자, 그곳에 하선시키고, 통사와 다른 한 사람을 태웠다. 그리고 竹島丸^{타케시마마루}에 옮겨 탄 다음에 죽도를 떠나, 20일에 隱岐島^{오 키노시마}의 福浦^{후쿠우라}에 도착한다.³

북포에서 전마선에 태웠던 자는 납치하지 않았다는 기록인데, 타기록들은 안용복과 박어둔이 북포에서 납치된 것으로 한다. 그 중에는 북포에서 납치되는 박어둔을 안용복이 구하려다 같이 납치되었다는 기록도 있어,⁴ 둘 다 북포에서 납치된 것으로 보아야 한다. 둘을 납치한 죽도환이 복포에 도착하자, 은기번소는 두 선두 黑兵衛^{쿠로 베 에}와 平兵衛^{히라 베 에}에게 구상서의 제출을 요구했다. 선두가 그것을 거절하자 은기반소는 南·北方村^{미나미 키타카타무라}의 年寄^{토시요리}와 庄屋^{쇼우 야}를 입회시키고 직접 작성한 구상서를 西鄕^{사이고우}

---

2 唐船ケ崎, 唐船ケ鼻라고도 한다. 곶의 先端 부분으로 지금의 可頭峰(大西俊輝저서, 權靜역『안용복과 원록각서』, 한국학술정보, 2011, p.103.

3 唐人一人居申候小屋之內を見候へは蜿めの葉大分取上ケ有之ニ付, 彼唐人に様子尋候得共, 通じニて無御座故, わけ聞へ不申候. 右の唐人はし船に乗せ大てんぐと申所へ尋参り候はは, 唐人拾人斗猟仕居申候内, 通じ壱人居申故, 此方のはし船ニ乗, 前に北浦ニて乗せ候唐人ハ舟より上ケ, 外に壱人以上弐人乗せ(『岡嶋正義古文書』, p.225).

4 我々彼嶋ニ罷在候内小屋を掛小屋之番ニハクトラヒ与申者残置候処ニ四月十七日ニ日本船一艘参り天間ニ七八人乗候而右之小屋ニ参ハクトラヒを捕天間ニ乗せ尤小屋ニ置候平包壱取乗せ罷出候付アンヨグ其所ニ参断申ハクトラヒを陸ニ揚^江可申与存天間ニ乗候へハ早速船を出し両人共ニ本船ニ乗せ早速出船仕隠岐国ニ同廿二日ニ罷着申候其間者洋中ニ罷在候(『竹嶋紀事綜合編』상, p.64).

의 隱岐郡代를 통해 石見代官에 제출했다. 그렇게 해서 막부에 제출
되었을 구상서의 내용은 다음과 같다.

조선인 두 사람 중 통사의 진술

통사의 이름은 안헨치우로 연령은 43세, 거주지는 조선의 톤넨기
다. 하인의 이름은 토라헤로 조선의 울산에 거주한다. 삼계의 샤쿠완
이 전복을 채취해 오라고 명했다. 어느 나라라는 지시가 없어, 거년
에 전복을 채취하러 갔던 자가 죽도에 갔다고 했다. 그래서 죽도에
건너가 미역이나 전복을 채취하고 있었다.[5]

납치된 둘 중에서 통사로 기록된 안용복의 진술을 은기번소가 정리
한 구상서다. 번소는 안용복과 박어둔을 통사와 하인으로 구분했는데,
둘의 언행과 연령 등을 근거로 구분했거나, 안용복이 그렇게 소개했을
것이다. 여기서 중요한 것은 조선인의 죽도도해가 「삼계의 샤쿠완」,
즉 부산첨사의 지시에 따라 이루어졌다는 내용이다.[6] 그것은 안용복이
죽도를 부산첨사가 지배하는 조선의 영지, 조선의 어민들이 도해하는
조선의 울릉도로 인식했다는 것이다.

안용복의 구상서를 전하는 『인부역년대잡집』에는 안용복과 박어
둔의 것이라는 호패가 전하는데, 안용복의 것이라는 호패에는 그것을
전사한 편자가 「전사할 때의 오류가 있는 것 같으니 후일에 식자에게

---

5 唐人弐人の内通じ申口. 通シ名ハ, アンヘンチウ, 年四十三. 在所, 朝鮮之内, トン
   ネンギと申所. 下人名ハ, トラヘ, 在所, 同くウルサンの者(權五曄편주『岡嶋正義
   古文書』, 선인, p.192).
6 權五曄「南九萬의 密使 安龍福」, 『日本語文學』第65輯, 韓國日本語文學會, 2015. p.434;
   權赫晟역『竹島考』하, 인문사, p.177.

물어서 바로 잡아야 한다」[7]고 주기할 정도로 모순이 많다. 도저히 안용복의 호패로 볼 수 없다.[8] 호패를 전사한 다음에는 다음과 같은 「조선인구술서」가 기록되어 있다.

죽도에 건너 온 배는 3척이다. 당인 두 사람 중 통사라는 자가 앞에 나서서 이야기했다. 북포에 정박한 배는 10인승이다.

선두	안헨치우
주자	요치엔기
곳	울산 사람(토라헤)
동일인	토쿠센기
동일인	텐쓰우엔
대장장이	바타이
목수	세호테키

거년에 이 섬에 건넌 자의 이름

1인	야가이
1인	이한닌
1인	이름 불명

[다른 2척 중 1척이] 정박한 포구가 불명이나 17인 승이다. [또 다른 1척도] 마찬가지로 정박한 포구는 불명이나 15인승이다. 15인 중에 작년에 도해한 한 사람이 있다. 위 3척의 선원은 모두 조선인인데 분명한 이름은 기억하지 못한다. 안헨치우가 그렇게 답했다.

---

7 尤伝写の誤りも多かるべし(『岡嶋正義古文書』, p.203); 今按ニ此牌面ノ文字恐ハ傳写ノ謬アラン後日識者ニ糺ス可(『竹島考』하권, p.205).
8 權五曄 「安龍福의 號牌」, 『日本文化學報』제64집, 韓國日本文化學會, 2015, p.238.

10인이 타고 있던 배의 두 사람이 伯州에 가게 되었다. 10인의 일행은 조선의 토우넨키라는 곳의 전방,[9] 즉 釜山屋를 1693년(계유) 3월 27일에 출선하여, 동 27일 밤에 죽도에 도착했다. 배의 왕래[에 필요한 식량은 있다 한다.

1, 반미는 10표 있다. 단 이 1표는 5두 3승 들이다.

1, 소금은 3표 있다. 3인이 1표를 가진다. 단 1석여이다.

위처럼 조선인이 말했다. 선두와 우리가 들은 것이 틀림 없다.

이상

元祿 6년   계유 4월 28일   南方村年寄 與三左衛門

                              同村 庄屋九左衛門

                              北方村庄屋甚八

                              同村 年寄 左之助

田邊甚九郎 樣

三好平左衛門 樣[10]

안용복의 진술에 근거하는 구성서다. 안용복이 일행 10인의[11] 신분

---

9 トウアンキ의 ア가 ネカ로 되어 있다. 「토우안키」인지 「토우넨키」인지를 확정하지 못한 것이다.

10 船数三艘, 唐人二人之内通じ申口ハ前二出ル. 北浦十人乗. 船頭アンヘンチウ, 舟子ヨチエンギ, 所ウルサンの者. 同一人トクセンギ. 同一人テンツウエン. 鍛冶バタイ. 大工セホテキ◀. 一人ヤガイ. 一人イハンニン. 一人名不覚候. 右二此印ノ処へ可見合. 大改名前不知候. 十七人乗. 右同断十五人乗, 此内壱人去年者乗. 右三艘共, 朝鮮之者之由二候へ共, 慥ニ不覚候由アンヘンチウ申候. 十人乗之内弐人, 伯州へ参候, 十人は朝鮮之内トウアンキの前, 釜山屋ヲ酉三月廿七日出船, 同廿七日ノ夜竹島へ着津仕候由, 船ニ往来ハネノ由. 一, 飯米拾俵 但, 五斗三升入一, 塩弐俵ヲ三人シテ壱俵持, 但壱石余. 右之通唐人申候. 船頭私共御聞被成候通相違無御座候. 以上. 南方村年寄与三左衛門, 同村庄屋. 北方村庄屋 ○十九左衛門, ○甚八. 同村年寄佐之助. 田辺甚九郎様, 三好平左衛門様. 元祿六年酉四月廿八日(『岡嶋正義古文書』, pp.229~245).

을 설명하고 다른 2척의 상황을 설명한 내용이다. 그런데 죽도환의 선두 흑병위와 평병위는 안용복을 심문하는 현장에 입회했음에도 구상서의 작성은 물론 날인하는 것도 거부했다. 그런 선두의 언행을 보면, 이 구상서를 안용복이 확인한 과정이 있었던 것으로 볼 수 있다. 말하자면 안용복이 자신의 진술에 근거하는 구상서의 내용을 확인하는 절차가 있었다는 것으로, 그것은 안용복이 이후에도 자신의 진술에 근거하는 구상서의 내용을 확인하는 과정이 있다는 것을 의미한다.

　원래 은기도는 天領로 막부의 통치를 위탁 받은 松江藩이 島後의 西鄕에 鎭屋을 두고 郡代에게 관리시켰고, 군대는 島前과 도후에 代官을 파견하여 관리했다. 은기번소는 「唐人弍人內通ジ申口」, 즉 조선인 구상서를 서향의 군대를 통해 石州代官所에 보고하고, 석주대관은 막부에 제출해야 했다.[12] 그런데 은기번소가 복포에서 20일에 작성한 구상서가 28일로 되어있는 것은 청서가 완료된 것이 28일이라는 것이다. 23일에 복포를 떠나 27일에 미자에 도착한 죽도환의 선두들은 안용복과 박어둔을 연행하고 있었기 때문에, 서명을 거절한 구상서를 가져갈 필요가 없었다.

　미자의 대곡가는 27일에 죽도환의 선두가 조선인 둘을 납치하여 귀선하자, 선두의 구상서만이 아니라 안용복의 구상서도 작성하여, 미자성의 荒尾修理를 통해 28일에 조취번에 제출했다. 조취번은 1693년 5월 9일에 강호번저를 통해 막부에 「조선인구상서」와 「大屋村川口上書」 등을 같이 제출했는데 「조선인구상서」란 안용복이 대곡가에서 진술한 것에 근거하는 「唐人弍人之內通辭申方」를 말하고, 「대옥촌

---

11 10인 중 1인은 영해에서 병으로 하선했다.
12 大西俊輝저, 權靜역 『안용복과 원록각서』, 한국학술정보, 2011, p.42.

천구상서」는 은기번소에서 구상서의 작성을 거부했던 죽도환의 선두의 진술에 근거하는 「大谷九右衛門船頭口上書」를 말한다. 그런데 안용복이 대곡가에서 진술한 「唐人弐人之內通辭申方」의 10항 중에 다음 2항은 은기번소에서 진술한 「唐人弐人之內通ジ申口」와 약간의 차이를 보인다.

> 1, 죽도라고 하는 곳은, 조선에서도 도명을 들어서 알고 있었다. 이번에 섬에 건너간 것은 삼계의 샤쿠완이 전복을 따라고 명령했기 때문이 아니다. 제각각 상매하여 돈을 벌기 위해 전복을 채취하려고 죽도에 건넌 둘이다. 우리와 같이 가지 않겠는가 라고 권하기 때문에, 그에 응하여 죽도에 건너가 전복이나 미역을 따고 있었다. 조선의 울산이라는 곳에 이번의 선임을 지불했다.

> 1, 죽도에 상륙하여 상황을 살펴보았더니, 그곳에 일본의 여러 도구들이 있었다. 조선의 도구가 아니라 일본의 도구였기에, 우리들이 건너가는 섬이 아닌가라고 생각했다. 그러나 거년에 이곳에 건넜다는 두 사람에게 물었더니, 둘이 말하기를, 거년에는 이러한 도구가 없었다고 말했다. 그래서 나는 일본의 도구들이므로, 풍향에 따라서 조선으로 돌아가야 한다고 생각하고 바람을 기다렸다. 그때 일본배가 와서 우리들 둘을 태워서 끌어왔다.[13]

---

13 一, 竹嶋と申所朝鮮ニて聞及申候. 此度参着申候三界之しゃくわんより鮑取候様ニと被仰附ニ而波無之候. 銘々之商賣ニ鮑若布取ニ参候旁竹嶋ヘ参候, 弐人之者, 私共ヘ参候様ニと申聞申ニ付, 竹嶋ヘ鮑, めのは取申候, 朝鮮之內うるさんと申所ニ船賃指上申候. 一, 竹嶋ヘ揚り様子見申候処ニ日本之諸道具鍋, 釜何角有之候, 朝鮮之道具ニ而無之, 日本遺道具有之候間, 私共参嶋ニては有之間敷と存, 去年参候弐人の者共ニ様子相尋候ヘハ弐人之者共申候ハ, 去年ハケ様之道具無之由申候. 然共私ハ日本之諸道具ニ而有之候間, 風次第ニ朝鮮ヘ帰可申と待仕居申候. 其內ハ猟仕, 鮑, めのは取居申候処ニ日本船参, 私両人載せて

이것도 1693년(원록6) 4월 28일부로 된 구상서다. 27일에 미자로 귀선한 죽도환 선두의 진술에 근거하여 대곡가가 안용복을 심문하여 작성한 것을 황미수리가 28일에 조취번에 제출한 것이다. 그런데 은기에서는 삼계의 샤쿠완, 즉 부산첨사의 명을 받고 도해한 것으로 진술했던 안용복이 대곡가에서는 부산첨사의 지시가 아니라 각자의 이익 때문에 도해한 것이라 했다. 부산첨사와의 관계를 부정하려는 의도가 보이는 진술이었다. 그러면서도 다른 사람에게 권유 받았다거나 울산에 선임을 지불한 사실을 진술한 것을 보면, 죽도가 선임을 지불해야 도해할 수 있는 곳, 그래서 조선의 영지라는 인식을 분명히 했다는 것을 알 수 있다.

4월 20일에 은기번소에서 심문을 받았던 안용복이 27일이나 28일에 대곡가에서 이루어지는 심문에 응할 때는 관과의 관계를 부정하는 것이 유리하다고 판단한 것이다.

(2) 안용복의 구상서와 막부

은기번소가 石見代官所에 보고한 안용복의 구상서가 어떻게 처리되었는지를 알 수 있는 기록은 없다. 그러나 미자의 황미수리가 안용복의 진술에 근거하는 구상서(唐人弐人內通辭申方)를 4월 28일에 조취번에 제출하자, 조취번은 당일에 강호번저에 비각으로 제출하며, 대곡가에게는 막부의 지시가 있을 때까지 조선인을 감시할 것을 지시했다. 그것으로 보아 석주도 막부에 제출한 것으로 볼 수 있다.[14]

召連れ参候. 右之首尾ニて御座候, 以上. 元禄六年酉ノ卯月廿八日(『大谷氏舊記』
2, 「唐人弐人之內通辭申方」, 東京大學史料編纂所; 大西俊輝저, 權靜역『안용복
과 원록각서』, p.53; 大西俊輝『日本海と竹島』, 東洋出版, 2011, p.184).
[14] 江戸へ七日割之御飛脚差出ス. 江戸より御左右有之內へ, 唐人大屋九衛門手前

비각이 5월 9일에 강호번저에 도착하자 번저는 10일에 막부에 보고하며 첨부된[15]「조선인구상서」, 소도, 품속의 서부 3통, 대곡 촌천가의 구상서 등도 같이 제출했다. 그 중의「조선인구상서」가「唐人弐人內通辭申方」(당인이인내통사신방)에 해당하고, 「조선인이 품고 있던 서류 3통」은『죽도기사』의「船手形三枚」(선수형삼매)에 해당하는 것으로, 해상의 통과를 보장하는 증서였다.[16]

「조선인구상서」가 조취번과 강호번저를 거쳐 막부에 제출된 5월 10은 안용복과 박어둔은 대곡가에 억류 중이었다. 따라서「조선인구상서」는 안용복이 4월 28일에 대곡가에서 진술한「당인이인내통사신방」으로 보아야 한다. 그것을 번저의 吉田平馬(요시다헤이마)가 5월 10일에 막부의 月番老中 土屋相模守(쓰키반로우쥬우 쓰치야 사가미노카미)에게 제출하자, 막부는 13일에 조선인을 장기 봉행소로 이송할 것을 명했다. 「조선인구상서」를 확인한 후의 지시였다. 그런데 번저와 막부는「조선인구상서」를 확인하고도 그 내용을 부정하지 않았다. 그것은 안용복의 인식에 동조하거나 묵인했다는 것이다.

막부의 명을 받은 번저는 당일에 小谷伊兵衛(코타니이베에)를 파견하여 조선인을 인수하기로 한다. 그것을『어용인일기』5월 13일조는 이렇게 전한다.

오늘 토옥상모수님에게 가신 하나를 보내라는 전갈이 왔다. 길전평마가 갔더니 조선인을 장기로 보내 봉행소에 양도하고, 이상의 일을 설명 드리라고 말씀하셨다. 신병을 양도받기 위해 소곡이병위를

二差置(權五曄편주『控帳』, 册舍廊, 2010, p.72).

15 從江戸今月十六日之御飛脚到来, 朝鮮人之儀公儀江御窺之処, 御聞届, 長崎江送可被遣由被仰出之旨申来(『控帳』, p.92).

16 大西俊輝저, 權靜역『안용복과 원록각서』, p.58.

즉각 파견했다.[17]

　5월 13일에 막부에 호출된 번저의 길전에게 조선인을 장기로 이송하라고 지시했다. 번저는 그 지시에 따라 대곡가가 억류하고 있는 조선인을 양도 받으라며 소곡이병위를 13일에 즉각 파견했다. 그리고 16일에는 막부의 지시를 전하는 비각을 파견한다. 『어용인일기』는 9일조와 13일조를 15일조에 종합했는데, 13일조의 「卽刻被遣之」를 15일조는 「피견지」로 기록하여 「즉각」이라는 시각이 결락되었다. 15일조가 9일과 13일조를 종합한 것이라는 것을 감안하면 시각이 기록된 13일조에 근거해서 막부의 지시를 받은 당일에 파견한 것으로 보아야 한다.

　16일에 파견한 비각은 26일에 조취에 도착했으나[18] 소곡이 도착한 기록은 없다. 그러나 소곡의 파견이 대곡가에 억류된 조선인의 인수를 목적으로 하고, 대곡가에 억류되었던 조선인이 6월 1일 밤에 조취에 도착한 것으로 보아, 그 전에는 도착한 것으로 보아야 한다. 번저의 비각이 26일에 도착하자, 조취번은 당일에 조선인의 이송을 미자성에 지시하고, 동시에 장기 이송의 준비에 착수했다. 소곡을 비각보다 3일 먼저 파견한 것은 이동 능력을 감안한 조치로 볼 수도 있다.

17　今度竹島江参候朝鮮人之内弍人, 大屋·村川船頭, 米子ヘ同船ニて召練罷帰候付, 先日御老中江御何被成候処, 今日土屋相模守様より御家来壱人御差越被成様被申越, 吉田平馬罷出候. 然処, 彼唐人長崎江被遣, 御奉行所江相渡, 右之段々申達候用被仰渡, 為御請小谷伊兵衛即刻被遣之(『御用人日記』, p.23).

18　従江戸今月十六日之御飛脚到来, 朝鮮人之儀公儀江御窺之処, 御聞届, 長崎江迄可被遣由被仰出之旨申来(『控帳』, p.92).

(3) 조취번과 막부의 인식 변화

조취번이 4월 28일에 강호번저에 제출하고 번저가 5월 10일에 막부에 제출한 「조선인구상서」의 내용을 조취번과 번저가 확인하지 않는 경우는 있을 수 없다. 막부도 마찬가지다. 조취번은 4월 28일에 조선인을 납치한 사실을 번저를 통해 막부에 보고하며 처벌을 요구했었다. 그랬던[19] 조취번이 5월 11일에는 대곡가에 억류된 조선인이 외출은 금하면서도 1일 3승의 음주는 허가했다. 그리고 대곡가의 죽도도해를 총괄하는 大屋藤兵衛와 죽도환의 선두 흑병위와 평병위를 12일에 소환하여[20] 조선인을 연행한 경위 등을 13일에 심문했다.[21] 안용복의 진술에 근거하는 「조선인구상서」, 즉 「당인이인내통사신방」을 확인하고, 풀리지 않는 의문점을 확인하기 위해 소환하여 심문한 것이다.

이미 「조선인지구상서」를 확인하고 막부에 제출했던 조취번이 山崎主馬에게 죽도도해를 관장하는 대옥등병위와 조선인의 납치를 자행한 두 선두를 소환하여 심문하는 일이었기 때문에 「조선인구상서」와 다른 내용의 진술이 있었으면 사실 여부를 확인하는 과정이 있었을 것이다. 그런데도 막부가 5월 21일에 죽도의 지리적 사실을 번저에 묻자,[22] 번저는 22일에 「죽도는 멀리 떨어진 섬으로 사람이 살지 않는다. 더욱이 백기수가 지배하는 곳도 아니」다 라고 죽도의 영유를 부정하

---

19 向後彼嶋江朝鮮人不參候様致シ, 蚘をも前之通, 献上も仕度指申達候処(『御用人日記』, p.41).

20 あんびじやん, 気晴ニ出可申由, 色々わやく 申候由, 修理迄申来候へ共, 外江出候儀不通ニ無用と差図申事. 且又酒給申度由申候へ共, 是又昼夜ニ三升より上は無用之由申達事. 右相談之上ヲ以, 修理迄申達事(p.77). 米子大屋藤兵衛呼ニ遣, 夜前越候. 近日御目付中口ヲ開被申筈之事(『控帳』, p.84).

21 大屋藤兵衛, 并船頭黒兵衛平兵衛両人, 以上三人明日於会所御目附并山崎主馬, 今度竹嶋唐人之儀様子聞申様ニ申渡事(『控帳』, p.88).

22 竹島之儀委細御聞有之度旨也. 因茲, 明廿二日, 伊庭七郎左衛門美濃守殿江持參仕書付之写(『御用人日記』, p.53).

는 내용을 포함한 5개항을 보고하며 불분명한 4개항은 조취번에 물어서 보고하겠다고 답했다. 그것을 보면 번저와 조취번은 「조선인지구상서」의 내용, 즉 안용복의 주장을 인정하거나 동조했다는 것을 알 수 있다.

번저가 막부에 보고한 내용이, 조취번이 대곡가 3인을 5월 13일에 심문한 내용에 근거하는 것인지는 알 수 없으나 조취번과 번저 간의 비각이 10일 정도 소요된다는 것에 근거하면 조취번이 13일에 심문한 내용이 22일 전에 번저에 보고된 것으로 보기는 어렵다. 따라서 막부와 번저 간의 문답은 조취번이 13일에 심문하여 얻은 정보와는 관계없이 이루어진 것으로 보아야 한다.

문제는 막부가 왜 죽도의 영유를 물었는가다. 그것은 「조선인구상서」를 조취번이 제출하기 전에 石見代官所가 제출한 구상서를 확인했을 가능성과 같이 생각할 문제다. 은기번소는 4월 20일에 안용복을 심문하여 작성한 「조선인구상서」를 西鄕代官所를 통해 석견대관소에 제출했다. 그런데 1696년에 대마번의 비리를 막부에 고발하겠다며 조취번을 방문하다 표착한 안용복 일행 11인과 교류하고 관찰한 내용을 은기번소가 정리하여 5월 23일에 석주대관소에 보고한 내용이 6월 2일에 조취번에 전달된 것으로 보아, 납치된 안용복과 박어둔을 은기번소가 심문하여 작성한 구상서를 석견대관소에 보고한 이상, 석견대관소가 막부에 제출하지 않는 일은 있을 수 없다. 그에 비해 조취번은 죽도환이 4월 27일에 미자로 귀선한 후에 대곡가가 작성한 선두의 구상서와 안용복의 구상서를 황미수리가 28일에 제출한 것을 당일에 발송하여, 강호번저를 통해 5월 10일에 막부에 제출했다. 그래서 막부는 석견대관소가 제출한 구상서로 사건의 전말을 이해한 후에 조취번이 제출한 구상서를 접한 셈이다. 그런데 같이 제출된 선두의 구상서와 안용복의 구상서가 말하는 내용이 상반적이다. 죽도가 일본의 영지라는 인식에 근거하는 선두의 구상서와 조선의 영지라는 안용복의 구상서의 내용은 상반 된다. 막부가 그런 모순된 구상서를 접했기 때문에 강호번저에 죽도의 지리적 사실을 물은 것이다.

그런데 그것은 조취번이나 강호번저도 마찬가지였다. 안용복을 납치한 선두의 구상서는 죽도가 일본령이라는 인식에 근거하고, 안용복의 구상서는 조선령이라는 인식에 근거하여 내용이 상반된다. 그래서 조취번은 황미수리의 보고를 받은 4월 28일 당일에 강호번저에 보고하는 비각을 파견하고, 5월 12일에 대곡가 3인을 소환하여 13일에 심문한 것이다.

대옥등병위는 1617년에 죽도를 발견했다는 大谷甚吉의 부 大谷宗梅의 후손이었기 때문에[23] 죽도도해의 유래에는 정통한 인물이었다. 따라서 그의 죽도 인식은 대곡가의 인식과 다를 수 없어, 죽도를 일본의 영지로 보는 선두의 인식과 다를 수 없다.

그처럼 죽도에 대한 인식이 안용복과 다를 수 밖에 없는 대곡가 3인을 조취로 소환하여 심문한 山崎主馬도 다른 내용의 구상서를 같이 보았기 때문에, 대곡가 사람들에게 물어 진부를 확인해야 했다. 처음의 조취번과 번저는 대곡가와 같은 인식이었다. 대곡가가 제출한 구상서 등을 막부에 제출하는 5월 10일까지는 그랬다. 그랬던 번저가 5월 22일에 죽도의 영유를 부정하는 답서를 막부에 제출했다는 것은 그 사이에 인식의 변화가 있었다는 것이다. 그것이 조취번에 확인한 내용인

---

23 權五曄·大西俊輝편역주 『竹島渡海由來記拔書控』上, 한국학술정보, 2011, p.103; 權五曄편역주 『大谷家古文書』, 인문사, 2012. p.108.

지는 확인할 수 없으나, 불명의 시점에 안용복의 인식에 동조하게 된 계기가 있었다는 것이다.

원래 일본은 죽도를 조선의 울릉도로 인식하고 있었다. 그런 면에서 보면 1693년 5월 22에 번저가 죽도의 영유를 부정하는 답을 한 것은 죽도가 조선의 영지라는 전통적인 인식을 회복했다는 것이 된다. 대곡가와 안용복의 구상서를 같이 접하고, 구상서 간의 모순을 발견하여, 안용복의 진술에 근거하는 「조선인구상서」가 사실에 근거한다는 것을 알았기 때문에 번저는 죽도의 영유를 부정하는 내용을 막부에 보고했고, 막부는 이의를 제기하지 않은 것이다.

강호번저가 「조선인구상서」를 5월 9일에 접수하여 10일에 막부에 제출한 것을 보면 번저가 안용복의 인식에 동조하는 것은 5월 9일 이후로 볼 수 있다. 일단 조취번이 보내온 선두와 안용복의 구상서를 막부에 제출하고, 구상서 간의 상이점을 조사하여 죽도가 조선의 울릉도라는 전통적인 인식을 회복한 것이다. 그것이 소곡이병위를 파견하는 13일 이전이었는지는 알 수 없으나 비각을 조취번에 파견하는 16일에 까지는 정리된 것으로 볼 수 있다. 조취번은 강호번저의 비각이 도착하는 26일 보다 앞선 12일에 대곡가 3인을 소환하여 사실을 확인 했기 때문에, 26일에 대곡가의 조선인을 조취번으로 이송할 것을 미자에 명하고 장기이송을 준비하기 시작한 것이다.

따라서 조취번이 5월 12일에 대곡가 3인을 소환하여 13일에 심문한 것은 강호번저나 막부와 관계없이 독자적으로 이루어진 일로 보아야 한다. 그래서 대곡가 3인과 그들을 심문하는 산기 간에는 죽도영유에 대한 인식에 차이가 있었을 수도 있다. 일본인의 죽도도해가 금지된 1696년 1월 28일 이후에도 대곡가는 조선국왕이 죽도를 일본령으로 인정하는 증문을 받은 후에 도해를 금지시킨 것이라는 주장할 정도였다.[24] 그런 대곡가의 인식으로 보아 5월 13일의 대곡가 3인은 안용복의 인식에 동의하지 않았을 가능성이 크다.

죽도가 일본의 영지라고 생각하는 대곡가 3인을 소환하여 죽도도해의 내용을 확인했음에도, 조취번이 안용복의 인식에 동조하고 막부가 조취번의 인식에 이의를 제기하지 않았다는 것은, 막부와 조취번이 안용복의 영지인식에 동의했다는 것으로, 죽도가 조선의 영지라는 전통적인 인식을 회복했기 때문에 있을 수 있는 일이었다.

(4) 조선인의 인계인수

조선인을 장기로 이송하라는 막부의 지시를 1693년 5월 26일에 받은 조취번은 당일에 미자성의 황미수리에게 대곡가의 조선인을 조취로 이송할 것을 명했다. 명을 받은 요나고성은 鹿野卿右衛門(카 노 교 우 에 몬)과 尾關忠兵衛(오 제키 타다 베 에), 대곡가의 대옥등병위·흑병위 등의 선원과 조선인의 안전을 위한 永見治兵衛(나가 미 치 베 에)와 의사 中村玄達(나카무라 겐 타쓰)를 동행시켰다.[25] 29일에 미자를 출발하여 다음인 6월 1일에 조취에 도착하자, 조취번은 안용복과 박어둔을 荒尾大和(아라 오 히로카즈) 댁에 1박시키고 다음 2일부터 정회소에 머물게 했다.[26]

---

24 朝鮮国王ヨリ右竹島日本之御支配ニ相違無之旨御證文御取附被為遊候上ニ而右私共奉頂戴仕候御奉書御改被為遊候旨被為仰付奉差上申候其上ニ而渡海之儀 以来御制禁之旨伯耆守様迄御奉書相下リ(『竹島渡海由來記拔書控』하, p.222).

25 六月廿九日米子表ヲ起程シ途中鹿野卿右衛門尾關忠兵衛(両人共米子組)コレヲ衛護並永見治兵衛御醫師中村玄達ヲ被附添ラレ七月朔日申ノ尅恙ナク荒尾大和宅へ参着ス(『竹島考』하, p.189); 鳥府表江唐人被召船頭黒兵衛始水主召連 勝房後見藤兵衛出府唐人道中為警固 御組士加納郷右衛門様尾関忠兵衛様右御両所御出府(『竹島渡海由來記拔書控』하, p.56).

26 今夕子下刻, 米子より宿送ニて, 朝鮮人今朝米子發足, 明日爰元江到着申由, 注進有之事(『控帳』, p.119). 朝鮮人今晩米子より参着. 今夕ハ大和所ニ一宿, 明日會所江参申事(『控帳』, p.121).

2일에는 조선인을 정회소로 옮기기 전에 가로 式部·将監·日向 ^{시키 부 쇼우 젠 휴우 가} 등
이 황미대화 댁을 방문하고,[27] 5일에는 번주의 동생 辰之助君 ^{타쓰노스케노키미}가 정회
소에 들린다.[28] 이 기록만으로는 대곡가가 조선인을 조취번에 어떻게
인계하고 조취번이 어떻게 인수받았는지를 알 수 없다. 회선상인, 즉
민간인이 억류했던 이국인을 관에 양도하면서 아무런 절차가 없는 경
우는 있을 수 없다. 공무로 번잡했다면 약식의 절차라도 있어야 했다.

그것은 조취번이 장기봉행소에서 조선인을 대마번에 양도하는 것
으로 일 수 있는 일이다. 안용복을 호송한 조취번의 일행 90여인이 6월
30일에 장기에 도착하자, 7월 1일에 장기봉행소에 봉행 川口攝津守 ^{카와구치세쓰노카미}
宗恒 ^{무네쓰네}와 山岡對馬守景助 ^{야마오카쓰시마노카미카게스케}가 열좌하고 대마번 장기 留守居 浜田源兵 ^{루 스 이 하마 다 젠 베}
衛 ^에가 통사 加勢藤五郎 ^{카 세 토우 고 로우}·大浦格兵衛 ^{오오우라카쿠 베 에} 등과 조취번의 사자 山田兵左衛 ^{야마 다 헤이 자 에}
門 ^몬과 平井甚右衛門 ^{히라이 진 에 몬} 등이 열석한 가운데,[29] 조취번이 조선인을 대마번
에 양도했다. 그때 장기봉행소는 조선인을 심문한 후에, 조취번이 제
출한 구상서와 비교 검토하여 제출힐 것을 대마번의 빈전에게 지시했
다.[30] 인계인수에 일정한 절차의례가 있었다는 것을 알 수 있다.

대마번이 조선에 이송한 안용복과 박어둔을 12월 10일에 동래부에
양도할 때도 마찬가지였다. 조선 측에서는 동래부사와 접위관 등이 열
좌하고 대마번 측에서는 사자 多田与左衛門 ^{타 다 요 자 에 몬} 등 16인이 참석한 가운
데 대마번의 浜田源兵衛 ^{하마 다 젠 베 에} 등이 안용복과 박어둔을 끌고 나왔다. 그러
자 동래부의 박동지와 김판사가 대마번 측에 예를 표하고, 안용복과

---

27 朝鮮人今晩会所江參, 其前式部·将監·日向同道ニて, 大和宅江參逢申事(『控帳』,
　　p.123).
28 五日, 辰之助君, 朝鮮人ノ見物爲, 町會所へ被爲入(『岡嶋正義古文書』, p.120).
29 『안용복과 원록각서』, p.140.
30 因幡ニ而之口上書与相違無之様ニ与之御事ニ而少々文句御改被成請書いたし明
　　日差上候様(『竹嶋紀事綜合編』상, p.37).

박어둔을 인수 받아 포박했다.[31]

이런 것으로 보아 조취번의 가로 황미대화 댁에서도 대곡가가 인솔하고 온 두 조선인의 인계인수가 이루어진 것으로 보아야 한다. 그런 절차가 없으면 책임의 소재가 불분명 해진다. 또 강호번저는 그런 경우를 대비해서 5월 13일에 소곡이병위를 파견했다. 조취번으로 호송된 안용복과 박어둔은 6월 1일은 대화 댁에서 숙박하고 다음 2일에 정회소로 옮겼다. 그런데 6월 1일의 조선인을 대곡가와 조취번 어느 쪽이 관리했는지를 알 수 없다. 그러나 『어용인일기』가 「조선인을 대화 댁에서 引取하고, 다음 날부터 회소에 머물게 했다」라고 조취번의 가로가 「인취」한 것으로 했다.[32] 「인취」는 대곡가가 둘을 조취번에 건네는 「引渡」를 전제로 하기 때문에, 조선인을 조취번의 가로 황미대화 댁에 호송한 대곡가 측이 형식과 절차에 따라 조취번 측에 양도한 것으로 볼 수 있다. 그런데 2일에 조취번의 가로 3인이 대화 댁을 방문했다는 것을 생각하면 1일은 대곡가와 대화 댁이 같이 관리하고, 2일에 정식으로 인계인수가 이루어진 것으로 볼 수도 있다.

어쨌든 인계인수가 이루어졌다면 그 자리에는 대곡가 측의 대옥등병위·흑병위와 여타 선원들과 미자성 측의 관계자들이 참석하고, 조취번 측에서는 황미대화를 비롯한 가로들과 번저가 파견한 소곡이병위 등이 참가한 것으로 볼 수 있다. 2일에 이루어졌다면 식부·장감·일향과 같은 가신들이 추가된다.

---

31 竹嶋江罷越候漁民二人召連候警固として橫目改濱田源左衛門也代官樋口太郎兵衛相附罷出候處馳走訳朴同知金判事両人此方警固二人江致挨拶彼方之者大勢召出し右漁民二人為請取之則縄掛候躰ニ相見候(『竹嶋紀事綜合編』상, p.102).

32 朝鮮人自米子荒尾大和宅江引取, 翌日より会所差置, 去る七日御国発足由兼て被仰付(『御用人日記』, p.121).

그런데 인계인수에 참가한 자들 중에서 대곡가 사람들을 제외하면, 안용복이 4월 20일과 28일에 은기번소와 대곡가에서 진술한 내용, 즉 죽도가 조선의 영지라는 「조선인구상서」의 내용을 인지한 사람들이다. 그리고 조취번과 막부가 안용복의 주장을 부정하지 않거나 회의를 표하지 않는 방법으로 동의 내지 묵인하고 있다는 사실도 알고 있었다.

강호번저가 5월 9일에 접수한 「조선인 구상서」 등을 10일에 막부에 제출했으므로, 13일에 번저를 떠난 소곡도 인지한 것으로 볼 수 있다. 번저가 그 내용에 언제 동의 내지 묵인하기로 했는지는 알 수 없으나 13일 이후라 해도 비각이 출발하는 16일 이전으로 볼 수 있다. 소곡과 비각이 조취에 도착한 날이 달랐다 해도 둘이 대면하는 기회가 있었을 것이므로, 번저의 13일 이후의 인식은 소곡도 확인할 수 있었다. 번저가 죽도의 영유를 부정한 것이 22일이지만, 비각이 조취에 도착한 26일부터 조선인의 장기 이송을 준비한 것으로 보아, 비각은 죽도의 영유를 부정하는 번저의 인식을 인지하고 강호를 출발한 것으로 볼 수 있다.

번저가 죽도의 영유를 부정하는 답을 제출하는 일은 안용복의 주장을 부정하지 않는 방법으로 동조하는 일이었으나, 그것이 국원의 인식에 근거하는 보고로 볼 수 있는 기록은 없다. 비각을 보낸다 해도 10일 정도 걸리기 때문에, 5월 13일에 대곡가 3인을 심문한 결과를 번저에 즉시 보고한다 해도 22일 이전에 도달한 것으로 단정할 수는 없다. 그런데도 번저가 22일에 죽도의 영유를 부정하는 보고서를 막부에 제출한 것을 보면 국원 조취번과 무관하게 인식이 변하는 계기가 있었다는 것이다. 5월 9일에 접수한 「조선인구상서」를 보고 회의를 품어, 막부에 보고한 후에, 죽도가 조선의 영지라는 사실을 자체적으로 확인하는 기회가 있었기 때문에 그런 보고를 한 것이다.

결국 6월 1일 밤에 황미대화 댁에 모인 사람 중에서 대곡가 사람들을 제외하면 모두가 안용복의 주장을 부정하지 않는 자들이었다. 그래서 안용복은 자신의 주장을 인정하는 참석자들에게 감사를 표할 수 있었고, 조취번 측은 납치의 과오를 인정하며 사과했을 수 있다.

여기서 생각해야 할 것은 강호번저가 파견한 소곡이병위의 입장과 역할이다. 그는 대곡가에 억류중인 조선인을 양도받아 장기봉행소로 이송하는 역할 수행하면 번저로 귀환해서 그간의 일들을 보고해야 하기 때문에, 대곡가와 촌천가의 죽도 인식은 물론 여타 정보도 조사해서 정리해야 했다. 그런 소곡에게 조취번에서 대면하는 안용복은 둘도 없이 귀한 참고인이었다.

소곡이 『죽도지서부』만이 아니라 회도 5점까지 작성한 것을 보면 자료와 정보 수집에 충실했다는 것을 알 수 있다. 그것들은 1692년에서 1696년 사이에 정리된 것으로 추정하지만[33] 중요한 자료의 수집은 소곡이 조취에 머무는 동안에 이루어진 것으로 볼 수 있다. 소곡이 막부의 호출을 받고 6월 28일에 참부한 것을 보면, 1693년 5월 13일부터 6월 28일 이전의 시기에 자료와 정보를 수집했다는 것이 된다. 막부가 일본인의 죽도도해를 금하는 1696년 1월 28일보다 3일 전인 25일에 「죽도지서부」를 확인한 것을 보면, 막부와 조취번이 소곡을 신뢰하고 있었다는 것을 알 수 있다.

대곡가 사람들은 5월 12일에 조취에 소환되어 심문 받으며, 조취번이 「조선인구상서」의 내용을 부정하지 않는다는 것을 알았다. 그런 상

---

33 鳥取県立博物館편 『鳥取藩政資料』, p.43

황에서 자금을 융자받고 있는 대곡가가 조취번의 죽도 인식을 정면으로 부정하는 것은 어려운 일이다. 실제로 조취번은 대곡가가 조선인을 납치한 후에는 자금의 융자를 불허한다.[34] 죽도가 조선의 영지라는 안용복의 주장을 접한 이후의 변화였다.

「조선인구상서」를 본 이후의 조취번은 납치된 조선인을 월경의 죄인으로 보지 않았다. 오히려 그들을 연행한 대곡가가 범월의 죄를 범하는 것으로 인식하게 되었다. 그래서 조취번은 안용복과 박어둔을 후대하는데, 그런 후대는 장기로 호송하는 과정에서 절정을 이룬다.

(5) 강호행과 관백의 서계

안용복은 1696년 9월에 비변사에서, 납치되었던 1693년에 울릉도가 조선의 영지라고 주장하여 관백이 그것을 인정하는 서계를 받았으나 대마번에 탈취 당한 것으로 진술했다.[35] 서계를 받은 곳이 분명하지 않았으나 남구만은 강호에서 받은 것이라 했고,[36] 대마번은 조취나 장기를 혼동한 것이라 했다. 그런데 안용복을 납치하여 구금했던 대곡가는 강호에 송환되어 심문 받은 다음에 서계와 물품 등을 받은 후에 송환된 것으로 기록했다.[37] 남구만과 같은 주장이나 대곡가가 조선인을 6월 1일이나 2일에 조취번에 양도하고, 조취번이 7일에 장기로 이송했다

---

34 米子大屋・村川, 来春例年之通竹嶋渡海仕候ハヽ, 拝借奉願候. 若去年之通朝鮮人居申候ハヽ, 如何様ニ可仕哉と願申ニ付, 返答, 拝借之儀は度々之儀故不被仰付候(『控帳』, p.150).

35 頃年吾入来此處, 以鬱陵, 子山等島, 定以朝鮮地界, 至有關白書契 (중략) 而對馬島主奪取書契(『肅宗實錄』肅宗22년9월25일).

36 乃反拘執我人, 轉到江戸, 幸蒙貴國大君, 明察事情, 優加資遣, 此可見交隣之情(『肅宗實錄』肅宗20년月8日14일).

37 則鳥府表御吟味之上 唐人江府ヘ御引渡 則江戸表御穿鑿 相済順々御贈帰卜成ル(『竹島渡海由來記抜書控』하, p.56).

는 기록에 근거하면 조취에서 받은 것으로 볼 수도 있다. 또 그것이 안용복의 진술과도 부합한다. 그런 면에서 대곡가가 조선인을 황미대화 댁에 양도하는 상황은 중시되어야 한다.

6월 1일이나 2일에 황미대화 댁에서 이루어진 것으로 볼 수 있는 조선인의 인계인수에 참가한 사람들은 일단 안용복의 영토인식을 조취번과 막부가 부정하지 않는다는 사실을 알고 있었다. 그래서 죽도의 영유를 둘러싼 논쟁은 있을 수 없는 상황이었다. 오히려 조취번 측이 납치의 과오를 인정하며 사과하고, 안용복이 그것에 감사했을 수 있다. 그런 상황에서 송환되는 안용복의 안전을 보장한다는 의미에서나 일본 내의 통행을 보장할 목적에서 안용복의 주장을 인정하는 서계를 작성해 주는 경우는 있을 수 있는 일이다.

조선인을 장기로 이송하라는 번저의 연락을 5월 26일에 받은 조취번의 가로들이 즉시 將監 댁에서 임시회의를 열고 山田平左衛門과 平井甚右衛門을 사자로 정하고 내외과에 능한 竹間玄碩 등이 포함되는 90인의 호송단이 육로로 장기에 이동할 것을 정한다. 그리고 사전 작업을 위해 장기의 下見助右衛門에게 경비까지 보냈다. 29일에는 장기 이송시의 수칙 등을 정하고, 미자에서 송환된 조선인을 심문하여 진상을 파악할 것을 지시했다. 그리고도 6월 5일에 두 사자에게 장기봉행에게 전하는 서류를 건네며 지켜야 하는 수칙 등을 다시 상의하고 확인했다.[38] 조선인의 이송에 얼마나 많은 신경을 쓰는가를 알 수 있는 준비였다. 장기로 출발하는 7일에는 90인의 호송단이 둘을 가마에 태우고[39] 부채질까지 했다.

---

38 權五曄편주『控帳』, pp.18~22.
39 護送之御使者 (중략) 惣人数九拾余人相附尤朝鮮人駕籠にて被相送候(『竹嶋紀事綜合編』상, p.36).

호송단의 규모를 『어용인일기』는 사자 둘과 의사 1인 足經^{아시카루} 8명으로
기록했고, 박병섭은 그것을 근거로 16명의 일행으로 보기도 했다.⁴⁰ 그
러나 90인이 호송했다는 기록은 조취번이 장기봉행소에 제출한 구상
서를 대마번 측이 검토까지 한 내용이기 때문에 신뢰해야 한다.

조취번은 장기봉행소에 제출할 서류 5통과 이송 중에 유념해야 하
는 조목 등을 기록하여 사자에게 건넸고, 6월 7일에 일행의 출발을 강
호번저 보고할 때는 5월 21일에 죽도에 관한 막부의 질문에 답하며 불
확실한 것은 조취번에 물어서 답하겠다고 약속한 내용, 그래서 조취번
이 조사하여 정리한 죽도의 지리적 사실과 대마번주가 강호번저에 보
낸 서계의 사본도 첨부했다.

그러면서 조취번은 그것들을 이미 장기로 떠난 일행에게도 비각까
지 파견하여 전달했다. 장기봉행소의 질문에 대비한 준비라 했다.⁴¹ 조
취번의 조선인에 대한 빈틈 없는 배려였다. 그런 배려는 식사를 통해
서도 확인된다. 일반적인 식사가 「1즙 3체」인데,⁴² 안용복과 박어둔에
게는 1즙 7,8체의 식사를 대접했다.⁴³ 그처럼 안용복을 배려하는 조취
번이었기 때문에, 안용복의 주장을 인정하는 서계를 작성해주는 경우
는 있을 수 있다. 그런 조취번의 배려를 대마번은

因藩城府^{이나 바 죠우 후}에 갔을 때, 정중하게 대접을 하고, 또 장기로 보내는 도

---

40 朴炳涉『안용복 사건에 대한 검증』, 한국해양수산개발원, 2007, p.32.

41 且又山田兵左衛門·平井甚右衛門へも道中迄, 右之書付御奉書之写, 宗對馬殿よ
り荒尾内匠へ御状之写等, 右両人へ逢次第二参候樣二と飛脚遺候事. 自然長崎
二て御奉行衆御尋候節之ため也(『控帳』, p.133).

42 田代和生『倭館』, 文藝春秋, 2003, p.177.

43 御馳走被仰付候膳部一汁七八菜程宛二而御座候両人共二乗物二而長崎迄罷通候
(『竹嶋紀事綜合編』상, p.65).

중에는, 가마를 태우고, 또 금은을 주고, 좌우에서 부채질을 한 것 등은, 일본의 국풍에 의한 일이다. 아주 중요한 수인일수록 그러한 취급을 한다. 잘못하여 식중독에 걸리거나, 또는 상처를 입거나, 또는 그 죄의 연원 등을 생각하고 자해 등을 하면, 인번성주가 장군한테 처벌받기 때문이다. 그렇기 때문에 잘 대접하여, 죄인의 마음을 걱정하여, 별 탈이 없게 할 생각에서, 그들이 안심할 수 있게 취급한 것이다.[44]

중요한 죄인이기 때문에 가마에 태우고 금은을 주고 좌우에서 부채질을 하는 호의를 보인 것이라 했다. 그러나 그런 조취번의 호의가 죽도가 조선의 영지라는 안용복의 주장을 조취번과 막부가 같이 인식한 후에 베풀어졌기 때문에, 막부의 의사에 반하는 일이 아니었다.

안용복의 이송에 만전을 기하는 조취번이 조선으로 송환된 후의 안전을 위해, 안용복의 영토인식을 인정하는 서계, 안용복이 비변사에서 언급한 관백의 서계에 상당하는 문서를 작성해주는 일은 있을 수 있다. 안용복을 호송하는 일행은 조취번 이외의 영역의 통과를 보장받을 수 있는 증서도 소지해야 했다. 장기봉행소에서 조선인을 양도받은 대마번의 사자가 귀환하는 1693년 8월 14일에 장기봉행소가 발부한 통행증을 받고 출발한 사실로도 알 수 있는 일이다.[45]

---

44 因幡之城府江参候時分丁寧二致馳走或ハ長崎江送遣候道中二而駕籠二乗せ金銀を與ヘ左右よりあふき抔仕候ハ日本之国風二而至而大切成囚人程ケ様二仕事二候或ハ食傷或ハ怪我或ハ其罪之源を考自害等仕候而者因幡之城主従公儀之御咎を被蒙事二候故随分致馳走彼囚人之心を安シ無別條様二存入致安堵候様二与(『竹嶋紀事綜合編』하, p.69).

45 朝鮮国慶尚道之内東萊之郡釜山浦之者壱人蔚山之者壱人當三月竹嶋与申所江罷渡候付右弐人之朝鮮人宗對馬守方家来江相渡之警固船を為乗對州江差越朝鮮国江送戻候間浦々相違有之間敷候(『竹嶋紀事綜合編』상, p.57).

그럴 경우 조취번의 증서보다는 영주들의 권한을 초월하는 막부의 증서가 효과적이다. 그런 필요에 의해 조취번과 번저가 파견한 소곡이 병위 등이 협의하여 안용복의 인식을 인정하는 증서나 각지의 통행을 보장하는 증서를 작성해 주는 일은 있을 수 있다. 조선인의 납치와 송환이 조선인의 과오가 아니라 대곡가 어민들의 범법을 원인으로 하기 때문에 안용복의 인식을 인정하는 서계를 작성해 주는 것은, 조취번의 책무라고도 할 수 있는 일이었다.

그런 필요에 의해 조취번이 작성해준 서계를 안용복이 관백의 뜻에 근거하는 서계로 오인했을 수 있다. 황미대화 댁에서 소곡을 본 안용복은 그를 강호번저가 아닌 강호막부가 파견한 사자, 즉 관백의 사자로 오인했을 수 있었다. 일본어 소통이 가능한 안용복이라 해도 일본의 행정체제까지 모두 이해한다는 것은 불가능한 일이기 때문에, 강호번저가 파견한 소곡을 관백이 파견한 사자로 오인하는 것은 이국인의 한계라 할 수도 있다. 그래서 조취번의 가로들과 소곡이 협의하여 막부의 뜻에 어긋나지 않는 「죽도는 조선의 울릉도」라는 안용복의 인식에 합치하는 서계를 작성해 준 것을 관백의 서계로 오인하고 진술하는 경우는 얼마든지 있을 수 있는 일이다.

3. 송환 후의 안용복

납치된 안용복과 박어둔이 1693년 12월 10일에 동래부에 양도 된다. 약 8개월 만에 송환된 안용복은 막부의 뜻을 왜곡하는 방법으로 울릉도를 침탈하려는 대마번의 비리를 알리려 했으나 만나주는 관리가 없었다. 접위관 홍중하는 대마번을 신뢰한다며 안용복을 만나지 않았다.[46] 그리고 죽도는 일본령이고 울릉도는 조선령이라는 국서를 건넸다.[47] 일본이 울릉도의 영유를 주장하는 정당성을 줄 수도 있는 국서였다.

납치된 안용복은 은기번소에서 죽도가 조선의 영지라고 진술한 이래 송환될 때까지 뜻을 바꾸지 않았다. 그리고 조취번과 막부가 자신의 주장을 부정하지 않는다는 것도 알았다. 실제로 막부는 5월 10일에 「조선인구상서」를 확인하자 13일에 대마번의 가로를 불러, 향후로는 조선인들이 죽도에 출어하는 것을 금지시켜줄 것을 요구하라 했고,[48] 장기봉행소도 그런 막부의 뜻을 대마번에 전했다.[49] 그런데도 대마번은 조선의 어민들이 「본국의 죽도」에서 어렵하는 것을 금지시켜달라는 내용의 서계를 조선에 보낸다.[50] 막부가 제기하라는 어렵문제를 영토문제로 왜곡한 것이다.

안용복과 박어둔은 7월 1일부터 대마번 장기 留守居루스이에 억류되었다 9월 3일부터는 4인이 감시하는 대마번의 使者屋시샤야에 억류된다.[51] 그리고 10월 22일에 대마번의 사자 多田与左衛門타다요자에몬(橘眞重햇바나마사시게)과 같이 대마도를 떠나 11월 2일부터는 초량왜관에 억류되었다 12월 10일에 동래부에 양

---

46 對馬被仰渡候上ハ彼者共吟味仕ニ不及候とて其通ニ而被召置候(『竹嶋紀事綜合編』상, p.127).

47 弊境之蔚陵島亦以遼遠之故切不許任意往来況其外乎今此漁船敢入貴界竹島致煩(『竹嶋紀事綜合編』상, p.145).

48 可申参候間向後弥不参候様ニ堅朝鮮表江被仰遣候様ニ御国元江被申越候様ニ与相模守申候(『竹嶋紀事綜合編』상, p.20).

49 朝鮮人其許江差遣向後竹嶋江渡海不仕候様可被仰付之由從拙者共可相達旨從御老中被仰下候(『竹嶋紀事綜合編』상, p.55).

50 茲告貴域瀕海漁氓比年行舟於本國竹島竊爲漁採極是不可到之地也 以故土官詳論國禁固告(『竹嶋紀事綜合編』상, p.71).

51 朝鮮人宿御使者屋江被仰付宿番御徒士四人組之者四人被仰付朝鮮人門外江出入不仕様申渡(『竹嶋紀事綜合編』상, p.58).

도된다. 그 동안 대마번이 둘의 억류했으나 왜인들과의 접촉이 단절된 것은 아니었기 때문에 대마번이 막부의 뜻을 왜곡하는 비리를 범한다는 정보를 접할 수 있었다. 그렇게 확보한 정보를 제공하려 했으나 조선의 관리들은 만나주지 않았다. 그리고 울릉도는 조선령이고 죽도는 일본령이라는 무모하기 그지없는 국서를 대마번에 건네고 만다.

다행히 1694년 5월의 갑술환국으로 조선의 정권이 바뀌고, 대마번은 국서에 죽도만 남기고 울릉도는 삭제해 줄 것을 요구하며 사자를 다시 파견했다. 새로 정권을 책임진 남구만 세력은 그런 대마번의 의도를 간파했다. 신임 접위관 유집일은 8월 3일에 동래부에 도착하여 9일에 대마번의 사자를 만나 대담을 했으나 합의에 이르지 못했다. 그러자 11일에 동래부의 역관 박첨지가 다전을 방문하여 조선이 대마번을 불신한다는 사실을 전제하고, 죽도가 조선의 영지라는 것을 막부에 직접 보고하면 막부가 일본인의 통행을 금지시킬 것이라는 말을 했다.[52] 그것은 납치된 안용복이 일본의 각지에서 진술했던 것과 유사한 내용으로, 유집일이 9일과 11일 사이에 안용복을 만나 대마번에 관한 정보를 얻었기 때문에 보일 수 있는 태도의 변화였다.

그러자 대마번의 사자가 실색하며 굴복했다.[53] 8월 19일에 박동지와 박첨지가 왜관을 방문하여 1월 15일에 건넸던 국서의 반환을 요구했으나 대마번의 사자는 21일에 울릉도를 삭제한 국서를 확인한 후에 반환하겠다는 답을 했다. 25일에도 새로운 국서를 받아야 국서를 반환할 수 있다는 주장을 하다 결국에는 반환한다.[54] 남구만 정권이 안용복이

52 我国之嶋之證拠を書立東武江差上候者御誠信を以重而竹嶋ニ日本之通路御止被成間敷事ニ而無(『竹嶋紀事綜合編』상, p.264).
53 喝倭差曰, 我國將移書于日本, 備言侵責龍福等之狀, 諸島安得無事. 倭差相顧失色, 始自折服(『肅宗實錄』肅宗20년8월14일).

제공한 정보에 근거해서 외교적 우위를 확보한 것이다. 그러자 조선은 9월 12일에 울진현에 속하는 울릉도에 대가 많기 때문에 죽도로도 칭한다는 사실을 밝히고 조선인을 납치하는 것과 같은 일본의 무례를 열거한 다음에

> 동무에 전보하여, 귀국해변의 사람들에게 엄히 명령하여, 울릉도에 왕래하는 것을, 금후로 허가하지 않도록 하여주었으면 한다.[55]

일본인의 울릉도 도해를 금지시킬 것을 막부에 요구하라는 국서를 건넨다. 예조참판 이여의 명으로 된 국서였으나 남구만 세력의 의사에 근거하는 것으로, 안용복이 1693년에 은기번소에서 주장한 영토인식과 같은 요구라 할 수 있다.

그리고 10월에는 남구만이 유집일의 정보에 근거하는 하는 듯한 정책, 즉 대마번을 제외하는 외교노선의 구축하려 한다는 풍문이 왜관에 유포되었다.[56] 남구만은 유집일을 접위관으로 추천한 것만이 아니라 장한성에게 울릉도 탐사를 실행하게 했다.[57] 그것이 유집일이 안용복

---

54 八月十九日朴同知朴僉知入館都船主方江罷出申聞候 (중략) 今度之書簡并去年之返翰請取 (중략) 御書簡并去年此方より之返簡壱度ニ請取 (중략) 同月廿一日朴同知朴僉知入館裁判方江罷出候 (중략) 同月廿五日 (중략) 當春之返簡認直シ候間此方江御返し被成候様ニ与被申候付 (중략) 拙子心ニ合点仕候時取替可進候依之其節迄ハ可控置候 (중략) 以當春請取候候参判参議東莱釜山之返簡両判事江相渡ス(『竹嶋紀事綜合編』상, pp.278~289).

55 我國海邊漁氓住于其島而不意貴國之人自為犯越與之相値乃反拘執二氓轉到江戸 (중략) 我氓漁採之地本是蔚陵島而以其産竹或稱竹島此乃一島而二名也(『竹嶋紀事綜合編』상, p.311).

56 蔚珍縣より直ニ船を渡今度之一件之様子使者中途ニ而相障返簡差留不請取候段其外御国之御難儀ニ罷成申儀共書載書簡相認因幡伯耆之国主を頼 東武江差出シ可申心ニ入ニ而も可有御座候(『竹嶋紀事綜合編』상, p.407).

57 請擇三陟僉使, 遣于島中, 察其形勢, 或募民以居之, 或設鎮以守之, 可備旁伺之患

을 만난 1개월 후의 일이라는 것을 생각하면, 탐사단에 안용복이 합류했을 경우도 상정할 수 있다.

어찌 됐든 안용복은 2년 형기가 끝난 것으로 볼 수 있는 1696년 3월에 11인의 일행을 구성하여 울산을 떠나더니 6월에 조취번을 방문하여 대마번의 비리를 막부에 고발한다. 그런데 조취번을 방문한 안용복의 언행이 남구만이 「대마번이 막부의 뜻을 왜곡하는 것은 외교노선이 대마번에 한정된 결과라며 새로운 노선, 즉 대마번을 제외하는 외교노선의 신축해야 한다」고 공언했던 외교정책과 일치한다. 그래서 안용복을 남구만의 밀사로 보는 것이다.[58]

4. 1696년의 안용복

(1) 은기의 안용복

안용복이 2년형을 다 복역했는지, 아니면 대마번의 비리를 제공한 공을 인정받아 장한상의 울릉도 탐방단에 합류하는 것과 같은 활동을 했는지는 알 수 없다. 그러나 1696년의 안용복의 활동이 1694년에 남구만이 공언한 외교정책과 합치하는 것으로 보아, 남구만의 명으로 이루어진 울릉도의 탐방에 합류했을 가능성은 많다.

안용복이 복역을 했다 해도 2년 형이 만료되었을 1696년 3월에 남구만으로 추정되는 「대장」의 명령을 받고 일행 11인을 구성하여 3월에

也. 上許之(『肅宗實錄』肅宗20년8월14일); 和館㕦罷越候商人共咄申候者安同知儀用事被申付外㐀地頭壱人相添船弐艘㐀而欝陵嶋㕦被差越(『竹嶋紀事綜合編』상, p.406; 유미림『우리사료 속의 울릉도와 독도』, 지식산업사, 2013, p.52·359).

58 權五曄「南九萬의 密使 安龍福」, p.450.

울릉도에 도해한다.[59] 그리고 일본에 도해할 수 있는 구실을 찾기 위해 머물다 울릉도에 나타난 대곡가 어선들을 고발하기 위해 5월 15일에 죽도를 떠나 송도에서 1박하고, 16일에 그곳의 일본인을 추격하다 은기도에 표착한다.

안용복은 뇌헌 김가과와 같이 은기번소를 방문하여, 조취번를 향하던 도중에 표착한 사실을 설명하고 생필품의 원조를 부탁했다. 이후 일행은 赤崎에 도해하는 6월 4일까지 은기번소의 대관들과 교류하며 지낸다. 은기번소는 5월 20일부터 23일까지 일행과 교류하며 얻은 정보를 정리하여 西鄕代官所를 거쳐 石見代官所에 보고했다. 그것이 6월 2일에 조취번에 전달된 것으로 보아[60] 막부에도 보고된 것으로 볼 수 있다.

뇌헌·김가과와 같이 번소를 방문한 안용복은 통정대부라는 신분의 호패를 제시하고[61] 조선팔도지도를 보이며 죽도와 송도가 조선령이라는 사실을 설명했다. 그리고 소송을 위해 조취번을 방문한다는 사실을 밝히고 식량의 지원을 요청했으며,[62] 귀선해서는 전복을 보내는 예를 취했다.[63] 은기번소는 1693년에 동행한 박어둔의 근황을 물을 정도로

---

59 吾受大將令, 監稅入鬱陵, 目見貴州人犯境者, 當拘上大將, 依律定刑, 於境上(崔英成「安龍福의 제2차 渡日의 성격에 관한 고찰」『독도연구』제26집, 영남대학교독도연구소, 2019.6, p.101; 元重擧『和國志』安龍福傳, 소명출판사. 2006, p.457).

60 伯耆国江願之儀有之渡海仕旨申付て, 右両人より飛脚を以, 右之趣今月二日国元家来迄申越候(『御用人日記』, p.161).

61 腰ニ札ヲ壱ツ着ケ申候. 表ニ通政太夫, 安龍福, 年甲午年, 表ニ住東萊, 印彫入(『元祿覺書』, p.96).

62 安龍福雷憲金可果三人江在番人立会之時, 朝鮮八道之圖ヲ八枚ニシテ所持仕候ヲ(p.129)竹ノ嶋と申朝鮮国江原道東莱府ノ内ニ鬱陵嶋と申嶋御座候是ヲ竹ノ嶋と由申候(p.156)松嶋ハ右同道之内子山ト申嶋御座候(p.163)取鳥伯耆守様へ訴訟在之参候と之申方ニ而候間, 飯米等致用意可被参事と申候得者(『元祿覺書』, p.212).

63 三人江在番人対談終リ舟江 三人共ニ帰リ其後ニ書簡ヲ差出シ干鮑六包(『元祿

안용복을 기억하고 있었다.[64] 그것은 안용복이 3년 전에 「죽도가 조선의 영지」라고 주장했던 일을 기억하고 있었다는 것이다. 번소는 일행에 승려들이 포함된 이유와 소송의 이유도 물었으나 소송의 내용은 조취번에 말하겠다며 답하지 않았다.[65] 22일에는 번소의 협조를 받아 상륙하여 조취번에 제출할 문서를 형식에 맞게 정리했다.[66] 식량의 계획이 없었느냐는 번소의 지적에는 조취로 직행하는데 필요한 것만 준비한 것으로 설명했다.[67] 계획대로 직행했으면 그대로 제출했을 문서를 형식에 맞게 정리한 것이다.

은기번소는 일행과 교류하며 관찰한 내용을 석견에 보고하면서,[68] 안용복 일행이 제출한 서류를 기록한 목록도 첨부했는데,[69] 그것에 의하면 일행은 은기번소와 3일에 9통의 서간을 교환했다.[70] 안용복은 문서를 작성하는 자리에 빠지는 일이 없어, 안용복이 문자생활에 익숙하다는 것을 알 수 있다. 일행의 「유우카이」가 한자명을 기록하지 않고 말석에 자리하는 것을 근거로 하급으로 추정한 것으로 보아,[71] 번소는

覺書』, p.208).

64 安龍福ととらべ弌人四年已前酉夏竹嶋ニ而伯州之舟ニ被連まいり候其とらべも此度召連参竹嶋ニ残置(『元祿覺書』, p.186).

65 伯州へ参委細可申上由重而ハ其間者無用ニ可仕由書付出申候則指上ケ申候(『元祿覺書』, p.220).

66 廿一日舟ヲモ證懸リ申候書簡今度之訴訟一巻と被為長々と仕たる下書ヲ致シ本書をも證懸リ候へとも廿二日陸へ上り相談仕かへ申候様ニ相見へ申候併前之書付ニ而始終大躰わけ聞へ申候 (『元祿覺書』, p.229).

67 其方義取鳥伯耆守様へ訴訟在之参候と之申方ニ而候間, 飯米等致用意可被参事と申候得者, 不審尤成義ニ候竹嶋十五日ニ出候得者, 其侭日本之地へ着等申候. 日本之地ニ而ハ御如在無之と存右之通ニ候与申候(『元祿覺書』, p.212).

68 石州へ為右注進松岡弥次右衛門渡海申付候ニ付廿二日弥次右衛門呼戻シ(『元祿覺書』, p.240).

69 右此度朝鮮人一巻之書付并朝鮮人出候奉書目録ニ記之弥次右衛門持参仕候(『元祿覺書』, p.244).

70 權五曄「元祿九丙子年朝鮮舟着岸一巻之覺書와 安龍福」, 『日本語文學』第39輯, 日本語文學會, 2008, p.428.

일행의 문자 능력에 관심을 가지고 관찰했다는 것을 알 수 있다. 그런 번소가 일행을 대표하는 안용복의 문자 능력에 의문을 표하지 않았다는 것은 안용복의 문자능력에 이상이 없었다는 것이다.

『장생죽도기』에 의하면, 불명의 시기에 은기를 방문한 안용복과 박어둔이 하늘에 9배하고 주민들에게 3배하더니, 둘이 섬을 떠날 때는 주민들이 흘리는 홍루가 소매를 적셨다. 은기도 주민들과 안용복이 긴밀한 관계였다는 것을 엿볼 수 있는 기록이다.[72] 안용복은 기록보다 더 많이 은기도에 왕래하며 주민들에게 이익을 주었던 것 같다.

(2) 청곡 전념사의 안용복

안용복 일행의 은기도에서의 언행은 은기번소가 석견대관소에 보고하는 1696년 5월 23일을 끝으로 한다. 그리고 6월 4일에 적기에 나타난 안용복이 삿대를 휘두르며 화를 내는 것으로,[73] 조취번에서의 활동이 시작된다. 조취번은 은기번소가 석관대관소를 통해 막부에 제출한 보고서를 6월 2일에 접수했다. 그런데 은기번소가 석견대관소에 보고서를 제출했다는 것은, 안용복 일행도 은기를 떠나 조취로 향할 수 있었다는 것인데, 6월 4일에야 적기에 나타났다는 것은 은기번소가 안용복 일행의 톳토리 방문에 협조하지 않았다는 것이다. 안용복이 훗날 비변사에서 분을 참지 못하여 도해했다고 진술할 만한 일이었다.[74]

안용복 일행이 적기를 떠나 조취번으로 향하는데, 조취번의 山崎主 ^{야마사키 슈}

---

71 ユウカイ 此字相尋得共書不申候下々歟. 毎度末座ニ居申候(『元祿覺書』p.256).

72 權赫晟·大西俊輝편역주 『長生竹島記』, 제이앤씨, 2016, p.281.

73 因幡ニ参り候ニ及不申候由申聞候得共致立腹水竿ニ而此方之者を打倒し(『竹嶋紀事綜合編』하, p.236).

74 則謂當轉報伯耆州, 而久不聞消息. 渠不勝憤惋, 乘船直向伯耆州(『肅宗實錄』肅宗 22년 9월 25일).

馬가 일행을 靑谷의 專念寺에 안내하여 5일부터 머물게 했다.[75] 그리고 平井金左衛門을 보내 죽도의 건으로 왔는가를 물었으나 말이 통하지 않자 유학자 辻權允을 보내 필담하게 했다. 그러고도 방문의 목적을 알지 못했다.[76] 그것을 안용복의 한문 능력에 원인하는 것으로 말하는 자도 있으나[77] 그것은 안용복이 은기번소에서 조취번에 직접 설명하겠다고[78] 말한 사실을 간과한 단견이다.

평정과 십권윤이 안용복 일행의 방문 목적을 죽도 문제로 예단했는데, 그것은 6월 2일에 접수한 은기번소 보고서를 확인했다는 것을 의미한다. 전념사에 머무는 안용복의 언어와 문자 능력은 은기도에 머물 때와 다를 이유가 없다. 그런데도 말이 통하지 않아 도해의 목적을 몰랐고, 필담을 하고도 알지 못했다는 것은 사실에 근거하는 보고가 아니었다는 것을 의미한다. 안용복은 1693년에도 반복되는 심문에 응하여 죽도가 조선의 영지라고 주장하여 조취번과 막부가 동조내지 묵인했을 정도였다. 그런 안용복과 소통이 불가능했다는 것은 사실에 근거하는 보고가 아니라 그렇게 보고할 수 밖에 없는 특별한 사정이 있었다는 것이다.

실제로 조취번의 보고를 받은 강호번저의 吉田平馬는 막부에 호출되어, 그곳에서 만난 대마번 강호번저의 留守居 鈴木半兵衛에게 필

75 去五日御国より津進之脚力今朝到来仕付, 公義江先御聞役吉田平馬を以御届之御口上書 (p.156) 右之趣今月二日国元家来迄申越候. 同四日伯州赤崎と申浦辺江, 右朝鮮船着申候(『御用人日記』, p.161).

76 平井金左衛門ヲ被差遣カハ舩客ニ對シ竹島ノ義ニ付テ來舶セルヤト相尋ケルニ通詞無レバ仔細分明ナラズ之ニ依テ御儒者辻權允(後改晩庵)筆談仰付ラレ青谷ヘ罷向候テ舩長安同知 (중략) 李進士上同外ニ一人ヲ專念寺ヘ請シ對談ニ及ケルニサラバ竹島ノ一義ニ依テ使舶ヲ通ゼシ共明白セズ(『竹島考』하, p.287).

77 下條正男 『竹島は日韓どちらのものか』, 文藝春秋, 2004, p.67.

78 其方義取鳥伯耆守様ヘ訴訟在之参候と之申方ニ而候(『元祿覺書』, p.212).

담으로 모든 것을 이해한 것으로 설명했다. 대마번이 1693년에 조선인을 포박하고 냉대한 사실을 안용복이 비난한다는 사실도 일러주었다. 그러면서 막부에는 「필담을 하면 소송을 접수한 것이 되어 필담을 하지 않은」것으로 보고했다는 사실까지 일러주었다.[79] 조취번은 안용복 일행이 대마번의 비리를 고발하기 위해 방문한다는 사실은 물론 필담한 사실도 알고 있었다. 그러면서도 그런 일이 없었던 것으로 막부에 거짓으로 보고한 것이다. 그래서 그런지 『어용인일기』에는 필담의 기록이 없다. 단지 평정과 십권윤을 보냈으나 죽도의 건을 소송하러 온 것 같지는 않은 것으로 보고한 것으로 했을 뿐이다.[80]

(3) 조취번의 안용복

6월 12일부터 賀路의 東善寺에 체류시킨 안용복 일행을 조취번이 정회소로 옮기는 21일에는 2대의 가마와 9필의 전마로 일행 11인을 영접하고,[81] 식사를 전담하는 자까지 임명했다. 그때 안용복은 삼품당상신의 복장을 했고,[82] 조취번이 『使舠』으로 표기한 배에는 「朝欝兩島監稅長臣安同知騎」·「朝鮮國安同知乘舟」라는 선기를 걸었다.[83] 안용복이 5월 20일에 은기번소에 제시한 호패와[84] 부합하는 관직명이었다.

---

79 言葉通し不申候由申上候. 就夫加賀守樣御意被成候ハ筆談ニ而埒明可申儀候. 筆談者不仕候哉与被仰候付. 筆談を仕候而者訴詔之儀を受込候同前ニ御座候. 故筆談不仕候旨申上候. 兎角其元樣之儀何角与申候(『竹嶋紀事綜合編』하, p.236).

80 あんひんちゃん其外両人呼上ケ対談申樣子承候処, 差て竹島訴訟之樣にも不相聞候(『御用人日記』, p.169).

81 十一人ノ異客等ヲ鳥府ヘ御迎ヘニ相成, 傳馬九疋ヲ遣サル. 安同知李進士両人ハ乘輿ナリニシヤ(『岡嶋正義古文書』, p.151); 同廿一日傳馬九疋ヲ被遣 (중략) 逗留中ノ馳走ヲ羽原伝五兵衛ヘ〈裏判歟〉被命シ(『竹島考』하, p.290·292).

82 渠服靑帖裏, 着黑布笠, 穿皮鞋乘轎, 諸人竝乘馬(『肅宗實錄』肅宗22년9월25일).

83 『竹島考』下, p.304;『岡嶋正義古文書』, p.68·337.

84 午歲四十三. 冠ノヤウナル黑キ笠水精ノ緒 (중략) 腰ニ札ヲ壱ツ着ケ申候. 表ニ通政太夫, 安龍福, 年甲午年, 表ニ住東萊印彫入(『元祿覺書』, p.96).

그런 안용복 일행을 조취번이 신뢰했다. 그것은 3년전의 경험에 근거하는 신뢰이고 배려였다. 1693년 4월 28일에는 안용복과 박어둔을 납치한 대곡가 어민들의 요구대로 안용복의 처벌을 막부에 요구했었다. 그러나 그때 미자성의 황곡수리가 제출한 안용복의 구상서, 즉 죽도가 조선의 영지라는 구상서를 보고 의문을 느꼈는지, 5월 12일에는 죽도도해를 총괄하는 대옥등병위와 죽도환의 선두 흑병위·평병위를 소환하여 13일에 심문한다. 한편 강호번저는 막부가 5월 21일에 죽도의 영유를 묻자 22일에 「죽도는 조취번의 영지가 아니다」라고 보고했다. 그 이후로 안용복과 박어둔은 후대 받는다.

그러나 대만번이 막부의 뜻과 달리 어렵문제를 영토문제로 왜곡하여 조일 양국간의 외교문제로 발전했는데, 조선의 남인정권은 대마번의 의도를 간파하지 못하여 「울릉도는 조선의 영지이고 죽도는 일본의 영지」라는 사기적인 국서를 건네, 울릉도를 침탈 당한 위기를 자초했다. 그때 갑술옥사로 바뀐 정권의 영의정이 된 남구만의 천거로 접위관이 된 유집일이 안용복을 만나 「대마번이 막부의 뜻을 왜곡하는 방법」으로 울릉도를 침탈하려 한다는 정보를 제공 받았다. 이후로 윤지완과 같은 지일파의 지원을 받는 남구만은 사실에 근거하는 외교로 대응하여, 유집일은 남인정권이 건넸던 국서를 회수하고 「울릉도와 죽도가 1도 2명의 조선령」이라는 국서를 건네는 것으로 대담을 종결지었다.

그렇게 해서 조일 간의 영토분쟁이 장기화되자 대마번의 전 번주 宗義眞, 즉 번주 宗義倫의 부가 1695년 10월에 강호막부를 방문하여 무위로 죽도를 침탈하자는 주장을 했다. 그러자 막부는 1693년과 마찬가지로 12월 24일에 조취번 강호번저에 죽도의 지리적 사실을 문의했고, 강호번저는 25일에 3년전과 마찬가지로 죽도의 영유를 부정하는 답을 했다. 그런데도 막부는 1696년 1월 23일에도 같은 질문을 했고 번저는 「죽도에 가는 길에 들리는 송도의 영유」도 부정하는 답을 하더니 막부가 일본인의 죽도도해를 금지시키기 3일 전에는 소곡이병위가 정리한 「죽도지서부」까지 제출했다. 그곳에도 죽도에 도해하는 도중에 들린다는 송도의 영유를 부정하고, 出雲國^{이즈모노쿠니}와 은기도의 주민들도 죽도환을 타고 도해할 뿐 다른 지역인의 도해는 없다는 내용이 있었다.[85]

그러자 막부는 26일에 松江藩^{마쓰에한}에도 물어, 죽도에는 대곡가와 촌천가만이 도해한다는 사실을 다시 확인하고, 2일 후인 28일에 일본인의 죽도도해를 금지시킨다. 납치된 안용복의 영지인식을 접하고 새삼 인식하게 된 일본의 전통적인 죽도인식에 근거하는 금지령이었다.

그런 막부의 죽도도해금지령이 내린 후인 6월에 안용복 일행 11인이 조취번을 방문했기 때문에, 조취번은 안용복 일행을 신뢰하고, 안용복 일행이 제출한 「朝鮮人書記^{조선인서기}」 등을 막부에 전달한 것이다.[86] 「조선인서기」는 안용복 일행이 은기도에서 정리한 「今度之訴訟一卷^{금도지소송일권}」에 상당하는 소장이었다. 은기번소는 일행과 교류하며 관찰한 내용을 정리한 「朝鮮人一卷之書付^{조선인일권지서부}」와 조선인이 제출한 서부의 목록을 석견대관소에 제출했었다. 그것이 6월 2일에는 조취번에 전달된 것을 보면 막부에도 전달되었다는 것을 알 수 있다. 그 「조선인일권지서부」를 『어용인일기』가 「조선인서기」로 기록한 것이다.

---

85 松嶋江猟参候儀, 竹嶋江渡海之節道筋ニて御座候故立奇猟仕候. 他領より猟参候儀は不承候事. 尤出雲国·隠岐国之者は米子之者と同船ニて参候事(權五曄편역주『죽도지서부』, 대구한의대 안용복연구소번역총서, 지성人, 2012, p.209).

86 金左衛門晩庵江承て罷帰間, 船中ニ有之物之書記も御国より差越候(p.169); 今日大久保加賀守殿江御聞役吉田平馬を以委細之御口上書, 並朝鮮人書記も一所ニ御差出被遊候処(『御用人日記』, p.175).

은기번소가 5월 23일에 작성하여 西鄕代官所와 石見代官所를 거
쳐 막부에 제출한 「조선인일권지서부」였다. 그것을 조취번이 6월 2일
에 접수하여 강호번저를 통해 6월 22일에 막부에 제출했다. 그러자 막
부는 23일에 조취번 강호번저의 길전평마를 불러, 조선인의 뜻대로 조
취번이 취급하라고 지시하더니, 24일에는 모든 소송은 장기봉행소에
서 취급하므로 장기로 보내는데 가지 않겠다면 귀범시키라며 지시 내
용을 바꾸었다. 그리고 한 달이 지난 7월 24일에는 조선인의 소송은 대
마번 이외에는 취급하지 않으니 귀범시키라 했다.[87] 자번을 제외하는
새로운 외교노선이 구축되는 것을 두려워하는 대마번의 요구를 막부
가 수용한 것이다.

5. 결론

죽도가 조선의 울릉도라는 것이 일본의 전통적인 영토인식이었다.
그런데 1625년에 강호막부의 막신들은 旗本 阿部正之가 알선하는 대
곡가와 촌천가에 배타적 죽도도해면허를 발부한다. 그리고 조선이 방
관하는 가운데 70여년을 도해하다 보니 양가는 물론 조취번도 그것이
조선의 영지라는 전통적인 인식을 망각했는지, 죽도에서 조선인을 납
치하여 처벌을 요구하게 된다.

납치된 안용복은 1693년 4월 20일과 28일에 은기번소와 대곡가에서
이루어진 심문에 응하여 죽도가 부산첨사가 관리하는 영지, 즉 조선의

---

87 於因幡取上不被成間敷候(p.234), 何方ニ而も取上不申候大法之旨申聞是
非共ニ長崎江参間敷与申候ハヽ帰帆いたし候樣ニ可被申付(p.244), 外ニ而御取上無
之国法ニ而候故訴訴之訳不聞召被差返候(『竹嶋紀事綜編』하, p.315).

영지라고 진술했다. 그것에 근거하는 구상서를 작성한 은기번소는 서향대관소와 석견대관소를 통해 막부에 보고했다.

대곡가도 조선인을 납치한 선두의 구상서와 안용복의 구상서를 작성하여 미자성의 황미수리를 통해 조취번에 제출했다. 그래서 조취번은 안용복이 죽도가 조선의 영지라고 진술한 내용을 1693년 4월 28일에 인지하게 된다.

황미수리가 제출한 「조선인구상서」를 조취번은 강호번저를 통해 5월 10일에 막부에 보고하고, 12일에는 대곡가 3인을 소환하여 조선인을 납치한 상황 등을 조사했다. 「조선인구상서」를 보고 양가의 죽도도해에 의문을 품은 것이다. 조취번의 보고에 앞서 석견대관소의 보고를 받았을 막부도 구상서 간의 모순을 발견했는지, 21일에 죽도의 지리적 사실을 번저에 물었고, 번저는 22일에 죽도의 영유를 부정하는 답서를 제출했다. 그것이 안용복의 인식과 같은 내용의 보고였는데 막부는 이의를 제기하지 않았다. 막부와 조취번이 안용복의 인식에 동의한 것으로 볼 수 있는 반응이었다.

「조선인구상서」를 접수한 막부는 13일에 조선인을 장기봉행소로 송환할 것을 번저에 지시했고, 번저는 즉각 소곡이병위를 파견하여 조선인을 인수받게 했다. 소환을 명받은 대곡가는 6월 1일에 조선인을 조취번의 가로 황미대화 댁에 양도한다. 그렇게 해서 6월 1일이나 2일에 대곡가는 안용복과 박어둔은 조취번에 양도했다. 여기서 중요한 것은 조선인의 인계인수가 이루어지는 곳에 참가한 자들은, 조취번과 막부가 안용복의 인식을 부정하지 않는다는 사실, 즉 일본이 말하는 죽도가 조선의 영지라는 안용복의 주장을 막부와 조취번이 부정하지 않는다는 사실을 알고 있었다는 것이다. 그래서 죽도의 영유를 원인으로 하는 갈등이나 논쟁은 있을 수 없었다. 오히려 납치의 과오를 사과하고 안용복이 참석자들에게 감사를 표하는 상황이었을 수 있다.

그런 상황이었기 때문에 조취번이 안용복 일행을 장기로 이송하면서 상례를 벗어난 호의를 표한 것이다. 조취번은 조선인을 장기로 이송하며 다양한 증서를 발부했는데, 안용복이 비변사에서 언급한 관백의 서계도 포함된 것으로 볼 수 있다. 안용복의 주장을 인정하는 서계를 작성해서 건네주는 것이, 조선의 영지에서 조선인을 납치하는 과오를 범한 조취번의 책무였을 수도 있다.

그때 안용복은 강호번저가 파견한 소곡이병위를 막부의 관백이 파견한 사자로 오인하고, 조취번이 막부의 뜻에 어긋나지 않는 내용의 서계를 작성하여 건네준 것을 관백의 서계로 인식했을 수 있다. 그것은 일본의 복잡한 행정체제를 정확히 이해하지 못한 이국인의 한계라고 말할 수도 있는 일이었다.

죽도를 매개로 하는 영토분쟁은 막부의 뜻을 왜곡하는 대마번이 야기했다. 그러나 그 이전에 납치된 안용복이 죽도는 조선의 영지라고 주장하여 조취번과 막부의 인식을 변하게 했고, 조선에 송환된 후에는 대마번이 막부의 뜻을 왜곡한다는 정보를 제공했다. 그런 안용복의 인식과 활동이 막부로 하여금 1696년 1월 28일에 일본인의 죽도도해를 금지시키는 근거가 되었다.

대마번이 사실을 왜곡하는 상황에서, 안용복은 1696년에 11인의 일행을 구성하고 남구만의 밀명을 받아 조취번을 방문하여 대마번의 비리를 막부에 고발했다. 그것은 조선과 일본 사이에서 사실을 왜곡하는 대마번을 통하지 않고 조선의 뜻을 막부에 직접 전달할 수 있는 외교노선이 필요하다는 남구만의 정책을 실행한 일이었다. 결과적으로 안용복은 조취번을 통하여 대마번의 비리를 막부에 고발하는 것으로 남구만의 구상을 실행했다. 그러나 조선외교를 전담하는 특권을 상실할 수도 있는 위기에 처한 대마번의 적극적인 저지로 새로운 외교노선을 구축하려는 남구만의 구상은 실현되지 못했다.

만일 대곡가의 어민들이 안용복과 박어둔을 납치하는 일이 없었다면, 대곡가와 촌천가는 조선의 방관 속에서 도해를 계속했을지 모르고, 대마번이 막부의 뜻을 왜곡하며 울릉도를 침탈하려 한다는 사실을 안용복이 조선에 알리는 활동이 없었다면 대마번의 뜻이 관철되어 독도만이 아니라 울릉도의 영유에 대한 정통성에 결함이 생겼을 수도 있었다.

곰돌이 푸의 행복

제16장
『장생죽도기』의 천하

1. 서문

『長生竹島記』는 1801년(享和 원)에 雲陽大社의 攝社 赤人社·赤人墳의 社人으로 赤墳을 관리하기 위해 거주하는 矢田高当가 고자료를 집록하여 편찬한 것이다. 운양대사는 島根県 簸川郡 大社町에 있는 出雲大社 또는 杵築大社라고도 하는 신사로, 大国主神를 제신으로 모신다. 시전고당은 적인사의 神主로 제사나 기도를 관할하며 주민들의 상담에 응했다. 그런 과정에서 어민 椿義左衛門이 隱岐島의 福浦에서 죽도에 도해한 板屋何兵衛의 경험담을 듣고 그것을 시전고당에게 들려주자, 시전고당은 그것을『장생죽도기』로 편찬했다.[1]

『장생죽도기』는 서문과 10장의 본문과 결어, 두 옹이 8년후에 작성한 제발문으로 구성되어있는데, 사물을 쌍이나 3쌍으로 묶어서 설명하는 것이 특징이다. 죽도에 도해하던 판옥하병위가 80여세일 때, 30대 중반의 춘의좌위문에게 들려준 죽도의 경험담을, 춘의좌위문이 80여세가 되었을 때 동년배의 시전고당에게 들려 주었다. 그것을 시전고당이『장생죽도기』로 정리한 것이다. 그렇게 세상을 오래 산 3옹이 관련된 책이기 때문에『장생죽도기』로 명명하고, 그것을 견문하면 천대만대를 사는 송죽처럼 장수할 수 있다는 것이 시전고당의 사고였다.

그런 사고는 송도와 죽도의[2] 단단한 바위에 우거진 녹음이 장수를 보장하기 때문에, 송도와 죽도에 관한 편찬물을『장생죽도기』로 명명한다는 서문에 나타난다. 그것만이 아니다. 결어에는 조선국·은기국·출운국이라는 3국의 장생에 관한 것에 3옹이 관계했기 때문에『장생

---

1 權赫晟·大西俊輝편역주『長生竹島記』, 제이앤씨, 2016.
2 일본은 울릉도와 독도를 竹島와 松島로 칭하다, 1905년에 松島를 竹島로 개칭했다.

죽도기』를 견문하면 장생이 보장된다고 했다. 사실이라기 보다는 송죽사상의 근거하는 관념이었다.

편자의 그런 사고 때문인지『장생죽도기』에는 사실로 볼 수 없는 허구가 많다. 죽도도해가 德川家光가 아닌 德川家綱 시대에 시작되었다는 것을 비롯해서, 납치된 조선인의 행적이 은기도로 한정된 것, 안용복의 일본에서의 언행, 송도가 녹도라는 인식, 송도를 일본령으로 단정한 것 등 허구의 연속이다. 문제는 그런 허구가 사실을 몰랐거나 확인할 자료가 없는 것을 원인으로 하지 않는다는 것이다. 사실을 확인할 수 있는 자료가 많았고, 구하는 것도 어려운 일이 아니었다. 시전고당보다 27년 늦게『竹島考』를 편찬한 岡嶋正義가「죽도의 자세한 기록과 도감」을 건네주는 사람도 있었다고 말할 정도로 자료를 귀하는 것은 어려운 일이 아니었다. 시전고당도 많은 자료를 모아서『장생죽도기』를 편찬한 이상, 강도정의가 확인한 자료 정도는 구할 수 있어『장생죽도기』의 허구는 사실을 몰랐기 때문이 아니라 의도된 결과로 보아야 한다.

시전고당은 막부가 1696년에 일본인의 죽도도해를 금지시킨 사실과 그 이후로 송도에 건너다니는 일이 없다는 것도 알고 있었다.[3] 그런데도「송도는 일본 서해의 끝」으로 단정하고, 조선에 가까우나 일본의 섬으로 생각되는 죽도라는 말을 했는데, 그런 단정이나 추정은 사실이 아니라 죽도도해의 재개를 염원하는 지역사회의 인식에 응한 관념이었다.

『장생죽도기』에는 많은 지명이 나오는데, 자세히 설명된 것은 은기도 뿐이다. 모든 장에서 빠지는 일 없이 은기도에 건너는 항로, 은기도

---

3 武蔵野々月くもらぬ御代の照る日影思ひをこゝに二ヶ月めいと速ニ唐へ帰へれと御上意下ル次ニ倭国の水主ハ船路の通ひ禁置(『長生竹島記』, p.237).

에 끌려간 조선인의 행적과 언동, 은기도와 葦原中國와의 관계 등을 언급한다. 은기도를 隱岐三子の洲라고 칭하고 高天原가 파견한 渡大明神이 진좌하는 섬으로 하는데,[4] 그것은 고천원이 수호하는 大八島国와 葦原中國가『古事記』가 이야기하는 세계의 중심이라는 것처럼, 은기도를 고천원이 수호하는 섬으로 해서『장생죽도기』가 이야기하는 세계의 중심에 위치시키는 일이다. 그런 내용들의 허실은 역사적 사실이나 시전고당의 사고, 지역사회의 시대적 사상을 통해서 확인할 수 있다.

2. 『장생죽도기』의 구성과 허구

『장생죽도기』는 서문 뒤에 페이지를 바꾸어 2페이지에 걸친 목록을 싣고 있으나, 서문에 대응하는 결어가 없다. 그러나 「12장」과 책의 대미를 알리는 「장생죽도기종」이라는 표기 사이에 행을 바꾸어 3자를 물려서 쓰기 시작한 3페이지의 내용이 있는데, 분량이나 내용으로 보아 「결어」로 볼 수 있다. 또 그 뒤에 1808년(文化戊辰)에 橋下와 江陽 2옹이 쓴 제발문이 있다. 따라서『장생죽도기』의 구성은 다음과 같은 구성으로 보고 검토해야 한다.

    (1) 장생죽도기 서
    (2) 隱岐洲에서 죽도로 도해하는 것을 들은 일[5]

---

[4] 隱岐三ツ子洲ハ或ハ日山嶋とも唱ふなり(p.57). 昔日渡ル大明神ハ欲ス令撥葦原中ツ国之邪鬼ヲ故二子ノ国の底隱岐洲島後福浦港に鎮座ましまして神靈露顕にして諸人崇敬奉るなり(『長生竹島記』, p.89).

[5] 隱岐州·同洲·全洲·同島·隱洲는 隱岐島를 의미한다.

(3) 同洲에 出雲國^(이즈모노쿠니)에서 가는 해상의 도법, 그리고 도해하는 항구에 관한 것.

(4) 仝洲^(오키노시마)에서 松島^(마쓰시마)에 가는 竹島丸^(타케시마마루)가 들리는 항구에 관한 것.

(5) 仝洲^(오키노시마)에서 죽도환으로 도해하는 해상의 거리에 관한 것.

(6) 同洲^(오키노시마)의 渡大明神^(토 다이묘우 진)의 신덕으로 죽도에 도해하는 일.

(7) 同洲^(오키노시마)에서 죽도에 여섯 번째로 건넜을 때 조선인을 만나 서로 놀란 일.

(8) 同洲^(오키노시마)에서 죽도에 일곱 번째로 건넜을 때, 조선인의 주연에 능한 일.

(9) 同洲^(오키노시마)에서 조선인을 끌고 와서 주진한 일.

(10) 붙임, 貝^(조개)와 藻^(말)를 엮어서 戱文^(희 문)으로 한 것.

(11) 죽도에서 조선인을 끌고 왔을 때, 선중에서 심문한 일.

(12) 죽도도해 8년 째에 안용복 박어둔이 의리를 지키며 隱洲^(인 슈우)에 다시 도해한 일,

(13) 결어

(14) 제발문[6]

목록의 10장은 「從隱岐洲」, 「同洲」, 「從仝洲」, 「從同島」 등으로 시작되는 장으로 은기도에 전하는 죽도의 전승, 출운국에서 은기도에 가는

---

6 (一)長生竹島記 序. (二)從隱岐洲竹島江渡海伝聞之事. (三)同洲へ從出雲国海上道法渡海津口之事. (四)從仝洲松島江竹島丸津懸り之事. (五)從仝洲竹島渡海幷海上道法之事. (六)同洲渡ル. 大明神御神徳を以竹島渡海之事. (七)從同洲竹島へ渡海六度目朝鮮人ニ出合. 互ニ驚たる事. (八)從同洲竹島江渡海七度目唐人酒宴ニ長たる事. (九)從同洲唐人連来り御注進之事. (十)附り貝藻の綴り戱文之事. (十一)從同島唐人連来る刻船中乘り䑺尋問之事. (十二)從同島八年目あべんてふ虎へひ義を糺して隱洲江再ヒ渡海之事. (『長生竹島記』, p.33·35).

항로, 은기도에서 송도와 죽도에 가는 항로, 은기도에 연행된 조선인에 관한 것을 내용으로 한다. 「붙임」도 연행된 조선인의 은기도에서의 생활상이고, 선중의 심문도 은기도로 향하는 항해 중이었다. 「서」와 「결어」도 은기도와 죽도의 관계를 내용으로 한다. 제발문만이 출운의 2옹이 『장생죽도기』를 평하는 내용으로 『장생죽도기』가 은기도 중심의 기록이라는 것을 알 수 있다. 각 장의 개략을 정리하면 다음과 같다.

「(1) 장생죽도기 서」는 은기도를 「隱岐三ツ子の洲」^{오 키 미 쓰 코 노 시마}로 칭하는 것으로 시작한다. 일본인들이 죽도에서 조선인을 은기도로 연행했다가 송환했더니, 다음 해에 다시 찾아 오는 의리를 지켰으므로, 앞으로도 출운국·은기국·조선국이 약속을 잘 지켜야 한다. 푸른 송도와 죽도가 영원한 것처럼 일본과 조선의 영원한 우호를 기원하며 편찬물을 『장생죽도기』로 이름하여 후세에 전하고 싶다는 편자의 편찬의도가 기록되었다.

송도와 죽도가 푸르고 단단한 바위이기 때문에 장수를 보장한다고 말하는 것은 송죽사상과 같은 관념에 근거한다. 송도를 녹음의 섬(緑島)으로 한 것이나 덕천가강(1651~1680) 시대에 죽도도해가 시작되었다는 내용은 사실과 다르다. 송도는 수목이 자라지 못하고, 죽도도해는 덕천가광(1623~1651) 시대에 시작되었다. 그 이전에는 도해가 없었다는 것도 사실이 아니다. 조선은 해금정책을 펴면서도 관리를 파견하여 관리하고 있었다.

「(2) 은기도에서 죽도로 도해하는 것을 들은 것」에서는 운주대사의 춘의좌위문과 죽도에 도해하는 판옥하병위, 그리고 『장생죽도기』를 편찬한 시전고당 3옹에 관한 설명이다. 춘의좌위문은 18세인 元文^{겐 분} 연중에 은기도 복포에서 60대 후반의 판옥하병위한테 죽도의 경험담을 들었는데, 30대 중반인 宝暦^{호우레키} 연간(1751~1764)에도 재회한 80여세의 판옥하병위한테 들은 것을 시전고당에게 들려주었고, 시전고당은 그것을 1801년에 『장생죽도기』로 편찬했다. 그때 둘도 80여세의 노옹이었다.

시전고당은 『장생죽도기』를 편찬한 1801년을 죽도도해가 시작되어 110여년에 이른다고 말했는데, 그것은 일본인의 도해가 시작되었다는 1625년(寬永 2)이 아니라 판옥하병위가 죽도에 도해하기 시작한 1687년(貞享 4)부터 1690년(元祿 3)경을 말한다.

「(3) 同洲에 출운국에서 가는 해상의 도법, 그리고 도해하는 항구에 관한 것」은 隱岐三ツ子の洲와 日山嶋라는 별명을 소개하고, 은기도의 지리적 설명만이 아니라 출운국의 三保関·多古が鼻·杵築大社·日御埼·宇龍浦 등지에서 건너가는 항로까지 설명했다. 그리고 焼火山의 성령이나 文覚上人이 수행한 사실도 소개한다. 다른 지명에서는 볼 수 없는 상세한 설명이다.

이곳에서 은기도를 『고사기』가 이야기하는 大八島国의 하나인 隱岐三ツ子の洲로 하고, 6장에서는 葦原中国를 수호하는 渡大明神이 진좌하는 섬으로 하는 데, 그것은 은기도를 『장생죽도기』가 이야기하는 세계의 중심에 위치시키는 일이다.

「(4) 仝洲에서 송도에 가는 竹島丸가 들리는 항구에 관한 것」에서는 송도를 녹음에 뒤덮인 섬으로 노래하고, 소나무(十八公)로 장식된 섬의 그림자가 만리에 아름답게 비친다며, 수목이 우거진 섬으로 했다. 은기도의 島後에서 170리라는 도정과 면적, 죽도에 가는 죽도환이나 송도에 가는 회선이 들리는 섬으로 「본조 서해의 끝이다」라며 일본의 섬이라고 단정했으나 사실과 다르다. 항로의 도정이나 섬의 면적은 계산하는 방법에 따라 다를 수 있어 문제가 아니나,[7] 수목이 자라지 못

---

7 福浦より松嶋江八十里程(p.199), 松嶋より竹嶋江四十里程(權五曄編譯注 『竹嶋

하는 암도를 수목이 우거진 섬이라는 것은 사실과 다르다. 그것은 쌍을 이루는 죽도가 녹도라는 것에 맞춘 표현, 송도이기 때문에 소나무가 우거졌다는 관념으로 보아야 한다. 송도를 일본령으로 한 것은 10장에서 언급한 「죽도도해금제령」과 모순된다.

「(5) 隱洲^{오키노시마}에서 죽도로 도해하는 해상의 거리에 관한 일」은 대나무가 우거진 죽도에서 장수와 평안을 구하는 노래로 시작된다. 송도에서 90리, 은기도에서는 260리의 도정을 설명한 후에 죽도에서 조선까지의 거리가 30리라는 것을 설명했다. 그러면서도 조류로 보면 일본령인 것처럼 말했다. 송도를 일본령으로 보는 것과 궤를 같이하는 인식이다. 그런 표현은 결어에도 있다. 송도를 일본령으로 단정한 것을 근거로 하는 영유의 주장이다.

「(6) 隱洲의 도대명신의 신덕으로 죽도에 도해하는 일」에서는 隱岐三ツ子の洲라고 칭한 은기도를 위원중국의 사귀를 제거하라는 명을 받은 도대명신이 진좌하는 섬으로 했다. 오리로 변하는 도대명신은 宮川·大谷·村川 3가가 파견하는 배의 좌현에 앉아서 안내하고 3가는 죽도산 오동나무로 큰 북을 만들어 神樂를 연주하여 신을 위로하는 방법으로 신탁을 받는다. 은기도는 죽도만이 아니라 長崎나 松前의 산물도 모이는 섬으로, 천하의 중심이 된다.

은기도를 高天原의 명으로 伊耶那岐와 伊耶那美가 낳은 대팔도국의 1국인 隱岐三ツ子の洲로 칭하고 고천원이 파견한 도대명신이 진좌하는 섬으로 한 것은 『장생죽도기』의 세계를 『고사기』의 세계와 대응시킨 것으로, 허구의 세계다. 궁천가가 죽도에 도해했다는 기록이 달리 없어, 3쌍으로 묶는다는 원칙에 근거하는 시전고당의 윤색이다.

之書附』知性人, 2012, p.201).

「(7) 同洲^{오키노시마}에서 죽도에 6회째 건넜을 때 조선인을 만나 서로 놀란일」의 「6회째」는 1687년부터 시작된 판옥하병위의 1692년 도해를 말한다. 이 해에 죽도환의 수부들은 조선인이 마련한 소옥과 철포, 石火^{이시비}矢^야 등으로 장식한 암혈을 보자 겁을 먹고, 공동어렵을 합의했으면서도, 죽으면 아무 것도 아니라며, 신풍을 빌어 빈 배로 귀향하고만다. 귀향하는 도중에 燒火山^{타루히야마}가 보이자 後鳥羽院法王^{고토바인호우오우}가 부른 노래를 생각하며 신의 수호에 감사했다.

조선인의 무장은 사실이 아니다. 조선인을 연행했던 선장의 진술서 그 어디에서도 확인할 수 없는 내용이다. 조선인의 거처에는 꽂이전복·작은 그물·두건·누룩 등이 있을 뿐이었다.[8] 오히려 철포로 무장한 것은 일본인들이었다.[9]

「(8) 同洲^{오키노시마}에서 죽도에 7회째로 건넜을 때, 조선인의 주연에 능한 일」은 안용복과 박어둔을 연행한 내용으로『장생죽도기』의 핵심부분이다. 조선인을 만나자 빈 배로 돌아갔던 촌천가의 수부들은 다음 해에도 철포나 석화시 등으로 장식한 소옥을 보자, 두려움을 느끼면서도 작년처럼 공동어렵을 하자며 조선인들을 안심시켰다. 그리고 선상에 마련한 주연에 조선인을 초청하여, 만취하여 쓰러진 둘을 연행한다. 뒤늦게 그 사실을 안 조선인들이 석화시를 쏘면서 추격하다, 연행되는 동료들이 같이 희생될 것을 걱정하며 회선했다. 조선인을 연행한 죽도환이 은기도로 귀향하자 놀란 주민들이 때지어 모여들었다. 그 중에는

---

8 『竹嶋之書附』, p.47.

9 米子大屋九右衛門来月上旬竹嶋渡海仕候付, 如例年海渡, 鉄砲七挺拝借仕度由願, 是又九右衛門先年渡海之節, 鉄砲七挺之内壱挺海へ取落シ申候付, 六挺ニては猟難仕候付, 村川市兵衛鉄砲之内共壱挺御借シ被下様ニと願申ニ付, 例之通熊沢四郎左衛門相届候間, 鉄砲持参仕様ニ荒尾修理へ申渡事(權五曄 편주『控帳』, 책사랑, 2010, p.70).

선장의 부인으로는 아깝다는 테루라는 여인도 있었는데, 상의를 벗어
조선인에게 걸쳐주었다. 시전고당은 그런 부인의 행위를, 남편이 지은
인과를 되돌아본 자애 깊은 행위로, 여인의 귀감이라고 평했다.

그러나 주연에서 조선인이 「이런 기회가 아니면 두 번 다시 마실 수
없다며, 술에 정신을 빼앗기더니 결국에는 취하여 정신을 잃고 쓰러졌
다」는 묘사나 취기가 깨자 「하늘에 절하고 겁먹은 표정으로 눈물을 흘
리고 손을 비비며 정신 없이 일본인들에게 절하기 시작했다」는 타 자
료에서는 확인할 수 없는 내용이다.[10] 그리고 1693년에는 촌천가가 아
닌 대곡가가 도해했다.

「(9) 同洲^{오키노시마}에서 조선인을 끌고 와서 주진한 일」은 조선인을 연행한
수부들의 보고를 받은 촌천가는 희대의 어리석은 일이라며 놀라서 막
부에 보고하고, 지시가 있을 때까지 복포에 억류했다. 그러나 1693년
에 조선인이 복포에 억류된 것은 3일 정도였다. 심문을 마치자 복포를
떠나 4월 27일부터 5월 29일까지 대곡가에 억류되어 있었다.[11] 그런데
시전고당은 둘의 행적을 은기도에 한정하고, 두 사람의 은기도의 생활
상을 10장에서 구체적으로 설명한다.

「(10) 붙임, 貝藻^{패 조}를 엮어서 戱文^{희 문}로 한 것」은 조개와 해초 이름을 열
거하는 방법으로 은기도에 연행된 조선인의 심경이나 고역, 향수심을
상정하고, 결국에는 교화시켜서 귀국시키는 것으로, 은기도를 정화의
성지로 여기게 한다. 은기도에 유배되는 죄인은 반드시 사면되어 돌아
간다는 것으로, 조선인도 교화되어 귀국하는 날이 온다는 것을 예고한

---

10 二度とハ飮ぬ此酒と気も心もうばわれて船中に酔とれてたわひなく臥す(p.165).
天を拜し座にひいり亦乗組に向ひ涙を流し手を合ちんふんかんと云ひたて
ゝむたひに拝む(『長生竹島記』, p.183).
11 江戸より御左右有之内ハ唐人大屋九右門手前ニ差置(『控帳』, p.72).

것이다.[12] 은기도는 표착하는 이국인을 각 가정이 돌아가며 보살피는 것이 관습으로, 이국인을 은기도의 관습에 순종시킨다. 그 순종은 섬 사람들의 보살핌만이 아니라「여인은 두 남자를 따르지 않는다」등을 내용으로 하는 포고의 규정에 의해 사람의 도리를 깨닫는 것으로 보았다. 그러기 위해서는 고도의 가르침을 전하는『고사기』를 이해해야 하는 필요성을, 해조와 비교해서 설명했다.

은기도를 위원중국을 수호하는 도대명신이 진좌하는 隠岐三ツ子の洲로 칭한 시전고당은 출운대사의 神主로『고사기』의 내용을 이해하지 못하는 경우는 있을 수 없다. 그런 시전이 조선인의 교화를 이야기하며『고사기』를 언급한 의미는 크다. 은기도가 고천원에서 파견된 도대명신이 수호하는 섬이라면, 조선인이 받는 은혜는 고천원를 다스리는 천신의 후예인 천황이 베푼 은혜를 입는 것이 된다. 귀국을 허가받은 조선인이 무릎을 꿇고 이별의 예를 취하는 것은 은기도에서 교화된 결과였다.[13]

조선인이 2개월이나 은기도에 억류된 것으로 하고 있으나, 1693년에 은기도에 억류된 것은 7일 정도였다. 그 이후에는 米子·鳥取·江戸·長崎·対馬 등지에서 6개월 이상 지낸 후에 귀국했다. 그것을 시전은 은기도에서 장기로 직행한 것으로 해서 두 조선인의 체류를 은기도에 한정한다.

「(11) 同洲에서 조선인을 끌고 왔을 때, 선중에서 심문한 일」은 죽도

---

12 濁る身も今日迄も加茂川の清き流れを汲ける人ハ天の恵のふかくして(中略)忍ふ中にも年月を経ゆるしを蒙りたる輩ハ思ひ思ひに路方へ渡り鳥の旧巣ニ帰るがことくなり(『長生竹島記』, p.223).

13 其時隠嶋陣家の備ニハ武威盛なる緋縅の鎧を揃ふ星甲執事の奉書ニ跪礼儀正しく彼等の別れ(『長生竹島記』, p.239).

환의 선상에서 조선인과 일본인이 북극성을 의지하는 항해술과 북극
성을 중심으로 하는 성좌군을 좌표로 하는 항해법, 그리고 남만의 항
로를 이야기하는 내용인데, 연행이라는 상황과는 맞지 않는다. 일본어
로 대화한 것으로 보아 안용복과 죽도환의 선두가 은기도를 지나 미자
로 향할 때의 대화로 보인다.

『장생죽도기』가 조선인의 행적을 은기도에 한정하는 것을 생각하
면, 죽도에서 은기도로 연행하는 4월 18일이나 19일에 이루어진 대화
로 보아야 한다. 그러나 죽도환의 선두와 안용복이 대담하는 것은 안
용복이 목숨을 빌었다는 내용과 모순된다. 따라서 허구이거나 다른 기
회의 대화로 보아야 한다.

「(12) 동도에서 8년째에 안용복 박어둔이 의리를 지켜 隱洲^{인 슈우}에 다시
도해한 일」은 송환된 안용복과 박어둔이 은혜에 감사하며 다음 해에
은기도를 방문한 내용이다. 시전은 그것을 「원수를 은혜로 갚는다」는
군자의 말을 실천하는 것으로 보았다. 연행을 원수의 행위로 보고, 방
문을 군자의 도리로 보는 것으로, 보은의 방문이라는 내용과 모순된
다. 잘못하여 서촌에 표착한 두 조선인이 항로를 물어 복포에 이르자,
주민들이 해변에 나와 환영했다. 이국인의 상륙이 금지된 상황인데도
둘은 상륙하여 「손가락으로 하늘을 가리키고 9배한 다음에 모여든 주
민들에게 3배」하는 의례를 취했고, 주민들은 눈물을 흘리며 환영했
다.¹⁴ 용무를 마치고 돌아가는 둘에게 주민들이 홍루로 옷소매를 적시
며 이별을 슬퍼했다.¹⁵

---

14 扔去年障りもあらぬ 御上意恵を蒙りたる事を厚く慮りその礼儀と見てそら
へ指をさして九拝をなし次ニ集り居る大勢に向ひ又三拝して一別つ以後イカ
ン無量恩徳ちんぷんかんのわかりかねたる音聲ぞかし況浦人も皆以礼儀みだ
さす跪き手を合感涙流しうなづき(『長生竹島記』, pp.275~277).

안용복과 박어둔이 같이 은기도에 들린 것은 1693년뿐이다. 타 기록에 의하면, 안용복은 1696년에도 은기도에 들렸으나 그 일행에 박어둔은 포함되지 않았다. 그때 안용복은 복포가 아닌 大久村에 2주 정도 머물다 鳥取藩을 방문한다. 조취번 방문을 마치고 귀국할 때 은기도에 들렸는지는 기록으로 확인할 수 없다. 따라서 두 사람이 1694년에 복포에 잠시 들렸다 돌아갔다는 내용은 사실로 보기 어렵다. 더군다나 1694년 8월 초순 경의 안용복은 동래부에서 복역 중이었다.

「(13) 결어」는 「장수하여 몸이 늙고 말았다. 파뿌리 같은 백발이 된 지금 지난날이 생각난다. 그 일들을 말하고 만다」라고,[16] 춘의좌위문이 옛날 일을 회상한 노래를 전후로 해서 내용이 다르다. 전반부에서는 『장생죽도기』가 80여세의 3옹의 관여로 완성되었기 때문에 조선국·은기국·출운국의 진기한 장생과 「죽도·송도·은기도」 3도의 진기한 영세담이 모이고, 3옹이 이야기한 내용이라 그것을 견문하면 장생이 보장된다는 내용이다.

후반부에서는 출운대사의 해변에서 죽도가 보이는 것 같다는 관념을 전제로, 동쪽의 송도가 일본의 섬이기 때문에 서방의 송도도 일본령이라고 말하고, 조선 가까운 곳에 있는 죽도가 일본의 섬일까라는 의문을 표했다. 그리고 소나무에는 대나무가 첨부되는 것으로, 송도와 죽도의 쌍은 음양의 화합을 나타낸다는 송죽사상에 근거해서, 송도와 쌍을 이루는 죽도의 영유까지 주장하려 한다.[17] 사물을 쌍이나 3쌍으로

---

15 藻を焼浦の老若男女濱邉へ出て言葉わからぬ名残をおしみ紅涙たもとをひたす猶唐人も名残はるかにはらはらと涙を流し手を揚げて朝鮮差て帰りける(『長生竹島記』, p.281).

16 なからへて今は我か身の　つくも(九十九)髪　すきしむかしを思ふことの葉(『長生竹島記』, p.293).

17 虎の威を受て千里の渡海船我朝なれ哉竹島の往来絶せぬいかり綱千代万代の

묶어서 설명하는 목적이 그것에 있다.

「(14) 제와 발」은 1801년에 편찬한『장생죽도기』를 宍道湖에서 풍류를 즐기는 橋下 옹과 江陽 옹이 읽고, 1828년 여름에 시전고당을 포함한 3옹이 호반에서 자리를 같이하고 대화하는 자리에서 교하가 감흥에 젖어 題詩를 읊고, 강양이 발문을 썼다. 교하는 일한 양국의 배경과 과거를 알 수 있었다고 읊었고, 강양은 고적을 집록한 것이『죽도기』라는 사실을 확인하고, 호수에서 시전고당과 회담할 때 그것을 접한 일, 그것을 보고 한인과의 역사적 경위만이 아니라 황국의 평화, 은기나 출운의 풍속도 이해할 수 있었다는 것 등을 언급했다. 즉, 제1옹의 편찬물의 제문을 제2옹이 쓰고, 제3옹이 발문을 쓴 것이다. 이것은『장생죽도기』의 완성에 관여한 3옹에 제발문을 작성한 3옹이 대응하는 것으로, 장생을 이중으로 보장하는 일이다.

3. 은기도와『고사기』

(1) 은기도 중심의 세계

『장생죽도기』는 은기도의 항로,[18] 은기도와 송도와 죽도의 관계, 은기도에 온 조선인 이야기 등으로 은기도가『장생죽도기』가 말하는 세계의 중심이라는 것을 입증하려 한다. 출운·肥前国·石見·長門·松前

御代盛なる勢ひに猶もはけます水の音也(『長生竹島記』, p.299).

[18] 出雲国島根郡三保関より隠岐洲 磁石の針先亥の方ニ當る三十六丁一里として海上道法弐十里同郡多古が鼻より十八里神門郡杵築大社より子の方ニ当る道法三十七里同郡日御埼并ニ宇龍浦よりも方角ハ同断ニして海上道法三十五里(『長生竹島記』, p.57·59).

등의 지명과 조선국을 언급하는데, 모두 은기도와 관계되는 내용이다.
먼저

> 隱岐三ツ子洲는 日山嶋라고도 한다. 島前·島後 2도가 있는데
> 이것을 4군으로 나눈다.[19]

　은기도의 고명 隱岐三ツ子洲와 별명 일산도를 언급하고, 은기도를
도전과 도후로 대별한 다음에, 도후가 周吉郡과 穩地郡으로 나뉘고,
도전이 知夫郡과 海士郡으로 나뉘는 것을 설명했다. 그리고 내해의
형상과 수심·어장·섬들 간의 항로·지명의 유래·인가의 분포 등을 설
명하고, 문각상인이 수행한 일이나 후도우원법황이 유배된 일화도 소
개한다. 출운국의 三保関·多古が鼻·杵築大社·宇龍浦 등지에서 은
기도에 건너가는 항로를 소개하면서

> 　은기의 도후에서 송도에 가는 방향을 말하자면 辛酉(서방)의 먼
> 바다에 해당한다. 卯方(동방)에서 부는 바람을 받아 2일 2야를 범
> 주한다. 그 도정은 36정을 1리로 해서, 해상의 행정은 170리 정도라
> 한다.[20]

　은기도의 도후에서 송도까지의 항로를 설명했다. 이어서

---

19 隱岐三ツ子洲ハ或ハ日山嶋とも唱ふなり島後島前二嶋四郡と分り(『長生竹島記』, p.57).
20 隱岐島後より松島ハ方角申酉の沖ニ當る卯方より吹出す風二日二夜艜り道法三十六丁一里として海上行程百七十里程の考なり(『長生竹島記』, p.71).

송도에서 죽도에 가는 것은 같은 방각으로 나아간다. 묘(동방)의
바늘로 묘(동방)에서 불어오는 바람을 받아, 1일 1야를 범주한다. 해
상의 도정은 90리 정도이다. 은기도에서 죽도까지, 해상의 리수는 도
합 260리가 된다.[21]

송도에서 죽도까지의 항로도 설명한 다음에 은기도에서 죽도까지
의 거리가 260리라고 확인한다. 그것은 죽도와 송도에서 은기도까지
의 설명, 즉 양도에서 은기도에 접근하는 항로를 설명한 것이다. 그 항
로를 통하여 산물이나 물품이 은기도로 모여든다. 보물섬으로[22] 장수
를 보장한다는 죽도의 산물을 비롯해서, 그것들을 매각하여 구매한 장
기의 물품, 송도의 산물 등도 모여드는 것으로 했다.

죽도에서 반입한 오동나무로 북을 만들어 도대명신의 신탁을 비는
음악을 연주한다.[23] 산물만이 아니라 내외의 사람들도 모여들어 교화
되는 곳이 은기도라는 것이다. 죄를 지은 사람들이 유배되어 참회하여
사면 받는 형식의 은혜를 입는다.[24] 일본의 죄인이라 해도 은혜로 순화
되는 곳이고, 표착하는 조선인이라 해도 신세를 지며 순종하게 되는
곳으로서의 은기도다.[25]

그 은혜라는 것은 「정숙한 여인은 지아비를 두 번 바꾸지 않는 법이

---

21 松島より竹島ハおなし方角ニして卯の針にて卯の風を一日一夜飄り海上道法
　九十里程の考なり隠岐嶋より竹島まで海上里数の都合凡二百六十里(『長生竹島
　記』, p.81).
22 宝の山に登り空く金宝を得ざるかことく(『長生竹島記』, p.137).
23 比類なき大ひなる桐木あり是を取帰り守護社渡ゞ明神の大鼓に仕立混沌の古風
　磐戸の賑ひあり面白の奏＝神楽＝神慮をいさめ奉んと(『長生竹島記』, p.99).
24 都人亦難波潟の輩罪重りて遁れかたきハ是非もなく隠岐洲ヘそ流さるゝ(p.221)
　加茂川の清き流れを汲ける人ハ天の恵のふかくして(『長生竹島記』, p.223).
25 隠岐洲福浦港ヘ稀に唐人渡海して往昔より浦の憮ひの是等之類ハ爰ニ一日隣
　ニ一夜皆家毎にてそ養育すなり唐とても道ニ二筋(『長生竹島記』, p.225).

다」라는[26] 도리 등을 내용으로 하는 포고의 규정이나, 「달도 흐리지 않은 덕천 어대의 천하를 비추는 햇빛과 같은 은혜」를 말한다.[27] 그런 은혜를 베푸는 은기도이기 때문에 연행된 조선인도 귀국하는 은혜를 입고, 그것에 보은하기 위해 다시 방문한다는 것이다. 안용복과 박어둔의 방문을 그렇게 설명한다.

은기도가 은혜를 입는 성지라는 정통성은 億岐三子洲^{오 키노미쓰고노시마}라고 칭하는 것이나 위원중국을 수호하는 도대명신이 진좌한다는 관념으로 보장된다. 억기삼자주와 위원중국은 『고사기』가 이야기하는 도명과 국명으로 고천원의 수호가 보장되는 세계다. 시전고당은 그런 국명과 도명을 언급하는 것에 그치지 않고,

옛날의 도리를 알려주는 『古事記』^{코 지 키}나 鹿尾藻^{하 지 키} 같은 것들을 뒤섞어서 깊은 맛을 보는 것도 좋은 일일 것이다. 그렇게 해서 변하지 않는 깊은 맛이나, 새로운 잎을 씹어 보면 세상의 도리도 의외로 입에 맞는다는 것을 알고, 그것을 이해한다고, 공공연히 말할 것이다.[28]

라고 『고사기』와 「하지키」를 쌍으로 해서 은기도를 『고사기』의 세계와 연결한다. 그것은 『古事記』^{코 지 키}와 鹿尾藻^{하 지 키}가 비슷한 음을 활용한 희문이다. 난해하여 접근하기 어려운 『고사기』를 섬사람들에게 익숙한 해조와 쌍으로 해서 친숙하게 하는 방법이었다.

---

26 忠臣不仕二君, 貞女不更二夫(『史記』, 田単伝).

27 赤貝を螺事や蜆(P.227)と蛎付島々にあり其掟には貞女両夫ニまみへず(p.229). 光りを仰く武蔵野々月くもらぬ御代の照る日影(『長生竹島記』, p.237).

28 古道と云ひ古事記鹿尾藻を競ニあへて替らぬ味の古さや新しき事の葉草をかみしめ(『長生竹島記』, p.229).

시전의 의도를 알기 어려우나『고사기』가 여러 고사를 수집하여 일본을 천하의 중심에 위치시켰듯이『장생죽도기』도 은기도·송도·죽도 등에 관련된 여러 고사들을 인용하는 방법으로 은기도를 천하의 중심에 위치시킨다. 고사를 모아 편찬한『고사기』나『장생 죽도기』의 내용을 음미하면 음미할수록 이해할 수 있다는 것을 해초를 넣고 비빈 음식을 씹을수록 맛있다는 것에 비유한 것이다. 무엇이든 음미하면 맛을 알고 입에 맞듯이『고사 기』도 숙독 완미하면 그것이 말하는 의미를 알게 되어, 오래 된 것에서 새로운 것을 발견할 수 있다는 것이다. 은기도와 죽도의 관계를 이야기하는 시전이『고사기』를 숙독 완미하면 알게 된다고 말하는 것은『고사기』의 논리를 근거로 은기도와 죽도의 관계를 설명하는 것을 목적으로 한다.

(2)『고사기』와『장생죽도기』의 세계

『장생죽도기』는 은기국이라고 칭한 은기도를 위원중국의 사귀를 제거하라는 고천원의 명을 받은 도대명신이 진좌하는 곳이라 했다. 은기도를 위원중국과 동격화하는 일이다. 隱伎之三子乃島와 동격화된 위원중국이 어떤 세계인지는『고사기』를 통해서 알 수 있다. 또 그것을 아는 것이 시전이 말하는 은기도의 의미를 이해하는 조건이다.

은기도를『고사기』는 隱伎之三子島로,『日本書紀』는 億岐洲·億岐三子洲로 표기하고, 그것과 같이 생성된 8도를『고사기』는 大八島国로,『일본서기』는 大八洲国로 표기하여, 島와 洲가 통자로 사용했다. 그래서『장생죽도기』의 隱伎之三子乃島는『고사기』의 隱伎之三子島와 동도라 할 수 있다. 시전의 시대는『고사기』와『일본서기』신화를 記紀神話라며 양서의 공통성을, 그것들의 논리 내지 전체상

을 제외하고, 공통된 부분만을 중시하며 같은 신화로 보려 했다.[29] 隱
伎之三子島（키 노 미쓰고노시마）와 億岐三子洲（오 키노미쓰고노시마）도 엄격히 구별하는 일 없이 혼용하고 있
었다.

『고사기』의 「은기지삼자도」는 고천원의 여러 천신들의 명을 받고
천강한 伊耶那岐命（이 자 나 키노미코토）와 伊耶那美命（이 자 나 미노미코토）가 낳은 대팔도국의 8도 중에서 3
번째 섬이었는데, 대팔도국에는 두 가지 의미가 있다. 이야나 남매가
낳은 대팔도국과 고천원을 통치하는 天照大御神（아마테라스오호 미 카미）의 혈통을 이은 천황
이 통치하는 천하의 대팔도국이다. 이야나 남매가 낳은 8도를 大國主
神（오오쿠니누시노 카미）가 대팔도국이라는 나라로 완성해서 고천원에 헌상한다. 그러자 고
천원을 통치하는 천조대어신는 자신의 혈통을 계승한 천손을 천강시
켜 통치하게 하면서, 대팔도국을 위원중국으로 개명했다. 당시 천하에
는 黃泉国（요 미노쿠니）·根之堅州国（네 노 카타 스 쿠니）·海神国（와타쓰미노쿠니）도 존재했으나, 고천원은 위원중국과
만 교류하며 수호한다. 그래서 위원중국은 천하에 같이 존재하는 황천
국·근지견주국·해신국을 주변국으로 하는 중심국이 된다.[30] 원래 위
원중국은 고천원에서 내려온 이야나 남매가 생성했기 때문에 고천원
에 소속된다.[31]

위원중국은 고천원이 파견한 천손의 후예가 통치하는 日向（휴우 가） 3대를
거쳐, 천황이 통치하게 되면서 위원중국은 다시 이름을 대팔도국으로
바꾼다. 그래서 대팔도국은 위원중국을 수호하던 고천원의 수호를 계
속해서 보장 받는 세계로, 천황들이 통치하는 천하였다.[32] 그 천하에는
대팔도국 외에도 百濟（쿠다 라）와 新羅（시라 기）도 존재하는데, 고천원이 대팔도국만

29 神野志隆光『古事記』天皇の世界の物語, 日本放送出版協会, 1995, p.42.
30 神野志隆光『古事記の世界観』, 吉川弘文館, 1986, p.150.
31 神野志隆光『古事記の達成』, 東京大学出版会, 1983, p.114·120.
32 神野志隆光『古事記の世界観』, 前掲注30, p.163.

수호하기 때문에, 백세와 신라는 대팔도국의 주변국이어야 한다. 그것은 현실의 역사와는 다른 일로, 모든 세상이 천황의 세계에 포함된다는 관념의 확인이다.[33] 위원중국이 고천원과 교류한다는 것을 정통성으로 해서 황천국·근지견주국·해신국을 주변국으로 했던 것처럼, 신화적 세계인 위원중국은 현실 세계의 대팔도국으로 개명하여, 천하의 중심, 즉 세계의 중심에 위치한다.[34]

그런『고사기』의 논리라면, 은기도를 고천원이 수호한다면, 주변의 섬들은 무조건 은기도에 복속되어야 한다. 시전이 고기록을 모아『장생죽도기』를 편찬할 당시의 사회적 염원은 죽도에 다시 도해하는 일이었다. 1696년에 막부가 일본인의 죽도도해를 금지시켰는데, 그것은 그때까지 죽도에 도해하며 이익을 얻고 있던 당사자들만이 아니라, 도해하는 선원들이나 죽도전복을 막부에 헌상하던 조취번 등이 불편해지는 일이었다. 따라서 예전처럼 죽도에 도해하여 이익을 얻고 싶다는 것이 지역사회의 인식이었다.[35] 그런 사회적 인식을『죽도고』를 편찬한 강도정의는

> 이국 어민들의 간계로 오랫동안 우리의 속지를 빼앗긴 것을 마음이 있는 자라면 누가 안타깝게 생각하지 않겠는가.[36]

원래 伯耆国가 개발하고 도해하던 죽도를 조선 어민의 간계로 빼

---

33 神野志隆光『古事記をよむ』下, NHK出版, 1994, p.114.
34 『古事記の世界観』, p.153.
35 池内敏『大君外交と「武威」』, 名古屋大学出版会, 2006, p.362.
36 異邦ノ漁豎ガ奸濫ニ依テ永ク吾屬地ヲ奪攘セラレシ事有心者誰カ不ン惜之ヲ (권혁성 역『竹島考』上巻, 人文社, 2013, p.18).

앗겨, 지역사회의 모두가 분하게 여기고 있다며, 자신의 편찬물이 죽도도해의 재개에 조금이라도 참고가 되고, 국가에 도움이 된다면 영원한 행복이라 했다. 죽도도해의 재개를 염원하는 지역사회의 염원이 얼마나 컸는가를 알 수 있다.

강도정의가 죽도도해의 재개를 염원하는 사회적 염원에 응하여『죽도고』를 편찬했다는데, 그것은『장생죽도기』도 마찬가지였다. 사회적 염원에 응하여『장생죽도기』를 편찬하려는 시전에게, 고천원의 수호를 받는 공간이 천하의 중심이 된다는『고사기』의 논리는 더 없이 좋은 근거였다. 은기도를 고천원이 수호한다는 것만 확인하면, 죽도와 송도를 은기도에 부속시키는 정통성을 확보할 수 있고, 은기도를 세계의 중심에 위치시킬 수 있기 때문이다. 그래서 시전은 은기도를 위원중국를 수호하는 도대명신이 진좌하는 섬으로 한 것이다. 시전은

> 옛날에, 도대명신은 위원중국의 사귀를 제거하라는 명을 받고 출운국 북방에 있는 나라의 바닥에 사귀를 잡아가두기 위해, 그 북쪽의 끝 은기도 도후의 복포항에 진좌하셨다. 그 신의 위력과 영위는 분명하여 모두가 숭경하게 되었다.[37]

은기도를 위원중국의 사귀를 제거하라는 명을 받은 도대명신이 진좌하는 섬으로 해서, 고천원이 수호하는 섬으로 전환시켰다. 옛날(昔日)은 위원중국을 근거로 해서『고사기』가 말하는 신화의 시대를 의미한다. 이곳의 북방에 있는 나라(子ノ国)는 두 가지로 해석할 수 있

---

37 昔日渡ル大明神ハ欲ズ令撥葦原中ツ国之邪鬼ヲ故ニ子ノ国の底隠岐洲島後福浦港に鎮座ましまして神靈露顯にして諸人崇敬奉るなり(『長生竹島記』, p.89).

다. 하나는 은기도가 출운국의 북방(子)에 있는 것에 의한 지리적 호칭으로 볼 수 있고, 또 하나는 『고사기』가 말하는 근지견주국의 根로 볼 수 있다. 그럴 때의 「네」는 은기도의 끝(端,果,底)인 도후의 복포에 해당한다.

『일본서기』는 근지견주국을 根国·根之国로 표기하는데, 기기신화론자들은 원래의 신화가 체계화되면서 고도로 정치화 된다는 발전단계론을 말하며,[38] 상황에 따라 『고사기』에 활용되는 경우나 『일본서기』에 활용되는 경우를 구별하지 않고 같은 의미로 혼용한다. 津田左右吉나 岡田精司가 대표하는 그런 주장은 현재도 통용되기 때문에, 시전이 『고사기』와 『일본서기』의 내용을 구별하지 않고 혼용하는 일은 당연했을 수 있다.

위원중국의 사기를 몰아내는 도대명신을 은기도에 파견하여 진좌시킬 수 있는 세계는 고천원 이외는 생각할 수 없다. 따라서 은기도에 도대명신이 진좌한다는 것은 고천원을 통치하는 천조대어신의 명에 따른 것으로 보아야 한다. 고천원의 천조대어신의 뜻에 따라 도대명신이 은기도에 진좌하므로 은기도는 고천원의 질서에 포섭되고, 고천원의 질서로 통치된다. 그러기 때문에 주변의 도서들은 은기도에 부속되어야 한다.

도대명신의 수호를 시전은 이렇게 설명한다.

> 선기를 달고, 신사의 탁선을 받아 좋은 날씨를 얻어 나가는 것이다. 물가에 뜬 배의 노젓는 소리가 울려 퍼질 때, 출범하거나 귀범할 때, 보통 때는 보지 못하던 오리 한 마리가 허공에서 날아 온다 한다.

---

38 神野志隆光 『古事記』, 日本放送出版協會, 1995, p.41.

출범할 때는 죽도환 사공의 얼굴 앞에 그 오리가 있다. 귀범할 때는 오리가 삿대에 앉아있다. 도대명신의 영험의 상징을, 기특함을 보여 주시는 것이다.[39]

　죽도환이 죽도에 오갈 때 오리로 화생한 도대명신이 배의 좌현에 앉아 항로를 안내한다. 시전은 그것을 영령이 나타나는 증거라 했다. 그처럼 고천원이 은기도를 수호하기 때문에 주변의 섬들을 저절로 은기도에 부속하게 된다는 것이다.

　도대명신이 죽도에 왕래하는 선박을 수호한다는 것은 죽도에 도해하여 부를 구축하려는 목적을 이루게 해주는 일로, 이야나기명이 황천국을 방문했기 때문에 고천원을 통치하는 천조대어신을 화생시킬 수 있었던 일, 대국주신이 근지견주국을 방문했기 때문에 이복형제들의 탄압을 억누르고 절대신이 될 수 있었던 일, 천손이 해신국을 방문하여 신혼을 맺었기 때문에 일향 3대를 열 수 있었던 일 등과 같은 일이다. 모두 고천원의 수호로 가능한 일이었다.

　시전이 은기도를 『고사기』의 섬으로 칭하고 위원중국의 사기를 몰아내는 도대명신이 진좌하는 곳으로 한 이유가 바로 이것이었다. 은기도를 고천원의 질서로 통치되는 위원중국으로 전환하여 은기도가 천하의 중심이라는 정통성을 부여한다. 그렇게 은기도가 천하의 중심이라는 정통성을 확보하는 일은 주변의 송도나 죽도를 자연스럽게 은기도에 부속시키는 일이다. 그렇게 송도와 죽도가 은기도의 부속도라는 정통성을 『고사기』의 논리로 확보하는 것은, 일본인들의 송도와 죽도

---

39 船印をたて則此神社託宣ノ日和を希ひ汀ニ浮む出船の櫓聲然ル時出帆帰帆ともに常に見馴れざる鴨一羽虚空より来り竹島丸取楫の面先に居る又帰帆にはとも楫に居る靈顕奇特之程露顕し(『長生竹島記』, p.93·95).

도해에 정통성을 부여하는 일로, 죽도에 도해하려는 지역사회의 염원에 부응하는 일이었다.

(3) 은기도로 한정되는 세계

안용복의 일본 경험은 1693년(元禄六)에 연행된 것과 1696년에 조취번을 방문한 것으로 한정하는 것이 통설이다. 1693년에 9인이 죽도에서 어렵하던 중에 박어둔과 같이 연행되었으나 1696년에는 11인의 일행이 대마번의 비리를 소송하기 위해 조취번을 방문했다. 그 일행에 박어둔은 포함되지 않았다. 그것을 『장생죽도기』는 1693년에 은기도에 연행되었다 송환된 다음 해인 1694년에 안용복과 박어둔이 은기도를 찾은 것으로 했다. 1693년 4월 18일에 죽도에서 연행된 2인은 12월 10일에 동래부에 송환되었으나, 안용복은 2년형의 복역 중이었으므로 1694년에 은기도를 방문할 상황이 아니었다.

1693년에 연행된 둘은 은기도만이 아니라 조취번과 강호를 거친 다음에 장기로 송환되었는데 『장생죽도기』는 은기도에서 장기로 직행한 것으로 하여, 둘의 행적을 은기도로 한정한다. 막부는 은기도에 2개월 간 억류된 둘에게 조선으로 돌아가라는 명을 내렸고, 둘은 특별한 대접을 받으며 장기를 거쳐 조선으로 송환된 것으로 했다.[40]

1693년에 안용복과 박어둔이 납치되었다 송환될 때 후대 받은 것은 사실이나, 그것은 조취번에서 장기로 이송될 때의 일이었다. 은기도에서 미자로 이송될 때나 대곡가에 구금되었을 때는 국경을 침범한 죄인으로 취급되었다. 둘을 납치한 대곡가의 『발서공』이나 안용복을 심문한 대마번의 『죽도기사』, 강도정의의 『죽도고』 등에 따르면, 둘은 은

---

40 肥前長崎の屋敷を差て馬上ゆゝしく帰けれ(『長生竹島記』, p.239).

기도의 복포를 떠나 동도의 도전·출운국의 長浜·미자·조취번·강호

를 거쳐 장기로 이송되었다.[41] 그런 기록에 의하면 은기도에 머문 것은

6일로, 미자에 1개월, 조취에 6일을 머물렀다. 그리고 6월 7일에 둘은

가마에 타고 90인이 호송하는 가운데 6월 30일에 장기에 도착한다. 23

일 간의 호송이었다.[42]

　여기서 주의할 것은 둘의 강호행이다. 안용복을 납치한 대곡가의

『발서공』과 향토지『백기지』가 안용복과 박어둔을 강호로 이송한 것

으로 기록했다. 그런데도 충분한 검증도 없이 강호행은 부정된다.

　시전은 둘의 행정을 은기도에서 장기로 직행한 것으로 하면서도 장

기에서 이루어진 인계인수의 과정이나 대마번의 대응 등은 언급하지

않았다. 둘의 행적을 몰랐거나 확인할 수 있는 자료가 없어서가 아니

었다. 둘의 은기도 이외의 행적을 확인할 수 있는 자료는 많았고 구하

려면 쉽게 구할 수도 있었다.『죽도고』를 편찬한 강도가 죽도에 관한

자료는 군이 구하려고 하지 않아도 구할 수 있었고, 조취번이 막부에

보고했던 기록이나 지도를 가져다 주는 자도 있었다고 말했을 정도였

다. 따라서 고기록을 모아서『장생죽도기』편찬한 시전도 안용복과 박

어둔이 은기도를 떠난 후의 행정은 알고 있었던 것으로 보아야 한다.

그런데도 은기도에서 장기로 직행한 것으로 처리한 것은 둘의 행적을

은기도로 한정할 필요가 있었기 때문이다. 송도와 죽도를 은기도의 부

41　鳥府表江唐人被召 船頭黒兵衛始水主召連 勝房後見藤兵衛出府 唐人道中為警固
　　御組士加納郷右衛門様尾　　関忠兵衛様 右御両則鳥府表御吟味之上 唐人江府江
　　御引渡 則江戸相済順々御贈帰卜成ル(權五曄·大西俊輝 編譯注『竹島渡海由來記
　　抜書控』下, 한국학술정보, p.56; 番士加納氏尾関氏守護たり, 異人江戸に召され
　　て本土に送らる(田村清三郎『島根県竹島の新研究』, 島根縣總務部, 2010, p.13).

42　朝鮮人弐人五月七日因幡発足六月晦日長崎江到着因幡より護送之御使者 (중략)
　　惣人数九拾余人相附尤朝鮮人駕籠にて被相送候(權五曄·大西俊輝편역주『竹嶋
　　紀事』1~1, 한국학술정보, 2011, p.227).

속도로 위치시키는 것과 같은 필요성이 있었다.

안용복과 박어둔의 두 번째의 경험에는 문제가 더 많다. 기록에 의하면 안용복의 조취번 방문은 1696년이었고, 11인의 일행에 박어둔은 포함되지 않았다. 박어둔은 죽도에 남아서 안용복 일행이 조취번을 방문하고 돌아오는 것을 기다리고 있었다.[43] 1696년에 안용복 일행이 은기도에 들린 것도, 조취번으로 가던 도중에 폭풍을 만났기 때문이었다. 일행은 은기도에 표착하자 5월 20일에 大久村의 代官所(오오쿠무라)(다이칸쇼)를 찾아가[44] 조취번을 방문하다 표착한 사실을 설명했다. 그리고 6월 2, 3일 까지 머물다 4일에 조취번의 赤崎(아카사키)에 나타난다.[45] 이후의 일행은 靑谷의(아오야) 專念寺(센넨지)·賀路(카로)의 東善寺(토우젠지)를 거쳐 조취번의 町會所(쵸우카이쇼)에 머물며 대마번의 비리를 막부에 고발했다. 그리고 7월 17일에 湖山池(코야마이케)의 靑島(아오시마)로 옮겨서 머물다 8월 6일이 조취의 賀路(카로)를 떠나 강원도 양양으로 귀환한다.[46]

말하자면 1696년의 안용복 일행은 5월 15일에 죽도를 떠나 20일에 은기도의 대구촌에 표착하여, 조취번의 적기·전념사·동선사·정회소·호산지의 청도 등지에 머물다 8월 6일에 조취번의 하로를 출선하여 강원도 양양으로 귀환했다. 하로항을 떠나 귀국하는 도중에 은기도에 들렸는지의 여부는 확인할 수 없으나, 양양에서 8월에 체포되었으므로, 일본에 75일간 머문 것이 된다. 그 중 은기도에는 2주일 정도 머물렀다. 그것을 시전은 반일 정도의 방문으로 했다. 두 사람이 온 방향도 밝히

---

43 安龍福ととらべ弍人四年已前酉夏竹嶋ニ而伯州之舟ニ被連まいり候其とらべも此度召連参竹嶋ニ残置申候(權五曄·大西俊輝편역『元祿覺書』, 제이앤씨, 2009, p.186).

44 五月十五日竹嶋出船同日松嶋江着同十六日松嶋ヲ出十八日之朝隠岐嶋之内西村之礒へ着同日ニ大久村江入津仕候(『元祿覺書』, p.176).

45 元祿九年六月四日伯耆ノ國赤崎灘へ朝鮮國ノ舩着舶セル由(權赫晟역『竹島考』하권, 人文社, 2013, p.283).

46 朝鮮人今朝加路出舩歸帆付江戸御屆之爲(『控帳』, p.181).

지 않았으나, 수 백리의 항로를 2리밖에 틀리지 않았다며 둘의 능력을 평가한 것을 보아,[47] 조선에서 왔다가 조선으로 돌아간 것으로 본 것 같다. 그렇게 시전은 은기도 이외의 행적을 생략하여, 조선인의 행적을 은기도로 한정했다.

따라서 은기도에서 장기로 직송되었다는 1693년의 행적이나. 조선에서 은기도를 찾아가 반일 정도 머물다 조선으로 돌아간 것으로 한 1694년의 행적은 사실에 근거하는 기록으로 볼 수 없다. 조선인의 일본 경험을 은기도에 한정하기 위한 윤색이었다. 특히 1694년의 보은방문은, 1696년의 조취번 방문을 윤색했거나 다른 일본 경험에 근거하는 내용으로 보아야 한다.

4. 송도와 죽도의 쌍

시전고당은 서문에서 「은기도 서해의 먼 곳에 천대 만대에 걸쳐 영원하다는 송도와 죽도」가 존재한다는 사실을 밝혔다. 그렇게 쌍으로 병기된 송도와 죽도가 천대만대에 걸쳐 영원하다는 것은, 단단한 바위에 녹음이 우거져 있다는 것에 근거하는 사고이지만, 송도와 죽도가 쌍을 이루기 때문이라는 의미도 있다. 그것은 시전이 결어에서 녹음이 우거진 송도와 죽도가 쌍을 이루는 것은 음양의 화합을 나타내는 것으로, 소나무에는 대나무가 저절로 첨부되는 것이라고 말한 것으로 알 수 있는 일이다.[48]

---

47 二里針の立違ひへいたしけれと数百里の道也(『長生竹島記』, p.271).
48 みとり色添ふ其栄へ島の謂も陰陽和合松には竹の添ふものそかし松竹の繁れる(『長生竹島記』, p.297).

시전은 송도와 죽도를 설명하면서 양도의 녹음을 칭송하는 노래를 읊었다.

하늘의 색도 온통 녹색의 송도로구나 구름도 바람도 떨쳐내는 나무 끝.[49]

송도에 우거진 송림의 녹음으로 하늘과 바다가 온통 녹색으로 물들고, 그 해상에 푸른 송도가 떠있고, 송도의 우거진 소나무 가지가 구름과 바람을 털어내는 것처럼 노래했다. 소나무도 파자 「十八公」로 표현하여 소나무가 우거진 송도로 일반화하려 했다. 죽도의 경우는

좋아질 세상, 우거진 대나무에 영원을 기원한다, 녹색이 짙은 섬이 더욱 그윽하다.[50]

죽도이기 때문에 대나무가 우거진 것으로 노래하여, 송도의 녹색이 소나무의 녹색을 노래했다는 것을 알 수 있다. 이렇게 송도에는 소나무가 무성하고 죽도에는 대나무가 무성하다는 것이 시전의 관념이었다. 그런데 송도가 수목이 자리지 못하는 암도라는 것은 한 눈에 알 수 있기 때문에 죽도에 도해하는 자들은 다 아는 일이었다. 촌천가가 받은 서찰에

죽도 가까운 곳에 있는 소도(중략) 그 섬에는 초목도 없는 곳이다.[51]

---

49 空の色も 一つ緑の 松島かな 雲も嵐も 払う木末は(『長生竹島記』, p.69).
50 よしや世の 繁れる竹に 千代こめて 猶色深き 奥ぞゆかしき(『長生竹島記』, p.79).
51 彼島草木も無御座候之所(川上健三『竹島の歷史地理的研究』, 古今書院, 1906,

초목이 자라지 않는 송도라고 기록되었다. 대곡가가 순검사에게 제출한 서찰에도

죽도에 가는 길목 20정 정도에 소도가 있습니다. 초목이 없는 암도입니다.[52]

죽도에 도해할 때 들리는 송도에는 초목이 자라지 않는다는 내용이 기록되어 있다. 『장생죽도기』가 편찬되기 120년 전의 기록으로, 송도는 수목이 자랄 수 없는 암도라는 사실이 널리 알려졌다는 것을 알 수 있다. 그런 사실은 1904년에 中井養三郎^{나카 이 요우자부로우}가 죽도에 도해하겠다며 제출한 「松島貸下願」^{마쓰시마카시사게네가이}[53]의 「정상에 약간의 토양이 있어 잡초가 자랄 뿐, 전도에 하나의 수목이 없다」라는 내용을 통해서도 알 수 있다.[54] 1906년에 송도를 죽도로 개명하고 시찰하는 시찰단에 참가했던 奧原碧雲^{오쿠하라헤키 운}도 암골이 노출된 상부에 약간의 경토가 있어 잡초가 자랄 뿐 한 그루의 수목이 없다고 말한 후에

죽도는 이름뿐이로구나 찾아와 보았더니 옛날부터 바위뿐이었구나.[55]

---

p.78); 權五曄역 『日本의 獨島論理』, 백산자료원, 2010, p.86.

52 竹嶋之道筋廿町斗廻申候小嶋御座候. 草木無御座岩山ニ而御座候(權五曄·大西俊輝편역주 『竹島渡海有来記抜書控』上, p.246).

53 한때 일본은 울릉도를 죽도가 아닌 송도로 혼동하여 부른 일이 있다.

54 其頂上ニハ僅に土壌ッヲ冠リ雑草之ニ生ずるノミ全島一の樹木ナシ(『竹島の歴史地理學的研究』, p.209; 『日本의 獨島論理』, p.242).

55 竹島は, 名のみなりけり, 來て見れば, 神代なが, 岩のみにして(奧原碧雲 『竹島及鬱陵島』, 報光社, 1907, p.116; 권오엽 역주 『죽도 및 울릉도』, 한국학술정보, 2011, p.27·252).

죽도(울릉도)라는 도명과 달리 대나무도 자라지 않는 암도라고 읊었다. 죽도의 고기록을 모아 『장생죽도기』를 편찬한 시전이 몰랐을 리 없는 사실이다. 그런데도 송도(독도)를 녹도로 기록하고 노래한 것은, 송도와 쌍을 이루는 죽도(울릉도)가 녹음이 풍부한 섬이기 때문에, 쌍을 이루는 송도는 소나무가 우거진 섬이어야 한다는 관념 때문이었다. 그것이 송도라는 도명에도 어울린다. 그래야 녹색의 단단한 양도가 천 대만대의 장생을 보장한다는 관념에 근거해서 명명한 『장생죽도기』를 견문하면 장생을 보장받을 수 있다는 관념이 완성된다. 송도를 사실 그대로 묘사하게 되면 송죽사상에 결함이 생기고, 송도와 죽도를 쌍으로 엮을 수 있는 근거가 상실되어, 송도를 근거로 하는 죽도의 영유를 주장할 수 없게 된다.

시전이 송도를 소나무가 우거진 녹도라고 묘사하는 일은 죽도도해를 염원하는 지역주민들의 기대에 부응하는 일이었다. 역사나 지리적 사실에 근거해서는 지역의 염원에 응할 수 없다는 것을 아는 시전은 소나무와 대나무가 쌍을 이루는 송죽사상을 근거로 해서, 송도와 죽도에 도해할 수 있는 정통성을 구하려 한 것이다.

그러나 막부기 1696년에 내린 죽도도해금지령으로, 죽도는 물론 송도에 도해하는 일이 금지되어, 지역사회의 염원을 실현하는 일은 불가능했다. 그래서 일단은 죽도도해금지령에 직접 언급되지 않은 송도를 관념의 영토로 설정하고,[56] 송과 죽이 쌍을 이루는 송죽사상에 근거해서, 송도가 일본령이기 때문에 죽도도 일본령이라는 관념의 논리를 구

---

[56] 江戸幕府는 竹島와 松島가 鳥取藩의 영지가 아니라는 사실, 大谷家와 村川家 이외에는 아무도 竹島와 松島에 도해하지않는다는 것을 확인하고 1696년 1월 28일에 일본인의 죽도도해를 금지시켰다. 양가가 죽도에 도해하는 길에 송도에 들린다는 사실까지 확인하여, 도해를 금한 죽도에 송도도 포함된다.

축하려 한 것이다. 그런 필요성에 의해 시전은 송도는「일본 서해의 끝에 있는 섬이다」라고, 송도를 일본의 섬으로 단정했다.[57] 아무런 근거가 없는 단정으로 1696년의 죽도도해금지령에 반한다. 그런데도 시전은 송도가 일본 의 영지라는 근거를 다음처럼 설명한다.

> 본조의 동쪽 奧州(오우슈우)에 송도가 있다. 또 앞에서 말한 송도가 서쪽에 있다. 또 조선 가까운 곳에 본조의 섬이 아닐까라고 생각되는 죽도가 있다. 녹색으로 뒤덮여 번성하는 섬이다. 음양의 화합을 나타내는 섬이다. 송에는 죽이 저절로 첨부된다.[58]

일본의 동방에 송도가 있으므로 서방의 송도도 일본의 섬이라는 것이다. 송도가「동서」에 쌍으로 존재하기 때문에 양방의 송도가 일본의 영지라는 주장이다. 사방의 동서를 근거로 해서 송도 영유에 대한 정통성을 확보하려 한 것이다. 그리고「앞에서 말한」이라는 표현으로「송도 는 일본 서해의 끝이다」라고 단정했던 말을 상기시킨 후에「조선 가까운 곳에 본조의 섬이 아닐까라고 생각되는 죽도가 있다」고, 죽도가 일본령일 가능성을 제시했다. 송도를 일본령으로 단정하고 그것을 죽도 영유의 근거로 삼아, 죽도도해의 재개를 원하는 지역사회의 염원에 적극적으로 호응한 것이다.

지역사회의 염원을 실현시킬 수 있는 정통성을 확보하기 위해, 시전은 송도와 죽도가 녹색으로 뒤덮인 섬이고, 음양의 화합을 이루는

57　これぞ聞伝ふ松島哉と遠見す本朝西海のはて也(『長生竹島記』, p.73).
58　扨本朝の東奥州ニ松島有り上件ニ云西ニ是なる松嶋あり又高麗を近ふてし本朝ならん竹島ありみとり色添ふ其栄へ島の謂も陰陽和合松には竹の添ふものそかし(『長生竹島記』, p.295・297).

섬이라고 단정한다. 죽도가 조선령이라는 사실은 잘 알고 있지만, 그곳의 도해가 재개되기를 원하는 지역사회의 염원에 부응하는 논리를 구축하겠다며 송죽사상과 음양사상을 동원한 것이다. 그런 사상에 의하면 송도가 음이면 죽도는 양이고 송도가 양이면 죽도는 음이 되어, 저절로 쌍을 이루게 된다.

그런 목적이 설정되면 죽도의 지리 역사적 사실은 문제가 되지 않는다. 시전은 죽도가 조선에서 30리 정도의 거리에 위치한다는 사실도 알고 있었다. 죽도환의 선원들이 1696년에 조선인을 연행하여 도망칠 때의 일이었다.

> 조선에서 30리도 되지 않아 바라 보인다. 신호라도 하면 일시에 사람들이 달려올 것이다.[59]

죽도에서 조선이 얼마나 가까운가를 강조했다. 이것은 「은기도에서 아주 멀리 떨어진 죽도」라는 서문과 대응하는 표현으로 죽도가 지리적으로 조선의 섬이라는 인식에 근거하는 표현이다. 시전은 그렇게 죽도가 조선에 가깝다는 사실을 확인하면서도 일본의 섬일까라는 의견을 피력한다. 그만큼 미련이 컸다. 지역사회의 염원에 응하려는 의사의 표현이고 송도를 일본의 섬으로 단정한 것에 근거하는 미련이었다.

시전의 지역사회의 염원을 달성하려는 시도는 송도와 죽도의 영유를 송죽사상으로 확인하려는 것 외에도 일본 고유의 천하사상을 활용하는 방법도 동원한다. 시전은 『고사기』가 말하는 천하사상과 밀접한

---

[59] 朝鮮三十里ニ不足見渡之なり相図もいたさば一時ニ襲来らん(『長生竹島記』, p.155).

출운대사의 신주(신관)으로『고사기』의 천하사상과 무관할 수 없었다. 그 세계에서는 천조대어신이 주재하는 고천원과 관계를 가지는 나라가 천하의 중심이다.

『고사기』가 이야기하는 지상에는 위원중국·근지견주국·황천국·해신국이 존재하는데, 위원중국만이 고천원과 교류하기 때문에, 다른 나라들은 모두 위원중국에 복속해야 한다.

그런 신화의 나라, 즉 신들이 다스리던 위원중국을 천황들이 다스리게 되면서 대팔도국으로 국명을 바꿨다. 그래도 하늘을 다스리는 천신의 혈통을 계승한 천손이 다스리기 때문에, 대팔도국은 역사적 세계에서도 신화의 세계를 계승하여 천하의 중심이 된다. 그래서 대팔도국과 같이 존재하는 신라와 백제는 복속하여 조공해야 한다. 그것이『고사기』의 천하사상이다.

『장생죽도기』에는 은기도와 송도와 죽도가 공존하는데, 시전은 은기도를 위원중국의 사귀를 몰아내는 도대명신이 진좌하는 섬으로 전환했다. 그렇게 되면 은기도가 위원중국처럼 고천원과 교류하는 섬이 되어, 같이 존재하는 송도와 죽도는 저절로 은기도에 부속된다. 그래서 송도와 죽도는 일본의 은기도에 부속되는 섬, 일본의 영지라는 결론이 도출된다. 죽도도해의 재개를 원하는 지역민사회의 염원을 달성하는데 이 보다 더 좋은 관념의 실현은 있을 수 없다.

고천원의 수호가 천하의 중심이 되는 정통성이라는『고사기』의 논리라면, 고천원이 수호하는 은기도가 송도와 죽도를 거느리는 것은 당연한 일이다. 그런 논리에 근거하면 시전이「조선국·은기국·출운국」의 3국의 쌍과「죽도·송도·은기도」라는 3도의 쌍, 학과 같다는「판옥하병위·춘의좌위문·사전고당」의 3옹의 쌍을 열거한 이유가 분

멍해진다.[60]

「3옹의 쌍」은 장수한 3옹이 관여한 책이기 때문에 장수를 보장한다는 의미이므로, 삼국과 삼도의 쌍과는 성격을 달리 한다. 「조선국·은기국·출운국」이라는 3국의 쌍은 국가와 지역을 의미하는 「국」의 조합으로, 차원을 달리 하는 3쌍이다. 그런데도 시전은 3쌍으로 묶는 방법으로 동격화 하여, 조선국을 출운국이나 은기국과 동격화하여 일본에 부속하는 나라에 위치시킨다. 은기국과 출운국은 어떤 형태로든 고천원과 유관하지만 조선국은 아무런 관계를 가지지 못하여, 고천원이 수호하는 은기국이나 출운국과 동격일 수 없어, 주변국으로 전락하고 만다.

「송도·죽도·은기도」라는 3쌍의 경우도 마찬가지다. 3도 중에서 고천원이 수호하는 것은 은기도뿐이기 때문에, 송도와 죽도는 자동적으로 은기도에 부속된다. 시전은 그런 결론을 목적으로 해서 쌍이나 3쌍으로 설명하고 은기도를 도대명신이 진좌하는 섬으로 설정한 것이다.

5. 결론

시전고당은 송도와 죽도가 녹색의 암도이기 때문에 영원하다며 그런 관념을 정리한 편찬물을 『장생죽도기』로 명명한다. 그리고 그것을 견문하면 장생이 보장된다고 했다. 사실일 수 없는 의견으로 송죽사상에 근거하는 관념이다. 그래서 『장생죽도기』에는 허구가 많다.

---

60 朝鮮隠雲三ヶ国の長生の揃ひ実ニ三島鶴の乾坤幷し宿りとも云フヘし(『長生竹島記』, p.291).

죽도도해가 시작된 시기의 오류를 비롯해서, 죽도에 대곡가와 촌천가 외에 궁천가도 도해한 것으로 한 것, 안용복의 경험을 은기도에 한정한 것, 1694년에 도해한 일행을 2인으로 한 것, 은기 체류를 반일로 한 것, 송도를 수목이 무성한 섬으로 묘사한 것 등이 대표적인 허구다.

시전은 사물을 둘이나 셋을 쌍으로 묶는 방법으로 동질화한다. 송도와 죽도를 쌍으로 묶는 것은 소나무와 대나무가 쌍을 이룬다는 송죽사상에 근거하는데, 그것은 일본의 서방에 존재하는 송도와 죽도의 영유를 주장하는 것을 목적으로 한다. 동방의 송도가 일본의 영지이기 때문에 서방의 송도도 일본의 영지라는 논리를 구축하고, 송도가 일본의 영지이기 때문에 송도의 서방에 위치하는 죽도도 일본의 영지라는 논리로 발전한다. 그런 논리이기 때문에 시전은 송도가 일본 서해의 끝이라는 주장을 해야 했다. 그것은 사실이 아니라 송죽사상에 근거하는 관념에 근거하는 주장인데, 그런 관념에 근거하면 송도와 죽도의 지리적 사실이나 막부가 1696년에 내린 죽도도해금지령 같은 것은 문제가 되지 않는다. 관념이 사실보다 우선하기 때문이다.

그런데 죽도가 일본의 섬이라는 관념은 시전에 한정된 일이 아니었다. 1696년에 막부는 일본어민들의 죽도도해를 금지시켰는데, 죽도도해로 얻는 이익은 당사자들에게만 한정되는 것이 아니었다. 그것에 관계되는 선원들이나 죽도 산물을 막부에 헌상하던 조취번에 이르기까지 지역사회의 많은 사람들도 이익을 얻고 있었다. 그래서 지역사회는 죽도도해의 재개를 원하고 있었다. 강도가 자신의 편찬물의 한 구절이라도 도해 재개에 도움이 되면 영원한 행복이라고 말할 정도였다. 시전도 그런 지역사회의 염원에 응하여 『장생죽도기』를 편찬했기 때문에, 죽도가 조선의 영지라는 것을 알면서도, 죽도의 영유를 확인하는 논리를 구축하려 한 것이다.

그런 시전에게 고천원이 수호하는 위원중국이 세계의 중심이 되고, 위원중국를 계승한 대팔도국이 백제와 신라를 주변국으로 하는 천하의 중심이라는『고사기』의 논리는 더 없이 좋은 근거였다. 은기도에 대한 고천원의 수호만 확인하면 양도의 영유문제는 저절로 해결되기 때문이다.

그래서 시전은 은기도를 대팔도국의「1국」이었던 隱岐三ツ子の洲^{오 키 미 쓰 코 노 시마}로 표기하고, 고천원이 파견한 도대명신이 진좌하는 섬으로 했다. 그러면 은기도를 고천원의 질서에 포함시켜 고천원과 아무런 관계가 없는 송도와 죽도를 은기도에 부속시킬 수 있다고 판단한 것이다.

출운대사에 속한 시전은『고사기』의 논리와 무관할 수 없었다. 그래서 먼저「송도는 일본 서해의 끝이다」라고 단정하는 것으로 죽도를 일본의 영지로 하는 관념을 구체화 했다. 그렇게 송도를 일본령으로 하면, 송도와 쌍을 이루는 죽도는 송죽사상으로 보아도『고사기』의 논리로 보아도 일본의 섬이 된다. 은기도가 송도·죽도와 같이 3쌍을 이루게 되면, 고천원이 수호하는 은기도는 자동적으로 송도와 죽도를 부속시키며 중심에 위치하게 된다.

시전은 그것을 목적으로 해서 쌍이나 3쌍으로 조합하는 방법으로 사물을 이야기하고 隱岐三ツ子の洲^{오 키 미 쓰 코 노 시마}라고 칭한 은기도에 고천원이 파견한 도대명신이 진좌하는 것으로 했다. 그렇게 해야 은기도가 고천원의 수호를 배경으로 해서 자연스럽게 송도와 죽도를 부속도로 하는 세계의 중심에 위치할 수 있다. 따라서 송도가 일본의 서쪽끝이라는 단정이나 조선에 가까운 죽도가 일본의 섬일지도 모른다는 의문은, 사실에 근거하는 것이 아니라, 죽도도해의 재개를 염원하는 지역사회의 염원에 부응한 관념을 실현하려는 의지의 표현으로 보아야 한다.

제17장

『죽도도해일건기·전』의
도해와 밀무역

1. 서문

　江戸幕府는 1836년(天保7) 12월 23일에 石州 浜田藩의 廻船商人 今津屋八右衛門을 죽도에 도해한 죄로 처형하고, 다음해인 1837년 2월에 전국적인 죽도도해금령을 내렸다.[1] 1696년(元禄 9)의 도해금지령을 포함하는 조치였다. 그런데 송도라는 표현이 없다는 것을 이유로, 그 금령에 송도는 포함되지 않는다는 주장도 있다.

　그런 주장은 송도도해를 가장하여 죽도에 도해하라는 빈전번주의 교사를 받고 도해했다는 팔우위문의 진술을 근거로 하는데, 도해금지령이 내린 과정이나 사회적 인식을 간과한 주장이다.

　죽도도해는 번주가 필요한 재정을 조성하는 등 번의 이익을 우선하겠다는 팔우위문의 제안으로 이루어졌다. 팔우위문의 제안을 받은 빈전번 강호번저는 막부에 문의하여, 죽도가 일본의 영지가 아니라는 사실을 확인했다. 그러면서도 송도 도해를 가장한 죽도도해를 교사했고, 팔우위문은 그 교사에 따라 죽도에 도해했는데, 그것이 국법을 위배한 일이라 처형 당한 것이다.

　팔우위문의 진술을 정리한 것이 『竹嶋渡海一件記・全』(이하 일건기)인데, 그것에는 사실과 다른 내용이 많다. 1832년까지 죽도가 조선의 영지라는 것을 몰랐다는 것이나 1833년에 단 한 번 도해했다는 것이 대표적인 허위다. 팔우위문이 도해원을 제출한 것 자체가 죽도를 이국령으로 인식했다는 것이고, 그것이 사회적 인식이었다는 것이다.

1 　既異国之属島江渡海いたし, 立木等伐採持帰ル始末御国体江対し不軽義不屈ニ付死罪申付(「石州松原浦無宿八右衛門一件, 天寶七甲」), 都而異国渡海之義者重キ御禁制候条, 向後右身之義も同様相心得, 渡海致ましく候(「(天寶八年)御觸」, 『八右衛門とその時代』, 浜田市教育委員会, 2002, 資料編, p.9).

또 자신이 제작했다는 회도의 사본에 3년 연속해서 도해했다는 내용의 기록도 있다.

죽도도해가 산물의 채취를 목적으로 한다는 진술도 사실이 아니다. 팔우위문은 산물의 채취로 번주와 번의 재정을 보장하겠다고 약속했는데, 그것이 죽도에서의 활동을 산물의 채취로 한정하는 것은 아니다. 일행이 18일간 체류하며 수확한 것은 목재 4,50본과 인삼처럼 보이는 풀뿌리 16개, 그리고 약간의 어획물이었다. 그것이 도해하여 얻은 총소득이라는데, 그 정도의 수익을 목적으로 해서 번주가 국법을 위배하는 죽도도해를 교사한 것으로는 볼 수 없다.

그것도 난풍으로 대부분 바다에 버리고 목재 16그루와 풀뿌리 3개만을 반입했다. 그 정도의 소득이라면 죽도까지 가지 않아도 근린 산하에서도 취할 수 있어, 국법을 위배하면서까지 죽도에 도해할 이유가 없다. 그런데도 팔우위문은 죽도가 막대한 이익을 보장한다며 반복해서 도해를 원했다. 그것에 대한 번주와 번의 반응을 알 수 있는 기록은 없으나, 거부했다는 내용의 기록이 없고, 체포되는 1835년까지 도해한 기록이 있어, 제안을 수용한 것으로 볼 수 있다.

그처럼 반복되는 도해요구는 약속을 이행하여 번주나 번의 기대를 충족시켰을 경우에 가능한 일인데, 기록된 대로 목재 3그루의 헌상으로 충족시킨 것으로는 볼 수 없다. 그래서 산물의 채취 이외의 활동으로 얻은 이익을 같이 헌상한 것으로 볼 수 있는데, 그것은 『天保雜記』 등이 전하는 밀무역 이외에는 생각하기 어렵다. 그런 밀무역을 시사하는 내용은 『일건기』에도 있다.

죽도로 떠나는 팔우위문에게 번의 가신이 무기류를 건넸다는 내용과 귀범한 선원들이 신원불명의 상대에게 선중의 무기류를 매각했다는 내용이다. 그런 내용은 강호 등지에서 구매한 무기류를 번의 운송 체제를 이용하여 죽도에 운반하여 이국인과 거래한다는 『천보잡기』의 내용과 상응한다. 귀범한 선원들이 매각한 무기는 죽도에서 거래하고 남은 것이었거나 다음 도해에 대비해서 준비한 것으로 볼 수 있다.

그처럼 죽도도해가 산물의 채취만이 아니라 무기류와 같은 물품을 이국인과 거래하는 것을 목적으로 했다는 것을 인정해야, 죽도가 일본의 영지가 아니라는 사실을 확인하고도 번주와 번이 팔우위문에게 송도도해를 가장한 죽도도해를 교사한 이유가 분명해진다.

2. 연구사

팔우위문을 빈전에서는 會津屋八右衛門^{아이즈야하치에몬}이라고도 호칭했다. 그의 100주기가 되는 1935년(昭和^{쇼우와} 10)에 浜田松原^{하마다마쓰바라}의 자치회는 송덕비를 세우며, 내각총리대신 해군대장 岡田啓介^{오카다게이스케}의 휘호 會津屋八右衛門氏^{아이즈야하치에몬씨} 頌德碑^{송덕비}를 명기한 것에 따른 오류였다.

1872년(明治^{메이지} 5) 7월 14일자 『東京日々新聞^{토우쿄우니치니치신분}』은 팔우위문을 죽도를 개간하고 외국선과 밀상하다 처형당한 자로 소개하며, 그 자손에게 죽도를 개발시키면 국익에 도움이 된다는 기사를 실었다.[2] 국법을 위배한 죄인이 아니라 개척자로 평가한 것이다. 그런 인식은 시대의 흐름에 따라 심화된다. 일본이 1905년(명치 38)에 송도를 죽도로 개명하여

---

2 旧政府の律密商の刑に行せられしが方至今仁寛大の秋に際し其子孫を召出され同所を開拓せらる々由不日速に開拓ならば必ず国家の大益となるべき也(森須和男 『八右衛門とその時代』, 浜田教育委員会, 2002.3, p.4).

島根縣에 편입시킨 다음해에, 도근현은 사무관 神西由太郎를 단장으로 해서 죽도와 울릉도를 시찰시켰다. 그 시찰단의 일원인 奧原碧雲은 팔우위문을 대담강의하고 모험심이 풍부하다고 평가했다. 그러며 도해를 교사한 번주를 칭송하고 그를 단죄한 막부를 매도했다.[3] 국법을 어긴 팔우위문을 막부에 반대한 인걸, 해외 웅비의 선구자로 평가한 것이다. 그런 시류에 따라 빈전에서도 팔우위문을 번의 재정을 구하고 지방경제를 살린 해결로 추앙하며 송덕비를 세운 것이다.[4] 당시의『浜田町史』가「今津屋(會津屋)」로 기록한 것을 보면 會津屋를 의심하는 의견이 있었다는 것을 알 수 있다. 그런 혼동은 동경대학부속도서관 에서 발견된『일건기』에 의해서 팔우위문의 성은 今津屋로 판명되었다.[5]

1836년(천보 7)에 石見國 浜田의 今津屋八右衛門이 죽도에 도해하며 밀무역을 하던 일이 발각되어, 강호로 송치된 6월에 막부의 평정소에서 이루어진 심문에서, 팔우위문의 죽도도해가 빈전번의 교사로 이루어졌다는 사실이 밝혀졌다. 팔우위문은 1831년 8월에 빈전번 강호번저의 村井萩右衛門을 찾아가 죽도에 도해하면 번의 재정에 도움이 될 수 있다는 것을 기록한 內存書를 제출했다. 촌정은 그것을 勘定

3 ああ, 海國の冒險兒八右衛門は, 有爲の企圖を抱きて空しく刑場の露と消江, 英主松平周防守また永蟄居の身となる. 世を擧つて昇平無爲に馴れ, 凡庸徒らに跋扈するの時幕府は更に全國一般に命令を下して, 對外的發動の萌芽を根底より芟除せんと企てたり(奧原碧雲저·權五曄역주『죽도 및 울릉도』, 한국학술정보, 2011, p.79).
4 郷土ノ生メル快男子淸助ノ子海傑八右衛門 (중략) 藩ノ財政ヲ救ヒ地方ノ經濟ヲ潤ホス偉ナル哉(森須和男『天保竹島一件-今津屋八右衛門について』, 「會津屋八右衛門氏頌德碑」, 2002年3月29日, p.13).
5 森須和男「天保竹島一件-今津屋八右衛門について」, 竹島問題を学ぶ講座第7回講義記錄, 平成20年月日, p.5.

頭 大谷作兵衛에게 제출했고, 가로 松平亘는 대마번 강호번저의 가로 杉村但馬에게 부탁하여 宗家 기록의 발췌본을 입수하여, 죽도가 조선의 울릉도라는 사실을 확인했다. 그런데도 빈전번의 가로 岡田賴母와 勘定方 橋本三兵衛는 팔우위문의 죽도도해를 교사했다. 교본은 죽도도해는 금지되어 있으므로 송도에 도해한다는 것을 명목으로 해서 죽도에 도해하는 것은 상관없지 않겠는가,라며 도해의 방법만이 아니라 발각되면 표착한 것처럼 가장하는 방법까지 교사했다.[6]

그런 팔우위문이 해결로 추앙된 것이다. 후세에 송도(죽도·독도)의 영유 분쟁이 발생하자, 川上健三 같은 자는 팔우위문의 죽도도해를 근거로 해서, 1696년(元祿 9)과 1836년(天保 7)의 죽도도해금령에 송도는 포함되지 않는다는 주장을 했다.[7] 이후로 금령에 송도가 포함되는 가의 논쟁이 반복되고 있으나, 그것은 1837년(天保 8)의 御觸書가 「원록기에 조선국에 넘긴 이래, 도해정지를 명하신 장소에 있다」[8]라고 죽도가 원록기 이래로 도해가 정지된 해역에 위치한다는 내용에 반하는 논쟁이다. 그래서 그런 주장은 원록과 천보기의 금령이 내려지는 과정이나 산음지역의 사회인식을 확인하면 성립될 수 없다는 것이 분명해진다.

1693년(원록 6)에 일본어민들이 죽도에서 조선인을 연행한 것으로 발발된 영토분쟁이 2년이 지나도 해결되지 않자, 막부가 죽도에서의

---

6 池内敏『竹島』, 中公新書, 2016, p.103; 森須和男「天保竹嶋一件顚末」,『鄕土石見』제102号, 2016, p.28.
7 右最寄松島江渡海之名目を以竹島江渡, 稼方見極候上, 弥弥益筋ニ有之ならハ取計方も有之(川上健三『竹島歷史地理學的研究』, 古今書院, 1996, p.191; 권오엽 역『日本의 獨島論理』, 백산자료원, 2010, p.198).
8 元祿之度朝鮮國江御渡し二相成り候以來渡海御停止被仰出候場所二有之(浜田藩內土田浦の高札, 浜田市鄕土資料館所蔵);『八右衛門とその時代』, p.13.

양국 어민들이 공동으로 어렵을 하는 것을 제기했으나 대마번이 반대의 뜻을 밝혔다.[9] 그러자 막부는 1695년 12월 24일에 조취번 강호번저에 因州와 伯州에 부속된 죽도는 언제부터 양국에 부속된 것인가. 선조가 영지를 배령하기 전부터인가 아니면 그 후의 일인가」 등 7개 항을 서면으로 물었다.[10] 그러자 강호번저는 다음 날에 죽도는 조취번에 부속된 섬이 아니다. 죽도와 송도는 물론 그 외에도 양국에 부속하는 섬이 없다는 것을 비롯한 9개항을 답하면서, 양가가 파견하는 어민들만 죽도에 도해한다는 사실도 밝혔다.[11]

그러자 막부는 1월 26일에 松江藩에도 물어, 대곡가와 촌천가에 고

---

9 彼方より罷渡候ハ、其通ニ与何となく被仰遣急度無之様被成可然存候然上者輪番之僧別而罷下候ニ、も及申間敷与存候(權靜・大西俊輝편역주『竹嶋紀事2』3~2, 한국학술정보, 2012, p.185).

10 因州, 伯州江付候竹嶋はいつの頃より両国江附属候哉. 先祖領地被下候以前より之儀候哉. 但其後より之儀候哉事(문1). 竹嶋は因幡・伯耆附属ニては無御座候. 伯耆国米子町人大屋九右衛門・村川市兵衛と申者渡海漁仕候儀, 松平新太郎領国之節, 以御奉書被仰出候旨承候. 其以前渡海仕候儀も有之様ニ及承候得共, 其段相知不申候事(답1); 竹嶋松嶋其外両国江附属之嶋無御座候事(답7)(權五曄편역주『竹嶋之書附』, 대구한의대, 지성人, 2012, p.55・77・87).

11 同年正月廿三日, 松平伯耆守留守居召寄相尋候処, 段々書付を以伯耆守より被申聞候. 覚, 松平伯耆守. (第一条)伯耆國米子之町人大屋九右衛門・村川市兵衛船子共より外者領國之者竹嶋江渡海候仕候儀成不申候, 尤他領之者渡海之儀猶以成不申候, 大屋九右衛門・村川市兵衛儀者先年より竹嶋渡海之儀御免被遊罷越ニ付外より參候儀者決而無御座候, 右之船子共竹嶋江獵ニ罷超候得は, 出雲國隠岐國獵師共雇候而米子之船子同船ニ而罷越候, 人數者年々相違御座候, 出雲國よりハ不參儀旨御座候, 大形ハ出雲國より二三人, 隠岐國より八九人程も雇候而罷越候由ニ御座候. (第二条)松嶋ハ何れ之国江付候嶋ニ而も無御座候由承候. (第三条)松嶋江猟ニ參候儀, 竹嶋江渡海之節道筋にて御座候故, 立寄猟仕候, 他領より猟ニ參候儀ハ不承候, 尤出雲国隠岐国之者ハ米子之者共と同船ニ而参り候. (第四条)伯耆国米子より出雲国雲津まで道程拾里程. (第五条)出雲国雲津より隠岐国燒火山迄道程弐拾三里程. (第六条)隠岐国燒火山より同国福浦まで七里程. (第七条)福浦より松嶋迄八拾里程. (第八条)松嶋より竹嶋迄四拾里程. (第九条)松嶋より朝鮮国江者八九拾里程も御座候様ニ承及候, 已上. 正月廿三日(「磯竹島覚書」, 国立公文書館内閣文庫); 池内敏『竹島問題とは何か』, 名古屋大学出版会, 2012, p.320).

용된 어민들만 도해한다는 답을 받았다.[12] 그렇다면 양가의 도해를 금하면 모든 일본인의 도해를 금하는 일이 된다. 그렇게 판단한 막부는 1696년 1월 28일에 대마번과 조취번의 번주를 임석시키고,[13] 일본인의 죽도도해를 금지시켰다.[14] 그렇게 죽도만이 아니라 송도도 조취반의 영지가 아니라는 답만이 아니라, 조취번의 대곡가와 촌천가 이외는 죽도에 도해하지 않는다는 사실까지 확인하고 내린 도해금지령이었다. 그래서 도해금지령에 송도가 포함된 것은 분명한 일이다.

막부는 팔우위문의 처형에 앞서 대마번에 질의하여 송도는 죽도와 마찬가지로 일본인의 도해가 금지된 섬이라는 사실을 확인했다.[15] 원

---

[12] 同年正月廿六日, 松平出羽守留守居召寄相尋候趣, 書付を以返答申来. 口上覚, 松平出羽守. (第一条)雲州隠州之者為自分働磯竹江致渡海候之儀不及承候, 乍然隠州近年之様子不存候. (第二条)伯州米子町人村川市兵衛·大屋九右衛門雲州雲津浦より直ニ磯竹江者不致渡海, 隠岐国迄乗船, 彼地より磯竹江渡海仕候由承候. (第三条)竹嶋之儀雲州ニ而者磯竹と申候事. (第4条)雲州隠州より磯竹江海路難所ニ而候故, 右両国之者米子之者ニ同船仕参候儀望不申得共, 市兵衛·九右衛門船子共年々雇申候付罷超候事(第五条)右之通候故, 自分として磯竹江渡海之義決而無之候, 乍然隠州之儀者近年御代官所ニ成候故, 委細不存候事. (第六条)委細之儀御尋被遊候者, 国元江申遺, 吟味可仕候. 已上. 正月廿六日松平出羽守(「磯竹島覚書」, 国立公文書館内閣文庫; 池内敏『竹島問題とは何か』, 名古屋大学出版会, 2012, p.320·321.

[13] 御老中様御四人御列座戸田山城守様竹嶋之儀ニ付御覚書一通御渡被成右之趣御口上ニ而茂被仰渡候付(權五曄·大西俊輝편역주『竹嶋紀事』3-3, 한국학술정보, 2012, p.136).

[14] 先年松平新太郎因州伯州領知之節相窺之伯州米子之町人村川市兵衛大屋甚吉竹島江渡海致于今雖致漁候向後竹島江渡海之儀制禁可申付旨被仰出候付, 可被存其趣候恐々恐謹言(權五曄·西俊輝편역주『竹島渡海由来記拔書控』下, 한국학술정보, 2011, p.131).

[15] 元禄年中因州より朝鮮国竹嶋江渡海之儀に付, 先祖対馬守江御尋之訳有之, 御答申上侯品ニ依, 公儀より被仰出之御旨も有之候処, 近年石州之者隠岐國より右竹嶋江罷渡, 品替等仕候哉之段御聞届ニ相成, 嚴敷御吟味中ニ付, 去月十七日, 私共御呼出被成御尋之條々之内, 先左之通り御答申上候, 竹嶋之周経二十里斗, 其手前ニ松嶋と申す小島有之, 周経四五里と相聞, 竹嶋とハ四拾里も相隔, 別而日本地ニ近嶋之由ニ候, 右二嶋都而朝鮮之蔚陵島ニ候哉. 又者竹嶋者蔚陵島ニ而松嶋と申ハ朝鮮外之地ニ候哉, 二島共ニ無人島之由, 弥左様候哉, 石州より乾ニ当, 対州よりハ何之方角ニ当候哉, 遠近里数且日本·朝鮮より右嶋江遠近里数,

록기와 달리 조취번이 아닌 대마번에 질의한 것은 조선외교를 대마번이 전담했기 때문이다. 이 금령이 1696년의 금령과 다른 것은 선포의 방법과 미치는 영역이었다. 1696년의 금령은 대곡가와 촌천가가 거주하는 조취번에만 알렸으나, 천보의 금령은 전국에 고시했다. 그 금령의 범위를 池內敏는
_{이케우치사토시}

18세기 초에는 관민 모두가 죽도(울릉도) 송도(죽도) 쌍방에 대한 도해금령이라고 이해하고 있었다. 천보죽도도해금령에도 송도(죽도) 도해를 금하는 문면이 명시되어있지 않으나, 원록죽도도해금령을 근거로 해서 발령된 이상, 이곳에도 일본인의 송도(죽도)도해가 금지 되어 있다는 것은 분명하다.[16]

対州より相見候哉, 右嶋江相渡候哉と之御事, 承知仕候, 朝鮮江原道蔚珍縣之東海中ニ蔚陵島と申離島有之, 日本ニ而竹島と相唱申候, 被國ニ而者地方拾里餘と相見候得共, 傳説ニハ周經四五里と相聞, 路程朝鮮より者四拾里餘, 因幡・伯耆邊より百四五十里程有之と相聞申候, 對州よりハ艮ニ當, 路程百里餘も可有之哉, 至而難海ニ而, 是迄對州之者罷渡候儀無之候, 尤天氣清明ニ候得者, 朝鮮渡口より竹島之由ニ而杏ニ相見申候, 松島之儀, 元祿年老中阿部豊後守樣より御尋之節, 竹島近所ニ松島と申嶋有之, 此所江も日本人罷渡漁仕候段下々之風説ニ承候段御答申候由, 留書ニ相見申候, 竹島同樣日本人罷渡致漁候儀御停止之嶋とハ被考候得共, 差極候儀者御答申兼候, 朝鮮地圖を以相考候得者, 蔚陵・于山二島有之と相見申候, 右竹島江彼國漁民共罷渡, 且木材多島と相聞候付, 爲舟造罷渡候由ニ而, 住居之者ハ無之由ニ御座候, 尤彼國役人時々爲見分致渡海候と相聞申候, 尤も當時ハ如何ニ候哉, 差極候儀難申上候, 朝鮮國之繪圖持合可有之候間差上候樣, 且彼國之體勢心得候者詰合候ハハ致同伴候樣被成度, 名前申出候樣と之御事, 承知仕候, 以前より持來ニ繪圖鹿體ニ者, 其盡差上申候間, 御用相濟候ハハ御下可被下置候, 且又朝鮮之儀者言語不通ニ付, 通辯譯之者直談當話も相成, 彼國體勢も委敷候得共, 御當地江詰合不申候, 尤御用向之儀, 私共江御尋被下候ハハ品ニ依り心得候儀者御答も可仕, 心得兼候儀者, 引取, 吟味取調御答候樣仕度御座候(『大韓民國國史編纂委員會所藏對馬藩政史料』古文書目録 4013號; 池內敏『竹島問題とは何か』, p.335).
16 池內敏『竹島』, 中公新書, 2016, p.106.

죽도도해금령에 송도(죽도: 독도)가 포함된다는 것을 분명히 했다. 그러며 전근대에서 근대에 걸쳐 송도(죽도)는 울릉도와 무관하게 단독으로 활용되는 일이 없다 했다.[17] 그것으로 죽도도해금령에 송도가 포함되는가의 논쟁은 종언을 고했다.[18]

3. 팔우위문의 송도와 죽도 인식

팔우위문의 죽도 인식은 죽도도해를 전후로 해서 달라야 하는데, 죽도에 상륙한 그가 「모든 것이 추찰한 대로」라고 말했을 정도로 차이가 없다.[19] 상륙하기 전의 죽도는 초목이 무성하고 어류가 많은 공도였는데,[20] 상륙한 죽도는 발을 디딜 곳이 없을 정도로 초목이 무성할 뿐만 아니라, 어패류가 풍부하여, 여울의 강치가 해변으로 기어올랐고, 산록의 새들이 공격하듯이 일행에게 날아들어,[21] 상상했던 그대로였다. 빈전에서 7,80리 떨어진 곳에 송도가, 100리 정도 떨어진 곳에 죽도가

---

17 池内敏『竹島』, 中公新書, 2016, p.107·108.
18 江戸時代의 日本圖上의 죽도(울릉도)·송도(죽도)의 기재 유무, 彩色의 유무를 근거로 확실히 말할 수 있는 것은 단 하나다. 兩島를 모두 기재했을 경우, 모두 同色으로 칠하거나 無彩色일 뿐, 한 쪽만을 彩色하거나 兩島가 다른 색으로 칠하는 사례는 하나도 없다. 따라서 양도는 항상 一括해서 취급되는 존재였다(池内敏『竹島』, 中公新書, 2016, p.145).
19 上陸いたし嶋方見請候處前以推察之通人家無之空嶋二而(인용하는『竹嶋渡海一件記·全』은 權五曄과 大西俊輝가 29단으로 나누고 해독한 미출간 자료임; 21단).
20 元来右嶋著石見國海岸ら亥子之方二當リ海上百里余も相隔一名鬱陵島とも相唱候空嶋二而草木致繁茂地先二著鮑其外魚類夥敷寄集居候様子二見(3단).
21 前以推察之通人家無之空嶋二而絶而渡海いたし候者も無之与相見草木繁茂いたし足の踏所も 無之驚鳥之鳥類数多飛廻磯際より地先へ懸鮑其外魚類眼を見余リ候程夥敷寄集罷在海中よりハ胡猠与唱其形牛如し獣物追々遊上り又著山手より鷺之形二而大サ鶴程も有之鳥飛来人躰を見請驚候哉可飛掛勢二付(21단).

위치한다 했는데, 그것은 도해의 경험과 무관한 사회적 인식이었다.[22] 팔우위문만이 아니라 빈전번의 주민들이 공통적인 죽도의 인식이었다.

팔우위문은 1830년 7월 이전에 죽도 산물의 채취로 막대한 이익을 얻을 수 있다며 번에 도해를 소원하고,[23] 1831년 7월에는 강호번저에 같은 제의를 하며 수익에 따른 세금을 바칠 것을 약속 했다.[24] 죽도에 상륙한 일이 없는 상태에서 그런 제안을 했다는 것인데, 당시의 죽도는 상륙을 저지하거나 감시하는 세력이 없는 섬이었다. 그래서 상륙한 일이 없다는 말은 신뢰하기 어렵다.

번과 번주가 팔우위문의 제안을 수용했다는 점에서도 진술과 달리, 죽도도해를 소원하는 1830년 이전에 도해한 일이 있었던 것으로 보아야 한다. 진술한 대로 도해 경험도 없이 도해하여 수익을 올려 세금을 바치겠다며 도해를 소원했다면, 번주와 번이 국법을 위배하면서까지 송도도해를 가장한 죽도도해를 교사할 정도로 신뢰하지 않았을 것이다.

번주는 팔우위문을 신뢰했기 때문에, 죽도는 일본의 섬이 아니기 때문에 도해하지 않는 것이 좋겠다는 막부의 뜻을 확인하고도, 송도에 도해하는 방법을 교사했고,[25] 빈전번의 가로들은 송도에서는 얻을 이

---

22 『竹島考』는 雲津와 隱岐의 18리, 隱岐와 松島의 70여리, 松島와 竹島의 40여리라 했고, 『長生竹島記』는 三保關와 隱岐를 20리, 隱岐와 松島를 170리, 松島와 竹島를 90리라 했다.

23 右嶋江渡海之上草木伐出漁業二而もいたし候ハヽ自己之德用者不及申莫太之御國益二も可成ニ心附渡海願取方之儀寄二致勘弁罷在候(3단)

24 以右嶋渡海之儀私江被差免候樣相成候ハヽ周防守樣御勝手助成筋ハ勿論第一御國益之一番二付(5단) 自己之德用而己二無之莫太之御國益二も可有之ト見込右二付周防守樣へ冥加銀差出(6단).

25 竹嶋之儀者日本之地共難差極候付渡海目論見相止可申段申來候付(8단). 竹島之方相止松嶋之方渡海いたし試可申分被仰聞候趣三兵衛申聞候付松嶋之儀者小嶋二而見込無之候得共江戶表へハ右嶋之名目殘以竹嶋へ渡海いたし試(9단); 「何レ之国地とも難差極手入等は不可然旨候」,「竹嶋之儀者日出之地共難差極候付渡

익이 없으니 송도도해를 가장하고 죽도에 도해할 것과 도해한 사실이 누설되면 표류를 가장하라는 지침까지 교사한 것이다. 그것은 팔우위문이 죽도에 도해한 경험에 근거하여, 막대한 이익을 얻을 수 있다는 확신을 주었기 때문에 보일 수 있는 빈전번의 대응이었다.

1833년 7월 21에 죽도에 상륙한 일행은 18일간 체류하며 철포로 새와 강치를 사살하고 산물을 채취했다. 전복 등의 어패류를 먹으며 목재 4,50그루, 인삼으로 보이는 풀뿌리 15,6개를 채취했다.[26] 그것을『장생죽도기』는 전복·해삼·강치·목재 등이라 했고,[27]『죽도고』는 전복·강치·해초 등의 해산물과 오엽송·동백나무·인삼 등의 초목이라 했다.[28]

팔우위문은 죽도를 인식하게 된 계기를 언급하지 않았으나, 죽도도해를 계획한 內存書(나이 존 쇼)를 강호번저에 제출하며, 빈전 해안의 북방 7,80리의 해상에 사람이 살지 않는 송도라는 소도가 존재한다고 말한 것으로 보아,[29] 죽도와 마찬가지로 北海道(훅 카이도우) 松前(마쓰마에)에 왕래하는 北前船(키타마에부네) 선상에서 망견한 것으로 볼 수 있다. 송도는 무인도라는 점에서 죽도와 공통적

海目論相止可」(森須和男「浜田藩と天保竹島一件」, 竹島問題を考える講座, 平成26年10月, p.5).

26 鎌斧鉈等を持追々上陸繁茂之草木を伐拂道を開奥深く山手へ入込候ニ随人参ニも可有之ﾘ見込候草拾五六株程見當候付堀取候儀ニ而右嶋一圖樹木ﾊ欅桑杉櫻其外雑木ニ而是又思々ﾉ木数都合四五拾本斗伐取夫々船へ積入嶋之次第私自筆ニ絵圖ニ写取素ら谷間ニ者潔水も有之右躰有益之地ﾆ無紛相見候ﾆ付(22단).

27 目當てﾊ串鮑生海鼠海驢の油を取り樽詰にして帰る(權赫晟·大西俊輝편역주『長生竹島記』, 제이앤씨, 2016 p.103).

28 五葉ノ松黄蘗栂椿ケヤキ桐竹(以上同上)人蔘(本邦ニテ常ニ用ユルモノノ類ニシテ葉ニ切細ク花ハコゴメ花ニ似タリト云云今按茉種ニテハコレ無ク胡蘿蔔類ナラン)梅檀タイタラ(葉バンノ木ノ如ク恐クハ楠ニ似テ大木アリ)マノ竹(箭箆竹ニ似テ大サ三四寸廻リ(權赫晟역『竹島考』上卷, 인문사, p.301).

29 竹嶋之外「松嶋」ﾄ唱石見国海岸ら子之方ニ當ﾘ海上七八拾里斗相隔候小嶋有之右松竹両嶋とも全空嶋ﾄ相見其侭被差置候(6단).

이나, 취할 산물이 없다는 점에서는 달랐다. 그래서 근처를 왕래하면서도 상륙하지 않아,[30] 팔우위문은 송도에 상륙한 일이 없다고 말한 것이다.

팔우위문은 1833년에 도해한 것으로 진술했으나 자신이 작성한 회도의 사본이 전하는 내용과 다르다. 그곳에는 1834녀과 1835년에도 도해했다는 내용이 있다.[31] 팔우위문의 진술 모두가 사실에 근거하는 것이 아니라는 것을 알 수 있다.

죽도가 조선령이라는 것을 1832년에야 알았다는 것도 마찬가지다. 도해원을 제출하는 것 자체가 죽도는 허가를 받아야 갈 수 있는 곳, 쇄국령이 미치는 곳으로 보았다는 것이다. 그뿐만이 아니다. 당시는 죽도를 조선의 속지로 보는 것이 사회적 인식이었다. 팔우위문이 3세인 1801년에 편찬된 『장생죽도기』는, 막부의 위엄을 빌려서라도 조선의 죽도를 일본의 섬으로 해야 한다 했고,[32] 30세가 되는 1828년에 편찬된 『죽도고』는, 조선에 내란이라도 발생하면 재빨리 수복해야 한다는 의지를 피력했다.[33] 그처럼 죽도를 조선의 섬으로 보는 일반적인 인식을, 도해를 계획하는 팔우위문이 모르는 경우는 있을 수 없다.

---

30 松嶋地先をも罷通り候節船中ら見受候處果而小嶋ニ而樹木等も無数更ニ見込無之場所ニ付態々上陸不致其侭(20단).

31 石州浜田の町人金屋清右衛門(金清=今津屋八右衛門)は天保四年(1833), 五年(1834), 六年(1835)の三度の渡海したと書込みがある(『八右衛門とその時代』, p.56).

32 聲鳴かハす虎の威を受て千里の渡海船我朝なれ哉竹島の往来絶せぬいかり綱(權赫晟·大西俊輝편역주『長生竹島記』, 제이앤씨, 2016, p.299).

33 彼国モシ内乱起テ三韓時代ノ如分剖スル与(中略)速ニ是ヲ収覆スルノ計議アル可(權赫晟역『竹島考上』, 인문사, p.263).

4. 도해의 경제성

(1) 팔우위문의 항해

팔우위문은 1830(천보 원)년에는 越後國의 年貢米를 강호에 운반하며 買積와 直積를 통해 이익을 얻으려 했고, 1832년에는 大麻山의 목재를 매출하려 했다. 1833년에는 大坂에서 매적한 술을 長州에서 매각하고,[34] 죽도산물을 반입하기도 했다. 또 죽도에서 돌아온 후에는 대판으로 항해하던 중에 들린 곳에서 무기류를 매매했다

연공미를 운반하는 회선은 東方行(北前船東廻)로 월후국에서 북으로 가는 진로를 택하여 飛島 등지를 거쳐 津輕 반도·下北 반도를 돌아 태평양 쪽의 三陸 해안으로 남하한다. 銚子港에 이르면 房総 반도를 우회하는 外海江戶廻를 통해 강호만으로 들어간다.[35] 이는 酒田에서 佐渡·小木·能登·福浦·下関·大坂·紀伊 반도를 거쳐 강호에 이르는 西廻의 반대 항로다. 당시 송전으로 가는 회선들이 폭풍을 만나면 송도와 죽도 사이를 지나기도 했으나[36] 팔우위문이 죽도에 가는 항로는 빈전을 떠나 은기국 복포에서 순풍을 기다렸다 송도를 거쳐 죽도로 가는 항로였다.

팔우위문이 소유했던 배는 강호에서 폐선 시킨 것과 대판에서 신조한 神東丸 2척이다. 연공미 운반선을 1831년 7월에 폐선 시켰기 때문에, 11월의 귀향은 육로였다. 죽도도해에 필요한 자금주를 구하려 1832

---

34 差入銀壱〆目利付之相對を以備受候上表酒商人ら酒弐拾樽積いたし大麻山立木 (중략) 申談長州上之関或^者赤間関ニおゐて積込之酒追々ニ不残賣拂賣 (중략) 立木拂出之儀被聞屆候付山方及見一旦帰坂いたし(14·15단).

35 松平越中守樣御領所越後国村々御年貢米江戶表^江之運賃積引請同国新潟ニおいて夫々積入直積致出帆候(4단).

36 『長生竹島記』, p.75.

년 2월 7일에 대판에 가는 교통편의 언급 없이, 2월 16일에 도착한 사실만 언급하여, 도보로 보아야 한다. 그러나 7월 18일의 귀로는 신조한 신동환을 타고 廣島에(히로시마) 가서, 그곳부터는 육로로 귀환했다. 따라서 팔우위문은 1881년 7월부터 1832년 7월까지 1년은 배를 소유하지 않았다는 것인데, 회선업자로서는 있기 어려운 일이다.

山形県(야마가타 켄) 飛島(토비시마)의 『御客船控帳(오 캬쿠 센 히카에쵸우)』의 1807년(文化(분 카) 4)조와 1817년조에는 今津屋淸助(이마 즈 야 키요스케)를 선주로 하는 神福丸(신 푸쿠마루)와 神德丸(신 토쿠마루)가 기록되어 있다. 이것은 청조가 「神○丸(신 마루)」의 선명을 선호했다는 것인데, 청조의 개인적 취향일 수도, 아니면 가문의 전통일 수도 있다. 팔우위문이 신조선을 神東丸(신 토우마루)으로 명명한 것을 보면 가문의 전통으로 볼 수 있다. 그런 사실에 근거하면 강호에서 폐기한 배도 「神○丸(신 마루)」라 할 수 있다.[37] 또 청조가 소지했다는 2500 石積(코쿠즈미)의 대선, 그래서 사람들이 바보선(阿呆丸(아 호우마루))으로 불렀다는 대선도 「神○丸(신 마루)」로 추정할 수 있다.

그런데 대선의 소문은 팔우위문에게도 있었다. 1835년(천보 6)에 빈전에 들린 隱密間宮林藏(인 미쓰 마 미야 린 조우)가 팔우위문의 대선이 출입한다는 소문을 듣고 大坂奉行(오오사카 부 교우) 矢部駿河守(야 베 스루가노카미)에게 제보한 것이 팔우위문을 체포하여 단죄하는 계기였다. 팔우위문도 대선을 소유했다는 것을 알 수 있는 풍문이었다.[38] 그런 풍문이 돌았다는 1835년은 팔우위문이 죽도에 도해한 2년 후에 해당하기 때문에, 당시의 팔우위문은 신동환 외에도 「신○환」으로 불리는 대선도 소유했다는 것이 된다.

---

37 『竹嶋渡海一件記·全』제13단의 주석1.
38 吉村昭『間宮林藏』, 講談社, 2011, p.450.

(2) 번주와 팔우위문

죽도도해는 팔우위문의 제안을 계기로 하나, 도해의 진행은 번주와 번의 의지로 이루어진다. 그것은 번주와 번이 재정적으로 어려웠다는 것인데, 실제로 번은 잦은 화재나 수재로, 번주는 출세에 따른 출비로 재정이 어려웠다.[39]

번주 松平康任^{마쓰다이라야스토우}는 빈전으로 전봉될 때부터 부채를 좋아하는 성품으로, 고정된 지출 외에도 參勤交代^{산 킨 코우타이}·혼례·화재·수재·영지 교체에 따른 지출이 많아 어려움이 컸다. 특히 출세가도를 달리는 번주는 승진에 따른 출비가 컸다. 그는 1817(문화14)년에 寺社奉行^{지 샤 부 교우}, 1822년(文政5)^{분 세이}에 大坂城代^{오오사카죠우다이}, 1825년에 京都所司代^{쿄우 토 쇼 시 다이} 같은 중임을 역임하고, 1826년에 노중으로 취임했다. 老中首座^{로우쥬우 슈 자} 水野出羽守忠成^{미즈 노 데 바노카미타다이라}의 후원으로 출세가도를 달린 것이다. 그리고 1834년에는 자신을 후원하던 수야가 죽자 노중수좌에 올랐다. 그런 과정에 많은 자금이 필요했다는 것은 水野忠邦^{미즈 노 타다쿠니}의 경우를 통해서 확인할 수 있다. 수야는 노중 승진에 많은 자금을 동원했다. 1827년과 1828년에 2,400양씩 조달하는 등 엄청난 자금을 투자해야 했는데, 그것은 松平康任^{마쓰다이라야스토우}의 경우도 마찬가지였다.

승진에 필요한 자금을 충당하느라 번의 재정이 핍박 받는다는 것 역시, 水野忠邦^{미즈 노 타다쿠니}가 100량 이상의 국익이 되는 계획이 있으면 상신하라고 널리 알린 사실로 추정 가능하다. 당시의 빈전번은 지푸라기라도 붙잡는 심정으로 죽도도해 계획에 참가할 수 밖에 없을 정도로 재정적으로 곤란했다.[40] 그런 상황이었기 때문에, 죽도산물의 채취로 막대한 수익을 얻을 수 있다는 팔우위문의 제안은 무시할 수 없었다. 그런 필

---

39 森須和男「竹嶋一件考-竹嶋一件の前段階」,『浜田市文化財愛護會編』19號, p.31.
40 森須和男『八右衛門とその時代』, 浜田市教育委員會, 2002, p.46.

요성에 의해 번주는 죽도가 일본령이 아니므로 그곳의 도해는 그만 두고, 대신에 송도에 도해하는 사업을 시도하라고 교사했고, 빈전번은 송도에서는 이윤을 얻을 전망이 없으니, 송도에 도해한다는 명목을 남기고 실제로는 죽도에 도해하는 방법과 그 사실이 알려질 경우에는 표류를 가장하라는 방법까지 교사했다.[41]

그런 일련의 범법 행위는 노중으로 막정에 참여하는 번주의 자신감, 즉 문제가 발생되어도 무마할 수 있다는 자신감과 무관한 것으로 보기 어렵다. 실제로 17세기의 노중들은 장기에서 이루어지는 도해사업에 관여하며 막대한 이익을 얻고 있었다. 고관으로 알려진 노중들은 주인장의 발급에 관여하는 방법으로 이익사업을 조절하려 했다. 그런 상황을 직접 경험하는 오란다 상관장은 장기에서 출범하는 중국인 명의의 선박의 실질적인 소유자를 고관들로 보았다. 고관들은 주인장의 발급에 관여하는 방법으로, 국법에 반하는 일인 줄 알면서도, 이익이 크기 때문에 유혹을 떨치지 못하고 불법행위를 자행하고 있었다.[42] 그런 면에서 편법적인 죽도도해를 교사하는 노중직의 번주는 17세기에 장기에서 고관으로 불리는 노중들과 다를 바 없다.

팔우위문의 제안으로 죽도도해가 이루어지는 시기는 번주 송평강임이 노중에서 노중수좌에 오르기 직전, 즉 권력의 정점을 눈앞에 둔 시기로, 범법의 두려움보다는 출세에 필요한 자금의 조달이 우선했다. 재정을 조달할 수만 있다면 지푸라기라도 잡아야 되는 시기로, 죽도도

---

41 竹嶋之儀著日本之地共難差極候付渡海目論見相止可申段申来候付(8단) 竹嶋之方相止松嶋之方渡海いたし試可申分被仰聞候趣三兵衛申聞候付松嶋之儀著小嶋ニ而見込無之候得共江戸表へハ右嶋之名目残以竹嶋へ渡海いたし試萬一外ニち相洩候時ハ漂流之姿ニ申唱候ハヽ子細有之間敷ヘ存候(9단).
42 朝尾直弘『朝尾直弘著作集』第5巻, 岩波書店, 2004, p.203.

해로 막대한 이익을 확보할 수 있다는 제안을 수용하지 않을 수 없었다. 그래서 번주는 송도도해를 가장한 죽도도해를 교사한 것이다.

그런데 도해를 3개월 앞둔 1833년 4월에 팔우위문은 술에 취한 부하들이 영주의 산에서 수목 5, 6그루를 벤 죄를 책임지고 무숙자로 전락한다.[43] 번주와 번의 막대한 이익을 책임지겠다고 약속했던 그였기에 이해하기 어려운 일이다. 처벌이 벌목에 근거한다면 7월의 죽도로 떠나는 일행에서 제외했어야 한다. 그런데도 벌목을 추궁했다는 기록이 없을 뿐만 아니라, 죽도에 파견했고, 죽도에 도해한 죄로 체포되어 처벌되는 1835년까지도 도해하고 있었다.

더 이상한 것은 죽도도해를 교사한 번의 제1 가로 岡田賴母가 팔우위문에게 모친 幾久 집에 은거할 것을 지시하며 「죽도도해의 건에 대해 은밀히 연락할 취지가 있으니 영내를 떠나지 말라」고 지시한 것이다.[44] 은밀한 취지가 무엇인지를 밝히지 않았으나, 그 내용이나 사실여부와 관계없이 팔우위문을 무숙자로 전락시킨 것은 벌채한 죄를 물은 결과라기 보다는 다른 목적이 있었던 것으로 생각된다.

어쩌면 죽도에 도해한 사실이 문제가 될 경우, 범죄자로 처벌한 팔우위문이 자의적으로 범한 일이라고 변명하기 위한 준비였을 수도 있다. 따라서 팔우위문이 무숙자로 전락된 것은 벌목의 죄에 따른 것이 아니라, 죽도도해가 문제로 발전할 수 있는 경우를 대비하여, 번이 미리 준비한 조치로 볼 수도 있다.[45] 아니면 죽도에서 반입하는 목재를 大

---

43 浦山手之立木五六本伐荒候所其儀相顕船頭之儀ニ付私壱人御領主役場ヘ呼出糺請終ニ同六月濱田領入津差留住居帳外仕申付(18단).
44 竹嶋渡海之儀賴母方内沙汰之趣も有之候儀ニ付右領分不立去其儘前書きく方ニ舟を忍罷在(18단).
45 『竹嶋渡海一件記·全』제18단의 주석1.

麻山에서 벌채한 것으로 위장하기 위한 방법이었을 수도 있다.[46]

(3) 죽도 산물의 수익

죽도도해로 거부를 구축한 大谷·村川 양가는 江戸城의 공사에 재목을 헌상하여 의복을 하사 받은 일도 있고,[47] 기회가 될 때마다 관계 요로에 헌상하며 도해권을 유지했다.[48] 양가의 번성이 죽도도해에 근거한다는 것은, 도해의 금지와 더불어 양가가 쇠락한 사실로 알 수 있다.[49] 도해가 금지 되자 村川正勝은 강호에 상주하며 도해 재개를 탄원했으나 뜻을 이루지 못하고 병을 얻어 낙향했고,[50] 大谷勝房도 5년간이나 강호에 체류하며 大坂廻米와 長崎貫物連中의 참여를 탄원했으나 가산만 탕진하여 결국에는 급사하고 만다.[51]

그런데 죽도산물의 채취만으로는 그런 출비가 불가능했다. 죽도도해로 번성하던 村川政清가 米子城에 죽도도해만으로는 형편이 여의치 않다고 설명하여, 1682년(天和 2)에 鹽門屋口錢受取의 권리를 확보하는 것으로 알 수 있는 일이다.[52] 양가는 년 1,2척의 배를 죽도에 파

---

46 「竹嶋一件考-竹嶋一件の前段階」, p.27.
47 西之御丸 御材木御用被為仰付 難有奉畏入 寅二月右御用木為献上 市兵衛九右衛門両人共参府(『竹島渡海由來記拔書控』上, P.109); 竹島栴檀可差上旨被爲仰付候之處首尾能獻上仕候(島根縣總務部總務課『竹島關係資料集第一集』, 2010, p.85).
48 来春竹島江船被為相渡候旨無事着岸之左右可承候材木之儀両人江之書状(權五曄 大西俊輝편역주『죽도도해유래기발서공』상, 한국학술정보, 2011, p.154).
49 池内敏『竹島』, 中公新書, 2016, p.79.
50 元禄拾年丁丑八月正勝江府江罷下り(省略)乍恐嘆願差上相詰罷存候処, 不斗病気ニ取□□志願不達罷帰候(『竹島関係資料集第一集』, p.93).
51 勝房 急病ニ而死去 因玆萬事道絕 尚身代至微仕 微力ニ而 江府相詰御愁訴申上候儀モ不相叶 及中絕候(『竹島渡海由來記拔書控』下, p.283).
52 天和二年戌十二月十一日御城主方壽院樣御墨附を米子入津之鹽口錢, 市兵ヱ江自今以後爲家祿可被爲下置旨被爲仰付(『竹島關係資料集第一集』, p.91).

견하여 수익을 양분하거나 양가가 격년제로 파견하기도 했다.[53] 말기에는 양가가 년 1회씩 파견했는데, 그런 수익만으로는 장군가와 막각을 비롯한 세력가들과 교류할 수 있는 부를 축적하는 것은 불가능했다.

대곡가가 헌상한 내용을 살펴볼 것 같으면, 1671년에 장군을 알현하는 大谷勝實(오오 야 카쓰노리)는 죽도전복을 장군에게 500패, 7인의 老中(로우츄우)에게 500패씩, 2인의 若老中(와카로우츄우)에게 300패씩, 3인의 奉行(부 교우)에게 300패씩, 총 5,500패를 헌상했다. 1678년에도 장군에게 500패, 6인의 노중에게 각 500패씩, 2인의 약노중에게 300패씩, 총 4100패를 헌상했다.[54] 전복만이 아니라 다른 해산물과 목재·솜·초·장식품 등을 金馬代(킨 바 다이)·銀馬代(긴 바 다이)로 해서 바치기도 하는데, 그런 헌상은 장군가와 막각만이 아니라 조취번을 비롯한 지역 관리들에게도 이루어졌다. 그것은 촌천가도 마찬가지였다.[55]

헌상물도 죽도 산물만이 아니었다. 죽도도해를 기획하고 실천한 大谷勝宗(오오 야 카쓰무네)가 「장군에게 공물을 상납하지 않았지만 죽도도해면허를 받았다」고 언급한 「공물」도 있었다. 그 내용이 분명하지 않지만 죽도도해 이전에 도해를 원하며 바치는 것이었기 때문에, 죽도산물이 아닌, 장군과 막각들이 애호하는 물품이나 금품으로 볼 수 있다.[56] 죽도도해가 금지되어 魚鳥座(교 쵸우 자)(생선과 새)를 운영하는 후손 大谷勝起(오오 야 카쓰오키)는 매년 헌금을 하면서도 특별헌금을 강요받았는데, 경우에 따라서는 헌금을 강요하는 재촉장을 소각하라는 지시까지 받았다.[57] 양가는 그런 식의 헌상

---

53 池內敏『大君外交と「武威」』, pp.258~261
54 『竹島渡海由來記拔書控』상, p.175·190·208.
55 御老中御若年寄御寺社奉行樣方勤門左之通進上　物竹島鮑三百入一折宛(『竹島關係資料集第一集』, p.90).
56 『竹島渡海由來記拔書控』상, p.164.
57 權五曄편역주『大谷家古文書』, 인문사, 2013, p.348; 大谷文子『大谷家古文書』非

에 충실했기 때문에 1625년에 받았다는 면허로 1696년 1월 28일까지 죽도에 도해하는 배타적 도해권을 유지할 수 있었다.

그런 경비를 죽도 산물의 채취만으로는 조달하기 어려워 생각할 수 있는 것이 대마번이 언급한 밀무역이다. 1693년에 죽도에서 조선인을 납치하여 조일 간에 영토문제가 발생했으나 2년이 지나도 해결되지 않자, 막부가 대마번 측에 양국의 공동 어렵을 제의했으나 대마번은 밀무역은 과거의 일이 아니라 언제든지 이루어질 수 있는 일이라며 반대했다.[58] 과거가 어느 시기인가를 알 수 없으나, 죽도도해를 빙자한 밀무역이 이루어졌다는 것을 알 수 있는 항변이었다. 죽도도해가 산물의 채취만이 아니라 밀무역도 목적으로 했다는 것을 알 수 있다. 팔우위문이 죽도도해를 소원한 것도 17세기의 대곡·촌천 양가처럼 부의 축적을 목적으로 하고, 번주와 번도 그런 수익을 기대하며 편법적인 도해를 교사한 것이다.

노중직을 수행하는 번주 松平康任^{마쓰다이라야스토우}는 但馬出石藩^{타지마이즈시한} 仙石家^{센고쿠케}의 필두가로 仙石左京^{센고쿠사쿄우}한테 6천량을 수뢰한 일도 있다. 쌀 6천 석에 해당하는 금액이었다. 그런 번주가 목재 몇 그루를 목적으로 해서 편법적인 죽도도해를 교사했다고는 생각할 수 없다. 그래서 생각할 수 있는 것이 산물의 채취와 병행하는 밀무역인데, 그것은 여러 기록으로 확인된다.

(4) 팔우위문의 밀무역

팔우위문이 죽도가 막대한 수익을 보장하는 섬처럼 말했으나 근거

賣品, 昭和58, p.168.

58 今迄之通双方より罷渡候而者入交候而以来災も出来殊ニ者御法度之商賣等も可仕候哉与奉存候以前茂長崎より町人共拔船与申事仕御法度之武具金銀等密ニ朝鮮ニ持渡商賣仕候(權靜·大西俊輝편역주『竹嶋紀事』3~2, p.189).

가 분명하지 않다. 그가 18 일간 체류하며 4,50본의 목재와 인삼으로 보이는 풀뿌리 15,6개, 그리고 해산물을 채취하여 귀도에 오른 것은 도해의 목적을 달성했다는 것이다. 그런데 그 정도의 수익으로 편법적인 도해를 교사한 번과 번주의 기대를 충족시킬 수는 없다. 그것도 난풍으로 대부분을 방기하고 목재 16본과 풀뿌리 3개만을 반입했다. 그런데도 막대한 이익을 얻을 수 있다며 이후의 도해를 소원했다.[59]

그런 소원이나 요구는 약속을 충실히 이행했을 경우에나 가능한 일이다. 그런데 목재 몇 그루를 헌상하며 그런 요구를 했다는 것은, 산물의 채취 이외의 활동으로 얻은 수익을 같이 헌상했다는 것을 의미한다. 그 내용을 알아야 팔우위문이 도해를 원하는 목적과 편법적인 도해를 교사한 번과 번주의 의도도 알 수 있다. 그런데 그런 경우를 상정할 수 있는 내용의 기록들이 전한다.

팔우위문의 별명인 金清는 회선을 가업으로 하는 가문의 가치관을 시사한다. 今津屋清助의 약칭 今清를 금전운을 부른다는 金清로 미칭한 것으로 알 수 있다. 그래서 今津屋清助는 金屋清助가 되고, 今津屋八右衛門도 金屋八右衛門으로 통칭되었다.[60] 금진옥의 호주는 모친 幾久였다. 당시에는 민중의 신분을 기록한 대장으로, 호적원부나 조세대장에 해당 하는 宗門改帳와 人別改帳가 있었는데, 정기적으로 조사하여 가족 단위로 성명과 연령, 소속사원 등을 기록한다. 혼인이나 취직을 하려면 소속사원의 증명서를 받아서 제출해야 한다. 인

---

59 相咄莫太有益之地ニ無紛候 (중략) 人參与見込候草三株幷海中へ投捨殘候材木拾六本有之右之內桑欅取交良材三本頼母方圖書方へ相贈候積以シ三兵衛方へ善兵衛持来いたし披露之儀相頼猶又圖請之否をも相尋候(24단).

60 朝鮮持地竹嶋渡海一件大略石州那賀郡濱田松原村今津屋きく方ニ無人別ニ而罷在候當時無宿金清事八右衛門申口申三拾九才 (1단 주7).

별개장에 등재되지 않은 상태를 無人別(무진베쓰)라 하는데, 연좌제의 피해를 예방할 목적으로 無宿者(무슈쿠모노)를 자원하는 경우도 있었다.

그런 제도에 근거하면 부 청조가 친족에게 해를 끼칠 수 있는 신분이었기 때문에 모친이 호주를 계승한 것으로 볼 수도 있다. 실제로 팔우위문은 부가 번에 끼친 손실을 배상하는 방법으로 죽도도해를 제안하기도 했다.[61] 그런데 팔우위문이 도벌의 책임을 지고 무숙자가 된 것은 연좌제에 의한 것이 아니라, 부하들이 목재를 벌목한 죄를 책임진 결과였는데, 불법적인 죽도도해로 체포되었을 경우를 대비하여 무숙자가 된 것 같은 의도가 엿보인다.

청조는 바보선(阿呆丸)(아호우마루)으로 불리는 2500 石積(코쿠즈미)의 대선으로 번의 화물을 운반하다 난파되었으나, 오란다선에 구조되어 동남아를 전전하다 귀환했다.[62] 팔우위문은 부친이 그때 입힌 손실을 죽도 산물의 채취로 보상하겠다며 어선으로 가장한 배에 선적한 무기류를 죽도에서 만나는 이국인에게 밀매했다.[63] 그런 밀거래를 시사하는 내용이 『일건기』에도 있다.

『일건기』의 팔우위문은 죽도의 산물을 채취하는 것 외에도 연공미의 운반, 목재나 일용품의 매매만이 아니라 철포나 창과 같은 무기류

---

61 石州濱田廻船問屋今津屋淸助右倅八右衛門, 右者親淸助と申者先年濱田屋敷へ大金之損毛を縣淸助ハ死去家名絕候(『天保雜記』18, 內閣文庫御所藏).

62 森須和男は 伊藤痴遊 『伊藤痴遊全集』12卷, 三枝劉二 『石見雲雙紙』, 大島幾太郎 『南洋密貿易王浜田松原の八右衛門物語』, 日野原明 「カピタン 淸助漂流記」 『巖』第41號, 佐々木千之 『間宮林蔵』, 濱本浩 『南方船』, 中野重治 「角力取ろう国」 『中野重治全集』第3卷, 村上元三 『阿保丸伝八』, 岩町功 「異聞天保竹島事件 橋本三兵衛」, 吉村 昭 『間宮林蔵』, 古川薫 『閉じられた海図渡』 等の 기록に 의해 八右衛門像이 만들 어진 것이라 했다(『八右衛門とその時代』, p.3).

63 亡父淸助領主ノ高恩ヲ蒙ル而己ナラス多分ノ拜借金ノ損失ヲ系シヲ淫ク恐縮懼シ責テ万分ノ一モ其罪ヲ償ハント欲スル事多年因テ其冥加ノ爲濱田沖ナル竹島ハ海魚夥シク漁業トシテ渡海免許セラバ年々漁税上納セバ国益ノ一端ナルベシ(『竹嶋紀事略·単』東京大学所藏); 吉村昭 『間宮林蔵』, 講談社, 2011, p.462.

의 매매 등으로 수익을 얻고 있었다. 무기류는 죽도에서 귀범한 후에
長州 赤間関 근처에서 만난 신원 미상의 상대에게 매각했는데,[64] 그것
은 죽도에서 처리하고 남은 것이거나 다음 도해를 위해 준비한 것으로
볼 수도 있다.

　죽도에 도해하는 팔우위문이 밤중에 번의 가신 楢崎百八郎를 찾아
가 철포탄·철포·화약 등을 받아서 선적했는데,[65] 그것은 진술한 대로
만일의 사태에 대비하는 준비일 수도 있다. 그러나 팔우위문이 죽도에
서 밀거래를 한다는 기록들이 존재하고, 번과 번주가 재정적인 핍박
속에서 국법까지 위배하며 죽도도해를 교사한 것을 감안하면, 번의 가
신이 죽도로 떠나는 팔우위문에게 무기류를 건네주는 행위는 죽도에
서 이루어지는 밀거래를 협조하는 것으로 볼 수 있다.

　『일건기』가 직접 언급하지 않은 밀무역을 『천보잡기』는 구체적으
로 기록으로 전한다.

　　그 섬에 일본의 도검류를 어렵선으로 가장한 배에 싣고 건너가 이

　　국인과 교역했다. 도검은 강호 및 여러 곳에서 사모아, 운반할 때는

　　빈전번의 물품이라는 회부를[66] 사용했다.[67]

---

64 新潟ニおいて夫々積入直積致出帆候(4단), 當表酒商人ら酒弐拾樽積いたし大麻
　山立木(14단), 積込之酒追々ニ不残賣拂賣代銀を以取續候(15단), 罷登候船中又々
　賄ニ差詰候ニ付長州赤間関最寄へ上陸名所不存商人店ニ而船中ニ有之鑓鉄砲等ニ不
　用之船具四品取交都合代金壱両ニ賣拂(25단).

65 楢崎百八郎方へ夜中竊ニ罷越右之次第相咄シ所望いたし同人所持玉目弐匁五分
　之鉄砲壱挺玉薬相添乞受帰猶又私先代より持傳候鑓之身弐穂を建立手元ニ有之
　細丸立七本を手細工ニ削弐本ハ先江鑓之穂を仕込五本ハ同様鎌を仕込素鑓長柄
　鎌等を取拵其外斧鉈等も取揃不残船中へ差入(19단).

66 에후(会符). 江戸時代에 朝廷·幕府·公家·武家·寺社 등이 物資를 수송할 때, 그
　화물의 所属을 明示하기위해 붙이는 짐표(荷札). 코우리후(行李符)·덴푸(伝符)라
　고도 한다. 朝廷·幕府의 것은 菊이나 葵 문양과 더불어 墨書로 「御用」이라고만
　쓰고, 기타의 경우는 紋章과 「〇〇御用」「××家中÷御用」등을 기록했다. 会符가

강호 등지에서 구입한 무기류 등을 번의 물품으로 가장해서 어선으로 가장한 배로 죽도에 운반하여, 그곳에서 만나는 이국인과 거래한다는 내용이다.『조선죽도도항시말기·전』도

　　　죽도에 건너가 일본 도검류 등을 어선으로 가장한 배로 운반하여 이국인과 교역한다. 강호나 제국에서 무기류를 사모아 운반할 때는 빈전의 물품이라는 딱지를 이용한다.[68]

『천보잡기』와 유사한 내용으로, 각지에서 매입한 무기류에 번의 회부를 부착하여 죽도에 운반한 다음에 그곳에서 만나는 이국인과 교역한다는 내용이다.『죽도기사략·단』도

　　　겉으로는 어렵을 명목으로 하고 실제로는 밀상을 주로 하며 도검 활 총을 비롯해서 그 외에 황국이 출산하는 물품들을 어선에 싣고 죽도에 건너가 조선인이나 중국인과 밀상한다. 여러 제품은 강호 및 제국에서 사 모으고, 운반은 빈전번의 용품이라며, 빈전번의 딱지를 증거로 해서 驛遞를 통하여 운송한다.[69]

붙은 짐(荷物)은 宿驛의 人馬를 이용할 수도 있다.

67　竹嶋と申嶋濱ハ田料沖合之島ニ而無人島ニ而朝鮮向寄之嶋ニ候所右島ニ而日本之刀劍類を漁獵船ハ積込ミ漁船之姿ニ而異國人と交易を致候由刀劍ハ江戸并諸方ら買集道中筋ハ濱田用物之會符を用候由(『天保雜記十八』, 內閣文庫御所藏); 森須和男「竹嶋一件考」, p.28.

68　右嶋江押し渡り日本之刀劍ノ類其外魚漁舟ニ積込漁舟之姿ニ而異国人ト交易いたし候由刀劍ハ江戸并諸国より買集道中ハ濱田用品之絵符を相用候(『朝鮮竹嶋渡航始末記·全』浜田市立図書館御所蔵);「竹嶋一件考」, p.29.

69　表ハ漁業ヲ名トシ其實ハ密商ヲ主トシ刀劍弓銃ヲ始其餘皇国出産ノ諸物ヲ魚漁船ニ積入竹嶋ニ持渡リテ或ハ朝鮮人或ハ支那人ト密商ス其諸品ハ江戸及諸国ヨリ購集メ道中ハ濱田ノ用品ト唱ヘ同家ノ絵符ヲ證トシニ駅逓ニ附シ運

어렵을 명목으로 에도 등지에서 구입한 무기류를 번의 물품으로 가장하여, 어선으로 위장한 배에 싣고, 번의 운송제도를 이용한다며, 운반하는 방법과 과정을 구체적으로 설명했다. 물품의 종류와 거래하는 이국인이 조선인과 중국인이라는 것까지 밝혔다.

이런 내용들은 楢崎百八郞^{나라자키하루하치로우}가 건네준 무기류를 죽도에 운반했다는 『일건기』의 내용과 동질적 이다. 번의 회부(통행증)를 부착하고 운송 제도를 이용하여 운반하는 것은, 번과 번주의 교사를 받아 도해하는 神東丸^{신 토우마루}에 번의 가신이 건네준 무기류를 선적한 것과 대응한다. 그런 데도『일건기』에 밀무역이라는 직접적인 표현이 없는 것은 팔우위문 이 진술을 피한 결과였을 수도 있다. 아니면, 확증을 잡지 못했거나 규명하지 않는 사건으로 처리한 결과였을 수도 있다.[70]

그런 일련의 사실을『죽도고증』은 당시의 번주가 피폐한 재정의 해결책으로, 죽도에서 어렵하여 어세를 바치겠다는 팔우위문의 청을 받아들인 것으로 보았다. 도해를 허가 받은 팔우위문이 번의 물품으로 가장한 물품에 번의 통행증을 붙여, 죽도에 우송하여, 그곳에서 만나는 외국인과 무역한 죄로 체포된 것이라 했다.[71]

이런 기록들이 팔우위문의 죽도도해가 벌목이나 어렵을 목적으로 하는 것이 아니라 그것을 빙자한 밀무역을 주된 목적으로 했다는 것을 의미한다.

送ス(『竹嶋紀事略・單』, 內閣文庫御所蔵); 「竹嶋一件考」, p.29.

70 森須和男 「竹嶋一件考」, 『浜田市文化財愛護会編』18号, 1991, p.29.

71 동북아의 평화를 위한 바른역사정립기획단 『竹島考證』, 독도자료집Ⅱ, 다다미디어, p.267.

5. 결론

팔우위문은 죽도가 조선령인 줄 몰랐으며 1833년에 단 1회만 도해한 것으로 진술했으나 사실이 아니다. 도해원을 제출하는 것 자체가 죽도를 이국령으로 인식했다는 것이고, 그가 작성했다는 회도의 사본에 3년 연속해서 도해했다는 기록도 있다. 도해가 산물의 채취를 목적으로 한다는 것도 사실이 아니다. 산물의 채취만으로는 목표로 하는 수익을 확보할 수 없기 때문이다.

팔우위문 일행 8인이 죽도에 18일간 체류하며 목재 4,50본과 약간의 해산물, 그리고 인삼 같은 풀뿌리 15,6개를 채취했는데, 그것도 난풍으로 바다에 방기하고 빈전에 반입한 것은 재목 16본과 풀뿌리 3개가 전부였다. 그런데도 팔우위문은 죽도에서 막대한 이익을 얻을 수 있다며 계속적인 도해를 요구했다.

그런 요구는 약속을 이행했을 경우에 가능한 것으로, 목재 정도를 바치며 할 수 있는 요구는 아니었다. 노중으로 막정에 참여하는 번주는 쌀 6천 석을 구매 할 수 있는 6천 량을 수뢰한 적도 있다. 그런 번주가 목재 몇 그루를 목적으로 해서 국법을 어기는 도해를 교사했다고 볼 수는 없다. 팔우위문이 계속적인 죽도도해를 요구한 것은, 산물의 채취 외에 다른 활동으로 얻은 수익을 헌상하는 방법으로 번과 번주의 요구를 충족시켰다는 것을 의미한다.

산물의 채취 이외의 활동이라면 『천보잡기』 등이 전하는 밀무역 이외는 상정할 수 없는데, 밀무역으로 보이는 기록들이 존재한다. 실제로 밀무역이 이루어졌다는 것이다. 그런데도 『일건기』에 밀무역이라는 직접적인 기록이 없는 것은 그런 사실이 없었기 때문이 아니라, 밀무역을 공식화 하지 못할 사정이 있어, 기록하지 않은 결과로 보아야 한다. 그래서 팔우위문은 밀무역을 시사하는 진술을 하면서도 직접적인 진술은 피한 것이다.

팔우위문은 산물의 채취를 가장한 밀무역에 관한 정보를 들었거나 경험했기 때문에 죽도도해로 막대한 이익을 보장하겠다고 제안한 것이다. 그렇기 때문에 번주는 죽도가 일본의 영지가 아니라는 막부의 인식을 확인하고서도, 송도의 도해를 가장하는 죽도도해를 교사했고, 번은 죽도도해로 문제가 발생하면 표류로 가장하는 방법까지 교사한 것이다.

팔우위문은 번의 가신이 건네준 무기류를 선적하고 죽도로 떠나는데, 그것은 강호 등지에서 구매한 무기류를 번의 물품으로 가장하여, 어선으로 위장한 배로 죽도로 운반한다는 『천보잡기』 등의 내용과 맥을 같이하는 밀무역이었다. 그래서 죽도에서 귀범한 수부들이 길에서 만난 사람들에게 매각한 무기류는 죽도에서 매각하고 남은 것이나 다음 도해를 위해 준비한 것들로 볼 수 있다.

죽도도해가 부를 보장한다는 것은 17세기의 대곡·촌천 양가가 장군을 알현하고 막각들과 교류하는 일이, 양가가 죽도에 도해한 기간으로 한정된다는 것으로도 알 수 있다. 양가는 70여년간 죽도에 도해하며 기회가 될 때마다 물품을 헌상하며 장군을 알현하고 막각들과 교류했으나, 도해가 금지된 후에는 불가능했다. 촌천가의 가독은 도해의 재개를 탄원하다 병을 얻어 낙향했고, 대곡가의 가독도 장기간 경도와 강호에 체류하며 탄원하다 가산만 탕진하고 급사했다. 죽도도해가 양가의 영고성쇠를 좌우한다는 사실을 알 수 있는 가독들의 최후였다.

문제는 산물의 채취만으로는 그런 부의 구축이 불가능했다는 것이다. 산물의 채취 이외에 대마번이 1695년에 막부에 언급한 밀무역과 같은 활동이 있었기 때문에 그런 부의 축적이 가능했고, 막각과의 교류나 장군의 알현도 가능했던 것이다.

그런 밀무역을 확인해주는 것이 『천보잡기』·『죽도기사략·단』·『조선죽도도항시말기』·『죽도고증』 등과 같은 편찬물이다. 그것들은 팔우위문이 어선으로 위장한 배로 강호 등지에서 구매한 물품을 번의 물품으로 가장한 다음에, 번의 운송제도를 악용하는 방법으로 죽도에 운반하여, 그곳에서 만나는 조선인이나 중국인과 밀거래한 내용을 전한다. 따라서 팔우위문이 번주와 번에 약속한 수익에는 죽도산물의 채취만이 아니라 밀무역으로 얻는 수익도 포함된 것으로 보아야 한다. 그렇기 때문에 약간의 산물을 바치고도 계속적인 도해를 요구할 수 있었던 것이다.

돋을새김 출판사

찾아보기

저자 약력

권오엽權五曄

충남대학교 명예교수, 일본고전문학
1945年7월, 전북 정읍 출생
dongsana@hanmail.net

학력

군산고등학교, 서울교육대학, 국제대학, 일본북해도대학교 대학원에서 『평가물어』와 『만엽집』을 수학함. 2003년 2월에 동경대학교에서 『광개토왕바문과 동아시아의 천하사상』로 학술박사가 됨.
서울시 초등학교 교사를 역임하고 충남대학교에서 일본고전문학을 강의하며 독도를 중심으로 하는 천하사상을 연구했음.

論文

『平家物語』, 『萬葉集』, 『古事記』, 『廣開土王碑文』, 獨島 등에 관한 논문 30여편.

저서

『일본만상』, 『광개토왕비문과 일본의 기기신화』, 『광개토왕비문의 세계』, 『독도와 안용복』, 『독도 이야기』, 『독도·우산국 신화』.

편역주서

『고사기』, 『호태왕비논쟁의 해명』, 『광개토왕비문의 연구』, 『독도』, 『독도와 죽도』, 『고사기와 일본서기』, 『은주시청합기』, 『원록각서』, 『일본의 독도논리』, 『죽도문담』, 『공장』, 『일본은 독도를 이렇게 말한다』, 『강도정의 고문서』, 『내등정중의 독도논리』, 『죽도도해 유래기 발서공』, 『죽도 및 울릉도』, 『죽도기사』, 『대곡가 고문서』, 『죽도지서부』 등.